SIGMUND
FREUD
OBRAS COMPLETAS

SIGMUND
FREUD
OBRAS COMPLETAS VOLUME 20
ÍNDICES E BIBLIOGRAFIAS

COMPANHIA DAS LETRAS

Copyright da tradução e da organização © 2025 by Paulo César Lima de Souza

Grafia atualizada segundo o Acordo Ortográfico da Língua Portuguesa de 1990, que entrou em vigor no Brasil em 2009.

Capa e projeto gráfico
Raul Loureiro/ Claudia Warrak

Imagens das pp. 3 e 4, obras da coleção pessoal de Freud:
Máscara de caixão, Egito, período romano, gesso, 19 cm
Júpiter, Roma, séc. II d.C., bronze, 12,9 cm
Freud Museum, Londres

Indexação geral
Luciano Marchiori

Revisão
Marina Saraiva
Ingrid Romão
Natália Marques

Dados Internacionais de Catalogação na Publicação (CIP)
(Câmara Brasileira do Livro, SP, Brasil)

> Freud, Sigmund, 1856-1939.
> Obras completas, volume 20 : Índices e bibliografias (1886-1939) / Sigmund Freud; tradução Paulo César de Souza. — 1ª ed. — São Paulo: Companhia das Letras, 2025.
>
> Título original: Gesammelte Werke
> ISBN 978-85-359-3881-4
>
> 1. Freud, Sigmund, 1856-1939 2. Psicanálise 3. Psicologia 4. Psicoterapia I. Título.

24-239851   CDD-150.1952

Índice para catálogo sistemático:
1. Sigmund, Freud : Obras completas : Psicologia analítica 150.1952

Cibele Maria Dias — Bibliotecária — CRB-8/9427

Todos os direitos desta edição reservados à
EDITORA SCHWARCZ S.A.
Rua Bandeira Paulista, 702, cj. 32
04532-002 — São Paulo — SP
Telefone: (11) 3707-3500
www.companhiadasletras.com.br
www.blogdacompanhia.com.br
facebook.com/companhiadasletras
instagram.com/companhiadasletras
x.com/cialetras

SUMÁRIO

LISTA DOS TEXTOS DE FREUD INCLUÍDOS NA COLEÇÃO   9
   A. SUMÁRIOS DOS VOLUMES 1-19   10
   B. LISTA ALFABÉTICA DOS TÍTULOS   29

LISTA DE FOTOS E ILUSTRAÇÕES   37

BIBLIOGRAFIAS   41
   A. TODAS AS OBRAS DE FREUD   42
   B. OBRAS DE OUTROS AUTORES   67

ÍNDICE DE NOTAS DO TRADUTOR SOBRE A TERMINOLOGIA   113

ÍNDICE DE CASOS   117
   A. CASOS QUE TÊM NOMES   118
   B. CASOS ANÔNIMOS   120

ÍNDICE DE SONHOS   122
   A. SONHADOS POR FREUD   123
   B. SONHADOS POR OUTRAS PESSOAS   124
   C. SONHOS ANÔNIMOS/GENÉRICOS   129

ÍNDICE DE SÍMBOLOS   130

ÍNDICE DE ANALOGIAS   133

ÍNDICE DE OBRAS DE ARTE E LITERÁRIAS   140
   A. POR TÍTULO   141
   B. POR AUTOR/ARTISTA   146

ÍNDICE ONOMÁSTICO   149

ÍNDICE REMISSIVO GERAL   197

LISTA DOS TEXTOS DE FREUD INCLUÍDOS NA COLEÇÃO

LISTA DOS TEXTOS DE FREUD INCLUÍDOS NA COLEÇÃO

A. SUMÁRIOS DOS VOLUMES 1-19

VOLUME 1:
TEXTOS PRÉ-PSICANALÍTICOS
(1886-1899)

Esta edição
Informe sobre minha viagem de estudos a Paris
  e Berlim (1886)
Observação de um caso grave de hemianestesia num
  homem histérico (1886)
Histeria (1888)
  Apêndice: Histeroepilepsia
Prefácio à tradução de H. Bernheim, *De la Suggestion* (1888)
  Apêndice: Prefácio à segunda edição alemã (1896)
Resenha de Auguste Forel, *O hipnotismo* (1889)
Tratamento psíquico (da alma) (1890)
Hipnose (1891)
Um caso de cura por hipnose (1892-1893)
Prefácio e notas à tradução de J.-M. Charcot, *Leçons du mardi
  à la Salpêtrière* (1892-1894)
Esboços da "Comunicação preliminar" (1940-1941 [1892])
Algumas considerações para um estudo comparativo
  das paralisias motoras orgânicas e histéricas (1893)
Resenha de P. J. Möbius, *A enxaqueca* (1895)
Projeto de uma psicologia (1950 [1895])
  I. Plano geral
  II. Psicopatologia
  III. Ensaio de exposição dos processos normais em ψ
Textos breves (1886-1895)
  Prefácio à tradução de J.-M. Charcot, *Lições sobre
    as doenças do sistema nervoso* (1886)
  Resenha de H. Averbeck, *A neurastenia aguda* (1887)
  Resenha de Weir Mitchell, *O tratamento de certas formas
    de neurastenia e histeria* (1887)
  Resenha de Oswald Berkhan, "Tentativas de melhorar
    a surdo-mudez e os bons resultados dessas tentativas" (1887)
  Resenha de Heinrich Obersteiner, "O hipnotismo
    considerado especialmente em sua importância clínica
    e forense" (1888)

LISTA DOS TEXTOS DE FREUD INCLUÍDOS NA COLEÇÃO

      Resenha de A. Hegar, *O instinto sexual: Um estudo médico-social* (1895)
Índice remissivo

VOLUME 2:
ESTUDOS SOBRE A HISTERIA
(1893-1895)
[EM COAUTORIA COM JOSEF BREUER]

Esta edição
Estudos sobre a histeria (1893-1895)
    Prefácio à primeira edição
    Prefácio à segunda edição
I. Sobre o mecanismo psíquico dos fenômenos histéricos
II. Casos clínicos
    1. Srta. Anna O. (Breuer)
    2. Sra. Emmy von N…, 40 anos, da Livônia (Freud)
    3. Miss Lucy R., 30 anos (Freud)
    4. Katharina… (Freud)
    5. Srta. Elisabeth von R… (Freud)
III. Considerações teóricas (Breuer)
    1. Todos os fenômenos histéricos são ideogênicos?
    2. A excitação tônica intracerebral — Os afetos
    3. A conversão histérica
    4. Estados hipnoides
    5. Ideias inconscientes e insuscetíveis de consciência — Cisão da psique
    6. Predisposição original; desenvolvimento da histeria
IV. A psicoterapia da histeria (Freud)
Índice remissivo

VOLUME 3:
PRIMEIROS ESCRITOS PSICANALÍTICOS
(1893-1899)

Esta edição
Prefácio a *Reunião de textos menores sobre a teoria das neuroses dos anos de 1893-1906* (1906)

LISTA DOS TEXTOS DE FREUD INCLUÍDOS NA COLEÇÃO

Charcot (1893)
Sobre o mecanismo psíquico dos fenômenos histéricos (1893)
As neuropsicoses de defesa (1894)
Obsessões e fobias (1895)
Sobre os motivos para separar da neurastenia um complexo de sintomas, a "neurose de angústia" (1895)
  [Introdução]
  I. Sintomatologia clínica da neurose de angústia
  II. Incidência e etiologia da neurose de angústia
  III. Primeiros passos para uma teoria da neurose de angústia
  IV. Relação com outras neuroses
A crítica à "neurose de angústia" (1895)
A hereditariedade e a etiologia das neuroses (1896)
Novas observações sobre as neuropsicoses de defesa (1896)
  I. A etiologia "específica" da histeria
  II. Natureza e mecanismo da neurose obsessiva
  III. Análise de um caso de paranoia crônica
A etiologia da histeria (1896)
A sexualidade na etiologia das neuroses (1898)
O mecanismo psíquico do esquecimento (1898)
Lembranças encobridoras (1899)
Textos breves (1897-1899)
  Lista dos trabalhos científicos do dr. Sigmund Freud, 1877-1897
  Nota autobiográfica (1901 [1899])
Índice remissivo

VOLUME 4:
A INTERPRETAÇÃO DOS SONHOS
(1900)

Esta edição
A interpretação dos sonhos
  Observação preliminar
  Prefácio à segunda edição
  Prefácio à terceira edição
  Prefácio à quarta edição
  Prefácio à quinta edição

LISTA DOS TEXTOS DE FREUD INCLUÍDOS NA COLEÇÃO

Prefácio à sexta edição
Prefácio à oitava edição
Preface to the third (revised) English edition
Prefácio à terceira edição inglesa (revista)

I. A literatura científica sobre os problemas do sonho
   a. Relação do sonho com a vida de vigília
   b. O material do sonho — a memória no sonho
   c. Estímulos e fontes do sonho
      1) Os estímulos sensoriais externos
      2) Excitação sensorial interna (subjetiva)
      3) O estímulo somático interno, orgânico
      4) Fontes psíquicas de estimulação
   d. Por que esquecemos o sonho após o despertar?
   e. As peculiaridades psicológicas do sonho
   f. Os sentimentos éticos no sonho
   g. Teorias do sonho e função do sonho
   h. Relações entre sonho e doenças mentais
   Adendo de 1909
   Adendo de 1914

II. O método de interpretação dos sonhos: análise de uma amostra de sonho

III. O sonho é a realização de um desejo

IV. A deformação onírica

V. O material e as fontes do sonho
   a. O material recente e o indiferente no sonho
   b. O material infantil como fonte do sonho
   c. As fontes somáticas do sonho
   d. Sonhos típicos
      α) Os sonhos de embaraço causado pela nudez
      β) Os sonhos com morte de pessoas queridas
      [γ) Outros sonhos típicos]
      [δ)] Os sonhos de exames

VI. O trabalho do sonho
   a. O trabalho de condensação
   b. O trabalho de deslocamento
   c. Os meios de representação do sonho
   d. A consideração pela representabilidade
   e. A representação por meio de símbolos no sonho — outros sonhos típicos
   f. Exemplos — cálculos e falas no sonho

LISTA DOS TEXTOS DE FREUD INCLUÍDOS NA COLEÇÃO

      g. Sonhos absurdos — a atividade intelectual no sonho
      h. Os afetos no sonho
      i. A elaboração secundária
VII. Psicologia dos processos oníricos
      a. O esquecimento dos sonhos
      b. A regressão
      c. A realização de desejo
      d. O despertar pelo sonho — a função do sonho — o sonho de angústia
      e. Os processos primário e secundário — a repressão
      f. O inconsciente e a consciência — a realidade
Apêndice a este volume: Um sonho premonitório que se realizou
Bibliografia
Índice de sonhos
Índice de símbolos
Índice remissivo

VOLUME 5:
PSICOPATOLOGIA DA VIDA COTIDIANA E SOBRE OS SONHOS (1901)

Esta edição
Psicopatologia da vida cotidiana (1901)
    I. Esquecimento de nomes próprios
    II. Esquecimento de palavras estrangeiras
    III. Esquecimento de nomes e sequências de palavras
    IV. Lembranças da infância e lembranças encobridoras
    V. Lapsos verbais
    VI. Lapsos de leitura e de escrita
    VII. Esquecimento de impressões e intenções
    VIII. Atos descuidados
    IX. Atos sintomáticos e atos casuais
    X. Erros
    XI. Atos falhos combinados
    XII. Determinismo, crença no acaso e superstição — considerações
Sobre os sonhos (1901)
Índice remissivo

LISTA DOS TEXTOS DE FREUD INCLUÍDOS NA COLEÇÃO

VOLUME 6:
TRÊS ENSAIOS SOBRE A TEORIA DA SEXUALIDADE,
ANÁLISE FRAGMENTÁRIA DE UMA HISTERIA ("O CASO DORA")
E OUTROS TEXTOS
(1901-1905)

Esta edição
Três ensaios sobre a teoria da sexualidade (1905)
    Prefácio à segunda edição
    Prefácio à terceira edição
    Prefácio à quarta edição
    I. As aberrações sexuais
        1. Desvios no tocante ao objeto sexual
        2. Desvios relativos à meta sexual
        3. Observações gerais sobre as perversões
        4. O instinto sexual nos neuróticos
        5. Instintos parciais e zonas erógenas
        6. Explicação da aparente predominância
            da sexualidade perversa nas psiconeuroses
        7. Indicação do infantilismo da sexualidade
    II. A sexualidade infantil
        [1] O período de latência sexual da infância
            e suas interrupções
        [2] As manifestações da sexualidade infantil
        [3] A meta sexual da sexualidade infantil
        [4] As manifestações sexuais masturbatórias
        [5] A pesquisa sexual infantil
        [6] Fases de desenvolvimento da organização sexual
        [7] Fontes da sexualidade infantil
    III. As transformações da puberdade
        [1] O primado das zonas genitais e o prazer preliminar
        [2] O problema da excitação sexual
        [3] A teoria da libido
        [4] Diferenciação de homem e mulher
        [5] A descoberta do objeto
    Resumo
Análise fragmentária de uma histeria ("O caso Dora") (1905 [1901])
    Prefácio
    I. O quadro clínico
    II. O primeiro sonho
    III. O segundo sonho

Posfácio
O método psicanalítico de Freud (1904)
Psicoterapia (1905)
Meus pontos de vista sobre o papel da sexualidade na etiologia das neuroses (1906)
Personagens psicopáticos no teatro (1942 [1905 ou 1906])
Textos breves (1903-1904)
    Resenha de *Os fenômenos psíquicos compulsivos*, de L. Löwenfeld
    Três colaborações para o jornal *Neue Freie Presse*
    Resenha de *Lutando contra os bacilos do cérebro*, de Georg Biedenkapp
    Resenha de *O mistério do sono*, de John Bigelow
    Obituário do prof. S. Hammerschlag
Índice remissivo

VOLUME 7:
O CHISTE E SUA RELAÇÃO COM O INCONSCIENTE (1905)

Esta edição
O chiste e sua relação com o inconsciente (1905)
    a. Parte analítica
        I. Introdução
        II. A técnica do chiste
        III. As tendências do chiste
    b. Parte sintética
        IV. O mecanismo de prazer e a psicogênese do chiste
        V. Os motivos do chiste. O chiste como processo social
    c. Parte teórica
        VI. A relação do chiste com o sonho e o inconsciente
        VII. O chiste e as variedades do cômico
Índice remissivo

LISTA DOS TEXTOS DE FREUD INCLUÍDOS NA COLEÇÃO

**VOLUME 8:
O DELÍRIO E OS SONHOS NA *GRADIVA*,
ANÁLISE DA FOBIA DE UM GAROTO DE CINCO ANOS
E OUTROS TEXTOS
(1906-1909)**

Esta edição
O delírio e os sonhos na *Gradiva* de W. Jensen (1907)
    Posfácio à segunda edição (1912)
Análise da fobia de um garoto de cinco anos
   ("O pequeno Hans", 1909)
     I. Introdução
     II. Caso clínico e análise
     III. Epícrise
     Pós-escrito à análise do pequeno Hans (1922)
A instrução judicial e a psicanálise (1906)
Atos obsessivos e práticas religiosas (1907)
O esclarecimento sexual das crianças (Carta aberta
   ao dr. M. Fürst, 1907)
O escritor e a fantasia (1908)
As fantasias histéricas e sua relação com a bissexualidade (1908)
Caráter e erotismo anal (1908)
A moral sexual "cultural" e o nervosismo moderno (1908)
Sobre as teorias sexuais infantis (1908)
Considerações gerais sobre o ataque histérico (1909)
O romance familiar dos neuróticos (1909)
Textos breves (1906-1909)
    Resposta a uma enquete sobre leitura e bons livros
    Anúncio da coleção *Escritos de psicologia aplicada*
    Prefácio a *Estados nervosos de angústia e seu tratamento*,
       de W. Stekel
    Prefácio a *O estudo da alma: Ensaios no âmbito
       da psicanálise*, de S. Ferenczi
Índice remissivo

**VOLUME 9:
OBSERVAÇÕES SOBRE UM CASO DE NEUROSE OBSESSIVA
["O HOMEM DOS RATOS"], UMA RECORDAÇÃO DE INFÂNCIA
DE LEONARDO DA VINCI E OUTROS TEXTOS
(1909-1910)**

LISTA DOS TEXTOS DE FREUD INCLUÍDOS NA COLEÇÃO

Esta edição
Observações sobre um caso de neurose obsessiva
   ("O Homem dos Ratos", 1909)
   I. História clínica
   II. Considerações teóricas
Uma recordação de infância de Leonardo da Vinci (1910)
Cinco lições de psicanálise (1910)
As perspectivas futuras da terapia psicanalítica (1910)
Sobre o sentido antitético das palavras primitivas (1910)
Concepção psicanalítica do transtorno psicogênico
   da visão (1910)
Sobre psicanálise "selvagem" (1910)
Um tipo especial de escolha de objeto feita pelo homem
   (Contribuições à psicologia do amor I) (1910)
Sobre a mais comum depreciação na vida amorosa
   (Contribuições à psicologia do amor II) (1912)
O tabu da virgindade (Contribuições à psicologia do amor III) (1917)
Textos breves (1910)
   Introdução e conclusão de um debate sobre o suicídio
   Carta a Friedrich S. Krauss sobre a revista *Anthropophyteia*
   Exemplos de como os neuróticos revelam suas fantasias
      patogênicas
   Resenha de *Cartas a mulheres neuróticas*,
      de Wilhelm Neutra
Índice remissivo

VOLUME 10:
OBSERVAÇÕES PSICANALÍTICAS SOBRE UM CASO DE PARANOIA RELATADO EM AUTOBIOGRAFIA ("O CASO SCHREBER"), ARTIGOS SOBRE TÉCNICA E OUTROS TEXTOS (1911-1913)

Esta edição
Observações psicanalíticas sobre um caso de paranoia
   (*dementia paranoides*) relatado em autobiografia
   ("O caso Schreber", 1911)
   [Introdução]
   I. História clínica
   II. Tentativas de interpretação
   III. Sobre o mecanismo da paranoia
   Pós-escrito

LISTA DOS TEXTOS DE FREUD INCLUÍDOS NA COLEÇÃO

Formulações sobre os dois princípios do funcionamento
   psíquico (1911)
[Artigos sobre técnica]
   O uso da interpretação dos sonhos na psicanálise (1911)
   A dinâmica da transferência (1912)
   Recomendações ao médico que pratica a psicanálise (1912)
   O início do tratamento (1913)
   Recordar, repetir e elaborar (1914)
   Observações sobre o amor de transferência (1915)
Tipos de adoecimento neurótico (1912)
O debate sobre a masturbação (1912)
Algumas observações sobre o conceito de inconsciente
   na psicanálise (1912)
Princípios básicos da psicanálise (1913)
Um sonho como prova (1913)
Sonhos com material de contos de fadas (1913)
O tema da escolha do cofrinho (1913)
Duas mentiras infantis (1913)
A predisposição à neurose obsessiva (1913)
Prefácios e textos breves (1911-1913)
   Prefácio a *O método psicanalítico*, de Oskar Pfister
   Prefácio a *Os transtornos psíquicos da potência masculina*,
      de Maxim Steiner
   Prefácio a *Ritos escatológicos do mundo inteiro*, de J. G. Bourke
   Resenha de *Sobre psicología y psicoterapia de ciertos estados
      angustiosos*, de G. Greve
   O significado de uma sequência de vogais
   "Grande é a Diana dos efésios!"
Índice remissivo

VOLUME 11:
TOTEM E TABU, CONTRIBUIÇÃO À HISTÓRIA DO MOVIMENTO PSICANALÍTICO E OUTROS TEXTOS
(1912-1914)

Esta edição
Totem e tabu (1912-1913)
   Prefácio
   Prefácio à edição hebraica

I. O horror ao incesto
   II. O tabu e a ambivalência dos sentimentos
   III. Animismo, magia e onipotência dos pensamentos
   IV. O retorno do totemismo na infância
Contribuição à história do movimento psicanalítico (1914)
O interesse da psicanálise (1913)
   I. O interesse psicológico
   II. O interesse da psicanálise para as ciências não psicológicas
Sobre a *fausse reconnaissance* (o "*déjà raconté*") no trabalho psicanalítico (1914)
O Moisés de Michelangelo (1914)
Textos breves (1913-1914)
   Experiências e exemplos tirados da prática psicanalítica
   Sobre a psicologia do colegial
Índice remissivo

VOLUME 12:
INTRODUÇÃO AO NARCISISMO, ENSAIOS DE METAPSICOLOGIA E OUTROS TEXTOS
(1914-1916)

Esta edição
Introdução ao narcisismo (1914)
[Ensaios de metapsicologia]
   Os instintos e seus destinos (1915)
   A repressão (1915)
   O inconsciente (1915)
      I. Justificação do inconsciente
      II. A pluralidade de sentidos do inconsciente e o ponto de vista topológico
      III. Sentimentos inconscientes
      IV. Topologia e dinâmica da repressão
      V. As características especiais do sistema ICS
      VI. A comunicação entre os dois sistemas
      VII. A identificação do inconsciente
   Complemento metapsicológico à teoria dos sonhos (1917 [1915])
   Luto e melancolia (1917 [1915])
Comunicação de um caso de paranoia que contradiz a teoria psicanalítica (1915)
Considerações atuais sobre a guerra e a morte (1915)

LISTA DOS TEXTOS DE FREUD INCLUÍDOS NA COLEÇÃO

    I. A desilusão causada pela guerra
    II. Nossa atitude perante a morte
A transitoriedade (1916)
Alguns tipos de caráter encontrados na prática psicanalítica (1916)
    I. As exceções
    II. Os que fracassam no triunfo
    III. Os criminosos por sentimento de culpa
Textos breves (1915-1916)
    Paralelo mitológico de uma imagem obsessiva
    Uma relação entre um símbolo e um sintoma
    Carta à dra. Hermine von Hug-Hellmuth
Índice remissivo

VOLUME 13:
CONFERÊNCIAS INTRODUTÓRIAS À PSICANÁLISE (1916-1917)

Esta edição
Conferências introdutórias à psicanálise [1916-1917]
    Prefácio
    Prefácio à edição hebraica
Primeira parte: Os atos falhos [1916]
    1. Introdução
    2. Os atos falhos
    3. Os atos falhos (continuação)
    4. Os atos falhos (conclusão)
Segunda parte: Os sonhos
    5. Dificuldades e primeiras aproximações
    6. Pressupostos e técnica da interpretação
    7. Conteúdo onírico manifesto e pensamentos oníricos latentes
    8. Sonhos de crianças
    9. A censura dos sonhos
    10. O simbolismo dos sonhos
    11. O trabalho do sonho
    12. Análises de exemplos de sonhos
    13. Traços arcaicos e infantilismo dos sonhos
    14. A realização de desejos
    15. Incertezas e críticas
Terceira parte: Teoria geral das neuroses [1917]
    16. Psicanálise e psiquiatria

17. O sentido dos sintomas
18. A fixação no trauma, o inconsciente
19. Resistência e repressão
20. A vida sexual humana
21. O desenvolvimento da libido e as organizações sexuais
22. Considerações sobre desenvolvimento e regressão. Etiologia
23. Os caminhos da formação de sintomas
24. O estado neurótico comum
25. A angústia
26. A teoria da libido e o narcisismo
27. A transferência
28. A terapia analítica

Índice remissivo

VOLUME 14:
HISTÓRIA DE UMA NEUROSE INFANTIL ("O HOMEM DOS LOBOS"), ALÉM DO PRINCÍPIO DO PRAZER E OUTROS TEXTOS (1917-1920)

Esta edição
História de uma neurose infantil ("O Homem dos Lobos", 1918 [1914])
    I. Observações preliminares
    II. Panorama do ambiente e da história clínica
    III. A sedução e suas consequências imediatas
    IV. O sonho e a cena primária
    V. Algumas discussões
    VI. A neurose obsessiva
    VII. Erotismo anal e complexo da castração
    VIII. Complementos ao período primordial — solução
    IX. Resumos e problemas
Além do princípio do prazer (1920)
Uma dificuldade da psicanálise (1917)
Sobre transformações dos instintos, em particular no erotismo anal (1917)
Uma recordação de infância em *Poesia e verdade* (1917)
Caminhos da terapia psicanalítica (1919)
"Batem numa criança": *Contribuição ao conhecimento da gênese das perversões sexuais* (1919)

O inquietante (1919)
Deve-se ensinar a psicanálise nas universidades? (1919)
Introdução a *Psicanálise das neuroses de guerra* (1919)
Prefácios e textos breves (1919)
    Prefácio a *Problemas de psicologia da religião*,
        de Theodor Reik
    E. T. A. Hoffmann e a função da consciência
    A Editora Psicanalítica Internacional e os prêmios
        para trabalhos psicanalíticos
    James J. Putnam
    Victor Tausk
Índice remissivo

VOLUME 15:
PSICOLOGIA DAS MASSAS E ANÁLISE DO EU
E OUTROS TEXTOS
(1920-1923)

Esta edição
Psicologia das massas e análise do Eu (1921)
    I. Introdução
    II. A alma coletiva segundo Le Bon
    III. Outras abordagens da vida anímica coletiva
    IV. Sugestão e libido
    V. Duas massas artificiais: Igreja e Exército
    VI. Outras tarefas e direções de trabalho
    VII. A identificação
    VIII. Enamoramento e hipnose
    IX. O instinto gregário
    X. A massa e a horda primeva
    XI. Um grau no interior do eu
    XII. Complementos
Sobre a psicogênese de um caso de homossexualidade feminina (1920)
[Psicanálise e telepatia] (1941 [1921])
Sonho e telepatia (1922)
Sobre alguns mecanismos neuróticos no ciúme, na paranoia
   e na homossexualidade (1922)
Uma neurose do século XVII envolvendo o demônio (1923)
    [Prefácio]

I. A história do pintor Christoph Haitzmann
II. O motivo do pacto com o demônio
III. O demônio como sucedâneo do pai
IV. Os dois pactos
V. O curso posterior da neurose
"Psicanálise" e "Teoria da libido" (1923)
I. Psicanálise
II. Teoria da libido
Prefácios e textos breves (1920-1922)
Contribuição à pré-história da técnica psicanalítica
A associação de ideias de uma garota de quatro anos
O dr. Anton von Freund
Prefácio a *Addresses on Psychoanalysis*, de James J. Putnam
Apresentação de *The Psychology of Day-Dreams*, de J. Varendonck
Prefácio a *La Méthode psychanalytique*, de Raymond de Saussure
Algumas palavras sobre o inconsciente
A cabeça da Medusa
Índice remissivo

VOLUME 16:
O EU E O ID, "AUTOBIOGRAFIA" E OUTROS TEXTOS (1923-1925)

Esta edição
O Eu e o Id (1923)
I. Consciência e inconsciente
II. O Eu e o Id
III. O Eu e o Super-eu (ideal do Eu)
IV. As duas espécies de instintos
V. As relações de dependência do Eu
"Autobiografia" (1925)
A organização genital infantil (1923)
Neurose e psicose (1924)
O problema econômico do masoquismo (1924)
A dissolução do complexo de Édipo (1924)
A perda da realidade na neurose e na psicose (1924)
Resumo da psicanálise (1924)
As resistências à psicanálise (1925)

LISTA DOS TEXTOS DE FREUD INCLUÍDOS NA COLEÇÃO

Nota sobre o "Bloco Mágico" (1925)
A negação (1925)
Algumas consequências psíquicas da diferença anatômica
   entre os sexos (1925)
Observações sobre a teoria e a prática da interpretação
   dos sonhos (1923)
Alguns complementos à interpretação dos sonhos (1925)
   a. Os limites da interpretabilidade
   b. A responsabilidade moral pelo conteúdo dos sonhos
   c. O significado ocultista dos sonhos
Josef Popper-Lynkeus e a teoria dos sonhos (1923)
Prefácios e textos breves (1923-1925)
    Prólogo a *Relatório sobre a Policlínica Psicanalítica
       de Berlim*, de Max Eitingon
    Carta a Luis López-Ballesteros y de Torres
    Carta a Fritz Wittels
    Declaração sobre Charcot
    Prólogo a *Juventude abandonada*, de August Aichhorn
    Josef Breuer [1842-1925]
    Excerto de uma carta sobre o judaísmo
    Mensagem na inauguração da Universidade Hebraica
Índice remissivo

VOLUME 17:
INIBIÇÃO, SINTOMA E ANGÚSTIA, O FUTURO DE UMA ILUSÃO E OUTROS TEXTOS
(1926-1929)

Esta edição
Inibição, sintoma e angústia (1926)
A questão da análise leiga: Diálogo com um interlocutor
   imparcial (1926)
      Pós-escrito (1927)
      Apêndice: Carta sobre Theodor Reik e o charlatanismo
O futuro de uma ilusão (1927)
O fetichismo (1927)
Psicanálise (1926)
O humor (1927)
Uma experiência religiosa (1928)

Dostoiévski e o parricídio (1928)
    Apêndice: Carta a Theodor Reik
Textos breves (1926-1929)
    Karl Abraham [1877-1925]
    A Romain Rolland no 60º aniversário
    Discurso na Sociedade B'nai B'rith
    Apresentação de um artigo de E. Pickworth Farrow
    A Ernest Jones no 50º aniversário
    Carta sobre alguns sonhos de Descartes
Índice remissivo

VOLUME 18:
O MAL-ESTAR NA CIVILIZAÇÃO, NOVAS CONFERÊNCIAS INTRODUTÓRIAS À PSICANÁLISE E OUTROS TEXTOS (1930-1936)

Esta edição
O mal-estar na civilização (1930)
Novas conferências introdutórias à psicanálise (1933)
    Prefácio
    29. Revisão da teoria do sonho
    30. Sonhos e ocultismo
    31. A dissecção da personalidade psíquica
    32. Angústia e instintos
    33. A feminilidade
    34. Esclarecimentos, explicações, orientações
    35. Acerca de uma visão de mundo
O prêmio Goethe (1930)
Tipos libidinais (1931)
Sobre a sexualidade feminina (1931)
A conquista do fogo (1932)
Meu contato com Josef Popper-Lynkeus (1932)
Por que a guerra? (Carta a Einstein, 1932)
Um distúrbio de memória na Acrópole
   (Carta a Romain Rolland, 1936)
Prefácios e textos breves (1930-1936)
    Apresentação de *The Medical Review of Reviews*
    Prólogo a *Dez anos do Instituto Psicanalítico de Berlim*
    O parecer da faculdade no processo Halsmann

LISTA DOS TEXTOS DE FREUD INCLUÍDOS NA COLEÇÃO

  Apresentação de *Elementi di psicoanalisi*,
   de Edoardo Weiss
  Excerto de uma carta a Georg Fuchs
  Carta ao prefeito da cidade de Příbor
  Apresentação de *Teoria geral das neuroses sobre base psicanalítica*, de Hermann Nunberg
  Prólogo a *Dicionário de psicanálise*, de Richard Sterba
  Sándor Ferenczi
  Prólogo a *Edgar Poe: Estudo psicanalítico*,
   de Marie Bonaparte
  A Thomas Mann, em seu 60º aniversário
  A sutileza de um ato falho
Índice remissivo

VOLUME 19:
MOISÉS E O MONOTEÍSMO, COMPÊNDIO DE PSICANÁLISE E OUTROS TEXTOS
(1937-1939)

Esta edição
Moisés e o monoteísmo: Três ensaios (1939 [1934-1938])
  I. Moisés, um egípcio
  II. Se Moisés era um egípcio…
  III. Moisés, seu povo e o monoteísmo
   Primeira parte
    Nota preliminar I
    Nota preliminar II
    a. A premissa histórica
    b. Período de latência e tradição
    c. A analogia
    d. Aplicação
    e. Dificuldades
   Segunda parte
    Resumo e recapitulação
    a. O povo de Israel
    b. O grande homem
    c. O avanço na espiritualidade
    d. Renúncia instintual
    e. O conteúdo de verdade da religião

        f. O retorno do reprimido
        g. A verdade histórica
        h. A evolução histórica
Compêndio de psicanálise (1940 [1938])
    [Prefácio]
    Parte I — [A natureza do psíquico]
        1. O aparelho psíquico
        2. Teoria dos instintos
        3. O desenvolvimento da função sexual
        4. Qualidades psíquicas
        5. Explicação com base na interpretação dos sonhos
    Parte II — A tarefa prática
        6. A técnica psicanalítica
        7. Uma amostra do trabalho psicanalítico
    Parte III — O ganho teórico
        8. O aparelho psíquico e o mundo exterior
        9. O mundo interior
Análise terminável e interminável (1937)
Construções na análise (1937)
A cisão do Eu no processo de defesa (1940 [1938])
Algumas lições elementares de psicanálise (1940 [1938])
Textos breves (1937-1938)
    Lou Andreas-Salomé [1861-1937]
    Conclusões, ideias, problemas
    Um comentário sobre o antissemitismo
    O antissemitismo na Inglaterra
Índice remissivo

LISTA DOS TEXTOS DE FREUD INCLUÍDOS NA COLEÇÃO

B. LISTA ALFABÉTICA DOS TÍTULOS

[Psicanálise e telepatia] (1941 [1921]), **vol. 15:** 150
"Autobiografia" (1925), **vol. 16:** 75
"Batem numa criança": *Contribuição ao conhecimento da gênese das perversões sexuais* (1919), **vol. 14:** 293
"Grande é a Diana dos efésios!" (1911), **vol. 10:** 355
"Psicanálise" e "Teoria da libido" (1923), **vol. 15:** 273
A Ernest Jones no 50º aniversário (1929), **vol. 17:** 372
A Romain Rolland no 60º aniversário (1926), **vol. 17:** 367
A Thomas Mann, em seu 60º aniversário (1935), **vol. 18:** 470
Além do princípio do prazer (1920), **vol. 14:** 161
Algumas consequências psíquicas da diferença anatômica entre os sexos (1925), **vol. 16:** 283
Algumas considerações para um estudo comparativo das paralisias motoras orgânicas e histéricas (1893), **vol. 1:** 188
Algumas lições elementares de psicanálise (1940 [1938]), **vol. 19:** 351
Algumas observações sobre o conceito de inconsciente na psicanálise (1912), **vol. 10:** 255
Algumas palavras sobre o inconsciente (1922), **vol. 15:** 325
Alguns complementos à interpretação dos sonhos (1925), **vol. 16:** 318
Alguns tipos de caráter encontrados na prática psicanalítica (1916), **vol. 12:** 253
Análise da fobia de um garoto de cinco anos ("O pequeno Hans", 1909), **vol. 8:** 123
Análise fragmentária de uma histeria ("O caso Dora", 1905 [1901]), **vol. 6:** 173
Análise terminável e interminável (1937), **vol. 19:** 247
Antissemitismo na Inglaterra, O (1938), **vol. 19:** 368
Anúncio da coleção *Escritos de psicologia aplicada* (1907), **vol. 8:** 428
Apresentação de *Elementi di psicoanalisi*, de Edoardo Weiss (1931), **vol. 18:** 459
Apresentação de *Teoria geral das neuroses sobre base psicanalítica*, de Hermann Nunberg (1932), **vol. 18:** 463
Apresentação de *The Medical Review of Reviews* (1930), **vol. 18:** 452
Apresentação de *The Psychology of Day-Dreams*, de J. Varendonck (1921), **vol. 15:** 321
Apresentação de um artigo de E. Pickworth Farrow (1926), **vol. 17:** 371
Associação de ideias de uma garota de quatro anos, A (1920), **vol. 15:** 314
Atos falhos, Os [1916], **vol. 13:** 18
Atos obsessivos e práticas religiosas (1907), **vol. 8:** 300

LISTA DOS TEXTOS DE FREUD INCLUÍDOS NA COLEÇÃO

Cabeça da Medusa, A (1922), **vol. 15:** 326
Caminhos da terapia psicanalítica (1919), **vol. 14:** 279
Caráter e erotismo anal (1908), **vol. 8:** 350
Carta à dra. Hermine von Hug-Hellmuth (1915), **vol. 12:** 294
Carta a Friedrich S. Krauss sobre a revista *Anthropophyteia* (1910), **vol. 9:** 391
Carta a Fritz Wittels (1923), **vol. 16:** 343
Carta a Luis López-Ballesteros y de Torres (1923), **vol. 16:** 342
Carta ao prefeito da cidade de Příbor (1931), **vol. 18:** 462
Carta sobre alguns sonhos de Descartes (1929), **vol. 17:** 373
Caso de cura por hipnose, Um (1892-1893), **vol. 1:** 147
Charcot (1893), **vol. 3:** 15
Chiste e sua relação com o inconsciente, O (1905), **vol. 7:** 13
Cinco lições de psicanálise (1910), **vol. 9:** 220
Cisão do Eu no processo de defesa, A (1940 [1938]), **vol. 19:** 345
Comentário sobre o antissemitismo, Um (1938), **vol. 19:** 365
Compêndio de psicanálise (1940 [1938]), **vol. 19:** 189
Complemento metapsicológico à teoria dos sonhos (1917 [1915]), **vol. 12:** 151
Comunicação de um caso de paranoia que contradiz a teoria psicanalítica (1915), **vol. 12:** 195
Concepção psicanalítica do transtorno psicogênico da visão (1910), **vol. 9:** 313
Conclusões, ideias, problemas (1938), **vol. 19:** 363
Conferências introdutórias à psicanálise [1916-1917], **vol. 13:** 13
Conquista do fogo, A (1932), **vol. 18:** 399
Considerações atuais sobre a guerra e a morte (1915), **vol. 12:** 209
Considerações gerais sobre o ataque histérico (1909), **vol. 8:** 412
Construções na análise (1937), **vol. 19:** 327
Contribuição à história do movimento psicanalítico (1914), **vol. 11:** 245
Contribuição à pré-história da técnica psicanalítica (1920), **vol. 15:** 310
Crítica à "neurose de angústia", A (1895), **vol. 3:** 116

Debate sobre a masturbação, O (1912), **vol. 10:** 240
Declaração sobre Charcot (1924), **vol. 16:** 346
Delírio e os sonhos na *Gradiva* de W. Jensen, O (1907), **vol. 8:** 13
Deve-se ensinar a psicanálise nas universidades? (1919), **vol. 14:** 377
Dificuldade da psicanálise, Uma (1917), **vol. 14:** 240
Dinâmica da transferência, A (1912), **vol. 10:** 133
Discurso na Sociedade B'nai B'rith (1926), **vol. 17:** 368
Dissolução do complexo de Édipo, A (1924), **vol. 16:** 203
Distúrbio de memória na Acrópole, Um (Carta a Romain Rolland, 1936),
    vol. 18: 436

LISTA DOS TEXTOS DE FREUD INCLUÍDOS NA COLEÇÃO

Dostoiévski e o parricídio (1928), **vol. 17:** 337
Dr. Anton von Freund, O (1920), **vol. 15:** 315
Duas mentiras infantis (1913), **vol. 10:** 317

E. T. A. Hoffmann e a função da consciência (1919), **vol. 14:** 396
Editora Psicanalítica Internacional e os prêmios para trabalhos psicanalíticos, A (1919), **vol. 14:** 397
Esboços da "Comunicação preliminar" (1940-1941 [1892]), **vol. 1:** 178
Esclarecimento sexual das crianças, O (Carta aberta ao dr. M. Fürst, 1907), **vol. 8:** 314
Escritor e a fantasia, O (1908), **vol. 8:** 325
Estudos sobre a histeria (1893-1895), **vol. 2:** 13
Etiologia da histeria, A (1896), **vol. 3:** 191
Eu e o Id, O (1923), **vol. 16:** 13
Excerto de uma carta a Georg Fuchs (1931), **vol. 18:** 460
Excerto de uma carta sobre o judaísmo (1925), **vol. 16:** 353
Exemplos de como os neuróticos revelam suas fantasias patogênicas (1910), **vol. 9:** 393
Experiência religiosa, Uma (1928), **vol. 17:** 331
Experiências e exemplos tirados da prática psicanalítica (1913), **vol. 11:** 414

Fantasias histéricas e sua relação com a bissexualidade, As (1908), **vol. 8:** 339
Fetichismo, O (1927), **vol. 17:** 302
Formulações sobre os dois princípios do funcionamento psíquico (1911), **vol. 10:** 108
Futuro de uma ilusão, O (1927), **vol. 17:** 231

Hereditariedade e a etiologia das neuroses, A (1896), **vol. 3:** 139
Hipnose (1891), **vol. 1:** 132
Histeria (1888), **vol. 1:** 39
Histeroepilepsia (1988), **vol. 1:** 65
História de uma neurose infantil ("O Homem dos Lobos", 1918 [1914]), **vol. 14:** 13
Humor, O (1927), **vol. 17:** 322

Inconsciente, O (1915), **vol. 12:** 99
Informe sobre minha viagem de estudos a Paris e Berlim (1886), **vol. 1:** 13
Inibição, sintoma e angústia (1926), **vol. 17:** 13
Início do tratamento, O (1913), **vol. 10:** 163
Inquietante, O (1919), **vol. 14:** 328

LISTA DOS TEXTOS DE FREUD INCLUÍDOS NA COLEÇÃO

Instintos e seus destinos, Os (1915), **vol. 12:** 51
Instrução judicial e a psicanálise, A (1906), **vol. 8:** 285
Interesse da psicanálise, O (1913), **vol. 11:** 328
Interpretação dos sonhos, A (1900), **vol. 4:** 13
Introdução a *Psicanálise das neuroses de guerra* (1919), **vol. 14:** 382
Introdução ao narcisismo (1914), **vol. 12:** 13
Introdução e conclusão de um debate sobre o suicídio (1910), **vol. 9:** 389

James J. Putnam (1919), **vol. 14:** 400
Josef Breuer [1842-1925] (1925), **vol. 16:** 350
Josef Popper-Lynkeus e a teoria dos sonhos (1923), **vol. 16:** 335

Karl Abraham [1877-1925] (1926), **vol. 17:** 366

Lembranças encobridoras (1899), **vol. 3:** 275
Lista dos trabalhos científicos do dr. Sigmund Freud, 1877-1897, **vol. 3:** 305
Lou Andreas-Salomé [1861-1937] (1937), **vol. 19:** 362
Luto e melancolia (1917 [1915]), **vol. 12:** 170

Mal-estar na civilização, O (1930), **vol. 18:** 13
Mecanismo psíquico do esquecimento, O (1898), **vol. 3:** 263
Mensagem na inauguração da Universidade Hebraica (1925), **vol. 16:** 354
Método psicanalítico de Freud, O (1904), **vol. 6:** 321
Meu contato com Josef Popper-Lynkeus (1932), **vol. 18:** 408
Meus pontos de vista sobre o papel da sexualidade na etiologia das neuroses (1906), **vol. 6:** 348
Moisés de Michelangelo, O (1914), **vol. 11:** 373
Moisés e o monoteísmo: Três ensaios (1939 [1934-1938]), **vol. 19:** 13
Moral sexual "cultural" e o nervosismo moderno, A (1908), **vol. 8:** 359

Negação, A (1925), **vol. 16:** 275
Neuropsicoses de defesa, As (1894), **vol. 3:** 49
Neurose do século XVII envolvendo o demônio, Uma (1923), **vol. 15:** 225
Neurose e psicose (1924), **vol. 16:** 176
Nota autobiográfica (1901 [1899]), **vol. 3:** 313
Nota sobre o "Bloco Mágico" (1925), **vol. 16:** 267
Novas conferências introdutórias à psicanálise (1933), **vol. 18:** 123
Novas observações sobre as neuropsicoses de defesa (1896), **vol. 3:** 159

Obituário do prof. S. Hammerschlag (1904), **vol. 6:** 378

LISTA DOS TEXTOS DE FREUD INCLUÍDOS NA COLEÇÃO

Observação de um caso grave de hemianestesia num homem histérico (1886), **vol. 1:** 27
Observações psicanalíticas sobre um caso de paranoia (*dementia paranoides*) relatado em autobiografia ("O caso Schreber") (1911), **vol. 10:** 13
Observações sobre a teoria e a prática da interpretação dos sonhos (1923), **vol. 16:** 300
Observações sobre o amor de transferência (1915), **vol. 10:** 210
Observações sobre um caso de neurose obsessiva ("O Homem dos Ratos", 1909), **vol. 9:** 13
Obsessões e fobias (1895), **vol. 3:** 68
Organização genital infantil, A (1923), **vol. 16:** 168

Paralelo mitológico de uma imagem obsessiva (1916), **vol. 12:** 288
Parecer da faculdade no processo Halsmann, O (1931), **vol. 18:** 456
Perda da realidade na neurose e na psicose, A (1924), **vol. 16:** 214
Personagens psicopáticos no teatro (1942 [1905 ou 1906]), **vol. 6:** 361
Perspectivas futuras da terapia psicanalítica, As (1910), **vol. 9:** 287
Por que a guerra? (Carta a Einstein, 1932), **vol. 18:** 417
Pós-escrito à análise do pequeno Hans (1922), **vol. 8:** 283
Predisposição à neurose obsessiva, A (1913), **vol. 10:** 324
Prefácio a *Addresses on Psychoanalysis*, de James J. Putnam (1921), **vol. 15:** 318
Prefácio a *Estados nervosos de angústia e seu tratamento*, de W. Stekel (1908), **vol. 8:** 430
Prefácio a *La Méthode psychanalytique*, de Raymond de Saussure (1922), **vol. 15:** 323
Prefácio a *O estudo da alma: Ensaios no âmbito da psicanálise*, de S. Ferenczi (1910), **vol. 8:** 431
Prefácio a *O método psicanalítico*, de Oskar Pfister (1913), **vol. 10:** 340
Prefácio a *Os transtornos psíquicos da potência masculina*, de Maxim Steiner (1913), **vol. 10:** 344
Prefácio a *Problemas de psicologia da religião*, de Theodor Reik (1919), **vol. 14:** 390
Prefácio a *Reunião de textos menores sobre a teoria das neuroses dos anos de 1893-1906* (1906), **vol. 3:** 13
Prefácio a *Ritos escatológicos do mundo inteiro*, de J. G. Bourke (1913), **vol. 10:** 346
Prefácio à segunda edição alemã [de *De la Suggestion*] (1896), **vol. 1:** 83
Prefácio à tradução de H. Bernheim, *De la Suggestion* (1888), **vol. 1:** 83
Prefácio à tradução de J.-M. Charcot, *Lições sobre as doenças do sistema nervoso* (1886), **vol. 1:** 342

LISTA DOS TEXTOS DE FREUD INCLUÍDOS NA COLEÇÃO

Prefácio e notas à tradução de J.-M. Charcot, *Leçons du mardi à la Salpêtrière* (1892-1894), **vol. 1:** 164
Prêmio Goethe, O (1930), **vol. 18:** 355
Princípios básicos da psicanálise (1913), **vol. 10:** 268
Problema econômico do masoquismo, O (1924), **vol. 16:** 184
Projeto de uma psicologia (1950 [1895]), **vol. 1:** 216
Prólogo a *Dez anos do Instituto Psicanalítico de Berlim* (1930), **vol. 18:** 454
Prólogo a *Dicionário de psicanálise*, de Richard Sterba (1936), **vol. 18:** 464
Prólogo a *Edgar Poe: Estudo psicanalítico*, de Marie Bonaparte (1933), **vol. 18:** 469
Prólogo a *Juventude abandonada*, de August Aichhorn (1925), **vol. 16:** 347
Prólogo a *Relatório sobre a Policlínica Psicanalítica de Berlim*, de Max Eitingon (1923), **vol. 16:** 341
Psicanálise (1926), **vol. 17:** 311
Psicologia das massas e análise do Eu (1921), **vol. 15:** 13
Psicopatologia da vida cotidiana (1901), **vol. 5:** 13
Psicoterapia (1905), **vol. 6:** 331

Questão da análise leiga: Diálogo com um interlocutor imparcial, A (1926), **vol. 17:** 124

Recomendações ao médico que pratica a psicanálise (1912), **vol. 10:** 147
Recordação de infância de Leonardo da Vinci, Uma (1910), **vol. 9:** 113
Recordação de infância em *Poesia e verdade*, Uma (1917), **vol. 14:** 263
Recordar, repetir e elaborar (1914), **vol. 10:** 193
Relação entre um símbolo e um sintoma, Uma (1916), **vol. 12:** 291
Repressão, A (1915), **vol. 12:** 82
Resenha de A. Hegar, *O instinto sexual: Um estudo médico-social* (1895), **vol. 1:** 348
Resenha de Auguste Forel, *O hipnotismo* (1889), **vol. 1:** 86
Resenha de *Cartas a mulheres neuróticas*, de Wilhelm Neutra (1910), **vol. 9:** 395
Resenha de H. Averbeck, *A neurastenia aguda* (1887), **vol. 1:** 343
Resenha de Heinrich Obersteiner, "O hipnotismo considerado especialmente em sua importância clínica e forense" (1888), **vol. 1:** 346
Resenha de *Lutando contra os bacilos do cérebro*, de Georg Biedenkapp (1903), **vol. 6:** 376
Resenha de *O mistério do sono*, de John Bigelow (1904), **vol. 6:** 377
Resenha de *Os fenômenos psíquicos compulsivos*, de L. Löwenfeld (1904), **vol. 6:** 371
Resenha de Oswald Berkhan, "Tentativas de melhorar a surdo-mudez" (1887), **vol. 1:** 345

LISTA DOS TEXTOS DE FREUD INCLUÍDOS NA COLEÇÃO

Resenha de P. J. Möbius, *A enxaqueca* (1895), **vol. 1:** 209

Resenha de *Sobre psicología y psicoterapia de ciertos estados angustiosos*, de G. Greve (1911), **vol. 10:** 351

Resenha de Weir Mitchell, *O tratamento de certas formas de neurastenia e histeria* (1887), **vol. 1:** 345

Resistências à psicanálise, As (1925), **vol. 16:** 252

Resposta a uma enquete sobre leitura e bons livros (1906), **vol. 8:** 426

Resumo da psicanálise (1924), **vol. 16:** 222

Romance familiar dos neuróticos, O (1909), **vol. 8:** 419

Sándor Ferenczi [1873-1933] (1933), **vol. 18:** 465

Sexualidade na etiologia das neuroses, A (1898), **vol. 3:** 232

Significado de uma sequência de vogais, O (1911), **vol. 10:** 354

Sobre a *fausse reconnaissance* (o *"déjà raconté"*) no trabalho psicanalítico (1914), **vol. 11:** 364

Sobre a mais comum depreciação na vida amorosa (Contribuições à psicologia do amor II) (1912), **vol. 9:** 347

Sobre a psicogênese de um caso de homossexualidade feminina (1920), **vol. 15:** 114

Sobre a psicologia do colegial (1914), **vol. 11:** 418

Sobre a sexualidade feminina (1931), **vol. 18:** 371

Sobre alguns mecanismos neuróticos no ciúme, na paranoia e na homossexualidade (1922), **vol. 15:** 209

Sobre as teorias sexuais infantis (1908), **vol. 8:** 390

Sobre o mecanismo psíquico dos fenômenos histéricos (1893), **vol. 3:** 32

Sobre o sentido antitético das palavras primitivas (1910), **vol. 9:** 302

Sobre os motivos para separar da neurastenia um complexo de sintomas, a "neurose de angústia" (1895), **vol. 3:** 81

Sobre os sonhos (1901), **vol. 5:** 377

Sobre psicanálise "selvagem" (1910), **vol. 9:** 324

Sobre transformações dos instintos, em particular no erotismo anal (1917), **vol. 14:** 252

Sonho como prova, Um (1913), **vol. 10:** 277

Sonho e telepatia (1922), **vol. 15:** 174

Sonhos com material de contos de fadas (1913), **vol. 10:** 291

Sutileza de um ato falho, A (1935), **vol. 18:** 471

Tabu da virgindade, O (Contribuições à psicologia do amor III) (1917), **vol. 9:** 364

Tema da escolha do cofrinho, O (1913), **vol. 10:** 301

LISTA DOS TEXTOS DE FREUD INCLUÍDOS NA COLEÇÃO

Teoria geral das neuroses [1917], **vol. 13:** 324
Tipo especial de escolha de objeto feita pelo homem, Um (Contribuições
    à psicologia do amor I) (1910), **vol. 9:** 334
Tipos de adoecimento neurótico (1912), **vol. 10:** 229
Tipos libidinais (1931), **vol. 18:** 365
Totem e tabu (1912-1913), **vol. 11:** 13
Transitoriedade, A (1916), **vol. 12:** 247
Tratamento psíquico (da alma) (1890), **vol. 1:** 104
Três ensaios sobre a teoria da sexualidade (1905), **vol. 6:** 13

Uso da interpretação dos sonhos na psicanálise, O (1911), **vol. 10:** 122

Victor Tausk (1919), **vol. 14:** 402

LISTA DE FOTOS E ILUSTRAÇÕES

LISTA DE FOTOS E ILUSTRAÇÕES

Abuso de Emma, Memória do (esquema de Freud), **vol. 1:** 295
Abutre, Egito, 716-332 a.C., bronze, 4,3 cm, **vol. 9:** 4
Amon-Rá, Egito, 716-332 a.C., 21,2 cm, **vol. 19:** 4
Amuleto com falo, Roma, bronze, 8 cm, **vol. 2:** 4
Aparelho psíquico (esquemas de Freud), **vol. 4:** 588-9, 591
Aparição do Demônio a Christoph Haitzmann (gravuras de Haitzmann), **vol. 15:** 237-8
Artemis, Grécia, período helenístico, séc. II a.C., 25 cm, **vol. 15:** 3
Árvore com lobos (desenho do "Homem dos Lobos"), **vol. 14:** 42
Ato sexual (desenho anatômico de Da Vinci), **vol. 9:** 126, 128

Babuíno de Toth, Egito, período romano, 30 a.C.-395 d.C., 21,5 cm, **vol. 11:** 3
Balsamarium, Itália Central, séc. III a.C., 9,4 cm, **vol. 10:** 4
Baubo, período ptolomaico, terracota, 9,5 cm, **vol. 1:** 4
Baubo (personagem mitológica), **vol. 12:** 290
"Boné auditivo" do Eu (desenho de Freud), **vol. 16:** 30
Buda, Ásia, s.d., **vol. 14:** 3

Cabeça de guardião, China, dinastia Ming, séc. XV-XVII, 17 cm, **vol. 15:** 4
Cabeça de mulher, Grécia, período clássico, séc. IV a.C., mármore, 12 cm, **vol. 17:** 3
Caminho planejado por Hans (desenho de Freud), **vol. 8:** 173
Cavalo (desenho do pai do pequeno Hans), **vol. 8:** 174
Cavalo e cavaleiro, Grécia, *c.* 550 a.C., terracota, 10,3 cm, **vol. 8:** 4
Consciência da representação do sonho (esquema de Freud), **vol. 1:** 282
Constituição libidinal de uma massa (esquema de Freud), **vol. 15:** 76

Deusa Bastet, Egito, período tardio, 600-332 a.C., 16,9 cm, **vol. 6:** 4

Eros, Grécia, período helenístico, terracota, 10 cm, **vol. 13:** 3
Eros, Grécia, período helenístico, terracota, 13,5 cm, **vol. 1:** 3
Eros, Grécia, séc. II a.C., 38 cm, **vol. 10:** 3
Esfinge, séc. V a.C., 18,5 cm, **vol. 12:** 3
Estatueta de Vishnu, séc. XX, marfim, **vol. 3:** 3
Estatueta em madeira de trabalhadores e bois, Egito Antigo, **vol. 5:** 4
Estímulos — Mundo exterior (desenho de Freud), **vol. 1:** 244
Equação etiológica das neuroses (esquema de Freud), **vol. 13:** 480
Eu como uma rede de neurônios (desenho de Freud), **vol. 1:** 259

LISTA DE FOTOS E ILUSTRAÇÕES

FAMILIONÁRIO (chiste/esquema de Freud), **vol. 7:** 31
"Faz-pipi" (desenho do pequeno Hans), **vol. 8:** 134
Figura de mulher, China, dinastia Tang, séc. VII-VIII, terracota, **vol. 4:** 4
Figura de sábio taoista, China, séc. XIX, 32,5 cm, **vol. 7:** 4
Figura feminina, Síria, c. 2000-1750 a.C., argila, 11,7 cm, **vol. 9:** 3
Fratrias (doze clãs totêmicos, esquema de Freud), **vol. 11:** 28

Girafa (desenho do pai do pequeno Hans), **vol. 8:** 134
Gradiva, Roma, baixo-relevo, **vol. 8:** 20
Guerreiro da Úmbria, Itália, 500-450 a.C., bronze, 20,8 cm, **vol. 13:** 4

Imhotep, Egito, último período, séc. VIII-IV a.C., **vol. 14:** 4
Instinto de olhar (esquema de Freud), **vol. 12:** 68
Ísis amamentando Hórus menino, Egito, 664-525 a.C., 21,5 cm, **vol. 19:** 3

Jarro com Édipo e a Esfinge, Atenas, séc. IV a.C., 22,8 cm, **vol. 16:** 3
Jarro para óleo com a deusa Eos, Atenas, c. 450 a.C., 37,4 cm, **vol. 2:** 3
Júpiter, Roma, séc. II d.C., bronze, 12,9 cm, **vol. 20:** 4

Lobos em uma árvore (desenho do "Homem dos Lobos"), **vol. 14:** 42

Mapa das escavações de Pompeia no início do séc. XX, **vol. 8:** 23
Mapa do episódio do pincenê de "O Homem dos Ratos" (ilustração de
    Mr. e Mrs. Strachey), **vol. 9:** 74NA
Máscara de caixão, Egito, período romano, gesso, 19 cm, **vol. 20:** 3
Máscara de múmia masculina, Egito, séc. I ou II d.C., **vol. 7:** 3
Máscara, Egito, séc. XII a.C., 24,5 cm, **vol. 12:** 4
Memória do abuso de Emma (esquema de Freud), **vol. 1:** 295
Moisés (escultura de Michelangelo), **vol. 11:** 390, 392, 396-7
Moisés (estatueta atribuída a De Verdun), **vol. 11:** 410
Mulher assombrada por espíritos ruins e animais venenosos, Bali, séc. XX,
    madeira, 26,7 cm, **vol. 4:** 3
Mundo exterior — Estímulos (desenho de Freud), **vol. 1:** 244

Netsuke na forma de um Shishi, Japão, período Edo, séc. XVIII-XIX, 5 cm,
    vol. 11: 4
Neurônios, o Eu como uma rede de (desenho de Freud), **vol. 1:** 259

Olhar, Instinto de (esquema de Freud), **vol. 12:** 68

LISTA DE FOTOS E ILUSTRAÇÕES

Parte de urna funerária, Egito, período ptolomaico, 332-30 a.C., 38 × 24 cm, **vol. 17:** 4
Pássaro com cabeça de homem, Egito, período ptolomaico, séc. IV a.C., 14 cm, **vol. 18:** 3
Pataikos, Egito, último período, séc. VIII-IV a.C., 9 cm, **vol. 18:** 4

Quaderni di anatomia (desenhos de Da Vinci), **vol. 9:** 126, 128

Relação entre o nome buscado e o tema reprimido (diagrama de Freud), **vol. 3:** 270; **vol. 5:** 19
Relações estruturais da personalidade psíquica (desenho de Freud), **vol. 18:** 222
Remate decorativo em forma de animal, Irã, séc. IX-VII a.C., **vol. 5:** 3
Retrato para uma múmia, Egito, período romano, séc. III, 34 × 23 cm, **vol. 16:** 4

Sábio budista, ferro, dinastia Ming, **vol. 3:** 4
Sant'Ana com a Virgem e o Menino (tela de Da Vinci), **vol. 9:** 188-9, 213
Série excremento—pênis—criança (gráfico de Freud), **vol. 14:** 260
Shabti de Senna, Egito, séc. XV a.C., calcário, 23 cm, **vol. 8:** 3
Sonho da babá francesa (série de ilustrações encontrada por Ferenczi na revista *Fidibusz*), **vol. 4:** 411
Sonho do prisioneiro, O (tela de Moritz von Schwind), **vol. 13:** 182

Vênus, Roma, séc. I ou II d.C., 12,5 cm, **vol. 6:** 3

BIBLIOGRAFIAS

AS INDICAÇÕES "NA" E "NT" DESIGNAM
AS NOTAS DO AUTOR E DO TRADUTOR,
RESPECTIVAMENTE.

BIBLIOGRAFIAS

A. TODAS AS OBRAS DE FREUD

(1877a) "Über den Ursprung der hinteren Nervenwurzeln im Rückenmarke von Ammocoetes (*Petromyzon Planeri*)" [Sobre a origem das raízes nervosas posteriores da medula espinhal do amocete (*Petromyzon planeri*)].

(1877b) "Beobachtungen über Gestaltung und feineren Bau der als Hoden beschriebenen Lappenorgane des Aals" [Observações sobre a configuração e a estrutura fina dos órgãos lobulados da enguia, descritos como testículos].

(1878a) "Über Spinalganglien und Rückenmark des *Petromyzon*" [Sobre os gânglios raquidianos e a medula espinhal do *Petromyzon*].

(1879a) "Notiz über eine Methode zur anatomischen Präparation des Nervensystems" [Nota sobre um método de preparação anatômica do sistema nervoso].

(1880a) Tradução de J. S. Mill, "Enfranchisement of Women" (1851); resenhas de Grote, *Plato and the Other Companions of Sokrates* (1866), "Thornton on Labour and Its Claims" (1869) e "Chapters on Socialism" (1879), com os títulos "Über Frauenemancipation"; "Plato"; "Die Arbeiterfrage"; "Der Sozialismus", em J. S. Mill, *Gesammelte Werke*, org. de T. Gomperz, Leipzig, v. 12, pp. 1-226.

(1882a) "Über den Bau der Nervenfasern und Nervenzellen beim Flusskrebs" [Sobre a estrutura das fibras e células nervosas do caranguejo-de-água-doce].

(1884a) "Ein Fall von Hirnblutung mit indirekten basalen Herdsymptomen bei Scorbut" [Um caso de hemorragia cerebral com sintomas indiretos de um foco basal num paciente com escorbuto].

(1884b) "Eine neue Methode zum Studium des Faserverlaufes im Zentralnervensystem" [Um novo método para o estudo dos tratos nervosos do sistema nervoso central].

(1884c) "A New Histological Method for the Study of Nerve-Tracts in the Brain and Spinal Cord" [Um novo método histológico para o estudo dos tratos nervosos do cérebro e da medula espinhal] (em inglês).

(1884d) "Eine neue Methode zum Studium des Faserverlaufes im Zentralnervensystem" [Um novo método para o estudo dos tratos nervosos do sistema nervoso central].

(1884e) "Über Coca" [Sobre a cocaína]. **vol. 3:** 313; **vol. 4:** 132, 144, 187, 209, 323; **vol. 16:** 86; **vol. 20:** 14.

(1884f [1882]) "Die Struktur der Elemente des Nervensystems" [A estrutura dos elementos do sistema nervoso].

(1885a) "Beitrag zur Kenntnis der Cocawirkung" [Contribuição ao conhecimento do efeito da cocaína].

(1885b) "Über die Allgemeinwirkung des Cocains" [Sobre os efeitos gerais da cocaína].

(1885c) "Ein Fall von Muskelatrophie mit ausgebreiteten Sensibilitätsstörungen (Syringomyelie)" [Um caso de atrofia muscular com extensos distúrbios da sensibilidade (siringomielia)].

(1885d) "Zur Kenntnis der Olivenzwischenschicht" [Nota sobre o trato interolivar].

(1885e) "Gutachten über das Parke Cocain" [Informe sobre a cocaína de Parke], em Gutt, "Über die verschiedenen Cocain-Präparate und deren Wirkung" [Sobre as distintas preparações de cocaína e seus efeitos].

(1885f) Complementos a "Über Coca" [Sobre a cocaína] incluídos na nova edição de 1884e.

(1886a) "Akute multiple Neuritis der spinalen und Hirnnerven" [Neurite aguda múltipla dos nervos da espinha e do cérebro].

(1886b) Em colaboração com L. O. von Darkchevitch, "Über die Beziehung des Strickkörpers zum Hinterstrang und Hinterstrangskern nebst Bemerkungen über zwei Felder der Oblongata" [Sobre a relação do corpo restiforme com o funículo dorsal e seu núcleo, com observações sobre dois campos da medula oblongata]. **vol. 1:** 18.

(1886c) "Über den Ursprung des Nervus acusticus" [Sobre a origem do nervo acústico].

(1886d) "Beobachtung einer hochgradigen Hemianästhesie bei einem hysterischen Manne (Beiträge zur Kasuistik der Hysterie, 1)" [Observação de um caso grave de hemianestesia num homem histérico]. **vol. 1:** 27-38; **vol. 16:** 87.

(1886e) Tradução de J.-M. Charcot, "Sur un Cas de coxalgie hystérique de cause traumatique chez l'homme", com o título "Über einen Fall von hysterischer Coxalgie aus traumatischer Ursache bei einem Manne" [Sobre um caso de coxalgia histérica de causa traumática em um homem]. (Incluído em 1886f.) **vol. 1:** 55.

(1886f) Tradução, com prefácio e notas complementares, de J.-M. Charcot, *Leçons sur les maladies du système nerveux*, v. 3, Paris, 1887, com o título *Neue Vorlesungen über die Krankheiten des Nervensystems insbesondere über Hysterie* [Novas conferências sobre as enfermidades do sistema nervoso, em especial sobre a histeria]. **vol. 1:** 36, 342-3.

(1887a) Resenha de H. Averbeck, *Die akute Neurasthenie* [A neurastenia aguda]. **vol. 1:** 344-5.

(1887b) Resenha de S. Weir Mitchell, *Die Behandlung gewisser Formen von*

Neurasthenie und Hysterie [O tratamento de certas formas de neurastenia e histeria]. **vol. 1:** 345-6.

(1887c) Resenha de Adamkiewicz, "Monoplegia anaesthetica" [Monoplegia anestésica].

(1887d) "Bemerkungen über Cocaïnsucht und Cocaïnfurcht, mit Beziehung auf einem Vortrag W. A. Hammond's" [Observações sobre o vício da cocaína e o temor da cocaína (com referência a uma palestra de W. A. Hammond)].

(1887e) Resenha de H. Obersteiner, *Anleitung beim Studium des Baues der nervösen Centralorgane im gesunden und kranken Zustande* [Orientação para o estudo dos órgãos centrais do sistema nervoso no estado de saúde e no patológico].

(1887f) "Das Nervensystem" [O sistema nervoso], parte v de *Ärztliche Versicherungsdiagnostik*, org. de Buchheim.

(1887g) Resenha de J. Pal, "Ein Beitrag zur Nervenfärbetechnik" [Contribuição à técnica de coloração dos nervos].

(1887h) Resenha de A. Borgherini, "Beiträge zur Kenntnis der Leitungsbahnen im Rückenmarke" [Contribuições ao conhecimento das vias de condução na medula espinhal].

(1887i) Resenha de J. Nussbaum, "Über die wechselseitigen Beziehungen zwischen den centralen Ursprungsgbieten der Augenmuskelnerven" [Sobre as relações recíprocas entre os núcleos de origem dos nervos motores oculares].

(1888a) "Über Hemianopsie im frühesten Kindesalter" [Sobre a hemianopsia na primeira infância].

(1888b) "Aphasie" [Afasia], "Gehirn (1. 'Anatomie des Gehirns')" [Cérebro (1. "Anatomia do cérebro")], "Hysterie" [Histeria] e "Hysteroepilepsie" [Histeroepilepsia], em A. Villaret, *Handwörterbuch der gesamten Medizin* [Dicionário de medicina geral], v. 1. (Trabalho não assinado; a autoria é incerta.) **vol. 1:** 39-67.

(1888-9) Tradução, com prefácio e notas complementares, de H. Bernheim, *De la Suggestion et des applications à la thérapeutique*, Paris, 1886, com o título *Die Suggestion und ihre Heilwirkung* [Sobre a sugestão e suas aplicações terapêuticas], Viena. **vol. 1:** 68-85; **vol. 2:** 102, 115, 148; **vol. 13:** 594; **vol. 16:** 91.

(1889a) Resenha de A. Forel, *Der Hypnotismus, seine Bedeutung und seine Handhabung* [O hipnotismo, seu significado e seu manejo]. **vol. 1:** 86-103.

(1890a) [Registrado anteriormente como (1905b [1890]).] "Psychische Behandlung (Seelenbehandlung)" [Tratamento psíquico (da alma)]. **vol. 1:** 104-31.

(1891a) Em colaboração com O. Rie, *Klinische Studie über die halbseitige Cerebrallähmung der Kinder* [Estudo clínico sobre a paralisia cerebral unilateral na criança], em M. Kassowitz (org.), *Beiträge zur Kinderheilkunde* [Contribuições à pediatria], n. 3.

(1891b) *Zur Auffassung der Aphasien* [Sobre a compreensão das afasias]. **vol. 1:** 192; **vol. 3:** 313; **vol. 12:** 146NT; **vol. 16:** 91.

(1891c) "Kinderlähmung" [Paralisia infantil] e "Lähmung" [Paralisia], em A. Villaret, *Handwörterbuch der gesamten Medizin* [Dicionário de medicina geral], v. 2. (Trabalho não assinado; a autoria é incerta.)

(1891d) "Hypnose" [Hipnose], em A. Bum, *Therapeutisches Lexikon* [Léxico terapêutico], p. 724. **vol. 1:** 132-146.

(1892a) Tradução de H. Bernheim, *Hypnotisme, suggestion, psychothérapie: études nouvelles*, Paris, 1891, com o título *Neue Studien über Hypnotismus, Suggestion und Psychotherapie* [Novos estudos sobre hipnotismo, sugestão e psicoterapia]. **vol. 5:** 209NT.

(1892-3) "Ein Fall von hypnotischer Heilung nebst Bemerkungen über die Entstehung hysterischer Symptome durch den 'Gegenwillen'" [Um caso de cura por hipnose, com observações sobre o surgimento de sintomas histéricos devido à "contravontade"]. **vol. 1:** 147-63; **vol. 2:** 89NA, 136NT; **vol. 5:** 211INT.

(1892-4) Tradução, com prefácio e notas complementares, de J.-M. Charcot, *Leçons du mardi à la Salpêtriere (1887-8)*, Paris, 1888, com o título *Poliklinische Vorträge* [Conferências policlínicas], v. 1. **vol. 1:** 80NA, 160, 164-178; **vol. 3:** 16, 25, 312; **vol. 5:** 220NT; **vol. 16:** 84NT.

(1893a) Em colaboração com J. Breuer, "Über den psychischen Mechanismus hysterischer Phänomene: Vorlaufige Mitteilung" [Sobre o mecanismo psíquico dos fenômenos histéricos: comunicação preliminar], cap. 1 de *Estudos sobre a histeria* (1895). **vol. 1:** 157NA, 208; **vol. 2:** 14NA, 18-38, 128, 160, 219, 255, 262-3, 271, 279, 291, 302-3, 312, 321, 354, 359, 360-1, 367, 374; **vol. 3:** 51NA, 53NA, 67, 77NA, 154, 309; **vol. 6:** 356NT; **vol. 9:** 237; **vol. 16:** 95.

(1893b) *Zur Kenntnis der cerebralen Diplegien des Kindesalters (im Anschluss an die Little'sche Krankheit)* [Contribuição ao conhecimento das diplegias cerebrais infantis (com referência à doença de Little)], em M. Kassowitz (org.), *Beiträge zur Kinderheilkunde* [Contribuições à pediatria], v. 3.

(1893c) "Quelques Considérations pour une étude comparative des paralysies motrices organiques et hystériques" [Algumas considerações para um estudo comparativo das paralisias motoras orgânicas e histéricas] (em francês). **vol. 1:** 23NT, 36NT, 76NT, 176-7, 189-209; **vol. 2:** 133NA.

(1893d) "Über familiäre Formen von cerebralen Diplegien" [Sobre formas familiares de diplegias cerebrais].

(1893e) "Les Diplégies cérébrales infantiles" [As diplegias cerebrais infantis] (em francês).

(1893f) "Charcot" (obituário). **vol. 1:** 178NT; **vol. 3:** 14-31, 79NT.

(1893g) "Über ein Symptom, das häufig die Enuresis nocturna der Kinder begleitet" [Sobre um sintoma que frequentemente acompanha a enurese noturna da criança].

(1893h) "Über den psychischen Mechanismus hysterischer Phänomene" [Sobre o mecanismo psíquico dos fenômenos histéricos] (conferência). **vol. 1:** 157NA, 208; **vol. 2:** 14NA, 18-38, 263; **vol. 3:** 51NA, 53NA, 77NA, 154, 309; **vol. 9:** 237; **vol. 16:** 95.

(1894a) "Die Abwehr-Neuropsychosen" [As neuropsicoses de defesa]. **vol. 2:** 211NA, 302, 379; **vol. 3:** 49-67, 90NA, 93NA, 218NT, 228-9NT, 310; **vol. 6:** 355NA; **vol. 17:** 111INT.

(1895a) Resenha de L. Edinger, "Eine neue Theorie über die Ursachen einiger Nervenkrankheiten, insbesondere der Neuritis und Tabes" [Uma nova teoria sobre as causas de algumas doenças nervosas, particularmente a neurite e a tabes].

(1895b [1894]) "Über die Berechtigung, von der Neurasthenie einen bestimmten Symptomenkomplex als 'Angstneurose' abzutrnnen" [Sobre os motivos para separar da neurastenia um complexo de sintomas, a "neurose de angústia"]. **vol. 2:** 351NA, 363; **vol. 3:** 78-9, 79NT, 82-138, 117NA, 150NA, 165NA, 240NT, 310-1, 350NA; **vol. 4:** 197; **vol. 6:** 302NT, 349, 373-4; **vol. 8:** 81NA; **vol. 16:** 100; **vol. 17:** 44NT.

(1895c [1894]) "Obsessions et phobies" [Obsessões e fobias] (em francês). **vol. 2:** 104; **vol. 3:** 57, 68-80, 92NA, 310.

(1895d) Em colaboração com J. Breuer, *Studien über Hysterie* [Estudos sobre a histeria]. **vol. 1:** 181NT, 183NT; 212NT; **vol. 2:** 13-427; **vol. 3:** 13, 36NT, 39NT, 42NT, 52-3NA, 77NA, 151NA, 160, 180, 183NT, 194NT, 202NT, 225NT, 228NT, 231NT, 258, 310, 313; **vol. 4:** 572, 596; **vol. 5:** 152NT; **vol. 6:** 62NA, 180, 195, 314NA, 322, 332, 351NA, 356NT; **vol. 8:** 73NA, 291NA, 340NA; **vol. 9:** 221, 221NA, 227NA, 231, 264; **vol. 10:** 269, 275; **vol. 11:** 248; **vol. 12:** 127NA; **vol. 13:** 366NT; **vol. 14:** 185NA, 188NA; **vol. 15:** 275; **vol. 16:** 95-104, 216NA, 228-9, 351; **vol. 17:** 28NT, 312, 320-1.

(1895e) "Über die Bernhardt'sche Sensibilitätsstörung am Oberschenkel" [Sobre o distúrbio de Bernhardt, de sensibilidade na coxa].

(1895f) "Zur Kritik der 'Angstneurose'" [A crítica à "neurose de angústia"]. **vol. 3:** 102NT, 116-38, 311; **vol. 9:** 298NT.

BIBLIOGRAFIAS

(1895g) "Über Hysterie" [Sobre a histeria], resenhas de três conferências de Freud em *Wien. klin. Rdsch.*, v. 9, n. 42-4.

(1895h) "Mechanismus der Zwangsvorstellungen und Phobien" [Mecanismo das ideias obsessivas e das fobias], resumo do autor, *Wien. klin. Wschr.*, v. 8, p. 496.

(1896a) "L'Hérédité et l'étiologie des nevroses" [A hereditariedade e a etiologia das neuroses] (em francês). **vol. 3:** 76, 139-58.

(1896b) "Weitere Bemerkungen über die Abwehr-Neuropsychosen" [Novas observações sobre as neuropsicoses de defesa]. **vol. 3:** 159-90, 311; **vol. 4:** 596NA; **vol. 6:** 352NA; **vol. 8:** 73NA; **vol. 9:** 14NA, 82NA; **vol. 16:** 149NT; 243NT.

(1896c) "Zur Ätiologie der Hysterie" [A etiologia da histeria]. **vol. 3:** 191- -231, 276NT, 311; **vol. 6:** 97, 200NA, 352NA.

(1896d) Prefácio à 2. ed. alemã. de H. Bernheim, *De la Suggestion...* [Cf. 1888-9.] **vol. 1:** 83-5.

(1897a) *Die infantile Cerebrallähmung* [A paralisia cerebral infantil], em H. Nothnagel (org.), *Handbuch der speziellen Pathologie und Therapie* [Manual de patologia especial e terapia], v. 9. **vol. 3:** 313; **vol. 5:** 220.

(1897b) *Inhaltsangaben der wissenschaftlichen Arbeiten des Privatdozenten Dr. Sigm. Freud (1877-1897)* [Lista dos trabalhos científicos do dr. Sigmund Freud, 1877-1897]. **vol. 3:** 305-12.

(1898a) "Die Sexualität in der Ätiologie der Neurosen" [A sexualidade na etiologia das neuroses]. **vol. 3:** 232-62; **vol. 11:** 250NT.

(1898b) "Zum psychischen Mechanismus der Vergesslichkeit" [O mecanismo psíquico do esquecimento]. **vol. 3:** 263-74; **vol. 4:** 568NA; 663NA; **vol. 5:** 15.

(1898c) "Cerebrale Kinderlähmung (I)" [A paralisia cerebral infantil (I)].

(1899a) "Über Deckerinnerungen" [Lembranças encobridoras]. **vol. 3:** 275-303; **vol. 4:** 208NA; 663NA; **vol. 5:** 67NT, 75NT; **vol. 6:** 76NA.

(1899b) "Cerebrale Kinderlähmung (II)" [A paralisia cerebral infantil (II)].

(1900a [1899]) *Die Traumdeutung* [A interpretação dos sonhos]. **vol. 3:** 13; 257, 282NT, 298NT, 313; **vol. 4:** 13-699; **vol. 5:** 24NA, 75NT, 85, 149, 163, 204NT, 219-20, 243NA, 296, 298, 298NT, 327, 339NT, 374, 374NT, 379, 392NT, 404NT, 406NT, 410NT, 416NT, 423NT, 431NT, 438NT, 444NA, 445; **vol. 6:** 149NA, 183, 183NA, 236NA, 250NA, 273, 275, 292NA, 326; **vol. 7:** 44, 45NA, 128NA, 210NA, 227, 234, 244NA, 249NA, 250, 291; **vol. 8:** 14-6, 77, 81NA, 106, 128, 131NA, 142, 245, 247, 295NA, 311NA, 333NA, 345NA; **vol. 9:** 254, 254NA, 303, 303NA; **vol. 10:** 70, 70NA, 111, 275, 284, 293NA; **vol. 11:** 229NA, 266NT, 267, 335NA, 414NT; **vol. 12:**

127NT, 147, 159, 164, 226NT; **vol. 13:** 230; **vol. 14:** 71NA, 135NT, 137NA, 186, 199NA, 278NT; **vol. 15:** 26NA, 141, 175, 191NT, 312NA; **vol. 16:** 127-33, 151, 155, 165, 223, 235-6, 269, 285, 301, 307NT, 314, 324, 326NT; **vol. 17:** 320-1; **vol. 18:** 128, 364NT, 396NT, 409.

(1900b) "Cerebrale Kinderlähmung (III)" [A paralisia cerebral infantil (III)].

(1901a) *Über den Traum* [Sobre os sonhos]. **vol. 5:** 166, 218-9, 377-445; **vol. 11:** 335NA.

(1901b) *Zur Psychopathologie des Alltagslebens* [Psicopatologia da vida cotidiana], Berlim. **vol. 3:** 14, 266NT; **vol. 4:** 234NA, 502NA, 564NA, 568NA, 663NA; **vol. 5:** 13-376, 385NT; **vol. 6:** 76NA, 261NA, 319NA; **vol. 7:** 134NA, 152NA; **vol. 8:** 288NA; **vol. 9:** 17NA, 93NA, 260NA; **vol. 10:** 275; **vol. 11:** 332NA, 367, 368NT; **vol. 13:** 74; **vol. 15:** 261NA; **vol. 16:** 131, 165, 235; **vol. 17:** 321; **vol. 18:** 445NT; **vol. 19:** 338NT, 356NA.

(1901c [1899]) Nota autobiográfica, em J. L. Pagel, *Biographisches Lexicon hervorragender Ärzte des neunzehnten Jahrhunderts* [Dicionário biográfico de médicos eminentes do século XIX], Berlim. **vol. 3:** 313NT.

(1903a) Resenha de G. Biedenkapp, *Im Kampf gegen Hirnbazillen* [Lutando contra os bacilos do cérebro]. **vol. 6:** 376-7.

(1904a [1903]) "Die Freudsche psychoanalytische Methode" [O método psicanalítico de Freud]. **vol. 6:** 321-30, 371NT.

(1904b) Resenha de J. Bigelow, *The Mystery of Sleep* [O mistério do sono]. **vol. 6:** 377.

(1904c) Resenha de A. Baumgarten, *Neurasthenie, Wesen, Heilung, Vorbeugung* [Neurastenia: Sua natureza, cura e prevenção].

(1904d) Nota sobre o magnetismo humano, incluída em T. Thomas, "Magnetische Menschen" [Homens magnéticos].

(1904e) Obituário do prof. S. Hammerschlag. **vol. 6:** 378-9.

(1904f) Resenha de L. Löwenfeld, *Die psychischen Zwangserscheinungen* [Os fenômenos psíquicos obsessivos]. **vol. 3:** 13.

(1905a [1904]) "Über Psychotherapie" [Sobre psicoterapia].

(1905b) *ver* (1890a)

(1905c) *Der Witz und seine Beziehung zum Unbewussten* [O chiste e sua relação com o inconsciente]. **vol. 3:** 14; **vol. 4:** 340NA, 384NA, 528NA; **vol. 5:** 42NT; 156NT, 192NT, 297NT; **vol. 6:** 127NA, 369NT; **vol. 7:** 13--334; **vol. 8:** 245NT, 338NT; **vol. 9:** 88NA, 103NA; **vol. 11:** 96NT, 359NA; **vol. 15:** 161NT, 166NT; **vol. 16:** 155, 278NT; **vol. 17:** 323.

(1905d) *Drei Abhandlungen zur Sexualtheorie* [Três ensaios sobre a teoria da sexualidade]. **vol. 3:** 14, 167NA; **vol. 4:** 164NA; 442NA; **vol. 5:** 207NT, 345NA, 440NA; **vol. 6:** 13-172; 230NA, 236NA, 268NA, 355,

357, 369NT; **vol. 7:** 140NA; **vol. 8:** 124, 234, 243, 245, 315, 318, 342NA, 346, 348NT, 352, 353NA, 370NA, 385NT, 418; **vol. 9:** 64NA, 191NA, 267, 269NA; **vol. 10:** 80NA, 82, 87NA, 245, 275; **vol. 11:** 140; **vol. 14:** 109NA, 153, 197, 225-6NA, 276NT; **vol. 15:** 29NA, 62NA, 70NA, 104, 112NA; **vol. 16:** 118, 119NT, 169, 170NT, 175NA, 190, 232, 260NT; **vol. 17:** 321.

(1905e [1901]) *Bruchstück einer Hysterie-Analyse* [Análise fragmentária de uma histeria ("O caso Dora")]. **vol. 3:** 14; **vol. 4:** 352NA, 397, 441, 542NA, 632NA; **vol. 6:** 60NT, 173-320.

(1905f) Resenha de R. Wickmann, *Lebensregeln für Neurastheniker* [Regras de vida para o neurastênico].

(1906a [1905]) "Meine Ansichten über die Rolle der Sexualität in der Ätiologie der Neurosen" [Meus pontos de vista sobre o papel da sexualidade na etiologia das neuroses]. **vol. 6:** 348-60.

(1906b) Prefácio a S. Freud, *Sammlung kleiner Schriften zur Neurosenlehre aus den Jahren 1893-1906* [Reunião de textos menores sobre a teoria das neuroses dos anos de 1893-1906]. **vol. 3:** 13-4.

(1906c) "Tatbestandsdiagnostik und Psychoanalyse" [A instrução judicial e a psicanálise]. **vol. 5:** 344NT; **vol. 8:** 285-99.

(1906d) Duas cartas a M. Hirschfeld, publicadas em *Monatsbericht des wissenschaftlichhumanitaren Komitees* [Informe mensal do Comitê Científico-Humanitário], v. 5, p. 30 [a primeira carta está incompleta].

(1906e [1904]) Duas cartas a Wilhelm Fliess, em R. Pfenning, *Wilhelm Fliess und seine Nachentdecker: O. Weininger und H. Swoboda* [Wilhelm Fliess e os redescobridores: O. Weininger e H. Swoboda].

(1906f) [Registrado primeiramente como (1907d).] "Antwort auf eine Rundfrage *Vom Lesen und von guten Buchern*" [Resposta a uma enquete sobre leitura e bons livros]. **vol. 8:** 426-7.

(1907a [1906]) *Der Wahn und die Träume in W. Jensens Gradiva* [O delírio e os sonhos na *Gradiva* de W. Jensen]. **vol. 4:** 128NA; **vol. 8:** 13-122, 428NT; **vol. 11:** 286; **vol. 16:** 155.

(1907b) "Zwangshandlungen und Religionsübungen" [Atos obsessivos e práticas religiosas]. **vol. 8:** 301-12; **vol. 10:** 107NA.

(1907c) "Zur sexuellen Aufklärung der Kinder" [O esclarecimento sexual das crianças]. **vol. 8:** 314-24, 427NT.

(1907d) *ver* (1906f)

(1907e) Anúncio da coleção *Schriften zur angewandten Seelenkunde* [Escritos de psicologia aplicada] (em Freud, 1907a, 1. ed. apenas, p. 82). **vol. 8:** 428-9.

(1908a) "Hysterische Phantasien und ihre Beziehung zur Bisexualität" [As fantasias histéricas e sua relação com a bissexualidade]. **vol. 4:** 622; **vol. 8:** 339-49, 414, 421NA; **vol. 9:** 53NA.

(1908b) "Charakter und Analerotik" [Caráter e erotismo anal]. **vol. 4:** 450NA; **vol. 6:** 91NA, 166NA; **vol. 8:** 350-8; **vol. 9:** 75NA, 177NA; **vol. 14:** 253NA; **vol. 18:** 59NA.

(1908c) "Über infantile Sexualtheorien" [Sobre as teorias sexuais infantis]. **vol. 4:** 289NA; **vol. 5:** 102NA; **vol. 8:** 132NA, 322NT, 390-411.

(1908d) "Die 'kulturelle' Sexualmoral und die moderne Nervosität" [A moral sexual "cultural" e o nervosismo moderno]. **vol. 8:** 359-89; **vol. 14:** 227NA; **vol. 17:** 290NT.

(1908e [1907]) "Der Dichter und das Phantasieren" [O escritor e a fantasia]. **vol. 6:** 127NA, 369NT; **vol. 8:** 325-38; **vol. 16:** 154NT.

(1908f) Prefácio a W. Stekel, *Nervöse Angstzustände und ihre Behandlung* [Estados nervosos de angústia e seu tratamento]. **vol. 8:** 60NA, 430NT.

(1909a [1908]) "Allgemeines über den hysterischen Anfall" [Considerações gerais sobre o ataque histérico]. **vol. 8:** 412-8.

(1909b) *Analyse der Phobie eines fünfjährigen Knaben* [Análise da fobia de um garoto de cinco anos ("O pequeno Hans")]. **vol. 4:** 164NA, 289NA; **vol. 6:** 102NA, 182NA; **vol. 8:** 123-283, 319-20; **vol. 10:** 37NA, 149NT; **vol. 11:** 198, 199NA, 200; **vol. 14:** 257NT, 277NA; **vol. 17:** 32-65.

(1909c [1908]) "Der Familienroman der Neurotiker" [O romance familiar dos neuróticos]. **vol. 8:** 419-24; **vol. 9:** 343NA.

(1909d) *Bemerkungen über einen Fall von Zwangsneurose* [Observações sobre um caso de neurose obsessiva ("O Homem dos Ratos")]. **vol. 5:** 75NT, 349NT; **vol. 6:** 182NA; **vol. 8:** 397NT; **vol. 9:** 13-112; **vol. 10:** 74NA, 78NA; **vol. 11:** 136NA; **vol. 14:** 137NA, 357NT; **vol. 15:** 205; **vol. 17:** 54NT.

(1910a [1909]) "Über Psychoanalyse" [Cinco lições de psicanálise]. **vol. 8:** 397NT; **vol. 9:** 220-86; **vol. 10:** 275; **vol. 11:** 247NA, 278NT, 329NA; **vol. 13:** 110NA; **vol. 16:** 76NA, 138; **vol. 17:** 23NT, 321; **vol. 18:** 466.

(1910b [1909]) Prefácio a S. Ferenczi; *Lélekelemzés: Értekezések a pszichoanalyzis köréböl* [O estudo da alma: Ensaios no âmbito da psicanálise]. **vol. 8:** 431-2.

(1910c) "Eine Kindheitserinnerung des Leonardo da Vinci" [Uma recordação de infância de Leonardo da Vinci]. **vol. 8:** 428; **vol. 9:** 113-219; **vol. 10:** 80NA; **vol. 11:** 286, 370; **vol. 15:** 251NA; **vol. 16:** 154; **vol. 17:** 304, 310.

(1910d) "Die zukünftigen Chancen der psychoanalytischen Therapie" [As perspectivas futuras da terapia psicanalítica]. **vol. 4:** 398NA, 350NA; **vol. 9:** 287-301.

(1910e) "Über den Gegensinn der Urworte" [Sobre o sentido antitético das palavras primitivas]. **vol. 4:** 360NA; **vol. 5:** 414NA; **vol. 7:** 250NA, 303-12; **vol. 11:** 111NA, 344NA; **vol. 13:** 241NT, 310; **vol. 16:** 245.

(1910f) "Brief an Dr. Friedrich S. Krauss über *Anthropophyteia*" [Carta a Friedrich S. Krauss sobre a revista *Anthropophyteia*]. **vol. 9:** 76, 391-2.

(1910g) "Zur Selbstmord-Diskussion" [Introdução e conclusão de um debate sobre o suicídio]. **vol. 9:** 389-91.

(1910h) "Über einen besonderen Typus der Objektwahl beim Manne (Beiträge zur psychologie des Liebeslebens, 1)" [Um tipo especial de escolha de objeto feita pelo homem (Contribuições à psicologia do amor 1)]. **vol. 4:** 450NA; **vol. 6:** 151NA; **vol. 8:** 397NT; **vol. 9:** 291INT, 334-46; **vol. 15:** 134NT.

(1910i) "Die psychogene Sehstörung in psychoanalytischer Auffassung" [Concepção psicanalítica do transtorno psicogênico da visão]. **vol. 9:** 313-23.

(1910j) "Beispiele des Verrats pathogener Phantasien bei Neurotikern" [Exemplos de como os neuróticos revelam suas fantasias patogênicas]. **vol. 9:** 393-4.

(1910k) "Über 'wilde' Psychoanalyse" [Sobre psicanálise "selvagem"]. **vol. 9:** 324-33.

(1910l) "Typisches Beispiel eines verkappten Ödipustraumes" [Um exemplo típico de sonho de Épido disfarçado]. **vol. 4:** 444-5NA; **vol. 5:** 243NA.

(1910m) Resenha de W. Neutra, "Briefe an nervose Frauen" [Resenha de *Carta a mulheres neuróticas*, de Wilhelm Neutra]. **vol. 9:** 395-6.

(1911a) "Nachträge zur Traumdeutung" [Complementos à interpretação dos sonhos]. **vol. 4:** 404NA.

(1911b) "Formulierungen über die zwei Prinzipien des psychischen Geschehens" [Formulações sobre os dois princípios do funcionamento psíquico]. **vol. 4:** 475NA, 619NA; **vol. 10:** 108-21, 199NT, 232NA; **vol. 11:** 134NA; **vol. 16:** 114NT, 147, 278NT; **vol. 18:** 37NA.

(1911c [1910]) "Psychoanalytische Bemerkungen über einen autobiographisch beschriebenen Fall von Paranoia (*Dementia paranoides*)" [Observações psicanalíticas sobre um caso de paranoia (*dementia paranoides*) relatado em autobiografia ("O caso Schreber")]. **vol. 6:** 182-3NA; **vol. 10:** 13-107; **vol. 11:** 145NA; **vol. 12:** 22-3; **vol. 13:** 225NT; **vol. 14:** 113NT; **vol. 15:** 213NA, 252NA, 252-4; **vol. 16:** 121INT, 329NT.

(1911d) "Die Bedeutung der Vokalfolge" [O significado de uma sequência de vogais]. **vol. 10:** 354.

(1911e) "Die Handhabung der Traumdeutung in der Psychoanalyse"

[O uso da interpretação dos sonhos na psicanálise]. **vol. 10:** 122-32; **vol. 16:** 130NT, 174NT, 322NT.

(1911f) "Gross ist die Diana der Epheser!" [Grande é a Diana dos efésios!], extraído de F. Sartiaux, *Villes mortes d'Asie mineure* [Cidades mortas da Ásia menor]. **vol. 10:** 355-7.

(1911g) "Resenha de *Sobre psicología y psicoterapia de ciertos estados angustiosos*, de G. Greve" [Sobre psicologia e psicoterapia de certos estados angustiosos] (em espanhol no original). **vol. 10:** 351-4; **vol. 11:** 277NA.

(1911h) Nota de rodapé ao artigo de W. Stekel "Zur Psychologie des Exhibitionismus" [Contribuição à psicologia do exibicionismo]. **vol. 15:** 328NT.

(1911i) "Ein Beitrag zum Vergessen von Eigennamen" [Contribuição ao estudo sobre o esquecimento de nomes próprios] (incluído em 1901b, da 4. ed. em diante). **vol. 5:** 15-22.

(1911j) Tradução, com uma nota de rodapé, de J. J. Putnam, "On the Etiology and Treatment of the Psychoneuroses", com o título "Über Ätiologie und Behandlung der Psychoneurosen" [Sobre a etiologia e o tratamento das psiconeuroses].

(1912a [1911]) "Nachtrag zu dem autobiographisch beschriebenen Fall von Paranoia (*Dementia paranoides*)" [Apêndice ao caso de paranoia (*dementia paranoides*) relatado em autobiografia ("O caso Schreber")]. **vol. 10:** 104-7.

(1912b) "Zur Dynamik der Übertragung" [A dinâmica da transferência]. **vol. 6:** 314NA; **vol. 10:** 133-46.

(1912c) "Über neurotische Erkrankungstypen" [Tipos de adoecimento neurótico]. **vol. 10:** 229-39; **vol. 12:** 28NA; **vol. 14:** 156NA.

(1912d) "Über die allgemeinste Erniedrigung des Liebeslebens (Beiträge zur Psychologie des Liebeslebens, II)" [Sobre a mais comum depreciação na vida amorosa (Contribuições à psicologia do amor II)]. **vol. 9:** 347-63; **vol. 15:** 70NA, 109NA.

(1912e) "Ratschläge für den Arzt bei der psychoanalytischen Behandlung" [Recomendações ao médico que pratica a psicanálise]. **vol. 9:** 293NT; **vol. 14:** 147-62.

(1912f) "Zur Onanie-Diskussion" [O debate sobre a masturbação]. **vol. 9:** 323NT; **vol. 10:** 240-54.

(1912g) "A Note on the Unconscious in Psycho-Analysis" [Algumas observações sobre o conceito de inconsciente na psicanálise] (em inglês). Traduzido para o alemão por H. Sachs, "Einige Bemerkungen über den Begriff des Unbewussten in der Psychoanalyse", 1913. **vol. 10:** 255-67; **vol. 11:** 147-8NA.

(1912h) "Offener Sprechsaal: Nachfrage des Herausgebers über Kindheitsträume" [Fórum aberto: Enquete do editor sobre sonhos infantis].

(1912-3) *Totem und Tabu* [Totem e tabu]. **vol. 4:** 304NA; **vol. 6:** 148NA; **vol. 9:** 97NA, 371NA, 375; **vol. 11:** 13-154, 287, 356-7NA; **vol. 12:** 17NA, 235, 236-7NA, 240NT; **vol. 13:** 340NA, 441; **vol. 14:** 81, 150, 151NA, 359NA, 362NA, 395; **vol. 15:** 25NA, 29NA, 69NA, 84NA, 89NA, 95NA, 111NA, 244NA; **vol. 16:** 47, 156, 160, 164, 197NA; **vol. 17:** 131NT, 256-8, 347NA; **vol. 18:** 62, 109NA, 332; **vol. 19:** 78, 82, 114, 179, 181, 273NT.

(1913a) "Ein Traum als Beweismittel" [Um sonho como prova]. **vol. 10:** 277-90.

(1913b) Prefácio a Oskar Pfister, *Die psychoanalytische Methode* [O método psicanalítico]. **vol. 10:** 340-3; **vol. 17:** 225NT.

(1913c) "Zur Einleitung der Behandlung (Weitere Ratschläge zur Technik der Psychoanalyse, I)" [O início do tratamento (Novas recomendações sobre a técnica da psicanálise I)]. **vol. 10:** 163-92.

(1913d) "Märchenstoffe in Träumen" [Sonhos com material de contos de fadas]. **vol. 10:** 291-300; **vol. 11:** 369NA; **vol. 14:** 41NA, 115NA.

(1913e) Prefácio a M. Steiner, *Die psychischen Störungen der männlichen Potenz* [Os transtornos psíquicos da potência masculina]. **vol. 10:** 344-5.

(1913f) "Das Motiv der Kästchenwahl" [O tema da escolha do cofrinho]. **vol. 10:** 301-16.

(1913g) "Zwei Kinderlügen" [Duas mentiras infantis]. **vol. 10:** 317-23.

(1913h) "Erfahrungen und Beispiele aus der analytischen Praxis" [Experiências e exemplos extraídos da prática analítica]. Incluído parcialmente em *A interpretação dos sonhos*.

(1913i) "Die Disposition zur Zwangsneurose" [A predisposição à neurose obsessiva]. **vol. 9:** 101NT; **vol. 10:** 324-38; **vol. 17:** 50NA.

(1913j) "Das Interesse an der Psychoanalyse" [O interesse da psicanálise]. **vol. 11:** 288NA, 328-63.

(1913k) Prefácio a J. G. Bourke, *Der Unrat in Sitte, Brauch, Glauben und Gewohnheitsrecht der Völker* [Elementos escatológicos nos costumes, nos usos, nas crenças e o direito consuetudinário dos povos]. Traduzido para o alemão de *Scatologic Rites of All Nations* [Ritos escatológicos do mundo inteiro]. **vol. 1:** 17NT; **vol. 10:** 346-50.

(1913l) "Kindheitsträume mit spezieller Bedeutung" [Sonhos de infância com significado especial].

(1913m [1911]) "On Psycho-Analysis" [Cinco lições de psicanálise]. Atas da 9ª sessão, realizada em Sydney, New South Wales, Austrália, em set. 1911.

(1914a) "Über *fausse reconnaissance* ('*déjà raconté*') während der psychoanalytischen Arbeit" [Sobre a *fausse reconnaissance* (o "*déjà raconté*") no trabalho psicanalítico]. **vol. 5**: 361; **vol. 11**: 346-72.

(1914b) "Der Moses des Michelangelo" [O Moisés de Michelangelo]. **vol. 11**: 373-412.

(1914c) "Zur Einführung des Narzissmus" [Introdução ao narcisismo]. **vol. 4**: 555NA; **vol. 6**: 81NA, 86NT, 135NT, 137NA; **vol. 10**: 98NT; **vol. 12**: 13-50; **vol. 14**: 197, 223NA, 353NA; **vol. 15**: 58NA, 68NA, 94, 96NA; **vol. 16**: 35NA, 37NA.

(1914d) *Zur Geschichte der psychoanalytischen Bewegung* [Contribuição à história do movimento psicanalítico]. **vol. 9**: 221NA, 332NT; **vol. 10**: 211NA, 351NT; **vol. 11**: 245-327; **vol. 13**: 110NA; **vol. 14**: 14NA; **vol. 16**: 77, 133, 137; **vol. 17**: 160NT, 321; **vol. 18**: 300NT.

(1914e) "Darstellung der 'grossen Leistung' im Traume" [Representação da "grande conquista" no sonho]. Reimpresso parcialmente em *A interpretação dos sonhos*.

(1914f) "Zur Psychologie des Gymnasiasten" [Sobre a psicologia do colegial]. **vol. 11**: 418-23.

(1914g) "Erinnern, Wiederholen und Durcharbeiten (Weitere Ratschläge zur Technik der Psychoanalyse, II)" [Recordar, repetir e elaborar (Novas recomendações sobre a técnica da psicanálise II)]. **vol. 9**: 150NT; **vol. 10**: 127NT, 193-209, 220NA; **vol. 14**: 177NA; **vol. 16**: 174NT.

(1915a [1914]) "Bemerkungen über die Übertragunsliebe (Weitere Ratschläge zur Technik der Psychoanalyse, III)" [Observações sobre o amor de transferência (Novas recomendações sobre a técnica da psicanálise III)]. **vol. 4**: 614NT; **vol. 10**: 210-28; **vol. 17**: 156NT.

(1915b) "Zeitgemässes über Krieg und Tod" [Considerações atuais sobre a guerra e a morte]. **vol. 12**: 209-46.

(1915c) "Triebe und Triebschicksale" [Os instintos e seus destinos]. **vol. 6**: 66NT, 136NT; **vol. 12**: 51-81, 82NT, 100NT, 114NT, 152NT, 155NT, 165, 172NT, 184NA, 185; **vol. 14**: 192NA, 226NT.

(1915d) "Die Verdrängung" [A repressão]. **vol. 4**: 599NA; **vol. 10**: 92NT, **vol. 12**: 51-81, 82NT, 119NT, 126, 151NA, 223NT; **vol. 16**: 121NT, 147; **vol. 17**: 24NT, 171NT, 235NT.

(1915e) "Das Unbewusste" [O inconsciente]. **vol. 4**: 664NA; **vol. 10**: 127NT; 329NT; **vol. 12**: 152NA, 155NT, 162NA, 190NT; **vol. 16**: 23NA, 24NT, 147, 159NT, 278NT, 322NT; **vol. 18**: 219NT.

(1915f) "Mitteilung eines der psychoanalytschen Theorie widersprechenden Falles von Paranoia" [Comunicação de um caso de paranoia que contradiz a teoria psicanalítica]. **vol. 12**: 195-208.

(1915g [1914]) Carta ao dr. F. van Eeden, em *De Amsterdammer*, n. 1960, 17 jan. 1914, p. 3.

(1916a [1915]) "Vergänglichkeit" [A transitoriedade]. **vol. 12:** 247-52.

(1916b) "Mythologische Parallele zu einer plastischen Zwangsvorstellung" [Paralelo mitológico de uma imagem obsessiva]. **vol. 12:** 288-90.

(1916c) "Eine Beziehung zwischen eimem Symbol und einem Symptom" [Uma relação entre um símbolo e um sintoma]. **vol. 12:** 291-3.

(1916d) "Einige Charaktertypen aus der psychoanalytischen Arbeit" [Alguns tipos de caráter encontrados na prática psicanalítica]. **vol. 4:** 307NA; **vol. 12:** 253-86.

(1916e) Nota de rodapé ao artigo de E. Jones, "Professor Janet über Psychoanalyse" [O prof. Jones e a psicanálise], *Int. Z. ärztl. Psychoanal.*, v. 4, p. 42.

(1916-7 [1915-7]) *Vorlesungen zur Einführung in die. Psychoanalyse* [Novas conferências introdutórias à psicanálise]. **vol. 4:** 538NT; **vol. 6:** 66NT, 147NT; **vol. 8:** 35NT; **vol. 11:** 114NT; **vol. 13:** 515NT; **vol. 15:** 159NT; **vol. 16:** 34NT, 210NT; **vol. 17:** 221NT, 238NT, 310NT; **vol. 18:** 123-354.

(1917a [1916]) "Eine Schwierigkeit der Psychoanalyse" [Uma dificuldade da psicanálise]. **vol. 14:** 240-51.

(1917b) "Eine Kindheitserinnerung aus *Dichtung und Wahrheib*" [Uma recordação de infância em *Poesia e verdade*]. **vol. 9:** 126NA; **vol. 14:** 174NA, 263-78.

(1917c) "Über Triebumsetzungen, insbesondere der Analerotik" [Sobre transformações dos instintos, em particular no erotismo anal]. **vol. 6:** 91NA, 226NT; **vol. 10:** 382NA; **vol. 14:** 252-62.

(1917d [1915]) "Metapsychologische Ergänzung zur Traumlehre" [Complemento metapsicológico à teoria dos sonhos]. **vol. 4:** 606NA; **vol. 12:** 151-69; **vol. 14:** 133NT; **vol. 15:** 74NA; **vol. 17:** 285NT; **vol. 18:** 161NT.

(1917e [1915]) "Trauer und Melancholie" [Luto e melancolia]. **vol. 12:** 170-94; **vol. 15:** 67NA, 94NA, 211NT; **vol. 16:** 35NT, 147; **vol. 17:** 71NT, 119NA.

(1918a [1917]) "Das Tabu der Virginität (Beiträge zur Psychologie des Liebeslebens, III)" [O tabu da virgindade (Contribuições à psicologia do amor III)]. **vol. 9:** 364-87; **vol. 18:** 81NT.

(1918b [1914]) *Aus der Geschichte einer infantilen Neurose* [História de uma neurose infantil ("O Homem dos Lobos")]. **vol. 6:** 182NA; **vol. 11:** 369NA; **vol. 14:** 13-160; **vol. 15:** 246NA; **vol. 16:** 315; **vol. 17:** 37NA, 39, 41, 63; **vol. 19:** 276NA.

(1919a [1918]) "Wege der psychoanalytischen Therapie" (Caminhos da terapia psicanalítica]. **vol. 14:** 279-92.

(1919b) "James J. Putnam" (obituário). **vol. 5:** 52NT; **vol. 14:** 400-1.

(1919c) "Internationaler psychoanalytischer Verlag und Preiszuteilungen für psychoanalytische Arbeiten" [A Editora Psicanalítica Internacional e os prêmios para trabalhos psicanalíticos]. **vol. 14:** 397-9.

(1919d) Introdução a *Zur Psychoanalyse der Kriegsneurosen* [Psicanálise das neuroses de guerra]. **vol. 14:** 382-8.

(1919e) "Ein Kind wird geschlagen" (Beitrag zur Kenntnis der Entstehung sexueller Perversionen)" ["Batem numa criança": *Contribuição ao conhecimento da gênese das perversões sexuais*]. **vol. 14:** 293-32; **vol. 16:** 293NA; **vol. 19:** 323NA.

(1919f) "Victor Tausk" (obituário). **vol. 14:** 402-5.

(1919g) Prefácio a T. Reik, *Probleme der Religionspsychologie* [Problemas de psicologia da religião]. **vol. 14:** 390-5.

(1919h) "Das Unheimliche" [O inquietante]. **vol. 14:** 283NT, 328-76, 396NT; **vol. 15:** 88NA.

(1919i [1915]) Carta à dra. Hermine von Hug-Hellmuth. **vol. 12:** 294-5.

(1919j [1918]) "Kell-e az egyetemen a psychoanalysist tanitani?" [Deve-se ensinar a psicanálise nas universidades?] (traduzido para o húngaro; original alemão inexistente). **vol. 14:** 377-81.

(1919k) "E.T.A. Hoffmann über die Bewusstseinsfunktion" [E. T. A. Hoffmann e a função da consciência]. **vol. 14:** 396.

(1920a) "Uber die Psychogenese eines Falles von weiblicher Homosexualität" [Sobre a psicogênese de um caso de homossexualidade feminina]. **vol. 15:** 114-49; **vol. 18:** 377NT; **vol. 19:** 256NT.

(1920b) "Zur Vorgeschichte der analytischen Technik" [Contribuição à pré-história da técnica psicanalítica]. **vol. 15:** 310-4.

(1920c) "O dr. Anton von Freund" (obituário). **vol. 15:** 315-8.

(1920d) "Gedankenassoziation eines vierjährigen Kindes" [A associação de ideias de uma garota de quatro anos]. **vol. 15:** 314-5.

(1920e) Prefácio à quarta edição de *Drei Abhandlungen zur Sexualtheorie* [Três ensaios sobre a teoria da sexualidade]. **vol. 6:** 16-9.

(1920f) "Egänzungen zur Traumlehre" [Complementos à teoria dos sonhos].

(1920g) *Jenseits des Lustprinzips* [Além do princípio do prazer]. **vol. 4:** 507NA; **vol. 6:** 67NA; **vol. 8:** 275NA; **vol. 9:** 124NA; **vol. 14:** 161-239, 356NA; **vol. 15:** 58NA; **vol. 16:** 14, 21NA, 23NA, 50, 58, 144, 269, 272, 273NT, 312, 313NT; **vol. 17:** 121NT; **vol. 18:** 85.

(1921a) Prefácio (em inglês) a J. J. Putnam, *Addresses on Psycho-Analysis* [Discursos sobre psicanálise]. **vol. 11:** 8NA; **vol. 15:** 318-21.

(1921b) Introdução (em inglês) a J. Varendonck, *The Psychology of Day-Dreams* [A psicologia dos sonhos diurnos]. Traduzido parcialmente na versão alemã de Varendonck, *Über das vorbewusste phanta-*

sierende Denken [Sobre o pensamento imaginativo pré-consciente] Viena, 1922. **vol. 15:** 321-3.

(1921c) *Massenpsychologie und Ich-Analyse* [Psicologia das massas e análise do Eu]. **vol. 1:** 102NT; **vol. 4:** 524NA; **vol. 11:** 244NT; **vol. 12:** 194NA; **vol. 14:** 353NA; **vol. 15:** 13-113; **vol. 16:** 35NA, 39NA, 47NA, 144, 160; **vol. 17:** 183NT; **vol. 18:** 83NA, 206.

(1921d) "Preiszuteilungen" [Concessões de prêmios].

(1921e) Excerto de uma carta a E. Claparède (em francês), em S. Freud, *La Psychanalyse* (traduzido para o francês de 1910a).

(1922a) "Traum und Telepathie" [Sonho e telepatia]. **vol. 5:** 353NA; **vol. 15:** 174-208.

(1922b [1921]) "Über einige neurotische Mechanismen bei Eifersucht, Paranoia und Homosexualität" [Sobre alguns mecanismos neuróticos no ciúme, na paranoia e na homossexualidade]. **vol. 15:** 209-24; **vol. 16:** 47NA.

(1922c) "Nachschrift zur Analyse des kleinen Hans" [Pós-escrito à análise do pequeno Hans]. **vol. 8:** 283-4.

(1922d) "Preisausschreibung" [Instituição de prêmio].

(1922e) Prefácio (em francês) a Raymond de Saussure, *La méthode psychanalytique* [O método psicanalítico], Genebra. **vol. 15:** 323-5.

(1922f) "Etwas vom Unbewussten" [Algumas palavras sobre o inconsciente], resumo da palestra de Freud no Congresso Psicanalítico Internacional, Berlim. **vol. 15:** 325-6.

(1923a [1922]) "'Psychoanalyse' und 'Libidotheorie'" [Dois verbetes de enciclopédia: "Psicanálise" e "Teoria da libido"]. **vol. 15:** 273-308; **vol. 16:** 38NT.

(1923b) *Das Ich und das Es* [O Eu e o Id]. **vol. 6:** 67NA, 81NA; **vol. 8:** 275NA, 280NA; **vol. 14:** 353NA; **vol. 15:** 307NT; **vol. 16:** 13-74, 160, 177, 194NA, 196NA, 198, 205NT, 208-9NT, 280NT; **vol. 17:** 25, 27, 50NT, 102NT, 106NT, 109, 142, 180, 327NT; **vol. 18:** 16.

(1923c [1922]) "Bemerkungen zur Theorie und Praxis der Traumdeutung" [Observações sobre a teoria e a prática da interpretação dos sonhos]. **vol. 14:** 179NA; **vol. 16:** 300-17, 321NT.

(1923d [1922]) "Eine Teufelsneurose im siebzehnten Jahrhundert" [Uma neurose do século XVII envolvendo o demônio]. **vol. 15:** 325-72.

(1923e) "Die infantile Genitalorganisation" [A organização genital infantil: Um acréscimo à teoria da sexualidade]. **vol. 6:** 110NA; **vol. 16:** 168-75, 193NA, 290NT; **vol. 17:** 305NT.

(1923f) "Josef Popper-Lynkeus und die Theorie des Traumes" [Josef Popper-Lynkeus e a teoria dos sonhos]. **vol. 4:** 126NA; **vol. 16:** 335-9.

BIBLIOGRAFIAS

(1923g) Prólogo a M. Eitingon, *Bericht über die Berliner psychoanalytische Poliklinik* [Relatório sobre a Policlínica Psicanalítica de Berlim], Viena. **vol. 16:** 341-2.

(1923h) Carta (em espanhol) ao sr. Luis López-Ballesteros y de Torres. **vol. 16:** 342-3.

(1923i) "Dr. Ferenczi Sándor (Zum 50. Geburtstag)" [Dr. Sándor Ferenczi (em seu 50º aniversário)].

(1924a) Carta (em francês) a *Le Disque Vert*. **vol. 16:** 346.

(1924b [1923]) "Neurose und Psychose" [Neurose e psicose]. **vol. 16:** 176--83; 215NA, 219NT; **vol. 17:** 153NT, 308NA.

(1924c) "Das ökonomische Problem des Masochismus" [O problema econômico do masoquismo]. **vol. 6:** 52-3NA, 124NA; **vol. 12:** 66NA; **vol. 14:** 319NA; **vol. 16:** 184-202; **vol. 17:** 297-8NT; **vol. 18:** 68NT; **vol. 19:** 280NT.

(1924d) "Der Untergang des Ödipuskomplexes" [A dissolução do complexo de Édipo]. **vol. 16:** 203-13, 286NA, 291NT, 296NA; **vol. 17:** 86NA.

(1924e) "Der Realitätsverlust bei Neurose und Psychose" [A perda da realidade na neurose e na psicose]. **vol. 16:** 214-21; **vol. 17:** 153NT, 308NA.

(1924f [1923]) "Psychoanalysis: Exploring the Hidden Recesses of the Mind" [Resumo da psicanálise]. **vol. 16:** 222-51.

(1924g [1923]) Fragmento de uma carta a F. Wittels; em F. Wittels, *Sigmund Freud*, Londres. **vol. 16:** 343-6.

(1924h) "Mitteilung des Herausgebers" [Comunicado do diretor (da *Zeitschrift*)].

(1924i) Carta publicada em *Jewish Observer and Middle East Review*, v. 3, n. 23, jun.

(1925a [1924]) "Notiz über den Wunderblock" [Nota sobre o "Bloco Mágico"]. **vol. 4:** 590NA; **16:** 267-74.

(1925b) Carta ao diretor de *Jüdische Presszentrale Zürich* [Excerto de uma carta sobre o judaísmo]. **vol. 16:** 353.

(1925c) "Mensagem na inauguração da Universidade Hebraica", publicada em inglês em *The New Judaea*, v. 1, n. 14, p. 227. **vol. 16:** 354.

(1925d [1924]) *Selbstdarstellung* ["Autobiografia"], 1934. **vol. 5:** 310NT; **vol. 6:** 311NT; **vol. 8:** 338NT; **vol. 9:** 332NT; **vol. 16:** 75-167, 260NT; **vol. 17:** 321; **vol. 19:** 253NA.

(1925e [1924]) "Die Widerstände gegen die Psychoanalyse" [As resistências à psicanálise]. **vol. 16:** 252-66.

(1925f) Prólogo a A. Aichhorn, *Verwahrloste Jugend* [Juventude abandonada], Viena. **vol. 16:** 347-50.

(1925g) "Josef Breuer [1842-1925]" (obituário). **vol. 16:** 350-3.
(1925h) "Die Verneinung" [A negação]. **vol. 16:** 38NT, 273NT, 275-82; **vol. 17:** 50NT.
(1925i) "Einige Nachträge zum Ganzen der Traumdeutung" [Alguns complementos à interpretação dos sonhos]. **vol. 15:** 170NT; **vol. 16:** 318-34.
(1925j) "Einige psychische Folgen des anatomischen Geschlechtsunterschieds" [Algumas consequências psíquicas da diferença anatômica entre os sexos]. **vol. 16:** 283-99.
(1926a) "An Romain Rolland" [A Romain Rolland no 60º aniversário]. **vol. 17:** 367-8.
(1926b) "Karl Abraham [1877-1925]" (obituário). **vol. 17:** 366-7.
(1926c) "Apresentação do artigo de E. Pickworth Farrow 'Eine Kindheitserinnerung aus dem 6. Lebensmonab'" [Uma recordação de infância do sexto mês de vida]. **vol. 17:** 371.
(1926d [1925]) *Hemmung, Symptom und Angst* [Inibição, sintoma e angústia]. **vol. 3:** 86NT, 176NT; **vol. 6:** 147NT, 356NT; **vol. 9:** 98NT; **vol. 12:** 145NT, 174NT; **vol. 16:** 163; **vol. 17:** 13-123.
(1926e) *Die Frage der Laienanalyse* [A questão da análise leiga: Diálogo com um interlocutor parcial]. **vol. 3:** 285NT; **vol. 17:** 124-230.
(1926f) "Psycho-Analysis" [Psicanálise], artigo publicado na *Encyclopaedia Britannica* com o título "Psycho-Analysis; Freudian School". **vol. 17:** 311-21.
(1926g) Tradução, com uma nota de rodapé, de "Samuel Butler", parte I, seção 13, do livro de I. Levine, *The Unconscious* (Londres, 1923); traduzido para o alemão por A. Freud com o título *Das Unbewusste* [O inconsciente], Viena, 1926.
(1926h) Carta em *Au delà de l'Amour*, série *Les Cahiers contemporains*, v. 3, p. 77.
(1926i) "Dr. Reik und die Kurpfuschereifrage" [Carta sobre Theodor Reik e o charlatanismo]. **vol. 17:** 229-30.
(1927a) "Nachwort zur *Die Frage der Laienanalyse*" [Pós-escrito a *A questão da análise leiga*]. **vol. 17:** 218-29.
(1927b) "Nachtrag zur Arbeit über den Moses des Michelangelo" [Apêndice ao estudo sobre o Moisés de Michelangelo].
(1927c) *Die Zukunft einer Illusion* [O futuro de uma ilusão]. **vol. 3:** 285NT; **vol. 16:** 164-230; **vol. 17:** 140NT, 231-301; **vol. 18:** 26, 48NA, 48NT, 108NA, 433NT; **vol. 19:** 120NT, 265NT.
(1927d) "Der Humor" [O humor]. **vol. 17:** 322-30.
(1927e) "Fetischismus" [O fetichismo]. **vol. 17:** 105NT, 285NT, 302-10.

(1928a) "Ein religiöses Erlebnis" [Uma experiência religiosa]. **vol. 17:** 331-6.

(1928b [1927]) "Dostojewski und die Vatertötung" [Dostoiévski e o parricídio]. **vol. 17:** 337-64.

(1929a) "Ernest Jones zum 50º Geburtstag" [A Ernest Jones em seu 50º aniversário]. **vol. 17:** 372.

(1929b) Carta (em francês) a M. Leroy sobre um sonho de Descartes. **vol. 17:** 373-7.

(1930a [1929]) *Das Unbehagen in der Kultur* [O mal-estar na civilização]. **vol. 4:** 663NT; **vol. 5:** 384NT; **vol. 6:** 140NT; **vol. 16:** 164, 262NT; **vol. 18:** 13-123, 400; **vol. 19:** 120NT, 128NT.

(1930b) Prólogo a *Zehn Jahre Berliner Psychoanalytisches Institut* [Dez anos do Instituto Psicanalítico de Berlim], Viena. **vol. 18:** 331-6.

(1930c) Nota introdutória (em inglês) ao número especial sobre psicopatologia de *The Medical Review of Reviews*, Nova York, v. 36, p. 103. **vol. 18:** 452-3.

(1930d) "Brief an Dr. Alfons Paquet" [Carta ao dr. Alfons Paquet]. **vol. 18:** 356-7.

(1930e) "Ansprache im Frankfurter Goethe-Haus" [Discurso na casa de Goethe, em Frankfurt]. **vol. 18:** 357-64.

(1930f [1929]) Carta a T. Reik, em Reik, *Freud als Kulturkritiker* [Freud como crítico de cultura], Viena. **vol. 17:** 363-4.

(1931a) "Über libidinöse Typen" [Tipos libidinais]. **vol. 18:** 365-70.

(1931b) "Über die weibliche Sexualität [Sobre a sexualidade feminina]. **vol. 18:** 371-98.

(1931c) Apresentação a E. Weiss, *Elementi di psicoanalisi* [Elementos de psicanálise]. **vol. 18:** 459.

(1931d) "Das Fakultätsgutachten im Prozess Halsmann" [O parecer da faculdade no processo Halsmann]. **vol. 18:** 456-8.

(1931e) "Brief an den Bürgermeister der Stadt Príbor" [Carta ao prefeito da cidade de Príbor]. **vol. 18:** 462.

(1931f) "Auszugeines Briefes an Georg Fuchs" [Excerto de uma carta a G. Fuchs], em Fuchs, *Wir Zuchthäusler* [Nós, presos], Munique, p. x.

(1932a [1931]) "Zur Gewinnung des Feuers" [A conquista do fogo]. **vol. 18:** 452-3.

(1932b) "Geleitwort zu *Allgemeine Neurosenlehre auf psychoanalytischer Grundlage*, von Hermann Nunberg" [Apresentação de *Teoria geral das neuroses sobre base psicanalítica*, de Hermann Nunberg]. **vol. 18:** 463.

(1932c) "Meine Berührung mit Josef Popper-Lynkeus" [Meu contato com Josef Popper-Lynkeus]. **vol. 18:** 408-16.

(1932d) Resumo (em húngaro) sobre a primeira parte da 30ª edição das *Novas conferências introdutórias à psicanálise* (1933a), *Magyar Hirlap*, Budapeste, 25 dez.

(1932e [1931]) Prólogo (em inglês) à 3. ed. inglesa (revisada) de *A interpretação dos sonhos*. vol. 4: 22-3.

(1933a [1932]) *Neue Folge des Vorlesungen zur Einführung in die Psychoanalyse* [Novas conferências introdutórias à psicanálise]. vol. 4: 538NT; vol. 6: 66NT, 147NA; vol. 8: 35NT; vol. 11: 114NT; vol. 13: 515NT; vol. 15: 159NT; vol. 16: 34NT, 210NT; vol. 17: 221NT, 238NT, 310NT; vol. 18: 123-354.

(1933b [1932]) "Warum Krieg?" [Por que a guerra?]. vol. 17: 238NT; vol. 18: 417-35.

(1933c) "Sándor Ferenczi" (obituário). vol. 18: 465-8.

(1933d) "Vorwort zu *Edgar Poe. Étude psychanalytique par Marie Bonaparte*" (em francês) [Prólogo a *Edgar Poe: Estudo psicanalítico*, de Marie Bonaparte]. vol. 18: 469.

(1933e [1932]) Três cartas a André Breton (em tradução para o francês), *Le Surréalisme au service de la révolution*, n. 5, p. 10.

(1934a [1930]) "Vorrede zur hebräischen Ausgabe des *Vorlesungen zur Einführung in die Psychoanalyse*" [Prefácio à edição hebraica de *Conferências introdutórias à psicanálise*]. vol. 13: 16-7.

(1934b [1930]) "Vorrede zur hebräischen Ausgabe von *Totem und Tabu*" [Prefácio à edição hebraica de *Totem e tabu*]. vol. 11: 16-7.

(1935a) Posfácio a *An Autobiographical Study* [Apresentação autobiográfica], nova ed., Londres; Nova York. O original alemão foi publicado no final de 1935 com o título "Nachschrift 1935" [Pós-escrito (1935)] em *Almanach 1936*. vol. 16: 162-7.

(1935b) "Die Feinheit einer Fehlhandlung" [A sutileza de um ato falho]. vol. 18: 471-3.

(1935c) "Thomas Mann zum 60. Geburtstag" [A Thomas Mann, em seu 60º aniversário] vol. 18: 470.

(1936a) "Brief an Romain Rolland (Eine Erinnerungsstörung auf der Akropolis)" [Um distúrbio de memória na Acrópole (Carta a Romain Rolland, 1936)]. vol. 17: 260NT; vol. 18: 436-49.

(1936b [1932]) Prólogo a R. Sterba, *Handwörterbuch der Psychoanalyse* [Dicionário de psicanálise], Viena. vol. 18: 464.

(1936c [1935]) Prólogo [traduzido para o tcheco] à edição tcheca de *Conferências introdutórias à psicanálise*.

(1936d) "Zum Ableben Professor Brauns" [Sobre o falecimento do prof. Brauns].

(1937a) "Lou Andreas-Salomé". **vol. 19**: 362-3.
(1937b) "Moses ein Ägypter" [Moisés, um egípcio], ensaio I de *Moisés e a religião monoteísta* (1939a). **vol. 19**: 14-26, 27NA, 144.
(1937c) "Die endliche und die unendliche Analyse" [Análise terminável e interminável]. **vol. 16**: 192NT; **vol. 19**: 274-326.
(1937d) "Konstruktionen in der Analyse" [Construções na análise]. **vol. 3**: 266NT; **vol. 14**: 153NT; **vol. 19**: 327-44.
(1937e) "Wenn Moses ein Ägypter War..." [Se Moisés era um egípcio...], ensaio II de *Moisés e a religião monoteísta* (1939a). **vol. 19**: 27-76, 144.
(1938a) "Ein Wort zum Antisemitismus" [Um comentário sobre o antissemitismo]. **vol. 19**: 365-8.
(1938b [1937]) Carta a André Breton, publicada (apenas em alemão) em *Trajectoire du rêve: Documents recueillis par André Breton* [Trajetória dos sonhos: Documentos recolhidos por André Breton], Paris.
(1938c) Carta (em inglês), à diretora de *Time and Tide*, p. 1649, 26 nov.; "Anti-Semitism in England" [O antissemitismo na Inglaterra]. **vol. 19**: 27-76, 144.
(1939a [1934-8]) *Der Mann Moses und die monotheistische Religion* [Moisés e o monoteísmo: Três ensaios]. **vol. 11**: 244NT; **vol. 16**: 165NT; **vol. 19**: 13-188.
(1939b) Em colaboração com Anna Freud, tradução de M. Bonaparte, *Topsy, Chow-Chow au Poil d'Or*, Paris, 1937, com o título *Topsy, der Goldhaarige Chow* [Topsy, o chow-chow de pelo dourado], Amsterdam.
(1939c) Carta aos editores de *Das Psychoanalytische Volksbuch*, em *Das Psychoanalytische Volksbuch* [O livro popular da psicanálise], 3. ed., Berna.
(1940a [1938]) *Abriss der Psychoanalyse* [Compêndio de psicanálise]. **vol. 19**: 189-273.
(1940b [1938]) "Some Elementary Lessons in Psycho-Analysis" [Algumas lições elementares de psicanálise] (título em inglês, texto em alemão). **vol. 5**: 86NT; **vol. 19**: 351-60.
(1940c [1922]) "Das Medusenhaupt" [A cabeça da Medusa]. **vol. 15**: 326-8.
(1940d [1892]) Em colaboração com J. Breuer, "Zur Theorie des hysterischen Anfalls" [Sobre a teoria do ataque histérico]. **vol. 1**: 183-8.
(1940e [1938]) "Die Ichspaltung im Abwehrvorgang" [A cisão do eu no processo de defesa]. **vol. 19**: 345-50.
(1940f [1939]) Carta a Anna Freud Bernays, no artigo da sra. Bernays "My Brother Sigmund Freud" [Meu irmão Sigmund Freud], *American Mercury*, nov. (Texto original em alemão inédito.)

(1940g [1938]) Introdução a Y. Doryon, *Lynkeus' New State*, Jerusalém.

(1941a [1892]) Carta a J. Breuer.

(1941b [1892]) "Notiz 'III'" [Nota "III"].

(1941c [1899]) "Eine erfüllte Traumahnung" [Uma premonição onírica cumprida].

(1941d [1921]) "Psychoanalyse und Telepathie" [Psicanálise e telepatia]. **vol. 15:** 150-73.

(1941e [1926]) "Ansprache an die Mitglieder des Vereins B'nai B'rith" [Discurso na Sociedade B'nai B'rith]. **vol. 17:** 368-71.

(1941f [1938]) "Ergebnisse, Ideen, Probleme" [Conclusões, ideias, problemas]. **vol. 19:** 363-5.

(1941g [1936]) "Entwurf zu einem Brief an Thomas Mann" [Projeto de uma carta a Thomas Mann].

(1941h [1939]) Carta (em inglês) a C. Berg, em Berg, *War in the Mind* [Guerra na mente], Londres.

(1941i [1873]) "Ein Jugendbrief" [Carta sobre o colegial], *Int. Z. Psychoanal.-Imago*, v. 26, p. 5. (Incluído também em 1960a e 1969a.)

(1942a [1905-6]) "Psychopathic Characters on the Stage" [Personagens psicopáticos no teatro]. **vol. 6:** 361-9.

(1945a [1939]) Prólogo (em inglês) a J. Hobman, *David Eder*, Londres.

(1945b [1926]) Carta (em inglês) a M. D. Eder, em J. Hobman, *David Eder*, Londres.

(1945c [1936]) Carta (em inglês) a Barbara Low, em J. Hobman, *David Eder*, Londres.

(1945-6 [1938]) Cartas a Ysrael Doryon, em Doryon, *The Man Moses* [Moisés], Jerusalém.

(1946a [1938-9]) Duas cartas a D. Abrahamsen, em Abrahamsen, *The Mind and Death of a Genius* [Espírito e morte de um gênio], Nova York.

(1948a) *ver* (1939c)

(1950a [1887-1902]) *Aus den Anfängen der Psychoanalyse* [As origens da psicanálise], Londres. Abarca as cartas a Wilhelm Fliess, manuscritos inéditos e o *Entwurf einer Psychologie* [Projeto de uma psicologia], 1895. **vol. 1:** 217-340.

(1950b [1936]) Carta a K. Hiller, em Hiller, *Köpfe und Tröpfe: Profile aus einem Vierteljahrhundert* [Grandes e pequenos espíritos: Perfil de um quarto de século], Hamburgo e Stuttgart.

(1951a [1936]) "A Letter on Homosexuality" [Uma carta sobre a homossexualidade] (em inglês), *Amer. J. Psychiat.*, v. 107, p. 786; *Int J. Psycho-Anal.*, v. 32, p. 331. (Incluída em 1960a.)

(1951b [1938-9]) Duas cartas a J. Meitlis, em Meitlis, *The Last Days of Sigmund Freud* [Os últimos dias de Sigmund Freud], *Jewish Frontier*, set. 1951.

(1951c [1930-2]) Duas cartas a R. Flatter, em "Queries and Notes: Sigmund Freud on Shakespeare" [Perguntas e notas: Sigmund Freud sobre Shakespeare], *Shakespeare Quarterly*, v. 2, n. 4, p. 368, 1951. O texto original em alemão foi publicado parcialmente em 1960a.

(1952a [1938]) Três cartas a T. Reik, *Psychoanalysis*, v. 1, p. 5.

(1952b [1931]) Carta a Victor Bauer, traduzida para o francês em C. Veillon, *Journal de la Maison*, v. 9, n. 7, p. 101.

(1954a [1933]) Três cartas a J. L. Magnes, em M. Rosenbaum, "Freud-Eitingon-Magnes Correspondence, Psychoanalysis at the Hebrew University" [Correspondência Freud-Eitingon-Magnes: A psicanálise na Universidade Hebraica], *J. Amer. Psychoan. Ass.*, v. 2, n. 2, p. 311. O texto original em alemão foi publicado parcialmente em 1960a.

(1954b [1929]) Carta a "Yivo", *News of the Yivo*, v. 55, p. 9 (seção em iídiche).

(1954c [1934]) Carta a Havelock Ellis, tradução para o inglês em J. Wortis, *Fragments of an Analysis with Freud* [Fragmentos de uma análise com Freud], Nova York.

(1954d [1932-5]) Quatro cartas (uma em inglês) a J. Wortis, em R. Wortis, *Fragments of an Analysis with Freud* [Fragmentos de uma análise com Freud], Nova York.

(1955a [1907-8]) Notas originais sobre o caso de neurose obsessiva ("O Homem dos Ratos"). O texto original em alemão foi publicado na edição francesa bilíngue *L'Homme aux rats. Journal d'une analyse*, traduzida para o francês, com introdução, notas e comentário por E. Ribeiro, Hawelka; Paris, 1974.

(1955b [1906-31]) Dez cartas a A. Schnitzler, *Die Neue Rundschau*, v. 66, n. 1. O texto original em alemão foi publicado parcialmente em 1960a.

(1955c [1920]) "Memorandum on the Electrical Treatment of War Neurotics" [Nota sobre a eletroterapia dos neuróticos de guerra]. Publicado pela primeira vez em tradução para o inglês; o texto original permaneceu inédito até 1972: "Gutachten über die elektrische Behandlung der Kriegsneurotiken", *Psyche*, v. 26, n. 12, p. 942.

(1955d [1876]) Dois pedidos de bolsa para investigações zoológicas, em J. Gicklhorn, "Wissenschaftsgeschichtliche Notizen zu den Studien von S. Syrski (1874) und S. Freud (1877) über männliche Flussaale" [Notas científico-históricas a respeito dos estudos de S. Syrski (1874) e S. Freud (1877) sobre a enguia-d'água-doce macho].

(1955e [1930]) Carta a Juliette Boutonier, em J. Favez-Boutonier, "Psychanalyse et philosophie" [Psicanálise e filosofia], *Bull. Soc. Fr. Philos.*, v. 49, p. 3.

(1955f [1909-38]) Cartas e fragmentos de cartas a Ludwig Binswanger, em Binswanger, *Erinnerungen an Sigmund Freud* [Memórias de Sigmund Freud], Berna.

(1955-6 [1938]) Carta a N. Fodor, *Psychoanalysis. J. Nat. Psychol. Ass. Psychoanalysis*, v. 4, n. 2, p. 25.

(1956a [1886]) "Report on my Studies in Paris and Berlim, on a Travelling Bursary Granted from the University Jubilee Fund, 1885-6" [Informe sobre minha viagem de estudos a Paris e Berlim, realizada com uma bolsa do jubileu da universidade], *Int. J. Psycho-Anal.*, v. 37, p. 2.

(1956b [1916]) Carta a E. Hitschmann, *Psychoanal. Quart.*, v. 25, p. 362.

(1956c [1932-8]) Cartas a H. Aldington (H. D.); em H. D., *Tribute to Freud* [Tributo a Freud], Nova York, pp. 173-80.

(1956d [1923-1936]) Duas cartas (uma em inglês) a E. Leyens, *Psychoanal. Quart.*, v. 25, p. 148.

(1956e [1920]) Carta (em inglês) a W. Lay, *Psychoanal. Quart.*, v. 25, p. 152.

(1956f [1933]) Carta a X. Bóveda, *Psychoanal. Quart.*, v. 25, p. 153.

(1956g [1927]) Carta a J. Braun-Vogelstein, *J. Am. Psychoanal. Ass.*, v. 4, p. 645.

(1957a [1920]) Carta ao dr. H. Carrington, em *Psychoanalysis and the Future* [Psicanálise e o futuro], Nova York, p. 13.

(1957b [1931]) Carta a I. Velikowsky, em *Psychoanalysis and the Future* [Psicanálise e o futuro], Nova York, p. 15.

(1958a [1911]) Em colaboração com Oppenheim, D. E., "Träume im Folklore" [Sonhos no folclore], *Dreams in Folklore*, Nova York, parte II, p. 69. Publicado também em S. Freud, *Über Träume und Traumdeutungen* [Sobre sonhos e a interpretação dos sonhos], Frankfurt, 1971, p. 53.

(1960a) *Briefe 1873-1939* [Cartas 1873-1939], org. de E. L. Freud, Frankfurt. (2. ed. ampl., Frankfurt, 1968.)

(1963a) *Sigmund Freud/ Oskar Pfister: Briefe 1909 bis 1939* [Cartas 1909 a 1939], org. de E. L. Freud e H. Meng., Frankfurt.

(1965a) *Sigmund Freud/ Karl Abraham: Briefe 1907 bis 1926* [Cartas 1907 a 1926], org. de H. C. Abraham e E. L. Freud, Frankfurt.

(1966a [1912-36]) *Sigmund Freud/ Lou Andreas-Salomé*. Briefwechsel, org. de E. Pfeiffer, Frankfurt.

(1966b [1938]) Introdução (em inglês) a S. Freud a W. C. Bullit, *Thomas Woodrow Wilson, Twenty-Eighth President of the United States: A*

Psychological Study [Thomas Woodrow Wilson, 28º presidente dos Estados Unidos: Um estudo psicológico], *Encounter*, v. 28, n. 1, p. 3; em forma de livro: Boston; Londres, 1967.

(1969a [1872-4]) Sete cartas e dois cartões-postais a Emil Fluss, em "Some Early Unpublished Letters of Freud" [Algumas cartas não publicadas de Freud], *Int. J. PhychoAnal.*, v. 50, p. 419.

(1970a [1919-36]) *Sigmund Freud as a Consulant: Recollections of a Pioneer in Psvchoanalysis* [Sigmund Freud como um consultor: Memórias de um pioneiro da psicanálise], org. de M. Grotjahn, Nova York. [Ed. alemã: *Sigmund Freud-Edoardo Weiss: Briefe zur psychoanalytischen Praxis*, Frankfurt, 1973.]

(1971a [1909-16]) Cartas a J. J. Putnam, em N. G. Hale (Org.), *James Jackson Putnam and Psychoanalysis: Letters between Putnam and Sigmund Freud, Ernest Jones, William James, Sándor Ferenczi and Morton Prince, 1877-1917* [James Jackson Putnam e a psicanálise: Cartas trocadas entre Putnam e Sigmund Freud, Ernest Jones, William James, Sándor Ferenczi e Morton Prince, 1877-1917], Cambridge.

B. OBRAS DE OUTROS AUTORES

13º CONGRESSO INTERNACIONAL DE MEDICINA (1900), Paris, v. 9: *Section de Dermatologie et de Syphiligraphie*. Contribuições de E. Finger, L. Jullien e B. Tarnowsky sobre "La Descendance des Hérédo-Syphilitiques".

ABEL, K. (1884) *Über den Gegensin der Urworte*, Leipzig.

———. (1885) *Sprachwissenschaftliche Abhandlungen*, Leipzig.

ABRAHAM, K. (1907) "Das Erleiden sexueller Traumen als Form infantiler Sexualbetätigung", *Zbl. Nervenheilk.*, v. 18, p. 854.

———. (1908) "Die psychosexuellen Differenzen der Hysterie und der Dementia praecox", *Zbl. Nervenheilk.*, v. 19, p. 521.

———. (1909) *Traum und Mythus: Eine Studie zur Völkerpsychologie*, Leipzig; Viena.

———. (1911a) "Über die determinierende Kraft des Namens", *Zbl. Psychoanal.*, v. 2, p. 133.

———. (1911b) *Giovanni Segantini: Ein psychoanalytischer Versuch*, Leipzig; Viena.

———. (1912) "Ansätze zur psychoanalytischen Erforschung und Behandlung des manisch-depressiven Irreseins und verwandter Zustände", *Zbl. Psychoanal.*, p. 302.

———. (1914) "Über Einschränkungen und Umwandlungen der Schaulust bei den Psychoneurotikern", *Jb. Psychoanal.*, v. 6, p. 25.

———. (1916) "Untersuchungen über die früheste prägenitale Entwick-Jungsstufe der Libido", *Int. Z. ärztl. Psychoanal.*, v. 4, p. 71.

———. (1921) "Äusserungsformen des weiblichen Kastrationskomplexes", *Int. Z. Psychoanal.*, v. 7, p. 422.

———. (1922a) "Vaterrettung und Vatermord in den neurotischen Phantasiegebilden", *Int. Z. Psychoanal.*, v. 8, p. 71.

———. (1922b) "Über Fehlleistungen mit überkompensierender Tendenz", *Int. Z. Psychoanal.*, v. 8, p. 345.

———. (1922c) "Die Spinne als Traumsymbol", *Int. Z. Psychoanal.*, v. 8, p. 470.

———. (1924) *Versuch einer Entwicklungsgeschichte der Libido*, Leipzig; Viena; Zurique.

ADLER, A. (1905) "Drei Psycho-Analysen von Zahleneinfällen und obsedierenden Zahlen", *Psychiat.-neurol. Wschr.*, v. 7, p. 263.

———. (1907) *Studie über Minderwertigkeit von Organen*, Berlim; Viena.

———. (1908) "Der Aggressionstrieb im Leben und in der Neurose", *Fortschr. Med.*, v. 26, p. 577.

BIBLIOGRAFIAS

ADLER, A. (1910) "Der psychische Hermaphroditismus irn Leben und in der Neurose", *Fortschr. Med.*, v. 28, p. 486.

―――――. (1911a) Resenha de C. G. Jung, "Über Konflikte der kindlichen Seele", *Zbl. Psychoanal.*, v. 1, p. 122.

―――――. (1911b) "Beitrag zur Lehre vom Widerstand", *Zbl. Psychoanal.*, v. 1, p. 214.

―――――. (1912) *Über den nërvosen Charakter*, Wiesbaden.

―――――. (1914) Em colaboração com Furtmüller, C. (Org.), *Heilen und Bilden*, Munique.

AICHHORN, A. (1925) *Verwahrloste Jugend*, Viena.

ALEXANDER, F. (1922) "Kastrationskomplex und Charakter", *Int. Z. Psychoanal.*, v. 8, p. 121.

―――――. (1925) "Über Traumpaare und Traumreihen", *Int. Z. Psychoanal.*, v. 11, p. 80.

―――――. (1927) *Die Psychoanalyse der Gesamtpersönlichkeit*, Viena.

ALMOLI, S. *ver* SALOMON ALMOLI

ALLISON, A. (1868) "Nocturnal Insanity", *Med. Times & Gaz.*, v. 947, p. 210.

AMRAM, N. (1901) *Sepher pithrôn chalômôth*, Jerusalém.

ANDERSSON, O. (1962) *Studies in the Prehistory of Psychoanalysis*, Studia Scientiae Paedagogicae Upsaliencia III, Estocolmo.

ANDREAS-SALOMÉ, L. (1916) "'Anal' und 'Sexual'", *Imago*, v. 4, p. 249.

ARDUIN, dr. (1900) "Die Frauenfrage und die sexuellen Zwischenstufen", *Jb. sex. Zwischenst.*, v. 2, p. 211.

ARISTÓTELES, *De somniis* e *De divinatione per somnun*. [Ed. alemã: "Über Träume und Traumdeutung" e "Von der Traumdeutung", em *Langenschidtsche Bibliothek griechischer u. römischer Klassiker*, trad. de H. Bender, v. 25: *Aristoteles VI — Kleine naturwissenschaftliche Schriften (Parva Naturalia)*, Berlim; Stuttgart, 1855-97, parte IV, pp. 60-75.]

ARTEMIDORO DE DALDIS. *Oneirocritica*. [Ed. alemã: *Symbolik der Träume*, trad. de F. S. Krauss, Viena, 1881; "Erotische Träume und ihre Symbolik", trad. de H. Licht, *Anthropophyteia*, v. 9 (1912), p. 316 (este capítulo de *Oncirocritica* não havia sido incluído na tradução de Krauss).]

ARTIGUES, R. (1884) *Essai sur la valeur séméiologique du rêve* (tese), Paris.

ATKINSON, J. J. (1903) *Primal Law*, Londres. (Incluído em LANG, A., *Social Origins*, Londres, 1903.)

AUERBACH, E. (1932, 1936) *Wüste und Gelobtes Land* (2 v.), Berlim.

AVEBURY, L. *ver* LUBBOCK, J.

AVERBECK, H. (1886) "Die akute Neurasthenie, die plötzliche Erschöpfung der nervösen Energie; ein ärztliches Kulturbild", *Dt. Med.-Ztg.*, v. 7, pp. 293, 301, 313, 325, 337. (Reimpresso também em Berlim, 1886.)

AZAM, E. (1876) "Amnésie périodique ou dédoublement de la vie", *Ann. med.-psychol.* (5ª série), v. 16, p. 5.

_____. (1887) *Hypnotisme, double conscience, et altérations de la personnalité*, Paris.

BACHOFEN, J. J. (1861) *Das Mutterrecht*, Stuttgart.

BAILLET, A. (1691) *La Vie de Monsieur Des-Cartes* (2 v.), Paris.

BAIN, A. (1865) *The Emotions and the Will*, 2. ed., Londres. (1. ed., Londres, 1859.)

_____. (1870) *Logic*, Londres.

BALDWIN, J. M. (1895) *Mental Development in the Child and the Race*, Nova York. [Ed. alemã: *Die Entwicklung des Geistes beim Kinde und bei der Rasse*, Berlim, 1898.]

BARTELS, M.; PLOSS, H. H. *ver* PLOSS, H. H.; BARTELS, M.

BASTIAN, A. (1874-5) *Die deutsche Expedition an der Loango-Küste* (2 v.), Jena.

BATCHELOR, J. (1901) *The Ainu and Their Folk-Lore*, Londres.

BAYER, H. (1902) "Zur Entwicklungsgeschichte der Gebärmutter", *Dtsch. Arch. klin. Med.*, v. 73, p. 422.

BEARD, G. M. (1881) *American Nervousness, Its Causes and Consequences*, Nova York.

_____. (1884) *Sexual Neurasthenia (Nervous Exhaustion), Its Hygiene, Causes, Symptoms and Treatment*, Nova York.

BELL, J. S. (1902) "A Preliminary Study of the Emotion of Love between the Sexes", *Amer. J. Psychol.*, v. 13, p. 325.

BENEDIKT, M. (1894) *Hypnotismus und Suggestion*, Viena.

BENINI, V. (1898) "La memoria e la durata dei sogni", *Riv. ital. filos.*, v. 13a, p. 149.

BERGER, A. von. (1896) Resenha de Breuer e Freud, *Studien über Hysterie*, *Neue Freie Presse*, 2 fev.

BERGSON, H. (1900) *Le Rire*, Paris.

BERNARD-LEROY, E.; TOBOWOLSKA, J. (1901) "Mécanisme intellectuel du rêve", *Rev. phil.*, v. 51, p. 570.

BERNFELD, S. (1944) "Freud's Earliest Theories and the School of Helmholtz, *Psychoanal. Quart.*, v. 13, p. 341.

BERNHEIM, H. (1886) *De la Suggestion et de ses applications à la thérapeutique*, Paris. (2. ed., 1887.)

_____. (1891) *Hypnotisme, suggestion, psychothérapie: études nouvelles*, Paris.

BERNSTEIN, I.; SEGEL, B. W. (1908) *Jüdische Sprichwörter und Redensarten*, Varsóvia.

BETLHEIM, S.; HARTMANN, H. (1924) "Über Fehlreaktionen des Gedächtnisses bei der Korsakoffschen Psychose", *Arch. Psychiat. Nervenkrankh.*, v. 72, p. 278.

BEYER, R. (1956) "The Schreber Case", *Int. J. Psycho-Anal.*, v. 37, p. 61.

BIANCHIERI, F. (1912) "I sogni dei bambini di cinque anni", *Riv. psicol. norm. patol. appl.*, v. 8, p. 325.

BIANCHIERI, F.; DOGLIA, S. *ver* DOGLIA, S.; BIANCHIERI, F.

BIEDENKAPP, G. (1902) *In Kampfe gegen Hirnbazillen*, Berlim.

BIGELOW, J. (1903) *The Mystery of Sleep*, 2. ed., Londres. (1. ed., 1897.)

BINET, A. (1888) *Études de psychologie expérimentale: Le fétichisme dans l'amour*, Paris.

_____. (1892) *Les Altérations de la personnalité*, Paris.

BINSWANGER, O. L. (1896) *Die Pathologie und Therapie der Neurasthenie*, Jena.

BINZ, C. (1878) *Über den Traum*, Bonn.

BLEULER, E. (1904) "Die negative Suggestibilität", *Psychiat.-neurol. Wschr.*, v. 6, pp. 249 e 261.

_____. (1906a) "Freudsche Mechanismen in der Symptomatologie von Psychosen", *Psychiat.-neurol. Wschr.*, v. 8, pp. 323 e 338.

_____. (1906b) *Affektivitäd, Suggestibilität, Paranoia*, Halle.

_____. (1908) "Sexuelle Abnormitäten der Kinder", *Jb. Schweiz. Ges. SchulgesundPfl.*, v. 9, p. 623.

_____. (1910a) "Die Psychoanalyse Freuds. Verteidigung und Kritische Bemerkungen", *Jb. psychoanalyt. psychopath. Forsch.*, v. 2, p. 623.

_____. (1910b) "Vortrag über Ambivalenz", *Zbl. Psychoanal.*, v. 1, p. 266.

_____. (1911) *Dementia Praecox, oder Gruppe dar Schizophrenien*, Leipzig; Viena.

_____. (1912) "Das autistische Denken", *Jb. psychoanalyt. psychopath. Forsch.*, v. 4, n. 1; em livro: Leipzig; Viena, 1912.

_____. (1913a) "Der Sexualwiderstand", *Jb. psychoanalyt. psychopath. Forsch.*, v. 5, p. 442.

_____. (1913b) "Kritik der Freudschen Theorien", *Allg. Z. Psychiat.*, v. 70, p. 665.

_____. (1914) "Die Kritiken der Schizophrenien", *Z. ges. Neurol. Psychiat.*, v. 22, p. 19.

_____. (1916) "Physisch und Psychisch in der Pathologie", *Z. ges. Neurol. Psychiat.*, v. 80, p. 426.

_____. (1919) *Das autistisch-undisziplinierte Denken in der Medizin und seine Übrtwindung*, Berlim.

BLOCH, I. (1902-3) *Beiträge zur Ätiologie der Psychopathia sexualis* (2 v.), Dresden.

BLUMENTRITT, F. (1891) "Über die Eingeborenen der Insel Palawan", *Globus*, v. 59, p. 181.

BOAS, F. (1888) "The Central Esquimo", *Sixth Ann. Rep. Bur. Amer. Ethn.*, p. 399.

---. (1890) "Second General Report on the Indians of British Columbia", *Report of Sixtieth Meeting of the British Association*, p. 562.

BOITO, C. (1883) *Leonardo, Michelangelo, Andrea Palladio*, 2. ed., Milão.

BÖLSCHE, W. (1911-3) *Das Liebesleben in der Natur* (2 v.), Jena.

BONAPARTE, M. (1933) *Edgar Allan Poe, étude psychanalytique*, Paris.

BONATELLI, F. (1880) "Del sogne", *La filosofia delle scuole italiane*, 16 fev.

BÖRNER, J. (1855) *Das Alpdrücken, seine Begründung und Verhütung*, Würzburg.

BOTTAZZI, F. (1910) "Leonardo biologo e anatomico", em *Conferenze Fiorentine*, Milão, p. 181.

BÖTTINGER. (1795) Em SPRENGEL, C. P. J., *Beiträge zur Geschichte der Medizin*, v. 2, p. 163.

BOUCHÉ-LECLERCQ, A. (1879-82) *Histoire de la divination dans l'antiquité*, Paris.

BOURKE, J. G. (1891) *Scatologic Rites of All Nations*, Washington. [Ed. alemã: *Der Unrat in Sitte, Brauch, Glauben und Gewohnheitsrecht der Völker*, Leipzig.]

BRAID, J. (1843) *Neurypnology, or the Rationale of Nervous Sleep Considered in Relation to Animal Magnetism*, Londres.

BRANDES, G. (1896) *William Shakespeare*, Paris; Leipzig; Munique.

BREASTED, J. H. (1906) *A History of Egypt*, Londres.

---. (1934) *The Dawn of Conscience*, Londres.

---. *Ver também* CAMBRIDGE ANCIENT HISTORY

BREUER, J.; FREUD, S. (1893) *ver* "Todas as obras de Freud" (1893a)

---. (1895) *ver* "Todas as obras de Freud" (1895d)

---. (1940 [1892]) *ver* "Todas as obras de Freud" (1940d [1892])

BRILL, A. A. (1909) "A Contribution to the Psychology of Everyday Life", *Psychotherapy*, v. 2, p. 5.

---. (1911) "Freud's Theory of Wit", *J. abnorm. Psychol.*, v. 6, p. 279.

---. (1912) *Psychoanalysis: Its Theories and Practical Applications*, Filadélfia; Londres. (2. ed., 1914; 3. ed., 1922.)

---. (1919) *Selected Papers on Hysteria and Other Psychoneuroses*, Nova York, 1909.

BROWN, W. (1845) *New Zealand and Its Aborigines*, Londres.

BRUGEILLES, R. (1913) "L'Essence du phénomène social: la suggestion", *Rev. phil.*, v. 75, p. 593.

BRUN, R. (1936) "Sigmund Freuds Leistungen auf dem Gebiete der organischen Neurologie", *Schweiz. Arch. Neurol. Psychiat.*, v. 37, p. 200.

BRUNSWICK, R. Mack (1928a) "A Supplement to Freud's 'History of an Infantile Neurosis'", *Int. J. Psycho-Anal.*, v. 9, p. 439. Reimpresso com adendos em *The Psycho-Analytic Reader*, org. de R. Fliess, Londres; Nova York, 1948; Londres, 1950. [Em alemão: "Ein Nachtrag zu Freuds 'Geschichte einer infantilen Neurose'", *Int. Z. Psychoanal.*, v. 15, n. 1, 1929, p. 1.]

_____. (1928b) "Die Analyse eines Eifersuchtswahnes", *Int. Z. Psychoanal.*, v. 14, p. 458.

BÜCHSENSCHÜTZ, B. (1868) *Traum und Traumdeutung im Altertum*, Berlim.

BULLITT, W. C.; FREUD, S. *ver* "Todas as obras de Freud" (1966b [1938])

BUM, A. (Org.) (1891) *Therapeutisches Lexikon*, Viena. (2. ed., 1893; 3. ed., 1900.)

BURCKHARDT, J. (1927) *Der Cicerone*, Leipzig. (1. ed., 1855.)

BURDACH, K. F. (1838) *Die Physiologie als Erfahrungswissenschaft*, v. 3 da 2. ed., 1832-40. (1. ed., 1826-32.)

BURLINGHAM, D. (1932) "Kinderanalyse und Mutter", *Z. psychoanal. Pädag.*, v. 6, p. 269.

BUSCHAN, G. (Org.) (1922-6) *Illustrierte Völkerkunde* (2 v.), Stuttgart.

BUSEMANN, A. (1909) "Traumleben der Schulkinder", *Z. pädag. Psychol.*, v. 10, p. 294.

_____. (1910) "Psychologie der kindlichen Traumerlebnisse", *Z. pädag. Psychol.*, v. 11, p. 320.

BUTLER, S. (1880) *Unconscious Memory*, Londres.

CABANIS, P. J. G. (1802) *Rapports du physique et du moral de l'homme*, Paris; *Oeuvres Complètes*, Paris, 1824, v. 3, p. 153.

CALKINS, M. W. (1893) "Statistics of Dreams", *Amer J. Psychol.*, v. 5, p. 311.

CAMBRIDGE ANCIENT HISTORY. (1924) Org. de J. B. Bury, S. A. Cook e F. E. Adcock, v. 2, *The Egyptian and Hittite Empires to 1000 B. C.*, Cambridge. (Capítulos de história egípcia por J. H. Breasted.)

_____. (1928) Org. de J. B. Bury, S. A. Cook e F. E. Adcock, v. 7 (contém "The Founding of Rome", por H. Last).

CAMERON, A. L. P. (1885) "Notes on Some Tribes of New South Wales", *J. Anthrop. Inst.*, v. 14, p. 344.

CAPELLE, W. (1935) *Die Vorsokratiker*, Leipzig.

CAREÑA, C. (1631) *Tractatus de Officio Sanctissimae Inquisitionis, etc.*, Cremona.

CHABANEIX, P. (1897) *Physiologie cérébrale: Le subconscient chez les artistes, les savants, et les écrivains*, Paris.

CHARCOT, J.-M. (1886-90) *Oeuvres complètes* (9 v.), Paris.

———. (1887) *Leçons sur les maladies du système nerveux, faites à la Salpêtrière*, III, Paris.

———. (1888-9) *Leçons du mardi à la Salpêtrière*, Paris.

CHEVALIER, J. (1893) *L'Inversion sexuelle*, Lyon.

CÍCERO. *De divinatione*. [Ed. alemã: "Von der Weissagung", em Cícero, *Werke*, trad. de G. H. Moser, Stuttgart, 1828, v. 7-8.]

CLAPARÈDE, E. (1905) "Esquisse d'une théorie biologique du sommeil", *Arch. psychol.*, v. 4, p. 245.

CLARKE, J. M. (1894) Resenha de Breuer e Freud, "Über den psychischen Mechanismus hysterischer Phänomene", *Brain*, v. 17, p. 125.

———. (1896) Resenha de Breuer e Freud, *Studien über Hysterie*, *Brain*, v. 19, p. 401.

CODRINGTON, R. H. (1891) *The Melanesians*, Oxford.

CONFERENZE FIORENTINE. (1910) *Leonardo da Vinci: Conferenze fiorentine*, Milão.

CONTI, A. (1910) "Leonardo pittore", em *Conferenze Fiorentine*, Milão, p. 81.

CORIAT, I. H. (1913) "Zwei sexual-symbolische Beispiele von Zahnarzt-Träumen", *Zbl. Psychoanal.*, v. 3, p. 440.

CRAWLEY, E. (1902) *The Mystic Rose: A Study of Primitive Marriage*, Londres.

DALY, C. D. (1927) "Hindumythologie und Kastrationskomplex", *Imago*, v. 13, p. 145.

DARKSCHEWITSCH, L. O. von; FREUD, S.: ver "Todas as obras de Freud" (1886b)

DARMESTETER,. J. (Org.) (1881) *Macbeth*, Paris.

DARWIN, C. (1871) *The Descent of Man, and Selection in Relation to Sex* (2 v.), Londres.

———. (1872) *The Expression of the Emotions in Man and Animals*, Londres. (2. ed., 1890.)

———. (1875) *The Variation of Animals and Plants under Domestication* (2 v.), 2. ed., Londres. (1. ed., 1868.)

———. (1958) *The Autobiography of Charles Darwin, 1809-1882*, org. de N. Barlow, Londres. (1. ed., incompleta, em *The Life and Letters of Charles Darwin*, org. de F. Darwin, 3 v., Londres, 1887).

DATTNER, B. (1911) "Eine historische Fehlleistung", *Zbl. Psychoanal.*, v. 1, p. 550.

DATTNER, B. (1913). "Gold und Kot", *Int. Z. ärztl. Psychoanal.*, v. 1, p. 495.

DAVIDSON, W. (1799) *Versuch über den Schlaf*, 2. ed., Berlim. (1. ed., 1795.)

DEBACKER, F. (1881) *Des Hallucinations et terreurs nocturnes chez les enfants* (tese), Paris.

DEKKER, E. D. *ver* MULTATULI

DELACROIX, H. (1904) "Sur la Structure logique du rêve", *Rev. Métaphys.*, v. 12, p. 921.

DELAGE, Y. (1891) "Essai sur la théorie du rêve", *Rev. industr.*, v. 2, p. 40.

DELBOEUF, J. R. L. (1885) *Le Sommeil et les rêves*, Paris.

———. (1888) *L'Hypnotisme et la liberté des représentations publiques*, Liège.

———. (1889) *Le Magnétisme animal*, Paris.

DESCARTES, R. (1859-60) *Oeuvres inédites de Descartes*, org. de Foucher de Careil (2 v.), Paris.

DESSOIR, M. (1894) "Zur Psychologie der Vita sexualis", *Allg. Z. Psychiat.*, v. 50, p. 941.

DEUTSCH, F. (1957) "A Footnote to Freud's *Fragment of an Analysis of a Case of Hysteria*", *Psychoanal. Quart.*, v. 26, p. 159.

DEUTSCH, H. (1925) *Psychoanalyse der weiblichen Sexualfunktionen*, Viena.

———. (1926) "Okkulte Vorgänge während der Psychoanalyse", *Imago*, v. 12, p. 418.

———. (1930) "Der feminine Masochismus und seine Beziehung zur Frigidität", *Int. Z. Psychoanal.*, v. 16, p. 172.

———. (1932) "Über die weibliche Homosexualität", *Int. Z. Psychoanal.*, v. 18, p. 219.

DEVEREUX, G. (1953) *Psychoanalysis and the Occult*, Nova York.

DIEPGEN, P. (1912) *Traum und Traumdeutung als medizinischnaturwissenschaftliches Problem im Mittelalter*, Berlim.

DOBRIZHOFFER, M. (1784) *Historia de Abiponibus* (3 v.), Viena.

DOFLEIN, F. (1919) *Das Problem des Todes und der Unsterblichkeit bei den Pflanzen und Tieren*, Jena.

DOGLIA, S.; BIANCHIERI, F. (1910-1) "I sogni dei bambini di tre anni", *Contrib. psicol.*, v. 1, p. 9.

DÖLLINGER, J. (1857) *Heidenthum und Judenthum*, Ratisbona.

DORSEY, J. O. (1884) "An Account of the War Customs of the Osages", *Amer. Nat.*, v. 18, p. 113.

DORYON, Y. (1940) *Lynkeus' New State*, Jerusalém.

———. (1945-6) *The Man Moses*, Jerusalém.

DOSTOIÉVSKI, A. (1921) *Fyodor Dostoyevsky*, Londres.

DREXL, F. X.(1909) *Achmets Traumbuch: Einleitung und Probe eines kritischen Textes* (tese), Munique.

DUGAS, L. (1897a) "Le Sommeil et la cérébration inconsciente durant le sommeil", *Rev. phil.*, v. 43, p. 410.

———. (1897b) "Le Souvenir du rêve", *Rev. phil.*, v. 44, p. 220.

———. (1902) *Psychologie du rire*, Paris.

DULAURE, J. A. (1905) *Des Divinités génératrices*, Paris. (1. ed., 1805.)

———. (1909) *Die Zeugung in Glauben, Sitten und Bräuchen der Völker*, ed. ampl., trad. para o alemão de F. S. Krauss e K. Reiskel, Leipzig.

DU PREL, C. (1885) *Die Philosophie der Mystik*, Leipzig.

DURKHEIM, E. (1898) "La Prohibition de l'inceste et ses origines", *Année sociolog.*, v. 1, p. 1.

———. (1902) "Sur le Totémisme", *Année sociolog.*, v. 5, p. 82.

———. (1905) "Sur l'Organisation matrimoniale des sociétés australiennes", *Année sociolog.*, v. 8, p. 118.

———. (1912) *Les Formes élémentaires de la vie religieuse: Le systême totémique en Australie*, Paris.

ECKSTEIN, E. (1904) *Die Sexualfrage in der Erziehung des Kindes*, Leipzig.

EDER, M. D. (1913) "Augenträume", *Int. Z. ärztl. Psychoanal.*, v. 1, p. 157.

EGGER, V. (1895) "La Durée apparente des rêves", *Ver. phil.*, v. 40, p. 41.

EHRENFELS, C. von. (1903) "Sexuales Ober- und Unterbewusstsein", *Politisch-anthrop. Rev.*, v. 2.

———. (1907) *Sexualethik. Grenzfragen des Nerven.-u. Seelenlebens*, n. 56, Wiesbaden.

EIBENSCHÜTZ, M. (1911) "Ein Fall von Verlesen im Betrieb der philologischen Wissenschaft), *Zbl. Psychoanal.*, v. 1, p. 42.

EINSTEIN, A.; FREUD, S. *ver* "Todas as obras de Freud" (1933b [1932])

EISLER, M. J. (1919) "Beiträge zur Traumdeutung", *Int. Z. ärztl. Psychoanal.*, v. 5, p. 295.

EISLER, R. (1910) *Weltenmantel und Himmelszelt* (2 v.), Munique.

———. (1929, 1930) Ἰησοῦς βασιλεύς οὐ βασιλεύσας [*Jesus basileus*] (2 v.), Heidelberg.

EISSLER, K. R. (1961) "A Hitherto Unnoticed Letter by Sigmund Freud *Int. J. Psycho-Anal.*, v. 42, p. 199.

EITINGON, M. (1915) "Ein Fall von Verlesen", *Int. Z. ärztl. Psychoanal.*, v. 3, p. 349.

———. (1923) *Bericht über die Berliner psychoanalytische Poliklinik* (*März 1920 bis Juni 1922*), Leipzig, Viena e Zurique.

———. (1930) *Zehn Jahre Berliner psychoanalytisches Institut*, Zurique.

ELIANO. *De natura animalium*.

ELLIS, H. (1897) *Studies in the Psychology of Sex*, v. I (em edições posteriores é o v. II): *Sexual Inversion*, Londres. (3. ed., Filadélfia, 1915.) [Ed.

alemã: *Die krankhafte Geschlechtsempfindung auf dissoziativer Grundlage (Sexual Inversion)*, 3. ed., trad. de E. Jentsch, Leipzig, 1922.]

ELLIS, H. (1898a) "Auto-Erotism: a Psychological Study", *Alien. & Neurol.*, v. 19, p. 260.

———. (1898b) "Hysteria in Relation to the Sexual Emotions", *Alien. & Neurol.*, v. 19, p. 599.

———. (1899a) "The Stuff that Dreams are Made of", *Popular Science Monthly*, v. 54, p. 721.

———. (1899b) *Studies in the Psychology of Sex*, v. I: *The Evolution of Modesty; the Phenomena of Sexual Periodicity; and Autoerotism*, Leipzig; Londres. (3. ed., Filadélfia, 1910.)

———. (1903) *Studies in the Psychology of Sex*, v. III: *Analysis the Sexual Impulse; Love and Pain; the Sexual Impulse in Women*, Filadélfia. (2. ed., Filadélfia, 1913.) [Ed. alemã: *Das Geschlechtsgefühl; Eine biologische Studie*, trad. de H. von Kurella, Würzburg, 1903. (2. ed. ampl., Würzburg, 1909.)]

———. (1910a) Resenha de S. Freud, *Eine Kindheitserinnerung des Leonardo da Vinci*, *J. ment. Sci.*, v. 56, p. 522.

———. (1910b) *Studies in the Psychology of Sex*, v. VI: *Sex in Relation to Society*, Filadélfia. (2. ed., Filadélfia, 1913.) [Ed. alemã: *Geschlecht und Gesellschaft* (2 v.), trad. de H. von Kurella, Würzburg, 1910-1. (33. ed., Leipzig, 1923.)]

———. (1911a) *The World of Dreams*, Londres. [Ed. alemã: *Die Welt der Träume*, trad. de H. von Kurella, Würzburg, 1911.]

———. (1911b) "Die Lehren der Freud-Schule", *Zbl. Psy.*, v. 2, p. 61.

———. (1914) *Studies in the Psychology of Sex*, v. IV: *Sexual Selection in Man*, Filadélfia. [Ed. alemã: *Die Gattenwahl beim Menschen mit Rücksicht auf Sinnesphysiologie und allgemeine Biologie*, trad. de H. von Kurella, Würzburg, 1906.]

———. (1919) *The Philosophy of Conflict and Other Essays in Wartime*, 2ª série, Londres.

———. (1927) "The Conception of Narcissism", *Psychoanal. Rev.*, v. 14, p. 129; *Studies in the Psychology of Sex*, v. VII: *Eonism and Other Supplementary Studies*, Filadélfia, 1928, cap. VI.

ELLIS, W. (1832-6) *Polynesian Researches*, 2. ed. (4 v.), Londres.

EMDEN, J. E. G. van. (1912) "Selbstbestrafung wegen Abortus", *Zbl. Psychoanal.*, v. 2, p. 647.

ENCYCLOPAEDIA Britannica. (1910-1) 11. ed., Cambridge.

———. (1926) 13. ed., Cambridge.

ERB, W. (1882) *Handbuch der Elektrotherapie*, Leipzig.

ERB, W. (1893) *Über die wachsende Nervosität unserer Zeit*, Heidelberg.

ERDMANN, J. E. (1852) *Psychologische Briefe* (carta VI), Leipzig.

ERLENMEYER, E. H. (1932) "Notiz zur Freudschen Hypothese über die Zähmung des Feuers", *Imago*, v. 18, p. 5.

ERMAN, A. (1905) *Die ägyptische Religion*, Berlim.

EXNER, S. (1894) *Entwurf zu einer physiologischen Erklärung der psychischen Erscheinungen*, Viena.

FALKE, J. von. (1897) *Lebenserinnerungen*, Leipzig.

FARROW, E. Pickworth. (1925a) "A Castration Complex", *Int. J. Psycho--Anal.*, v. 6, p. 45.

_____. (1925b) "A Method of Self-Analysis", *Brit. J. Med. Psychol.*, v. 5, p. 106.

_____. (1925c) "An Early Childhood Experience and Its Effects", *Medical Press*, 29 abr.

_____. (1926) "Eine Kindheitserinnerung aus dem 6. Lebensmonat", *Int. Z. Psychoanal.*, v. 12, p. 79.

_____. (1927) "On the Psychological Importance of Blows and Taps in Infancy", *Psychoanal. Rev.*, v. 14, p. 447.

_____. (1942) *A Practical Method of Self-Analysis*, Londres; Nova York, 1945.

FEATHERMAN, A. (1885-91) *Social History of the Races of Mankind* (7 v.), Londres.

FECHNER, G. T. (1873) *Einige Ideen zur Schöpfungs- und Entwicklungsgeschichte der Organismen*, Leipzig.

_____. (1889) *Elemente der Psychophysik* (2 v.), 2. ed., Leipzig. (1. ed., Leipzig, 1860.)

_____. (1897) *Vorschule der Ästhetik* (2 v.), 2. ed., Leipzig. (1. ed., Leipzig, 1876.)

_____. [s.d. [1875]] *Ratselbüchlein von Dr. Mises*. 4. ed. ampl., Leipzig (1. ed., Leipzig, 1850.)

FEDERN, P. (1913) "Beiträge zur Analyse des Sadismus und Masochismus, I: Die Quellen des männlichen Sadismus", *Int. Z. ärztl. Psychoanal.*, v. 1, p. 29.

_____. (1914) "Über zwei typische Traumsensationen", *Jb. Psychoanalyse*, v. 6, p. 89.

_____. (1919) *Die vaterlose Gesellschaft*, Viena.

_____. (1926) "Einige Variationen des Ichgefühls", *Int. Z. Psychoanal.*, v. 12, p. 263.

_____. (1927) "Narzissmus im Ichgefüge", *Int. Z. Psy.*, v. 13, p. 420.

_____. (1948) "Professor Freud: The Beginning of a Case-History", *Yearbook of Psychoanalysis*, v. 4, p. 14. (Publicado anteriormente em *Samiksa*, v. 1, p. 305, 1947.)

FELSZEGHY, B. von. (1920) "Panik und Pankomplex", *Imago*, v. 6, p. 1.

FENICHEL, O. (1930) "Zur prägenitalen Vorgeschichte des Ödipuskomplexes", *Int. Z. Psychoanal.*, v. 16, p. 139.

FÉRÉ, C. (1886) "Note sur un cas de paralysie hystérique consécutive à un rêve", *Soc. biolog.*, 41.

_____. (1887) "A Contribution to the Pathology of Dreams and of Hysterical Paralysis", *Brain*, v. 9, p. 488.

FERENCZI, S. (1908) "Analytische Deutung und Behandlung der psychosexuellen Impotenz beim Manne", *Psychiat.-neurol. Wschr.*, v. 10, p. 298.

_____. (1909) "Introjektion und Übertragung", *Jb. psychoanalyt. psychopath. Forsch.*, v. 1, p. 422.

_____. (1910a) "Die Psychoanalyse der Träume", *Psychiat.-neurol. Wschr.*, v. 12, pp. 102, 114 e 125. Publicado primeiramente em húngaro, 1909.

_____. (1910b) *Lélekelemzés: Értekezések a pszichoanalizis köréböl*, Budapeste.

_____. (1911a) "Über lenkbare Träume", *Zbl. Psychoanal.*, v. 2, p. 31.

_____. (1911b) "Alkohol und Neurosen. Antwort auf die Kritik von Prof. Eugen Bleuler", *Jb. psychoanalyt. psychopath. Forsch.*, v. 3, p. 853.

_____. (1912a) "Über passagère Symptombildung während der Analyse", *Zbl. Psychoanal.*, v. 2, p. 588.

_____. (1912b) "Philosophie und Psychoanalyse. Bemerkungen zu einem Aufsatz des Herrn Prof. James J. Putnam", *Imago*, v. 1, p. 519.

_____. (1912c) "Symbolische Darstellung des Lust- und Realitätsprinzips im Ödipus-Mythos", *Imago*, v. 1, p. 276.

_____. (1913a) "Ein kleiner Hahnemann", *Int. Z. ärztl. Psychoanal.*, v. 1, p. 240.

_____. (1913b) Resenha de C. G. Jung, *Wandlungen und Symbole der Libido* (Leipzig; Viena, 1912), *Int. Z. ärztl. Psychoanal.*, v. 1, p. 391.

_____. (1913c) "Entwicklungsstufen des Wirklichkeitssinnes", *Int. Z. ärztl. Psychoanal.*, v. 1, p. 124.

_____. (1913d) "Zur Augensymbolik", *Int. Z. ärztl. Psychoanal.*, v. 1, p. 161.

_____. (1914) "Zur Nosologie der männlichen Homosexualität (Homoërotik)", *Int. Z. ärztl. Psychoanal.*, v. 2, p. 133.

_____. (1915a) "Über vermeintliche Fehlhandlungen", *Int. Z. ärztl. Psychoanal.*, v. 3, p. 338.

_____. (1915b) "Die psychiatrische Schule von Bordeaux über die Psychoanalyse", *Int. Z. ärztl. Psychoanal.*, v. 3, p. 352.

FERENCZI, S. (1916) "Affektvertauschung im Träume", *Int. Z. ärztl. Psychoanal.*, v. 4., p. 112.

_____. (1917) "Träume der Ahnungslosen", *Int. Z. ärztl. Psychoanal.*, v. 4, p. 208.

_____. (1919a) *Hysterie und Pathoneurosen*, Leipzig; Viena. (Inclui "Hysterische Materializationsphänomene".)

_____. (1919b) "Technische Schwierigkeiten einer Hysterieanalyse", *Int. Z. ärztl. Psychoanal.*, v. 5, p. 34.

_____. (1920) Resenha de A. Lipschütz, *Die Pubertätsdrüse*, *Int. Z. Psychoanal.*, v. 6, p. 84.

_____. (1921a) "Psychoanalytische Betrachtungen über den Tic", *Int. Z. Psychoanal.*, v. 7, p. 33.

_____. (1921b) "Weiterer Ausbau der 'aktiven Technik' in der Psychoanalyse", *Int. Z. Psychoanal.*, v. 7, p. 233.

_____. (1921c) "Die Symbolik der Brücke", *Int. Z. Psychoanal.*, v. 7, p. 211.

_____. (1922a) *Populäre Vörtrage über Psychoanalyse*, Leipzig; Viena.

_____. (1922b) "Die Brückensymbolik und die Don Juan-Legende", *Int. Z. Psychoanal.*, v. 8, p. 77.

_____. (1923) "Zur Symbolik des Medusenhauptes", *Int. Z. Psychoanal.*, v. 9, p. 69.

_____. (1924) *Versuch einer Genitaltheorie*, Leipzig; Viena.

_____. (1925) "Zur Psychoanalyse von Sexualgewohnheiten", *Int. Z. Psychoanal.*, v. 11, p. 6.

_____. (1927) "Zur Kritik der Rankschen 'Technik der Psychoanalyse'", *Int. Z. Psychoanal.*, v. 13, p. 1.

_____. (1927-39) *Bausteine zur Psychoanalyse* (4 v.), v. 1-2, Leipzig; Viena, 1927; v. 3-4, Berna, 1939.

_____. (1928) "Das Problem der Beendigung der Analysen", *Int. Z. Psychoanal.*, v. 14, p. 1.

FERENCZI, S. et al. (1919) *Zur Psychoanalyse der Kriegsneurosen*, Leipzig; Viena.

FERENCZI, S.; HOLLÓS, S. (1922) *Zur Psychoanalyse der paralytischen Geistesstörung*, Viena.

FICHTE, I. H. (1864) *Psychologie: Die Lehre vom bewussten Geiste des Menschen* (2 v.), Leipzig.

FINGER, E. *ver* 13º CONGRESSO INTERNACIONAL DE MEDICINA

FINKELNBURG, F. C. (1870) Niederrheinische Gesellschaft [Sociedade do Baixo Reno], sessão realizada em Bonn em 21 mar. 1870, *Berl. klin. Wschr.*, v. 7, pp. 449 e 460.

FISCHER. K. (1889) *Über den Witz*, 2. ed., Heidelberg.

FISCHER, K. P. (1850) *Grundzüge des Systems der Anthropologie*, parte I, v. 2, em *Grundzüge des Systems der Philosophie*, Erlangen.

FISHER, J. (1955) *Bird Recognition III*, Harmondsworth.

FISON, L. (1885) "The Nanga", *J. Anthrop. Inst.*, v. 14, p. 14.

FISON, L.; HOWITT, A. W. (1880) *Kamilaroi and Kurnai*, Melbourne.

FLIESS, W. (1892) *Neue Beiträge und Therapie der nasalen Reflexneurose*, Viena.

_____. (1893) "Die nasale Reflexneurose", *Verhandlungen des Kongresses für innere Medizin*, Wiesbaden, p. 384.

_____. (1906) *Der Ablauf des Lebens*, Viena.

FLOERKE, G. (1902) *Zehn Jahre mit Böcklin*, 2. ed., Munique.

FOREL, A. (1889a) "Der Hypnotismus und seiner strafrechtliche Bedeutung", *Z. ges. Strafrechts Wiss.*, v. 9, p. 131.

_____. (1889b) *Der Hypnotismus, seine Bedeutung und seine Handhabung in kurzgefasster Darstellung*, Stuttgart.

FÖRSTER, M. (1910) "Das lateinisch-altenglische pseudo-Danielsche Traumbuch in Tiberius A. III", *Archiv Stud. neueren Sprachen und Literaturen*, v. 125, p. 39.

_____. (1911) "Ein mittelenglisches Vers-Traumbuch des 13. Jahrhunderts", *Archiv Stud. neueren Sprachen und Literaturen*, v. 127, p. 31.

FÖSTER, M.; SHERRINGTON, C. S. (1897) "The Central Nervous System", *A Textbook of Physiology*, parte III, 7. ed., Londres.

FOUCAULT, M. (1906) *Le Rêve: études et observations*, Paris.

FRASER, J. (1892) *The Aborigines of New South Wales*, Sydney.

FRAZER, J. G. (1910) *Totemism and Exogamy* (4 v.), Londres.

_____. (1911a) *The Magic Art* (2 v.) (*The Golden Bough*, 3. ed., parte I), Londres.

_____. (1911b) *Taboo and the Perils of the Soul* (*The Golden Bough*, 3. ed., parte II), Londres.

_____. (1911c) *The Dying God* (*The Golden Bough*, 3. ed., parte III), Londres.

_____. (1912) *Spirits of the Corn anel of the Wild* (2 v.) (*The Golden Bough*, 3. ed., parte V), Londres.

_____. (1914) *Adonis, Attis, Osiris*, 3. ed. (2 v.) (*The Golden Bough*, 3. ed., parte IV), Londres.

FREUD, A. (1936) *Das Ich und die Abwehrmechanismen*, Viena.

_____. Ver também "Todas as obras de Freud" (1939b)

FUCHS, E. (1904) *Das erotische Element in der Karikatur*, Berlim.

_____. (1908) *Geschichte der erotischen Kunst. Erweiterung und Neubear-*

beitung des Werkes: Das erotische Element in der Karikatur [1904], Berlim.

FUCHS, E. (1909-12) *Illustrierte Sittengeschichte*, Munique.

FUCHS, G. (1931) *Wir Zuchthäuster*, Munique.

FÜLOP-MILLER, R. (1924) "Dostojewskis Heilige Krankheit", *Wissen und Leben*, Zurique, n. 19-20.

FÜLOP-MILLER, R.; ECKSTEIN, P. (Orgs.) (1925) *Dostojewski am Roulette*, Munique.

FÜLOP-MILLER, R.; ECKSTEIN, P. (1926) *Der unbekannte Dostojewski*, Munique.

_____. (1928) *Der Urgestalt der Brüder Karamasoff*, Munique.

FURTMÜLLER, C.; ADLER, A. *ver* ADLER, A. (1914)

GALANT, S. (1919) "Sexualleben im Säuglings- und Kindesalter", *Neural. Zbl.*, v. 38, p. 652; reimpresso em *Int. Z. Psychoanal.*, v. 6, p. 164, 1920.

GALTON, F. (1907) *Inquiries into Human Faculty and Its Development*, 2. ed., Londres. (1. ed., 1883.)

GARDINER, A. (1927) *Egyptian Grammar*, Londres. (2. ed., Londres, 1950; 3. ed., Londres, 1957.)

GARDINER, M. (1952) "Meetings with the Wolf-Man", *Bull. Philad. Ass. Psychoan.*, v. 2, p. 32; reimpresso em *Bull. Menninger Clin.*, v. 17, 1953, p. 41.

_____. (1971) (Org.) *The Wolf-Man and Sigmund Freud*, Nova York.

GARNIER, A. (1872) *Traité des facultes de l'âme, contenant l'histoire des principales théories psychologiques* (3 v.), Paris. (1. ed., 1852.)

GÉLINEAU, J. B. E. (1894) *Des Peurs Maladives ou phobies*, Paris.

GICKLHORN, J. e R. (1960) *Sigmund Freuds akdemische Laufbahn im Lichte der Dokumente*, Viena.

GIESSLER, C. M. (1888) *Beiträge zur Phänomenologie des Traumlebens*, Halle.

_____. (1890) *Aus den Tiefen des Traumlebens*, Halle.

_____. (1896) *Die physiologischen Beziehungen der Traumvorgänge*, Halle.

GILLEN, F. J.; SPENCER, B. *ver* SPENCER, B.; GILLEN, F. J.

GIROU DE BUZAREINGUES, C.; GIROU DE BUZAREINGUES, L. (1848) *Physiologie: Essai sur le mécanisme des sensations, des idées et des sentiments*, Paris.

GLEY, E. (1884) "Les Abérrations de l'instinct sexuel", *Rev. phil.*, v. 17, p. 66.

GOBLOT, E. (1896) "Sur le Souvenir des rêves", *Rev. phil.*, v. 42, p. 288.

GOETTE, A. (1883) *Über den Ursprung des Todes*, Hamburgo.

GOLDENWEISER, A. (1910) "Totemism, an Analytical Study", *J. Am. Folk--Lore*, v. 23, p. 179.

GOMPERZ, T. (1866) *Traumdeutung und Zauberei*, Viena.

GOTTHARDT, O. (1912) *Die Traumbücher des Mittelalters*, Eisleben.

GOUHIER, H. (1958) *Les Premières pensées de Descartes*, Paris.

GRAF, M. (1942) "Reminiscences of Professor Sigmund Freud", *Psychoanal. Quart.*, v 11, p. 465.

GRAMBERG, J. S. G. (1872) "Eene maand in de binnenlanden van Timor", *Verh. batavia Genoot.*, v. 36, p. 161.

GRASSET, J. (1904) "La Sensation du déjà vu; sensation du déjà entendu; du déja éprouvé; illusion de fausse reconnaissance", *J. psychol. norm. et path.*, v. 1, p. 17.

GRESSMANN, H. (1913) *Mose und seine Zeit: ein Kommentar zu den Mose-Sagen*, Gotinga.

GREVE, G. (1910) "Sobre psicologia e psicoterapia de certos estados angustiosos", conferência preferida na 1ª sessão neurológica do Congresso Inter-Americano de Medicina e Higiene, Buenos Aires.

GRIESINGER, W. (1845) *Pathologie und Therapie der psychischen Krankheiten*, Stuttgart.

GRIMM, H. (1900) *Leben Michelangelo's*, 9. ed., Berlim; Stuttgart.

GRIMM, J. e W. (1877) *Deutsches Wörterbuch*, v. 4, Leipzig.

_____. (1918) *Die Märchen der Brüder Grimm* (ed. completa), Leipzig (1. ed., *Kinder- und Hausmärchen*, 1812-22).

GRINSTEIN, A. (1956) *Index of Psychoanalytic Writings*, v. 1-9, Nova York.

GRODDECK, G. (1923) *Das Buch von Es*, Viena.

GROSS, H. (1898) *Kriminalpsychologie*, Graz.

GROSS, K. (1899) *Die Spiele der Menschen*, Jena.

_____. (1904) *Das Seelenleben des Kindes*, Berlim.

GROSS, O. (1904) "Zur Differentialdiagnostik negativistischer Phänomene", *Psychiat.-neurol. Wschr.*, v. 6.

GRUPPE, P. O. (1906) *Griechische Mythologie und Religionsgeschichte*, Munique. Em MÜLLER, I. E. P. von. *Handbuch der klassischen Altertums-Wissenschaft*, v. 5, p. 2.

GUILLAUME, E. (1876) "Michel-Ange Sculpteur", *Gazette des Beaux-Arts*, p. 96.

GUIS, Le Père J. (1902) "Les Canaques", *Missions Catholiques*, v. 34, p. 208.

GUISLAIN, J. (1833) *Leçons orales sur les phrénopathies* (3 v.), Bruxelas.

HADDON, A. C. (1902) "Presidential Address to the Anthropological Section", *Report of the Seventy-Second Meeting of the British Association*, p. 738.

HAEBERLIN, P. (1912) "Sexualgespenster", *Sexual probleme*, v. 8, p. 96.

HAFFNER, P. (1887) "Schlafen und Träumen", *Sammlung zeitgemässer Broschüren*, Frankfurt, p. 226.

BIBLIOGRAFIAS

HAGEN, F. W. (1846) "Psychologie und Psychiatrie", *Wagners Handworterbuch der Physiologie*, v. 2, p. 692.

HAIMAN, H. (1917) "Eine Fehlhandlung im Felde", *Int. Z. ärztl. Psychoanal.*, v. 4, p. 269.

HALBAN, J. (1903) "Die Entstehung der Geschlechtscharaktere", *Arch. Gynaek.*, v. 70, p. 205.

_____. (1904) "Schwangerschafsreaktionen der fötalen Organe und ihre puerperale Involution", *Z. Geburtsh. Gynäk*, v. 53, p. 191.

HALL, G. S. (1904) *Adolescence: Its Psychology and Its Relations to Physiology, Anthropology, Sociology, Sex, Crime, Religion and Education* (2 v.), Nova York.

_____. (1914) "A Synthetic Genetic Study of Fear", *Amer. J. Psychol.*, v. 25, p. 149.

HALLAM, F.; WEED, S. (1896) "A Study of Dream Consciousness", *Amer. J. Psychol.*, v. 7, p. 405.

HAMMOND, W. A. (1886) "Remarks on Cocaine and the So-called Cocaine Habit", *J. nerv. ment. Dis.*, v. 11, p. 754.

HARTLEBEN, H. (1906) *Champollion: Sein Leben und sein Werk*, Berlim.

HARTMANN, E. von. (1869) *Philosophie des Unbewussten*, Leipzig. (10. ed., Berlim, 1890.)

HARTMANN, H.; BETLHEIM, S. *ver* BETLHEIM, S.; HARTMANN, H.

HARTMANN, M. (1906) *Tod und Fortpflanzung*, Munique.

HAUPT, J. (1872) "Über das mittelhochdeutsche Buch der Märterer", *Sitzb. kais, Akad. Wiss. Wien*, v. 70.

HAUSER, F. (1903) "Disiecta membra neuattischer Reliefs", *Jb. österr. archäol. Inst.*, v. 6, p. 79.

HECKER, E. (1893) "Über larvirte und abortive Angstzustände bei Neurasthenie", *Zbl. Nervenheilk*, v. 16, p. 565.

HEIJERMANS, H. (1914) *Schetsen van Samuel Falkland*, v. 18, Amsterdam.

HELLER, T. (1904) *Grundriss der Heilpädagogik*, Leipzig.

HENNINGS, J. C. (1784) *Von den Träumen und Nachtwandlern*, Weimar.

HENRI, V. e C. (1897) "Enquête sur les premiers souvenirs de l'enfance", *L'Année psychologique*, v. 3, p. 184.

HENZEN, W. (1890) *Über die Träume in der altnordischen Sagaliteratur* (tese), Leipzig.

HERBART, J. F. (1892) *Psychologie als Wissenschaft neu gegründet auf Erfahrung, Metaphysik und Mathematik (Zweiter, analytischer Teil)*, v. 6, em *Herbarts Sämtliche Werke*, org. de K. Kehrbach, Langensalza. (1. ed., Königsberg, 1825.)

HERING, E. (1870) "Über das Gedächtnis alseine allgemeine Funktion der organisierten Materie", conferência proferida na Academia Imperial de Ciências de Viena em 30 de maio. Publicado como folheto, Viena, 1870. A tradução para o inglês se encontra em BUTLER, S. (1880).

HERING, E. (1878) *Zur Lehre vom Lichtsinne*, Viena.

HERLITZ, G.; KIRSCHNER, B. (Orgs.) (1930) *Jüdisches Lexikon*, v. 4, Berlim.

HERMAN, G. (1903) *"Genesis", das Gesetz der Zeugung*, v. 5, *Libido und Mania*, Leipzig.

HERMANN, K. F. (1858) *Lehrbuch der gottesdienstlichen Alterthümer der Griechen*, 2. ed., Heidelberg. Parte II de *Lehrbuch der griechischen Antiquitäten*.

_____. (1882) *Lehrbuch der griechischen Privatalterthümer*, 3. ed., Friburgo. Parte IV de *Lehrbuch der griechischen Antiquitäten*.

HERMANN, W. (1904) *Das grasse Buch der Witze*, Berlim.

HERÓDOTO. *Histórias*. [Ed. alemã: *Die Geschichten des Herodotos*, trad. de F. Lange, parte II, Leipzig.]

HERVEY DE SAINT-DENIS, Marquês de. (1867) *Les Rêves et les moyens de les diriger*, Paris. Publicado anonimamente.

HERZFELD, M. (1906) *Leonardo da Vinci: Der Denker, Forscher und Poet: Nach den veröffentlichen Handschriften*, 2. ed., Jena.

HESNARD, A.; RÉGIS, E. (1914) *ver* RÉGIS, E.; HESNARD, A.

HEVESI, L. (1888) *Almanaccando, Bilder aus Italien*, Stuttgart.

HEYMANS, G. (1896) "Ästhetische Untersuchungen im Anschluss an die Lippssche Theorie des Komischen", *Z. Psychol. Physiol. Sinnesorg.*, v. 11, pp. 31 e 33.

HILDEBRANDT, F. (1875) *Der Traum und seine Verwerthung für's Leben*, Leipzig.

HIPÓCRATES. *The Genuine Works of Hippocrates* (2 v.), trad. de F. Adams, Londres, 1849.

HIRSCHFELD, M. (1899) "Die objektive Diagnose der Homosexualität", *Jb. sex. Zwischenstufen*, v. 1, p. 8.

_____. (1904) "Statistische Untersuchungen über den Prozentsatz der Homosexuellen", *Jb. sex. Zwischenstufen*, v. 6.

HITSCHMANN, E. (1910) "Zur Kritik des Hellsehens", *Wien. Klin. Rundsch.*, v. 24, p. 94.

_____. (1911) *Freuds Neurosenlehre*, Leipzig; Viena. (2. ed., 1913.)

_____. (1913a) "Zwei Fälle von Namenvergessen *Int. Z. ärztl. Psychoanal.*, v. 1, p. 266.

_____. (1913b) "Ein wiederholter Fall von Verschreiben bei der Rezeptierung", *Int. Z. ärztl. Psychoanal.*, v. 1, p. 265.

_____. (1913c) "Goethe als Vatersymbol", *Int. Z. ärztl. Psychoanal.*, v. 1, p. 569.

HITSCHMANN, E. (1913d) "Weitere Mitteilung von Kindheitsträumen mit spezieller Bedeutung", *Int. Z. ärztl. Psychoanal.*, v. 1, p. 476.

_____. (1916) "Ein Dichter und sein Vater, Beitrag zur Psychologie religiöser Bekehrung und telepathischer Phänomene", *Imago*, v. 4, p. 337.

HOBBES, T. (1651) *Leviathan*, Londres.

HOCHE, A. (1910) "Eine psychische Epidemie unter Ärzten", *Med. Klin.*, v. 6, p. 1007.

HOFFBAUER, J. C. (1796) *Naturlehre der Seele*, Halle.

HOHNBAUM, C. (1830) Em NASSE, C. F., *Jb. Anthrop.*, v. 1.

HOLLÓS, S.; FERENCZI, S. *ver* FERENCZI, S.; HOLLÓS, S.

HORAPOLLO, *Hieroglyphica ver* LEEMANS, C.

HORNEY, K. (1923) "Zur Genese des weiblichen Kastrationskomplexes", *Int. Z. Psychoanal.*, v. 9, p. 12.

_____. (1926) "Flucht aus der Weiblichkeit", *Int. Z. Psychoanal.*, v. 12, p. 360.

HOWITT, A. W. (1904) *The Native Tribes of South-East Australia*, Londres.

HOWITT, A. W.; FISON, L. *ver* FISON, L.; HOWITT, A. W.

HUBERT, H.; MAUSS, M. (1899) "Essai sur la nature et la fonction du sacrifice", *Année sociologique*, v. 2, p. 29.

_____. (1904) "Esquisse d'une théorie générale de la magie", *Année sociologique*, v. 7, p. 1.

HÜCKEL, A. (1888) *Die Rolle der Suggestion bei gewissen Erscheinungen der Hysteric und des Hypnotismus*, Jena.

HUG-HELLMUTH, H. von. (1911) "Analyse eines Traumes eines 5 1/2 jährigen Knaben", *Zbl. Psychoanal.*, v. 2, p. 122.

_____. (1912) "Beiträge zum Kapitel 'Verschreiben' und 'Verlesen'", *Zbl. Psychoanal.*, v. 2, p. 277.

_____. (1913a) "Kinderträume", *Int. Z. ärztl. Psychoanal.*, v. 1, p. 470.

_____. (1913b) *Aus dem Seelenleben des Kindes*, Leipzig; Viena.

_____. (1915) "Ein Traum der sich selbst deutet", *Int. Z. ärztl. Psychoanal.*, v. 3, p. 33.

HUG-HELLMUTH, H. von. (1919) (Org.) *Tagebuch eines halbwüchsigen Mädchens*, Leipzig; Viena; Zurique. [Trad. para o inglês: *A Young Girl's Diary*, Londres; Nova York, 1921. (2. ed., 1936.)]

HUNTER, R. A.; MACALPINE, I. *ver* MACALPINE, I.; HUNTER, R. A.

ICONOGRAPHIE DE LA SALPÊTRIÈRE, v. 3 (1879-80), Paris.

IDELER, K. W. (1853) "Über die Entstehung des Wahnsinns aus Träumen", *Annalen des Charité-Krankenhauses*, Berlim, v. 3, n. 2, p. 284.

IWAYA, S. (1902) "Traumdeutung in Japan", *Ost-Asien*, v. 5, p. 312.

BIBLIOGRAFIAS

JACKSON, J. H. (1878) "On Affections of Speech from Disease of the Brain", *Brain*, v. 1, p. 304.

JANET, P. (1888) "Les Actes inconscients et la mémoire", *Rev. phil.*, v. 13, p. 238.

———. (1889) *L'Automatisme psychologique*, Paris.

———. (1892, 1894) *État mental des hystériques* (2 v.), Paris.

———. (1893) "Quelques Définitions récentes de l'hystérie", *Arch. neurol.*, v. 25, p. 417; v. 26, p. 1.

———. (1898) *Névroses et idées fixes* (2 v.), 2. ed., Paris.

———. (1909) *Les Névroses*, Paris.

———. (1913) "Psycho-Analysis. Rapport par M. le Dr. Pierre Janet", *Int. Congr. Med.*, v. 17, n. 1, p. 13.

JEKELS, L. (1913a) "Ein Fall von Versprechen", *Int. Z. ärztl. Psychoanal.*, v. 1, p. 258.

———. (1913b) "Einige Bemerkungen zur Trieblehre", *Int. Z. ärztl. Psychoanal.*, v. 1, p. 439.

———. (1917) "Shakespeares *Macbeth*", *Imago*, v. 5, p. 170.

———. (1926) "Zur Psychologie der Komödie", *Imago*, v. 12, p. 328.

JELGERSMA, G. (1914) *Ongeweten Geestesleven*, Leiden. [Em alemão: *Unbewusstes Geistesleben*, fascículo de *Int. Z. Psychoanal.*, v. 1, Leipzig; Viena, 1914.]

JENDRASSIK, E. (1886) "De l'Hypnotisme", *Arch. neurol.*, v. 11, p. 362.

JENSEN, W. (1903) *Gradiva: ein pompejanisches Phantasiestück*, Dresden; Leipzig.

JENTSCH, E. (1906) "Zur Psychologie des Unheimlichen", *Psychiat.-neurol. Wschr.*, v. 8, p. 195.

JEREMIAS, A. (1904a) *Das Alte Testament im Lichte des alten Orients*, Leipzig. (2. ed., 1916.)

———. (1904b) *Monotheistische Strömungen innerhalb der babylonischen Religion*, Leipzig.

———. (1905) *Babylonisches im Neuen Testament*, Leipzig.

JESSEN, P. (1855) *Versuch einer wissenschaftlichen Begründung der Psychologie*, Berlim.

JEVONS, F. B. (1902) *An Introduction to the History of Religion*, 2. ed., Londres. (1. ed., 1896.)

JODL, F. (1896) *Lehrbuch der Psychologie*, Stuttgart.

JONES, E. (1908) "Rationalization in Everyday Life", *J. abnorm. Psychol.*, v. 3, p. 161.

———. (1910a) "The Oedipus Complex as an Explanation of Hamlet's Mystery", *Amer. J. Psychol.*, v. 21, p. 72. [Ed. alemã: *Das Problem des Hamlet und der Ödipus-Komplex*, trad. de P. Tausig, Leipzig; Viena, 1912.]

JONES, E. (1910b) "Freud's Theory of Dreams", *Amer. J. Psychol.*, v. 21, p. 283.

_____. (1910c) "On the Nightmare", *Amer. J. Insanity*, v. 66, p. 383; em livro: Londres; Nova York, 1931.

_____. (1910d) "Beitrag zur Symbolik im Alltagsleben", *Zbl. Psychoanal.*, v. 1, p. 96.

_____. (1911a) "Analyse eines Falles von Namenvergessen", *Zbl. Psychoanal.*, v. 2, p. 84.

_____. (1911b) "The Psychopathology of Everyday Life", *Amer. J. Psychol.*, v. 22, p. 477; também em *Papers on Psycho-Analysis*, todas as eds. (*ver* 1913a)

_____. (1911c) "The Relationship between Dreams and Psychoneurotic Symptoms", *Amer. J. Insanity*, v. 68, p. 57; também em *Papers on Psycho-Analysis*, todas as eds. (*ver* 1913a)

_____. (1912a) "Unbewusste Zahlenbehandlung", *Zbl. Psychoanal.*, v. 2, p. 241.

_____. (1912b) "A Forgotten Dream", *J. abnorm. Psychol.*, v. 7, p. 5; cap. 1, *Papers on Psycho-Analysis* (*ver* 1913a), apenas nas três primeiras edições.

_____. (1912c) *Der Alptraum in seiner Beziehung zu gewissen Formen des mittelalterlichen Aberglaubens*, trad. de H. Sachs, Leipzig; Viena.

_____. (1912d) "Die Bedeutung des Salzes in Sitte und Brauch der Völker", *Imago*, v. 1, pp. 361 e 454.

_____. (1913a) *Papers on Psycho-Analysis*, Londres; Nova York. (2. ed., 1918; 3. ed., 1923; 4. ed., 1938; 5. ed., 1948.)

_____. (1913b) "Hass und Analerotik in der Zwangsneurose", *Int. Z. ärztl. Psychoanal.*, v. 1, p. 425.

_____. (1914a) "Frau und Zimmer", *Int. Z. ärztl. Psychoanal.*, v. 2, p. 380.

_____. (1914b) "Zahnziehen und Geburt", *Int. Z. ärztl. Psychoanal.*, v. 2, p. 380.

_____. (1914c) "Die Stellungnahme des psychoanalytischen Arztes zu den aktuellen Konflikten", *Int. Z. ärztl. Psychoanal.*, v. 2, p. 6.

_____. (1915) "Professor Janet on Psycho-Analysis; a Rejoinder", *J. abnorm. (soc.) Psychol.*, v. 9, p. 400; também em *Papers on Psycho-Analysis*, 2. ed. apenas (*ver* 1913a). [Em alemão: "Professor Janet über Psychoanalyse", *Int. Z. ärztl. Psychoanal.*, v. 4, p. 34, 1916.]

_____. (1916a) "The Theory of Symbolism", *Brit. J. Psychol.*, v. 9, p. 181; também em *Papers on Psycho-Analysis* (*ver* 1913a). [Em alemão: "Die Theorie der Symbolik", trad. de H. Sachs, *Int. Z. ärztl. Psychoanal.*, v. 5, p. 244.]

JONES, E. (1916b) Resumo de HALL, G. S. "A Synthetic Genetic Study of Fear", *Int. Z. ärztl. Psychoanal.*, v. 4, p. 55.

_____. (1918) "Anal-Erotic Character Traits", *J. abnorm. Psychol.*, v. 13, p. 261; também em *Papers on Psycho-Analysis*, 2., 3., 4. e 5. ed. apenas (*ver* 1913a), cap. 40.

_____. (1919) "Professor Dr. James Jackson Putnam", *Int. Z. ärztl. Psychoanal.*, v. 5, p. 233.

_____. (1926) "Karl Abraham", *Int. J. Psycho-Anal*, v. 7, p. 155.

_____. (1928) "Die erste Entwicklung der weiblichen Sexualität", *Int. Z. Psychoanal.*, v. 14, p. 11. Original em inglês: "The Early Development of Female Sexuality", *Int. J. Psycho-Anal.*, v. 8, p. 459; também em *Papers on Psycho-Analysis*, 4. e 5. ed. apenas (*ver* 1913a).

_____. (1949) *Hamlet and Oedipus* (ed. corr. e ampl. de 1910a), Londres; Nova York.

_____. (1951) *Essays in Applied Psycho-Analysis* (2 v.), Londres; Nova York. (1. ed. em v. único, Londres; Viena, 1923.)

_____. (1953) *Sigmund Freud: Life and Work*, v. 1, Londres; Nova York.

_____. (1955) *Sigmund Freud: Life and Work*, v. 2, Londres; Nova York.

_____. (1957) *Sigmund Freud: Life and Work*, v. 3, Londres; Nova York.

JOSEFO, F. *Antiquitates Judaicae.*

JOUSTRA, M. (1902) "Het leven, de zeden en gewoonten der Bataks", *Meded. ned. Zend.*, v. 46, p. 385.

JULLIEN, L. *ver* CONGRESSO INTERNACIONAL DE MEDICINA

JUNG, C. G. (1902) *Zur Psychologie und Pathologie sogenannter okkulter Phänomene*, Leipzig.

_____. (1904) Em colaboração com RINKLIN, F., "Diagnostische Assoziationsstudien, 1 Beitrag: 'Experimentelle Untersuchungen über Assoziationen Gesunder'", *J. Psychol. Neurol.*, v. 3, pp. 55, 145, 193 e 283; e v. 4, pp. 24 e 109. Incluído no v. 1 de JUNG (Org.) (1906, 1909).

_____. (1906) "Die psychologische Diagnose des Tatbestandes", Halle.

_____. (1906, 1909) (Org.) *Diagnostisches Assoziationsstudien* (2 v.), Leipzig.

_____. (1907) *Über die Psychologie der Dementia praecox*, Halle.

_____. (1908) *Der Inhalt der Psychose*, Berlim.

_____. (1909) "Die Bedeutung des Vaters für das Schicksal des Einzelnen", *Jb. psychoanalyt. psychopath. Forsch.*, v. 1, p. 155.

JUNG, C. G. (1910a) "The Association Method", *Amer. J. Psychol.*, v. 21, p. 219; também em *Collected Papers on Analytical Psychology*, Londres, 1916, cap. II. (23. ed., Londres, 1917; Nova York, 1920.)

JUNG, C. G. (1910b) "Experiences Concerning the Psychic Life of the Child", *Amer. J. Psychol.*, v. 21, p. 251; também em *Collected Papers on Analytical Psychology*, Londres, 1916, cap. II. (2. ed., Londres, 1917; Nova York, 1920.)

———. (1910c) "Über Konflikte der kindlichen Seele", *Jb. psychoanalyt. psychopath. Forsch.*, v. 2, p. 33.

———. (1910d) "Ein Beitrag zur Psychologie des Gerüchtes", *Zbl. Psychoanal.*, v. 1, p. 81.

———. (1911) "Ein Beitrag zur Kenntnis des Zahlentrnumes", *Zbl. Psychoanal.*, v. 1, p. 567.

———. (1911-2) "Wandlungen und Symbole der Libido", *Jb. psychoanalyt. psychopath. Forsch.*, v. 8, p. 120; e v. 4, p. 162; em livro: Leipzig; Viena, 1912.

———. (1913) "Versuch einer Darstellung der psychoanalytischen Theorie", *Jb. psychoanalyt. psychopath. Forsch.*, v. 5, p. 307; em livro: Leipzig; Viena, 1913.

———. (1917) *Die Psychologie der unbewussten Prozesse*, Zurique.

JUNOD, H. A. (1898) *Les Ba-Ronga*, Neuchâtel.

JUSTI, C. (1900) *Michelangelo*, Leipzig.

KAAN, H. (1893) *Der neurasthenische Angstaffekt bei Zwangsvorstellungen und der primordiale Grübelzwang*, Viena.

KAEMPFER, E. (1727) *The History of Japan* (2 v.), Londres.

KAHANE, M. (1895) Tradução de J.-M. Charcot, *Leçons du mardi à la Salpétrière (1888-9)*, Paris, 1889, com o título *Poliklinische Vorträge*, Viena.

KAMMERER, P. (1919) *Das Gesetz der Serie*, Viena.

KANT, I. (1764) *Versuch über die Krankheiten des Kopfes*, Königsberg.

———. (1798) *Anthropologie in progmatischer Hinsicht abgefasst*, Königsberg.

KAPLAN, L. (1914) *Grundzüge der Psychoanolyse*, Viena.

KARPINSKA, L. von. (1914) "Ein Beitrag zur Analyse 'sinnloser' Worte im Traume", *Int. Z. ärztl. Psychoanal.*, v. 2, p. 164.

KASSOWITZ, M. (Org.) (1890 etc.) *Beiträge zur Kinderbeilkunde*, Viena.

KAZOWSKY, A. D. (1901) "Zur Frage nach dem Zusammenhange von Träumen und Wahnvorstellungen", *Neurol. Zbl.*, v. 20, pp. 440 e 508.

KEANE, A. H. (1899) *Man, Past and Present*, Cambridge.

KEIN, J.; WERTHENNER, M. (1904) *ver* WERTHENNER, M.; KEIN, J.

KELLER, O. (1887) *Die Thiere des classischen Alterthums in culturrgeschichtlicher Beziehung*, Innsbruck.

KELSEN, H. (1922) "Der Begriff des Staates und die Sozialpsychologie", *Imago*, v. 8, p. 97.

KEMPNER, F. (1891) *Gedichite*, 6. ed., Berlim.

KIERNAN, J. G. (1888) "Sexual Perversion and the Whitechapel Murders", *Med. Standard Chicago*, v. 4, p. 110.

KIRCHGRABER, F. (1912) "Der Hut als Symbol des Genitales", *Zbl. Psychoanal. Psychother.*, v. 3, p. 95.

KIRSCHNER, B.; HERLITZ, G. *ver* HERLITZ, G.; KIRSCHNER, B.

KLEIN, M. (1928) "Frühstadien des Ödipuskonfliktes", *Int. Z. Psychoanal.*, v. 14, p. 65.

KLEINPAUL, R. (1890) *Die Rätsel der Sprache*, Leipzig.

_____. (1892) *Menschenopfer und Ritualmorde*, Leipzig.

_____. (1898) *Die Lebendigen und die Toten in Volksglauben, Religion und Sage*, Leipzig.

KNACKFUSS, H. (1900) *Michelangelo*, 6. ed., Bielefeld; Leipzig.

KNAPP, F. (1906) *Michelangelo*, Stuttgart; Leipzig.

KNIGHT, R. P. (1786) *A Discussion on the Worship of Priapus*..., Londres. (Nova ed., Londres, 1865.)

KOESTLER, A. (1954) *The Invisible Writing*, Londres.

KÖNIGSTEIN, L. (1886) "Beobachtung einer hochgradigen Hemianästhesie bei einem hysterischen Manne, Schluss", *Wien. med. Wschr.*, v. 36, p. 1674.

KONSTANTINOWA, A. (1907) *Die Entwickelung des Madonnentypus bei Leonardo da Vinci*, Estrasburgo.

KOSSMANN, R.; WEISS, J. (1890) *Die Gesundheit*, Stuttgart.

KRAEPELIN, E. (1885) "Zur Psychologie des Komischen", *Philosophische Studien*, org. de W. Wundt, v. 2, pp. 128 e 327, Leipzig.

KRAFFT-EBING, R. von. (1867) *Beiträge zur Erkennung und richtigen forensischen Beurteilung krankhafter Gemütszustände für Ärzte, Richter und Verteidiger*, Erlangen.

_____. (1892) "Bemerkungen über 'geschlechtliche Hörigkeit' und Masochismus", *Jb. Psychiat.*, v. 10, p. 199.

_____. (1893) *Psychopathia Sexualis*, 8. ed., Stuttgart. (1. ed., 1886.)

_____. (1895a) "Zur Erklärung der conträren Sexualempfindung", *Jb. Psychiat. Neurol.*, v. 13, p. 1.

_____. (1895b) *Nervosität und neurasthenische Zustände*, Viena.

KRASKOVIC, B. (1915) *Die Psychologie der Kollektivitäten*, Vukovar.

KRAUSS, A. (1858-9) "Der Sinn im Wahnsinn", *Allg. Z. Psychiat.*, v. 15, p. 617, e v. 16, pp. 10 e 222.

KRAUSS, F. S. (1881) *ver* ARTEMIDORO DE DALDIS

KRIS, E. (1950) Introdução a S. Freud, *Aus den Anfängen der Psychoanalyse*, Londres.

KRIS, E. (1956) "Freud in the History of Science", *The Listener*, v. 55, n. 1416, 17 maio, p. 631.

KROEBER, A. L. (1920) Resenha de S. Freud, *Totem und Tabu*, *Amer. Anthropol.*, v. 22, p. 48.

_____. (1939) Resenha de S. Freud, *Totem und Tabu*, *Amer. J. Sociol.*, v. 45, p. 446.

LABBÉ, P. (1903) *Un Bagne russe, l'île de Sakhaline*, Paris.

LADD, G. T. (1892) "Contribution to the Psychology of Visual Dreams", *Mind*, v. 1, p. 299.

LAFORGUE, R. (1926) "Verdrängung und Skotomísation", *Int. Z. Psychoanal.*, 12, p. 54.

LAMBERT, Le Père. (1900) *Moeurs et superstitions des Néo-Calédoniens* Nouméa.

LAMPL-DE GROOT, J. (1927) "Zur Entwicklungsgeschichte des Ödipuskomplexes der Frau", *Int. Z. Psychoanal.*, v. 13, p. 269.

LANDAUER, K. (1914) "Spontanheilung einer Katatonie", *Int. Z. ärztl. Psychoanal.*, v. 2, p. 441.

_____. (1918) "Handlungen des Schlafenden", *Z. ges. Neurol. Psychiat.*, v. 39, p. 329.

LANG, A. (1903) *Social Origins*, Londres. (Inclui ATINKSON, J. J., *Primal Law*.)

_____. (1905) *The Secret of the Totem*, Londres.

_____. (1910-1) "Totemism", *Encyclopaedia Britannica*, 11. ed., v. 27, p. 79.

_____. (1911) "Lord Avebury on Marriage, Totemism, and Religion", *Folk-Lore*, v. 22, p. 402.

LANGE, C. G. (1885) *Om Sindsbevaegelser, et Psyko-Fysiologisk Studie*, Copenhague.

LANZONE, R. (1881-6) *Dizionario di mitologia egizia* (5 v.), Torino.

LASÈGUE, G. (1881) "Le délire alcoolique n'est pas un délire, mais un rêve", *Archs. gén. Méd.*, v. 2, p. 513.

LAST, H. *ver* CAMBRIDGE ANCIENT HISTORY

LAUER, C. (1913) "Das Wesen des Traumes in der Beurteilung der talmudischen und rabbinischen Literatur", *Int. Z. ärztl. Psychoanal.*, v. 1, p. 459.

LE BON, G. (1895) *Psychologie des foules*, Paris. [Ed. alemã: *Psychologie der Massen*, trad. de R. Eisler, 2. ed., Leipzig, 1912.]

LEEMANS, C. (Org.) (1835) *Horapollonis Niloï Hieroglyphica*, Amsterdam.

LEHMANN, A. (1908) *Aberglaube und Zauberei von den ältesten Zeiten bis in die Gegenwart*, trad. de I. Petersen, Stuttgart.

LE LORRAIN, J. (1894) "La durée du temps dans les rêves", *Rev. phil.*, v. 38, p. 275.

_____. (1895) "Le rêve", *Rev. phil.*, v. 40, p. 59.

LÉLUT, L.-F. (1852) "Mémoire sur le sommeil, les songes et le somnambulisme", *Ann. méd.-psychol.*, v. 4, p. 331.

LEMOINE, A. (1855) *Du sommeil au point de vue physiologique et psychologique*, Paris.

LEONARDO DA VINCI. (1894-1904) *Codex Atlanticus*, Biblioteca Ambrosiana, Milão. Publicado por G. Piumati, Milão.

_____. (1935) *Quaderni d'Anatomia*, Royal Library, Windsor. No acervo de Sir K. Clark, Cambridge.

_____. *Trattado della Pittura*, Biblioteca Vaticana. *ver* LUDWIG, H.

LEROY, E. *ver* BERNARD-LEROY, E.; TOBOWOLSKA, J.

LEROY, M. (1929) *Descartes, le philosophie au masque* (2 v.), Paris.

LESLIE, D. (1875) *Among the Zulus anel Amatongas*, 2. ed., Edimburgo.

LEURET, F. (1834) *Fragments psychologiques sur la folie*, Paris.

LEVINE, I. (1923) *The Unconscious*, Londres. [Ed. alemã: *Das Unbewusste*, trad. de A. Freud, Viena, 1926.]

LEVY, L. (1914) "Die Sexualsymbolik der Bibel und des Talmuds", *Z. Sexualwiss.*, v. 1, p. 274 e 318.

LICHTENBERG, G. C. von. (1853) *Witzige und satirische Einfälle*, v. 2, Gotinga.

LIÉBEAULT, A. A. (1889) *Le sommeil provoqué et les états analogues*, Paris.

LINDNER, S. (1879) "Das Saugen an den Fingern, Lippen etc., bei den Kindern (Ludeln)", *Jahrbuch Kinderheilk.*, v. 14, p. 68.

LIPPS, T. (1883) *Grundtatsachen des Seelenlebens*, Bonn.

_____. (1897) "Der Begriff des Unbewussten in der Psychologie", *Records of the Third Int. Cong. Psychol.*, Munique.

_____. (1898) *Komik und Humor*, Hamburgo; Leipzig.

LIPSCHÜTZ, A. (1914) *Warum wir sterben*, Stuttgart.

_____. (1919) *Die Pubertätsdrüse und ihre Wirkungen*, Berna.

LLOYD, W. (1877) *Magnetism and Mesmerism in Antiquity*, Londres.

LLOYD, W. W. (1863) *The Moses of Michael Angelo*, Londres.

LOONEY, J. T. (1920) *"Shakespeare" Identified in Edward de Vere, the 17th Earl of Oxford*, Londres; Nova York.

LORENZ, E. (1931) "Chaos und Ritus", *Imago*, v. 171, p. 433.

LOW, B. (1920) *Psycho-Analysis*, Londres; Nova York.

LOW, H. (1848) *Sarawak*, Londres.

LÖWENFELD, L. (1893) *Pathologie und Therapie der Neurasthenie und Hysterie*, Wiesbaden.

_____. (1895) "Über die Verknüpfung neurasthenischer und hysterischer Symptome in Anfallsform nebst Bemerkungen über die Freudsche Angstneurose", *Münchener med. Wschr.*, v. 42, p. 282.

LÖWENFELD, L. (1897) *Lehrbuch der gesamten Psychotherapie*, Wiesbaden.

_____. (1904) *Die psychischen Zwangserscheinungen*, Wiesbaden.

_____. (1906) *Sexualleben und Nervenleiden*, 4. ed., Wiesbaden.

LÖWINGER (1908) "Der Traum in der jüdischen Literatur", *Mitt. jüd. Volksk.*, v, 10.

LOZANO, P. (1733) *Descripción corográfica del Gran Chaco Gualamba*, Córdoba.

LUBBOCK, J. (Lord Avebury). (1870) *The Origin of Civilisation*, Londres.

LÜBKE, W. (1863) *Geschichte des Plastik*, Leipzig.

LUCRÉCIO. *De rerum natura*. [Ed. alemã: *De rerum natura*, 2. ed., trad. de K. L. von Knebel, Leipzig, 1831.]

LUDWIG, H. (1909) Trad. para o alemão de Leonardo da Vinci, *Trattato della pittura*, com o título *Traktat von der Malerei*, 2. ed., Jena.

LUISA MARIA ANTONIETA [DE TOSCANA]. (1911) *Mein Lubensweg*, Berlim.

LYDSTON, G. F. (1889) "A Lecture on Sexual Perversion, Satyriasis and Nymphomania", *Med. Surg. Reporter, Philadelphia*, v. 61, 7 set.

MAASS, J. G. E. (1805) *Versuch über die Leidenschaften*, Halle.

MACALPINE, L.; HUNTER, R. A. (1954) "Observations on the Psychanalytic Theory of Psychosis", *Brit. J. Med. Psychol.*, v. 27, p. 175.

MACALPINE, L.; HUNTER, R. A. (1956) *Schizophrenia 1677*, Londres.

MACARIO, M. M. A. (1847) "Des Rêves, considérés sous le rapport physiogique et pathologique", parte II, *Ann. med.-psychol.*, v. 9, p. 27; em livro: Paris, 1847.

_____. (1857) "Du Sommeil, des rêves et du somnambulisme dans l'état de santé et de maladie", Paris; Lyon.

MACH, E. (1875) *Grundlinien der Lehre von den Bewegungsempfindungen*, Leipzig.

_____. (1900) *Die Analyse der Empfindung*, 2. ed., Jena.

MACNISH, R. (1830) *Philosophy of Sleep*, Glasgow. [Ed. alemã: *Der Schlaf in allen seinen Gestalten*, Leipzig, 1835.]

MAEDER, A. (1906-8) "Contributions à la psychopathologie de la vie quotidienne", *Archs. Psychol.*, Genebra, v. 6, p. 148.

_____. (1908a) "Die Symbolik in den Legenden, Märchen, Gebräuchen, und Träumen", *Psychiat.-neurol. Wschr.*, v. 10, p. 55.

_____. (1908b) "Nouvelles Contributions à la psychopathologie de la vie quotidienne", *Archs. Psychol.*, Genebra, v. 7, p. 283.

_____. (1909) "Une Voie nouvelle en psychologie — Freud et son école", *Coenobium*, v. 3, p. 100.

_____. (1910) "Psychologische Untersuchungen an Dementia praecox-Kranken", *Jb. psychoanalyt. psychopath. Forsch.*, v. 2, p. 185.

MAEDER, A. (1912) "Über die Funktion eles Traumes", *Jb. psychoanalyt. psychopath. Forsch.*, v. 4, p. 692.

MAINE DE BIRAN, M. F. P. (1834) *Nouvelles considérations sur les rapports du physique et du moral de l'homme*, org. de V. Cousin, Paris.

MANETÃO, *History of Egypt*.

MANN, T. (1929) "Die Stellung Freuds in der modernen Geistesgeschichte", *Psychoanal. Bewegung*, v. 1, p. 3.

MANTEGAZZA, P. (1875) *Fisiologia dell'amore*, 2. ed., Milão.

MAORI, A. Pakeha (pseudônimo de F. E. Maning). (1884) *Old New Zealand*, Londres.

MARCINOWSKI, J. (1911) "Eine kleine Mitteilung", *Zbl. Psychoanal.*, v. 1, p. 575.

_____. (1912a) "Gezeichnete Träume", *Zbl. Psychoanal.*, v. 2, p. 490.

_____. (1912b) "Drei Romane in Zahlen", *Zbl. Psychoanal.*, v. 2, p. 619.

_____. (1918) "Erotische Quellen der Minderwertigkeitsgefühle", *Z. Sexualwiss.*, v. 4, p. 313.

MARCUSE, M. (Org.) (1923) *Handwörterbuch der Sexualwissenschaft*, Bonn. ver "Todas as obras de Freud" (1923a)

MARCUSZEWICZ, R. (1920) "Beitrag zum autistischen Denken bei Kindern", *Int. Z. Psychoanal.*, v. 6, p. 248.

MARETT, R. R. (1900) "Pre-Animistic Religion", *Folk-Lore*, v. 11, p. 162.

_____. (1920) "Resenha de S. Freud, *Totem und Tabu*", *The Athenaeum*, 13 fev., p. 206.

MARILLIER, L. (1898) "La Place du totémisme dans l'évolution religieuse", *Rev. Hist. Relig.*, v. 37, p. 204.

MARINER, W. (1818) *An Account of the Natives of the Tonga Islands*, 2. ed. (2 v.), Londres. (1. ed., 1817.)

MAUDSLEY, H. (1868) *Physiology and Pathology of Mind*, 2. ed., Londres. (1. ed., 1867.)

MAURY, L. F. A. (1853) "Nouvelles Observations sur les analogies des phénomènes du rêve et de l'aliénation mentale", parte II, *Ann. méd.-psychol.*, v. 5, p. 404.

_____. (1878) *Le sommeil et les rêves*, Paris. (1. ed., 1861.)

MAUSS, M.; HUBERT, H. *ver* HUBERT, H.; HUBERT, M.

MAX-MÜLLER, F. (1897) *Contributions to the Science of Mythology* (2 v.), Londres.

MAYER, C.; MERINGER, R. *ver* MERINGER, R.; MAYER, C.

MCDOUGALL, W. (1920a) *The Group Mind*, Cambridge.

MCDOUGALL, W. (1920b) "A Note on Suggestion", *J. Neural. Psychopath.*, v. 1, p. 1.

MCLENNAN, J. F. (1865) *Primitive Marriage*, Edimburgo.

_____. (1869-70) "The Worship of Animals and Plants", *Fortnightly Rev.*, v. 6, pp. 407 e 562; v. 7, p. 194.

MEIER, G. F. (1758) *Versuch einer Erklärung des Nachtwandelns*, Halle.

MEIJER, A. F. (1915) *De Bchandeling van Zenuwzieken door Psycho-Analyse*, Amsterdam.

MÉLINAND, C. (1895) "Pourquoi rit-on?", *Revue des deux mondes*, v. 127, p. 612, fev.

MEREJKOVSKI, D. S. (1895) *Smert Bogov*, São Petersburgo.

_____. (1902) *Voskresenie Bogi*, São Petersburgo. [Ed. alemã: *Leonardo da Vinci: Ein biographischer Roman aus der Wende des XV Jahrhunderts*, trad. de C. von Gülschow, Leipzig, 1903.]

_____. (1905) *Antikbrist: Peter i Aleksyey*, São Petersburgo.

MERINGER, R. (1900) "Wie man sich versprechen kann", *Neue Freie Presse*, 23 ago.

_____. (1908) *Aus dem Leben der Sprache*, Berlim.

MERINGER, R.; MAYER, C. (1895) *Versprechen und Verlesen. Eine psychologisch--linguistische Studie*, Viena.

MEYER, E. (1905) "Die Mosesagen und die Lewiten", *S. B. Akad. Wiss. Berl.*, v. 31, p. 640.

_____. (1906) *Die Israeliten und ihre Nachbarstämme*, Halle.

MEYNERT, T. (1889) "Beitrag zum Verständnisse der traumatischen Neurosen", *Wien. klin. Wschr.*, v. 2, pp. 475, 498 e 522.

_____. (1892) *Sammlung von populärwissenschaftlichen Vorträgen über den Bau und die Leistungen des Gehirns*, Viena.

MICHELET, J. (1843) *A System of Logic*, Londres.

_____. (1860) *La femme*, Paris.

_____. (1865) *An Examination of Sir William Hamilton's Philosophy*, Londres.

MILLER, O. (1921) "Zur Lebensgeschichte Dostojewski's", em DOSTOIEVSKI, F. M., *Autobiographische Schriften*, Munique. (1. ed. do original russo, 1883.)

MITCHELL, S. W. (1877) *Fat and Blood and How to Make Thcm*, Filadélfia.

MIURA, K. (1906) "Über japanische Traumdeuterei", *Mitt. dtsch. Ges. Naturk. Ost-Asiens.*, v. 10, p. 291.

MOEBIUS, P. J. (1888) "Über den Begriff der Hysterie", *Zbl. Nervenheilk.*, v. 11, p. 66.

_____. (1891) "Über die Basedow'sche Krankheit", *Dt. Z. NeruHeilk.*, v. 1, p. 400.

_____. (1894a) "Über Astasie-Abasie", *Neurologische Beiträge*, v. 1, Leipzig.

MOEBIUS, P. J. (1894b) *Neurologische Beiträge*, v. 2, Leipzig.

_____. (1895) "Über die gegenwärtige Auffassung der Hysterie", *Mschr. Geburtsh. Gynäk.*, v. 1, p. 12.

_____. (1900) "Über Entartung", *Grenzfragen des Nerven-u. Seelenlebens*, n. 3, p. 95, Wiesbaden.

_____. (1903) *Über den physiologischen Schwachsinn des Weibes*, 5. ed., Halle.

MOEDE, W. (1915) "Die Massen- und Sozialpsychologie im kritischen Überblick", *Z. pädag. Psychol.*, v. 16, p. 385.

MOLL, A. (1898) Untersuchungen über die Libido sexualis, v. 1, Berlim.

_____. (1909) *Das Sexualleben des Kindes*, Berlim.

MOREAU, J. (1855) "De l'identité de l'état de rêve et de folie, *Ann. med. psychol.*, v. 1, p. 361.

MORGAN, L. H. (1877) *Ancient Society*, Londres.

MOUSTIER, M.; ZWEIFEL, J. *ver* ZWEIFEL, J.; MOUSTIER, M.

MÜLLER, D. (1915) "Automatische Handlungen im Dienste bewusster jedoch nicht durchführbarer Strebungen", *Int. Z. ärztl. Psychoanal.*, v. 3, p. 41.

MÜLLER, J. (1826) *Über die phantastischen Gesichtserscheinungen*, Koblenz.

MÜLLER, S. (1857) *Reizen en Onderzoekingen in den Indischen Archipel*, Amsterdam.

MULTATULI (E. D. Dekker). (1906) *Multatuli-Briefe* (2 v.), Frankfurt.

MÜNSTERBERG, H. (1908) *Philosophie dei Werte; Grundzüge einer Weltanschauung*, Leipzig.

MÜNTZ, E. (1895) *Histoire del'art pendant la Renaissance: Italie*, Paris.

_____. (1899) *Léonard de Vinci*, Paris.

MUTHER, R. (1909) *Geschichte dei Malerei* (3 v.), Leipzig.

MYERS, F. W. H. (1892) "Hypermnesic Dreams", *Proc. Soc. psych. Res.*, v. 8, p. 362.

_____. (1893) "The Mechanism of Hysteria (The Subliminal Consciousness, VI)", *Proc. Soc. psych. Res.*, v. 9, p. 3.

_____. (1903) *Human Personality and Its Survival of Bodily Death*, Londres; Nova York.

NACHMANSOHN, M. (1915) "Freuds Libidotheorie verglichen mit der Eroslehre Platos", *Int. Z. ärztl. Psychoanal.*, v. 3, p. 65.

NÄCKE, P. (1899) "Kritisches zum Kapitel der normalen unt pathologischen Sexualität", *Arch. Psychiat. Nervenkr.*, v. 32, p. 356.

_____. (1903) "Über sexuelle Träume", *Arch. Krim.-Anthropol.*, p. 307.

_____. (1905) "Der Traum als feinstes Reagens f. d. Art d. sexuellen Empfindens", *Monatsschr. f. Krim.-Psychol.*, v. 2, p. 500.

NÄCKE, P. (1907) "Konstrastträume und spezielle sexuelle Kontrastträume", *Arch. Krim.-Anthropol.*, v. 24, p. 1.

_____. (1908) "Beiträge zu den sexuellen Träumen", *Arch. Krim.-Anthropol.*, v. 29, p. 363.

_____. (1911) "Die diagnostisghe und prgnostiche Brauchbarkeit der sexuellen Träume", *Ärztl. Sachv.-Ztg.*, v. 2.

NEGELEIN, J. von. (1912) "Der Traumschlüssel des Jaggadeva", *Relig. Gesch. Vers.*, v. 11, p. 4.

NELKEN, J. (1912) "Analytische Beobachtungen über Phantasien eines Schizophrenen", *Jb. psychoanalyt. psychopath. Forsch.*, v. 4, p. 504.

NELSON, J. (1888) "A Study of Dreams", *Amer. J. Psychol.*, v. 1, p. 367.

NEUFELD, J. (1923) *Dostojewski: Skizze zu seiner Psychoanalyse*, Viena.

NEUTRA, W. (1909) *Briefe an nervose Frauen*, 2. ed., Dresden; Leipzig.

NIEDERLAND, W. G. (1959a) "The 'miracle-up' World of Schreber's Childhood", *Psychoanal. Study Child*, v. 14, p. 383.

_____. (1959b) "Schreber: Father and Son", *Psychoanal. Quart.*, v. 28, p. 151.

_____. (1960) "Schreber's Father", *J. Amer. Psychoanal. Ass.*, v. 8, p. 492.

_____. (1963) "Further Data and Memorabilia Pertaining to the Schreber Case", *Int. J. Psycho-Anal.*, v. 44, p. 201.

NIEMANN, A. (1860) *Über eine neue organische Basis in den Cocablättern*, Gotinga.

NORDENSKJÖLD, O. et al. (1904) *Antarctic. Zwei Jahre in Schnee und Eis am Südpol* (2 v.), Berlim.

NOTHNAGEL, H. (1879) *Topische Diagnostik der Gehirnkrankheiten*, Berlim.

_____. (Org.) (1897) *Handbuch der allgemeinen und speziellen Therapie*, v. 9, Viena.

NUNBERG, H. (1932) *Allgemeine Neurosenlehre auf psychoanalytischer Grundlage*, Berna; Berlim.

OPHUIJSEN, J. H. W. van. (1917) "Beiträge zum Männlichkeitskomplex der Frau", *Int. Z. ärztl. Psychoanal.*, v. 4, p. 241.

OPPENHEIM, D. E. (1910) Contribuição para um debate sobre suicídio (com a assinatura "Unus Multorum"), em *Diskussionen des Wiener psychoanalytischen Vereins*, v. 1, Wiesbaden.

OPPENHEIM, D. E.; FREUD, S. *ver* "Todas as obras de Freud" (1958a)

OPPENHEIM, H. (1890) "Thatsächliches und Hypothetisches über das Wesen der Hysterie", *Berl. klin. Wschr.*, v. 27, p. 553.

_____. (1906) *Psychotherapeutiscbe Briefe*, Berlim.

OSSIPOW, N. (1922) "Psychoanalyse und Aberglaube", *Int. Z. Psychoanal.*, v. 8, p. 348.

PACHANTONI, D. (1909) "Der Traum als Ursprung von Wahnideen bei Alkoholdeliranten", *Zbl. Nervenheilk.*, v. 20, p. 796.

PARKINSON, R. (1907) *Dreissig Jahre in der Südsee*, Stuttgart.
PATER, W. (1873) *Studies in the History of the Renaissance*, Londres.
PAULHAN, F. (1894) "A Propos de l'Activité de l'esprit dans le rêve", em "Correspondence", *Rev. phil.*, v. 38, p. 546.
PAULITSCHKE, P. (1893-6) *Ethnographie Nordost-Afrikas* (2 v.), Berlim.
PAYER-THURN, R. (1924) "Faust in Mariazell", *Chronik des Wiener Goethe--Vereins*, v. 34, p. 1.
PECKEL, P. G. (1908) "Die Verwandtschaftsnamen des mittleren Neumecklenburg", *Anthropos*, v. 3, p. 456.
PEISSE, L. (1857) *La Médecine et les médecins*, Paris.
PÉREZ. B. (1886) *L'Enfant de trois à sept ans*, Paris.
PESTALOZZI, R. (1956) "Sigmund Freuds Berufswahl", *Neue Zürcher Zeitung*, v. 179, p. 5.
PEYER, A. (1893) "Die nervösen Affektionen des Darmes bei der Neurasthenie des männlichen Geschlechtes (Darmneurasthenie)", *Vörtrage aus der gesamten praktischen Heilkunde*, v. 1, Viena.
PFAFF, E. R. (1868) *Das Traumleben und seine Deutung nach den Prinzipien der Araber, Perser, Griechen, Inder und Ägypter*, Leipzig.
PFEIFER, S. (1919) "Äusserungen infantil-erotischer Triebe im Spiele", *Imago*, v. 5, p. 243.
PFISTER, O. (1909) "Ein Fall von psychoanalytischer Seelsorge und Seelenheilung", *Evangelische Freiheit*, Tubinga, v. 9, p. 108.
_____. (1910) *Die Frömmigkeit des Grafen Ludwig von Zinzendorf*, Viena.
_____. (1911-2) "Die psychologische Enträtselung der religiösen Glossolalie und der automatischen Kryptographie", *Jb. psychoanalyt. psychopath. Forsch.*, v. 3, pp. 427 e 730.
_____. (1913a) "Kryptolalie, Kryptographie und unbewusstes Vexierbild bei Normalen", *Jb. psychoanalyt. psychopath. Forsch.*, v. 5, p. 115.
_____. (1913b) *Die psychoanalytische Methode*, Leipzig; Berlim.
_____. (1921) "Plato als Vorläufer der Psychoanalyse", *Int. Z. Psychoanal.*, v. 7, p. 264.
PICHON, A. E. (1896) *Contribution à l'étude des délires oniriques ou délires de rêve*, Burdeos.
PICK, A. (1896) "Über pathologische Träumerei und ihre Beziehung zur Hysterie", *Jb. Psychiat. Neurol.*, v. 14, p. 280.
_____. (1905) "Zur Psychologie des Vergessens bei Geistes- und Nervenkranken", *Arch. Krim. Anthrop.*, v. 18, p. 251.
PICKLER, J.; SOMLÓ, F. (1900) *Der Ursprung des Totemismus*, Berlim.
PIDOUX, H.; TROUSSEAU, A. *ver* TROUSSEAU, A.; PIDOUX, H.

PILCZ, A. (1899) "Über eine gewisse Gesetzmässigkeit in den Träumen" (resumo do autor), *Mschr. Psychiat. Neurol.*, v. 5, p. 231.
PITRES, A. (1891) *Leçons cliniques sur l'hystérie et l'hypnotisme*, Paris.
PLATÃO. *República*.
PLOSS, H. H.; BARTELS, M. (1891) *Das Weib in der Natur- und Völkerkunde*, Leipzig.
POGGIO, G.-F. (Bracciolini) (1905) *Die Schwänke und Schnurren des Florentiners Gian-Francesco Poggio Bracciolini*, trad. de Alfred Semerau, *Romanische Meistererzähler*, v. 4, org. de F. S. Krauss, Leipzig.
POHORILLES, N. E. (1913) "Eduard von Hartmanns Gesetz der von unbewussten Zielvorstellungen geleiteten Assoziationen", *Int. Z. ärztl. Psychoanal.*, v. 1, p. 605.
POPHAM, A. E. (1953) *The Drawings of Parmigianino*, Londres.
POPPELREUTER, W. (1914) "Bemerkungen zu dem Aufsatz von G. Frings 'Über den Einfluss des Komplexbildung auf die effektuelle und generative Hemmung'", *Arch. ges. Psychol.*, v. 32, p. 491.
POPPER, J. (Lynkeus) (1900) *Phantasien eines Realisten*, Viena, 2. ed. (13. ed., Dresden, 1899.)
POTWIN, E. (1901) "Study of Early Memories", *Psychol. Rev.*, v. 8, p. 596.
PÖTZL, O. (1917) "Experimentell erregte Traumbilder in ihren Beziehungen zum indirekten Sehen", *Z. ges. Neurol. Psychiat.*, v. 37, p. 278.
PRELLER, L. (1894) *Griechische Mythologie*, 43. ed., org. de C. Robert, Berlim. (1. ed., 2 v., Leipzig, 1854.)
PREYER, W. (1882) *Die Seele des Kindes*, Leipzig.
PRIBRAM, K. H. (1962) "The Neuropsychology of Sigmund Freud", em *Experimental Foundations of Clinical Psychology*, org. de A. J. Bachrach, Nova York, cap. 13, p. 442.
PRINCE, M. (1910) "The Mechanism and Interpretation of Dreams", *J. abnorm. Psychol.*, v. 5, p. 139.
PURKINJE, J. E. (1846) "Wachen, Schlaf, Traum und verwandte Zustände", em R. Wagner, Handwörterbuch der Physiologie mit Rücksicht auf physiologische Pathologie, Braunschweig, v. 3, p. 412.
PUTNAM, J. J. (1909) "Personal Impressions of Sigmund Freud and His Work", *J. abnorm. Psychol.*, v. 4, p. 293; também em *Addresses on Psycho-Analysis*, Londres; Viena; Nova York, 1921, cap. I.
_____. (1910) "On the Etiology and Treatment of the Psychoneuroses", *Boston med. surg. J.*, v. 163, p. 65; também em *Addresses on Psycho-Analysis*, Londres; Viena; Nova York, 1921, cap. III.
_____. (1912a) "Ein charakteristischer Kindertraum", *Zbl. Psychoanal.*, v. 2, p. 328.

PUTNAM, J. J. (1912b) "Über die Bedeutung philosophischer Anschauungen und Ausbildung für die weitere Entwicklung der psychoanalytischen Bewegung", *Imago*, v. 1, p. 101.

_____. (1921) *Addresses on Psycho-Analysis*, Londres; Viena; Nova York.

RAALTE, F. van. (1912) "Kinderdroomen", *Het Kind*, jan.

RADESTOCK, P. (1879) *Schlaf und Traum*, Leipzig.

RANK, O. (1907) *Der Künstler; Ansätze zu einer Sexualpsychologie*, Leipzig; Viena.

_____. (1909) *Der Mythus von der Geburt des Helden*, Leipzig; Viena.

_____. (1910a) "Ein Traum, der sich selbst deutet". *Jb. psychoanalyt. psychopath. Forsch.*, v. 2, p. 465.

_____. (1910b) "Schopenhauer über den Wahnsinn", *Zbl. Psychoanal.*, v. 1, p. 69.

_____. (1910c) "Ein Beispiel von poetischer Venwertung des Versprechens", *Zbl. Psychoanal.*, v. 1, p. 109.

_____. (1911a) "Beispiel eines verkappten Ödipustraumes", *Zbl. Psychoanal.*, v. 1, p. 167.

_____. (1911b) "Belege zur Rettungsphantasie", *Zbl. Psychoanal.*, v. 1, p. 331.

_____. (1911c) "Zum Thema der Zahnreizträume", *Zbl. Psychoanal.*, v. 1, p. 408.

_____. (1911d) "Das Verlieren als Symptomhandlung", *Zbl. Psychoanal.*, v. 1 p. 450.

_____. (1911e) *Die Lohengrinsage*, Leipzig; Viena.

_____. (1911f) "Ein Beitrag zum Narzissismus", *Jb. psychoanalyt, psychopath. Forsch.*, v. 3, p. 401.

_____. (1912a) "Völkerpsychologische Parallelen zu den infantilen Sexualtheorien", *Zbl. Psychoanal.*, v. 2, pp. 372 e 425.

_____. (1912b) "Aktuelle Sexualregungen als Traumanlässe", *Zbl. Psychoanal.*, v. 2, p. 596.

_____. (1912c) *Das Inzest-Motiv in Dichtung und Sage*, Leipzig; Viena.

_____. (1912d) Die Symbolschichtung im Wecktraum und ihre Wiederkehr im mythischen Denken", *Jb. psychoanalyt. psychopath. Forsch.*, v. 4, p. 51.

_____. (1912e) "Fehlleistungen aus dem Alltagsleben", *Zbl. Psychoanal.*, v. 2, p. 265.

_____. (1913a) "Eine noch nicht beschriebene Form des Ödipus-Traumes", *Int. Z. ärztl. Psychoanal.*, v. 1, p. 151.

_____. (1913b) "Zwei witzige Beispiele von Versprechen", *Int. Z. ärztl. Psychoanal.*, v. 1, p. 267.

RANK, O. (1913c) "Der 'Familienroman' in der Psychologie des Attentäters", *Int. Z. ärztl. Psychoanal.*, v. 1, p. 565.

———. (1914a) "Die 'Geburts-Rettungsphantasie' in Traum und Dichtung", *Int. Z. ärztl. Psychoanal.*, v. 2, p. 43.

———. (1914b) "Der Doppelgänger", *Imago*, v. 3, p. 97.

———. (1914c) "Traum und Dichtung", em FREUD, S., *Die Traumdeutung* (4. a 7. eds.), Leipzig; Viena.

———. (1914d) "Traum und Mythus", em FREUD, S., *Die Traumdeutung* (4. a 7. eds.), Leipzig; Viena.

———. (1915a) "Ein determinierter Fall von Finden", *Int. Z. ärztl. Psychoanal.*, v. 3, p. 157.

———. (1915b) "Fehlhandlung und Traum", *Int. Z. ärztl. Psychoanal.*, v. 3, p. 158.

———. (1922) "Die Don Juan-Gestalt", *Imago*, v. 8, p. 142; em livro: Viena, 1924.

———. (1924) *Das Trauma der Geburt*, Viena.

———. (1926) *Technik der Psychoanalyse I. Die analytische Situation*, Viena.

———; SACHS, H. (1913) *Die Bedeutung der Psychoanalyse für die Geisteswissenschaften, Grenzfragen des Nerven.- u. Seelenlebens*, n. 93, Wiesbaden.

RÉGIS, E. (1894) "Les Hallucinations oniriques ou du sommeil des dégénérés mystiques", *Compte rendu. Congràs Méd. Alién.*, Paris, 1895, p. 260.

RÉGIS, E.; HESNARD, A. (1914) *La Psychanalyse des névroses el des psychoses*, Paris.

REIK, T. (1911) "Zur Rettungssymbolik", *Zbl. Psychoanal.*, v. 1, p. 499.

———. (1912) *Flaubert und seine "Versuchung des heiligen Antonius"*, Minden.

———. (1915a) "Fehlleistungen im Alltagsleben", *Int. Z. ärztl. Psychoanal.*, v. 3, p. 43.

———. (1915b) "Gold und Kot", *Int. Z. ärztl. Psychoanal.*, v. 3, p. 183.

———. (1915-6) "Die Pubertätsriten der Wilden", *Imago*, v. 4, pp. 125 e 189.

———. (1919) *Probleme der Religionspsychologie*, Viena.

———. (1920a) "Über kollektives Vergessen", *Int. Z. Psychoanal.*, v. 6, p. 202.

———. (1920b) "Völkerpsychologische Parallelen zum Traumsymbol des Mantels", *Int. Z. Psychoanal.*, v. 6, p. 350.

———. (1923) *Der eigene und der fremde Gott*, Leipzig; Viena; Zurique.

———. (1925) *Geständniszwang und Strafbedürfnis*, Leipzig; Viena; Zurique.

REIK, T. (1927) "Dogma und Zwangsidee: eine psychoanalytische Studie zur Entwicklung dar Religion", *Imago*, v. 13, p. 247; em livro: Viena, 1927.

_____. (1929) "Freuds Studie über Dostojewski", *Imago*, v. 15, p. 232.

_____. (1930) *Freud als Kulturkritiker*, Viena.

_____. (1936) *Wir Freud-Schüler*, Viena. [Ed. em inglês: *From Thirty Years With Freud*, Nova York, 1940 (2. ed., Londres, 1942).]

REINACH, S. (1905-12) *Cultes, mythes et religions* (4 v.), Paris.

REITLER, R. (1913a) "Zur Augensymbolik", *Int. Z. ärztl. Psychoanal.*, v. 1, p. 159.

_____. (1913b) "Zur Genital- und Sekret-Symbolik", *Int. Z. ärztl. Psychoanal.*, v. 1, p. 492.

_____. (1917) "Eine anatomisch-künstlerische Fehlleistung Leonardos da Vinci", *Int. Z. ärztl. Psychoanal.*, v. 4, p. 205.

RENTERGHEM, A. W. van. (1913) *Freud en zijn School*, Baarn.

RIBBE, C. (1903) *Zwei Jahre unter den Kannibalen dar Salomo-Inseln*, Dresden.

RICHER, P. (1885) *Études cliniques sur la grande hystérie ou hystéro épilepsie (Précédé d'une lettre-préface de M. le professeur J.-M. Charcot)*, 2. ed., Paris.

RICHTER, I. A. (1952) *Selections from the Notebooks of Leonardo da Vinci*, Londres.

RICHTER, J. P. (1883) *The Literary Works of Leonardo da Vinci*, Londres. (2. ed., Oxford, 1939.)

RICHTER, J. P. F. [Jean Paul] (1804) *Vorschule der Ästhetik* (2 v.), Hamburgo.

RIE, O.; FREUD, S. *ver* "Todas as obras de Freud" (1891a)

RIEGER, C. (1900) *Die Castration*, Jena.

RIKLIN, F. (1905) "Über Versetzungsbesserungen", *Psychiat.-neurol. Wschr.*, v. 7, pp. 153, 165 e 179.

_____. (1908) *Wunscherfüllung und Symbolik im Märchen*, Leipzig; Viena.

RIKLIN, F.; JUNG, C. G. *ver* JUNG, C. G. (1994)

RIVERS, W. H. R. (1909) "Totemism im Polynesia and Melanesia", *J. R. Anthrop. Inst.*, v. 39, p. 156.

ROBERT, W. (1886) *Der Traum als Naturnotwendigkeit erklärt*, Hamburgo.

ROBITSEK, A. (1912) "Zur Frage de Symbolik in den Träumen Gesunder", *Zbl. Psychoanal.*, v. 2, p. 340.

ROFFENSTEIN, G. (1923) "Experimentelle Symbolträume", *Z. ges. Neurol. Psychiat.*, v. 87, p. 362.

RÓHEIM, G. (s.d.) "Das selbst".

RÓHEIM, G. (s.d.) "Über australischen Totemismus" (conferência).

ROHLEDER, H. (1899) *Die Masturbation*, Berlim.

ROMBERG, M. H. (1840) *Lehrbuch der Nervenkrankheiten des Menschen*, Berlim.

RÖMER, L. von. (1903) "Über die androgynische Idee des Lebens", *Jb. sex. Zwischenstufen*, v. 5, p. 732.

ROPS, F. (1905) *Das erotische Werk Rops*, Berlim.

R[ORSCHACH], H. (1912) "Zur Symbolik der Schlange und der Krawatte", *Zbl. Psychoanal.*, v. 2, p. 675.

ROSCHER, W. H. (Org.) (1884-1937) *Ausführliches Lexikon der griechischen und römischen Mythologie*, Leipzig.

ROSENBERG, A. (1898) *Leonardo da Vinci*, Leipzig.

ROSENBERG, L. (1893) *Casuistische Beiträge zur Kenntnis der cerebralen Kinderlährnungen und der Epilepsie*, em KASSOWITZ, M. (Org.), *Beiträge zur Kinderheilkunde*, Viena.

ROSENTHAL, E. (1892) *Contribution a l'étude des diplégies cérébrales de l'enfance* (tese), Lyon.

ROTH, H. L. (1896) *The Natives of Sarawak and British North Borneo* (2 v.), Londres.

RUTHS, W. (1898) *Experimentaluntersuchungen über Musikphantome*, Darmstadt.

SACHS, H. (1911) "Zur Darstellungs-Technik des Traumes", *Zbl. Psychoanal.*, v. 1, p. 413.

_____. (1912) "Traumdeutung und Menschenkenntnis", *Jb. psychoanalyt. psychopath. Forsch.*, v. 3, p. 568.

_____. (1913) "Ein Traum Bismarcks", *Int. Z. ärztl. Psychoanal.*, v. 1, p. 80.

_____. (1914) "Das Zimmer als Traumdarstellung des Weibes", *Int. Z. ärztl. Psychoanal.*, v. 2, p. 35.

SACHS, H. (1917) "Drei Fälle von 'Kriegs'-Verlesen", *Int. Z. ärztl. Psychoanal.*, v. 4, p. 159.

_____. (1920) "Gemeinsame Tagträume", *Int. Z. Psychoanal.*, v. 6, p. 395. (Incluído em RANK, O., *Gemeinsane Tagträume*, Leipzig; Viena, 1924.)

_____. (1945) *Freud, Master and Friend*, Cambridge (MA); Londres.

SACHS, H.; RANK, O. *ver* RANK, O.; SACHS, H.

SADGER, I. (1907) "Die Bedeutung der psychoanalytischen Methode nach Freud", *Zbl. Nervenheilk. Psychiat.*, v. 18, p. 41.

_____. (1908a) "Fragment der Psychoanalyse eines Homosexuellen", *Jb. sex. Zwischenstufen*, v. 9, p. 339.

_____. (1908b) *Konrad Ferdinand Meyer: Eine pathographisch-psychologische Studie*, *Grenzfragen des Nerven.- u. Seelenlebens*, n. 59, Wiesbaden.

SADGER, I. (1909a) "Zur Ätiologie der konträre Sexualempfindung", *Med. Klinik.*, v. 10, p. 109.

_____. (1909b) *Aus dem Liebesleben Nicolaus Lenaus*, Leipzig; Viena.

_____. (1910a) Heinrich von Kleist: *Eine pathographisch-psychologische Studie, Grenzfragen des Nerven.- u. Seelenlebens*, n. 70, Wiesbaden. (1. ed., 1909.)

_____. (1910b) "Ein Fall von multipler Perversion mit hysterischen Absenzen", *Jb. psychoanalyt. psychopath. Forsch.*, v. 2, p. 59.

_____. (1912) Von der Pathographie zur Psychographie", *Imago*, v. 1, p. 158.

_____. (1914) "Jahresbericht über sexuelle Perversionen", *Jb. psychoanalyt. psychopath. Forsch.*, v. 6, p. 296.

SALOMON BEN JACOB ALMOLI. (1637) *Pithrôn Chalômôth*, Amsterdam.

SANCTIS, S. de. (1896) *I sogni e il sonno nell'isterismo e nella epilessia*, Roma.

_____. (1897b) "Sui rapporti d'identità, di somiglianza, di analogia e di equivalenza fra sogno e pazzia", *Riv. quindicinale Psicol. Psichiat. Neuropatol.*, 15 nov.

_____. (1898a) "Psychoses et rêves", *Rapport du Congrès de neurologie et d'hypnologie de Bruxelles 1897: Comptes rendus*, v. 1, p. 137.

_____. (1898b) "I sogni dei neuropatici e dei pazzi", *Arch. Psichiat. antrop. crim.*, v. 19, p. 342.

_____. (1899) *I sogni*, Turim. [Ed. alemã: *Die Träume*, trad. de O. Schmidt, Halle, 1901.]

_____. (1924) *La conversione religiosa*, Bolonha.

SANDERS, D. (1860) *Wörterbuch der Deutschen Sprache*, Leipzig.

SAUSSURE, R. de. (1922) *La Méthode psychanalitique*, Lausanne; Genebra.

SCOGNAMIGLIO, N. *ver* SMIRAGLIA SCOGNAMIGLIO, N.

SCHAEFFER, A. (1930) "Der Mensch und das Feuer", *Psychoanal. Bewegung*, v. 2, p. 201.

SCHERNER, K. A. (1861) *Das Leben des Traumes*, Berlim.

SCHLEIERMACHER, F. E. D. (1862) *Psychologie*, v. 6, em *Gesammelte Werke*, org. de L. George, Berlim.

SCHMIDT, R. (1902) *Beiträge zur indischen Erotik*, Leipzig.

SCHNEIDER, R. (1920) "Zu Freuds Untersuchungsmethode des Zahleneinfalls", *Int. Z. Psychoanal.*, v. 6, p. 75.

SCHOLZ, F. (1887) *Schlaf und Traum*, Leipzig.

SCHOPENHAUER, A. (1819) *Die Welt als Wille und Vorstellung*, Leipzig. (2. ed., 1844.) Em *Sämtliche Werke*, 2. ed., org. de Hübscher, v. 2-3, Wieshaden, 1949.

_____. (1851a) "Über die anscheinende Absichtlichikeit im Schicksale des Einzelnen", *Parerga und Paralipomena* (*IV*), v. 1, Leipzig. (2. ed. Berlim, 1862.) Também em *Sämtliche Werke*, org. de Hübscher, v. 5, p. 213, 1938.

SCHOPENHAUER, A. (1851b) "Versuch über das Geistersehen und was damit zusammenhängt", *Parerga und Paralipomena* (*v*), v. 1, Leipzig. (2. ed. Berlim, 1862.) Também em *Sämtliche Werke*, org. de Hübscher, v. 5, p. 213, 1938.

———. (1851c) "Gleichnisse, Parabeln und Fabeln", *Parerga und Paralipomena*, v. 2, Leipzig. (2. ed. Berlim, 1862.) Também em *Sämtliche Werke*, org. de Hübscher, v. 5, p. 213, 1938.

SCHREBER, D. P. (1903) *Denkwürdigkeiten eines Nervenkranken*, Leipzig.

SCHRENCK-NOTZING, A. von. (1899) "Literaturzusammenstellung über die Psychologie und Psychopathologie der Vita sexualis", *Z. Hypnot.*, v. 9, p. 98.

SCHRÖTTER, K. (1912) "Experimentelle Traum", *Zbl. Psychoanal.*, v. 2, p. 638.

SCHUBERT, G. H. von. (1814) *Die Symbolil des Traumes*, Bamberg.

SCHUR, M. (1966) "Some Additional 'Day Residues' of 'The Specimen Dream of Psycho-Analysis'", em *Psychoanalysis, a General Psychology: Essays in Honor of Heinz Hartmann*, org. de R. M. Loewenstein, L. M. Newman, M. Schur e A. J. Solnitt, Nova York, p. 45.

SCHWARZ, F. (1913) "Traum und Traumdeutung nach 'Abdalgani an-Nabulusi'", *Z. deutsch. morgenl. Ges.*, v. 67, p. 473.

SECKER, F. (1910), "Chinesische Ansichten über den Traum", *Neue metaph. Rundschau*, v. 17, p. 101.

SEGEL, B. W.; BERNSTEIN, I. *ver* BERNSTEIN, I.; SEGEL, B. W.

SEIDLITZ, W. von. (1909) *Leonardo da Vinci, der Wendepunkt der Renaissance* (2 v.), Berlim.

SELIGMANN, S. (1910-1) *Der böse Blick und Verwandtes*, Berlim.

SELLIN, E. (1922) *Mose und seine Bedeutung für die israelitisch-jüdische Religionsgeschichte*, Leipzig.

SHERRINGTON, C. S.; FOSTER, M. *ver* FOSTER, M.; SHERRINGTON, C. S.

SIEBECK, H. (1877) "Das Traumleben der Seele", *Sammlung gemeinverständlicher Vorträge*, Berlim.

SILBERER, H. (1909) "Bericht über eine Methode, gewisse symbolische Halluzinations-Erscheinungen hervorzurufen und zu beobachten", *Jb. psychoanalyt. psychopath. Forsch.*, v. 1, p. 513.

———. (1910) "Phantasie und Mythos", *Jb. psychoanalyt. psychopath. Forsch.*, v. 2, p. 541.

———. (1912) "Symbolik des Erwachens und Schwellensymbolik überhaupt", *Jb. psychoanalyt. psychopath. Forsch.*, v. 3, p. 621.

SILBERER, H. (1914) *Probleme der Mystik und ihrer Symbolik*, Leipzig; Viena.

———. (1922) "Tendenziöse Druckfehler", *Int. Z. Psych.*, v. 8, p. 350.

SIMMEL, E. (1918) *Kriegsneurosen und "psychisches Trauma"*, Munique.

SIMON, P. M. (1888) *Le monde des rêves*, Paris.

SMIRAGLIA SCOGNAMIGLIO, N. (1900) *Ricerche e documenti sulla giovinezza di Leonardo da Vinci (1452-1482)*, Nápoles.

SMITH, R. B. (1878) *The Aborigines of Victoria* (2 v.), Londres.

SMITH, W. R. (1885) *Kinship and Marriage*, Londres.

———. (1894) *Lectures on the Religion of the Semites*, 2. ed., Londres. (1. ed., 1889.)

SOCIEDADE PSICANALÍTICA DE VIENA. *Diskussionen der Wiener Psychoanalytischen Vereins*, v. 1: *Über den Selbstmord, insbesondere den Schüler-Selbstmord*, Wiesbaden, 1910; *Diskussionen der Wiener Psychoanalytischen Vereinigung*, v. 2: *Die Onanie*, Wiesbaden, 1912. [Ed. em inglês: *Minutes of Vienna Psychoanalytic Society*, v. 1, Nova York, 1962.]

SOLMI, E. (1908) *Leonardo da Vinci*, trad. de E. Hirshberg, Berlim.

———. (1910) "La resurrezione dell'opera di Leonardo", *Conferenze Fiorentine*, Milão, p. 1.

SOLOWEITSCHIK, M. (1930) Colaboração especial para *Jüdische Lexikon*, org. de G. Herlitz e B. Kirschner, Berlim, v. 4, n. 1, p. 303.

SPAMER, C. (1876) "Über Aphasie und Asymbolie nebst Versuch einer Theorie der Sprachbildung", *Arch. Psychiat. Nervenkrankh.*, v. 6, p. 496.

SPENCER, B.; GILLEN, F. J. (1899) *The Native Tribes of Central Australia*, Londres.

SPENCER, H. (1860) "The Physiology of Laughter", *Macmillan's Magazine*, mar.; também em *Essays*, v. 2, Londres, 1901.

———. (1870) "The Origin of Animal Worship", *Fortnightly Rev.*, v. 7, p. 535.

———. (1893) *The Principles of Sociology*, 3. ed., v. 1, Londres. (1. ed., 1876.)

SPERBER, H. (1912) "Über den Einfluss sexueller Momente auf Entstehung und Entwicklung der Sprache", *Imago*, v. 1, p. 405.

SPIELREIN, S. (1911) "Über den psychologischen Inhalt eines Falles von Schizophrenie (*Dementia praecox*)", *Jb. psychoanalyt. psychopath. Forsch.*, v. 3, p. 329.

———. (1912) "Die Destruktion als Ursache des Werdens", *Jb. psychoanalyt. psychopath. Forsch.*, v. 4, p. 465.

SPIELREIN, S. (1913) "Traum von 'Pater Freudenreich'", *Int. Z. ärztl. Psychoanal.*, v. 1, p. 484.

SPITTA, H. (1882) *Die Schlaf- und Traumzustände der menschlichen Seele*, 2. ed., Tubinga. (1. ed., 1878.)

SPITTELER, C. (1914) *Meine frühesten Erlebnisse*, Jena.

SPITZER, D. (1912) *Wiener Spaziergänge: Gesammelte Schriften*, v. 1 e 2, Munique.

SPRINGER, A. (1895) *Raffael und Michelangelo*, v. 2, Leipzig.

STANNIUS, H. (1849) *Das peripherische Nervensystem der Fische, anatomisch und physiologisch untersucht*, Rostock.

STÄRCKE, A. (1911) "Ein Traum, der das Gegenteil einer Wunscherfüllung zu verwirklichen schien", *Zbl. Psychoanal.*, v. 2, p. 86.

_____. (1914) Introdução à tradução holandesa de S. Freud, "Die 'Kulturelle' Sexualmoral und die moderne Nervosität", Leiden.

_____. (1921a) "Der Kastrationskomplex", *Int. Z. Psychoanal.*, v. 7, p. 9.

_____. (1921b) "Psychoanalyse und Psychiatrie", fascículo de *Int. Z. Psychoanal.*, n. 4.

STÄRCKE, J. (1913) "Neue Traumexperimente in Zusammenhang mit älteren und neueren Traumtheorien", *Jb. psychoanalyt. psychopath. Forsch.*, v. 5, p. 233.

_____. (1916) "Aus dem Alltagsleben", *Int. Z. ärztl. Psychoanal.*, v. 4, pp. 21 e 98.

STEINER, M. (1907) "Die funktionelle Impotenz des Mannes und ihre Behandlung", *Wien. med. Presse*, v. 48, p. 1535.

_____. (1913) *Die psychischen Störungen der männlichen Potenz*, Leipzig; Viena.

STEINMANN, E. (1899) *Rom in der Renaissance*, Leipzig.

STEKEL, W. (1895) "Koitus im Kindesalter", *Wien. med. Bl.*, v. 18, p. 247.

_____. (1904) "Unbewusste Geständnisse", *Berliner Tageblatt*, 4 jan.

_____. (1908) *Nervöse Angstzustände und ihre Behandlung*, Berlim; Viena.

_____. (1909) "Beiträge zur Traumdeutung", *Jb. psychoanalyt. psychopath. Forsch.*, v. 1, p. 458.

_____. (1910) "Ein Beispiel von Versprechen", *Zbl. Psychoanal.*, v. 1, p. 40.

_____. (1911a) *Die Sprache des Traumes*, Wiesbaden. (2. ed., 1922.)

_____. (1911b) "Zur Psychologie des Exhibitionismus", *Zbl. Psychoanal.*, v. 1, p. 494.

_____. (1911c) "Die Verpflichtung des Namens", *Z. Psychother. med. Psychol.*, v. 3, p. 110.

STEKEL, W. (1911d) "Die verschiedenen Formen der Übertragung", *Zbl. Psychoanal.*, v. 2, p. 27.

───────. (s.d. [1920]) *Der telepathische Traum*, Berlim.

STERBA, R. (1936) *Handwörterbuch der Psychoanalyse*, Viena.

STORFER, A. J. (1911) *Zur Sonderstellung des Vatermords*, Leipzig; Viena.

───────. (1914a) "Zur Psychopathologie des Alltagsleben", *Int. Z. ärztl. Psychoanal.*, v. 2, p. 170.

───────. (1914b) *Marias jungfräuliche Mutterschaft*, Berlim.

───────. (1915) "Ein politischer Druckfehler", *Int. Z. ärztl. Psychoanal.*, v. 3, p. 45.

STOUT, G. F. (1938) *A Manual of Psychology*, 5. ed., Londres. (1. ed., 1899.)

STRAJOV, N. (1921) "Über Dostojewskis Leben und literarische Tätigkeit", em DOSTOIÉVSKI, F. M., *Literarische Schriften*, Munique. (1. ed. do original russo, 1883.)

STRICKER, S. (1879) *Studien über das Bewusstsein*, Viena.

STRÜMPELL, A. von. (1883-4) *Lehrbuch der speciellen Pathologie und Therapie der inneren Krankheiten*, Leipzig.

───────. (1892) *Über die Entstehung und die Heilung von Krankheiten durch Vorstellungen*, Erlangen.

───────. (1896) Resenha de Breuer e Freud, *Studien über Hysterie*, *Dtsch. Z. Nervenheilk.*, v. 8, p. 159.

STRÜMPELL, L. (1877) *Die Natur und Entstehung der Träume*, Leipzig.

───────. (1899) *Die pädagogische Pathologie*, Leipzig.

STUCKEN, E. (1907) *Astralmythen der Hebraeer, Babylonier und Ägypter*, Leipzig.

STUMPF, E. J. G. (1899) *Der Traum und seine Deutung*, Leipzig.

SULLY, J. (1893) "Dream as a Revelation", *Fornightly Rev.*, n. 53, p. 354.

───────. (1895) *Studies of Childhood*, Londres. [Ed. alemã: *Untersuchungen über die Kindheit*, Leipzig, 1898.]

SWOBODA, H. (1904) *Die Perioden des menschlichen Organismus in ihrer psychologischen und biologischen Bedeutung*, Leipzig; Viena.

TANNERY, M. P. (1898) "Sur la Mémoire dans le rêve", *Rev. phil.*, v. 45, p. 637.

TARASEVSKY, P. (1909) *Das Geschlechtsleben des Ukrainischen Bauernvolkes Beiwerke zum Studium der Anthropophyteia*, org. de F. S. Krauss, v. 3, parte I, Leipzig.

TARDE, G. (1890) *Les Lois d'imitation*, Paris.

TARNOWSKY, B. *ver* 13º CONGRESSO INTERNACIONAL DE MEDICINA

TARUFFI, C. (1903) *Hermaphroditismus und Zeugungsunfähigkeit*, trad. de R. Teuscher, Berlim.

TAUSK, V. (1913a) "Entwertung des Verdrängungsmotivs durch Rekompense", *Int. Z. ärztl. Psychoanal.*, v. 1, p. 230.

———. (1913b) "Zur Psychologie der Kindersexualität", *Int. Z. ärztl. Psychoanal.*, v. 1, p. 444.

———. (1914) "Kleider und Farben im Dienste der Traumdarstellung", *Int. Z. ärztl. Psychoanal.*, v. 2, p. 464.

———. (1917) "Zur Psychopathologie des Alltagslebens", *Int. Z. ärztl. Psychoanal.*, v. 4, p. 156.

———. (1919) "Über die Entstehung des 'Beeinflussungsapparates' in der Schizophrenien", *Int. Z. ärztl. Psychoanal.*, v. 5, p. 1.

TAYLOR, R. (1870) *Te Ika a Maui*, 2. ed., Londres. (1. ed., 1855.)

TEIT, J. A. (1900) *The Thompson Indians of British Columbia (Jesup North Pacific Expedition)*, v. 1, Nova York.

TFINKDJI, J. (1913) "Essai sur les songes et l'art de les interpréter (onirocritie) en Mésopotamie", *Anthropos*, v. 8, p. 505.

THODE, H. (1908) *Michelangelo: kritische Untersuchungen über seine Werke*, v. 1, Berlim.

THOMAS, N. W. (1910-1a) "Magic", *Encyclopaedia Britannica*, 11. ed., v. 17, p. 304.

———. (1910-1b) "Taboo", *Encyclopaedia Britannica*, 11. ed., v. 26, p. 337.

THOMAYER, J. (1897) "La Signification de quelques rêves", *Rev. neurol.*, v. 5, p. 98.

THOMSON, J. (1887) *Through Masai Land*, Londres.

TISSIÉ, P. (1898) *Les rêves, physiologie et pathologie*, Paris. (1. ed., 1870.)

TOBOWOLSKA, J. (1900) *Étude sur les illusions de temps dans les rêves du sommeil normal* (tese), Paris.

TOBOWOLSKA, J.; BERNARD-LEROY, E. *ver* BERNARD-LEROY, E.; TOBOWOLSKA, J.

TODD, R. B. (1856) *Clinical Lecturcs on Paralysis, Certain Diseases of the Brain, and Other Affections of the Nervous System*, 2. ed., Londres.

TOULOUSE, E. (1896) *Emile Zola: enquête médico-psychologique*, Paris.

TROTTER, W. (1916) *Instincts of the Herd in Peace and War*, Londres.

TROUSSEAU, A.; PIDOUX, H. (1836-9) *Traité de thérapeutique* (2 v.), Paris.

TUKE, D. H. (1894) "Imperative Ideas", *Brain*, v. 17, p. 179.

TYLOR, E. B. (1889) "A Method of Investigating the Development of Institutions", *J. Anthrop. Inst.*, v. 18, p. 245.

———. (1891) *Primitive Culture*, 3. ed. (2 v.), Londres. (1. ed, 1871.)

ÜBERHORST, K. (1900) *Das Komische* (2 v.), Leipzig.

VAIHINGER, H. (1922) *Die Philosophie des Als Ob*, Berlim. (7. e 8. eds.; 1. ed., 1911.)

BIBLIOGRAFIAS

VANDENDRIESSCHE, G. (1965) *The Parapraxis in the Haizmann Case of Sigmund Freud*, Lovaina; Paris.

VARENDONCK, J. (1921) *The Psychology of Day-Dreams*, Londres; Nova York. [Ed. alemã: *Über das vorbewusste phantasierende Denken*, trad. de A. Freud, Viena, 1922.]

VASARI, G. (1550) *Le vite de' più eccellenti Architetti, Pittori et Scultori Italiani*, Florença. (2. ed., 1568; org. de Poggi, Florença, 1919.) [Ed. alemã: *Leben der ausgezeichnetsten Maler, Bildhauer und Baumeister*, trad. de L. Schorn, Stuttgart, 1843.]

VASCHIDE, N. (1911) *Le Sommeil et les rêves*, Paris.

VESPA, B. (1897) "Il sonno e i sogni nei neuro- e psicopatici", *Boll. Soc. Lancisiana Osp.*, v. 17, p. 193.

VIERECK, G. S. (1930) *Glimpses of the Great*, Londres.

VILLARET, A. (ed.) (1888, 1891) Handwürterbuch der gesamten Afedizin (2 v.), Stuttgart.

VISCHER, F. T. (1846-57) *Aesthetik*, Leipzig; Stuttgart.

VOGEL, P. (1953) "Eine erste unbekannt gebliene Darstellung der Hysterie von Sigmund Freud", *Psyche, Heidel.*, v. 7, p. 481.

VOGT, R. (1907) *Psykiatriens grundtraek*, Christiania.

VOLD, J. M. (1896) "Expériences sur les rêves et en particulier sur ceux d'origine musculaire et optique" (resenha), *Rev. phil.*, v. 42, p. 542.

_____. (1910-2) *Über den Traum* (2 v.), org. de O. Klemm, Leipzig.

VOLKELT, J. (1875) *Die Traum-Phantasie*, Stuttgart.

VOLZ, P. (1907) *Mose: ein Beitrag zur Untersuchung über die Ursprünge der Israelitischen Religion*, Tubinga.

WAGNER, R. (1911) "Ein kleiner Beitrag zur 'Psychopathologie de Alltagslebens'", *Zbl. Psychoanal.*, v. 1, p. 594.

WALDEYER, W. (1891) "Über einige neuere Forschungen im Gebiete de Anatomie des Zentralnervensystems", *Berl. klin. Wschr.*, v. 28, p. 691.

WEED, S.; HALLAM, F. *ver* HALLAM, F.; WEED, S.

WEIGALL, A. (1922) *The Life and Times of Akhnaton*, Londres. (1. ed., 1910.)

WEININGER, O. (1903) *Geschlecht und Charakter*, Viena.

WEISMANN, A. (1882) *Über die Dauer des Lebens*, Jena.

_____. (1884) *Über Leben und Tod*, Jena.

_____. (1892) *Das Keimplasma*, Jena.

WEISS, F. (1931) *Elementi di psicoanalisi*, Milão.

WEISS, J.; KOSSMANN, R. *ver* KOSSMANN, R.; WEISS, J.

WEISS, K. (1912) "Über einen Fall von Vergessen", *Zbl. Psychoanal.*, v. 2, p. 532.

_____. (1913) "Strindberg über Fehlleistungen", *Int. Z. ärztl. Psychoanal.*, v. 1, p. 268.

WERNICKE, C. (1894) Conferência sobre a psicose de angústia, publicada posteriormente em *Allg. Z. Psychiat.*, v. 51, p. 1020, 1895.

———. (1900) *Grundriss der Psychiatrie*, Leipzig.

WERTHEIMER, M.; KLEIN, J. (1904) "Psychologische Tatbestandsdiagnostik", *Arch. Krim. Anthrop.*, v. 15, p. 72.

WESTERMARCK, E. (1901) *The History of Human Marriage*, 3. ed., Londres. (1. ed., 1891.)

———. (1906-8) *The Origin and Development of the Moral Ideas* (2 v.), Londres.

WESTPHAL, C. F. O. (1877) "Über Zwangsvorstellungen", *Berl. klin. Wschr.*, v. 14, pp. 669 e 687.

WEYGANDT, W. (1893) *Entstehung der Träume*, Leipzig.

WHITON, M. *ver* CALKINS, M. W.

WIGAN, A. L. (1844) *A New View of Insanity: The Duality of the Mind, proved by the Structure, Funcions, and Diseases of the Brain, and by the Phenomena of Mental Derangement*, etc., Londres.

WIGGAM, A. (1909) "A Contribution to the Data of Dream Psychology", *Ped. Sem. J. Genet. Psychol.*, v. 16, p. 250.

WILKEN, G. A. (1884) "Het animisme bij de volken van den Indischen Archipel", *Ind. Gids*, v. 6, parte 1, p. 925.

WILSON, C. H. (1876) *Life and Works of Michelangelo Buonarroti*, Londres.

WILSON, P. (1922) "The Imperceptible Obvious", *Rev. Psiquiat.*, v. 5, Lima.

WINTERSTEIN, A. von. (1912) "Zwei Belege für die Wunscherfüllung im Traume", *Zbl. Psychoanal.*, v. 2, p. 292.

WITTELS, F. (1924) *Sigmund Freud: der Mann, die Lehre, die Schule*, Viena. [Ed. em inglês: *Sigmund Freud, His Personality, His Teaching and His School*, Londres, 1924.]

———. (1925) *Die Vernichtung der Not*, Viena. [Ed. em inglês: *An End to Poverty*, Londres, 1925.]

WÖLFFLIN, H. (1899) *Die klassische Kunst: eine Einführung in die italienische Renaissance*, Munique.

WULFF, M. (Woolf, M.) (1912) "Beiträge zur infantilen Sexualität, *Zbl. Psychoanal.*, v. 2, p. 6.

WUNDT, W. (1874) *Grundzüge der physiologischen Psychologie*, Leipzig.

———. (1900) *Völkerpsychologie*, v. 1, parte 1, Leipzig.

———. (1906) *Völkerpsychologie*, v. 2, parte II: "Mythus und Religion", Leipzig.

———. (1912) *Elemente der Völkerpsychologie*, Leipzig.

YAHUDA, A. S. (1929) *Die Sprache des Pentateuch in ihren Beziehungen, zum Ägyptischen*, Berlim.

BIBLIOGRAFIAS

ZELLER, A. (1818) "Irre", em ERSCH, J. S.; GRUBER, J. G., *Allgemeine Encyclopedie der Wissenschaften und Künste*, v. 24, p. 120.
ZIEGLER, K. (1913) "Menschen- und Weltenwerden", *Neue Jb. klass. Altert.*, v. 31, p. 529.
ZINZOW, A. (1881) *Psyche und Eros*, Halle.
ZWEIFEL, J.; MOUSTIER, M. (1880) *Voyage aux sources du Niger*, Marselha.
ZWEIG, S. (1920) *Drei Meister* (v. 1 de *Die Baumeister der Welt*), Leipzig.
_____. (1927) *Die Verwirrung der Gefühle*, Leipzig.

ÍNDICE DE NOTAS DO TRADUTOR SOBRE A TERMINOLOGIA

ÍNDICE DE NOTAS DO TRADUTOR SOBRE A TERMINOLOGIA

a posteriori/ de efeito retardado [*nachträglich*], vol. 5: 50; vol. 10: 198; vol. 16: 207

acontecimento/ evento/ processo [*Vorgang*], vol. 6: 127; vol. 8: 15; vol. 9: 256; vol. 10: 262; vol. 12: 127; vol. 15: 90; vol. 16: 109, 331; vol. 17: 28; vol. 18: 59; vol. 19: 261

adivinhar/ descobrir/ decifrar/ imaginar/ perceber/ intuir [*erraten*], vol. 1: 153; vol. 8: 114, 117; vol. 11: 348; vol. 12: 181; vol. 16: 109; vol. 18: 210, 357-8; vol. 19: 228, 233

alma/ psique/ mente [*Seele*], vol. 1: 105; vol. 8: 16, 381; vol. 10: 100; vol. 11: 148, 239; vol. 14: 249; vol. 15: 18; vol. 16: 258; vol. 18: 323

amansamento [*Bändigung*], vol. 16: 192; vol. 19: 280

associações/ pensamentos espontâneos [*Einfälle*], vol. 1: 320; vol. 10: 194; vol. 15: 312; vol. 18: 185-6

benefício da doença/ ganho da doença [*Krankheitsgewinn*], vol. 13: 507; vol. 17: 30-1

brincadeira/ jogo [*Spiel*], vol. 6: 363; vol. 7: 183

castração, complexo da/ complexo ligado à castração [*Kastrationskomplex*], vol. 8: 127; vol. 12: 38; vol. 14: 28; vol. 16: 299

chiste [*Witz*]/ espirituosidade, vol. 4: 244; vol. 7: 199

chupar/ mamar/ sugar [*saugen*], vol. 6: 85; vol. 8: 127; vol. 9: 149

civilização/ cultura [*Kultur*], vol. 8: 360; vol. 17: 233; vol. 18: 48-9, 433

compreensão/ conhecimento/ percepção/ entendimento [*Einsicht*], vol. 10: 126; vol. 12: 145, 147; vol. 15: 274; vol. 16: 171, 245, 322; vol. 17: 71, 134; vol. 18: 49, 150, 374; vol. 19: 293

compulsão/ obsessão/ coação/ pressão [*Zwang*], vol. 2: 127; vol. 3: 85, 171, 209; vol. 6: 113, 371; vol. 9: 14, 175; vol. 14: 283; vol. 15: 254; vol. 16: 276; vol. 17: 279; vol. 19: 252

conformes ao Eu/ sintonizados com o Eu [*ichgerechte*], vol. 10: 337; vol. 17: 102; vol. 18: 142; vol. 19: 320

concepções auxiliares/ representações [*Hilfsvorstellungen*], vol. 4: 663; vol. 6: 135

consciência moral [*Gewissen*], vol. 12: 178; vol. 14: 352; vol. 16: 33, 328; vol. 18: 92, 192

decomposição [*Zersetzung*], vol. 6: 58; vol. 8: 35

defesa [*Abwehr*], vol. 2: 169

desejo [*Wunsch*], vol. 8: 125; vol. 9: 241; vol. 10: 127; vol. 15: 188; vol. 16: 130, 220

desejo-impulso/ impulso com desejo [*Wunschregung*], vol. 4: 602; vol. 9: 241-2; vol. 10: 127, 226; vol. 12: 125; vol. 16: 130, 180; vol. 18: 392

discernir/ conhecer/ perceber [*erkennen*], vol. 10: 146, 150, 156; vol. 16: 284

disjunção de instintos [*Triebentmischung*], vol. 16: 281; vol. 17: 50

dissecção [*Zerlegung*], vol. 6: 66; vol. 18: 192

esforçar-se/ aspirar/ ambicionar [*streben*], vol. 10: 74, 160; vol. 14: 282, 298; vol. 16: 119, 170; vol. 17: 161

espírito/ intelecto [*Geist*], vol. 5: 92; vol. 16: 255; vol. 18: 163; vol. 19: 92

Eu, Super-eu, Id [*Ich, Über-Ich, Es*], vol. 10: 116; vol. 13: 16; vol. 16: 20, 29; vol. 17: 141; vol. 18: 213; vol. 19: 192, 301

fantasia que envolve um desejo/ fantasia-desejo [*Wunschphantasie*], vol. 8:

ÍNDICE DE NOTAS DO TRADUTOR SOBRE A TERMINOLOGIA

178; **vol. 10:** 78; **vol. 14:** 201; **vol. 16:** 113, 289

forças motrizes [*Triebkräfte*], **vol. 3:** 294; **vol. 6:** 59, 127, 138; **vol. 10:** 191, 227; **vol. 11:** 191; **vol. 12:** 211; **vol. 14:** 224, 286; **vol. 16:** 57, 130; **vol. 18:** 288, 318

fracassar/ não conseguir/ recusar [*versagen*], **vol. 10:** 194; **vol. 16:** 209

fragmento/ pedaço/ parte/ parcela [*Stück*], **vol. 6:** 307; **vol. 16:** 114

frustração/ ausência/ não realização [*Versagung*], **vol. 3:** 107; **vol. 8:** 369; **vol. 16:** 204; **vol. 17:** 240

ideia/ representação [*Vorstellung*], **vol. 1:** 205, 302; **vol. 2:** 27, 262, 282; **vol. 3:** 63; **vol. 4:** 576; **vol. 6:** 135; **vol. 8:** 67; **vol. 10:** 128, 257, 259-60; **vol. 12:** 86, 100, 103, 111, 115, 145; **vol. 13:** 578; **vol. 16:** 121, 178, 276

ideia obsessiva/ representação obsessiva [*Zwangsvorstellung*], **vol. 3:** 171; **vol. 16:** 276-7

ideias antecipatórias/ representações que envolvem expectativa [*Erwartungsvorstellungen*], **vol. 7:** 279; **vol. 13:** 578

ideias conscientes intencionais [*bewußte Zielvorstellungen*], **vol. 10:** 128; **vol. 16:** 121

ideias intencionais [*Zielvorstellungen*], **vol. 2:** 282; **vol. 12:** 88

imaginar/ inferir/ adivinhar/ decifrar/ descobrir/ inferir/ perceber/ intuir [*erraten*], **vol. 1:** 153; **vol. 8:** 114, 117; **vol. 11:** 348; **vol. 12:** 181; **vol. 16:** 109; **vol. 18:** 210, 357-8; **vol. 19:** 228, 233

impelir/ empurrar [*drängen*], **vol. 8:** 240; **vol. 18:** 243

ímpeto/ impulso [*Drang*], **vol. 2:** 278; **vol. 12:** 57; **vol. 18:** 381

Impuls [impulso], **vol. 9:** 18, 23, 261; **vol. 11:** 116; **vol. 16:** 94, 227; **vol. 17:** 34, 54, 161

impulsivo/ arrastado pelos impulsos [*triebhaft*], **vol. 14:** 200; **vol. 18:** 403

impulso [*Regung*], **vol. 9:** 18; **vol. 10:** 127, 197; **vol. 12:** 25; **vol. 12:** 57, 78, 83, 121; **vol. 16:** 130; **vol. 16:** 174; **vol. 17:** 54, 161, 179

impulso/ ímpeto [*Drang*], **vol. 2:** 278; **vol. 12:** 57; **vol. 18:** 381

impulso com desejo/ desejo-impulso [*Wunschregung*], **vol. 4:** 602; **vol. 9:** 241-2; **vol. 10:** 127, 226; **vol. 16:** 130, 180

impulso de olhar [*Schautrieb*], **vol. 6:** 49; **vol. 10:** 179

impulso instintual/ "moção pulsional" [*Triebregung*], **vol. 10:** 197, 204; **vol. 12:** 25, 78, 83, 114, 219; **vol. 14:** 281; **vol. 17:** 34; **vol. 18:** 35

impulsos de desejo [*Wunschregungen*], **vol. 12:** 125; **vol. 18:** 391

inibição [*Hemmung*], **vol. 8:** 372; **vol. 12:** 174; **vol. 17:** 15; **vol. 19:** 291

inquietante [*unheimlich*], **vol. 14:** 329

Instinkt [instinto], **vol. 12:** 235; **vol. 15:** 27, 79, 185; **vol. 19:** 141

instinto/ impulso/ "pulsão" [*Trieb*], **vol. 2:** 151, 279; **vol. 6:** 20, 112; **vol. 9:** 107, 202, 210; **vol. 10:** 179, 191, 337; **vol. 11:** 102, 116, 189; **vol. 12:** 25, 78, 83, 100, 211; **vol. 14:** 173, 200, 208; **vol. 15:** 20, 23, 27, 79; **vol. 16:** 115, 312; **vol. 17:** 282; **vol. 18:** 35, 157, 243

investimento/ ocupação [*Besetzung*], **vol. 2:** 133, 219; **vol. 16:** 179; **vol. 12:** 168; **vol. 17:** 29, 315

massa/ multidão/ grupo [*Masse*], **vol. 15:** 14

meta/ alvo [*Ziel*], **vol. 10:** 128; **vol. 12:** 58; **vol. 16:** 121

mistura [*Mischung*], **vol. 15:** 307; **vol. 16:** 38, 281

nervosismo [*Nervosität*], **vol. 3:** 236; **vol. 3:** 145; **vol. 8:** 361

115

ÍNDICE DE NOTAS DO TRADUTOR SOBRE A TERMINOLOGIA

neuroses atuais [*aktuelle Neurosen/ Aktualneurosen*], **vol. 3**: 243

oprimir/ reprimir/ suprimir [*unterdrücken*], **vol. 4**: 275, **vol. 8**: 169, 269, 391, 397; **vol. 10**: 88, 331; **vol. 16**: 94, 261

prazer/ gozo/ vontade [*Lust*], **vol. 15**: 271; **vol. 16**: 115
precipitado [*Niederschlag*], **vol. 16**: 94; **vol. 17**: 102; **vol. 18**: 202, 347
preconceito/ pré-conceito [*Vorurteil*], **vol. 9**: 249
processo/ evento [*Vorgang*], **vol. 5**: 325, 379; **vol. 6**: 61, 127, 218, 322; **vol. 8**: 15; **vol. 9**: 235, 256; **vol. 10**: 197, 262-3; **vol. 11**: 239, 249, 353; **vol. 12**: 127; **vol. 15**: 90; **vol. 16**: 109, 331; **vol. 17**: 145, 28; **vol. 18**: 59; **vol. 19**: 206, 234, 261

recusar/ negar [*verleugnen*], **vol. 14**: 248; **vol. 16**: 173, 193, 216, 290, 292
rejeição [*Verwerfung*], **vol. 14**: 107, 114
representação *ver* ideia/ representação [*Vorstellung*]
representação da palavra (ou verbal)/ representação da coisa [*Wortvorstellung/ Sachvorstellung*], **vol. 12**: 145; **vol. 16**: 24
representação de desejo [*Wunschvorstellung*], **vol. 1**: 265; **vol. 8**: 343
repressão/ "recalque" [*Verdrängung*], **vol. 2**: 169; **vol. 3**: 282; **vol. 6**: 72, 356; **vol. 8**: 366; **vol. 9**: 244, 323; **vol. 10**: 217; **vol. 12**: 83, 86, 223; **vol. 14**: 37; **vol. 16**: 201, 216, 248
reprimir/ "recalcar" [*verdrängen*], **vol. 2**: 29, 169; **vol. 4**: 275; **vol. 8**: 372; **vol. 9**: 244; **vol. 10**: 88; **vol. 14**: 114; **vol. 16**: 228; **vol. 19**: 204
resistência, no sentido psicanalítico [*Widerstand*], **vol. 12**: 181
resolução/ aviamento [*Erledigung*], **vol. 6**: 61; **vol. 17**: 93; **vol. 19**: 286

resolver/ dar conta de [*erledigen*], **vol. 1**: 186; **vol. 10**: 141, 204; **vol. 17**: 93

substituto que o representa [*Ersatzvertretung*], **vol. 16**: 178
supressão/ repressão [*Unterdrückung*], **vol. 6**: 72, 95, 165; **vol. 8**: 309, 366; **vol. 9**: 323; **vol. 10**: 217, 331; **vol. 12**: 83; **vol. 14**: 37, 249; **vol. 16**: 201, 248; **vol. 17**: 171; *ver também repressão/ "recalque"* [*Verdrängung*]
suprimir/ refrear/ reprimir [*unterdrücken*], **vol. 4**: 275; **vol. 8**: 169, 269, 391, 397; **vol. 10**: 88, 331; **vol. 15**: 162; **vol. 16**: 94, 261; **vol. 17**: 308; **vol. 19**: 204

tendências/ impulsos [*Strebungen*], **vol. 6**: 60-1; **vol. 10**: 160; **vol. 14**: 283; **vol. 16**: 105, 119, 170; **vol. 18**: 428
topologia da psique [*psychische Topik*], **vol. 12**: 110
transferência [*Übertragung*], **vol. 2**: 116, 424; **vol. 4**: 614; **vol. 15**: 161

ÍNDICE DE CASOS

AS INDICAÇÕES "NA" E "NT" DESIGNAM AS NOTAS DO AUTOR E DO TRADUTOR, RESPECTIVAMENTE.

ÍNDICE DE CASOS

A. CASOS QUE TÊM NOMES

A Albert (menino com *pavor nocturnus*), **vol. 4:** 639-40

Anna O., caso (pseudônimo de Bertha Pappenheim, paciente histérica), **vol. 2:** 40-75, 294, 298, 303, 307-8, 310, 330, 332, 335-6, 344, 355, 365, 371, 401, 404; **vol. 6:** 62NA; **vol. 13:** 366NT; **vol. 18:** 306NT

Arpád, pequeno (menino com complexo de castração e identificação totêmica), **vol. 11:** 200-1, 203

August P. (paciente histérico com hemianestesia), **vol. 1:** 28-38

Bauer, Ida (paciente histérica) *ver* Dora, caso

Cäcilie M. (pseudônimo de Anna von Lieben, paciente histérica), **vol. 2:** 105NA, 114NA, 152, 162, 252-4, 257-9, 260NA, 328; **vol. 3:** 42NT

Dora, caso (pseudônimo de Ida Bauer, paciente histérica), **vol. 6:** 174-320; **vol. 11:** 250, 266; — K., sr., **vol. 6:** 197, 199-201, 202NA, 205, 207-10, 212-5, 224, 238-40, 244, 246, 248-50, 252-4, 256-8, 270-1, 273-4, 276-8, 280, 283, 285, 290, 297, 299-304, 305-6NA, 315-6, 318-9; — K., sra., **vol. 6:** 197-8, 206-8, 210-2, 214-5, 218-9, 223, 225, 233, 236-7, 241-5, 249-50, 254, 270, 274, 277, 289-90, 298NA, 303, 306NA, 317NA, 319

Elisabeth von R., caso (pseudônimo de Ilona Weiss, paciente histérica), **vol. 2:** 138NT, 194-260, 366; **vol. 3:** 53NA

Emma (Emma Eckstein, paciente histérica), **vol. 1:** 293-7; — Memória do abuso de Emma (esquema de Freud), **vol. 1:** *295*

Emmy von N. (pseudônimo de Fanny Moser, paciente histérica), **vol. 1:** 212NT; **vol. 2:** 75-154, 249, 365, 399, 405; **vol. 3:** 39NT, 228NT

Erich, pequeno (menino que jogava objetos pela janela), **vol. 14:** 275

Forsyth, dr. e sr. P. (caso hipotético de "transmissão de pensamento"), **vol. 18:** 179-87

Graf, Herbert (menino com complexo de castração e fobia de cavalos) *ver* Hans, pequeno, caso do

Halsmann, P. (acusado de parricídio, suposto complexo de Édipo), **vol. 18:** 457-8

Hans, pequeno, caso do (pseudônimo de Herbert Graf, menino com complexo de castração e fobia de cavalos), **vol. 4:** 291NA, 293NA; **vol. 6:** 182NA; **vol. 8:** 123-284; **vol. 11:** 199-200, 203; **vol. 17:** 32, 34-7, 39, 41, 62, 64-5; — Caminho planejado por Hans (desenho de Freud), **vol. 8:** *173*; "Faz-pipi" (desenho do pequeno Hans), **vol. 8:** *134*; *Girafa* (desenho do pai do pequeno Hans), **vol. 8:** *134*

"Homem dos Lobos", caso do (pseudônimo de Sergei Pankejeff, paciente depressivo/neurótico), **vol. 6:** 182NT; **vol. 14:** 14-160; **vol. 15:** 246NA; **vol. 17:** 39, 41, 63; — Lobos em uma árvore (desenho do "Homem dos Lobos"), **vol. 14:** *42*

"Homem dos Ratos", caso do (pseudônimo de Ernst Lanzer, paciente neurótico obsessivo), **vol. 8:** 397NT; **vol. 9:** 14-112; **vol. 15:** 205NT

Irma (paciente do sonho da "injeção de Irma"), **vol. 4:** 139-54, 156, 169, 198-9,

ÍNDICE DE CASOS

208, 216, 334, 348, 352, 355, 358, 364, 562, 585, 649

K., sr. e sra. (no caso Dora) *ver* Dora, caso
Katharina, caso (paciente histérica), **vol. 2:** 180-94, 366

Lieben, Anna von (paciente histérica) *ver* Cäcilie M.
Lucy R., caso (pseudônimo de uma preceptora britânica, paciente histérica), **vol. 2:** 155-80, 209, 365; **vol. 3:** 53NA

Mathilde H. (paciente histérica), **vol. 2:** 235-6NA
Moser, Fanny (paciente histérica) *ver* Emmy von N., caso

P., sr. e dr. Forsyth (caso hipotético de "transmissão de pensamento"), **vol. 18:** 179-87
P., sra. (paciente paranoica), **vol. 3:** 177-90
Pankejeff, Sergei (paciente depressivo/neurótico) *ver* Homem dos Lobos, caso do
Pappenheim, Bertha (paciente histérica) *ver* Anna O., caso

Rosalia H. (paciente histérica), **vol. 2:** 243-4, 246-8

Schreber, caso (paciente paranoico), **vol. 6:** 182NA; **vol. 10:** 14-107; **vol. 11:** 145; **vol. 12:** 16NA, 22; **vol. 15:** 213NA, 252, 254; **vol. 16:** 329

Weiss, Ilona (paciente histérica) *ver* Elisabeth von R., caso

B. CASOS ANÔNIMOS

artista homossexual, caso de um, **vol. 15:** 131NA

ataques de angústia, senhora piedosa com, **vol. 2:** 384-5

ataques de fúria, paciente histérica com, **vol. 2:** 388-91

ataques de vertigem na rua, paciente histérica com, **vol. 2:** 163-5NA

bissexualidade, relação entre fantasias histéricas e, **vol. 8:** 340-9

cantora com contratura dos masseteres (caso de histeria), **vol. 2:** 244NA

confusão alucinatória, uma jovem com, **vol. 3:** 65-7

cravos no rosto, paciente obcecado com, **vol. 12:** 143-4

cura com hipnose, caso de, **vol. 1:** 147-63

desejo de morte contra o cunhado, um jovem com, **vol. 18:** 157-62

dores abdominais, paciente histérica com, **vol. 2:** 388-91

empregado que se tornou histérico em consequência de maus-tratos por parte de seu chefe, **vol. 2:** 34

enredo amoroso e consulta a um grafólogo, **vol. 18:** 176-8

"epilepsia reflexa", caso de um granadeiro prussiano com, **vol. 3:** 29

escorbuto, paciente com, **vol. 3:** 306

esquizofrênica, "linguagem de órgão" em uma jovem, **vol. 12:** 141-2

fobia a cães, menina histérica com, **vol. 2:** 34; menino de nove anos com, **vol. 11:** 197

fobias e ideias obsessivas, senhora acometida por, **vol. 2:** 386-8

"fracassam no triunfo", caso de pessoas que, **vol. 18:** 441

gato que pulou no ombro de uma paciente histérica, caso do, **vol. 2:** 301

grafólogo, jovem rapaz que consultou um, **vol. 18:** 176-8

guarda-chuva quebrado por sugestão hipnótica, caso de uma paciente histérica com, **vol. 2:** 147-8NA

histeria de angústia e zoofobia, caso de, **vol. 12:** 94

histeria tratada com hipnose, caso de, **vol. 1:** 147-63

"homem comestível" (*gingerbread man*), jovem americano que se identificava como um, **vol. 17:** 38

homossexualidade, casos de: artista homossexual, **vol. 15:** 131; irmão gêmeo homossexual, **vol. 15:** 131; paciente histérica em relação homossexual com a governanta, **vol. 2:** 385-6; um caso de homossexualidade feminina, **vol. 15:** 114-49

hystérique d'occasion, caso de uma jovem senhora com, **vol. 1:** 148-52

ideias obsessivas e fobias, senhora acometida por, **vol. 2:** 386-8

irmão gêmeo homossexual, caso de, **vol. 15:** 131

jovem americano que se identificava como um "homem comestível" (*gingerbread man*), **vol. 17:** 38

jovem rapaz que consultou um grafólogo, **vol. 18:** 176-8

jovem sexualmente reprimido que se dedicou à matemática, **vol. 8:** 52

"linguagem de órgão" em uma jovem esquizofrênica, **vol. 12:** 141-2

ÍNDICE DE CASOS

mania de perseguição, moça com, **vol. 12:** 199

matemática, jovem sexualmente reprimido que se dedicou à, **vol. 8:** 52

menino e moeda de ouro (caso hipotético de "transmissão de pensamento"), **vol. 18:** 191

menino traumatizado por incidente em um mictório público, **vol. 2:** 299-300

moça histérica em função de um gato que pulou em seu ombro, **vol. 2:** 301

movimento involuntário dos dedos dos pés, paciente histérica com, **vol. 2:** 139-40NA

mulher angustiada pela separação de seu marido, **vol. 9:** 325

mulher com dificuldades financeiras, **vol. 10:** 319

mulher sem filhos que consultou um vidente, **vol. 18:** 170

neurite aguda múltipla, caso de, **vol. 3:** 307

neurose de angústia, casos de, **vol. 3:** 100

neurose obsessiva, casos de, **vol. 3:** 168; **vol. 10:** 326-9

neurose substituída por doenças e acidentes físicos, caso de, **vol. 18:** 259-61

parametrite crônica, mulher que sofria de, **vol. 2:** 289

paranoia de ciúmes, caso de, **vol. 18:** 287-8

pseudo-hereditariedade em casos neuróticos, **vol. 3:** 163-4

pseudoperitonite, caso de uma paciente com, **vol. 2:** 320

relação homossexual com a governanta, paciente histérica em, **vol. 2:** 385-6

senhora piedosa com ataques de angústia, **vol. 2:** 384-5

símbolos teosóficos, paciente histérica com visões de, **vol. 2:** 388-91

siringomielia, paciente com, **vol. 3:** 307

supuração em uma das cavidades nasais, um paciente com, **vol. 3:** 242

tosse nervosa, paciente histérica com, **vol. 2:** 382-3

vidente, mulher sem filhos que consultou um, **vol. 18:** 170

zoofobia e histeria de angústia, caso de, **vol. 12:** 94

ÍNDICE DE SONHOS

AS INDICAÇÕES "NA" E "NT" DESIGNAM
AS NOTAS DO AUTOR E DO TRADUTOR,
RESPECTIVAMENTE.

ÍNDICE DE SONHOS

A. SONHADOS POR FREUD

assinatura de uma publicação periódica por vinte florins, **vol. 4:** 200
ataque de Goethe ao sr. M., **vol. 4:** 369, 380NA, 484-6, 493-4
"Autodidasker", **vol. 4:** 341-2, 541, 585, 592, 650

caolho, **vol. 4:** 248
cardápio preparado pelo professor Oser, **vol. 4:** 203NA
carta do comitê social-democrata, **vol. 4:** 200
carta do conselho municipal, **vol. 4:** 481-2, 495-6
castelo à beira-mar, **vol. 4:** 510-1
cavalgada (furúnculo), **vol. 4:** 269-71, 422
conde Thun, **vol. 4:** 246-9, 272, 476-7, 479, 517NA

discurso fúnebre do jovem médico, **vol. 4:** 215, 216NA

encontro com uma governanta na escada, **vol. 4:** 248, 252
estátua de Arquimedes, **vol. 4:** 202NA

fantasias oníricas, **vol. 4:** 373-4

"Hearsing", **vol. 4:** 340
"Hollthurn", **vol. 4:** 501-2, 569

injeção de Irma, **vol. 4:** 139-54, 156, 169, 198-9, 208, 216, 334, 348, 352, 355, 358, 364, 562, 585, 649

mãe e filha, **vol. 4:** 200
"Meu filho, o míope", **vol. 4:** 310, 486, 488
monografia botânica, **vol. 4:** 204, 211, 216NA, 321-4, 347
mulher esperando por Freud, **vol. 4:** 200

"Non vixit", **vol. 4:** 466-70, 528, 562
notícia do filho no front, **vol. 4:** 610-1

"O papa morreu", **vol. 4:** 271
oradores famosos, **vol. 4:** 310

pai no leito de morte, parecido com Garibaldi, **vol. 4:** 472-3, 493
perfil de Savonarola, **vol. 4:** 201-2NA
pessoas com bicos de pássaro, **vol. 4:** 636
privada ao ar livre, **vol. 4:** 516-7

reconciliação com um amigo, **vol. 4:** 179, 524
restaurante em Pádua, **vol. 4:** 38-9
rochedo íngreme no mar, à maneira de Böcklin, **vol. 4:** 200
Roma, série de sonhos sobre, **vol. 4:** 230-4

sala com máquinas, **vol. 4:** 379, 399
"Solicita-se que fechem os olhos", **vol. 4:** 359-60
sra. Doni e seus três filhos, **vol. 4:** 492

tio com a barba dourada, **vol. 4:** 171-2, 199, 335, 348, 519
torre de igreja, **vol. 4:** 38
três Parcas, **vol. 4:** 242-3, 272
túmulo etrusco, **vol. 4:** 501

ÍNDICE DE SONHOS

B. SONHADOS POR OUTRAS PESSOAS — OS NOMES OU DESCRIÇÕES ENTRE PARÊNTESES CORRESPONDEM AO SONHADOR E A QUEM O SONHO FOI INFORMADO

advogado que perdia todos os seus processos (amigo-Freud), **vol. 4:** 186
afinação de um piano (paciente mulher-Freud), **vol. 4:** 222
albergue de Rohrer (filha de oito anos de um amigo de Freud), **vol. 4:** 162-3
Alexandre, o Grande, durante o sítio de Tiro (Alexandre-Artemidoro), **vol. 4:** 130NA, 668NA
andar rápido e tropeçar continuamente (paciente mulher-Freud), **vol. 4:** 236
aparelho de refrigeração na bochecha (paciente mulher-Freud), **vol. 4:** 158-9, 272
"Apenas para mulheres" (mulher-Schrötter), **vol. 4:** 429
aprendiz de alfaiate demitido (relato de Rosegger), **vol. 4:** 520-3
apresentação de *Fidélio* (homem-Freud), **vol. 4:** 431-2
Aquiles e Diomedes (filho de oito anos de Freud-Freud), **vol. 4:** 163
Asplenium e lagartos (relato de Delbouef), **vol. 4:** 34-5
ato sexual com uma menina em uma escada (homem-Rank), **vol. 4:** 412-5
ator vienense de oitenta anos com armadura completa (mulher-Tausk), **vol. 4:** 457

"babá francesa" (ilustração de revista humorística húngara), **vol. 4:** 410-2, *411*
barras de chocolate (filha de oito anos e meio-Freud), **vol. 4:** 162
"beijo de honra" (mulher jovem-Rank), **vol. 4:** 452
besouros (paciente mulher-Freud), **vol. 4:** 331-3
Bismarck cavalgando nos Alpes (Bismarck-Sachs), 422-4
"brometo de fenilmagnésio" (químico-Freud), **vol. 4:** 427-8
Brutus e o beijo na mãe-terra (relato de Lívio citado por Rank), **vol. 4:** 444

cabeça cortada por uma mulher (paciente homem-Freud), **vol. 4:** 410
cabines de banho da praia, privadas rurais e mansardas urbanas (paciente mulher-Freud), **vol. 4:** 367
"canal" (paciente mulher-Freud), **vol. 4:** 567NA
casaco de inverno (paciente homem-Freud), **vol. 4:** 222-3
"categoria" (garoto de dez anos-Tausk), **vol. 4:** 346
cavalo revirando-se num campo de aveia (relato de Keller), **vol. 4:** 453
centro de mesa com flores (moça-Robitsek), **vol. 4:** 420
cestinha com cerejas (sobrinho de 22 meses-Freud), **vol. 4:** 164
chapéu com uma pena torta no centro (homem-Stekel), **vol. 4:** 405
chapéu de palha com laterais pendentes (paciente mulher-Freud), **vol. 4:** 404-5
chauffeurs (relato de Maury), **vol. 4:** 49
chimpanzé e um "gato gorila" (mulher-Freud), **vol. 4:** 451
cinco e quinze da manhã (homem-Freud), **vol. 4:** 455
colando recortes de jornal em um livro (relato de Sachs), **vol. 4:** 456
colega acamado (paciente homem-Freud), **vol. 4:** 235
compra no mercado (paciente mulher-Freud), **vol. 4:** 219-20, 465
consultório de Freud misturado a um lugar público (paciente homem-Freud), **vol. 4:** 367

ÍNDICE DE SONHOS

criança com o crânio deformado (mulher-Freud), **vol. 4:** 451

criança sendo queimada (pai do menino-paciente mulher de Freud), **vol. 4:** 558-9, 584

crianças com asas (paciente mulher-Freud), **vol. 4:** 293-4

crianças e suas camas (menina-Freud), **vol. 4:** 161-2

criatura semelhante a uma foca (mulher-Abraham), **vol. 4:** 448

curativo (relato de Maury), **vol. 4:** 49

Daraus, Varaus ou *Zaraus* (relato de H. Ellis), **vol. 4:** 203

declaração de imposto de renda (médico-Freud), **vol. 4:** 192

Descartes, sonhos de, **vol. 17:** 374-7, 375-6NT

despedindo-se de alguém e logo se reencontrar (relato de Silberer), **vol. 4:** 553

Deus com um chapéu de papel pontudo na cabeça (mulher-Freud), **vol. 4:** 459

dois garotos que lutam (homem-Freud), **vol. 4:** 237-8

dor ciática de Nansen (médico-Freud), **vol. 4:** 227

duas fileiras de belos garotos louros (relato de Scherner), **vol. 4:** 265-6

duas fileiras de gavetas (relato de Volkelt), **vol. 4:** 266

elefante, Freud como (paciente homem-Freud), **vol. 4:** 458

"em cima e embaixo" *ver* subir e descer (paciente homem-Freud)

"Em questões de dinheiro não posso fazer concessão" (paciente mulher-Freud), **vol. 4:** 193

empregada doméstica esperando um filho sem saber quem era o pai (paciente mulher-Freud), **vol. 4:** 374, 491

encontro com o dr. K. na Kärntnerstrasse de Viena (paciente mulher-Freud), **vol. 4:** 676-8

"Erzefilisch" (relato de Marcinowski), **vol. 4:** 344-5

estudante de medicina que deve ir ao hospital (médico-Freud), **vol. 4:** 158, 273

excursão ao Dachstein (filho de cinco anos-Freud), **vol. 4:** 161

exploradores, sonhos de (relatos de Nordenskjöld, Park e Back), **vol. 4:** 165NA

explosão de bomba em batalha (Napoleão I-Garnier), **vol. 4:** 50, 272-3, 546

extração de um dente (homem-Rank), **vol. 4:** 433-6

festa com a presença de Daudet, Bourget, Prévost etc. (mulher-Freud), **vol. 4:** 159

filha morta dentro de uma caixa (paciente mulher-Freud), **vol. 4:** 189, 222, 224, 289

filha pequena esmagada por um trem (paciente mulher-Freud), **vol. 4:** 405-7

flutuando no ar (paciente mulher-Freud), **vol. 4:** 440

"Fogo!" (compositor-Volkelt), **vol. 4:** 50

fossa profunda com uma janela (homem-Freud), **vol. 4:** 446

Freud se barbeando (paciente homem-Freud), **vol. 15:** 219

garotinho emergindo do mar (mulher-Jones), **vol. 4:** 447

"Genitalien" (paciente mulher-Freud), **vol. 4:** 271

"Gradus ad Parnassum" (paciente homem-Freud), **vol. 4:** 415

guilhotina (relato de Maury), **vol. 4:** 50-1, 93, 545, 628

ÍNDICE DE SONHOS

guizos de trenó (relato de Hildebrandt), **vol. 4:** 52, 260

hesitando para atravessar um riacho (relato de Silberer), **vol. 4:** 553
Hípias deitando-se com sua própria mãe (relato de Heródoto), **vol. 4:** 444
"homem que se encontra às dúzias" (paciente mulher-Freud), **vol. 4:** 603
hotel cheio de umidade (paciente-Freud), **vol. 4:** 452
hotel de veraneio, número de quarto errado, mulheres se despindo (homem-Freud), **vol. 4:** 375
Hussiatyn (jovem advogado-Freud), **vol. 4:** 272-3

"*I called for you yesterday*" (relato de Maury), **vol. 4:** 568NA
igreja perto de montanha e floresta (mulher de um guarda-Dattner), **vol. 4:** 409-10
imperador romano degolado (súdito romano, relatado por Scholz), **vol. 4:** 95, 674
inspetor policial número 2262 (homem-Dattner), **vol. 4:** 463
irmão dentro de uma caixa (homem-Freud), **vol. 4:** 453
irmão vendendo a empresa (homem-Freud), **vol. 4:** 194

Júlio César em relação sexual com a mãe (relato de Lívio citado por Rank), **vol. 4:** 444

Karl em seu pequeno caixão (paciente mulher-Freud), **vol. 4:** 187-8, 288, 509
"*Kontuszówska*" (paciente homem-Freud), **vol. 4:** 37

leão amarelo (médico-Freud), **vol. 4:** 226

lince ou raposa (mulher-Freud), **vol. 4:** 299
Lobélia... Lopez... loteria... quilo (relato de Maury), **vol. 4:** 87, 243, 581NA
lobos em uma árvore (Homem dos Lobos-Freud), **vol. 10:** 295-7; **vol. 14:** 41-2, 42
loja no Cairo (relato de Maury), **vol. 4:** 49
louça caindo e se despedaçando (relato de Hildebrandt), **vol. 4:** 53, 260

"*Maistollmütz*" (paciente mulher-Freud), **vol. 4:** 338
mala cheia de livros (paciente mulher-Freud), **vol. 4:** 224
manchas de leite na frente na camisola (esposa de um amigo de Freud), **vol. 4:** 159
médico e cavalo vestindo uma camisola (paciente mulher-Ferenczi), **vol. 4:** 368
melodia esquecida por um músico (Hervey de St.-Denis-Vaschide), **vol. 4:** 37
menino Maury em Trilport (relato de Maury), **vol. 4:** 40
menstruação (esposa de um amigo de Freud), **vol. 4:** 159, 361
mergulho em um lago (paciente mulher-Freud), **vol. 4:** 446
moça banhada em luz branca e vestida com blusa branca (homem-Freud), **vol. 4:** 457
morangos silvestres (filha Anna com dezenove meses-Freud), **vol. 4:** 163-4, 310; **vol. 13:** 177
mulher acompanhada por duas garotas pequenas (mulher-Freud), **vol. 4:** 455
mulher loura do balneário de Pornic (Hervey de St.-Denis-Vaschide), **vol. 4:** 36-7
mulher tirada de trás da cama (homem-Freud), **vol. 4:** 455
"Mussidan é uma cidade distrital no Département de la Dordogne" (relato de Maury), **vol. 4:** 36

ÍNDICE DE SONHOS

nome esquecido (homem-Freud), **vol. 4:** 454
"Norekdal" (médico-Freud), **vol. 4:** 338

oficial sentado à mesa com o imperador (homem-Freud), **vol. 4:** 455
oficina ortopédica (paciente mulher-Freud), **vol. 4:** 236-8
operação no pênis (paciente homem-Freud), **vol. 4:** 432
osso fraturado (homem-Freud), **vol. 4:** 455

pai briga com filho porque voltou para casa muito tarde (paciente homem-Freud), **vol. 4:** 370
pai ferido em um descarrilhamento de trem (paciente homem-Freud), **vol. 4:** 471
pai que estava morto mas não sabia disso (homem-Freud), **vol. 4:** 475
"Papai carregou sua cabeça num prato" (garoto de três anos e cinco meses-Freud), **vol. 4:** 410
"Para pedidos iguais, basta informar o número" (paciente mulher-Freud), **vol. 4:** 603
passeio com o pai no Prater (paciente homem-Freud), **vol. 4:** 407
passeio no lago de Aussee (filha de três anos e três meses-Freud), **vol. 4:** 163, 231
pátio onde cadáveres são queimados (homem-Freud), **vol. 4:** 465
peça teatral muito aplaudida (Casimir Bonjour, relatado por Macario), **vol. 4:** 547
pequena casa entre dois palácios (homem-Freud), **vol. 4:** 443-4
peregrinação a Jerusalém (relato de Maury), **vol. 4:** 86-7
pernas de um irmão cobertas de caviar (mulher-Freud), **vol. 4:** 367
personagens altos (paciente mulher-Freud), **vol. 4:** 454
pessoas gigantescas sentadas à mesa (relato de Simon), **vol. 4:** 54

plataforma que se aproxima de um trem parado (homem-Freud), **vol. 4:** 454
"Preciso contar isso ao doutor" (paciente homem-Freud), **vol. 4:** 491
"Primeiro indício de sífilis" (médico-Stärcke), **vol. 4:** 193
prisão em um bar (homem solteiro-Freud), **vol. 4:** 542-3
prisão por infanticídio (jurista-Freud), **vol. 4:** 190-1

queda no Graben de Viena (paciente mulher-Freud), **vol. 4:** 239
quilo... *ver* Lobélia... Lopez... loteria... quilo (relato de Maury)

ramo com flores vermelhas (paciente mulher-Freud), **vol. 4:** 361, 391
restaurante Volksgarten e bordel (homem-Freud), **vol. 4:** 375
retorno à pátria (relato de Keller), **vol. 4:** 286-7
Revolução de 1848 (relato de Maury), **vol. 4:** 49
ripa de madeira (paciente homem-Freud), **vol. 4:** 458-9

salmão defumado (paciente mulher-Freud), **vol. 4:** 181-3, 189NA, 210
Scaliger e Brugnolus (sonho de sonho do velho Scaliger, relatado por Hennings), **vol. 4:** 36
secretário que se recusa a dar uma informação (relato de Silberer), **vol. 4:** 553
senhor conhecido entra no quarto de um casal (homem-Ferenczi), **vol. 4:** 519-20
"serviços de amor" (mulher de cinquenta anos-Von Hug-Hellmuth), **vol. 4:** 177NA
sete vacas gordas e sete vacas magras (faraó-José do Egito bíblico), **vol. 4:** 128, 376

subir e descer (paciente homem-Freud), **vol. 4:** 326-30, 347, 368
"*Svingnum elvi*" (relato de Karpinska), **vol. 4:** 346

tabelião trazendo duas grandes peras (paciente homem-Freud), **vol. 4:** 416
tempestade marítima no canal da Mancha (relato de Maury), **vol. 4:** 50
tesouro enterrado nas proximidades de uma cabana (mulher-Rank), **vol. 4:** 450
tigela com um grande pedaço de carne assada (menino de três anos-Fliess), **vol. 4:** 309
tio dá um beijo dentro do automóvel (homem-Freud), **vol. 4:** 454
toques de sino (relato de Hildebrandt), **vol. 4:** 52, 260
torre no meio de uma plateia de orquestra (mulher-Freud), **vol. 4:** 385-6, 480
tortura dos pés em braseiros (relato de Maury), **vol. 4:** 49
três entradas de teatro por um florim e cinquenta cruzados (paciente mulher-Freud), **vol. 4:** 460-2
"três florins e 65 cruzados" (paciente mulher-Freud), **vol. 4:** 459-60
três leões num deserto (mulher-Freud), **vol. 4:** 508
"*Tutelrein*" (homem-Freud), **vol. 4:** 339
tutor na cama da babá (homem-Freud), **vol. 4:** 226

vela no castiçal (paciente mulher-Freud), **vol. 4:** 223
vender a alma ao Diabo (relato de Tartini), **vol. 4:** 667NA
vestido preto de lustrina (homem-Tausk), **vol. 4:** 457
viagem a Montbrison (sr. F-Maury), **vol. 4:** 40
viagem com a sogra (paciente mulher-Freud), **vol. 4:** 185-6

viagem perigosa de carruagem (colega da universidade-Delboeuf), **vol. 4:** 45
vinho branco de Orvieto (relato de Maury), **vol. 4:** 49
vinho oferecido a Napoleão (homem-Hildebrandt), **vol. 4:** 32
visita um apartamento no qual já estivera duas vezes (paciente homem-Freud), **vol. 4:** 445
vista ampla de cima de uma montanha (homem-Freud), **vol. 4:** 453

ÍNDICE DE SONHOS

C. SONHOS ANÔNIMOS/GENÉRICOS

absurdos, sonhos, **vol. 4:** 470, 480, 490
angústia, sonhos de, **vol. 5:** 430-1
ataque com espada, **vol. 5:** 269
avó "convidada" para duas refeições principais, **vol. 4:** 164NA

"biográfico", sonho, **vol. 4:** 392-3

cair, sonhos de, **vol. 4:** 440
cartão de visitas com bordas pretas, **vol. 13:** 266
comodidade, sonhos de, **vol. 4:** 158, 196, 273, 442, 623; **vol. 5:** 395

dachshund marrom, **vol. 13:** 251
dor de cabeça, sonho causado por, **vol. 4:** 116

estímulo dentário, sonhos de, **vol. 4:** 435-6

funcionário da alfândega, **vol. 13:** 264

hipermnésicos, sonhos, **vol. 4:** 36-7, 39, 642

"*Jauner*", **vol. 5:** 132

maxilar deslocado, **vol. 4:** 436
menino perdido pela enfermeira, **vol. 10:** 278
mortos, sonhos com, **vol. 4:** 474, 476
movimento inibido, sonhos com, **vol. 4:** 378-9
mudez nos sonhos, **vol. 10:** 307

nadando em um mar congelado, **vol. 6:** 282
nascimento de gêmeos, **vol. 15:** 179
nascimento, sonhos de, **vol. 4:** 446-8, 450; **vol. 13:** 216
nudez, sonhos de, **vol. 5:** 149

números, sonhos com, **vol. 4:** 463; **vol. 6:** 288NA

"obsequiadores", sonhos, **vol. 16:** 309-10

pai exumado, **vol. 13:** 253
passarela de ferro íngreme, **vol. 13:** 265
passeio na Kärntnerstrasse, **vol. 13:** 129
passeio no Prater, **vol. 13:** 261
premonitórios, sonhos, **vol. 4:** 676
provas/exames, sonhos de, **vol. 4:** 315-6
punição, sonhos de, **vol. 4:** 523, 524NA, 609-10

quarto inteiramente marrom, **vol. 13:** 292-3

"*Rumpelstichen*", **vol. 10:** 293

"salvamento", sonhos de, **vol. 4:** 450
subterrâneos, sonhos com locais, **vol. 4:** 455
suicídio de uma criança por picada de cobra, **vol. 5:** 94

terapêuticos, sonhos (Grécia antiga), **vol. 4:** 59
teto de um quarto repleto de aranhas, **vol. 4:** 116
tio fumando um cigarro, **vol. 13:** 250
"típicos", sonhos, **vol. 4:** 64, 190, 280-2, 286, 288, 305, 307, 313-5, 317, 430, 438, 440-1; **vol. 5:** 444

"*Uhrmensch*" [homem das horas], **vol. 13:** 318

vista ampla de uma montanha, **vol. 13:** 161
voar, sonhos de, **vol. 4:** 63, 314-5, 431, 439-40

ÍNDICE DE SÍMBOLOS

AS INDICAÇÕES "NA" E "NT" DESIGNAM AS NOTAS DO AUTOR E DO TRADUTOR, RESPECTIVAMENTE.

ÍNDICE DE SÍMBOLOS

agricultura, símbolos sexuais e, **vol. 5:** 443

água, **vol. 4:** 265, 446-8, 449NA, 450, 452; **vol. 19:** 20

animais, **vol. 4:** 117, 263, 400, 441, 451-3, 456, 509, 568

aparelhos e máquinas, **vol. 4:** 236, 379, 399

armários, **vol. 4:** 397, 453, 612; **vol. 5:** 77NA, 442

armas, **vol. 4:** 397, 399, 402, 619

árvores e bastões, simbolismo sexual de, **vol. 5:** 442

aspargo, **vol. 4:** 221

bagagem, **vol. 4:** 240, 401
balão, **vol. 4:** 408
bastão, **vol. 4:** 265, 424-5; — simbolismo sexual de bastões e árvores, **vol. 5:** 442
baús, **vol. 4:** 397, 402
bengalas, **vol. 4:** 397
bolsa, **vol. 4:** 188, 225, 229, 429

cachimbo, **vol. 4:** 117
caixas, **vol. 4:** 116, 189, 222, 224, 264, 289, 331, 397, 402, 453, 598; — caixa de fósforos, **vol. 5:** 276-7
casas, **vol. 4:** 116-7, 398, 492
cavernas, **vol. 4:** 397
cestas, **vol. 4:** 116, 264, 502
chapéu, **vol. 4:** 379-80, 399, 404-5, 434, 459
chave e fechadura, **vol. 4:** 397
chicote, **vol. 4:** 422, 424-6
chuva, **vol. 4:** 449NA
clarinete, **vol. 4:** 117
colunas, **vol. 4:** 265, 389, 541
crianças, **vol. 4:** 400, 405-8, 452

dentes, **vol. 4:** 63, 142-3, 265, 293, 315, 334, 400, 431-5, 611-2
determinação por simbolismo, **vol. 2:** 295

dinheiro, **vol. 4:** 193, 200, 237, 460-1, 610-1
direita e esquerda, **vol. 4:** 38, 401, 425
dirigível (zepelim), **vol. 4:** 395, 401

escadas, **vol. 4:** 280, 327, 398, 407, 429
espaços estreitos, **vol. 4:** 117, 155, 248, 268, 422, 441, 443, 445, 543

facas, **vol. 4:** 397, 441
fantasmas, **vol. 4:** 67, 450
fechadura e chave, **vol. 4:** 397
ferramentas, **vol. 4:** 237, 399
flores, **vol. 4:** 56, 204-5, 230, 251, 323-4, 361, 367, 390-1, 418-21
fogo, **vol. 4:** 26, 386, 441, 500, 639
forno, **vol. 4:** 116, 264, 397
frutas, **vol. 4:** 163-4, 310, 367, 501-2

gato, **vol. 4:** 263
gelo, **vol. 5:** 775NA
general, figura simbólica do, **vol. 15:** 47, 49, 52, 99
gigantes, **vol. 4:** 54-5, 88
gravata, **vol. 4:** 278, 282, 399; **vol. 5:** 442
guarda-chuva, **vol. 4:** 397, 503

histérico, símbolo, **vol. 1:** 287-8

imperador e imperatriz, **vol. 4:** 283, 396-7, 455, 649
inconsciente, simbologia do, **vol. 2:** 17
irmãozinho, **vol. 4:** 291-2

jardins, **vol. 4:** 358, 390-2, 492

ladrões, **vol. 4:** 47, 104, 450, 506
lanças, **vol. 4:** 397, 441
latas, **vol. 4:** 397, 402
lixa de unhas, **vol. 4:** 397

madeira, **vol. 4:** 388, 391, 398-9, 450, 458, 499-501, 544; **vol. 5:** 442

ÍNDICE DE SÍMBOLOS

malas, **vol. 4:** 224, 240, 253-4
manto, **vol. 4:** 164, 241, 291, 399, 409, 564
mapas, **vol. 4:** 400, 458
mesa, **vol. 4:** 300, 398, 418, 420, 455
mnêmicos, símbolos, **vol. 2:** 417
molhar-se, **vol. 4:** 449NA
mudez nos sonhos, **vol. 10:** 307

nadar, **vol. 4:** 449NA
não alcançar um carro, **vol. 4:** 401
não alcançar um trem, **vol. 4:** 430
navio, **vol. 4:** 395, 397, 412, 449NA, 510-3, 598
números, **vol. 4:** 65, 237, 261, 402, 459-63, 484, 497; **vol. 6:** 288NA

objetos longos e rígidos, simbolismo sexual de, **vol. 5:** 442
olho, **vol. 4:** 444NA
onírico, simbolismo, **vol. 5:** 441-4; *ver também* sonho(s)
ouro, **vol. 4:** 115, 436, 450, 622

paisagens, **vol. 4:** 399-400, 413, 445, 498
paredes, **vol. 4:** 398
parentes, **vol. 4:** 401
pele de animal, **vol. 4:** 117, 241
pontes, **vol. 18:** 149
porta, **vol. 4:** 389, 443
punhais, **vol. 4:** 397, 441

rábano preto, **vol. 4:** 221
ramos, **vol. 4:** 361, 391-2
rei e rainha, **vol. 4:** 283, 396-7, 455, 649; — simbolismo infantil de rei e rainha, **vol. 19:** 21

sexuais, símbolos, **vol. 5:** 442-3
sobretudo, **vol. 4:** 223, 437
subir e descer, **vol. 4:** 265, 326, 329, 347, 368

suicídio, simbolismo em modos de (envenenar-se = engravidar; afogar-se = dar à luz; cair de uma altura = parir), **vol. 15:** 136

troncos de árvores, **vol. 4:** 397
tubo de água, **vol. 4:** 390

universais, símbolos, **vol. 5:** 443
urina, **vol. 4:** 410, 412-3, 449NA
urinol, **vol. 4:** 248, 254-5

viajar, **vol. 4:** 449NA

zepelim, **vol. 4:** 395, 401

ÍNDICE DE ANALOGIAS

AS INDICAÇÕES "NA" E "NT" DESIGNAM
AS NOTAS DO AUTOR E DO TRADUTOR,
RESPECTIVÁMENTE.

ÍNDICE DE ANALOGIAS

"AB" e "A B" (na interdependência de pensamentos), **vol. 4:** 287

acesso ao topo da Grande Pirâmide/ mecanismo da repressão, **vol. 4:** 599NA; **vol. 6:** 77NA

acusado diante de um juiz, **vol. 13:** 66

Adão nomeando os seres vivos do Paraíso, **vol. 3:** 18

afastar uma mosca enquanto dormimos, **vol. 4:** 630

agente de seguros e pastor (anedota), **vol. 10:** 219

agentes provocadores de atentados, **vol. 8:** 344

águas que encontram um obstáculo no leito do rio/ forças motrizes, **vol. 6:** 229

agulha em células germinativas, **vol. 19:** 243

aldeia que se torna uma cidade/ menino que se torna um homem, **vol. 12:** 225

alívio pela luz elétrica substituindo a lâmpada de gás, **vol. 7:** 224

ameba e pseudópodes/ investimentos de objeto, **vol. 12:** 17

andarilho da fábula de Esopo, **vol. 10:** 170-1

animais vivisseccionados/ centros inibidores mais elevados, **vol. 3:** 226

artista lapidando uma pedra preciosa/ fontes de estímulos somáticos durante o sonho, **vol. 4:** 277

artista que trabalha com pedra, argila e bronze, **vol. 19:** 30, 309

aula sobre os feitos de Alexandre Magno, **vol. 13:** 23-4

bacilo da tuberculose/ etiologia da neurose de angústia, **vol. 3:** 135

baleia e urso-polar, **vol. 14:** 66

bebê que chora ao ver uma pessoa desconhecida, **vol. 16:** 253

beleza como invólucro do ser humano nos mitos gregos, **vol. 3:** 284

bissexualidade, fábula platônica sobre a, **vol. 6:** 18; **vol. 16:** 260; **vol. 18:** 426

bloqueio de estradas grandes e largas, **vol. 4:** 581

bombeiros e incêndio por queda de lâmpada de petróleo, **vol. 19:** 276

cabeças de crianças deformadas por bandagens e índice craniano, **vol. 17:** 288-9

cálculo infinitesimal/ psicanálise, **vol. 17:** 275

camelo e leão em uma trilha estreita, **vol. 13:** 510

camponês que se recusa a comprar uma foice que não tenha a marca familiar a seus pais, **vol. 16:** 253

cardápios para os famintos numa época de fome/ informação teórica sobre o inconsciente, **vol. 9:** 330-1

carga elétrica/ traços mnêmicos, **vol. 3:** 67

carne chamada de "carniça" por vegetarianos, **vol. 1:** 90

cavaleiro em cavalo alto, **vol. 4:** 270

cavalo que consumia muita aveia, **vol. 9:** 28-30

chaleira emprestada e devolvida com defeito, **vol. 4:** 153

circuncisão como fóssil-guia, **vol. 19:** 58

civilização minoico-micênica/ civilização grega, **vol. 18:** 374

cogumelo e seu micélio/ desejo do sonho, **vol. 4:** 575

comer/ destruição do objeto, **vol. 19:** 196

conquistadores de um país, **vol. 19:** 22

construção de uma casa/ tratamento analítico, **vol. 19:** 322

construção de vários andares/ sintomas histéricos, **vol. 2:** 347-8

construir uma casa grande no mesmo intervalo de tempo que uma palhoça, **vol. 10:** 171

ÍNDICE DE ANALOGIAS

conto dos três desejos, **vol. 4:** 634
corpo estranho no organismo, **vol. 2:** 23; **vol. 3:** 43; **vol. 20:** 191
cozinheira que não quer trabalhar, **vol. 17:** 18
Crasso e a rainha dos partos, **vol. 4:** 622
crescimento de Roma, **vol. 18:** 21
criada que sabe sânscrito/ expressão simbólica dos sonhos, **vol. 13:** 224
cristais despedaçados/ doentes mentais, **vol. 18:** 194-5
cristalização/ histeria, **vol. 2:** 371-2
Cristo e são Cristóvão, **vol. 1:** 102; **vol. 18:**
crocodilos/ grandes sáurios, **vol. 18:** 20

damas que vão colher flores, **vol. 9:** 299
dançarina que se equilibra na ponta de um pé/ crítica de Freud ao monoteísmo, **vol. 19:** 83
demônio entrando em porcos, **vol. 9:** 266
dentes de leite/ complexo de Édipo, **vol. 16:** 205
dentista norte-americano na Europa/ representação reprimida, **vol. 4:** 615
desejo do sonho/ cogumelo e seu micélio, **vol. 4:** 575
deslocamentos de pequenas figuras num mapa, **vol. 18:** 235
diagnóstico de "enfeitiçado", **vol. 18:** 301
diagnóstico de uma doença infecciosa em impressões olfativas, **vol. 4:** 393
diapasão e ressonador/ "psique cindida" (analogia de Breuer), **vol. 2:** 337
diferenças qualitativas e quantitativas nas substâncias químicas, **vol. 16:** 143
diques/ repressões, **vol. 19:** 288
doença infecciosa aguda/ neurose, **vol. 2:** 370
doentes mentais/ cristais despedaçados, **vol. 18:** 194-5
dois rostos de Jano, **vol. 7:** 221

economia psíquica/ gestão de uma empresa, **vol. 7:** 223
editorial de um jornal político substituído por ilustrações, **vol. 12:** 160NA
empreendedor e capitalista/ pensamento diurno e sonho, **vol. 4:** 612-3
"enfeitiçado", diagnóstico de, **vol. 18:** 301
enigma pictórico (rébus), **vol. 4:** 318-9
equação algébrica, texto comparado a uma, **vol. 19:** 46
"equação pessoal" em observações astronômicas, **vol. 17:** 175
erguer uma mesa com dois dedos, **vol. 10:** 171
erupções de lava/ instintos, **vol. 12:** 69
escarlatina, imunidade contra a, **vol. 19:** 297
escravos acorrentados carregando o trono da rainha/ civilização humana e suas restrições, **vol. 16:** 261
escrita pictográfica/ sintomatologia histérica, **vol. 2:** 186
esculturas romanas, proporção das, **vol. 4:** 649
Esopo, andarilho da fábula de, **vol. 10:** 170-1
especulador que imobiliza seu dinheiro, **vol. 17:** 19
estadista adulador, **vol. 19:** 179
estadista que quer manter o favor da opinião pública, **vol. 16:** 71
estado dentro do Estado, **vol. 19:** 108
estratificação tripla/ histeria, **vol. 2:** 404
"estreitamento do campo da consciência"/ "estreitamento do campo visual", **vol. 2:** 326
Eu/ monarca constitucional, **vol. 16:** 69
Eu/ palhaço de circo, **vol. 11:** 309
Eu-conflito interior/ guerra civil, **vol. 19:** 226
exame macroscópico para refutar des-

135

ÍNDICE DE ANALOGIAS

cobertas feitas com a técnica da histologia, **vol. 3:** 231
exercício da psicanálise/ metal precioso extraído de um minério bruto, **vol. 17:** 174
expedição polar com roupas de verão, **vol. 18:** 107NA
expressão simbólica dos sonhos/ criada que sabe sânscrito, **vol. 13:** 224
extração de dente/ exumação, **vol. 13:** 253

fábula platônica sobre a bissexualidade, **vol. 6:** 18; **vol. 16:** 260; **vol. 18:** 426
faca de Lichtenberg, **vol. 11:** 327
fachada de igrejas italianas, **vol. 4:** 249
fala onírica/ rocha composta, **vol. 4:** 464-5
fazenda na Lua, **vol. 17:** 292
ferreiro indispensável que escapou da forca, **vol. 13:** 235
fio telefônico, **vol. 2:** 274
fisiologia da mucosa do estômago, **vol. 18:** 255
flerte americano, **vol. 12:** 232
Fliegende Blätter, inscrições latinas nas, **vol. 4:** 340
flores estéreis/ histéricos (analogia de Breuer), **vol. 2:** 341
forma do crânio do recém-nascido/ objeto amoroso, **vol. 9:** 340
fóssil-guia, circuncisão como, **vol. 19:** 58
fotografias sobrepostas de Galton, **vol. 4:** 172; **vol. 19:** 18
funcionário público desagradável, **vol. 4:** 179

Galton, fotografias sobrepostas de, **vol. 4:** 172; **vol. 19:** 18
gestão de uma empresa/ economia psíquica, **vol. 7:** 223
ginecologista na Turquia, **vol. 9:** 296
Grande Pirâmide, acesso ao topo da/ mecanismo da repressão, **vol. 4:** 599NA; **vol. 6:** 77
grandes sáurios/ crocodilos, **vol. 18:** 20
guarnição numa cidade conquistada, **vol. 18:** 92
guerra civil/ Eu-conflito interior, **vol. 19:** 226
guirlandas de flores sobre fios de arame/ processos inconscientes de pensamento, **vol. 6:** 272

Hamlet e as flautas, **vol. 6:** 338-9
historiografia, surgimento da, **vol. 9:** 144
homem condenado por levar consigo uma gazua, **vol. 18:** 457
"homúnculo do cérebro", **vol. 16:** 32
hóspede indesejável/ processo de repressão, **vol. 12:** 92
hóspede que se estabelece como inquilino/ homem primitivo na Terra, **vol. 18:** 61

ideias obsessivas/ mostrador de relógio, **vol. 4:** 261
imagem de bronze sobre pés de barro/ ataques críticos sem fundamento, **vol. 19:** 27
imunidade contra a escarlatina, **vol. 19:** 297
indícios insignificantes da afeição de uma dama, **vol. 13:** 34
inscrições latinas nas *Fliegende Blätter*, **vol. 4:** 340
instalação elétrica muito ramificada/ funcionamento cerebral (analogia de Breuer), **vol. 2:** 274
instintos/ erupções de lava, **vol. 12:** 69
interior da Terra, constituição do, **vol. 18:** 159
intervenções cirúrgicas/ psicoterapia catártica, **vol. 2:** 427

jazida que oferece o metal puro, caso clínico como, **vol. 15:** 228

ÍNDICE DE ANALOGIAS

juiz, acusado diante de um, **vol. 13:** 66
"*just so story*"/ pré-história, **vol. 15:** 84

lagarta que se transforma em borboleta/ função libidinal, **vol. 13:** 436
lágrima batávica/ massa sem líder, **vol. 15:** 52
leão e camelo em uma trilha estreita, **vol. 13:** 510
leão que salta apenas uma vez, **vol. 19:** 279
lembranças da infância/ palácios barrocos e ruínas antigas de Roma, **vol. 4:** 541
lendária narrativa dos reis de Roma feita por Tito Lívio, **vol. 16:** 113-4
Lichtenberg, faca de, **vol. 11:** 327
linguagem primitiva sem gramática/ pensamentos oníricos, **vol. 18:** 143
linhas telefônicas/ funcionamento cerebral (analogia de Breuer), **vol. 2:** 274
Londres, monumentos de, **vol. 9:** 231
luz elétrica substituindo a lâmpada de gás, alívio pela, **vol. 7:** 224

macieira e fava/ desenvolvimento de plantas dicotiledôneas, **vol. 13:** 431
"*made in Germany*"/ sinal distintivo, **vol. 16:** 278; **vol. 19:** 262
martírio de Saint-Denis, **vol. 15:** 173
massa sem líder/ lágrima batávica, **vol. 15:** 52
massas que têm um líder/ Super-eu, **vol. 18:** 206
mestiços das raças humanas/ pensamentos dos sistemas *Cs-Pcs-Ics*, **vol. 12:** 132
metal precioso extraído de um minério bruto/ excercício da psicanálise, **vol. 17:** 174
microscópio/ atividades psíquicas, **vol. 4:** 586; **vol. 19:** 191
migração de células nervosas em peixes, **vol. 13:** 452
migrações de um povo, **vol. 13:** 453

minerais e pedras na mineralogia, **vol. 13:** 517
Ministério de Justiça e juízes municipais, **vol. 10:** 190
mito platônico sobre a bissexualidade, **vol. 6:** 18; **vol. 16:** 260; **vol. 18:** 426
mobilização militar/ prontidão para a inibição, **vol. 7:** 215
"moeda neurótica", **vol. 10:** 120
monarca constitucional/ Eu, **vol. 16:** 69
monges medievais e o dedo de Deus, **vol. 2:** 100
monumentos de Londres, **vol. 9:** 231
mostrador de relógio/ ideias obsessivas, **vol. 4:** 261
motorista e normas de trânsito, **vol. 18:** 339
mulher fraca com uma pilha de pacotes/ fraqueza psíquica dos histéricos, **vol. 9:** 238
multiplicador no circuito elétrico/ hereditariedade, **vol. 3:** 137-8

"não despertar os cães que dormem"/ pesquisa do submundo psíquico, **vol. 19:** 295
negativo fotográfico/ impressões no aparelho psíquico, **vol. 10:** 264-5; **vol. 13:** 392; **vol. 19:** 174
neurose/ doença infecciosa aguda, **vol. 2:** 370
nomes secretos de maus espíritos em contos tradicionais, **vol. 9:** 297-8
novelas/ histórias clínicas, **vol. 2:** 231

objeto amoroso/ forma do crânio do recém-nascido, **vol. 9:** 340
Odisseia, sombras do mundo subterrâneo na, **vol. 4:** 289, 604NA
"olhar do rabino", **vol. 7:** 92, 164; **vol. 15:** 166
ostra formando a pérola, **vol. 6:** 270
ouro puro/ coisas guardadas com ouro, **vol. 3:** 282; **vol. 7:** 262

ÍNDICE DE ANALOGIAS

ovo de galinha, vol. 11: 314
ovos de ouriços-do-mar, estímulos químicos em, vol. 14: 218

país com população mista/ províncias do aparelho psíquico, vol. 18: 214
paisagem em que dois caminhos levem a determinado ponto no alto, vol. 17: 213
paisagem pré-histórica/ neuróticos, vol. 19: 364
palácios barrocos e ruínas antigas de Roma/ lembranças da infância, vol. 4: 541
palhaço de circo/ Eu, vol. 11: 309
palimpsestos/ sonhos, vol. 4: 169NA
paralelogramo de forças, vol. 3: 281
parentesco primordial/ identidade primeva, vol. 12: 22
partenogênese, vol. 3: 126
pastor e agente de seguros (anedota), vol. 10: 219
pedaços de ossos necrosados, vol. 19: 278
pedras e minerais na mineralogia, vol. 13: 517
pegadas na mata/ proximidade de um animal feroz, vol. 13: 521
peixes, migração de células nervosas em, vol. 13: 452
pelourinho na Idade Média/ ataques à psicanálise, vol. 18: 296
pensamentos dos sistemas Cs-Pcs-Ics/ mestiços das raças humanas, vol. 12: 132
pensamentos oníricos/ linguagem primitiva sem gramática, vol. 18: 143
perfuração de um túnel a partir dos dois lados/ duas correntes dirigidas ao objeto e à meta sexuais, vol. 6: 121
"perigos da análise"/ raios X, vol. 19: 320-1
pernas fora das cobertas em noite de inverno/ prazer barato, vol. 18: 46
pérola formada pela ostra, vol. 6: 270
piano tocado por alguém que não tem conhecimento musical/ relação entre o conteúdo do sonho e os estímulos do sonho, vol. 4: 261; vol. 13: 115
Pirâmide de Gizé, acesso ao topo da/ mecanismo da repressão, vol. 4: 599NA; vol. 6: 77
pistas fracas de um assassino, vol. 13: 34
planeta que circula em volta do seu astro central/ ser humano no curso evolutivo da humanidade, vol. 18: 115
poema em rimas, vol. 4: 383
polícia que não consegue achar um verdadeiro assassino, vol. 9: 36
pontos após uma cirurgia, vol. 19: 278
porcos-espinhos que sentem frio (alegoria de Schopenhauer), vol. 15: 56
porta fechada à chave/ resistência, vol. 2: 398
povo, migrações de um, vol. 13: 453
precipitação química/ vivências amorosas, vol. 9: 280
prestidigitadores/ "médiuns", vol. 18: 163-4
primitivos a quem o cristianismo foi imposto, mas continuam a adorar seus velhos ídolos em segredo, vol. 19: 299
príncipe disfarçado de mendigo em ópera, vol. 2: 393
processos inconscientes de pensamento/ guirlandas de flores sobre fios de arame, vol. 6: 272
psicoterapia catártica/ intervenções cirúrgicas, vol. 2: 427

quebra-cabeças/ verossimilhança, vol. 19: 27

rã à qual se injetou estricnina, vol. 3: 226
raios X/ "perigos da análise", vol. 19: 320-1
rébus (enigma pictórico), vol. 4: 318-9
rei da Escócia e o teste das bruxas, vol. 10: 253-4; vol. 18: 319
rei Salomão e a linguagem dos animais, vol. 5: 273

ÍNDICE DE ANALOGIAS

reimpressões/ transferências, **vol. 6:** 312

religioso que inicia a nova estação com uma prece, **vol. 16:** 253

remendo de seda num casaco esfarrapado, **vol. 8:** 324

representação reprimida/ dentista norte-americano na Europa, **vol. 4:** 615

representantes eleitos de uma multidão/ associações relativas ao sonho, **vol. 18:** 133

"reservas naturais"/ reino psíquico da fantasia, **vol. 13:** 494

reservatório da libido, Eu como, **vol. 6:** 136-7; **vol. 14:** 294, 305; **vol. 16:** 37NA, 143; **vol. 18:** 251

Revolução da Renascença/ pensamentos oníricos proscritos, **vol. 4:** 565

rocha composta/ fala onírica, **vol. 4:** 464-5

Roma, crescimento de, **vol. 18:** 21

rostos de dois chineses/ pontos de vista de dois psicanalistas, **vol. 11:** 307

Saint-Denis, martírio de, **vol. 15:** 173

sáurios/ crocodilos, **vol. 18:** 20

sífilis não admitida pelo paciente, **vol. 3:** 125-6

silêncio no campo semeado de cadáveres, **vol. 4:** 514

sinal bordado na roupa de Siegfried, **vol. 4:** 564

sinfonia do mundo, **vol. 11:** 322

sintomatologia histérica/ escrita pictográfica, **vol. 2:** 186

sombras do mundo subterrâneo na *Odisseia*, **vol. 4:** 289, 604NA

sombras projetadas na parede, **vol. 2:** 357

suboficial que recebe uma reprimenda de seu superior/ descarga de excitação pelo Id, **vol. 19:** 220NA

telefone/ analisando, **vol. 10:** 156

terapia de Finsen para o lúpus/ método psicanalítico, **vol. 6:** 340

Terra, constituição do interior da, **vol. 18:** 159

teste das bruxas do rei da Escócia, **vol. 10:** 253-4; **vol. 18:** 319

texto comparado a uma equação algébrica, **vol. 19:** 46

tísica pulmonar/ unidade clínica da histeria (analogia de Breuer), **vol. 2:** 265; **vol. 3:** 43, 135, 216

titãs banidos para a cratera do Etna/ parte cindida da psique (analogia de Breuer), **vol. 2:** 324

trampolim/ protesto masculino, **vol. 11:** 310

transferências/ reimpressões, **vol. 6:** 312

três alfaiates e um ferreiro, anedota dos, **vol. 13:** 235

três desejos, conto dos, **vol. 4:** 634

trupe de atores/ causações da neurose, **vol. 13:** 505

Turquia, ginecologista na, **vol. 9:** 296

"umbigo" do sonho, **vol. 4:** 143NA, 575

urso-polar e baleia, **vol. 14:** 66

vacina contra uma enfermidade/ Eu se submetendo à angústia, **vol. 17:** 110

varíola/ contágio psíquico, **vol. 3:** 216

vasos comunicantes/ caminhos da libido, **vol. 6:** 43NA

velocidade do avanço de um exército inimigo, **vol. 14:** 20

"*via regia*" [estrada real] para o inconsciente, sonhos como, **vol. 4:** 662

viajante que está sentado à janela do trem/ postura do analisando na terapia, **vol. 10:** 181

vício em narcóticos, **vol. 18:** 33

xadrez, vida como um jogo de, **vol. 12:** 233

zigue-zague dos movimentos de um cavalo no xadrez, **vol. 2:** 406

ÍNDICE
DE OBRAS DE ARTE
E LITERÁRIAS

AS INDICAÇÕES "NA" E "NT" DESIGNAM
AS NOTAS DO AUTOR E DO TRADUTOR,
RESPECTIVAMENTE.

NÚMEROS DE PÁGINAS EM *ITÁLICO*
REFEREM-SE A GRÁFICOS E ILUSTRAÇÕES.

ÍNDICE DE OBRAS DE ARTE E LITERÁRIAS

A. POR TÍTULO

Adam Bede (Eliot), **vol. 4:** 331
Adultera, L' (Fontane), **vol. 5:** 242
Afinidades eletivas, As (Goethe), **vol. 7:** 37-8
Ajax (Sófocles), **vol. 6:** 365
Além do bem e do mal (Nietzsche), **vol. 5:** 201NA; **vol. 9:** 44NA, 249NT; **vol. 10:** 194NT; **vol. 12:** 64NT, 145NT, 178NT; **vol. 16:** 29NT; **vol. 17:** 71NT
"An den Mond" (Goethe), **vol. 18:** 360NT
Andere, Die (Bahr), **vol. 6:** 369
"Anel de Polícrates" (Schiller), **vol. 14:** 357, 366
Animais da Antiguidade (Keller), **vol. 10:** 105NA
Anos de aprendizado de Wilhelm Meister, Os (Goethe), **vol. 5:** 384NT; **vol. 10:** 40NA; **vol. 18:** 105NA
Antígona (Sófocles), **vol. 7:** 48
Aparição do Demônio a Christoph Haitzmann (gravuras de Haitzmann), **vol. 15:** 237-8
"Apple Tree, The" (Galsworthy), **vol. 18:** 70NA
Aposentos góticos, Os (Strindberg), **vol. 5:** 290
Armada e a tempestade, A (Grillparzer), **vol. 4:** 252
Assim falou Zaratustra (Nietzsche), **vol. 10:** 73NA
Ato sexual (desenho anatômico de Da Vinci), **vol. 9:** 126, 128
Auch Einer (Vischer), **vol. 5:** 233; **vol. 6:** 346
Aus der Matrazengruft (Heine), **vol. 5:** 44NT
Aus guter Familie (Reuter), **vol. 10:** 138NA

Baco (pintura de Da Vinci), **vol. 9:** 119, 192

Batalha dos Hunos (pintura de Kaulbach), **vol. 16:** 49
Belle Hélène, La (ópera de Offenbach), **vol. 4:** 537; **vol. 10:** 307; **vol. 13:** 145
Ben Hur (Wallace), **vol. 5:** 65
Bíblia, **vol. 4:** 376, 389-90, 425, 533NA, 636; **vol. 9:** 385; **vol. 10:** 356NA; **vol. 13:** 218; **vol. 14:** 367; **vol. 15:** 29NA, 44; **vol. 17:** 333; **vol. 19:** 15, 17, 40-1, 43, 45, 48-51, 59, 61-2, 66, 68-70, 73, 77, 81, 86-7, 94

Cabana do pai Tomás, A (Stowe), **vol. 14:** 295
Caim (Byron), **vol. 10:** 60NA
"Canção de Páris" (ária de Offenbach), **vol. 13:** 145
"Canções do harpista" (Goethe), **vol. 5:** 384NT; **vol. 18:** 105NA
Cântico dos Cânticos, **vol. 4:** 389-90; **vol. 13:** 218
"Cartas e obras" (Multatuli), **vol. 8:** 427-8
Cavaleiro Toggenburg (Schiller), **vol. 6:** 240NA
César e Cleópatra (Shaw), **vol. 5:** 211NA; **vol. 13:** 71
Contos de Hoffmann (ópera de Offenbach), **vol. 14:** 341
Contos noturnos (Hoffmann), **vol. 14:** 341

Dama das Camélias, A (Dumas), **vol. 5:** 404
De rerum natura (Lucrécio), **vol. 4:** 31
"Demônio, O" (Liérmontov), **vol. 14:** 94NT
Deutschland (Heine), **vol. 17:** 293NT
Diableries érotiques (gravura de Le Poitevin), **vol. 9:** 76NA
Divã ocidental-oriental (Goethe), **vol. 13:** 553
Docteur Pascale, Le (Zola), **vol. 8:** 428
Dom Carlos (Schiller), **vol. 5:** 141NA

ÍNDICE DE OBRAS DE ARTE E LITERÁRIAS

Dom Quixote (Cervantes), **vol. 5:** 248NA; **vol. 7:** 328NA; **vol. 11:** 88; **vol. 16:** 342-3
Don Giovanni (ópera de Mozart), **vol. 10:** 41NA
Donzela de Orléans, A (Schiller), **vol. 13:** 40

Eclesiastes, Livro do, **vol. 5:** 251NT
Édipo rei (Sófocles), **vol. 4:** 302-4; **vol. 11:** 129NA; **vol. 16:** 326; **vol. 17:** 353
Egoist, The (Meredith), **vol. 5:** 139
Einen Jux will er sich machen (Nestroy), **vol. 7:** 123
Elixir do diabo, O (Hoffmann), **vol. 14:** 350, 396
Eneida (Virgílio), **vol. 3:** 295NT; **vol. 4:** 662NT; **vol. 5:** 24; **vol. 19:** 168NT
Emilia Galotti (Lessing), **vol. 6:** 368NT
Epístolas (Horácio), **vol. 8:** 50NT
Epístolas do Ponto (Ovídio), **vol. 13:** 290NT
Estética (Vischer), **vol. 7:** 329NA
Estudante de Praga, O (Ewers), **vol. 14:** 353NA
Êxodo, Livro do, **vol. 19:** 15, 43NT, 45NT, 51NT, 60NT, 64NT, 65, 66NA, 71NT, 73NT

"Fantasma de Canterville, O" (Wilde), **vol. 14:** 375
Fausto (Goethe), **vol. 2:** 129NT, 199NT, 272NT, 324NT; **vol. 5:** 14, 96, 331; **vol. 6:** 47NT, 57NT, 184NT, 334; **vol. 7:** 173, 182NT, 218NA; **vol. 8:** 426; **vol. 9:** 78NA, 133; **vol. 10:** 60, 73NT, 93, 94NA, 95, 347; **vol. 11:** 240NA, 244NT; **vol. 14:** 210, 363NT; **vol. 16:** 79NT, 177NT; **vol. 17:** 130NT; **vol. 18:** 89, 161NT, 359, 364NT; **vol. 19:** 170NT, 273NT, 287NT, 304NT, 315NT
Fécondité (Zola), **vol. 8:** 427
Femmes savantes, Les (Molière), **vol. 15:** 106NT
Fidélio (Beethoven), **vol. 4:** 431
Filha natural, A (Goethe), **vol. 10:** 182NA
Filoctete (Sófocles), **vol. 6:** 365; **vol. 15:** 243
Flauta mágica (Mozart), **vol. 4:** 332
Forsyte Saga, The (Galsworthy), **vol. 18:** 181
Fremdlinge unter den Menschen (Jensen), **vol. 8:** 121
Fromme Helene, Die (Busch), **vol. 18:** 28NA

Gargântua e Pantagruel (Rabelais), **vol. 4:** 253, 516; **vol. 18:** 50NA
Gedanken und Einfälle (Heine), **vol. 18:** 75NA
Genealogia da moral (Nietzsche), **vol. 12:** 235NT; **vol. 16:** 197NT
Gente de Seldwyla (Keller), **vol. 8:** 427
Germinal (Zola), **vol. 4:** 251-2
Götter im Exil, Die (Heine), **vol. 14:** 354
Götter Griechenlands, Die (Schiller), **vol. 19:** 142NA
Götz von Berlichingen (Goethe), **vol. 8:** 355
Gradiva (Jensen), **vol. 4:** 128NA; **vol. 8:** 18-22, 24, 26, 28-41, 43-6, 50, 53-4, 56-8, 60, 62, 68-9, 72-4, 76-80, 82-4, 86-102, 104-7, 109, 111-6, 118-22; **vol. 16:** 155
Grand, Le (Heine), **vol. 7:** 69
"Gross ist die Diana der Epheser'" (Goethe), **vol. 10:** 356NA
Grüne Heinrich, Der (Keller), **vol. 4:** 286, 453; **vol. 5:** 149
"Guarda-chuva vermelho, O" (Jensen), **vol. 8:** 120-1
Guilherme Tell (Schiller), **vol. 5:** 350; **vol. 14:** 339

Hamlet (Shakespeare), **vol. 4:** 87, 211, 305-7, 489-90; **vol. 7:** 22, 56, 64-5, 104-5; **vol. 8:** 16NT, 29, 426; **vol. 9:** 104NA, 219, 275; **vol. 11:** 135, 375;

ÍNDICE DE OBRAS DE ARTE E LITERÁRIAS

vol. 12: 177; vol. 13: 218NT, 446; vol. 14: 346, 373; vol. 16: 152; vol. 17: 130, 353, 355; vol. 18: 106NA, 158NT; vol. 19: 253, 334NT, 342NT

Hannibal (Grabbe), vol. 18: 15NA

Heart of the World (Haggard), vol. 4: 500

"Heimkehr, Die" (Heine), vol. 18: 326NT

Henrique IV (Shakespeare), vol. 4: 243, 533NA; vol. 11: 268NT; vol. 12: 235NT

Hernani (Hugo), vol. 7: 325

Ilíada (Homero), vol. 13: 51NT

Hino à alegria (Schiller), vol. 4: 431NT

"Homem da Areia, O" (Hoffmann), vol. 14: 341, 349

Humano, demasiado humano (Nietzsche), vol. 4: 601NT; vol. 12: 64NT; vol. 16: 197NT

Huttens letzte Tage (Meyer), vol. 8: 247, 427-8

"Im gotischen Hause" *ver* "Na casa gótica" (Jensen)

Inimigo do povo, O (Ibsen), vol. 16: 79NT

Irmãos Karamázov, Os (Dostoiévski), vol. 17: 338, 345, 353, 355NT, 356; vol. 18: 379NA, 457

Island Pharisees, The (Galsworthy), vol. 5: 183

Jerusalém libertada (Tasso), vol. 14: 115, 182

Judite e Holofernes (Hebbel), vol. 9: 385

Júlio César (Shakespeare), vol. 4: 469; vol. 5: 163NA; vol. 9: 40; vol. 14: 373

Jungferngift, Das (Anzengruber), vol. 9: 384

Jungle Book, The (Kipling), vol. 8: 427-8

"*König Karls Meerfahrt*" (Uhland), vol. 13: 266

Lázaro (Heine), vol. 8: 427

Leda (desenho de Da Vinci), vol. 9: 119, 192

Leiden eines Knaben, Die (Meyer), vol. 4: 517

Leonardo da Vinci: Um romance biográfico (Merejkóvski), vol. 9: 130NA

Lettres de femmes (Prévost), vol. 8: 410

Leute von Seldwyla ver Gente de Seldwyla (Keller)

Livro de imagens sem imagens (Andersen), vol. 2: 51

Livro disso, O (Groddeck), vol. 16: 210NT

Love's Labours Lost (Shakespeare), vol. 7: 206

Lyrisches Intermezzo (Heine), vol. 5: 35NT

Lys rouge, Le (Anatole France), vol. 4: 112NA

Macbeth (Shakespeare), vol. 2: 349NA; vol. 3: 76; vol. 4: 307; vol. 5: 331-3; vol. 8: 29, 426; vol. 11: 70; vol. 12: 264-73; vol. 13: 128; vol. 14: 305NT, 346, 373

"Mädchen von Orleans, Das" (Schiller), vol. 9: 114NT

Madona de santo Onofre (pintura de Da Vinci), vol. 9: 119

Madona Sistina (pintura de Rafael), vol. 6: 287, 292NA, 316

Mahabharata (épico hindu), vol. 19: 20NT

Man of Property, The (Galsworthy), vol. 18: 181

Manfred (Byron), vol. 10: 33NA, 60

Max Havelaar (Multatuli), vol. 8: 316NT

Médecin malgré lui, Le (Molière), vol. 13: 375NT

Mercador de Veneza, O (Shakespeare), vol. 5: 137; vol. 13: 49

Minna von Barnhelm (Lessing), vol. 16: 151NT

Moisés (escultura de Michelangelo), vol. 11: 390, 392, 396-7

ÍNDICE DE OBRAS DE ARTE E LITERÁRIAS

Moisés (estatueta atribuída a Nicolau de Verdun), **vol. 11**: *410*
Mona Lisa (pintura de Da Vinci), **vol. 9**: 120, 178-85, 188NA, 190, 214, 218
Monsieur Nicolas (Restif de La Brétonne), **vol. 8**: 404NA
Muito barulho por nada (Shakespeare), **vol. 8**: 279

"Na casa gótica" (Jensen), **vol. 8**: 121
Nabab, Le (Daudet), **vol. 4**: 332-3, 540; **vol. 5**: 204-5
"Natureza, A" (Goethe), **vol. 5**: 416
Neveu de Rameau, Le (Diderot), **vol. 13**: 449; **vol. 18**: 456; **vol. 19**: 254NT
"Noiva de Corinto, A" (Goethe), **vol. 5**: 32, 34, 38, 58
Noiva de Messina, A (Schiller), **vol. 2**: 291INT; **vol. 12**: 267NT; **vol. 14**: 212NT; **vol. 15**: 317NT
Nordsee, Die (Heine), **vol. 18**: 264
Novos poemas (Heine), **vol. 12**: 29NT
"Nuit de Raymonde, La" (Prévost), **vol. 8**: 410NA

Odes (Horácio), **vol. 2**: 331INT
Odisseia (Homero), **vol. 4**: 289, 604NA; **vol. 5**: 148-9; **vol. 12**: 238; **vol. 17**: 172NT
Ondas do mar e do amor, As (Grillparzer), **vol. 4**: 252
Oresteia (Ésquilo), **vol. 19**: 158
Orlando Furioso (Ariosto), **vol. 8**: 326NT
Otelo (Shakespeare), **vol. 4**: 213; **vol. 15**: 212NA

Pai Goriot, O (Balzac), **vol. 12**: 243
Paradiso (Dante), **vol. 9**: 194
Paraíso perdido, O (Milton), **vol. 8**: 426-7
Piccolomini, Os (Schiller), **vol. 5**: 135-6; **vol. 13**: 48; **vol. 18**: 302NT
Poesia e verdade (Goethe), **vol. 9**: 65, 146NA; **vol. 14**: 264, 267-8, 273, 277

Quaderni di anatomia (desenhos de Da Vinci), **vol. 9**: *126*, *128*

Räuber, Die (Schiller), **vol. 5**: 42
Rei Lear (Shakespeare), **vol. 8**: 60; **vol. 10**: 304-5, 312, 314-6
Ricardo II (Shakespeare), **vol. 5**: 141NA
Ricardo III (Shakespeare), **vol. 11**: 70; **vol. 12**: 257, 272NA
Romanzero (Heine), **vol. 12**: 232NT; **vol. 16**: 345NT
Romeu e Julieta (Shakespeare), **vol. 4**: 275NT
Rosmersholm (Ibsen), **vol. 12**: 273-4, 276, 278, 280-3
"Rote Schirm, Der" ver "Guarda-chuva vermelho, O" (Jensen)
"Roupa nova do imperador, A" (Andersen), **vol. 4**: 282-3

Salambô (Flaubert), **vol. 7**: 35
Safo (Daudet), **vol. 4**: 327
Sant'Ana com a Virgem e o Menino (pintura de Da Vinci), **vol. 9**: 182, 184, *188-9*, *213*, 214-8; **vol. 16**: 154
São João Batista jovem (pintura de Da Vinci), **vol. 9**: 119, 172NA, 182, 192
"Scheidende, Der" (Heine), **vol. 12**: 239NT
Schöpfungslieder (Heine), **vol. 12**: 29NT
She (Haggard), **vol. 4**: 499-500
Sketches (Twain), **vol. 8**: 427
Sobrinho de Rameau, O ver *Neveu de Rameau, Le* (Diderot)
Sonho de uma noite de verão (Shakespeare), **vol. 2**: 357; **vol. 4**: 509; **vol. 14**: 346
Sonho do prisioneiro (pintura de Schwind), **vol. 13**: 180, *182*
Struwwelpeter, Der (Hoffmann), **vol. 13**: 490
Sur la Pierre blanche (France), **vol. 8**: 427

ÍNDICE DE OBRAS DE ARTE E LITERÁRIAS

Talisman, Der (Fulda), **vol. 4:** 282
Tannhäuser (ópera de Wagner), **vol. 4:** 333; **vol. 13:** 426
"Taucher, Der" (Schiller), **vol. 18:** 26NT
Tempestade, A (Shakespeare), **vol. 11:** 235NA
Tentação de santo Antão, A (Flaubert), **vol. 19:** 73NT
Tentação de santo Antônio, A (pintura de Bruegel), **vol. 13:** 404
Terre, La (Zola), **vol. 4:** 252NA, 255NA
Tiere des Altertums ver *Animais da Antiguidade* (Keller)
Timão de Atenas (Shakespeare), **vol. 4:** 307
Tratado sobre a pintura (Da Vinci), **vol. 9:** 116, 131
Tristão e Isolda (ópera de Wagner), **vol. 10:** 93NA
Tristram Shandy (Sterne), **vol. 5:** 291-2

Über den Ursprung des Todes (Goethe), **vol. 14:** 216NT

Van Zantens glücklichste Zeit (Bruun), **vol. 5:** 54
Viagem ao Harz (Heine), **vol. 7:** 59-60, 100
Viagens de Gulliver (Swift), **vol. 4:** 55, 516
Vie des dames galantes, Discours second (Brantôme), **vol. 5:** 112
Vor dem Sturm (Fontane), **vol. 5:** 280

Wahlverwandschaften, Die ver *Afinidades eletivas, As* (Goethe)
Wallenstein (Schiller), **vol. 5:** 135-7, 249NA; **vol. 13:** 48-9; **vol. 15:** 100NT
"Waller, Der" (Uhland), **vol. 5:** 342
"Wanderratten, Die" (Heine), **vol. 10:** 221NT
When It Was Dark (Thorne), **vol. 15:** 53
Wilhelm Meister ver *Anos de aprendizado de Wilhelm Meister, Os* (Goethe)

"Zahmen Xenien" (Goethe), 28NA

Zehn Jahre mit Böcklin (Floerke), **vol. 9:** 360NA
Zerrissene, Der (Nestroy), **vol. 19:** 339NT

ÍNDICE DE OBRAS DE ARTE E LITERÁRIAS

B. POR AUTOR/ARTISTA

Abraão de Santa Clara, **vol. 7**: 46-7
Andersen, **vol. 2**: 51; **vol. 4**: 282-3
Anzengruber, **vol. 9**: 384
Ariosto, **vol. 8**: 326

Bahr, **vol. 6**: 369
Balzac, **vol. 12**: 243
Beaumarchais, **vol. 4**: 246
Beethoven, **vol. 4**: 431
Bertrand de Born, **vol. 2**: 338
Betlheim, **vol. 4**: 429
Boccacio, **vol. 14**: 60
Boltraffio, **vol. 5**: 16-8
Botticelli, **vol. 3**: 266-7, 269, 271; **vol. 5**: 16-7, 80
Brantôme, **vol. 5**: 112
Bruegel, **vol. 13**: 404
Bruun, **vol. 5**: 54
Burckhard, **vol. 5**: 162-3, 189, 368
Busch, **vol. 18**: 28NA
Byron, **vol. 10**: 33NA, 60

Cervantes, **vol. 5**: 248NA; **vol. 7**: 328NA; **vol. 16**: 342-3
Chaucer, **vol. 4**: 168-9

Dante, **vol. 9**: 194
Daudet, **vol. 4**: 159, 327, 329-33, 368, 549, 585; **vol. 5**: 204-5
Delacroix, **vol. 4**: 550
Diderot, **vol. 13**: 449; **vol. 18**: 456; **vol. 19**: 254NT
Dostoiévski, **vol. 17**: 338-9, 341, 343-6, 348, 350-3, 355-8, 362-4; **vol. 18**: 379NA, 457
Dumas (filho), **vol. 5**: 404

Eliot, G., **vol. 4**: 331
Esopo, **vol. 10**: 170
Ésquilo, **vol. 19**: 158
Ewers, **vol. 14**: 353NA

Flaubert, **vol. 7**: 35; **vol. 13**: 404; **vol. 19**: 73
Floerke, **vol. 9**: 360NA
Fontane, **vol. 4**: 663NT; **vol. 5**: 242, 280; **vol. 18**: 17NT, 28
France, A., **vol. 8**: 427
Fulda, **vol. 4**: 282

Galsworthy, **vol. 5**: 183; **vol. 18**: 70NA, 181
Garcilaso de la Vega, **vol. 11**: 170
Goethe, **vol. 2**: 129NT, 199NT, 272NT, 293, 324NT; **vol. 4**: 108NT, 176NT, 182, 245, 306, 324NA, 361, 369, 380NA, 397, 473NT, 484-6, 493-4, 500NT, 522, 531NA, 667; **vol. 5**: 14, 32, 34, 38, 58, 96, 331, 384NT, 416; **vol. 6**: 47NT, 57NT, 184NT, 334; **vol. 7**: 37-8, 173, 182NT, 218NA; **vol. 8**: 355, 426; **vol. 9**: 65, 78NA, 123, 133, 146NA; **vol. 10**: 40NA, 60, 73NT, 93, 94NA, 95, 182NA, 347, 356NA; **vol. 11**: 240NA, 244NT, 293; **vol. 13**: 553; **vol. 14**: 210, 216NT, 264, 267-71, 273, 277-8, 363NT; **vol. 15**: 243, 313; **vol. 16**: 78, 79NT, 165, 177NT; **vol. 17**: 130NT; **vol. 18**: 28NA, 31NA, 88NT, 89, 105NA, 161NT, 355-62, 360NT, 364, 456; **vol. 19**: 126, 150, 170NT, 173, 174NA, 273NT, 287NT, 304NT, 315NT
Grabbe, **vol. 18**: 15NA
Grimm, irmãos, **vol. 4**: 525; **vol. 10**: 234, 308, 314NA; **vol. 11**: 376, 378, 382
Grillparzer, **vol. 4**: 252

Haggard, **vol. 4**: 499-500
Haitzmann, **vol. 15**: *237-8*
Hebbel, **vol. 9**: 385
Heine, **vol. 4**: 480NA, 539NT, 562NT; **vol. 5**: 35NT, 44NT; **vol. 7**: 21-2, 27-8, 32, 40NA, 55, 57, 59-61, 69-72, 75, 78, 100-2, 111-3, 122, 125, 129, 164, 200, 203, 206, 299-300; **vol. 8**: 427; **vol. 10**: 221NT; **vol. 12**: 29NT, 232NT,

ÍNDICE DE OBRAS DE ARTE E LITERÁRIAS

239NT; **vol. 14:** 354; **vol. 16:** 345NT;
vol. 17: 293NT; **vol. 18:** 75NA, 91NT,
264, 326, 406; **vol. 19:** 46NA
Hesíodo, **vol. 18:** 402
Heyermans, **vol. 5:** 258
Hoffmann, **vol. 5:** 205NA, 206; **vol. 13:**
490; **vol. 14:** 341, 346-7, 349NA, 350,
354, 396; **vol. 19:** 174
Homero, **vol. 4:** 286, 289, 522, 604NA;
vol. 5: 148-9; **vol. 8:** 426; **vol. 10:** 310;
vol. 12: 238; **vol. 13:** 51NT; **vol. 14:**
373; **vol. 17:** 172NT; **vol. 19:** 100-1
Horácio, **vol. 8:** 50NT; **vol. 17:** 366NT
Hugo, **vol. 7:** 325

Ibsen, **vol. 12:** 273-4, 276, 278, 280-3;
vol. 16: 79NT

Jensen, **vol. 4:** 128NA; **vol. 8:** 18-22, 24,
26, 28-41, 43-6, 50, 53-4, 56-8, 60, 62,
68-9, 72-4, 76-80, 82-4, 86-102, 104-
7, 109, 111-6, 118-22; **vol. 16:** 155

Kaulbach, **vol. 16:** 49
Keller, **vol. 4:** 286, 453; **vol. 5:** 149;
vol. 8: 427; **vol. 10:** 105NA
Kipling, **vol. 8:** 427-8

Le Poitevin, **vol. 9:** 76NA
Leonardo da Vinci, **vol. 9:** 114-23, 125,
126NA, 126, 127-36, 128, 140-3,
144NA, 145-51, 153-8, 164-5, 168-79,
181-8, 190-212, 214-9; **vol. 11:** 286,
370; **vol. 16:** 154; **vol. 18:** 358; **vol. 19:**
150
Lessing, **vol. 6:** 368NT; **vol. 7:** 104, 132;
vol. 16: 151
Liérmontov, **vol. 14:** 94NT

Meredith, **vol. 5:** 139
Merejkóvski, **vol. 9:** 130, 141, 170NA,
174NA, 184NA, 197
Meyer, **vol. 4:** 517; **vol. 8:** 247, 427-8
Michelangelo, **vol. 9:** 118, 122, 125;
vol. 11: 376-7, 379-80, 385, 387-8,
390, 392, 392, 395, 396-7, 399, 401,
404-6, 409, 411
Milton, **vol. 4:** 168-9; **vol. 8:** 426-7
Molière, **vol. 4:** 569; **vol. 13:** 375; **vol. 15:**
106NT
Mozart, **vol. 4:** 332; **vol. 10:** 41NA
Multatuli, **vol. 8:** 316, 427-8; **vol. 17:**
297NT

Nestroy, **vol. 7:** 123, 299; **vol. 13:** 426NT,
468; **vol. 14:** 375; **vol. 15:** 52; **vol. 17:**
139; **vol. 19:** 339NT
Nicolau de Verdun, **vol. 11:** 410
Nietzsche, **vol. 4:** 372NT, 468NT, 600-1,
601NT; **vol. 5:** 45-6, 201NA, 406NT;
vol. 9: 44NA, 249NT; **vol. 10:** 40NT,
73NA, 194NT; **vol. 11:** 257; **vol. 12:**
64NT, 145NT, 178NT, 235NT, 286;
vol. 16: 29NT, 148, 197NT; **vol. 17:**
71NT; **vol. 18:** 150NT, 212, 298NT,
360NT, 444NT; **vol. 19:** 90NT, 362

Offenbach, **vol. 4:** 537; **vol. 10:** 307;
vol. 13: 145; **vol. 14:** 341
Ovídio, **vol. 13:** 290NT

Prévost, **vol. 8:** 410

Rabelais, **vol. 4:** 253, 516-7; **vol. 15:** 328;
vol. 18: 50NA
Rafael (pintor), **vol. 6:** 287, 292NA, 316
Rembrandt, **vol. 5:** 310
Restif de La Brétonne, **vol. 8:** 404NA
Rilke, **vol. 19:** 362

Schiller, **vol. 2:** 148NT, 291NT; **vol. 4:**
431NT; **vol. 5:** 42, 135-6, 135NA, 141,
249, 296-7, 299, 331, 350, 419; **vol. 6:**
240NA; **vol. 9:** 114NT; **vol. 12:** 267NT;
vol. 13: 40, 48-9; **vol. 14:** 212NT, 339,
357, 366; **vol. 15:** 25NA, 100NT, 312,
317NT; **vol. 17:** 147NT, 177NT; **vol. 18:**
26, 84, 302NT; **vol. 19:** 142NA

ÍNDICE DE OBRAS DE ARTE E LITERÁRIAS

Schlegel, **vol. 7:** 22NT; **vol. 10:** 306NA; **vol. 12:** 258NT, 265NT
Schubert, **vol. 4:** 92, 395
Schwind, **vol. 13:** 180, 182
Shakespeare, **vol. 2:** 48, 349NA, 357; **vol. 4:** 87, 168-9, 211, 213, 243, 250, 275NT, 305-7, 469, 489-90, 509, 522, 532, 533NA; **vol. 5:** 137-9, 141NA, 163NA, 331-3; **vol. 7:** 22, 56, 64-5, 104-5, 206; **vol. 8:** 16NT, 29, 60, 279, 426; **vol. 9:** 104NA, 219, 275; **vol. 10:** 302-5, 308, 312, 314-6; **vol. 11:** 70, 135, 235NA, 268NT, 375-6; **vol. 12:** 177, 235NT, 257, 264-73, 272NA; **vol. 13:** 49, 128, 218NT, 446; **vol. 14:** 305NT, 346, 373; **vol. 15:** 212NA; **vol. 16:** 152, 153NA; **vol. 17:** 130, 338, 353, 355; **vol. 18:** 51NT, 53, 106NA, 158NT, 362, 460NT; **vol. 19:** 93NA, 253, 334NT, 342NT
Shaw, **vol. 5:** 211NA; **vol. 13:** 71, 276; **vol. 19:** 78NA
Sófocles, **vol. 4:** 302-5; **vol. 5:** 243NA; **vol. 6:** 365; **vol. 7:** 48; **vol. 13:** 439-40; **vol. 15:** 243; **vol. 16:** 326; **vol. 17:** 353
Sterne, **vol. 5:** 291-2
Stowe, **vol. 14:** 295
Strindberg, **vol. 5:** 290
Swift, **vol. 4:** 55, 516; **vol. 18:** 50NA

Tartini, **vol. 4:** 667
Tasso, **vol. 14:** 115, 182
Tennyson, **vol. 4:** 249
Thorne, **vol. 15:** 53
Twain, **vol. 7:** 326-7; **vol. 11:** 283, 320; **vol. 14:** 355; **vol. 18:** 96NA

Uhland, **vol. 2:** 342; **vol. 5:** 342; **vol. 13:** 266

Virgílio, **vol. 3:** 295NT; **vol. 4:** 662NT; **vol. 5:** 23-4; **vol. 19:** 168NT
Vischer, **vol. 5:** 233; **vol. 6:** 346; **vol. 7:** 329NA

Wagner, **vol. 4:** 333, 385, 480; **vol. 10:** 93NA; **vol. 13:** 426
Wallace, **vol. 5:** 65
Wedekind, **vol. 5:** 321
Wilde, **vol. 5:** 45-6; **vol. 14:** 375

Zola, **vol. 4:** 251, 252NA, 255NA, 342; **vol. 8:** 427-8
Zweig, **vol. 17:** 340NA, 358-9, 361, 363

ÍNDICE ONOMÁSTICO

AS INDICAÇÕES "NA" E "NT" DESIGNAM AS NOTAS DO AUTOR E DO TRADUTOR, RESPECTIVAMENTE.

NÚMEROS DE PÁGINAS EM *ITÁLICO* REFEREM-SE A GRÁFICOS E ILUSTRAÇÕES.

ÍNDICE ONOMÁSTICO

Aarão (personagem bíblico), **vol. 11:** 403
Abbazia, **vol. 2:** 78, 91, 99-100
Abel, K., **vol. 4:** 360NA; **vol. 9:** 304, 307-8, 310NT, 311; **vol. 11:** 111NA, 344NA; **vol. 13:** 241, 310; **vol. 16:** 245
"Abérrations de l'instinct sexuel, Les" (Gley), **vol. 6:** 31NA
Ablauf des Lebens, Der (Fliess), **vol. 6:** 32NA
Abraão (patriarca hebreu), **vol. 14:** 89; **vol. 19:** 40, 66
Abraão de Santa Clara, **vol. 7:** 46-7
Abraham, **vol. 4:** 394NA, 448; **vol. 5:** 117, 206; **vol. 6:** 108-10NA; **vol. 8:** 231NA, 428NT; **vol. 10:** 55NA, 87NA, 93NA, 100, 276; **vol. 11:** 96NA, 196, 246NT, 260-1, 282, 285-6, 296, 299, 318-9, 335NA, 355NA, 356; **vol. 12:** 16NA, 138, 171NA, 182; **vol. 13:** 435, 549; **vol. 14:** 168NA, 385, 400; **vol. 15:** 62NA, 98NA, 293; **vol. 16:** 139, 150, 243, 299; **vol. 17:** 221, 366-7; **vol. 18:** 149, 186, 247-8, 394, 465
Academia de Belas Artes de Viena, **vol. 11:** 396
Academia Vinciana, **vol. 9:** 135, 206
Acádia, **vol. 8:** 198NA; **vol. 13:** 217
Acrópole, **vol. 17:** 260; **vol. 18:** 439-40, 442-3, 447-8; *ver também* Atenas
Adam Bede (Eliot), **vol. 4:** 331
Adão e Eva, mito de, **vol. 3:** 18; **vol. 14:** 92
Adelaide, baía de, **vol. 11:** 95
Adler, **vol. 4:** 252, 442-3, 632NA; **vol. 5:** 329, 331-2; **vol. 6:** 89NA; **vol. 8:** 240, 275-6, 289; **vol. 9:** 19NA, 323NT, 382; **vol. 10:** 57, 216, 276; **vol. 11:** 288, 296-7, 300, 302NT, 305-22, 325-6; **vol. 12:** 38, 46, 59NT; **vol. 13:** 321, 504, 538; **vol. 14:** 14NA, 32, 74, 137NA, 146, 324; **vol. 15:** 151NT, 253, 294; **vol. 16:** 136, 138-9, 238, 240, 292NA, 345; **vol. 17:** 95, 225, 310, 321; **vol. 18:** 299, 303; **vol. 19:** 322
Adolescence: Its Psychology and Its Relations to Physiology, Anthropology, Sociology, Sex, Crime, Religion and Education (Hall), **vol. 6:** 75NA
Adonai, **vol. 19:** 38-9, 59; *ver também* Jeová
Adônis (deus greco-fenício), **vol. 11:** 232; **vol. 19:** 38
Adonis, Attis, Osiris (Frazer), **vol. 11:** 69NA
Adriano, imperador romano, **vol. 13:** 114; **vol. 18:** 23
Adultera, L' (Fontane), **vol. 5:** 242
Affektivität, Suggestibilität, Paranoia (Bleuler), **vol. 5:** 153; **vol. 8:** 72NA
Afinidades eletivas, As (Goethe), **vol. 7:** 37-8; **vol. 18:** 362
Aforismos (Hipócrates), **vol. 10:** 228NT
África, **vol. 9:** 369; **vol. 11:** 21, 33-4, 42, 68, 75, 80, 82, 90, 94, 156, 214; **vol. 13:** 178
Afrodite (deusa grega), **vol. 9:** 159; **vol. 10:** 305-6, 313; **vol. 11:** 232; **vol. 13:** 145NT; *ver também* Vênus (deusa romana)
Agamenon (personagem mitológico), **vol. 5:** 156; **vol. 19:** 256NT
Agostinho, santo, **vol. 5:** 25-6; **vol. 6:** 205NT; **vol. 9:** 381
"Agressionstrieb im Leben und in der Neurose, Der" (Adler), **vol. 8:** 240NA; **vol. 12:** 59NT
Agrigento, **vol. 19:** 314NT
Agripa, 23
Aichhorn, **vol. 16:** 347-8; **vol. 18:** 101NA
Ajax (Sófocles), **vol. 6:** 365
Aketaton (Tell el-Amarna, Egito), **vol. 19:** 35
Akhenaton (faraó), **vol. 19:** 35-40, 42-4, 46-7, 69-70, 74, 84-5, 89, 91, 125, 153, 187; *ver também* Amenófis IV (faraó)
Alá (Deus islâmico), **vol. 19:** 130
Alba Longa, **vol. 19:** 22
Albânia, **vol. 5:** 179
Albert (paciente), **vol. 4:** 639-40

ÍNDICE ONOMÁSTICO

Albert, príncipe, **vol. 13:** 149
Albiera, d., **vol. 9:** 142, 155, 186-7, 195, 218
Alcibíades, **vol. 9:** 102NA
Além do bem e do mal (Nietzsche), **vol. 5:** 201NA; **vol. 9:** 44NA, 249NT; **vol. 10:** 194NT; **vol. 12:** 64NT, 145NT, 178NT; **vol. 16:** 29NT; **vol. 17:** 71NT; **vol. 18:** 150NT, 444NT
Alemanha, **vol. 1:** 14, 23, 70, 74-5, 90, 345; **vol. 2:** 77, 101, 116; **vol. 3:** 29; **vol. 6:** 286, 291NT, 292NA, 299, 316; **vol. 8:** 55, 132NT; **vol. 11:** 281NA, 282; **vol. 13:** 219; **vol. 15:** 157, 164, 178, 292; **vol. 16:** 97, 133, 137, 140, 151, 165, 237; **vol. 17:** 125, 157, 196, 280NT, 303, 357; **vol. 18:** 349; **vol. 19:** 79, 81NT, 100, 359
Alexander, F., **vol. 8:** 128NA; **vol. 18:** 101NA, 112NA, 153
Alexandre, o Grande (Alexandre da Macedônia), **vol. 4:** 130, 668NA; **vol. 5:** 149-51; **vol. 10:** 355; **vol. 13:** 23, 113, 319; **vol. 18:** 250; **vol. 19:** 101
"alfaiate valente ou Sete de uma só vez, O" (Grimm), **vol. 4:** 525
Allen, **vol. 11:** 99
Allison, **vol. 4:** 120
Almanaccando: Bilder aus Italien (Hevesi), **vol. 7:** 68
Almeida, J. F. de, **vol. 11:** 401NTAlpes, **vol. 3:** 291-3
Almoli, **vol. 4:** 27
Alsácia, **vol. 7:** 55NT
Alte Testament im Licht des alten Orients, Das (Jeremias), **vol. 8:** 356NA
Amarna (Egito), **vol. 19:** 35, 37, 44, 73
Amenófis III (faraó), **vol. 19:** 32, 35
Amenófis IV (faraó), **vol. 19:** 31-3, 35, 84; *ver também* Akhenaton (faraó)
América(s), **vol. 11:** 37; **vol. 13:** 343; **vol. 17:** 125, 198, 252, 291, 320; **vol. 18:** 83, 299, 303, 452-3, 468
América do Norte, **vol. 11:** 21, 69, 72, 282NA
American Journal of Psychology (periódico), **vol. 6:** 74NA; **vol. 9:** 267; **vol. 11:** 247NA, 278; **vol. 14:** 149NA; **vol. 16:** 76NA
Amiano Marcelino, **vol. 9:** 151
Amon (deus egípcio), **vol. 19:** 15-6, 30, 33, 35-6, 38, 125
Among the Zulus and Amatongas (Leslie), **vol. 11:** 37NA
Amram, **vol. 4:** 27
"An den Mond" (Goethe), **vol. 18:** 360NT
"'Anal' und 'Sexual'" (Andreas-Salomé), **vol. 6:** 93NA; **vol. 14:** 262NA
"Análise infantil e a mãe, A" (Burlingham), **vol. 18:** 191
Analyse der Empfindungen (Mach), **vol. 14:** 370NA
"Analyse eines Eifersuchtswahnes, Die" (Brunswick), **vol. 18:** 375NA
Anate-Jaú (deusa egípcia), **vol. 19:** 89
Anaximandro, **vol. 11:** 233
Ancient Society (Morgan), **vol. 11:** 187NA
Andamanes, **vol. 18:** 400NA
Andere, Die (Bahr), **vol. 6:** 369
Andersen, **vol. 2:** 51; **vol. 4:** 282-3; **vol. 14:** 367
Andrássy, conde, **vol. 7:** 294
Andreas-Salomé, L., **vol. 5:** 230, 295NT; **vol. 6:** 93NA; **vol. 8:** 128NA; **vol. 13:** 418; **vol. 14:** 262; **vol. 19:** 362
"Anel de Polícrates" (Schiller), **vol. 14:** 357, 366
Anfião (personagem mitológico), **vol. 19:** 20
Aníbal, **vol. 4:** 233-4; **vol. 5:** 297, 299; **vol. 19:** 67NA
Anna M., **vol. 13:** 237NA
Anna O. (paciente), **vol. 2:** 40-75, 294, 298, 303, 307-8, 310, 330, 332, 335-6, 344, 355, 365, 371, 401, 404; **vol. 6:** 62NA; **vol. 13:** 366NT; **vol. 18:** 306NT
Année psychologique, L' (periódico), **vol. 3:** 278
Année psychologique, L' (periódico), **vol. 11:** 125NA

ÍNDICE ONOMÁSTICO

Anos de aprendizado de Wilhelm Meister, Os (Goethe), **vol. 5:** 384NT; **vol. 10:** 40NA; **vol. 18:** 105NA

"Ansätze zur psychoanalytischen Erforschung und Behandlung des manisch-depressiven Irreseins" (Abraham), **vol. 15:** 98NA

Antarctic (Nordenskjöld), **vol. 4:** 165NA; **vol. 13:** 177

"Antes do nascer do sol" (Nietzsche), **vol. 10:** 73

Antigo Testamento, **vol. 5:** 175NT; **vol. 9:** 54NT, 385; **vol. 19:** 16; *ver também* Bíblia

Antígona (Sófocles), **vol. 7:** 48

Antiguidades judaicas (Flávio Josefo), **vol. 4:** 376; **vol. 19:** 43NA

Anthropophyteia (Krauß), **vol. 9:** 76, 391; **vol. 13:** 219; **vol. 18:** 73NA

Antropologia (Kant), **vol. 4:** 100

Anunciação (pintura de Da Vinci), **vol. 9:** 172NA

Anzengruber, **vol. 5:** 122NA; **vol. 8:** 334; **vol. 9:** 384; **vol. 12:** 242

Apepi (deus egípcio), **vol. 11:** 127

Apolo (deus grego), **vol. 2:** 298NT; **vol. 4:** 59; **vol. 8:** 22NT, 28, 38, 74, 88-9, 106; **vol. 11:** 26

Aposentos góticos, Os (Strindberg), **vol. 5:** 290

"Apple Tree, The" (Galsworthy), **vol. 18:** 70NA

Apuleio, **vol. 10:** 305, 312, 314NA

Aquiles (personagem mitológico), **vol. 5:** 394; **vol. 7:** 40

Arábia/árabes, **vol. 19:** 50, 86, 130

Archives de Neurologie (periódico), **vol. 1:** 22-3, 204; **vol. 2:** 133NA

Archiv für Gynäkologie (periódico), **vol. 6:** 31NA

Arduin, dr., **vol. 6:** 32NA

Ariadne (personagem mitológica), **vol. 18:** 151

Arimã (deus persa), **vol. 10:** 32, 60, 72

Ariosto, **vol. 8:** 326

Aristandro, **vol. 13:** 319

Aristarco de Samos, **vol. 14:** 245; **vol. 18:** 342

Aristóteles, **vol. 1:** 292NT; **vol. 4:** 25-6, 59, 128, 362NA, 601; **vol. 6:** 362; **vol. 7:** 174; **vol. 9:** 118; **vol. 12:** 169; **vol. 13:** 116; **vol. 16:** 84NT, 131NA; **vol. 17:** 267; **vol. 18:** 138, 360

Armada e a tempestade, A (Grillparzer), **vol. 4:** 252

Arpád, pequeno (paciente), **vol. 11:** 200-1, 203

Arquimedes, **vol. 18:** 342

Arriano, **vol. 13:** 24

"Art et la magie, L'" (Reinach), **vol. 11:** 143NA

Artabano, **vol. 4:** 31

Artemidoro, **vol. 4:** 26-7, 129, 130NA, 370NA, 398, 660NA; **vol. 5:** 444NA; **vol. 10:** 357; **vol. 13:** 114, 319

Ártemis (deusa grega), **vol. 10:** 313, 355-7; *ver também* Diana (deusa romana)

Artigues, **vol. 4:** 59

Artur, rei (lenda), **vol. 5:** 269

Ärztliche Zimmergymnastik (Dr. Schreber), **vol. 10:** 69

Ashmolean Museum, **vol. 11:** 411

Ásia, **vol. 11:** 21, 42; **vol. 17:** 238; **vol. 19:** 36, 84

Ásia Menor, **vol. 12:** 290

"Asra, Der" (Heine), **vol. 12:** 232NT

Assim falou Zaratustra (Nietzsche), **vol. 10:** 73NA

Assíria/assírios, **vol. 19:** 70, 91

Associação Psicanalítica de Budapeste, **vol. 14:** 397

Associação Psicanalítica Internacional, **vol. 11:** 295, 298, 301; **vol. 14:** 400; **vol. 16:** 135-6, 140, 166; **vol. 18:** 454

Astralmythen (Stucken), **vol. 10:** 303NA

Astruc, **vol. 19:** 62NA

Atena *ver* Palas Atena (deusa grega)

ÍNDICE ONOMÁSTICO

Atenas, **vol. 10:** 78NA; **vol. 18:** 438-40, 442, 447-8; *ver também* Acrópole
Átis (deus frígio), **vol. 11:** 232
Atkinson, **vol. 11:** 194, 217-8; **vol. 12:** 235; **vol. 19:** 114, 179-80
Aton (deus egípcio), **vol. 19:** 33-40, 42, 46-7, 53, 61, 74, 84-6, 89-90, 99, 124-5, 156
Atos dos Apóstolos, **vol. 10:** 356NA
"Atos falhos e sonhos" (Rank), **vol. 5:** 322
Átropo, **vol. 10:** 310, 312
Auch Einer (Vischer), **vol. 5:** 233; **vol. 6:** 346
Auerbach, **vol. 19:** 62-3NA, 89NA
August P. (paciente), **vol. 1:** 28-38
Augusto, imperador romano, **vol. 10:** 69NA
Aureliano, imperador romano, **vol. 18:** 21
Aurora (Nietzsche), **vol. 16:** 197NT
Aus dem Seelenleben des Kindes (Hug-Hellmuth), **vol. 6:** 75NA
Aus der Matrazengruft (Heine), **vol. 5:** 44NT
Aus guter Familie (Reuter), **vol. 10:** 138NA
Ausführliches Lexikon der griechischen und römischen Mythologie (Roscher), **vol. 9:** 151NA, 158; **vol. 10:** 310NA
"Äußerungen infantil-erotischer Triebe im Spiele" (Pfeifer), **vol. 14:** 171NT
Aussee, **vol. 13:** 169
Austrália, **vol. 9:** 367-8; **vol. 11:** 18-9, 23, 25-8, 30-1, 34, 49, 94, 99, 156, 172, 176, 213; **vol. 16:** 238
Áustria, **vol. 1:** 14, 96NT; **vol. 2:** 203; **vol. 5:** 177, 304; **vol. 6:** 291NT; **vol. 7:** 35-7, 148, 261NT, 313; **vol. 8:** 132NT; **vol. 11:** 276, 281; **vol. 12:** 226; **vol. 13:** 355; **vol. 16:** 77, 238; **vol. 17:** 126, 196-7, 200; **vol. 19:** 81, 291, 369; *ver também* Viena
Automatisme psychologique, L' (Janet), **vol. 2:** 24NA; **vol. 16:** 351

Azam, **vol. 10:** 262
Azupirani (Mesopotâmia), **vol. 19:** 19

Babilônia/babilônios, **vol. 8:** 356; **vol. 14:** 231NA; **vol. 18:** 343; **vol. 19:** 19-20, 41, 91
Babinski, **vol. 1:** 165, 348
Back, G., **vol. 13:** 178
Baco (pintura de Da Vinci), **vol. 9:** 119, 192
Bacon, F., **vol. 9:** 118; **vol. 11:** 131
Baginsly, **vol. 1:** 25
Bahr, **vol. 6:** 369
Bain, **vol. 7:** 210, 284NA; **vol. 9:** 308
Balaão (personagem bíblico), **vol. 9:** 54
Bálcãs, **vol. 7:** 42
Baldwin, **vol. 6:** 74NA
"Ballade vom vertriebenen und heimgekehrten Grafen, Die" (Goethe), **vol. 18:** 88NT
Báltico, **vol. 2:** 77, 95, 115
Balzac, **vol. 12:** 243-4
Bance, **vol. 19:** 293NT
Bandelli, **vol. 9:** 120
"Banhos de Lucca, Os" (Heine), **vol. 7:** 27, 113, 125, 200
Banks, ilhas, **vol. 11:** 34, 181
Banquete [*Simpósio*] (Platão), **vol. 9:** 102NA; **vol. 14:** 230; **vol. 18:** 426
Bárczy, **vol. 14:** 397; **vol. 15:** 317
Bartels, **vol. 9:** 367NA, 369-70, 381NA
Bastian, **vol. 11:** 80, 83
Batalha de Anghiari (pintura de Da Vinci), **vol. 9:** 122
Batalha de Cascina (pintura de Michelangelo), **vol. 9:** 122NT
Batalha dos Hunos (pintura de Kaulbach), **vol. 16:** 49
Batchelor, **vol. 11:** 129NT
Baubo, **vol. 12:** 289-90, *290*
Bayer, **vol. 6:** 79NA
Bazzi, **vol. 9:** 170
Beard, **vol. 3:** 82, 142, 144, 146-7; **vol. 8:** 364

153

ÍNDICE ONOMÁSTICO

Beaumarchais, **vol. 4:** 246
Bebel, **vol. 1:** 349
Bechterew, **vol. 4:** 341
Bedeutung der Psychoanalyse für die Geisteswissenschaften, Die (Rank & Sachs), **vol. 14:** 393; **vol. 16:** 247NT
"Bedeutung der psychoanalytischen Methode nach Freud, Die" (Sadger), **vol. 8:** 348NA
"Bedeutung des Vaters für das Schicksal des Einzelnen, Die" (Jung), **vol. 9:** 381NA; **vol. 10:** 232NA; **vol. 14:** 182NA
Beethoven, **vol. 4:** 431; **vol. 19:** 150
Behandeling van Zenuwzieken door Psycho-Analyse, De (Meijer), **vol. 13:** 14
"Beitrag zum autistischen Denken bei Kinder" (Markuszewicz), **vol. 15:** 66NA
"Beitrag zum Narzissismus, Ein" (Rank), **vol. 12:** 14NA
Beiträge zur Ästhetik (Lipps & Werner), **vol. 7:** 16NA
Beiträge zur Ätiologie der Psychopathia sexualis (Bloch), **vol. 6:** 26NA, 230NA
Beiträge zur indischen Erotik (Schmidt), **vol. 6:** 177NA
"Beiträge zur infantilen Sexualität" (Wulff), **vol. 11:** 97NA
"Beitrag zur Lehre vom Widerstand" (Adler), **vol. 11:** 314NT
Bell, **vol. 1:** 191, 193; **vol. 6:** 74NA, 102NA; **vol. 9:** 267
Belle Hélène, La (ópera de Offenbach), **vol. 4:** 537; **vol. 10:** 307; **vol. 13:** 145
"Bemerkungen über 'geschlechtiche Hörigkeit' und Masochismus" (Krafft), **vol. 9:** 365NA
Ben Hur (Wallace), **vol. 5:** 65
Benedikt, **vol. 2:** 25NA, 297NA; **vol. 4:** 540
Benedito, são, **vol. 5:** 25
Benini, **vol. 4:** 71, 100

Bennett, **vol. 18:** 181
Benveniste, **vol. 9:** 310NA
Beregszászy, **vol. 1:** 28
Bergmann, **vol. 5:** 219
Bergson, **vol. 7:** 267NA, 295-6, 315-6, 319, 333NA
Bérillon, dr., **vol. 1:** 100
Berkhan, **vol. 1:** 346-7
Berlim/berlinenses, **vol. 1:** 21, 23, 25, 29, 99, 216; **vol. 7:** 33, 48, 59, 300NT
Berna, **vol. 11:** 162NA, 324
Bernard, **vol. 4:** 572
Bernardo de Claraval, são, **vol. 6:** 205NA
Bernau, **vol. 7:** 301
Bernfeld, S., **vol. 16:** 161
Bernheim, **vol. 1:** 64, 69, 72, 74, 76-9, 81, 83-4, 94, 97-8, 100-2, 137, 141; **vol. 2:** 102, 115, 148, 158, 160; **vol. 3:** 31, 312-3; **vol. 5:** 209NA; **vol. 6:** 333; **vol. 8:** 235; **vol. 9:** 240; **vol. 10:** 258, 269, 340; **vol. 11:** 249; **vol. 13:** 138, 148, 370, 591, 594; **vol. 15:** 41, 92NA, 278; **vol. 16:** 90, 95, 103, 224, 229; **vol. 18:** 409; **vol. 19:** 359NA
Bertrand de Born, **vol. 2:** 338
Bes (deus egípcio), **vol. 19:** 29
Betlheim, **vol. 4:** 429; **vol. 10:** 110NT; **vol. 14:** 249NT; **vol. 18:** 147
Bewegungsempfindungen (Mach), **vol. 2:** 298NA
Bianchieri, **vol. 4:** 165NA
Bianchini, **vol. 11:** 282NA
Bíblia, **vol. 4:** 376, 425, 533NA, 636; **vol. 9:** 192, 200; **vol. 11:** 203, 388, 401, 404; **vol. 15:** 29NA; **vol. 17:** 333; **vol. 18:** 126NT, 351; **vol. 19:** 15, 17, 40-1, 43, 45, 48-51, 59, 61-2, 66, 68-70, 73, 77, 81, 86-7, 94; *ver também* Antigo Testamento; Novo Testamento; Pentateuco
"Biblioteca Psicanalítica Internacional", **vol. 14:** 383; **vol. 16:** 239
Biedenkapp, **vol. 6:** 376

ÍNDICE ONOMÁSTICO

Bigelow, **vol. 6:** 377
Binet, **vol. 2:** 24NA, 31, 269, 322, 324, 355; **vol. 6:** 47, 71; **vol. 8:** 64; **vol. 9:** 314
Binswanger, **vol. 1:** 78; **vol. 11:** 282
Binz, **vol. 4:** 43, 83, 106-7, 118; **vol. 13:** 114
Bismark, **vol. 2:** 286; **vol. 4:** 422-5; **vol. 10:** 31
Bjerre, **vol. 11:** 281
Blériot, **vol. 18:** 348
Bleuler, **vol. 4:** 394NA; **vol. 5:** 27, 40, 153, 339-40, 343NA; **vol. 6:** 75NA, 96NA, 109; **vol. 7:** 249NA; **vol. 8:** 72NA, 287-8; **vol. 9:** 101NA, 252, 269; **vol. 10:** 83, 100, 112NA, 144, 165, 276; **vol. 11:** 58, 246NT, 271-2, 274-5, 282, 291-2, 295-6; **vol. 12:** 15, 70, 139, 142; **vol. 13:** 146, 566; **vol. 15:** 15, 218, 292, 322; **vol. 16:** 133, 136, 149, 237-8, 243; **vol. 17:** 320; **vol. 18:** 72NA
Bloch, **vol. 6:** 20NA, 26, 43NA, 230; **vol. 18:** 73NA
"Bloco Mágico" (lousa de cera), **vol. 16:** 270-4
Boadbil, **vol. 18:** 446
Boas, F., **vol. 11:** 92NT, 99, 183
Boccacio, **vol. 14:** 60
Böcklin, **vol. 9:** 360; **vol. 13:** 232
Bodensee, **vol. 17:** 259
Böhme, **vol. 7:** 124
Bölsche, **vol. 13:** 471
Boltraffio, **vol. 3:** 266-7, 269-71; **vol. 5:** 16-8; **vol. 9:** 169-70
Bonaparte, Marie, **vol. 9:** 148NT; **vol. 18:** 469
Bonaparte, Napoleão *ver* Napoleão
Bonifácio, são, **vol. 17:** 280
Bonjour, C., **vol. 4:** 547
Boom, **vol. 12:** 25NT
Borch-Jacobsen, **vol. 6:** 320NT; **vol. 8:** 283NT; **vol. 9:** 112NT; **vol. 11:** 252NT, 302NT; **vol. 13:** 366NT
Bordeaux, **vol. 11:** 280

Bórgia, C., **vol. 9:** 123
Boringhieri, **vol. 3:** 61NT, 284NT; **vol. 9:** 71NT, 117NT, 152NT, 195NT; **vol. 11:** 89NT; **vol. 12:** 25NT
Börner, **vol. 4:** 60; **vol. 15:** 312-3
Bornéu, **vol. 11:** 68, 94
Böse Blick und Verwandtes, Der (Seligmann), 358NA
Bósnia, **vol. 3:** 265, 269, 273; **vol. 5:** 17-20
Botrazzi, **vol. 9:** 122NA, 131NA
Botticelli, **vol. 3:** 266-7, 269, 271; **vol. 5:** 16-7, 80
Böttinger, **vol. 4:** 59
Bouché-Leclerq, **vol. 4:** 59
Bourke, **vol. 10:** 346, 350
Braid, **vol. 1:** 87, 138, 346
Brandes, **vol. 4:** 307; **vol. 10:** 302NA; **vol. 18:** 51NT, 298NT
Brantôme, **vol. 5:** 112
Braun, H., **vol. 16:** 78NT
Braun, L., **vol. 15:** 229-30; **vol. 17:** 368NT
Breasted, **vol. 19:** 15-7, 32NA, 34, 35NT, 37NA, 74NA
Brentano, **vol. 7:** 49NA; **vol. 14:** 271
Brescia, **vol. 5:** 48-9
Breuer, **vol. 1:** 64, 150, 157NA, 172, 176, 180, 208; **vol. 2:** 16, 40, 84, 86, 99, 115-6, 119, 152, 255, 260NA, 261, 365, 371, 400, 404; **vol. 3:** 13, 30, 33, 36-8, 40-1, 43, 50-1, 53NA, 55-6, 77, 151, 160-1, 177, 179, 194-5, 197, 200, 203, 225NT, 231, 257-8, 309-10, 313; **vol. 4:** 131-2, 588; **vol. 6:** 59, 62, 195, 199, 322-3, 332, 335, 351, 356NT; **vol. 8:** 73, 113, 291, 340NA; **vol. 9:** 221-2, 224-5, 228-30, 232-3, 235-9, 242, 245, 264; **vol. 10:** 194, 259, 269, 275; **vol. 11:** 247-9, 251-4, 260, 262, 329; **vol. 12:** 110, 127NT, 129; **vol. 13:** 110NA, 343, 360, 365, 367, 372-4, 388, 391, 594; **vol. 14:** 169, 185NA, 188, 194, 199, 327, 390; **vol. 15:** 274-7, 280; **vol. 16:**

ÍNDICE ONOMÁSTICO

92-8, 101, 107, 132, 226-9, 232, 254, 256, 350-2; **vol. 17:** 312, 320-1; **vol. 18:** 306NT, 409
Bright, R., **vol. 1:** 29NT
Brihad-Aranyaka-Upanixade (escritura hindu), **vol. 14:** 231INA
Brill, **vol. 4:** 19, 22-3, 131INA; **vol. 5:** 125, 143, 168, 174, 195, 217, 304; **vol. 7:** 34-5, 48, 50, 51INA; **vol. 9:** 148NT, 162NT, 221INA, 231INA; **vol. 10:** 275; **vol. 11:** 278-9, 298, 335NA; **vol. 13:** 70NA, 74NA; **vol. 16:** 76NA, 139
Briquet, **vol. 1:** 16
Brouardel, **vol. 1:** 17; **vol. 10:** 346
Brücke, **vol. 1:** 15; **vol. 4:** 243-4, 458, 466-8, 498, 500, 525, 529-30, 532; **vol. 13:** 451; **vol. 16:** 80-1, 83, 92; **vol. 17:** 222
Bruegel, **vol. 13:** 404
Brugeilles, **vol. 15:** 40NA
Brühl, **vol. 16:** 78
Bruno, G., **vol. 10:** 87NA
Brunswick, **vol. 18:** 287, 375NA, 390; **vol. 19:** 278
Brutus (senador romano), **vol. 9:** 40
Bruun, **vol. 5:** 54
Büchsenschütz, **vol. 4:** 25NA, 128, 166NA
Budapeste, **vol. 11:** 296, 299
Bullit, **vol. 18:** 214NT
Bülow, príncipe, **vol. 5:** 133
Burckhard, **vol. 5:** 162-3, 189, 368; **vol. 9:** 114NA; **vol. 11:** 378, 381
Burdach, **vol. 4:** 29-30, 76, 79, 108, 113, 262; **vol. 5:** 436
Burghölzli, **vol. 11:** 271, 273, 297
Burkart, **vol. 1:** 345
Burlingham, **vol. 18:** 191
Burlington Magazine for Connoisseurs (revista), **vol. 11:** 411
Busch, **vol. 8:** 136NA; **vol. 12:** 26; **vol. 18:** 28NA
Buschan, **vol. 18:** 400NA
Busemann, **vol. 4:** 165NA

Buzareingues, **vol. 4:** 48
Byron, **vol. 10:** 33NA, 60

Cabana do pai Tomás, A (Stowe), **vol. 14:** 295
Cabanis, **vol. 2:** 277NA; **vol. 4:** 121
Cäcilie, M. (paciente), **vol. 2:** 105NA, 114NA, 152, 162, 252-4, 257-9, 260NA, 328; **vol. 3:** 42NT
Cades (cidade cananeia), **vol. 19:** 51-3, 55, 58-61, 65, 68, 71-2, 74-5, 86-7, 97, 131
Caim (Byron), **vol. 10:** 60NA
Calcutá, **vol. 7:** 69
Calkins, **vol. 4:** 43, 45, 70, 259; **vol. 14:** 217
Callot, **vol. 4:** 473NA
Caltanissetta, **vol. 5:** 52NA
Camboja, **vol. 11:** 82
Canaã, **vol. 19:** 41, 44, 55, 57, 68, 72, 76, 86-7, 89, 171
Canadá, **vol. 11:** 276, 278, 299; **vol. 16:** 238
"Canção de Páris" (ária de Offenbach), **vol. 13:** 145
"Canções do harpista" (Goethe), **vol. 5:** 384NT; **vol. 18:** 105NA
Cântico dos Cânticos, **vol. 4:** 389-90; **vol. 13:** 218
Capelle, W., **vol. 19:** 314NA, 315-6
Capitólio, **vol. 11:** 162NA
Caprotti, **vol. 9:** 171INA
Careña, **vol. 4:** 99
Carlos I, rei da Espanha, **vol. 7:** 325
Carlos I, rei da Inglaterra, **vol. 11:** 75
Carlos V, imperador alemão, **vol. 7:** 325
Carlos Magno, **vol. 5:** 304
Carone, **vol. 3:** 284NT
Carta aos Coríntios (apóstolo Paulo), **vol. 15:** 44
Cartago, **vol. 7:** 35
"Cartas e obras" (Multatuli), **vol. 8:** 427-8
Cartas psicoterapêuticas (Oppenheim), **vol. 9:** 395

ÍNDICE ONOMÁSTICO

Cássio Dio, **vol. 4:** 622NT
Castor e Pólux (personagens mitológicos), **vol. 5:** 100NT
Caterina da Vinci, **vol. 9:** 141, 173, 174NA, 175, 184, 187, 190, 193
Cavaleiro Toggenburg (Schiller), **vol. 6:** 240NA
Celebes, **vol. 11:** 68
Celso, Aulo Cornélio, **vol. 6:** 339NT; **vol. 17:** 314NT
Ceres (deusa romana), **vol. 8:** 19, 46; *ver também* Deméter (deusa grega)
Cervantes, **vol. 5:** 248NA; **vol. 11:** 88; **vol. 16:** 342-3
César, Júlio, **vol. 4:** 444NA; **vol. 9:** 40; **vol. 10:** 69NA; **vol. 15:** 48; **vol. 17:** 166
César e Cleópatra (Shaw), **vol. 5:** 211NA; **vol. 13:** 71
Cesare da Sesto, **vol. 9:** 169
Chabaneix, **vol. 4:** 70, 93
Chamisso, **vol. 19:** 16
Champollion, **vol. 9:** 151
Champollion. Sein Leben und sein Werk (Harzleben), **vol. 9:** 151NA
"Chaos und Ritus" (Lorenz), **vol. 18:** 400NA
"Chapeuzinho Vermelho" (conto de fadas), **vol. 8:** 402; **vol. 10:** 296, 298-9; **vol. 14:** 36, 43-7, 57
Charcot, **vol. 1:** 14, 16, 18-25, 28, 36NA, 40-1, 56, 65NT, 70, 72-4, 78, 80, 96-7, 149, 160-1, 165, 168-78, 183-5, 190, 192, 195-6, 200, 203, 208-9, 342, 347-8; **vol. 2:** 33, 36, 38, 69, 114NA, 139NA, 193, 301, 336, 365; **vol. 3:** 14, 16, 18-27, 29-31, 33-8, 79, 140, 142, 156, 192, 197, 203, 217, 309, 312-3; **vol. 5:** 72, 205, 220; **vol. 6:** 215, 311, 351; **vol. 8:** 73; **vol. 9:** 237, 314; **vol. 10:** 269, 346; **vol. 11:** 248, 253-5, 259, 266, 329, 339; **vol. 12:** 95; **vol. 15:** 226, 275; **vol. 16:** 82-5, 87, 93, 98, 223, 225, 227, 254, 256, 346, 351; **vol. 17:** 312; **vol. 18:** 409

Chaucer, **vol. 4:** 168-9
Chevalier, **vol. 6:** 28, 32NA
Chile, **vol. 11:** 277
China/chineses, **vol. 4:** 27; **vol. 13:** 311
Christian Science, **vol. 17:** 198; **vol. 18:** 88
Chrobak, **vol. 11:** 253, 255; **vol. 16:** 98
Cibele (deusa frígia), **vol. 11:** 232
Cícero, **vol. 4:** 32, 82
"Ciência e os trabalhadores, A" (Lassalle), **vol. 7:** 118
Cila e Caríbdis (monstros mitológicos), **vol. 18:** 311
Cioffi, **vol. 1:** 10NT
Ciro, imperador persa, **vol. 19:** 20, 22
Claparède, **vol. 4:** 79NA
Clark University, **vol. 17:** 320
Cleópatra, **vol. 17:** 166; **vol. 5:** 95, 367
Clínica Psiquiátrica de Viena, **vol. 18:** 124
Clio (personagem mitológica), **vol. 7:** 303
Clitemnestra (personagem mitológica), **vol. 19:** 256NT
Cloto (personagem mitológica), **vol. 10:** 312; *ver também* Moiras (personagens mitológicas)
Cnossos, **vol. 19:** 67NA
Code du totémisme (Reinach), **vol. 11:** 156, 166
Códice Atlântico (manuscritos de Leonardo da Vinci), **vol. 9:** 129NA, 153
"Códice Sacerdotal" (cânone bíblico), **vol. 19:** 62-3, 68, 94
Codrington, **vol. 11:** 31NA
Coenobium (revista), **vol. 5:** 294
"Coito na infância" (Stekel), **vol. 3:** 213
Colin, **vol. 6:** 54NA
Colombo, **vol. 7:** 326; **vol. 11:** 294; **vol. 13:** 343; **vol. 17:** 267
Colônia (Alemanha), **vol. 19:** 128
Colonna, V., **vol. 9:** 125
Colúmbia Britânica (Canadá), **vol. 11:** 91

ÍNDICE ONOMÁSTICO

Conferenze fiorentine (Solmi et al.), vol. 9: 119NA, 122NA, 130-1, 135NA, 180NA, 198NA
Confissões (Rousseau), vol. 6: 102
"Confissões inconscientes" (Stekel), vol. 5: 98
Congresso Internacional de Hipnotismo (Paris, 1889), vol. 1: 103NT
"Conhece-te a ti mesmo" (γνωθι σεαυτόν — provérbio grego), vol. 5: 289
Conti, A., vol. 9: 180
Contos de Hoffmann (ópera de Offenbach), vol. 14: 341
Contos noturnos (Hoffmann), vol. 14: 341
"Contribuição à psicologia do boato" (Jung), vol. 4: 377; vol. 10: 66NA
"Contribuição à psicologia do exibicionismo" (Stekel), vol. 15: 328NT
"Contribution à la psychopathologie de la vie quotidienne" (Maeder), vol. 5: 223
Conversione religiosa, La (Sanctis), vol. 17: 336
Copérnico, vol. 8: 426; vol. 9: 118; vol. 13: 380; vol. 14: 245; vol. 16: 265; vol. 18: 342
Coquette corrigée, La (Sauvé de la Noue), vol. 19: 370NT
Corão, vol. 18: 351
Corinto (Grécia), vol. 13: 219
Cornelisz, J., vol. 9: 185
Corrêa, J. B., vol. 9: 222NT, 282NT
Coudenhove-Kalergi, vol. 19: 368
Crasso (triúnviro romano), vol. 4: 622
Crawley, vol. 9: 367NA, 368, 372-4; vol. 11: 36
Credo quia absurdum (dogma cristão), vol. 17: 263-5
Creta, vol. 19: 67NA
Creusa (personagem mitológica), vol. 6: 243
Crews, vol. 8: 283NT

Cristo *ver* Jesus Cristo
Cristóvão, são, vol. 1: 102
Crítica da razão pura (Kant), vol. 10: 47
"Crítica da teoria freudiana" (Bleuler), vol. 11: 292
Crônica (Holinshed), vol. 12: 270
Cronos (deus grego), vol. 4: 297, 673; vol. 5: 297; vol. 10: 299NA; vol. 14: 46NA; vol. 17: 38, 163; vol. 19: 350
Culte du Priape, Le (Knight), vol. 9: 163NA
Cultes, mythes et religions (Reinach), vol. 10: 104-5NA, 354; vol. 11: 125NA, 156NA, 175NA, 233NA, 236NA; vol. 12: 289
Curie, P., vol. 18: 342
Cuvier, vol. 3: 18
Czeszer, vol. 5: 103

D'Hervey, marquês, vol. 4: 36, 50, 89, 624
Da Vinci, Leonardo *ver* Leonardo da Vinci
Dachstein, vol. 13: 169
Daly, vol. 18: 62NA
Dama das Camélias, A (Dumas), vol. 5: 404
Dante, vol. 9: 194; vol. 14: 373
Danton, vol. 4: 546
Darkchevitch, vol. 1: 18
Darmesteter, vol. 12: 270NA, 272NA
Darstellung der psychoanalytischen Theorie (Jung), vol. 11: 326
Darwin/darwiniano, vol. 2: 135, 260; vol. 5: 203; vol. 7: 209NA; vol. 8: 426; vol. 11: 192-5, 216-7, 294; vol. 12: 235; vol. 13: 103, 380, 527; vol. 14: 229, 246; vol. 15: 84; vol. 16: 78, 158; vol. 18: 342; vol. 19: 95, 114, 179
Dattner, vol. 4: 409, 450NA, 462; vol. 5: 177, 275-6, 283; vol. 13: 72NA
Daudet, vol. 4: 159, 327, 329-30, 332, 368, 540, 585; vol. 5: 204-5
Davi, rei de Israel, vol. 19: 62-3

Davidson, **vol. 4:** 90

Dawn of Conscience, The (Breasted), **vol. 19:** 15NA, 32NA, 34, 37NA, 74NA

Dayton, **vol. 17:** 278

De Bussy (prefeito francês), **vol. 5:** 120

De divinatione (Cícero), **vol. 4:** 32, 82

De la Suggestion (Bernheim), **vol. 1:** 7, 68-9, 71, 73, 75, 77, 79, 81, 83, 85

De lingua latina (Varrão), **vol. 9:** 310NT

De medicina (Celso), **vol. 6:** 339NT; **vol. 17:** 314NT

De Quincey, **vol. 7:** 34

De rerum natura (Lucrécio), **vol. 4:** 31

De Sanctis, **vol. 4:** 119-20, 125

Debacker, **vol. 4:** 168, 639

Decálogo, **vol. 4:** 296

Decline and Fall of the Freudian Empire (Eysenck), **vol. 9:** 143NT

Dekker, **vol. 8:** 316NT, 427NT; *ver também* Multatuli

Delacroix, **vol. 4:** 550

Delage, **vol. 4:** 41, 110-2, 215NA, 644

Delagoa, **vol. 11:** 33

Delbœuf, **vol. 1:** 103; **vol. 2:** 24, 148; **vol. 4:** 34-5, 44-5, 77-8, 85, 88, 105-6, 137, 215NA, 220NA

Delgado, H., **vol. 11:** 282NA; **vol. 16:** 239

"Dementia Praecox, oder Gruppe dar Schizophrenien" (Bleuler), **vol. 10:** 144NA

Deméter (deusa grega), **vol. 12:** 289; *ver também* Ceres (deusa romana)

Demônio, **vol. 15:** 229, 231-6, 239-41, 243-4, 246, 248-9, 251-2, 255, 257-9, 262-4, 267, 270-1; *ver também* Diabo; Satã

"Demônio, O" (Liérmontov), **vol. 14:** 94NT

Denkfehler, **vol. 5:** 321-2

Denkwürdigkeiten eines Nervenkrankes (Schreber), **vol. 15:** 252NA

Des Peurs Maladives ou phobies (Gélineau), **vol. 3:** 69NA

Descartes, **vol. 17:** 373-7

Descent of Man, The (Darwin), **vol. 8:** 426

Dessoir, **vol. 6:** 152

Destino, **vol. 10:** 310; **vol. 16:** 73, 198, 200; *ver também* Moiras (personagens mitológicas)

"Destruktion als Ursache des Werdens, Die" (Spielrein), **vol. 14:** 227NA

Deus/deuses, **vol. 2:** 100, 390; **vol. 3:** 18; **vol. 4:** 25, 46, 105, 245, 254NA, 303, 605, 636; **vol. 6:** 46, 364; **vol. 7:** 164; **vol. 8:** 19, 68, 122, 154, 167, 216, 218, 223-4, 279, 313, 330, 356NA; **vol. 9:** 54, 105, 115, 129NA, 149, 152, 158-9, 163-4, 194NA, 199, 201, 218, 381; **vol. 10:** 19, 22, 24-7, 29-35, 36NA, 37-41, 42NA, 43-7, 52-4, 59-60, 64-72, 74-5, 92, 97, 103, 155, 304, 307, 309-10, 312-3, 316, 354, 356-7; **vol. 11:** 42-5, 51-2, 70, 76-8, 127-8, 140, 155-6, 205-7, 209, 211-2, 224-34, 307, 380, 384, 401-3, 405, 421; **vol. 12:** 236; **vol. 13:** 141-2, 157-8, 185, 404, 440, 445; **vol. 14:** 26, 85, 88-9, 92, 106, 112, 116, 152-3, 157, 246, 337, 354, 357, 373, 395; **vol. 15:** 89, 103, 229, 234, 241, 244-5, 246NA, 250, 252-4, 257, 265, 269, 315; **vol. 16:** 22, 159, 198; **vol. 17:** 60, 167, 249-50, 252, 256, 258, 270-2, 275, 277, 279-81, 283, 287, 289, 291, 295, 297, 332-6, 352, 375NT; **vol. 18:** 27, 52, 62NA, 75NA, 88, 97, 194, 198, 328-31, 335, 352, 401-2; **vol. 19:** 16, 20, 29-32, 34-40, 35NT, 37NA, 45, 48-51, 53, 59-60, 65-9, 73-6, 74NA, 83-94, 90, 92, 97, 99, 117-20, 122, 123NA, 124-7, 129, 146-7, 152-6, 159-60, 163-4, 167, 170, 172, 176-9, 183-8, 239, 314, 350, 366

Deuteronômio, **vol. 19:** 38, 62, 73NT

Deuticke, **vol. 1:** 25, 192; **vol. 11:** 299

Deutsch, H., **vol. 16:** 299; **vol. 18:** 188, 288, 374, 395

"Deutsche Expedition an der Loangoküste, Die" (Bastian), **vol. 11:** 80NA, 83NA

"Deutsche St. Christoph, Der" (Richter), **vol. 15:** 41NA

Deutsche Zeitschrift für Nervenheilkunde (periódico), **vol. 16:** 98NT

Deutsches Archiv für klinische Medizin (periódico), **vol. 6:** 79NA

Deutschland (Heine), **vol. 17:** 293NT

Dez amigos de Freud, Os (Rouanet), **vol. 8:** 426NT

D'Hervey, marquês, **vol. 4:** 36, 50, 89, 624

Diableries érotiques (Le Poitevin), **vol. 9:** 76NA

Diabo, **vol. 8:** 356; **vol. 10:** 52; **vol. 14:** 26, 94-5, 232, 363; **vol. 15:** 231, 234, 239, 243, 245, 246NA, 251, 262, 268, 328; **vol. 18:** 88-9; *ver também* Demônio; Satã

Diagnostischen Assoziationsstudien (Jung), **vol. 8:** 72NA; **vol. 9:** 253NA; **vol. 10:** 276; **vol. 11:** 275

Diana (deusa romana), **vol. 10:** 355-6; *ver também* Ártemis (deusa grega)

"Diário de Otília" (Goethe), **vol. 7:** 37, 118

Dicionário de psicanálise (Sterba), **vol. 18:** 464

Diderot, **vol. 13:** 449; **vol. 18:** 456; **vol. 19:** 253

Dido (personagem mitológica), **vol. 5:** 23, 30

Diepgen, **vol. 4:** 27, 594

Dieri (tribo australiana), **vol. 11:** 27

"Dificuldades técnicas de uma análise de histeria" (Ferenczi), **vol. 14:** 284

Dilacerado, O (Nestroy), **vol. 14:** 375

Dinamarca, **vol. 6:** 338

Diodário de Soria, **vol. 9:** 206

Diodoro, **vol. 13:** 24

Diógenes, **vol. 5:** 149

Diomedes (personagem mitológico), **vol. 5:** 394

Dionísio (deus grego), **vol. 9:** 159; **vol. 11:** 233, 237

Disaules, **vol. 12:** 289

Discovery of the Unconscious, The (Ellenberger), **vol. 1:** 348NT; **vol. 11:** 266NT

Diskussionen der Wiener Psychoanalytischen Vereinigung (periódico), **vol. 6:** 90NA

Disque Vert, Le (revista), **vol. 16:** 346NT

Disraeli, **vol. 19:** 17

Divã ocidental-oriental (Goethe), **vol. 13:** 553

Divinités génératrices, Des (Dulaure), **vol. 9:** 381NA

Dizionario di mitologia egizia (Lanzone), **vol. 9:** 151NA

Dobrizhoffer, **vol. 11:** 95

Docteur Pascale, Le (Zola), **vol. 8:** 428

Doflein, **vol. 14:** 216NA

Doglia, **vol. 4:** 165NA

Döllinger, **vol. 4:** 59

Dom Carlos (Schiller), **vol. 5:** 141NA

Dom Quixote (Cervantes), **vol. 5:** 248NA; **vol. 7:** 328NA; **vol. 16:** 342-3

Don Giovanni (ópera de Mozart), **vol. 10:** 41NA

"Don Juan-Gestalt, Die" (Rank), **vol. 15:** 100NA

Donzela de Orléans, A (Schiller), **vol. 13:** 40

"Doppelgänger, Der" (Rank), **vol. 14:** 351NA

Dorsay, **vol. 11:** 69NA

Dossier Freud: Enquête sur l'histoire de la psychanalyse, Le (Borch-Jacobsen & Shamdasani), **vol. 9:** 112NT; **vol. 11:** 302NT

Dostoiévski, **vol. 17:** 338-9, 341, 343-6, 348, 350-3, 355, 357-8, 362-4; **vol. 18:** 379NA, 457

Dostojewski am Roulette (Fülöp-Miller), 340NA, **vol. 17:** 345NA, 346, 357, 358NA

Dostojewski, Skizze zu seiner Psychoanalyse (Neufeld) **vol. 17:** 362NA

ÍNDICE ONOMÁSTICO

Dostojewskis autobiographische Schriften (Miller), **vol. 17:** 345NA

"Dostojewskis heilige Krankheit" (Fülöp-Miller), **vol. 17:** 344NA, 352NA

"Doze irmãos, Os" (conto de fadas), **vol. 10:** 308-9

Draco, **vol. 12:** 243

"Dream as a Revelation, The" (Sully), **vol. 4:** 168NA

Drexl, **vol. 4:** 27

Drexler, **vol. 9:** 158

Dreyfus, caso, **vol. 7:** 60, 176

Du Prel, **vol. 4:** 92NA, 165NA, 167NA, 320, 579, 665NA; **vol. 13:** 178

Dubois, **vol. 9:** 395; **vol. 11:** 324

Dubowitz, **vol. 15:** 312

Duchenne, **vol. 3:** 20

Dulaure, **vol. 9:** 381NA

Dugas, **vol. 4:** 82, 87, 627; **vol. 7:** 207, 209, 222

Dumas, **vol. 9:** 56

Dupaty, **vol. 11:** 379

Dupuy, **vol. 4:** 549

Durkheim, **vol. 11:** 175, 179, 185-6, 191, 194

Duse, **vol. 5:** 279

Ebiatar (personagem bíblico), **vol. 19:** 62

Eckstein, **vol. 8:** 322

Eclesiastes, **vol. 5:** 251INT

Edinger, **vol. 16:** 81

Édipo (personagem mitológico), **vol. 4:** 444NA; **vol. 5:** 243NA; **vol. 6:** 104NT, 149NA, 236; **vol. 8:** 229, 245, 320; **vol. 9:** 275; **vol. 19:** 20, 22, 246, 250NA, 252, 256NT, 271

Édipo rei (Sófocles), **vol. 4:** 302-4; **vol. 11:** 129NA; **vol. 16:** 326; **vol. 17:** 353

Editora Psicanalítica Internacional, **vol. 11:** 301; **vol. 14:** 397-8

Éfeso, **vol. 10:** 355-7

Egger, **vol. 4:** 51, 72, 93, 544-5

Egito/egípcios, **vol. 4:** 488; **vol. 5:** 95, 211NA; **vol. 9:** 150-1, 153, 158, 304-10; **vol. 11:** 127, 402, 404; **vol. 13:** 220; **vol. 14:** 351; **vol. 17:** 166; **vol. 19:** 14-7, 22-33, 35NT, 37-53, 55-8, 60-1, 65-6, 67NA, 69-71, 74, 77, 83-6, 88, 90, 92, 94, 97, 121, 131, 144, 148, 154, 167, 187

Egoist, The (Meredith), **vol. 5:** 139

Ehniger, **vol. 4:** 99

Ehrenfels, **vol. 7:** 160; **vol. 8:** 360-1, 389

Ehrlich, **vol. 12:** 62

Eibenschütz, **vol. 5:** 154

"Eigene und der fremde Gott, Der" (Reik), **vol. 15:** 245NA

Eimer, **vol. 8:** 36

Einen Jux will er sich machen (Nestroy), **vol. 7:** 123

Einige Ideen zur Schöpfungs und Entwicklungsgeschichte der Organismen (Fechner), **vol. 14:** 163

Einstein, **vol. 15:** 152; **vol. 18:** 305, 417-8

Eisenlohr, **vol. 1:** 15

Eisler, **vol. 18:** 149-50; **vol. 19:** 302

Eitingon, **vol. 11:** 271; **vol. 16:** 139, 141, 241, 341; **vol. 17:** 187, 321; **vol. 18:** 315, 454

Electra (personagem mitológica), **vol. 19:** 256NT

Eletroterapia (Erb), **vol. 11:** 248

Elêusis (Grécia), **vol. 12:** 289

Eliot, G., **vol. 4:** 331

Elisabeth von R. (paciente), **vol. 2:** 138NT, 194-260, 366; **vol. 3:** 53NA

Elixir do diabo, O (Hoffmann), **vol. 14:** 350, 396

Elizabeth I, rainha da Inglaterra, **vol. 11:** 75

Ellenberger, **vol. 1:** 348NT; **vol. 11:** 266NT, 302

Ellis, **vol. 4:** 42, 88, 93NA, 203, 219NA, 396, 417, 449, 550, 594, 644

Ellis, H., **vol. 6:** 20NA, 27, 30, 54NA, 75NA, 85, 98, 137NA, 144NA; **vol. 8:** 318, 340-1NA, 393; **vol. 9:** 143NA, 270, 367NA; **vol. 11:** 189, 276, 366NA; **vol. 15:** 310; **vol. 16:** 99, 238

ÍNDICE ONOMÁSTICO

Eloim (Deus), **vol. 19:** 59; *ver também* Jeová
Emilia Galotti (Lessing), **vol. 6:** 368NT
Emma (Emma Eckstein, paciente histérica), **vol. 1:** 293-7
Emma (paciente), **vol. 1:** 293-4
Emmerich, **vol. 10:** 357
Emmy von N. (paciente), **vol. 1:** 212NT; **vol. 2:** 75-154, 249, 365, 399, 405; **vol. 3:** 39NT, 228NT
Emotions and the Will, The (Bain), **vol. 7:** 284NA
Empédocles, **vol. 19:** 196NA, 314-7
Emu (totem), **vol. 11:** 24
Encounter, baía de, **vol. 11:** 95
Encyclopaedia Britannica, **vol. 11:** 30NA, 123NA, 133NA
Enéas (personagem mitológico), **vol. 5:** 23
Eneida (Virgílio), **vol. 3:** 295NT; **vol. 4:** 662NT; **vol. 5:** 24; **vol. 19:** 168NT
Enfant de 3 à 7 ans, L' (Pérez), **vol. 6:** 74NA
"Enquête sur les premiers souvenirs de l'enfance" (V. e C. Henri), **vol. 3:** 278
"Entstehung der Geschlechtscharaktere, Die" (Halban), **vol. 6:** 31NA
"Entwertung des Verdrängungsmotives durch Rekompense" (Tausk), **vol. 12:** 189NA
Entwicklung des Madonnentypus bei Leonardo da Vinci, Die (Konstantinowa), **vol. 9:** 114NA
"Entwicklungsstufen des Wirklichkeitssinnes" (Ferenczi), **vol. 10:** 335NA; **vol. 11:** 357; **vol. 12:** 17NA; **vol. 14:** 209NA; **vol. 18:** 18NA
Enxaqueca, A (Möbius), **vol. 1:** 210-1
Epicuro, **vol. 5:** 46-7
Epimênides, **vol. 18:** 346NT
Épiro, **vol. 5:** 179
Epístolas (Horácio), **vol. 8:** 50NT
Epístolas do Ponto (Ovídio), **vol. 13:** 290NT
Erb, **vol. 3:** 142; **vol. 8:** 362; **vol. 11:** 248; **vol. 16:** 88, 224

Erdmann, **vol. 4:** 100
Erich, pequeno (paciente), **vol. 14:** 275
Erlenmeyer, **vol. 18:** 400
Ermafroditismo (Taruffi), **vol. 6:** 29NA
Erman, **vol. 19:** 34, 37NA, 45NA
Eros (deus grego/conceito psicanalítico), **vol. 2:** 350; **vol. 6:** 18; **vol. 14:** 210, 221, 223, 225, 235NA; **vol. 15:** 44-5, 307-8; **vol. 16:** 50-3, 56-9, 71, 74, 145, 163, 192, 260-1, 281; **vol. 17:** 61, 63, 315; **vol. 18:** 63, 71, 86NA, 89-90, 104, 113, 116, 122, 252, 254, 258, 361, 426-7, 430; **vol. 19:** 195-7, 199, 260, 262, 312, 314, 316
Erostrato, **vol. 10:** 355; **vol. 18:** 250
Erotische Element in der Karikatur, Das (Fuchs), **vol. 12:** 289NA
"Erotischen Quellen der Minderwertigkeitsgefühle, Die" (Marcinowski), **vol. 14:** 180NA, 313
"Erste Entwicklung der weiblichen Sexualität, Die" (Jones), **vol. 18:** 397
Escherntal, **vol. 13:** 169
Escócia, **vol. 18:** 319, 439
Esculápio (deus romano), **vol. 4:** 59; **vol. 17:** 314NA
Esdras (personagem bíblico), **vol. 19:** 63, 69
Esfinge de Tebas, enigma da, **vol. 6:** 103-4
Esopo, **vol. 10:** 170
Espanha, **vol. 12:** 292
Espírito Santo, **vol. 14:** 90-1
"Esquecimento de nome como garantia do esquecimento de intenção, O" (Storfer), **vol. 5:** 56
Ésquilo, **vol. 19:** 158
"Essence du phénomène social: La suggestion, L'" (Brugeilles), **vol. 15:** 40NA
Estados nervosos de angústia e seu tratamento (Stekel), **vol. 8:** 249NA, 430
Estados Unidos, **vol. 11:** 276; **vol. 13:** 110NA, 560; **vol. 16:** 166, 238; **vol. 17:** 291NT; **vol. 18:** 214NT, 452

ÍNDICE ONOMÁSTICO

Estética (Vischer), **vol. 7**: 329NA

Estônia/estonianos, **vol. 10**: 303

Estrabão, **vol. 9**: 151

Estudante de Praga, O (Ewers), **vol. 14**: 353NA

Estudo da alma: Ensaios no âmbito da psicanálise, O (Ferenczi), **vol. 8**: 431

Estudos sobre associação (Jung), **vol. 5**: 343NA

État mental des hystériques (Janet), **vol. 3**: 51NA; **vol. 16**: 351

Etcheverry, **vol. 6**: 41NT; **vol. 9**: 148NT; **vol. 10**: 110NT, 126NT, 135, 194NT; **vol. 11**: 89NT; **vol. 12**: 25NT, 59NT; **vol. 14**: 200NT, 281NT

Ethnographie Nordostafrikas (Paulitschke), **vol. 11**: 68

Ética sexual (Ehrenfels), **vol. 8**: 360

Études de psychologie expérimentale: Le fétichisme dans l'amour (Binet), **vol. 6**: 47NA

Eufrates, rio, **vol. 19**: 19

Eulenburg, **vol. 1**: 25, 78; **vol. 6**: 20NA

Europa, **vol. 6**: 26; **vol. 11**: 10, 21, 37, 272, 277, 280, 294, 389; **vol. 13**: 20, 197; **vol. 16**: 138, 140; **vol. 17**: 217-8, 238, 320, 370; **vol. 18**: 73NA, 452; **vol. 19**: 167, 275

Eva (personagem bíblica) *ver* Adão e Eva, mito de

Eva, condessa de Baudissin, **vol. 8**: 121

Ewers, **vol. 14**: 353NA

Exército da Salvação, **vol. 17**: 217

Exner, **vol. 2**: 274, 276, 342; **vol. 16**: 80

Êxodo, Livro do, **vol. 11**: 387NT, 402; **vol. 19**: 15, 43NT, 45NT, 51NT, 60NT, 64NT, 65, 66NA, 71NT, 73NT

Experimentaluntersuchungen über Musikphantome (Ruths), **vol. 5**: 148

Eysenck, **vol. 9**: 143NT

Fackel, Die (revista), **vol. 8**: 384

Faculdade de Medicina de Viena, **vol. 1**: 14, 26

Falke, **vol. 7**: 26NA, 89NA, 103

"Fall von multipler Perversion mit hysterischen Absenzen, Ein" (Sadger), **vol. 10**: 80NA

Falstaff (personagem), **vol. 7**: 328NA

Fantasias de um realista ver *Phantasien eines Realisten* (Popper-Lynkeus)

"Fantasma de Canterville, O" (Wilde), **vol. 14**: 375

Farina, G. M., **vol. 4**: 49; **vol. 13**: 122

Farrow, E. P., **vol. 17**: 371

Fat and Blood: An Essay on the Treatment of Certain Forms of Neurasthenia and Hysteria (Weir-Mitchell), **vol. 1**: 345NT; **vol. 2**: 375NT

Fausto (Goethe), **vol. 2**: 129NT, 199NT, 272NT, 324NT; **vol. 5**: 14, 96, 331; **vol. 6**: 47NT, 57NT, 184NT, 334; **vol. 7**: 173, 182NT, 218NA; **vol. 8**: 426; **vol. 9**: 78NA, 133; **vol. 10**: 60, 73NT, 93, 94NA, 95, 347; **vol. 11**: 240NA, 244NT; **vol. 14**: 210, 363NT; **vol. 16**: 79NT, 177NT; **vol. 17**: 130NT; **vol. 18**: 89, 161NT, 359, 364NT; **vol. 19**: 170NT, 273NT, 287NT, 304NT, 315NT

Fechner, **vol. 1**: 246; **vol. 4**: 74, 82, 586; **vol. 7**: 98NA, 177, 192, 251NA; **vol. 13**: 119; **vol. 14**: 163-5; **vol. 16**: 58, 148, 185

Fécondité (Zola), **vol. 8**: 427

Federn, **vol. 4**: 440; **vol. 9**: 203NA; **vol. 12**: 71; **vol. 15**: 53NA; **vol. 18**: 18NA

Feigenbaum, **vol. 18**: 452NT

Felszeghy, **vol. 15**: 52

"Feminine Masochismus und seine Beziehung zur Frigidität, Der" (Deutsch), **vol. 18**: 395

Femmes savantes, Les (Molière), **vol. 15**: 106NT

Fenichel, **vol. 18**: 395

Fenômenos psíquicos compulsivos, Os (Löwenfeld), **vol. 6**: 371

Féré, **vol. 4**: 119NA, 120; **vol. 6**: 54NA

ÍNDICE ONOMÁSTICO

Ferenczi, **vol. 4:** 20, 130NA, 166NA, 284NA, 304NA, 368, 395NA, 410, 421, 444NA, 519, 625; **vol. 5:** 36, 45, 46NT, 47, 50NT, 62, 120, 172, 214NA, 249, 360-1; **vol. 6:** 35NA, 42NA, 79NA, 152NA; **vol. 8:** 431; **vol. 9:** 165NA, 280, 383; **vol. 10:** 79, 143NA, 335; **vol. 11:** 200-1, 232, 278, 281-2, 293, 296, 299, 318, 335NA, 357NA, 414; **vol. 12:** 17NA, 23, 25, 75NT; **vol. 13:** 467; **vol. 14:** 56NA, 168NA, 170, 209NA, 273NA, 284, 382-3, 398; **vol. 15:** 73, 90, 199, 293, 312, 317, 320; **vol. 16:** 135, 139, 140NT, 141, 157, 173, 243, 297; **vol. 17:** 81, 366NT; **vol. 18:** 18NA, 149, 232, 465, 467; **vol. 19:** 294, 317, 324

Ferrier, **vol. 16:** 223

Fichte, **vol. 4:** 30, 92, 100

Fidélio (Beethoven), **vol. 4:** 431

Fidibusz, **vol. 4:** 410

Fiji, ilhas, **vol. 11:** 32

Filha natural, A (Goethe), **vol. 10:** 182NA

Filipinas, **vol. 9:** 369; **vol. 11:** 92, 94

Filoctete (Sófocles), **vol. 6:** 365; **vol. 15:** 243

Filosofia do inconsciente (Hartmann), **vol. 5:** 164NT

Finger, **vol. 6:** 191NA

Finlândia/finlandeses, **vol. 19:** 100

Finsen, **vol. 6:** 340

"First Melon I Ever Stole, The" (Twain), 96NA

Fischer, **vol. 4:** 95, 663; **vol. 7:** 16-9, 23, 29, 48, 56, 62NA, 69, 71, 96, 99, 101, 133, 137

Fischhof, **vol. 5:** 300

Fisiologia do amor (Mantegazza), **vol. 6:** 198

Fison, **vol. 11:** 26NA, 32, 36, 40, 172

Flaubert, **vol. 7:** 35; **vol. 13:** 404; **vol. 19:** 73

Flauta mágica (ópera de Mozart), **vol. 4:** 332

Flechsig, **vol. 3:** 20; **vol. 10:** 16-9, 25, 26NA, 38, 43NA, 51-2, 54-9, 60NA, 64-5, 67-8, 70, 74, 77NA, 91, 96, 102

Fleischl, **vol. 4:** 244, 466, 468, 530, 532, 535

Fleischl-Marxow, **vol. 16:** 80

Fliegende Blätter (revista), **vol. 4:** 464, 509, 550; **vol. 7:** 84; **vol. 13:** 36, 510

Fliess/Fließ, **vol. 1:** 180NT, 216, 282; **vol. 3:** 91NT, 256; **vol. 4:** 125, 149NT, 201NA, 202, 270NT, 340; **vol. 5:** 197, 218, 327, 338; **vol. 6:** 32NA, 37NA, 64NA, 81NA, 140NT, 264; **vol. 9:** 217NT; **vol. 10:** 326NA; **vol. 13:** 425; **vol. 14:** 213; **vol. 16:** 84NT, 99NT, 113NT, 155NT; **vol. 18:** 298NT; **vol. 19:** 323

Floerke, **vol. 9:** 360NA

Florença, **vol. 8:** 122

"Flucht aus der Weiblichkeit" (Horney), **vol. 18:** 397

Fócion, **vol. 7:** 86

Fontane, **vol. 4:** 664NT; **vol. 5:** 180-1, 242, 280; **vol. 13:** 494; **vol. 18:** 17NT, 28

Forckenbeck, **vol. 7:** 33

Forel, **vol. 1:** 7, 69-70, 85-9, 91, 93-5, 97-103

"Formas de manifestação do complexo da castração feminino" (Abraham), **vol. 16:** 299; **vol. 18:** 394

Formes élémentaires de la vie religieuse: le système totémique en Australie, Les (Durkheim), **vol. 11:** 175

Förster, **vol. 4:** 27

Forsyte saga, The (Galsworthy), **vol. 18:** 181

Forsyth, **vol. 18:** 179, 181, 183, 185-7

Fortschritte der Medizin (periódico), **vol. 10:** 57NA; **vol. 12:** 59NA

Foucault, **vol. 4:** 552, 561NA

Fournier, **vol. 3:** 142

Fra Angelico, **vol. 3:** 266

França, **vol. 1:** 75; **vol. 3:** 16-7, 29, 31, 140; **vol. 9:** 117, 120, 123, 181; **vol. 11:**

ÍNDICE ONOMÁSTICO

143, 279, 282NA; **vol. 13:** 56, 159; **vol. 16:** 83, 108, 150-1; **vol. 17:** 126; **vol. 18:** 361, 423

France, A., **vol. 4:** 112NA; **vol. 8:** 427

Francesco del Giocondo, **vol. 9:** 120

Francisco I, rei da França, **vol. 9:** 120, 181

Franklin, **vol. 13:** 178

Franzensbad, **vol. 6:** 260, 269

Franziscus, abade, **vol. 15:** 230-2, 256, 261

"Frauenfrage und sie sexuellen Zwischenstufen, Die" (Arduin), **vol. 6:** 32NA

Frazer, **vol. 9:** 367NA; **vol. 11:** 20NA, 22, 31-3NA, 35NA, 53, 67, 68NA, 69-70, 72-4, 76, 78-80, 82-3, 86, 89, 91, 92NT, 94, 98NA, 121, 127-30, 132-3, 153NA, 155, 158-9, 161-4, 166-8, 175-87, 190-2, 202, 213-4, 227NA, 229, 235; **vol. 16:** 157, 160; **vol. 19:** 126NA, 153NA

Frederico, o Grande (rei da Prússia), **vol. 7:** 101

Freiberg (Morávia), **vol. 3:** 313

Freischütz (Weber), **vol. 10:** 60

Fremdlinge unter den Menschen (Jensen), **vol. 8:** 121

Freud and Anthropology (Wallace), **vol. 11:** 40NT

Freud and the Rat Man (Mahony), **vol. 9:** 112NT

Freud: Biologist of the Mind (Sulloway), **vol. 1:** 216NT; **vol. 6:** 75NT; **vol. 11:** 266NT, 362NT

Freud e a alma humana (Bettelheim), **vol. 10:** 110NT; **vol. 14:** 249NT

"Freud en castellano" (Hoz), **vol. 16:** 342NT

Freud Evaluated (Macmillan), **vol. 11:** 387NT

Freud: Uma vida para o nosso tempo (Gay), **vol. 18:** 49NT

Freud's Dora (Mahony), **vol. 6:** 320NT

Freuds Libidotheorie verglichen mit der Eroslehre Platos (Nachmansohn), **vol. 6:** 19; **vol. 15:** 44NA

Freuds Neurosenlehre (Hitschmann), **vol. 10:** 276; **vol. 13:** 14

Freud's Theory of Wit (Brill), **vol. 7:** 34

Freud, Alexander (irmão de Freud), **vol. 4:** 153, 342

Freud, Amalie (mãe de Freud), **vol. 4:** 40-1, 228, 242-3, 287, 380NA, 637; **vol. 5:** 75-6; **vol. 9:** 54; **vol. 13:** 271; **vol. 16:** 77

Freud, Anna (filha de Freud), **vol. 4:** 163-4, 310; **vol. 10:** 268, 270NT, 273NT; **vol. 13:** 177; **vol. 15:** 321NT; **vol. 16:** 161NA, 165; **vol. 17:** 230; **vol. 18:** 308, 357, 462NT; **vol. 19:** 301NA, 305

Freud, Emanuel (meio-irmão de Freud), **vol. 5:** 75-6

Freud, Hermann (sobrinho de Freud), **vol. 4:** 164

Freud, Jakob (pai de Freud), **vol. 4:** 17, 172, 205, 207-8, 229, 233, 254, 335, 359, 470, 472-3, 481-3, 493, 495-6, 531; **vol. 5:** 107, 299, 335; **vol. 16:** 77, 80

Freud, Jean Martin (filho de Freud), **vol. 4:** 163, 310, 489, 493

Freud, John (sobrinho de Freud), **vol. 4:** 469-70, 531

Freud, Josef (tio de Freud), **vol. 4:** 172-4

Freud, Martha (esposa de Freud), **vol. 4:** 140, 143NA, 148-9, 151, 153, 157, 200, 204-5, 211, 244, 271, 311, 323, 334, 341, 343-4, 422, 443, 492, 512, 610; **vol. 5:** 94, 141, 385

Freud, Mathilde (filha de Freud), **vol. 4:** 144

Freud, Rosa (irmã de Freud), **vol. 5:** 41, 326

Freud-Ottorego, sra., **vol. 18:** 182, 184

"Freudsche Mechanismen in der Symptomatologie von Psychosen" (Bleuler), **vol. 16:** 149NT

Freund, A. von, **vol. 15:** 293, 315-8; **vol. 16:** 141; **vol. 18:** 182, 184, 186

ÍNDICE ONOMÁSTICO

Freytag, **vol. 7:** 301
Friedjung, dr., **vol. 6:** 379
Fries, **vol. 9:** 185
Frink, **vol. 5:** 125, 127
Fritsch, **vol. 3:** 20; **vol. 16:** 223
Fromme Helene, Die (Busch), **vol. 18:** 28NA
Frömmigkeit des Grafen von Zinzendorf, Die (Pfister), **vol. 15:** 107
"Frühstadien des Ödipuskonfliktes" (Klein), **vol. 18:** 395
Fuchs, **vol. 4:** 390NA; **vol. 12:** 289NA; **vol. 18:** 460NT
Fulda, **vol. 4:** 282
Fülöp-Miller, **vol. 17:** 340NA, 344NA, 358NA
Fürst, **vol. 8:** 315
Furtmüller, **vol. 11:** 288, 319

Galant, **vol. 6:** 84NA
Galícia, **vol. 7:** 72, 165; **vol. 16:** 77
Gallmeyer, **vol. 7:** 218NA
Galsworthy, **vol. 5:** 183; **vol. 18:** 70NA, 181
Galton, **vol. 4:** 172, 335, 543; **vol. 5:** 400; **vol. 19:** 18
Gambetta, **vol. 3:** 23
Garcilaso de la Vega, **vol. 11:** 170
Gargântua e Pantagruel (Rabelais), **vol. 4:** 253, 516-7; **vol. 18:** 50NA
Garibaldi, **vol. 5:** 26
Garnier, **vol. 4:** 50, 272, 516
Gärtner, **vol. 4:** 206, 211, 323
Gassendi, **vol. 5:** 47
Gastein, **vol. 2:** 205, 218, 223, 225
"Gata Borralheira, A" (conto de fadas), **vol. 10:** 305-7, 314NA
Gay, P., **vol. 1:** 216NT; **vol. 16:** 153NT; **vol. 18:** 49NT
Gazelle, **vol. 11:** 32
Gedanken und Einfälle (Heine), **vol. 18:** 75NA
Gedanken und Erinnerungen (Bismarck), **vol. 4:** 422

"Gegenwärtige Auffassung der Hysterie" (Möbius), **vol. 2:** 354NA
Gélineau, **vol. 3:** 69NA
Gellner, **vol. 1:** 10NT
"Gemeinsame Tagträume. Autoreferat eines Vortrags auf dem VI. Psychoanalytischen Kongress im Haag, 1920" (Sachs), **vol. 15:** 103NA
Genealogia da moral (Nietzsche), **vol. 12:** 235NT; **vol. 16:** 197NT; **vol. 18:** 360NT; **vol. 19:** 90NT
Gênesis, Livro do, **vol. 19:** 41
Genesis, das Gesetz der Zeugung (Herman), **vol. 5:** 207; **vol. 6:** 32NA
Gêngis Khan, **vol. 18:** 77
Germânia, **vol. 19:** 56
Germinal (Zola), **vol. 4:** 251-2
Geschlecht und Charakter (Weininger), **vol. 6:** 32NA
Geschlechtstrieb und Schamgefühl (Ellis), **vol. 8:** 340NA
Geschwister (Sudermann), **vol. 9:** 43NT
Gesetz der Serie, Das (Kammerer), **vol. 14:** 356NA
Gesta romanorum (compilação medieval), **vol. 10:** 302-3
Geständniszwang und Strafbedürfnis (Reik), **vol. 17:** 55NA
Gießler, **vol. 4:** 119NA
Gilgamesh (personagem mitológico), **vol. 19:** 20
Gillen, **vol. 11:** 27, 176, 180
Giotto, **vol. 4:** 38
Girolamo dai Libri, **vol. 9:** 185
Gley, **vol. 6:** 31NA
Gmunden (Áustria), **vol. 8:** 132-3, 137, 144, 148, 151, 154, 156-7, 170, 184, 188-9, 193-4, 198-200, 204-7, 209-12, 216-7, 219, 221-2, 225-6, 254, 261, 264, 267, 271-2, 284
Goblot, **vol. 4:** 552, 627
Godiva, lady, **vol. 9:** 321
Goethe, C. F. C. von (irmã), **vol. 14:** 269-70

ÍNDICE ONOMÁSTICO

Goethe, J. W. von, **vol. 2:** 129NT, 199NT, 272NT, 293, 324NT; **vol. 4:** 108NT, 176NT, 182, 245, 306, 324NA, 361, 369, 380NA, 397, 473NT, 484-6, 493-4, 500NT, 522, 531NA, 667; **vol. 5:** 32, 60-1, 297, 331, 384NT, 387, 415-9; **vol. 6:** 47NT, 57NT, 184NT; **vol. 7:** 37, 134; **vol. 8:** 355, 426; **vol. 9:** 65, 78NA, 123, 146NA; **vol. 10:** 31, 40, 60, 73NT, 94NA, 182NA, 356NA; **vol. 11:** 240NA, 244NT, 293; **vol. 13:** 51, 449, 553; **vol. 14:** 264, 267-71, 277-8, 363NT; **vol. 15:** 243, 313; **vol. 16:** 78, 165, 177NT; **vol. 17:** 130NT; **vol. 18:** 28NA, 31NA, 88NT, 105NA, 161NT, 355-8, 360-2, 364, 456; **vol. 19:** 126, 150, 173, 174NA, 273NT, 287NT, 304NT

Goethe, H. J. von (irmão), **vol. 14:** 269-71

Goette, A., **vol. 14:** 216

Golden Bough, The (Frazer), **vol. 11:** 56, 67, 89, 180, 213NA, 227, 229; **vol. 16:** 157; **vol. 19:** 126NA

Goldenweiser, **vol. 11:** 169

Goldscheider, **vol. 5:** 435NT

Golgi, **vol. 1:** 191

Goltz, **vol. 1:** 25; **vol. 16:** 223

Gomperz, **vol. 4:** 129; **vol. 14:** 231NA

Gósen (Egito), **vol. 19:** 43

Götter Griechenlands, Die (Schiller), **vol. 19:** 142NA

Götter im Exil, Die (Heine), **vol. 14:** 354

Gotthard, **vol. 4:** 27

Göttingen, **vol. 7:** 100, 119, 131, 185, 300; **vol. 19:** 362

Götz von Berlichingen (Goethe), **vol. 8:** 355

Grã-Bretanha, **vol. 16:** 355; *ver também* Inglaterra

Grabbe, **vol. 18:** 15NA

Graças (divindades greco-romanas), **vol. 10:** 309-10

Gradiva (Jensen), **vol. 4:** 128NA; **vol. 8:** 18-22, 24, 26, 28-41, 43-6, 50, 53-4, 56-8, 60, 62, 68-9, 72-4, 76-80, 82-4, 86-102, 104-7, 109, 111-6, 118-22; **vol. 16:** 155

Graf, **vol. 5:** 124; **vol. 8:** 283NT, 320NA; **vol. 10:** 276; **vol. 11:** 299

Gramberg, **vol. 11:** 68NA

Grand, Le (Heine), **vol. 7:** 69

Grasset, **vol. 5:** 361; **vol. 11:** 367

Grécia/gregos, **vol. 4:** 31, 59, 163; **vol. 5:** 149; **vol. 6:** 33, 228, 366; **vol. 9:** 151, 159, 198; **vol. 18:** 439; **vol. 19:** 45, 92, 100, 122, 146, 160, 167, 187, 246, 314-5; *ver também* Atenas

Gregory, **vol. 4:** 48, 120

Gressmann, **vol. 19:** 53, 59NA

Greve, G., **vol. 11:** 277NA

Griechische Denker (Gomperz), **vol. 8:** 427

Griechische Mythologie (Preller & Robert), **vol. 10:** 312NA

Griesinger, **vol. 4:** 122, 167, 270NA; **vol. 7:** 243; **vol. 10:** 109, 110NT

Grillparzer, **vol. 4:** 252; **vol. 15:** 198NT

Grimm, irmãos, **vol. 4:** 525; **vol. 10:** 234, 308, 314NA; **vol. 11:** 376, 378, 382

Grisebach, **vol. 14:** 341, 349

Groddeck, **vol. 16:** 28-9, 210NT, 250; **vol. 18:** 212

Groller, **vol. 5:** 435

Groos, K., **vol. 7:** 173-5, 179, 183, 297

Groot, **vol. 18:** 288, 374, 394-5

Gross/Groß, O., **vol. 5:** 202NA, 343NA; **vol. 6:** 74NA; **vol. 7:** 249NA; **vol. 8:** 290

"Gross ist die Diana der Epheser'" (Goethe), **vol. 10:** 356NA

Grosse Buch der Witze, Das (org. de Hermann), **vol. 7:** 58

Grote, **vol. 16:** 352

Group Mind, The (McDougall), **vol. 15:** 34

Gruber, **vol. 1:** 33

Grubrich-Simitis, **vol. 1:** 58NT; **vol. 15:** 150, 173NT; **vol. 16:** 78NT, 87NT, 146NT; **vol. 19:** 190NT, 353NT, 357NT

ÍNDICE ONOMÁSTICO

Grundriß der Heilpädagogik (Heller), vol. **6:** 74NA
Grundzüge der Psychoanalyse (Kaplan), vol. **13:** 14
Grüne Heinrich, Der (Keller), vol. **4:** 286, 453; vol. **5:** 149
Gruppe, vol. **4:** 26
Gruyer, vol. **9:** 178NA
guaicurus (indígenas), vol. **11:** 95
"Guarda-chuva vermelho, O" (Jensen), vol. **8:** 120-1
Guido, são, vol. **13:** 115
Guilherme II, imperador alemão, vol. **4:** 422; vol. **5:** 133; vol. **18:** 204NT
Guilherme II de Orange, príncipe, vol. **11:** 75
Guilherme Tell (Schiller), vol. **5:** 350; vol. **14:** 339; vol. **17:** 177NT
Guillaume, vol. **11:** 379
Guinon, vol. **1:** 161-2; vol. **3:** 140
Guis, vol. **11:** 93NT
Gulliver (personagem literário), vol. **18:** 50NA

Haddon, vol. **11:** 175, 178
Haeberlin, vol. **11:** 109
Haffner, vol. **4:** 28, 30, 78, 92NA, 95, 97
Haggard, vol. **4:** 499-500
Haiman, vol. **5:** 102
Haiti (revolução em S. Domingo), vol. **2:** 103NA, 133
Haitzmann, vol. **15:** 228, 230-1, 235, 240, 242, 247-8, 257, 269NT
Halban, vol. **6:** 31, 79NA
Halbe, vol. **5:** 46
Hall, G. S., vol. **4:** 22-3; vol. **6:** 75NA; vol. **9:** 246; vol. **11:** 247, 277, 279; vol. **13:** 526, 544; vol. **14:** 149NA; vol. **16:** 137, 238; vol. **17:** 320
Hallam, vol. **4:** 41, 167, 198NA
Hallstatt, vol. **13:** 169
Halsmann, vol. **18:** 457-8
Hamburgo, vol. **1:** 15; vol. **7:** 27, 55, 114, 200

Hamlet (Shakespeare), vol. **4:** 87, 211, 305-7, 489-90; vol. **6:** 338-9, 367-8; vol. **7:** 22, 56, 64-5, 104-5; vol. **8:** 16NT, 29, 426; vol. **9:** 104NA, 219, 275; vol. **11:** 135, 375; vol. **12:** 177; vol. **13:** 218NT, 446; vol. **14:** 346, 373; vol. **16:** 152; vol. **17:** 130, 353, 355; vol. **18:** 106NA, 158NT; vol. **19:** 253, 334NT, 342NT
Hammerschlag, S., vol. **6:** 378
Handbuch der allgemeinen und speziellen Therapie (Nothnagel), vol. **16:** 85
Hannibal (Grabbe), vol. **18:** 15NA
Hanslick, vol. **7:** 36
Haremhab (faraó), vol. **19:** 36, 44, 71, 84
Hariri, vol. **14:** 239
Hárnik, vol. **18:** 400NA
Harris, vol. **11:** 40NT
Hartmann, vol. **4:** 167, 429, 578NA, 579; vol. **5:** 155, 164; vol. **14:** 216, 334; vol. **18:** 147
Harzleben, vol. **9:** 151NA
"Haß und Analerotik in der Zwangs--neurose" (Jones), vol. **10:** 330NA
Hathor (deus egípcio), vol. **9:** 158-9
Hatto, bispo, vol. **2:** 110
Hauff, vol. **14:** 364, 366, 375
Haupt, vol. **5:** 155-6
Hauptmann, vol. **5:** 45-6
Havaí, vol. **11:** 90
Haymann, vol. **5:** 158
Haynau, vol. **5:** 49
Heart of the World (Haggard), vol. **4:** 500
Hebbel, vol. **9:** 384-6; vol. **11:** 265; vol. **15:** 52
Hécate (deusa grega), vol. **10:** 313
Hecker, vol. **2:** 363; vol. **3:** 83, 87, 117
Hegar, vol. **1:** 350-1
Hegel, vol. **4:** 82
Heidenhain, vol. **16:** 89, 224
Heilen und Bilden (Adles & Furtmüller), vol. **11:** 288
"Heimkehr, Die" (Heine), vol. **18:** 326NT

ÍNDICE ONOMÁSTICO

Heine, H., **vol. 4:** 480NA, 539NA, 562NA; **vol. 5:** 35NT, 44NT; **vol. 7:** 21-2, 27-8, 32, 40NA, 55, 57, 59-61, 69-72, 75, 78, 100-2, 111-3, 122, 125, 129, 164, 200, 203, 206, 299-300; **vol. 8:** 427; **vol. 10:** 221NT; **vol. 12:** 29, 232NT, 239; **vol. 14:** 354; **vol. 16:** 345NT; **vol. 17:** 293; **vol. 18:** 75NA, 91NT, 264, 326, 406; **vol. 19:** 46NA

Heine, T. T., **vol. 8:** 266NA

Heiterethei, Die (Ludwig), **vol. 3:** 185, 283

Helena (personagem mitológica), **vol. 13:** 145NT

Helgoland, ilha de, **vol. 6:** 282

Heliópolis (deus-sol de On), **vol. 19:** 30, 32-3, 39, 47, 69, 84-5

Heller, **vol. 6:** 74NA; **vol. 8:** 330NT, 426NT; **vol. 11:** 299, 301

Hellmuth, **vol. 11:** 288, 299

Helmholtz, **vol. 4:** 667; **vol. 17:** 342

Henard, **vol. 11:** 280

Hennings, **vol. 4:** 36, 48

Henri, V. e C., **vol. 3:** 278-80, 285, 298, 301-2; **vol. 5:** 70, 75

Henrique IV (Shakespeare), **vol. 4:** 243, 533NA; **vol. 11:** 268NT; **vol. 12:** 235NT

Henry, M., **vol. 11:** 132

Hera (deusa grega), **vol. 13:** 145NT

Héracles *ver* Hércules

Heráclito, **vol. 16:** 84NT

Herbart, **vol. 4:** 106

Hércules/Héracles (herói mitológico greco-romano), **vol. 4:** 516; **vol. 18:** 401NA, 405; **vol. 19:** 20

Hering, **vol. 14:** 219, 356

Herman, G., **vol. 5:** 207NT; **vol. 6:** 32NA

Hermes de Praxíteles, **vol. 18:** 150

Hermes Trismegisto (deus greco-egípcio), **vol. 9:** 152

Hermann, H., **vol. 4:** 59

Hermann, W., **vol. 7:** 58NA

Hernani (Hugo), **vol. 7:** 325

Herodes, **vol. 19:** 23

Heródoto, **vol. 4:** 444NA; **vol. 5:** 271NA; **vol. 13:** 219; **vol. 14:** 366, 375; **vol. 19:** 40, 45NA, 46NT, 51, 63

Herófilo, **vol. 4:** 166NA

Hesnard, **vol. 13:** 14

Herzegovina, **vol. 3:** 265, 267-9, 273; **vol. 5:** 17-20

Herzfeld, **vol. 9:** 124NA, 135NA, 170NA, 172NA, 183, 200NA, 202NA, 206NA, 219

Hesíodo, **vol. 18:** 402

Hevesi, **vol. 7:** 68, 293

Hexateuco, **vol. 19:** 59, 62

Heyermans, **vol. 5:** 258; **vol. 7:** 21, 27, 57, 200, 216NA

Hidra de Lerna (monstro mitológico), **vol. 18:** 405

Hieroglyphica (Horapollo), **vol. 9:** 151-2NA

Hietzing, **vol. 8:** 156

Hildebrandt, **vol. 4:** 32-3, 39, 42-3, 50, 52, 83, 90, 93, 96, 98-101, 198NA; **vol. 13:** 123

Hilferding, **vol. 4:** 520

Hill-Tout, **vol. 11:** 183

Hincks, **vol. 13:** 314

"Hindumythologie und Kastrationskomplex" (Daly), **vol. 18:** 62NA

Hino à alegria (Schiller), **vol. 4:** 431NT

Hípias, **vol. 4:** 444NA

Hipócrates, **vol. 4:** 26, 59NA, 449; **vol. 10:** 228NT

Hirsch-Hyacinth (personagem), **vol. 7:** 21, 27-9, 114, 200-1

Hirschfeld, **vol. 6:** 20NA, 22NA, 32NA, 36NA; **vol. 8:** 414

Hirschmüller, **vol. 11:** 252NT

História (Heródoto), **vol. 13:** 219NT

História do casamento humano (Westermarck), **vol. 11:** 27

História do Consulado e do Império (Thiers), **vol. 4:** 234

História romana (Cássio Dio), **vol. 4:** 622NT

History of Egypt (Breasted), **vol. 19:** 15, 32NA, 34

ÍNDICE ONOMÁSTICO

Hitschmann, **vol. 4:** 397; **vol. 5:** 53, 163-5, 169, 341, 352; **vol. 10:** 276; **vol. 11:** 246NT, 287; **vol. 13:** 14; **vol. 14:** 271

Hitzig, **vol. 3:** 20; **vol. 16:** 223

Hobbes, **vol. 4:** 594

Hoche, **vol. 6:** 43NA; **vol. 11:** 273, 298

Hoffbauer, **vol. 4:** 48

Hoffmann, **vol. 5:** 205NA, 206; **vol. 13:** 490; **vol. 14:** 341, 346-7, 349NA, 350, 354, 396; **vol. 19:** 174

Hohe Tauern, **vol. 2:** 180

Hohnbaum, **vol. 4:** 119

Holanda, **vol. 5:** 310, 320; **vol. 11:** 280; **vol. 17:** 320

Holbein, o Velho, **vol. 9:** 185

Holinshed, **vol. 12:** 270

Hollós, **vol. 4:** 20

Holmes, **vol. 7:** 50NA

Holstein, **vol. 11:** 282

"Homem da Areia, O" (Hoffmann), **vol. 14:** 341, 349

Homero, **vol. 4:** 286, 522; **vol. 5:** 150, 156; **vol. 7:** 134; **vol. 8:** 426; **vol. 10:** 310; **vol. 12:** 238; **vol. 13:** 51; **vol. 14:** 373; **vol. 19:** 100-1

Horácio, **vol. 2:** 331INT; **vol. 8:** 50NT; **vol. 17:** 366NT

Horapollo, **vol. 9:** 151NA, 152-3

Horas (deusas romanas), **vol. 8:** 122; **vol. 10:** 310-1

Horeb, monte, **vol. 19:** 50, 60, 68

Horney, **vol. 16:** 299; **vol. 18:** 397

Hórus (deus egípcio), **vol. 13:** 435; **vol. 19:** 45NA

Hospital Geral (Viena), **vol. 16:** 80

Howitt, **vol. 11:** 23-4, 172, 187

Hoz, **vol. 16:** 342NT

Hubert, **vol. 11:** 125, 214NA

Hückel, **vol. 1:** 73

Hug-Hellmuth, **vol. 4:** 165NA, 177NA, 294NA; **vol. 5:** 175; **vol. 6:** 75NA; **vol. 12:** 294NT; **vol. 13:** 184NT; **vol. 14:** 274; **vol. 16:** 161

Hughes, **vol. 5:** 161

Hugo, V., **vol. 7:** 325; **vol. 18:** 319

Humano, demasiado humano (Nietzsche), **vol. 4:** 601INT; **vol. 12:** 64NT; **vol. 16:** 197NT

Hume, **vol. 11:** 124

Hungria, **vol. 2:** 201; **vol. 5:** 177; **vol. 11:** 281-2; **vol. 16:** 141

Huss, **vol. 14:** 123

Huttens letzte Tage (Meyer), **vol. 8:** 247, 427-8

Hypnotismus und Suggestion (Benedikt), **vol. 2:** 297NA

Ibsen, **vol. 9:** 77; **vol. 12:** 276, 278, 280; **vol. 16:** 79NT

Ich und die Abwehrmechanismen, Das (Anna Freud), **vol. 19:** 301, 305

Ideler, **vol. 4:** 119NA

Ilíada (Homero), **vol. 13:** 51INT

Illustrierte Völkerkunde (Buschan), **vol. 18:** 400NA

Imago (revista psicanalítica), **vol. 6:** 93NA; **vol. 9:** 160NT, 386NA; **vol. 11:** 14, 287, 299, 301, 409; **vol. 12:** 165NT, 209, 253, 272NT; **vol. 13:** 226NT, 227; **vol. 14:** 171, 174NA, 240, 262NA, 263, 328, 351NA, 398, 400; **vol. 15:** 39NA, 52, 84NA, 88NA, 100NA, 103NA, 137NA, 174, 225, 245NA, 326NT; **vol. 16:** 136, 238; **vol. 17:** 320, 362NA, 363NT; **vol. 18:** 62NA, 307, 399-400; **vol. 19:** 17, 78, 87, 144

"Imperative Ideas" (Tuke), **vol. 3:** 69NA

"Imperceptible Obvious, The" (Wilson), **vol. 5:** 29NA

Índia/indianos, **vol. 9:** 122, 381; **vol. 11:** 21, 94, 276-7, 282NA; **vol. 16:** 238; **vol. 17:** 267; **vol. 19:** 46NA

"Indo na direção errada" (Tausk), **vol. 5:** 308

Inglaterra, **vol. 9:** 49; **vol. 11:** 75, 276, 281, 282NA; **vol. 16:** 238-9, 241; **vol. 17:** 198, 280NT, 303; **vol. 19:** 81, 144, 368

ÍNDICE ONOMÁSTICO

Inimigo do povo, O (Ibsen), **vol. 16:** 79NT
Inleiding bij de vertaling von S. Freud, De sexuele beschavingsmoral etc. (Stärcke), 227NA
Instincts of the herd in peace and war (Trotter), **vol. 15:** 39NA
Instituto de Fisiologia de Viena, **vol. 1:** 15NT
Instituto Psicanalítico de Berlim, **vol. 18:** 315, 454
International Journal of Psycho-Analysis (periódico), **vol. 11:** 302; **vol. 16:** 239; **vol. 17:** 321
Internationale Psychoanalytische Vereinigung (periódico), **vol. 9:** 332NT
Internationale Zeitschrift für Ärztliche Psychoanalyse (periódico), **vol. 9:** 160NT; **vol. 10:** 335NA; **vol. 12:** 17NA, 23NA, 51, 82, 99, 151, 170, 182NA, 189NA, 195, 288, 291; **vol. 14:** 155NA, 279, 284, 293, 397
Internationale Zeitschrift für Psychoanalyse (periódico), **vol. 6:** 19, 35NA, 79NA, 108NA; **vol. 9:** 125; **vol. 15:** 44NA, 62NA, 66, 94NA, 103NA, 114, 199NT, 209, 310NT, 314-5NT, 325-6NT; **vol. 16:** 174NA, 215NA, 238, 299, 350NT; **vol. 17:** 105, 218, 320, 366, 371-2; **vol. 18:** 365, 371, 375, 394-5, 397, 465NT; **vol. 19:** 317NA, 362NT
"Introjektion und Übertragung" (Ferenczi), **vol. 6:** 42NA; **vol. 9:** 280NA; **vol. 10:** 143NA; **vol. 12:** 75NT; **vol. 15:** 90NA
Inversion sexuelle (Chevalier), **vol. 6:** 32NA
Inzestmotiv in Dichtung und Sage, Das (Rank), **vol. 11:** 359NA; **vol. 12:** 283NA; **vol. 14:** 393NA; **vol. 16:** 153
Ippolito d'Este, cardeal, **vol. 8:** 326NT
Irlanda, **vol. 7:** 103
Irma (paciente), **vol. 4:** 139-54, 156, 169, 198-9, 208, 216, 334, 348, 352, 355, 358, 364, 562, 585, 649
Irmãos Karamázov, Os (Dostoiévski), **vol. 17:** 338, 345, 353, 355NT, 356; **vol. 18:** 379NA, 457
Isaac (patriarca hebreu), **vol. 19:** 66
Isaacs, S., **vol. 18:** 112NA
Isaías, profeta, **vol. 4:** 158
Ísis (deusa egípcia), **vol. 9:** 158-9; **vol. 19:** 45NA
Island Pharisees, The (Galsworthy), **vol. 5:** 183
Israel/israelitas, **vol. 4:** 488; **vol. 16:** 354-5; **vol. 18:** 97; **vol. 19:** 14, 25, 38-9, 50, 52, 55-7, 61, 63, 66, 68, 71, 73-4, 76, 82, 86, 147, 154-5
Istar (deusa mesopotâmica), **vol. 19:** 20
Itália, **vol. 3:** 265; **vol. 5:** 17, 47, 49, 55, 96, 175; **vol. 8:** 25-6, 28, 44, 56, 84, 86, 88; **vol. 11:** 280, 282NA, 389, 406; **vol. 18:** 438, 459, 466; **vol. 19:** 79
Ivan, o Terrível (tsar), **vol. 17:** 338
Iwaya, **vol. 4:** 27

Jackson, **vol. 4:** 621NA
Jacó (patriarca hebreu), **vol. 19:** 41, 66
Jahrbuch der schweizerischen Gesellschaft für Schulgesundheitspflege (periódico), **vol. 6:** 75NA; **vol. 9:** 269NA
Jahrbuch für Kinderheilkunde (periódico), **vol. 6:** 82; **vol. 9:** 270NA
Jahresbericht für Neurologie und Psychiatrie (periódico), **vol. 5:** 162
Jahrbücher für Psychiatrie und Neurologie (periódico), **vol. 6:** 32NA
Jahrbuch für Psychoanalyse (periódico), **vol. 9:** 381NA; **vol. 10:** 143NA, 232NA; **vol. 12:** 13; **vol. 14:** 14NA
Jahrbuch für psychoanalytische und psychopathologische Forschungen (periódico), **vol. 9:** 160NA, 268NA, 280NA; **vol. 10:** 13, 108, 276; **vol. 11:** 14, 111NA, 198, 223NA, 246, 271, 299, 314, 344NA; **vol. 12:** 14NA, 16NA, 23NA, 75NT; **vol. 14:** 227NA; **vol. 15:** 90NA; **vol. 16:** 133, 238; **vol. 18:** 72NA
Jahrbuch für sexuelle Zwischenstufen

ÍNDICE ONOMÁSTICO

(periódico), **vol. 6:** 20NA, 22NA, 29NA, 31-2NA
"Jahresbericht über sexuelle Perversionen" (Sadger), **vol. 15:** 128NA
James I, rei da Inglaterra, **vol. 12:** 267-8
James, W., **vol. 16:** 137
Janet, J., **vol. 2:** 31
Janet, P., **vol. 1:** 176, 204-5; **vol. 2:** 24NA, 31, 136, 153, 269, 322, 324-7, 329-30, 336, 338, 340, 355; **vol. 3:** 30, 50-1, 56, 64, 140, 155; **vol. 6:** 310, 344; **vol. 8:** 73, 340NA; **vol. 9:** 238-9, 244, 314, 316; **vol. 10:** 109, 259, 269; **vol. 11:** 280, 290, 302NT, 329, 339; **vol. 13:** 343-4; **vol. 15:** 275; **vol. 16:** 83-4, 92, 95, 107, 225-6, 231, 351; **vol. 17:** 312
Jankélévitch, **vol. 11:** 89NT
Januário, são, **vol. 5:** 26-7
Japão/japoneses, **vol. 4:** 27; **vol. 11:** 83, 94, 128, 213
Jasão (personagem mitológico), **vol. 6:** 243NT
Jaú (deus egípcio), **vol. 19:** 89
Jean Paul (F. Richter), **vol. 7:** 16, 19, 22, 29, 43, 267
Jekels, **vol. 4:** 307NA; **vol. 5:** 143, 233; **vol. 11:** 281; **vol. 12:** 71, 272
Jelgersma, **vol. 11:** 280
Jelliffe, **vol. 11:** 301; **vol. 16:** 239, 250
Jendrássik, **vol. 1:** 78
Jenner, **vol. 13:** 611
Jensen, **vol. 4:** 128NA; **vol. 8:** 18, 72, 118, 120-1; **vol. 16:** 155
Jentsch, **vol. 14:** 330, 332, 340-1, 345, 349
Jeová (Deus hebreu), **vol. 10:** 31, 354; **vol. 11:** 379; **vol. 15:** 89; **vol. 19:** 34, 50, 52-3, 55, 58-61, 65-6, 67NA, 68-70, 73-5, 86-90, 93-4, 99, 102, 130, 154, 171-2; *ver também* Adonai
Jeremias, A., **vol. 8:** 356NA
Jerusalém, **vol. 16:** 166, 354-5; **vol. 19:** 89, 159

Jerusalém libertada (Tasso), **vol. 14:** 115, 182
Jessen, **vol. 4:** 30, 36, 47, 72-3, 94, 102, 258
Jesus Cristo, **vol. 4:** 99; **vol. 5:** 65; **vol. 7:** 108, 169; **vol. 9:** 155, 185, 188NA; **vol. 10:** 39, 43NA, 357; **vol. 11:** 26, 233, 234, 238; **vol. 14:** 85-9, 91, 106, 116, 152, 154; **vol. 15:** 42, 47, 49, 53, 100, 233, 265, 268; **vol. 17:** 264, 333, 336, 353; **vol. 18:** 117; **vol. 19:** 23, 82, 122-4, 126-7, 142, 147, 302
Jetro (personagem bíblico), **vol. 19:** 51, 60
Jevons, **vol. 11:** 99, 210
João, apóstolo, **vol. 10:** 357
João, Evangelho de, **vol. 4:** 98
Jocasta (personagem mitológica), **vol. 5:** 243; **vol. 16:** 326
Jodl, **vol. 4:** 84
Jochanan (nome hebraico), **vol. 19:** 67NA
Jochanan ben Sakkai, **vol. 19:** 159
Joie de vivre, La (Zola), **vol. 6:** 166NA
Jones, E., **vol. 4:** 307NA, 312NA, 395, 398, 433, 447, 463, 570NA; **vol. 5:** 62, 119, 125, 138, 162, 168, 174, 178, 195, 199, 203, 211, 215, 224, 266NA, 269, 293, 314, 336, 338; **vol. 8:** 17NT, 428NT; **vol. 9:** 53NA, 231NA; **vol. 10:** 65, 256NT, 276, 330; **vol. 11:** 278-80, 299, 302, 308, 335NA, 411; **vol. 13:** 74NA, 75; **vol. 14:** 168NA, 289, 382, 384-5, 398; **vol. 15:** 318; **vol. 16:** 139, 153, 239; **vol. 17:** 187, 321, 372; **vol. 18:** 59NA, 112NA, 183-6, 397; **vol. 19:** 123NA
Jones, K., **vol. 15:** 320
Jordão, rio, **vol. 19:** 55
José II, imperador, **vol. 10:** 178; **vol. 14:** 292
José do Egito (personagem bíblico), **vol. 4:** 128, 376, 533NA
Josef Montfort (Schaeffer), **vol. 14:** 363

ÍNDICE ONOMÁSTICO

Josef, imperador, **vol. 4:** 468
Josefo, Flávio, **vol. 4:** 376; **vol. 19:** 22NA, 43NA, 302
Josué (personagem bíblico), **vol. 19:** 51, 59, 62, 66
Journal of Abnormal Psychology (periódico), **vol. 9:** 53NA; **vol. 11:** 301
Journal of American Folklore (periódico), **vol. 11:** 169
Journal of Mental Science (periódico), **vol. 9:** 143NA
Journal of Neurology and Psychopathology (periódico), 42NA
Judá, reino de, **vol. 19:** 56
Judas, **vol. 10:** 320
Judeia, **vol. 19:** 126
Jüdische Presszentrale Zürich (jornal), **vol. 16:** 353NT
Jüdisches Lexikon (Herlitz e Kirschner), **vol. 19:** 15
Judite e Holofernes (Hebbel), **vol. 9:** 385
Júlio II, papa, **vol. 11:** 376, 400, 405
Júlio César *ver* César, Júlio
Júlio César (Shakespeare), **vol. 4:** 469; **vol. 5:** 163NA; **vol. 9:** 40; **vol. 14:** 373
Jullien, **vol. 6:** 191NA
Jung, **vol. 4:** 164NA, 377, 433, 436, 463NA, 580NA, 582NA; **vol. 5:** 35-6, 40, 44-6, 140, 152NT, 295, 337, 339-40, 343NA; **vol. 6:** 137; **vol. 8:** 17NT, 72, 287-8, 290NA, 392, 428NT; **vol. 9:** 71NT, 249, 252-3, 268, 279, 292, 353NT, 381; **vol. 10:** 47, 66, 79, 93NA, 101, 104NA, 106, 136, 138, 166NA, 231, 232NA, 276; **vol. 11:** 14, 97, 223, 229, 246NT, 261, 271-5, 277-8, 285, 295-300, 302NT, 312, 315-6, 318-9, 321-2, 324-7, 341, 355NA, 356; **vol. 12:** 15, 22, 143, 208; **vol. 13:** 69NA, 146, 360, 496, 546; **vol. 14:** 14NA, 74, 130, 133, 137, 153, 182NA, 224; **vol. 16:** 133, 136-9, 143, 149, 156, 237-8, 240, 243; **vol. 17:** 320-1; **vol. 18:** 85, 377NT; **vol. 19:** 256NT

Jungferngift, Das (Anzengruber), **vol. 9:** 384; **vol. 15:** 151NT, 292, 298, 300, 303, 305
Jungle Book, The (Kipling), **vol. 8:** 427-8
Júpiter/Jovis (deus romano), **vol. 8:** 22; **vol. 19:** 67NA; *ver também* Zeus (deus grego)
Justi, **vol. 11:** 378, 382-5, 399

K., sr. (no caso Dora), **vol. 6:** 197, 199-201, 202NA, 205, 207-10, 212-5, 224, 238-40, 244, 246, 248-50, 252-4, 256-8, 270-1, 273-4, 276-8, 280, 283, 285, 290, 297, 299-304, 305-6NA, 315-6, 318-9
K., sra. (no caso Dora), **vol. 6:** 197-8, 206-8, 210-2, 214-5, 218-9, 223, 225, 233, 236-7, 241-5, 249-50, 254, 270, 274, 277, 289-90, 298NA, 303, 306NA, 317NA, 319
Kaan, **vol. 1:** 156NA; **vol. 3:** 83
Kalewipoeg (epopeia estoniana), **vol. 10:** 303
Kammerer, **vol. 14:** 356NA
Kant, **vol. 4:** 96, 100, 121, 553; **vol. 7:** 21, 282; **vol. 10:** 47; **vol. 11:** 15; **vol. 12:** 107; **vol. 14:** 190; **vol. 16:** 197; **vol. 19:** 365
Kaplan, **vol. 13:** 14
Kapp, **vol. 5:** 255
Kardos, **vol. 5:** 281
Karl M., **vol. 13:** 237NA
Karna (personagem mitológica), **vol. 19:** 20
Karplus, **vol. 2:** 301NA
Kassowitz, **vol. 16:** 85
Kästner, **vol. 7:** 185, 294
Katharina (paciente), **vol. 2:** 180-194, 366
Kaulbach, **vol. 16:** 49
Kauss, **vol. 9:** 391
Kautsky, **vol. 16:** 78NT
Kazowsky, **vol. 4:** 119NA
Keane, **vol. 11:** 170
Keimplasma, Das (Weismann), **vol. 14:** 213NA, 229NA

ÍNDICE ONOMÁSTICO

Keller, **vol. 4:** 286; **vol. 5:** 149; **vol. 8:** 427; **vol. 10:** 105NA
Kelsen, **vol. 15:** 39NA
Kempner, **vol. 7:** 306-7
Kepler, **vol. 11:** 294; **vol. 18:** 342
Kielholz, **vol. 11:** 299
Kiernan, **vol. 6:** 28
Kinderfehler, Die (revista), **vol. 6:** 74NA
Kinship and Marriage (Smith), **vol. 15:** 69NA
Kipling, **vol. 8:** 427-8
Klein (criminalista), **vol. 5:** 343NA; **vol. 8:** 290
Klein, M., **vol. 16:** 161NA; **vol. 18:** 101NA, 112NA, 395
Klein-Friedrichsberg, hospício de, **vol. 1:** 15
"Kleiner Hahnemann, Ein" (Ferenczi), **vol. 11:** 200NA
Kleinpaul, **vol. 5:** 25; **vol. 7:** 135NA, 185NA; **vol. 11:** 99-100
Kleintitschen, **vol. 11:** 32NA
Klementine, K., **vol. 13:** 237NA
Klinger, **vol. 14:** 339
"Klinische Beiträge zur Psychoanalyse" (Abraham), **vol. 15:** 62NA
Knapp, **vol. 11:** 384, 399
Kneipp, **vol. 3:** 101, 246
Knight, R., **vol. 9:** 163NA
Knox, **vol. 5:** 181
Koch, **vol. 13:** 611
Koeppel, **vol. 6:** 41INT, 166NT
Koller, **vol. 4:** 205-6; **vol. 16:** 86
Kölliker, **vol. 1:** 191
Kölnische Zeitung (jornal), **vol. 9:** 311
Komik und Humor (Lipps), **vol. 7:** 16NA, 28, 210
Komische, Das (Überhorst), **vol. 7:** 99
"König Karls Meerfahrt" (Uhland), **vol. 13:** 266
Königstein, **vol. 1:** 33; **vol. 4:** 206, 208, 211, 323; **vol. 16:** 86
Konstantinowa, A., **vol. 9:** 114NA, 181, 185NA
Körner, **vol. 4:** 134; **vol. 15:** 312

Kraepelin, **vol. 7:** 19; **vol. 10:** 83, 99; **vol. 12:** 15, 139
Krafft-Ebing, **vol. 1:** 70; **vol. 6:** 20NA, 31, 32NA, 51, 54NA, 131, 229; **vol. 8:** 365; **vol. 9:** 148, 365; **vol. 11:** 264
Kraskovic, **vol. 15:** 32NA
Krauss/Krauß, **vol. 4:** 62-3, 119-21, 123, 398; **vol. 7:** 42; **vol. 8:** 384; **vol. 9:** 76, 393; **vol. 13:** 219; **vol. 18:** 73NA
Kreuzlingen, **vol. 11:** 282
Kriegk, **vol. 7:** 185
Kriegsneurosen und "Psychisches Trauma" (Simmel), **vol. 14:** 400; **vol. 15:** 49NA
Kuhlenbeck, **vol. 10:** 87NA
Künstler. Versuch einer Sexualpsychologie, Der (Rank), **vol. 5:** 206; **vol. 9:** 279; **vol. 10:** 118NA; **vol. 11:** 286, 359NA; **vol. 14:** 227NA
Kupka, **vol. 18:** 456NT
"Küstenbewohner der Gazellen-Halbinsel, Die" (Kleintitschen), **vol. 11:** 32NA
Kurz, **vol. 5:** 56-7

Labeo, **vol. 7:** 52NT
Labirinto de Minos, **vol. 19:** 100
Ladd, **vol. 4:** 57-8, 642
Laforgue, **vol. 17:** 105, 304
Lainz, **vol. 8:** 151, 154-5, 164, 176, 191, 195, 212, 220, 225, 229, 264
Lampl-de Groot, **vol. 18:** 288, 374, 394-5
Landauer, **vol. 12:** 182
Landquist, **vol. 4:** 21
Lang, **vol. 6:** 186NA; **vol. 11:** 20, 30, 168, 170, 172, 174, 179, 183, 186, 194-5
Lange, **vol. 2:** 285
Lanzer, **vol. 9:** 112NT
Lanzone, **vol. 9:** 151NA, 158NA
Laplanche, **vol. 10:** 110NT, 208NT, 217NT
Laquese, **vol. 10:** 312
Lapsos verbais e de leitura (Meringer e Mayer), **vol. 5:** 78
Lasch, **vol. 18:** 400NA
Lasègue, **vol. 4:** 119NA

ÍNDICE ONOMÁSTICO

Lasker, **vol. 4:** 341-2

Lassalle, **vol. 4:** 341-3; **vol. 7:** 118

Last, H., **vol. 18:** 21NA

Lauer, **vol. 4:** 27

Lavoisier, **vol. 18:** 342

Lays of Ancient Rome (Macaulay), **vol. 19:** 101NA

Lázaro (Heine), **vol. 8:** 427

Le Bon, **vol. 15:** 16-20, 21NA, 24-5, 28, 30-2, 34, 37, 40, 77, 79, 91-2

Le Lorrain, **vol. 4:** 51, 93, 544, 619NA

Le Poitevin, **vol. 9:** 76NA

Leben des Traums, Das (Scherner), **vol. 5:** 444NA; **vol. 11:** 263NT

Lebendigen und die Toten in Volks--glauben, Religion und Sage, Die (Kleinpaul), **vol. 11:** 100NT

Lebenserinnerungen (Falke), **vol. 7:** 26NA, 103

Leçons cliniques sur l'hystérie et l'hypnotisme (Pitres), **vol. 2:** 254NT

Leçons du mardi à la Salpêtrière (Charcot), **vol. 1:** 80NA, 160NA, 165, 171; **vol. 5:** 220NT; **vol. 16:** 84NT

Leçons sur les maladies du système nerveux (Charcot), **vol. 1:** 36NA, 342-3

Leda (pintura de Da Vinci), **vol. 9:** 119, 192

Lederer, **vol. 5:** 43-4

Leemans, **vol. 9:** 152NT

Lehmann, **vol. 4:** 59

Lehrbuch der gesamten Psychotherapie (Löwenfeld), **vol. 6:** 333

Leiden eines Knaben, Die (Meyer), **vol. 4:** 517

Leipzig, **vol. 1:** 15NT

Leipziger Illustrierte (jornal), **vol. 5:** 148

Lélut, **vol. 4:** 121

Lemoine, **vol. 4:** 82

Léonard de Vinci (Müntz), **vol. 9:** 122NA, 153NA

Leonardo biologo e anatomico (Botrazzi), **vol. 9:** 122NA, 131NA

Leonardo da Vinci, **vol. 6:** 336; **vol. 8:** 428NT; **vol. 9:** 114-219; **vol. 11:** 286, 370; **vol. 16:** 154; **vol. 18:** 358; **vol. 19:** 150

Leonardo da Vinci (Merejkóvski), **vol. 8:** 427

Leonardo da Vinci (Rosenberg), **vol. 9:** 188NA

Leonardo da Vinci (Vecce), **vol. 9:** 141NA

Leonardo da Vinci, der Wendepunkt der Renaissance (Seidlitz), **vol. 9:** 120NA

Leonardo da Vinci: Der Denker, Forscher und Poet (Herzfeld), **vol. 9:** 124

Leonardo da Vinci: Um romance biográfico (Merejkóvski), **vol. 9:** 130NA

Leonardo pittore (Conti), **vol. 9:** 180NA

Leper, ilha de, **vol. 11:** 31

Leroy, **vol. 4:** 551-2; **vol. 17:** 373NT, 375NT

Leslie, **vol. 11:** 37NA

Lessing, **vol. 6:** 368NT; **vol. 7:** 104, 132; **vol. 16:** 151

"Lessons of Leonardo, The" (Stannard), **vol. 9:** 143NT

Lettres de femmes (Prévost), **vol. 8:** 410

Leuret, **vol. 4:** 579

Leute von Seldwyla (Keller), **vol. 8:** 427

Leviatã (Hobbes), **vol. 4:** 594

Levico (Itália), **vol. 5:** 175-6

Levítico, Livro de, **vol. 5:** 175NT

Levy, K., **vol. 5:** 167

Levy, L., **vol. 13:** 219

Leyden, **vol. 1:** 345-6

Lichtenberg, **vol. 5:** 156, 297-8; **vol. 7:** 52, 87, 89NA, 96-7, 102, 104, 109-10, 112, 119-21, 123-4, 131, 133-4, 147, 202-3; **vol. 9:** 95NA; **vol. 11:** 327; **vol. 13:** 51, 95; **vol. 18:** 427

Lido de Veneza, **vol. 5:** 418-9

Liébeault, **vol. 1:** 87, 97, 99-100, 137; **vol. 2:** 158; **vol. 3:** 31; **vol. 4:** 623NA; **vol. 6:** 333; **vol. 8:** 235; **vol. 10:** 269, 340; **vol. 11:** 249; **vol. 16:** 90, 224

Liebesleben in der Natur, Das (Bölsche), **vol. 13:** 471INT

ÍNDICE ONOMÁSTICO

Liebknecht, **vol. 16:** 78NT
Liégeois, **vol. 1:** 97, 103
Liérmontov, **vol. 14:** 94NT
Life and Times of Ikhnaton, The (Weigall), **vol. 19:** 37NA
Liga das Nações, **vol. 18:** 417-8, 424
Liga Hanseática, **vol. 12:** 232
Lilium martagon (lírio), **vol. 2:** 144NT
Lina, srta., **vol. 9:** 20, 45
Lindner, **vol. 6:** 82-3; **vol. 9:** 270; **vol. 13:** 416-7; **vol. 16:** 289
Lipps, **vol. 4:** 261-2, 665-6, 668; **vol. 7:** 16, 18-21, 23, 27-30, 43, 57, 101, 200, 210, 220, 231, 267NA, 277NA, 282, 286NA, 332-3NA; **vol. 19:** 207, 359
Lipschütz, **vol. 6:** 37NA, 79NA, 132; **vol. 14:** 216NA, 227; **vol. 15:** 148NA
Literary Works of Leonardo da Vinci, The (Richter), **vol. 9:** 122NA
Lituânia, **vol. 16:** 77
Lívio, Tito, **vol. 4:** 444NA
Livônia, **vol. 2:** 75
Livro de imagens sem imagens (Andersen), **vol. 2:** 51
Livro disso, O (Groddeck), **vol. 16:** 210NT
Lloyd, **vol. 4:** 59; **vol. 11:** 406-8
"Lobo e os sete cabritinhos, O" (conto de fadas), **vol. 10:** 298-9; **vol. 14:** 36, 44-7, 55-6, 59
Loch Ness (Escócia), **vol. 18:** 439
Loeb, **vol. 1:** 25; **vol. 14:** 218
Löffler, **vol. 8:** 286
Logea, **vol. 11:** 71
Lois de l'imitation, Les (Tarde), **vol. 15:** 40NA
Lomazzo, **vol. 9:** 119
Londres, **vol. 11:** 299; **vol. 17:** 187, 320; **vol. 18:** 23, 183, 349, 362
Looney, **vol. 16:** 153NA
López-Ballesteros, **vol. 4:** 21; **vol. 6:** 41INT; **vol. 9:** 148NT; **vol. 10:** 109NT, 126NT, 135NT; **vol. 11:** 89NT, 282NA; **vol. 12:** 25NT, 59NT, 103NT, 166NT; **vol. 14:** 281NT; **vol. 16:** 342

Lorenz, **vol. 18:** 400NA
Lorenzo di Medici, **vol. 7:** 157NA
Lott, **vol. 1:** 150
Louise da Saxônia, princesa, **vol. 7:** 176
Love's Labours Lost (Shakespeare), **vol. 7:** 206
Low, **vol. 14:** 228; **vol. 16:** 186
Löwenfeld, **vol. 3:** 13, 119-22, 124-30, 132, 138; **vol. 6:** 20NA, 333, 371-5; **vol. 8:** 30INA; **vol. 9:** 82NA; **vol. 11:** 284; **vol. 13:** 327
Löwinger, **vol. 4:** 27
Lozano, **vol. 11:** 95NA
Lubbock, **vol. 4:** 24; **vol. 11:** 36, 171
Lübke, **vol. 11:** 378-9, 381, 399
Lucrécio, **vol. 4:** 31
Lucy, R. (paciente), **vol. 2:** 155-80, 209, 365; **vol. 3:** 53NA
Ludwig, E., **vol. 18:** 204NT
Ludwig, O., **vol. 3:** 185, 283
Luini, **vol. 9:** 170
Luís XIV, rei da França, **vol. 13:** 136NT; **vol. 18:** 54
Luís XV, rei da França, **vol. 7:** 56; **vol. 19:** 62NA
Lusitânia (navio), **vol. 5:** 168
Lutando contra os bacilos do cérebro (Biedenkapp), **vol. 6:** 376
Lutero, **vol. 5:** 343NT; **vol. 11:** 401
"Lutscherli, Das" **vol. 6:** (Galant), 84NA
Lydston, **vol. 6:** 28
Lyrisches Intermezzo (Heine), **vol. 5:** 35NT
Lys rouge, Le (Anatole France), **vol. 4:** 112NA

Maass, **vol. 4:** 30
Maat (deusa egípcia), **vol. 19:** 29, 32, 74-5, 84
Macamas (Hariri), **vol. 14:** 239
Macario, **vol. 4:** 121, 547
Macaulay, **vol. 19:** 101NA
Macbeth (Shakespeare), **vol. 2:** 349NA; **vol. 3:** 76; **vol. 4:** 307; **vol. 5:** 331-3; **vol. 8:** 29, 426; **vol. 11:** 70; **vol. 12:**

ÍNDICE ONOMÁSTICO

264-73; **vol. 13:** 128; **vol. 14:** 305NT, 346, 373
Macduff, **vol. 9:** 345
Mach, **vol. 2:** 298NA; **vol. 14:** 369NA; **vol. 18:** 416
Macmillan, M., **vol. 1:** 10NT; **vol. 11:** 387NT
Macmillans Magazine (revista), **vol. 7:** 208NA
Macnish, **vol. 4:** 48
Macróbio, **vol. 4:** 26
Madagascar, **vol. 11:** 42, 94
Madame Tussauds, museu de cera de, **vol. 7:** 103
"Mädchen aus der Fremde, Das" (Schiller), **vol. 10:** 172NT
"Mädchen von Orleans, Das" (Schiller), **vol. 9:** 114NT
Madona de santo Onofre (pintura de Da Vinci), **vol. 9:** 119
Madona Sistina (pintura de Rafael Sanzio), **vol. 6:** 287, 292NA, 316
Maeder, **vol. 4:** 394NA, 632NA; **vol. 5:** 223, 279, 294-5, 307; **vol. 10:** 79NA, 87NA; **vol. 11:** 280, 314, 335NA; **vol. 13:** 74NA, 77, 320; **vol. 15:** 190
"Magic Art and the Evolution of Kings, The" (Frazer), **vol. 11:** 89NA
Magnan, **vol. 6:** 25
Magno, A., **vol. 4:** 593NA
Mahabharata (épico indiano), **vol. 19:** 20NT
Mahony, **vol. 6:** 320NT; **vol. 9:** 112NT
Maintenon, madame de, **vol. 7:** 294
Mammon, **vol. 8:** 356
Man of Property, The (Galsworthy), **vol. 18:** 181
Maneto, **vol. 19:** 146NA
Manfred (Byron), **vol. 10:** 33NA, 60
Mann, T., **vol. 18:** 470
Mantegazza, **vol. 6:** 198, 244
Marcinowski, **vol. 4:** 344, 400, 463NA; **vol. 11:** 282; **vol. 14:** 180, 313
Marco Antônio (cônsul romano), **vol. 5:** 95

Marcondes, D., **vol. 9:** 222-3NT, 282NT
Marett, **vol. 11:** 142NA, 144
Maria, santa *ver* Virgem Maria
Maria Teresa, imperatriz, **vol. 4:** 473
Marillier, **vol. 11:** 214NA
Markuszewicz, **vol. 15:** 66NA
Mars Gradivus (deus romano), **vol. 8:** 68
Marx/marxismo, **vol. 18:** 347-51
Massá, **vol. 19:** 52
"Massen und Sozialpsychologie im kritischen Überblick, Die" (Moede), **vol. 15:** 32NA
Masséna, **vol. 4:** 234
Masturbation, Die (Rohleder), **vol. 6:** 90NA
Mateus, Evangelho de, **vol. 4:** 99
Mathilde H. (paciente), **vol. 2:** 235-6NA
Maupas, **vol. 14:** 217
Maupassant, **vol. 4:** 332
Maury, **vol. 4:** 30, 32, 36, 39-40, 49-50, 52, 54, 56-7, 60, 82-4, 86-7, 89, 93, 102-4, 107, 119, 121, 123, 225, 243, 544-6, 568NA, 581NA, 627; **vol. 13:** 115, 122, 125
Mauss, **vol. 11:** 125, 214NA
Max Havelaar (Multatuli), **vol. 8:** 316NT
Max-Müller, **vol. 11:** 170
Mayer, **vol. 5:** 78, 81-3, 87, 89, 115, 118-9, 221, 367; **vol. 13:** 41-2, 55, 57
McDougall, **vol. 15:** 34, 36-8, 40, 42NA, 50-2, 79
McLennan, **vol. 11:** 21, 156, 169, 187
McLintock, **vol. 9:** 148NT
Médecin malgré lui, Le (Molière), **vol. 13:** 375NT
Medeia (personagem mitológica), **vol. 6:** 243
Médici, os, **vol. 5:** 232, 301, 312
Mediterrâneo, **vol. 19:** 41, 67NA, 145
Medizin der Gegenwart, Die (Grote), **vol. 16:** 352
Medusa (personagem mitológica), **vol. 7:** 303; **vol. 15:** 326-7; **vol. 16:** 174; **vol. 18:** 149

ÍNDICE ONOMÁSTICO

Meeres und der Liebe Wellen, Des (Grillparzer), **vol. 15:** 198NT
Mefistófeles (personagem literário), **vol. 2:** 129; **vol. 9:** 77NA; **vol. 17:** 130
Meijer, **vol. 13:** 14
Melanésia, **vol. 11:** 31, 90
"Melanesians, The" (Codrington), **vol. 11:** 31NA
Mélinaud, **vol. 7:** 333NA
Melissa, lenda de, **vol. 13:** 219
Melusina (personagem lendária), **vol. 5:** 399; **vol. 8:** 303
Melzi, **vol. 9:** 129, 169
Memórias de um doente dos nervos (Schreber), **vol. 10:** 15-6, 22, 25, 27NA, 29, 30NA, 39, 50, 55NA, 56, 59, 60NA, 62NA, 63, 66, 67NA, 76, 77NT; **vol. 11:** 145NA; *ver também* Schreber (paciente)
Mendel, **vol. 1:** 25, 157NA
Ménière, **vol. 1:** 24, 100
"Mensch und das Feuer, Der" (Schaeffer), **vol. 18:** 400NT
"Menschen und Weltenwerden" (Ziegler), **vol. 14:** 231INA
Mental Development in the Child and the Race (Baldwin), **vol. 6:** 74NA
Mercador de Veneza, O (Shakespeare), **vol. 5:** 137; **vol. 10:** 302-4; **vol. 13:** 49
Meredith, **vol. 5:** 139
Merejkóvski, **vol. 8:** 427; **vol. 9:** 130, 141, 170NA, 174NA, 184NA, 197
Meribá-Cades, **vol. 19:** 50, 52
Meringer, **vol. 5:** 78-82, 84-5, 87, 89, 92, 115, 117-9, 221, 367; **vol. 13:** 41-2, 45, 55, 57, 65
Merneptah (faraó), **vol. 19:** 44NA, 71-2, 86-7
Mesmer, **vol. 1:** 96
Mesopotâmia, **vol. 4:** 129; **vol. 19:** 33
Messias, o, **vol. 11:** 317; **vol. 17:** 268; **vol. 18:** 352; **vol. 19:** 126, 147
"Metafísica do amor sexual" (Schopenhauer), **vol. 16:** 260NT
Meyer, **vol. 4:** 48, 159, 517; **vol. 5:** 325; **vol. 8:** 247, 427-8; **vol. 19:** 22, 25NA, 50-3, 55, 66, 72, 86
Meyer-Rinteln, **vol. 9:** 311
Meyerson, **vol. 4:** 21
Meynert, **vol. 1:** 14, 28, 69, 78, 89, 91-4; **vol. 2:** 267NA; **vol. 4:** 261, 290, 482-3; **vol. 10:** 99; **vol. 12:** 162; **vol. 16:** 80-1, 87, 179
Michelangelo, **vol. 9:** 118, 122, 125; **vol. 11:** 376-7, 379-80, 385, 387-8, 392, 395, 399, 401, 404-6, 409, 411
Michelet, **vol. 7:** 87
Midas (personagem mitológico), **vol. 2:** 298
Midiã/midianita(s), **vol. 19:** 40, 50-3, 55, 58, 60-1, 65, 68, 71, 73, 86
Mikhailovitch, **vol. 17:** 345
Miller, **vol. 17:** 345NA
Milton, **vol. 4:** 168-9; **vol. 8:** 427
Minna von Barnhelm (Lessing), **vol. 16:** 151NT
Minos/cultura minoico-micênica, **vol. 19:** 67NA, 100
Mistério do sono, O (Bigelow), **vol. 6:** 377
Mitchell, **vol. 1:** 61, 345-6; **vol. 11:** 411
Mito do nascimento do herói, O (Rank), **vol. 6:** 148NA; **vol. 8:** 198NA, 419; **vol. 10:** 67NA, 303NA; **vol. 19:** 18
Mitra (deus persa), **vol. 11:** 233; **vol. 19:** 123NA
Miura, **vol. 4:** 27
Möbius/Moebius, **vol. 1:** 174, 211-2, 215-6; **vol. 2:** 25NA, 264-6, 270, 304-5, 311, 346, 353NA, 354-5; **vol. 3:** 82, 92; **vol. 6:** 20NA, 25NA, 71, 334; **vol. 8:** 383; **vol. 11:** 249; **vol. 17:** 290NT
Moede, **vol. 15:** 32NA
Moiras (personagens mitológicas), **vol. 10:** 310-1, 313; **vol. 16:** 198; **vol. 17:** 250
Moisés, **vol. 11:** 244, 376-83, 385-8, 391-2, 394, 398-407, 409, 411-2; **vol. 13:** 17, 25, 217; **vol. 15:** 89, 197
Molière, **vol. 4:** 569; **vol. 13:** 375

ÍNDICE ONOMÁSTICO

Moll, **vol. 6:** 20NA, 68NA, 75NA, 83NT; **vol. 7:** 141NA; **vol. 8:** 245

Mona Lisa (pintura de Da Vinci), **vol. 9:** 120, 178-85, 188NA, 190, 214, 218

Mônaco, **vol. 13:** 149, 152

Monatsschrift für Geburtshilfe und Gynäkologie (periódico), **vol. 2:** 354NA

Monatsschrift für Psychiatrie und Neurologie (periódico), **vol. 5:** 15; **vol. 6:** 261NA

mongóis, **vol. 11:** 94

Monna Lucia, **vol. 9:** 186

Monsieur Nicolas (Restif de La Brétonne), **vol. 8:** 404NA

Monstier, **vol. 11:** 86NA

Monte Carlo, **vol. 13:** 149

Monumento à Liberdade (Brescia), **vol. 5:** 48

Morávia, **vol. 3:** 313; **vol. 19:** 369

Moreau, **vol. 4:** 121

Morell, **vol. 11:** 389

Morgan, **vol. 11:** 26, 187

Mosche (Moisés), etimologia egípcia de, **vol. 19:** 14-6; *ver também* Moisés

Moscou, **vol. 1:** 18

Moses of Michelangelo, The (Lloyd), **vol. 11:** 406NA

"Mosessagen und die Leviten, Die" (Meyer), **vol. 19:** 25NA

Muito barulho por nada (Shakespeare), **vol. 8:** 279

Mulher, A (Michelet), **vol. 7:** 87

Mulher e o socialismo, A (Bebel), **vol. 1:** 349-50

Müller, **vol. 4:** 56-7, 543; **vol. 5:** 195; **vol. 11:** 71NA

Multatuli, **vol. 8:** 316, 427-8; **vol. 16:** 198; **vol. 17:** 297NT

Mundo como vontade e representação, O (Schopenhauer), **vol. 10:** 109NA; **vol. 11:** 257; **vol. 16:** 260NT

Munk, **vol. 1:** 25

Munique, **vol. 6:** 371; **vol. 8:** 122; **vol. 11:** 298-9, 302, 319

Müntz, **vol. 9:** 122NA, 153NA, 179, 193NA, 200NA, 206NA, 207; **vol. 11:** 378-9

Musset, **vol. 7:** 40NA

Mut (deusa egípcia), **vol. 9:** 151, 158-9, 164, 311

Muther, **vol. 9:** 179, 185-6, 192, 201

Myers, **vol. 4:** 37

Mystic Rose: A Study of Primitive Marriage, The (Crawley), **vol. 9:** 367NA; **vol. 11:** 36

Mythus und Religion (Wundt), **vol. 11:** 22, 43NT, 49NT, 98NT, 121NT, 144NT

Mythus von der Geburt des Helden, Der (Rank), **vol. 9:** 346NA

N., sr., chistes do, **vol. 7:** 36-42, 45, 51, 148-9, 169, 191, 215

"Na casa gótica" (Jensen), **vol. 8:** 121

Nabab, Le (Daudet), **vol. 4:** 332-3, 540; **vol. 5:** 204-5

Nachmansohn, **vol. 6:** 18-9; **vol. 15:** 44

Nachtragsband, **vol. 1:** 9NT, 58NT, 65NT

Näcke, **vol. 4:** 442; **vol. 6:** 137NA; **vol. 12:** 14; **vol. 13:** 549

Nancy (França), **vol. 1:** 64, 69, 84, 94, 97, 100, 102-3, 137

Nansen, **vol. 18:** 418

Napoleão, **vol. 4:** 234, 272-3; **vol. 7:** 36-8, 48, 56, 148; **vol. 9:** 362; **vol. 10:** 77; **vol. 15:** 48; **vol. 16:** 211; **vol. 18:** 54, 448; **vol. 19:** 16

Nápoles, **vol. 5:** 26-7

Narciso, mito de, **vol. 9:** 167; **vol. 14:** 243

Natural History (Bacon), **vol. 11:** 131

Natural History of Religion (Hume), **vol. 11:** 124

"Natureza, A" (Goethe), **vol. 5:** 416

Nausícaa (personagem mitológica), **vol. 5:** 149

Neemias (personagem bíblico), **vol. 19:** 63, 69

Nefertiti (rainha egípcia), **vol. 19:** 33NA

Negelein, **vol. 4:** 27

Neith (deusa egípcia), **vol. 9:** 159

ÍNDICE ONOMÁSTICO

Nelken, vol. 11: 285NT
Nelson, vol. 4: 41
Nergal, vol. 8: 356NA
Nero, imperador romano, vol. 18: 22
"Nervosität und neurasthenische Zustände" (Von Krafft-Ebing), vol. 8: 365NA
Nestroy, vol. 7: 123, 299; vol. 13: 426NT, 468; vol. 14: 375; vol. 15: 52; vol. 17: 139; vol. 19: 291, 339
Neue Arbeiten zur ärztlichen Psychoanalyse (periódico), vol. 16: 299
Neue Blätter für Literatur und Kunst (periódico), vol. 8: 426NT
Neue Jahrbücher für das klassische Altertum (periódico), vol. 14: 231NA
Neufeld, vol. 17: 362NA
Neugebauer, vol. 6: 29NA
Neurasthenische Angstaffekt bei Zwangsvorstellungen und der primordiale Grübelzwang, Der (Kaan), vol. 1: 156NA; vol. 3: 83NA
Neurologisches Zentralblatt (periódico), vol. 1: 18, 157NA, 208; vol. 2: 14NA, 18NA, 104NA, 211NA, 302, 351NA; vol. 3: 51, 90, 117, 145, 160, 165, 233; vol. 6: 84NA, 350NA, 352NA, 355NA
Neveu de Rameau, Le (Diderot), vol. 13: 449; vol. 18: 456; vol. 19: 254NT
Névroses et idées fixes I (Les rêveries subconscientes) (Janet), vol. 8: 340NA; vol. 10: 109NA
New Judaea, The (jornal), vol. 16: 354NT
New View of Insanity, A (Wigan), vol. 11: 367NT
Newton, vol. 18: 342
Nicobar, vol. 11: 94, 98NA
Nicolau de Verdun, vol. 11: 411-2
Nietzsche, vol. 4: 372NT, 468NT, 600-1; vol. 5: 45-6, 201NA, 406NT; vol. 9: 44, 249NT; vol. 10: 73, 194NT; vol. 11: 257; vol. 12: 64NT, 145NT, 178NT, 235NT, 286; vol. 16: 29NA, 148, 197NT; vol. 17: 71NT; vol. 18: 150NT, 212, 298NT, 360NT, 444NT; vol. 19: 90NT, 362
Nilo, rio, vol. 19: 15, 23, 46NA, 89
Nilo, são, vol. 11: 212, 234
Nimrod (personagem bíblico), vol. 13: 25
Nirvana, vol. 19: 261
Niue, ilha, vol. 11: 82
"Noiva de Corinto, A" (Goethe), vol. 5: 32, 34, 38, 58
Noiva de Messina, A (Schiller), vol. 2: 291NT; vol. 12: 267NT; vol. 14: 212NT; vol. 15: 317NT
Nordbahn, vol. 8: 214
Nordenskjöld, vol. 4: 165NA; vol. 13: 177
Nordsee, Die (Heine), vol. 18: 264
Nornas, vol. 10: 310-1
Norwich, vol. 11: 132
Nothnagel, vol. 1: 14, 211; vol. 3: 311, 313; vol. 16: 82, 85
"Notiz zur Freudschen Hypothese über die Zähmung des Feuers" (Erlenmeyer), vol. 18: 400NT
Nova Britânia, vol. 11: 32
Nova Caledônia, vol. 11: 31, 217
Nova Gales do Sul, vol. 11: 23
Nova Guiné, vol. 11: 71-2, 93
Nova York, vol. 11: 301
Nova Zelândia, vol. 11: 76
Novas conferências (Charcot), vol. 16: 83
Novas Hébridas, vol. 11: 31
Novo Meclemburgo, vol. 11: 32
Novo México, vol. 11: 213
Novo Testamento, vol. 13: 218; vol. 14: 367
Novos poemas (Heine), vol. 12: 29NT
Nowoje Wremja (periódico), vol. 17: 345NA
Núbia, vol. 19: 33, 36
"Nuit de Raymonde, La" (Prévost), vol. 8: 410NA
Números, Livro de, vol. 19: 42NT, 50NT, 70NT, 87NT
Nunberg, vol. 18: 463
Nuremberg, vol. 11: 293, 296-8, 300

Oberländer, **vol. 13:** 510
Obersteiner, **vol. 1:** 93, 348
"Objektive Diagnose der Homosexualität, Die" (Hirschfeld), **vol. 6:** 32NA
Oceania, **vol. 11:** 21
Ocidente, **vol. 9:** 161NA, 296
Ocrísia, **vol. 18:** 404NT
Odes (Horácio), **vol. 2:** 331NT; **vol. 17:** 366NT
Odier, dr., **vol. 15:** 324
Odin (deus nórdico), **vol. 4:** 254NA
Odisseia (Homero), **vol. 4:** 289, 604NA; **vol. 5:** 148-9; **vol. 12:** 238; **vol. 17:** 172NT
Offenbach, **vol. 4:** 537; **vol. 13:** 145; **vol. 14:** 341
Ofterdingen, **vol. 4:** 113
"Okkulte Vorgänge während der Psychoanalyse" (Deutsch), **vol. 18:** 188NT
Oldham, **vol. 5:** 270NA
Ondas do mar e do amor, As (Grillparzer), **vol. 4:** 252
Oneirocritica (Artemidoro), **vol. 4:** 660NA
Oppenheim, **vol. 1:** 23; **vol. 2:** 270NA, 287, 343NA, 348; **vol. 3:** 56; **vol. 9:** 395
Oppert, **vol. 13:** 314
Oresteia (Ésquilo), **vol. 19:** 158
Orestes (personagem mitológico), **vol. 19:** 256NT
Orfeu (personagem mitológico), **vol. 11:** 234, 236
Oriente, **vol. 13:** 220; **vol. 17:** 156; **vol. 19:** 131, 153
"Origem da linguagem" (Abel), **vol. 9:** 310
Origem e desenvolvimento das noções morais (Westermarck), **vol. 11:** 99
Orlando Furioso (Ariosto), **vol. 8:** 326NT
Orléans, **vol. 7:** 56
Ormuz, **vol. 10:** 32, 60, 72
Orvieto (Itália), **vol. 3:** 265, 267; **vol. 5:** 16-7, 29, 30NA
Oseias (profeta hebreu), **vol. 19:** 54
Osíris (deus egípcio), **vol. 19:** 31, 37, 40

Ossipow, **vol. 5:** 348
Ostende, **vol. 7:** 82, 161
Otelo (Shakespeare), **vol. 4:** 213; **vol. 15:** 212NA
Oupis, **vol. 10:** 355-6
Ovídio, **vol. 13:** 290NT

P., sr. (paciente), **vol. 18:** 179-87
P., sra. (paciente), **vol. 3:** 177-90
Pädagogische Pathologie, Die (Strümpell), **vol. 6:** 74NA
Pagel, J. L., **vol. 3:** 313NT
Pai Goriot, O (Balzac), **vol. 12:** 243
Paixão de Cristo, **vol. 11:** 238; **vol. 19:** 123; *ver também* Jesus Cristo
Palas Atena (deusa grega), **vol. 9:** 95NA, 159; **vol. 13:** 145NT; **vol. 19:** 35, 68NA
Palavras de Freud, As (Souza), **vol. 1:** 105NT; **vol. 3:** 107NT, 282NT; **vol. 4:** 275NT, 576NT, 602NT; **vol. 6:** 20NT; **vol. 8:** 147NT, 343NT, 397NT; **vol. 9:** 241NT, 244NT; **vol. 10:** 88NT, 110NT, 127-8NT, 179NT, 197-8NT, 217NT, 227NT, 256-7NT; **vol. 12:** 25NT, 78NT, 88NT, 100NT; **vol. 14:** 37NT, 107NT, 114NT, 249NT, 281NT; **vol. 17:** 15NT, 29NT, 141NT; **vol. 19:** 151NT
Palawan, **vol. 11:** 92
Palestina, **vol. 19:** 33, 44, 50-1, 86
Paneth, **vol. 4:** 468NT
"Panik und Pankomplex" (Felszeghy), **vol. 15:** 52
Panizza, **vol. 4:** 255NA
Paquet, **vol. 18:** 355-6
Paracelso (Schnitzler), **vol. 6:** 220NA
Paradiso (Dante), **vol. 9:** 194
Paraguai, **vol. 11:** 95
Paraíso perdido, O (Milton), **vol. 8:** 426-7
Parerga und Paralipomena (Schopenhauer), **vol. 15:** 56NA
Paris (França), **vol. 1:** 14-5, 19, 23, 25, 36, 94, 96NT, 103; **vol. 11:** 246, 280, 290
Paris, J., **vol. 1:** 10NT

ÍNDICE ONOMÁSTICO

Páris (personagem mitológico), **vol. 10:** 304, 306, 312; **vol. 13:** 145NT; **vol. 19:** 20
Park, M., **vol. 4:** 65NA
Pascal, **vol. 3:** 69; **vol. 7:** 296
Passeios por Viena (Spitzer), **vol. 5:** 42
Pasteur, **vol. 10:** 297
Pater, W., **vol. 9:** 121NA, 182-3, 190
Pathologie und Therapie der Neurasthenie und Hysterie (Löwenfeld), **vol. 3:** 119
Patients de Freud, Les (Borch-Jacobsen), **vol. 6:** 320NT; **vol. 8:** 283NT; **vol. 9:** 112NT; **vol. 11:** 252NT; **vol. 13:** 366NT
Paul (paciente), **vol. 9:** 20
Paulhan, **vol. 4:** 551
Paulitschke, **vol. 11:** 68
Paulo, apóstolo, **vol. 10:** 355; **vol. 15:** 44; **vol. 18:** 81; **vol. 19:** 121-2, 124-6, 186
Pavlov, **vol. 7:** 280
Payer-Thurn, **vol. 15:** 227
Peisse, **vol. 4:** 123
Pensées (Pascal), **vol. 7:** 296
Pentateuco, **vol. 19:** 48, 62-3, 159
Pequeno Eyolf, O (Ibsen), **vol. 9:** 77
Pequeno livro de enigmas do dr. Mises, **vol. 7:** 98NA
Pérez, **vol. 6:** 74NA
Periandro (personagem mitológico), **vol. 13:** 219
Perséfone (deusa grega), **vol. 10:** 313
Perseu (personagem mitológico), **vol. 19:** 20
Pérsia/persas, **vol. 4:** 31; **vol. 10:** 31, 33NA; **vol. 19:** 63, 89, 91
Perugino, **vol. 9:** 117
Peter, srta., **vol. 9:** 19
Petöfi, **vol. 5:** 121
Peyer, **vol. 3:** 92
Pfaff, **vol. 4:** 96
Pfeiffer, **vol. 14:** 171
Pfister, **vol. 4:** 400, 450NA; **vol. 9:** 189-90NA; **vol. 10:** 276, 340, 343; **vol. 11:** 287-8, 299, 319, 363; **vol. 13:** 14, 315; **vol. 15:** 44, 107, 301
Phantasien eines Realisten (Popper--Lynkeus), **vol. 4:** 126, 350NA; **vol. 11:** 263; **vol. 16:** 337; **vol. 18:** 414
Philippson, **vol. 4:** 636
Philosophie des Alsob (Vaihinger), **vol. 17:** 140NT, 265NA
Philosophie des Unbewussten (Hartmann), **vol. 4:** 167
Physiologische Psychologie (Wundt), **vol. 4:** 121
"Physiology of Laughter, The" (Spencer), **vol. 7:** 208
Piccolomini, Os (Schiller), **vol. 5:** 135-6; **vol. 13:** 48; **vol. 18:** 302NT
Pichon, **vol. 4:** 119NA
Pick, **vol. 5:** 201NA; **vol. 8:** 340NA
Piero da Vinci, **vol. 9:** 141, 155, 179NA, 193-4
Pierre Marie, dr., **vol. 1:** 24
Pierson, **vol. 10:** 53
Pikler, **vol. 11:** 170-1
Pilcz, **vol. 4:** 44
Pinchas (nome egípcio), **vol. 19:** 25NA
Pinel, **vol. 3:** 24, 26
Pitágoras, **vol. 11:** 367
Pitres, **vol. 2:** 254
Platão, **vol. 6:** 18; **vol. 9:** 102NA; **vol. 13:** 197; **vol. 14:** 230-1; **vol. 15:** 44; **vol. 16:** 99, 260; **vol. 18:** 362, 426
Platen, conde de, **vol. 7:** 113-4
"Plato als Vorläufer der Psychoanalyse" (Pfister), **vol. 15:** 44NA
Plessing, **vol. 18:** 360
Ploss, **vol. 9:** 367NA, 369-70, 381NA
Plotino, **vol. 4:** 167NA
Plutarco, **vol. 9:** 151; **vol. 13:** 24, 319
Poesia e verdade (Goethe), **vol. 9:** 65, 146NA; **vol. 14:** 264, 267-8, 273, 277
Poincaré, **vol. 13:** 56
Policlínica Psicanalítica de Berlim, **vol. 16:** 141, 241, 266, 341
Polinésia/polinésios, **vol. 11:** 19, 34, 42-3, 48-50, 90, 94
Politisch-anthropologische Revue (periódico), **vol. 7:** 160NA

ÍNDICE ONOMÁSTICO

Polônio (personagem), **vol. 7:** 22

Pompeia, **vol. 8:** 18, 21-4, 26-8, 30-1, 35-7, 39, 42-4, 48, 55-8, 62, 68-9, 74-5, 77-9, 82, 84-6, 88-90, 93-4, 100-1, 104, 107-8, 120; **vol. 19:** 331

Pontalis, **vol. 10:** 208NT, 217NT

Popper-Lynkeus, **vol. 4:** 126, 350NA; **vol. 11:** 263; **vol. 16:** 337; **vol. 18:** 408, 414

Port Patteson, **vol. 11:** 34

Pottenbrunn, **vol. 15:** 228-31, 248, 256-7

Potwin, **vol. 5:** 70

Pötzl, **vol. 4:** 217NA, 218; **vol. 16:** 307NT

Praga, **vol. 8:** 290

Pramantha, **vol. 8:** 231NA

"Pre-animistic Religion" (Marett), **vol. 11:** 144NA

"Preliminary Study of the Emotion of Love between the Sexes, A" (Bell), **vol. 6:** 74NA; **vol. 9:** 267

Prévost, **vol. 4:** 159-60, 428; **vol. 8:** 410

Preyer, **vol. 1:** 78; **vol. 6:** 74NA

Príapo (deus grego), **vol. 9:** 381

Příbor-Freiberg, **vol. 18:** 462

Primeiros analíticos (Aristóteles), **vol. 1:** 292NT

Prince, M., **vol. 4:** 570; **vol. 11:** 301

Probleme der Religionspsychologie (Reik), **vol. 15:** 244NA

Problem des Todes und der Unsterblichkeit bei den Pflanzen und Tieren, Das (Doflein), **vol. 14:** 216NA

"Problema do término da análise, O" (Ferenczi), **vol. 19:** 317

Problèmes de linguistique générale (Benveniste), **vol. 9:** 310NA

Proceedings of the Society for Psychical Research (periódico), **vol. 4:** 37

Prochaska, **vol. 5:** 180

Prometeu (personagem mitológico), **vol. 8:** 231NA; **vol. 18:** 400-3, 406

"Profecia, A" (Schnitzler), **vol. 14:** 373

Profeta, o (Maomé), **vol. 19:** 130

Protágoras, **vol. 5:** 117, 292

Providência, **vol. 17:** 251, 266, 292; **vol. 18:** 400-3, 40627

"Psicanálise das funções sexuais femininas" (Deutsch), **vol. 16:** 299

Psicologia das massas (Le Bon), **vol. 15:** 16

Psicologia dos processos inconscientes, A (Jung), **vol. 14:** 130

Psiquê (personagem mitológica), **vol. 10:** 305, 314NA

Psyche und Eros (Zinzow), **vol. 10:** 314NA

Psychiatrisch-neurologische Wochenschrift (periódico), **vol. 14:** 330NA; **vol. 16:** 149NT

"Psychische Epidemie unter Ärzten, Eine" (Hoche), **vol. 11:** 273NT

"Psychische Hermaphroditismus im Leben und in der Neurose, Der" (Adler), **vol. 10:** 57NA

Psychischen Zwangserscheinungen, Die (Löwenfeld), **vol. 3:** 13; **vol. 8:** 301INA; **vol. 9:** 82NA

Psychoanalyse der Gesamtpersönlichkeit (Alexander), **vol. 18:** 101NA

Psychoanalyse der weiblichen Sexualfunktionen (Deutsch), **vol. 18:** 95

Psychoanalyse des névroses et des psychoses, La (Régis & Hesnard), **vol. 13:** 14

"Psychoanalyse Freuds, Die" (Bleuler), **vol. 16:** 136

"Psychoanalysen von Zahleneinfällen und obsedierenden Zahlen, Drei" (Adler), **vol. 8:** 289NA

Psychoanalytic Review (periódico), **vol. 16:** 239

Psychoanalytische Bewegung, Die (periódico), **vol. 18:** 355, 400

Psychoanalytische Methode, Die (Pfister), **vol. 11:** 288; **vol. 13:** 14

Psychologie der Kollektivitäten, Die (Kraskovic), **vol. 15:** 32NA

Psychologie du rire (Dugas), **vol. 7:** 207

"Psychologische Diagnose des Tatbestandes, Die" (Jung), **vol. 8:** 288NA

ÍNDICE ONOMÁSTICO

"Psychologische Untersuchungen an *Dementia praecox*-Kranken" (Maeder), **vol. 10:** 79

Psychopathia sexualis (Krafft-Ebing), **vol. 6:** 229; **vol. 9:** 148

Psychophysik (Fechner), **vol. 4:** 586

"Psychosexuellen Differenzen der Hysterie und der *Dementia praecox*, Die" (Abraham), **vol. 10:** 55NA, 93NA; **vol. 12:** 16NA

Psykiatriens grundtraek (Vogt), **vol. 11:** 281

Ptolomeu, **vol. 17:** 166

Pubertätsdrüse und ihre Wirkungen, Die (Lipschütz), **vol. 6:** 37; **vol. 15:** 148NA

"Pubertätsriten der Wilden, Die" (Reik), **vol. 14:** 400

Purkinje, **vol. 4:** 113, 167

Putnam, **vol. 4:** 165NA; **vol. 5:** 52NT; **vol. 11:** 278-9, 297, 299; **vol. 14:** 289, 401; **vol. 15:** 293, 318-21; **vol. 16:** 137

"Quelques Définitions récentes de l'hystérie" (Janet), **vol. 3:** 51NA, 56NA

Ra (deus egípcio), **vol. 11:** 127; **vol. 19:** 30, 39

Rabelais, **vol. 4:** 253, 516-7; **vol. 15:** 328; **vol. 18:** 50NA

Radestock, **vol. 4:** 31, 50, 60, 70, 72, 83-4, 94, 100, 119-23, 167

Ragusa (Croácia), **vol. 3:** 265, 268

Ramón y Cajal, **vol. 1:** 191

Rampsinito (faraó fictício), **vol. 14:** 366, 375

Ramsés (faraó), **vol. 19:** 16

Rank, **vol. 4:** 19-20, 22, 134, 195-6NA, 257NA, 278NA, 297NA, 352, 377-8, 393, 395, 410, 433, 444NA, 446NA, 448-9, 450NA, 452, 525; **vol. 5:** 98, 110, 127, 129, 137, 139, 206, 285, 315, 322, 356; **vol. 6:** 148-9NA; **vol. 8:** 198NA, 250, 419, 428NT; **vol. 9:** 279NA, 346NA; **vol. 10:** 67, 109NA, 118NA, 276, 299NA, 303, 305NA, 314NA; **vol. 11:** 41, 200, 202, 257, 269, 283, 284NT, 285-7, 299, 301, 335NA, 356, 359NA; **vol. 12:** 14NA, 160, 181, 204, 283NA; **vol. 13:** 49, 179, 217, 228, 249, 280, 448; **vol. 14:** 46NA, 227, 345, 351, 353NA, 393, 398; **vol. 15:** 100NA, 102-3, 301, 312NA; **vol. 16:** 56, 136, 139, 140NT, 153, 160, 213, 238, 247-8; **vol. 17:** 76, 95-8, 109; **vol. 19:** 18, 20, 23, 275-6

Ranvier, **vol. 1:** 25

Rapports du physique et du moral (Cabanis), **vol. 4:** 121

"Rationalisation in everyday life" (Jones), **vol. 9:** 53NA; **vol. 11:** 308NT

Rätsel der Sprache, Die (Kleinpaul), **vol. 7:** 135NA, 185NA

Räuber, Die (Schiller), **vol. 5:** 42

Rawlinson, **vol. 13:** 314

Re (deus egípcio), **vol. 19:** 32

Real-Enzyklopädie (Eulenburg), **vol. 1:** 78

"Reassessing Freud's Case Histories" (Sulloway), **vol. 6:** 320NT

Reddick, **vol. 17:** 22NT, 42NT

Reder, **vol. 6:** 332

Régis, **vol. 4:** 119NA; **vol. 11:** 280; **vol. 13:** 14

Rei Lear (Shakespeare), **vol. 8:** 60; **vol. 10:** 304-5, 312, 314-6

Reik, **vol. 5:** 64-5, 100, 129, 279; **vol. 11:** 286; **vol. 14:** 332NA, 390, 395, 400; **vol. 15:** 244-5NA, 301; **vol. 16:** 139, 160, 250; **vol. 17:** 55NA, 218, 229, 230, 285, 363; **vol. 18:** 112NA, 149

Reinach, **vol. 10:** 104NA, 105-6, 354; **vol. 11:** 125, 143NA, 156, 158, 166-7, 175, 233, 236; **vol. 12:** 290

Reisebilder (Heine), **vol. 7:** 27

Reitler, **vol. 9:** 125, 128-9NA; **vol. 10:** 245; **vol. 12:** 144; **vol. 13:** 76NA

Relatividade, **vol. 18:** 305

ÍNDICE ONOMÁSTICO

Religion de Léonard, La (Müntz), **vol. 9:** 200NA
Religion of the Semites (Smith), **vol. 11:** 219NA, 225NA, 231NA; **vol. 16:** 158
Rembrandt, **vol. 5:** 310
Renaissance, Die (Pater), **vol. 9:** 121NA, 182NA
Restif de La Brétonne, **vol. 8:** 404NA
"Resurrezione dell' opera di Leonardo, La" (Solmi), **vol. 9:** 119NA, 133-4NA, 170NA
Reuter, **vol. 4:** 145NT; **vol. 10:** 137
Revista de Hipnotismo, **vol. 2:** 136
Revista de Psiquiatria, **vol. 16:** 239
Revolução em S. Domingo (Haiti), **vol. 2:** 103NA, 133
Revolução Francesa (1779), **vol. 3:** 24; **vol. 15:** 34; **vol. 17:** 287; **vol. 18:** 342
Revolução nacional-socialista alemã, **vol. 19:** 129
Revue des deux mondes (periódico), **vol. 7:** 333NA
Revue Neurologique (periódico), **vol. 3:** 92, 233; **vol. 6:** 191NA
Revue Philosophique (periódico), **vol. 4:** 51, 492; **vol. 6:** 31NA
Ribbe, **vol. 11:** 35
Ribera, **vol. 5:** 96NT
Ribot, **vol. 7:** 207
Ricardo II (Shakespeare), **vol. 5:** 141NA
Ricardo III (Shakespeare), **vol. 11:** 70; **vol. 12:** 257, 272NA
Ricerca e documenti sulla giovinezza di Leonardo da Vinci (Scognamiglio), **vol. 9:** 120NA
Richards, A., **vol. 1:** 58NT
Richter, F. *ver* Jean Paul
Richter, H., **vol. 4:** 385
Richter, J. P., **vol. 9:** 122NA, 153, 206
Richter, K., **vol. 15:** 41NA
Rie, **vol. 16:** 91
Rieger, **vol. 6:** 131
Riklin, **vol. 10:** 102NA, 276; **vol. 11:** 285, 296, 299, 315

Rilke, **vol. 19:** 362
Rire, Le (Bergson), **vol. 7:** 267NA, 295NA, 315
Rise of Anthropological Theory, The (Harris), **vol. 11:** 40NT
Ritos escatológicos do mundo inteiro (Bourke), **vol. 10:** 346, 350
Rivers, **vol. 11:** 181
Riviera Francesa, **vol. 13:** 149
Riviere, J. **vol. 18:** 17NT, 30NT, 49NT, 78NT
Robert, **vol. 4:** 41, 108-11, 198-9NA, 213-4, 225, 632, 644
Robespierre, **vol. 17:** 287
Robitsek, **vol. 4:** 130NA, 417; **vol. 5:** 112
Roffenstein, **vol. 4:** 429
Róheim, **vol. 16:** 160
Rohleder, **vol. 6:** 90NA
Rokitansky, **vol. 7:** 185
Rolland, **vol. 17:** 367; **vol. 18:** 15NA, 436, 437NT
Roma/romanos, **vol. 2:** 101, 144, 244NA; **vol. 4:** 31-2, 233; **vol. 5:** 350; **vol. 7:** 125; **vol. 8:** 18, 26, 28, 85-6, 88; **vol. 9:** 151; **vol. 11:** 42, 162NA, 376; **vol. 13:** 71, 75; **vol. 17:** 244; **vol. 18:** 21-3, 438; **vol. 19:** 121, 128, 186-7, 314NT
Romanzero (Heine), **vol. 12:** 232NT; **vol. 16:** 345NT
Romberg, **vol. 2:** 312
Romênia, **vol. 5:** 180
Römer, **vol. 9:** 152NA
Romeu e Julieta (Shakespeare), **vol. 4:** 275NT
Rômulo (fundador lendário de Roma), **vol. 19:** 20, 22
Rops, **vol. 8:** 51
Rosalia H. (paciente), **vol. 2:** 243-4, 246, 248
Roscher, **vol. 9:** 151NA, 158; **vol. 10:** 310NA, 312NA
Rosegger, **vol. 4:** 520, 525
Rosenberg, **vol. 3:** 312; **vol. 9:** 188NA
Rosenthal, **vol. 3:** 312

Rosmersholm (Ibsen), **vol. 12:** 273-4, 276, 278, 280-3
Roth, **vol. 11:** 129
Rothschild, barão de, **vol. 7:** 21, 27, 58, 200-1
Rotterdam, **vol. 5:** 310
Rouanet, **vol. 8:** 426NT
"Roupa nova do imperador, A" (Andersen), **vol. 4:** 282-3
Rousseau, J.-B. (poeta), **vol. 7:** 99
Rousseau, J.-J. (filósofo), **vol. 6:** 102; **vol. 7:** 46-7; **vol. 8:** 52; **vol. 12:** 244; **vol. 18:** 94NA
Roux, **vol. 13:** 480; **vol. 19:** 243
Royal Asian Society, **vol. 13:** 314
Rückert, **vol. 10:** 87NA, 234NT
Rügen, **vol. 2:** 99, 109-10, 130
Rumi, **vol. 10:** 87NA
Rússia, **vol. 1:** 18; **vol. 2:** 101; **vol. 11:** 281, 282NA; **vol. 17:** 238NT, 287, 357; **vol. 18:** 81, 353; **vol. 19:** 78
Ruths, **vol. 5:** 148-9

S. Domingo (Haiti), revolução em, **vol. 2:** 103NA, 133
Saara, **vol. 11:** 94, 98NA
"Sábios de Sião" (teoria conspiratória), **vol. 19:** 121
Sachs, **vol. 4:** 395, 397, 422, 424, 456, 674; **vol. 5:** 53, 57, 101, 154, 160, 183, 196, 225, 242, 274, 277; **vol. 10:** 256, 314NA; **vol. 11:** 283-4, 287, 301; **vol. 13:** 228, 278; **vol. 14:** 269, 393, 398; **vol. 15:** 26NA, 103NA; **vol. 16:** 136, 139, 238, 247
Sadger, **vol. 8:** 243, 348NA; **vol. 9:** 165NA, 386; **vol. 10:** 80NA, 276; **vol. 11:** 286, 299; **vol. 12:** 14; **vol. 15:** 128NA
Safo (Daudet), **vol. 4:** 327
Saint-Denis, **vol. 15:** 173
Sainte-Beuve, **vol. 7:** 35
Salaino, A., **vol. 9:** 169, 171
Salambô (Flaubert), **vol. 7:** 35

Salinger, irmãos, **vol. 7:** 33
Salomão, ilhas, **vol. 11:** 34
Salomão, J., **vol. 9:** 222-3NT
Salomão, rei, **vol. 5:** 273
Salpêtrière (clínica/escola), **vol. 1:** 14-8, 20, 36, 40, 73-5, 165, 169, 174, 190, 342, 347; **vol. 3:** 16-9, 21, 23-4, 26, 30; **vol. 16:** 83-4, 223, 346
Salzburgo, **vol. 11:** 271, 275, 299
Sammlung kleiner Schriften zur Neurosenlehre (periódico), **vol. 15:** 67NA, 94NA
samoiedos, **vol. 11:** 94
San Pietro in Vincoli, igreja de, **vol. 11:** 376, 387, 412
Sancho Pança (personagem literário), **vol. 7:** 200
Sant'Ana com a Virgem e o Menino (pintura de Da Vinci), **vol. 9:** 182, 184, 188-9, 213, 214-8; **vol. 16:** 154
Sante de Sanctis, **vol. 5:** 445; **vol. 8:** 75NA; **vol. 17:** 336
Santíssima Trindade, **vol. 14:** 26, 93
São João Batista jovem (pintura de Da Vinci), **vol. 9:** 119, 172NA, 182, 192
São Petersburgo, **vol. 2:** 111
Sargão, rei da Acádia, **vol. 8:** 198NA; **vol. 13:** 217; **vol. 19:** 19-20
Satã, **vol. 15:** 232, 240, 245, 255; *ver também* Demônio; Diabo
Saturnais, **vol. 15:** 95
Sauerland, **vol. 11:** 377
Saugen an den Fingern, Lippen, etc. bei den Kindern, Das (Lindner), **vol. 9:** 270NA
Saulo de Tarso *ver* Paulo, apóstolo
sáurios, **vol. 18:** 20
Saussure, F. de, **vol. 15:** 324NT
Saussure, R. de, **vol. 15:** 323-5
Sauvé de la Noue, **vol. 19:** 370NT
saxões, **vol. 17:** 280
Scaliger, **vol. 4:** 36
Schadchen (casamenteiro judeu), **vol. 7:** 81, 90-1, 93
Schaeffer, **vol. 14:** 362, 364; **vol. 18:** 400

ÍNDICE ONOMÁSTICO

"Scheidende, Der" (Heine), **vol. 12:** 239NT

Schelling, **vol. 14:** 337-8, 340, 360

Schermann, R., **vol. 15:** 169-73

Scherner, **vol. 4:** 62-3, 67, 114-6, 118-9, 127, 166NA, 263-6, 377, 389, 396, 403NA, 449, 597, 645, 666; **vol. 5:** 379, 444NA; **vol. 11:** 263; **vol. 13:** 127, 204, 206, 214

"Schicksal des Freiherrn v. Leisenbogh, Das" (Schnitzler), **vol. 9:** 384NA

Schiller, **vol. 2:** 148NT, 291NT; **vol. 4:** 134-5, 380NA, 431, 464, 469, 473NT, 502, 513NT, 569; **vol. 5:** 42, 135NA, 141NA, 249, 296-7, 299, 331, 350, 419; **vol. 6:** 240NA; **vol. 7:** 46, 313NT; **vol. 9:** 114NT, 318NT; **vol. 10:** 172NT; **vol. 12:** 267NT; **vol. 13:** 40, 48; **vol. 14:** 212NT, 339, 357NT; **vol. 15:** 25NA, 100NT, 312, 317NT; **vol. 17:** 147NT, 177NT; **vol. 18:** 26, 84, 302NT; **vol. 19:** 142NA

Schlegel, **vol. 7:** 22NT; **vol. 10:** 306NA; **vol. 12:** 258NT, 265NT

Schleiermacher, **vol. 4:** 75, 101, 133; **vol. 7:** 53, 98NA, 184

Schmidt, **vol. 6:** 177NA

Schmock (Freytag), **vol. 7:** 301

Schneider, **vol. 5:** 91, 339

Schnitzler, A., **vol. 6:** 220NA; **vol. 7:** 55; **vol. 9:** 384NA; **vol. 14:** 373

Schnitzler, dr. (pai), **vol. 7:** 55-6

Schnorrer (pedinte-aproveitador judeu), **vol. 7:** 82, 161-2

Scholz, **vol. 4:** 44, 85, 95, 167

Schönbrunn (Áustria), zoológico de, **vol. 8:** 128, 133, 145, 155-6, 162, 164-5, 203, 208, 256

Schopenhauer, **vol. 4:** 62, 95, 121, 304NA, 553; **vol. 5:** 164; **vol. 6:** 18; **vol. 9:** 58NA; **vol. 10:** 109NA; **vol. 11:** 139, 257; **vol. 14:** 220, 251; **vol. 15:** 56; **vol. 16:** 148, 260; **vol. 18:** 258

"Schopenhauer über den Wahnsinn" (Rank), **vol. 10:** 110NT; **vol. 11:** 257NA

Schöpfungslieder (Heine), **vol. 12:** 29NT

Schorn, **vol. 9:** 205NA

Schreber (paciente), **vol. 6:** 182NA; **vol. 10:** 14-107; **vol. 11:** 145; **vol. 12:** 16NA, 22; **vol. 13:** 225NT; **vol. 15:** 213NA, 252, 254; **vol. 16:** 329, 329NT; *ver também* Memórias de um doente dos nervos (Schreber)

Schreber, dr. (pai), **vol. 10:** 68-9

Schrenck-Notzing, **vol. 6:** 20NA

Schriften zur angewandten Seelenkunde (periódico), **vol. 9:** 381NA; **vol. 10:** 67NA, 80NA, 276; **vol. 11:** 30, 299, 301

Schrötter, **vol. 4:** 429; **vol. 18:** 147

Schubert, G. H. von, **vol. 4:** 92, 395; **vol. 5:** 379; **vol. 9:** 303NA; **vol. 13:** 221

Schur, **vol. 1:** 216NT

Schwarz, **vol. 4:** 27

Schwind, **vol. 5:** 399; **vol. 13:** 180, 182

Scognamiglio, **vol. 9:** 120NA, 129NA, 141NA, 183NA

Scopes, **vol. 17:** 278NT

Scott, **vol. 6:** 54NA

Secker, **vol. 4:** 27

Secret of the Totem (Lang), **vol. 11:** 20NA, 168NA, 172NA, 174NA, 179NA, 194NA

Secrets d'Anna O. (Borch-Jacobsen), **vol. 13:** 366NT

Seele des Kindes, Die (Preyer), **vol. 6:** 74NA

Seelenleben des Kindes, Das (Groos), **vol. 6:** 74NA, 83NT

Seidlitz, **vol. 9:** 120-1NA, 178NA, 186NA, 197NA, 214NA

Seif, **vol. 11:** 298

"Selbstbestrafung wegen Abortus" (Van Emden), **vol. 5:** 253

Selected Papers on Hysteria and Other Psycho-neuroses (Brill), **vol. 10:** 275

Seligmann, **vol. 14:** 358

Selinunte, **vol. 19:** 314

Sellin, **vol. 19:** 53-5, 69, 76, 83, 86, 98, 126, 132
Semmering, **vol. 6:** 213
Serra Leoa, **vol. 11:** 83, 86
Sérvio Túlio, **vol. 18:** 21, 404
Seth (deus egípcio), **vol. 19:** 45NA
Sétimo Severo, **vol. 18:** 22
Sexo e caráter (Weininger), **vol. 8:** 159
"Sexual inversion" (Ellis), **vol. 6:** 27NT
Sexualfrage in der Erziehung des Kindes, Die (Eckstein), **vol. 8:** 322NA
Sexualleben des Kindes, Das (Moll), **vol. 6:** 75NA
Sexualleben und Nervenleiden (Löwenfeld), **vol. 3:** 13
"Sexualwiderstand, Der" (Bleuler), **vol. 18:** 72NA
"Sexuelle Abnormitäten der Kinder" (Bleuler), **vol. 6:** 75NA; **vol. 9:** 269NA
Sforza, L. (Ludovico Mouro), **vol. 9:** 115, 117, 120, 172NA, 196-7
Shakespeare, **vol. 2:** 48, 349NA, 357; **vol. 3:** 76; **vol. 4:** 168-9, 243, 250, 275NT, 305, 307, 469, 522, 532; **vol. 5:** 137-9, 141NA, 331; **vol. 7:** 22, 55, 111, 206; **vol. 8:** 60, 279, 426; **vol. 9:** 40, 219NT, 275; **vol. 10:** 302, 304, 308; **vol. 11:** 70, 235NA, 268NT, 375-6; **vol. 12:** 235NT, 257, 258NT, 264, 267-8, 270, 272; **vol. 13:** 49, 128; **vol. 14:** 346, 373; **vol. 15:** 212NA; **vol. 16:** 152, 153NA; **vol. 17:** 338, 353; **vol. 18:** 51NT, 53, 158NT, 362, 460NT; **vol. 19:** 93NA, 253, 334NT, 342NT
Shamdasani, **vol. 9:** 112NT; **vol. 11:** 302NT
Shaw, **vol. 5:** 211; **vol. 13:** 71, 276; **vol. 15:** 108; **vol. 19:** 78NA
She (Haggard), **vol. 4:** 499-500
Shrinking History: On Freud and the Failure of Psychohistory (Stannard), **vol. 9:** 143NT
Sibéria, **vol. 11:** 94; **vol. 17:** 345, 351
Sicília, **vol. 19:** 314NT
Siebeck, **vol. 4:** 85
Sighele, **vol. 15:** 32, 34
Sigmund Freud & o gabinete do dr. Lacan (org. Paulo César de Souza), **vol. 17:** 332NT
"Significado antitético das palavras primitivas, O" (Abel), **vol. 11:** 111NA, 344NA
Signorelli, **vol. 3:** 266-7, 269, 271; **vol. 5:** 16-23, 28-30, 80-1
Silberer, **vol. 4:** 75, 133NA, 252NA, 387, 423, 552-5, 573-4, 611; **vol. 11:** 229, 321, 335NA; **vol. 12:** 43, 160NA; **vol. 13:** 320, 403; **vol. 14:** 135, 315; **vol. 18:** 147-8
Silo, **vol. 19:** 25NA
Simão, são, **vol. 5:** 25, 27
"Simbologia sexual da Bíblia e do Talmud, A" (Levy), **vol. 13:** 219
Simmel, **vol. 14:** 168NA, 170, 382, 384, 400; **vol. 15:** 49
Simon, M., **vol. 4:** 54, 59-60, 64, 167
Simplizissimus (semanário), **vol. 7:** 106, 329; **vol. 8:** 266NA; **vol. 17:** 227
Simpósio (Platão) *ver Banquete* (Platão)
Sinai, monte, **vol. 11:** 212, 380, 386-7; **vol. 19:** 48, 50, 60, 68, 86, 183
Siquém, **vol. 19:** 41
Síria/sírios, **vol. 19:** 33, 38-9, 51, 86, 187
Sitim, **vol. 19:** 54NA, 55
Sketches (Twain), **vol. 8:** 427
Smith, R., **vol. 11:** 203-4, 208-9, 211-4, 218, 223, 225, 230, 236); **vol. 12:** 235; **vol. 14:** 395; **vol. 15:** 69NA; **vol. 16:** 160; **vol. 19:** 117, 179-81
Smith, W., **vol. 16:** 158
Sobre a debilidade mental fisiológica da mulher (Moebius), **vol. 17:** 290NT
"Sobre dois casos de monoplegia histérica do braço etc." (Charcot), **vol. 1:** 36NA
"Sobre o mecanismo psíquico dos fenômenos histéricos" (Breuer e Freud), **vol. 1:** 157NA, 208; **vol. 2:** 14NA; **vol. 16:** 95

ÍNDICE ONOMÁSTICO

Social origins (Lang), **vol. 11:** 172, 179NA, 194NA

Sociedade B'nai Brith, **vol. 17:** 368

Sociedade Científica, **vol. 19:** 369

Sociedade de Medicina (Viena), **vol. 1:** 78; **vol. 16:** 87-8

Sociedade de Psicanálise Livre, **vol. 11:** 307

Sociedade Psicanalítica de Viena, **vol. 10:** 240-1; **vol. 12:** 144; **vol. 14:** 398, 404

Sociedade Psiquiátrica de Viena, **vol. 11:** 264

Society for Psychical Research, **vol. 15:** 178

Sócrates, **vol. 9:** 102NA

Sófocles, **vol. 4:** 302, 305; **vol. 5:** 243NA; **vol. 8:** 426; **vol. 11:** 129NA; **vol. 13:** 439-40; **vol. 15:** 243; **vol. 17:** 353

Sogni, I (Sanctis), **vol. 5:** 445

Sol, culto do, **vol. 19:** 29, 32-37, 39, 85

Solmi, **vol. 9:** 119, 124, 130, 133-4, 170NA, 174NA, 198NA

Soloviov, **vol. 17:** 346

Somló, **vol. 11:** 171

"Sonhar como estar acordado" (Popper-Lynkeus), **vol. 18:** 414

Sonho de uma noite de verão (Shakespeare), **vol. 2:** 357; **vol. 4:** 509; **vol. 14:** 346

Sonho do prisioneiro (pintura de Schwind), **vol. 13:** 180, *182*

"Sonhos vêm do estômago" (dito popular), **vol. 4:** 45, 258

Sonnenstein, sanatório, **vol. 10:** 18-9, 54, 72

Soulié, **vol. 7:** 70-2, 75, 79

Souvenirs d'Ana O. (Borch-Jacobsen), **vol. 11:** 252NT

Spencer, **vol. 4:** 25; **vol. 7:** 208-10; **vol. 11:** 27, 121, 123, 147, 171, 176, 180, 187

Sperber, **vol. 4:** 395NA; **vol. 11:** 344; **vol. 13:** 226

Spiele der Menschen, Die (Groos), **vol. 6:** 74NA; **vol. 7:** 173NA

Spielrein, **vol. 4:** 165NA; **vol. 10:** 104NA; **vol. 11:** 355NA; **vol. 14:** 227NA

Spinoza, **vol. 7:** 111

Spitta, **vol. 4:** 60, 73, 76, 82, 84-5, 87, 92NA, 99, 101, 119, 121, 259, 561

Spitteler, **vol. 4:** 195NA, 292NA

Spitzer, **vol. 5:** 42; **vol. 7:** 50, 60-1

Spontanheilung einer Katatonie (Landauer), **vol. 12:** 182NA

Sprache des Traums, Die (Stekel), **vol. 4:** 401; **vol. 5:** 444NA; **vol. 10:** 307NA, 336NA; **vol. 15:** 176NT, 178NA

Sprachwissenschaftliche Abhandlungen (Abel), **vol. 9:** 304

Springer, **vol. 5:** 180, 181NT; **vol. 11:** 378, 381

Sprüche (Schiller), **vol. 15:** 25NA

St. Veit, **vol. 8:** 212

Stannard, D. E., **vol. 9:** 143NT

Stärcke, **vol. 4:** 90, 166NA, 193-4; **vol. 5:** 58, 128, 193, 254, 258, 310, 318; **vol. 8:** 128NA; **vol. 11:** 280; **vol. 13:** 74NA

"Statistische Untersuchungen über den Prozentsatz der Homosexuellen" (Hirschfeld), **vol. 6:** 22NA

Stegmann, **vol. 10:** 62NA, 68NA, 71NT

Stein, sra., **vol. 18:** 361

Steinach, **vol. 6:** 36NA, 132; **vol. 15:** 148

Stekel, **vol. 3:** 213; **vol. 4:** 18, 317, 363, 381, 393, 396, 400-3, 405NA, 425, 432, 442-3, 457; **vol. 5:** 98-100, 166, 241, 444NA; **vol. 8:** 249, 430-1; **vol. 9:** 165NA, 290; **vol. 10:** 134, 144NA, 157, 243, 246-7, 250, 252, 276, 307NA, 308NA, 336, 354; **vol. 11:** 96NA, 263, 297, 300, 335NA; **vol. 13:** 321; **vol. 15:** 176, 178NA, 328NT; **vol. 16:** 136, 139, 238, 344-5

Sterba, **vol. 18:** 464

Sterne, **vol. 5:** 291

Stettenheim, **vol. 7:** 300

Storfer, **vol. 5:** 56, 111, 114, 135, 163, 179; **vol. 9:** 380; **vol. 11:** 30, 285, 299

Strachey, **vol. 1**: 10NT, 183NT, 285NT, 319NT; **vol. 2**: 29NT, 133NT, 137NT, 279NT, 327NT; **vol. 3**: 52NT, 54NT, 79NT, 90NT, 151NT, 160NT, 169NT, 176NT, 184NT, 188NT, 285NT; **vol. 4**: 221NT, 249NT, 270NT, 424NT, 525NT; **vol. 5**: 42NT, 75NT, 148NT, 152NT, 165NT, 205NT, 295NT, 396NT; **vol. 6**: 64NT, 81NT, 96NT, 137NT, 143NT, 182NA, 356NT; **vol. 8**: 122NT, 138NT, 258NT, 287NT, 309NT, 397NT; **vol. 9**: 71NT, 73NA, 93NT, 98NT, 124NT, 142-3NT, 148NT, 282NT, 318NT, 353NT; **vol. 10**: 98NT, 109NT, 110NT, 118-9NT, 124NT, 126NT, 128NT, 135NT, 149NA, 199NT, 200NT, 207NT, 228NT, 246NT, 256NT, 329NT; **vol. 11**: 10, 33NT, 43, 56NA, 68NA, 92-3, 97, 102NT, 114NT, 126, 129NT, 244, 300, 306NT; **vol. 12**: 25NT, 29NT, 45NT, 59NT, 77NT, 111NT, 134NT, 146NT, 155NT, 165-6NT, 226NT, 239NT, 294NT; **vol. 14**: 72NT, 100NT, 189NT, 200NT, 253NT, 281NT, 301NT, 353NT; **vol. 15**: 53NT, 79NT, 90NT, 106NT, 162NT, 219NT, 264NT, 302NT, 328NT; **vol. 16**: 32NA, 44NT, 49NT, 78NT, 153NT, 166NT, 173NT, 192NT, 216NT, 219NT, 278NT, 342NT; **vol. 17**: 108NT, 146NT, 315NT, 321NT, 327NT; **vol. 18**: 51NT, 78NT, 88NT, 116NT, 394NT, 396NT; **vol. 19**: 35NT, 127NT, 158NT, 186NT, 256NT

Strakhov, **vol. 17**: 340NA, 352NA

Strand (revista), **vol. 14**: 364-5

Strasser, **vol. 5**: 95

Stratford, **vol. 18**: 53, 362

Stricker, **vol. 4**: 84, 104, 506

Strindberg, **vol. 5**: 289-90

Strohmayer, **vol. 6**: 68NT

Stroß, **vol. 5**: 291

Strümpell, **vol. 2**: 25NA, 348NA; **vol. 3**: 56; **vol. 4**: 30, 39, 42, 44, 46, 53-4, 59, 63-4, 69-72, 77, 80-1, 84-5, 198NA, 218, 260-1, 265, 274, 506; **vol. 6**: 74NA; **vol. 16**: 98

Struwwelpeter, Der (Hoffmann), **vol. 13**: 490

Stuarts, **vol. 11**: 75

Stucken, **vol. 10**: 303

Studie über die Minderwertigkeit von Organen (Adler), **vol. 6**: 89NA

Studien über das Bewusstsein (Stricker), **vol. 4**: 104

Studienausgabe, **vol. 12**: 13, 18NT, 51, 68, 82, 99, 151, 170, 195, 209, 247, 253, 289NA

Studies in the Psychology of Sex (Ellis), **vol. 6**: 27NT, 54NA, 75NA, 98NA, 144NA; **vol. 8**: 393NT; **vol. 9**: 367NA

Studies of Childhood (Sully), **vol. 6**: 74NA

Stumpf, **vol. 4**: 131NA

Sudermann, **vol. 9**: 43

Suécia, **vol. 11**: 281

Suetônio, **vol. 10**: 69NA

Suíça, **vol. 11**: 272, 276; **vol. 13**: 315; **vol. 16**: 166, 238; **vol. 17**: 320

Sulloway, **vol. 1**: 216NT; **vol. 6**: 75NT, 320NT; **vol. 11**: 266NT, 362NT

Sully, **vol. 4**: 88, 168NA, 551, 644; **vol. 6**: 74NA; **vol. 11**: 142

Suméria/sumérios, **vol. 19**: 41

Sur la Pierre blanche (France), **vol. 8**: 427

Suworin, **vol. 17**: 344NA

Swedenborg, **vol. 15**: 311

Swift, **vol. 4**: 55, 516

Swoboda, **vol. 4**: 125, 201, 429

Symbolik des Traumes, Die (G. H. von Schubert), **vol. 9**: 303NA

"Synthetic Genetic Study of Fear, A" (Hall), **vol. 14**: 149NA

Széll, **vol. 4**: 472

Taboo and the Perils of the Soul (Frazer), **vol. 9**: 367NA; **vol. 11**: 56NA, 73NA, 76NA, 90NA, 94NA, 98NA, 153NA

ÍNDICE ONOMÁSTICO

Tagebuch eines halbwüchsigen Mädchens (Hug-Hellmuth), **vol. 12**: 294NT

Talbot, F., **vol. 13**: 314

Talisman, Der (Fulda), **vol. 4**: 282

Tamerlão, **vol. 18**: 77

Tamuz (deus sumério), **vol. 11**: 232

Tannery, **vol. 4**: 561NA

Tannhäuser (ópera de Wagner), **vol. 4**: 333; **vol. 13**: 426

Tarde, G., **vol. 15**: 40NA

Tarnowsky, **vol. 6**: 191NA

Tarquínio, o Antigo, rei de Roma, **vol. 18**: 404NT

Tarquínio, o Soberbo, rei de Roma, **vol. 5**: 272

Tartária, **vol. 11**: 94

Tartini, **vol. 4**: 667

Taruffi, **vol. 6**: 29

Tasso, **vol. 14**: 115, 182

Ta-Ta-Thi (tribo australiana), **vol. 11**: 23

"Taucher, Der" (Schiller), **vol. 18**: 26NT

Tausk, **vol. 4**: 165NA, 346, 457; **vol. 5**: 130, 308, 363; **vol. 11**: 414; **vol. 12**: 140-2, 144, 189NA; **vol. 14**: 402-5

Taylor, **vol. 11**: 56NA

Tchecoslováquia, **vol. 16**: 77

Teatro (Klinger), **vol. 14**: 339

Tebas, **vol. 11**: 127; **vol. 19**: 30, 33, 35-6, 39

Télefo (personagem mitológico), **vol. 19**: 20

Telepathische Traum, Der (Stekel), **vol. 15**: 178NA

Tell el-Amarna (Egito), **vol. 19**: 35, 85NA

Tempestade, A (Shakespeare), **vol. 11**: 235NA; **vol. 14**: 346

Tennyson, **vol. 4**: 249

Tentação de santo Antão, A (Flaubert), **vol. 19**: 73NT

Tentação de santo Antônio, A (pintura de Bruegel), **vol. 13**: 404

Teresa, santa, **vol. 2**: 329

Terre, La (Zola), **vol. 4**: 252NA, 255NA

Tertuliano, **vol. 17**: 264NT; **vol. 19**: 120NT

Teseu (personagem mitológico), **vol. 2**: 357, **vol. 18**: 401NA

Tfinkdji, **vol. 4**: 27, 129

Thalassa: A Theory of Genitality (Ferenczi), **vol. 6**: 152NA

Thiers, **vol. 4**: 234

Thode, **vol. 11**: 376-9, 385-8, 399

Thomsen, **vol. 1**: 23

Thorne, **vol. 15**: 53NT

Thun, conde, **vol. 4**: 246-7, 249, 272, 476-7, 479, 517

Tieck, **vol. 12**: 258NT, 265NT

Tiere des Altertums (Keller), **vol. 10**: 105NA

Tíflis, **vol. 2**: 80

Timão de Atenas (Shakespeare), **vol. 4**: 307

Timor, **vol. 11**: 67, 71

Tiro (cidade fenícia), **vol. 13**: 113-4, 319

Tissié, **vol. 4**: 59-61, 67, 72, 119-21, 167

Titãs (personagens mitológicas), **vol. 4**: 605; **vol. 11**: 233

Tito, imperador romano, **vol. 19**: 159

Tito Lívio (historiador romano), **vol. 16**: 114, 304-5

Tobler, **vol. 5**: 416NT; **vol. 16**: 78NT

Tobowolska, **vol. 4**: 93NA, 546-7, 551-2

Tod und Fortpflanzung (Hartmann), **vol. 14**: 216NA

Toeplitz, **vol. 1**: 25

Tolstói, **vol. 10**: 213; **vol. 17**: 156NT

Tomás de Cela, **vol. 4**: 315

Torá *ver* Pentateuco

Tories, **vol. 11**: 174

Torres Filho, R. R., **vol. 16**: 197NT

Totemism and Exogamy (Frazer), **vol. 11**: 20NA, 33NA, 158-9NA, 163NA, 168NA, 175NA, 178NA, 185, 186-7NA, 191NA, 193NA, 202NA, 214NA; **vol. 16**: 157

Tourette, **vol. 1**: 25; **vol. 3**: 140

Tractatus de Officio sanctissimae Inquisitionis (Careña), **vol. 4**: 99

Traduzir Freud (Laplanche), **vol. 10**: 110NT

Trafoi (Itália), **vol. 3**: 270

ÍNDICE ONOMÁSTICO

Transjordânia, **vol. 19:** 56, 60
Tratado sobre a pintura (Leonardo da Vinci), **vol. 9:** 116, 131
"Traum und Mythus" (Abraham), **vol. 8:** 231NA
Traum und Traumdeutung im Altertum (Büchsenschütz), **vol. 4:** 25NT
Trauma do nascimento, O (Rank), **vol. 6:** 149NA; **vol. 17:** 76; **vol. 19:** 275
Träume, Die (Sante de Sanctis), **vol. 8:** 75NA
"Träume der Ahnungslosen" (Ferenczi), **vol. 15:** 199NT
"Träumen wie Wachen" (Popper-Lynkeus), **vol. 4:** 350NA
Trenck, barão, **vol. 4:** 165NA, 167
Tristão e Isolda (ópera de Wagner), **vol. 10:** 93NA
Tristram Shandy (Sterne), **vol. 5:** 291-2
Trophaeum Mariano-Cellense (P.A.E.), **vol. 15:** 228, 230-1, 236, 239, 255, 257, 267
Trotter, **vol. 15:** 39, 78-80, 83
Trousseau, **vol. 1:** 166
Tuke, **vol. 3:** 69NA
Tulherias, **vol. 5:** 48, 50
Türck, L., **vol. 3:** 20
Türkenlilie, **vol. 2:** 144
Turquia, **vol. 3:** 235; **vol. 9:** 296
Tutankamon (faraó), **vol. 19:** 331
Tutankaton (faraó), **vol. 19:** 36
Tutmés III (faraó), **vol. 19:** 33
Twain, **vol. 5:** 321; **vol. 7:** 326-7; **vol. 8:** 427; **vol. 11:** 283, 320; **vol. 14:** 355; **vol. 18:** 96NA
Tylor, **vol. 4:** 25; **vol. 11:** 36, 121, 124NA, 126, 132

"Über Astasie-Abasie" (Möbius), **vol. 2:** 304NA
Über den Begriff der Hysterie (Möbius), **vol. 2:** 264NA
"Über den Einfluss sexueller Momente auf Entstehung und Entwicklung der Sprache" (Sperber), **vol. 13:** 226NT

"Über den Geruchssinn in der vita sexualis" (Bloch), **vol. 18:** 73NA
"Über den psychischen Inhalt eines Falles von Schizophrenie" (Spielrein), **vol. 10:** 104NA
Über den physiologischen Schwachsinn (Möbius), **vol. 8:** 383NT
Über den Witz (Fischer), **vol. 7:** 17NA
Über den Ursprung des Todes (Goethe), **vol. 14:** 216NT
"Über die androgynische Idee des Lebens" (Römer), **vol. 9:** 152NA
"Über die anscheinende Absichtlichkeit im Schicksale des Einzelnen" (Schopenhauer), **vol. 14:** 220NA
Über die Dauer des Lebens (Weismann), **vol. 14:** 213NA
"Über die negative Suggestibilität" (Bleuler), **vol. 7:** 249NA
Über die Psychologie der Dementia praecox (Jung), **vol. 10:** 47NA, 93NA, 276; **vol. 16:** 149NT
Über die wachsende Nervosität unserer Zeit (Erb), **vol. 8:** 362NA
Über Entartung, Grenzfragen des Nervens- und Seelenlebens (Moebius), **vol. 6:** 25NA
Über Gemütsbewegungen (Lange), **vol. 2:** 285NA
"Über larvierte und abortive Angstzustände bei Neurasthenie" (Hecker), **vol. 3:** 83NA
Über Leben und Tod (Weismann), **vol. 14:** 213NA, 215NA
"Über passagere Symptombildungen während der Analyse" (Ferenczi), **vol. 14:** 56NA, 273NA
"Über pathologische Träumerei und ihre Beziehung zur Hysterie" (Pick), **vol. 8:** 340NA
"Über Versetzungsbesserungen" (Riklin), **vol. 10:** 102NA
Über Zwangsvorstellungen (Westphal), **vol. 2:** 361INT

ÍNDICE ONOMÁSTICO

Überhorst, **vol. 7:** 99
Übermächte (Jensen), **vol. 8:** 121NT
Uhland, **vol. 2:** 338; **vol. 5:** 342; **vol. 13:** 266
Ulisses (personagem mitológico), **vol. 5:** 149
Ulrichs, **vol. 6:** 31
Última ceia, A (pintura de Da Vinci), **vol. 9:** 119-21, 197, 212
"Unanständige Albion, Das" (Veber), **vol. 12:** 289NA
Unauthorized Freud (Crews), **vol. 8:** 283NT
"Unbekannte Dostojewski, Der" (Zweig), **vol. 17:** 340NA
Universidade Hebraica de Jerusalém, **vol. 16:** 354-5
"Untersuchungen über die früheste prägenitale Entwicklungstufe der Libido" (Abraham), **vol. 6:** 108NA; **vol. 14:** 400; **vol. 15:** 62NA
Untersuchungen über die Libido sexualis (Moll), **vol. 6:** 68NA; **vol. 7:** 141NA
Upanixades (escritura hindu), **vol. 14:** 231NA
Urabuna (tribo australiana), **vol. 11:** 27
Urano (deus grego), **vol. 4:** 297NA; **vol. 5:** 297; **vol. 17:** 163
Ursprung des Totemismus, Der (Pikler & Somló), **vol. 11:** 171NA
Ut mine Stromtide (Reuter), **vol. 4:** 145NT

Vaihinger, **vol. 17:** 140, 265NA
Valquírias (personagens mitológicas), **vol. 10:** 316
Van Emden, **vol. 5:** 253, 274; **vol. 11:** 280; **vol. 16:** 139
Van Houten (chocolate), **vol. 8:** 354
Van Ophuijsen, **vol. 11:** 280; **vol. 14:** 311
Van Raalte, **vol. 4:** 165
Van Renterghem, **vol. 11:** 280
Van Zantens glücklichste Zeit (Bruun), **vol. 5:** 54
Vanua Lava, **vol. 11:** 34

Varendonck, **vol. 15:** 321-3; **vol. 16:** 25
Varrão, **vol. 9:** 310NT
Vasari, **vol. 9:** 115, 120, 181, 183, 196, 200, 204, 205NA, 206, 212
Vaschide, **vol. 4:** 36-7, 89, 624
Vaterlose Gesellschaft, Die (Federn), **vol. 15:** 53NA
"Vaterrettung und Vatermord in den neurotischen Phantasiegebilden" (Abraham), **vol. 5:** 206
Veber, **vol. 12:** 289NA
Vecce, **vol. 9:** 141NT, 153NA, 171NA, 174NA, 184NA
Velho Testamento *ver* Antigo Testamento
Veneza, **vol. 5:** 43, 300-1, 312
Vênus (deusa romana), **vol. 8:** 88-9, 106; *ver também* Afrodite (deusa grega)
Vênus de Médici (escultura), **vol. 5:** 232
Verdrängung und Skotomisation (Laforgue), **vol. 17:** 105NT
Vere, E. de, **vol. 16:** 153NA; **vol. 18:** 363; **vol. 19:** 253NA
Vermelho, mar, 49
Verne, J., **vol. 7:** 110
Verona (Itália), **vol. 5:** 48-9
Veronika (empregada), **vol. 5:** 48-50
Verrocchio, **vol. 9:** 125, 142, 178NA, 195
"Versuch einer Darstellung der psychoanalytischen Theorie" (Jung), **vol. 11:** 14NA; **vol. 12:** 23NA
Versuch einer Entwicklungsgeschichte der Libido (Abraham), **vol. 6:** 108NA
Versuch einer Genitaltheorie (Ferenczi), **vol. 6:** 152NA; **vol. 18:** 467
Vespa, **vol. 4:** 119NA
Vespasiano, imperador romano, **vol. 10:** 69
Vesúvio (vulcão), **vol. 8:** 22, 32, 88, 92
Viagem ao Harz (Heine), **vol. 7:** 59-60, 100
Viagens de Gulliver (Swift), **vol. 4:** 55, 516; **vol. 18:** 50NA

ÍNDICE ONOMÁSTICO

Victoria (Austrália), **vol. 11:** 95
"Vida da espécie" (Schopenhauer), **vol. 16:** 260NT
Vidas dos Césares (Suetônio), **vol. 10:** 69NA
Vie de Ramakrishna, La (Rolland), **vol. 18:** 15NA
Vie de Vivekananda, La (Rolland), **vol. 18:** 15NA
Vie des dames galantes, Discours second (Brantôme), **vol. 5:** 112
Viena, **vol. 1:** 14-5, 17, 25-6, 64, 78, 83, 85, 87, 90, 96NT, 170, 192, 343; **vol. 2:** 17, 38, 49, 64, 67, 78, 115, 117, 125, 127, 155, 225, 230, 246, 248; **vol. 3:** 22, 33, 67, 187, 213, 273-4, 305, 308, 310, 313; **vol. 6:** 16, 19, 175, 189, 193, 208, 287, 293-4, 360; **vol. 7:** 33, 36NA, 55, 76NA, 112-3; **vol. 8:** 73, 128, 142, 148, 151NA, 170, 194, 212NT, 245, 267, 291, 330NT, 384; **vol. 11:** 56, 253, 267, 271, 272, 290-1, 294, 411; **vol. 19:** 144, 276-8, 338, 363, 369; *ver também* Áustria
Viereck, **vol. 17:** 332
Villaret, **vol. 1:** 65NT
Virgem Maria, **vol. 5:** 404; **vol. 9:** 154, 185-6, 299; **vol. 10:** 357; **vol. 15:** 227, 233, 252, 257, 266
Virgílio, **vol. 3:** 295NT; **vol. 4:** 662NT; **vol. 5:** 23-4
Virschow, **vol. 5:** 121
Vischer, **vol. 5:** 192NA, 233; **vol. 6:** 334-5, 346; **vol. 7:** 16, 19, 48, 129, 329NA
Vite (Vasari), **vol. 9:** 115NA
Vocabulário da psicanálise (Laplanche & Pontalis), **vol. 10:** 208NT, 217NT
Vogt, **vol. 11:** 281
Vold, **vol. 4:** 64, 262NA, 440; **vol. 9:** 203NA; **vol. 13:** 115, 122, 209, 322
Volkelt, **vol. 4:** 39, 50, 62, 67, 82, 86, 94, 100, 114, 116-7, 167, 263-6, 389; **vol. 5:** 379
Völkerpsychologie (Wundt), **vol. 5:** 87; **vol. 11:** 22, 43NA, 49NA, 156NA, 184NA

"Völkerpsychologische Parallelen zu den infantilen Sexualtheorien" (Rank), **vol. 10:** 299NA; **vol. 14:** 46NA
Voltaire, **vol. 7:** 99; **vol. 18:** 28, 36NA, 415; **vol. 19:** 239NT
Volz, **vol. 19:** 76
"Von der Pathographie zur Psychografie" (Sadger), **vol. 9:** 386NA
Vor dem Sturm (Fontane), **vol. 5:** 280
Vorschule der Ästhetik (Fechner), **vol. 7:** 22NA, 177, 192
Vorsokratiker, Die (Capelle), **vol. 19:** 314NA

Wagner, R., **vol. 4:** 333, 385, 480; **vol. 5:** 174; **vol. 10:** 93NA; **vol. 13:** 426
Wahlverwandschaften, Die ver *Afinidades eletivas, As* (Goethe)
Wallace, A. R., **vol. 13:** 380
Wallace, L., **vol. 5:** 65
Wallace IV, E. R., **vol. 11:** 40NT
Wallenstein, A. von, **vol. 15:** 48
Wallenstein (Schiller), **vol. 5:** 135-7, 249NA; **vol. 7:** 46, 68; **vol. 13:** 48-9; **vol. 14:** 339; **vol. 15:** 100NT
"Waller, Der" (Uhland), **vol. 5:** 342
"Wanderratten, Die" (Heine), **vol. 10:** 221NT
Wandlungen und Symbole der Libido (Jung), **vol. 10:** 104NA, 136NA; **vol. 11:** 14NA, 223NA, 356; **vol. 12:** 22-3NA
Warum wir sterben (Lipschütz), **vol. 14:** 216NA
Weber, **vol. 10:** 19-22, 50NA, 54, 60
Wedekind, **vol. 5:** 321
Weed, **vol. 4:** 41, 167, 198NA
Weib in der Natur- und Völkerkunde, Das (Ploss & Bartels), **vol. 9:** 367NA, 381NA
Weier, **vol. 8:** 426
Weigall, **vol. 19:** 37NA, 39
Weimar, **vol. 11:** 285, 297-8, 300, 302, 315
Weininger, **vol. 6:** 32; **vol. 8:** 159

ÍNDICE ONOMÁSTICO

Weir-Mitchell, **vol. 2:** 375
Weismann, **vol. 14:** 213-4, 216-7, 219, 229NA
Weiss, **vol. 5:** 290, 314; **vol. 11:** 282NA; **vol. 18:** 459
Wellington, duque de, **vol. 7:** 89NA, 103
Welsbach, **vol. 5:** 403
Weltenmantel und Himmelszelt (Eisler), **vol. 18:** 149
"Weltweisen, Die" (Schiller), **vol. 9:** 318NT; **vol. 17:** 147NT
Wernicke-Lichtheim, **vol. 6:** 234; **vol. 16:** 91
Wertheimer, **vol. 5:** 343NA; **vol. 8:** 290
Wesen des Antisemitismus, Das (Coudenhove-Kalergi), **vol. 19:** 368
Westermarck, **vol. 11:** 27, 99, 101, 104, 188-90
Westminster, **vol. 19:** 95
Westphal, **vol. 2:** 361
Wetterstrand, **vol. 11:** 281
Weygandt, **vol. 4:** 30, 50, 60, 67, 86, 157NA
When it Was Dark (Thorne), **vol. 15:** 53
Whigs, **vol. 11:** 174
White, **vol. 11:** 301; **vol. 16:** 239
Wiener klinischen Rundschau (periódico), **vol. 3:** 233
Wiener Spaziergänge (Spitzer), **vol. 7:** 50, 60
Wilde, **vol. 5:** 45-6; **vol. 14:** 375
Wiggam, **vol. 4:** 165NA; **vol. 11:** 367
Wilhelm Meister ver *Anos de aprendizado de Wilhelm Meister, Os* (Goethe)
Wilken, **vol. 11:** 183
Wilkins, **vol. 18:** 51INT
Wilkinson, **vol. 15:** 310-2
William Shakespeare (Brandes), **vol. 10:** 302NA
Wilson, H., **vol. 11:** 382
Wilson, P., **vol. 5:** 29NA
Wilson, W., **vol. 18:** 214
Wilt, M., **vol. 7:** 110
Winckler, **vol. 4:** 130NA

Winterstein, **vol. 4:** 31
Wippchen (Stettenheim), **vol. 7:** 300-4
Wissen und Leben (periódico), **vol. 17:** 344NA
Wittels, **vol. 4:** 252NA, 468; **vol. 16:** 343, 345
Witzige und satirische Einfälle (Lichtenberg), **vol. 13:** 51
Wölfflin, **vol. 11:** 382
Woodruff, **vol. 14:** 216-8
Worcester, **vol. 11:** 247, 277-8
Wörishofen (Alemanha), **vol. 3:** 10INT, 246
World of Dreams (Ellis), **vol. 11:** 366NA
Wulff, **vol. 11:** 197, 281
Wundt, **vol. 4:** 53, 55, 67-8, 84, 86, 116, 121, 260-1, 274; **vol. 5:** 87-8, 115, 181-2; **vol. 8:** 132, 286; **vol. 11:** 14, 22, 43, 48-53, 98, 104, 108, 110, 121-3, 144, 156, 164, 184, 273
Würtemberg, Carlos de, duque, **vol. 7:** 100

Xerxes (rei persa), **vol. 4:** 31

Yahuda, **vol. 19:** 57, 63NA
Young-Helmholtz, teoria de, **vol. 3:** 19

"Zahmen Xenien" (Goethe), **vol. 18:** 28NA
Zehn Jahre mit Böcklin (Floerke), **vol. 9:** 360NA
Zeibig, **vol. 5:** 156
Zeit, Die (diário vienense), **vol. 5:** 325; **vol. 8:** 121
Zeitschrift für die gesamte Strafrechtswissenschaft (periódico), **vol. 1:** 87
Zeitschrift für pädagogische Psychologie und experimentelle Pädagogik (periódico), **vol. 15:** 32NA
Zeitschrift für Psychologie (periódico), **vol. 7:** 21NA, 216NA
Zeitschrift für Sexualwissenschaft (periódico), **vol. 8:** 414; **vol. 14:** 180NA, 314
Zeller, **vol. 4:** 99

ÍNDICE ONOMÁSTICO

Zensur, Die (Wedekind), **vol. 5:** 321
Zentralblatt für Nervenheilkunde und Psychiatrie (periódico), **vol. 2:** 363NA; **vol. 10:** 55NT, 93NA; **vol. 12:** 16NA
Zentralblatt für Neurologie (periódico), **vol. 3:** 33
Zentralblatt für Psychoanalyse (periódico), **vol. 5:** 50, 62, 154, 174, 176-7, 179, 253, 266, 285, 322, 338, 357; **vol. 10:** 66NA, 109NA, 122-3, 133, 144NA, 147, 229, 276, 299, 351, 354-5; **vol. 11:** 197, 257, 277, 297, 300, 312, 314; **vol. 12:** 171NA; **vol. 14:** 46NA, 56NA, 156NA, 273NA; **vol. 16:** 136, 238
Zerrissene, Der (Nestroy), **vol. 19:** 339NT
Zeto (personagem mitológico), **vol. 19:** 20
Zeus (deus grego), **vol. 4:** 297, 673; **vol. 5:** 100NT, 297; **vol. 9:** 95NA; **vol. 17:** 163; **vol. 18:** 402; **vol. 19:** 35, 68NA, 350; *ver também* Júpiter/Jovis (deus romano)
Ziegler, **vol. 14:** 231NA
Zinzendorf, **vol. 11:** 287
Zinzow, **vol. 10:** 314NA
Zola, **vol. 4:** 251, 255NA, 342; **vol. 6:** 166NA; **vol. 8:** 335, 427-8; **vol. 13:** 348
Zoroastro, **vol. 10:** 31
Zuntz, prof., **vol. 1:** 25
"Zur Differentialdiagnostik negativistischer Phänomene" (Gross), **vol. 7:** 249NA
"Zur Entwicklungsgeschichte des Ödipuskomplexes der Frau" (Lampl-de Groot), **vol. 18:** 394NA
"Zur Erklärung der konträren Sexualempfindung" (Krafft-Ebing), **vol. 6:** 32NA
"Zur Nosologie der männlichen Homosexualität (Homoerotik)" (Ferenczi), **vol. 6:** 35NA
"Zur prägenitalen Vorgeschichte des Ödipuskomplexes" (Fenichel), **vol. 18:** 395
"Zur Psychologie des Unheimlichen" (Jentsch), **vol. 14:** 330NA
"Zur Sonderstellung des Vatermordes" (Storfer), **vol. 9:** 381NA; **vol. 11:** 30NA
Zurique, **vol. 1:** 69, 87; **vol. 8:** 72NA, 287; **vol. 10:** 157, 232; **vol. 11:** 14, 271-6, 287, 293-4, 296-8, 321
Zurück zu Freuds Texten (Gubrich-Simitis), **vol. 19:** 190NT, 353NT
Zwei Jahre unter den Kannibalen der Salomons-Inseln (Ribbe), **vol. 11:** 35NA
Zweifel, **vol. 11:** 86NA
Zweig, **vol. 17:** 340NA, 358-9, 361, 363

ÍNDICE REMISSIVO GERAL

AS INDICAÇÕES "NA" E "NT" DESIGNAM AS NOTAS DO AUTOR E DO TRADUTOR, RESPECTIVAMENTE.

NÚMEROS DE PÁGINAS EM *ITÁLICO* REFEREM-SE A GRÁFICOS E ILUSTRAÇÕES.

PARA LOCALIDADES E GENTÍLICOS, CONSULTAR O ÍNDICE ONOMÁSTICO.

ÍNDICE REMISSIVO GERAL

abandono, **vol. 18:** 101-2NA; *ver também* desamparo

abasia, **vol. 6:** 115NA

aberrações sexuais, **vol. 1:** 127; **vol. 6:** 20, 38-9, 45, 47, 51, 57, 63, 155; *ver também* sexualidade, sexual, sexuais

abipones, **vol. 11:** 95

abnegação, **vol. 15:** 43

abolição da vida *ver* aniquilação da vida; morte

aborígenes, **vol. 11:** 18; **vol. 18:** 400NA

ab-reação, **vol. 1:** 183, 208; **vol. 2:** 27, 29NT, 30, 35, 128, 149, 214, 227-9, 233, 235-6, 245, 360; **vol. 3:** 46, 52, 67

abreviação, **vol. 5:** 111, 402

absolutos, invertidos, **vol. 6:** 22, 25NA, 27; *ver também* homossexualidade, homossexual, homossexuais; inversão, invertida(s), invertido(s)

abstinência, **vol. 2:** 99NA, 131, 365; **vol. 3:** 79, 96-8, 107-9, 113, 118, 129, 150, 240; **vol. 6:** 129, 134, 265, 309, 359; **vol. 8:** 343, 372, 375-6, 379-81, 383-5; **vol. 13:** 514, 532, 574; **vol. 14:** 285; **vol. 17:** 45, 84; **vol. 19:** 19, 164

abstração, abstrações, **vol. 7:** 274-5, 281, 297; **vol. 15:** 55; **vol. 17:** 27, 32, 146, 270, 300; — abstratos/inofensivos/não tendenciosos, chistes, **vol. 7:** 129-32, 135, 138-9, 148, 170-1, 203, 205-6, 241, 252, 254; *ver também* chiste(s)

absurdo(s): prazer com o, **vol. 7:** 180-1, 198NA, 250; sonhos absurdos, **vol. 4:** 470, 480, 490; **vol. 7:** 19, 24, 53, 83-4, 86, 109, 186, 196-7NA, 246, 304; *ver também* sonho(s); chiste e sentido no absurdo; chiste(s)

abulia(s), **vol. 2:** 129, 131-3

abuso(s), **vol. 3:** 152-3, 163, 173, 213-4, 223; abuso sexual: **vol. 10:** 25, 59; **vol. 19:** 245; abuso sexual de cadáveres, **vol. 6:** 56; abuso sexual de crianças, **vol. 6:** 38-9; — Memória do abuso de Emma (esquema de Freud), **vol. 1:** 295

abutre(s), **vol. 9:** 142-3, 145, 147, 149-58, 164, 168, 176-7, 184, 186, 189NA, 190NA, 191-2, 202, 218

ação adequada, **vol. 3:** 106-7; *ver também* satisfação sexual; sexualidade, sexual, sexuais

ação psíquica sobre o corpo, **vol. 1:** 110-3; *ver também* corpo humano; psique, psiquismo, psíquica(s), psíquico(s)

acaso, crença no, **vol. 5:** 323-75

ácido úrico, **vol. 2:** 121

aclaramento, chiste e, **vol. 7:** 19, 21-2, 24, 27, 53, 87, 187, 227; *ver também* chiste(s)

ações ingênuas, **vol. 7:** 259

ações sintomáticas/ato(s) sintomático(s), **vol. 6:** 261-3, 266, 326; **vol. 8:** 288; **vol. 9:** 260; — atos sintomáticos e atos casuais, **vol. 5:** 261-95; *ver também* ato(s) falho(s); lapso(s)

acromatopsia/cegueira às cores, **vol. 1:** 47

"acumulação da excitação", **vol. 3:** 114; *ver também* excitação, excitações, excitabilidade

adaptação social, **vol. 18:** 308

Addison, doença de, **vol. 6:** 359

adivinhação/adivinhas, **vol. 7:** 219NA; **vol. 15:** 41-2, 185; **vol. 18:** 323-4

adoecimento, **vol. 11:** 39, 59, 323, 341, 362; **vol. 13:** 388, 551, 554; *ver também* doença(s), doente(s)

adolescente(s), **vol. 1:** 297; **vol. 2:** 193, 297, 340, 347, 386; **vol. 3:** 95; **vol. 6:** 74, 114, 148, 209, 238, 243, 342; **vol. 8:** 47NT, 410; **vol. 9:** 129, 167, 169, 389; **vol. 12:** 31; **vol. 13:** 538; **vol. 15:** 71, 134, 221; *ver também* puberdade

adormecimento, **vol. 4:** 32, 46, 56-8, 75-9, 81, 97, 101, 133, 134, 157, 269, 554, 595, 646-7; *ver também* sono

"adquirida", inversão como, **vol. 6:**

ÍNDICE REMISSIVO GERAL

27-8, 155; *ver também* homossexualidade, homossexual, homossexuais; inversão, invertida(s), invertido(s)
adultério, **vol. 4:** 455; **vol. 5:** 113, 126, 279
adulto(s), **vol. 1:** 56, 60, 113, 162, 275; **vol. 5:** 50, 67, 72, 94, 392, 395-6, 430, 435-6, 439; **vol. 6:** 73, 76, 86, 97, 102NA, 105, 107, 108NA, 114, 131, 146, 149NA, 156, 169, 171, 210, 222, 265NA, 266, 293, 353, 362; **vol. 7:** 71-2, 141, 171, 179, 182, 230, 243, 259, 270, 315-6, 318, 320-2, 331; **vol. 8:** 124-5, 128NA, 135, 139, 158, 186, 202, 222, 234-8, 242, 247, 258, 278, 281-2, 298, 317, 320, 323, 328-9, 391, 393, 396-9, 424; **vol. 9:** 24, 69NA, 137-8, 156, 190, 203, 204, 209, 211, 256-7, 266, 274-5, 341, 361; **vol. 10:** 61, 272, 318, 325, 348-9; **vol. 12:** 39, 130, 219-20, 230, 285; **vol. 13:** 117, 170-1, 179, 183, 277-8, 280-2, 317, 419, 422, 425, 433, 442, 444, 446, 469, 480-2, 490-2, 528, 541-2, 550; **vol. 14:** 16, 76, 84-5, 108, 121, 127, 132, 138-9, 141, 175, 200, 246, 269, 272, 296, 298, 300, 302, 308, 312-3, 319, 327, 346; **vol. 15:** 28NA, 252, 287; **vol. 16:** 112, 114, 119-20, 131, 169-71, 206, 232, 264, 291, 347, 349; **vol. 17:** 35, 66, 91-3, 155, 161, 165, 168-71, 205, 217, 230, 257-8, 286, 289, 294, 296, 304, 308, 319, 326-7; **vol. 18:** 17, 24, 68, 94, 191, 201, 203, 234, 298, 308-10, 317, 329, 359, 383, 396, 407, 458; **vol. 19:** 48, 53, 109, 138, 157, 176, 184, 200, 245-6, 252, 276NA, 305
afasia, **vol. 1:** 49, 196-7, 201-2, 204; **vol. 16:** 91; *ver também* fala(s); linguagem
afecção, afecções, **vol. 10:** 14, 85, 101, 165, 166NA, 169, 239, 326, 344-5; **vol. 12:** 22, 30, 61, 63, 96, 138-9, 149, 152, 162, 167-8, 171, 182, 184, 187, 190, 193, 223; **vol. 14:** 21, 31, 156, 289, 383, 387; **vol. 16:** 63, 141, 148, 156, 181, 242; **vol. 18:** 85, 107, 317, 375NA
afeição, **vol. 3:** 112-3; **vol. 6:** 144, 188, 208, 221, 236-7, 301, 379; *ver também* enamoramento
afetividade, afeto(s), afetiva(s), afetivo(s), **vol. 1:** 110-2, 118-9, 153, 181-2, 187, 254-5, 257, 274, 280, 285, 289, 291, 293, 296-301, 322, 330-1, 333; **vol. 2:** 20, 22-3, 25-32, 35, 38, 49, 56, 65, 68-70, 72, 97NA, 128-9, 132-4, 142, 149-50, 156, 167-8, 170NA, 177-8, 185, 194, 196, 211, 233-4, 236, 238-9, 248-51, 259, 266-7, 272, 282-96, 299-312, 317-8, 331-2, 335NA, 336-7, 348-9, 351-3, 356, 359, 378, 380, 392-3, 395, 397-8, 400, 417, 425-6; **vol. 3:** 26-7, 35, 37-8, 40, 44-8, 52, 54-5, 57-60, 62, 64-5, 67, 91, 108, 110-1, 120, 161, 165, 169-72, 174, 271, 279, 283; **vol. 4:** 82, 85, 95, 104, 115, 212, 217, 234, 243, 276, 305, 308, 466, 497, 499, 506-7, 511, 513-5, 518-9, 525-8, 531-2, 535, 554, 557, 559, 572, 608-9, 630-1, 635, 656, 658; **vol. 5:** 35, 40, 47, 67, 71, 78, 103, 118, 127, 164, 166, 175, 201, 284, 340, 356, 359-60, 372, 378, 383, 387-8, 406, 431; **vol. 6:** 60-1, 102, 116, 166, 196, 201, 224, 227, 239-40, 253, 323-4, 332, 335, 351, 356, 362, 372; **vol. 7:** 194, 228, 273, 312, 323-4, 329-31; **vol. 8:** 16, 33, 54, 81, 158, 170, 267, 272, 283, 291-2, 304, 318, 327, 346, 387, 421; **vol. 9:** 22-3, 35-6, 48, 57-9, 60NA, 83NA, 93, 100, 101NA, 131-2, 156, 169, 173, 193-4, 202, 208, 223, 226-8, 233-5, 252, 263, 280, 297, 315, 333, 345, 359, 390, 392; **vol. 10:** 55-6, 63, 65, 88, 107, 113, 141-6, 154-5, 157, 159, 191, 209, 217, 270, 284, 340; **vol. 11:** 16, 38-9, 102-3, 107, 137, 145, 199, 215, 219, 221, 238-41, 249, 268, 289, 292, 333, 339-40, 342, 347-9, 356-8, 360, 375, 383, 388, 400-1, 405, 419-1; **vol. 12:** 31, 36, 72, 91-3,

ÍNDICE REMISSIVO GERAL

95-8, 115-8, 122, 128, 152, 156, 171, 184, 197, 203, 219, 226-8, 232, 236, 294; **vol. 13:** 22, 28, 31, 33, 90, 120-1, 146, 273, 289-91, 322, 326, 338, 367-8, 390, 446, 519, 522-5, 530, 534, 542, 545, 569; **vol. 14:** 51, 89, 98, 157, 173, 180, 232, 241, 304, 360, 374, 390, 394; **vol. 15:** 26NA, 28NA, 30, 32, 34-6, 38-41, 43, 49, 50-1, 54-7, 60, 63-5, 67, 69, 77, 85, 87, 104-9, 123, 128, 131, 138-9, 188, 201, 206, 210, 215, 222, 244, 276, 291, 298, 306, 327; **vol. 16:** 93-4, 96, 98, 102, 106, 134, 148-9, 152, 156, 180, 227-8, 233, 246, 249, 264, 277, 290, 298, 305, 325, 330, 333; **vol. 17:** 19-20, 23, 35, 43, 47, 54, 59, 66, 70-6, 83, 91, 94, 96, 109-10, 114-5, 150, 182-3, 187, 223, 225, 284, 287-8, 294, 305, 312-3, 315, 323-4, 334, 339, 344, 369; **vol. 18:** 15, 17, 38, 41, 104, 140, 144, 201-2, 224-5, 227, 229, 248, 252, 273, 275, 303, 308, 322, 324, 329, 337-8, 340, 359, 363, 380, 421, 425, 434, 468-9; **vol. 19:** 21, 95-6, 107, 116, 166, 168, 170, 180, 183-4, 187, 223, 261, 329; — correntes afetivas ginecófilas, **vol. 6:** 245; correntes afetivas masculinas, **vol. 6:** 245; processos afetivos, **vol. 6:** 115; valor afetivo, **vol. 1:** 207-9; *ver também* amor(es), amorosa(s), amoroso(s)

afonia, **vol. 6:** 195, 215-6, 232, 318

aforismo, **vol. 7:** 113, 124

afrescos de Orvieto, **vol. 5:** 16-7, 29, 30NA

agitação, **vol. 2:** 76, 84, 86, 107NA, 118, 121, 134, 139NA, 148NA, 149, 278, 281-3, 285, 328, 331, 334; **vol. 13:** 36-7, 61, 333

agon [grego: combate, competição], **vol. 6:** 365

agorafobia, **vol. 1:** 173, 293; **vol. 2:** 163NA; **vol. 3:** 64, 78, 90, 121-2, 240; **vol. 4:** 404, 634-5; **vol. 6:** 115NA; **vol. 8:** 249; **vol. 9:** 298; **vol. 13:** 353, 361, 529; **vol. 14:** 290; **vol. 17:** 44, 66-7; *ver também* fobia(s), fóbica(s), fóbico(s)

agressão, agressividade, agressiva(s), agressivo(s), **vol. 2:** 284, 350; **vol. 3:** 156-7, 167-8, 173, 215, 230; **vol. 4:** 194, 196NA; **vol. 6:** 51-3, 55, 139NA; **vol. 7:** 99, 112, 139-40, 142-3, 148-50, 156, 165, 169, 190-1, 203, 257, 269, 283; **vol. 8:** 55, 64, 271, 274-5, 368; **vol. 13:** 539; **vol. 14:** 225; **vol. 15:** 57, 69; **vol. 16:** 53-4, 68-9, 71, 201; **vol. 17:** 37, 39-43, 53-4, 61, 63-4, 91, 138, 342; **vol. 18:** 71NA, 76-8, 80-1, 83, 86-8, 90, 92, 98-101, 102NA, 104, 106NA, 110-2, 117-9, 122, 227, 252-5, 258, 260-2, 266, 268, 271, 279, 289, 348, 350, 367-8, 385, 389-90, 403, 426-30, 434; **vol. 19:** 105-6, 111, 113, 123, 160, 163, 197, 202, 313-4; *ver também* destruição/morte, instinto de; hostilidade, hostil, hostis; sadismo, sádica(s), sádico(s); violência

agricultura, símbolos sexuais e, **vol. 5:** 443; *ver também* simbolismo/símbolo(s)

água, **vol. 11:** 19, 56, 100, 128, 129; — ingestão de, **vol. 2:** 59, 120-4, 253, 283; simbolismo da água, **vol. 4:** 265, 446-8, 449NA, 450, 452; **vol. 19:** 20

aguda(s), histeria(s), **vol. 1:** 60-1; **vol. 2:** 28, 36, 38, 333-5, 354, 370-1, 407; *ver também* histeria, histérica(s), histérico(s)

agutainos, **vol. 11:** 92

ainos, **vol. 11:** 94, 128, 213

akambas/wakambas, **vol. 11:** 33, 94

alcachofra, **vol. 4:** 207-8

alcaloides, **vol. 6:** 134, 359

álcool, **vol. 2:** 282; **vol. 7:** 181-2; **vol. 10:** 85; **vol. 12:** 167NA, 188; **vol. 19:** 367; — alcoolismo/alcoólatras, **vol. 1:** 56, 127; **vol. 3:** 103; dipsomania, **vol. 3:** 174; embriaguez, **vol. 12:** 188; **vol. 18:**

ÍNDICE REMISSIVO GERAL

33, 198; mudança do ânimo, álcool e, **vol. 7:** 181

alegria(s), **vol. 1:** 111-2; **vol. 2:** 40, 44, 111, 202, 285, 302, 319; **vol. 5:** 205NT, 285, 431; **vol. 7:** 174, 261, 317, 320, 328NA; **vol. 12:** 187, 231, 249, 273; *ver também* felicidade, feliz(es)

aleitamento *ver* amamentação/aleitamento; leite

"Além"/vida após a morte, **vol. 4:** 447NA; **vol. 17:** 252; **vol. 19:** 31, 40, 84

alemão, idioma, **vol. 7:** 42NT, 48NT, 52NT, 113NT, 284; **vol. 13:** 32, 42, 104, 160, 242; *ver também Índice de notas do tradutor*

alexia, **vol. 1:** 202

alfabeto hebraico, **vol. 19:** 63; *ver também* hebraico

alfalgesia, **vol. 1:** 45; *ver também* dor(es)

algolagnia, **vol. 6:** 51; *ver também* sadismo, sádica(s), sádico(s)

alimentação, alimento(s)/nutrição, **vol. 1:** 43, 62, 108, 111, 150, 153, 193-4, 220, 250; **vol. 2:** 20, 40, 42, 48, 50, 57, 121, 251, 282-3; **vol. 3:** 248; **vol. 6:** 20, 83, 86-7, 89, 92, 108, 119, 135; **vol. 8:** 305, 354, 407; **vol. 9:** 118, 275, 286, 319; **vol. 11:** 31, 44, 55-6, 71-2, 76, 89, 175-6, 178, 205, 207, 350; **vol. 12:** 32, 176, 182; **vol. 14:** 140; **vol. 17:** 16-7, 207; **vol. 18:** 276, 376; **vol. 19:** 148, 202, 247; — dieta, **vol. 8:** 432; **vol. 11:** 81, 131, 176

aliteração, **vol. 7:** 174

alívio, **vol. 1:** 114, 117; — alívios psíquicos, **vol. 7:** 182; prazer de alívio, **vol. 7:** 298; *ver também* prazer, prazerosa(s), prazeroso(s)

alma(s), **vol. 1:** 98, 105, 117-8, 125; **vol. 8:** 92; **vol. 9:** 77NA; **vol. 10:** 19, 24-6, 29, 31-2, 33NA, 37-41, 42-3NA, 46, 48-50, 52-4, 55NA, 58-60, 70-1, 75, 77, 97, 308, 323; **vol. 11:** 46, 68, 98, 100-1, 103-4, 121-3, 139, 146-8, 173, 180, 183-4, 239, 278, 312, 361, 384, 389; **vol. 12:** 26, 57, 226, 238-9, 241, 245, 264, 268, 282, 294; **vol. 14:** 183, 245, 249NT, 250, 351, 352NA, 361, 372-3, 391; **vol. 15:** 16-7, 19, 21, 25, 28-9, 31-3, 35, 39NA, 45, 52, 78, 92, 100, 147, 201, 234, 239; **vol. 16:** 46, 248, 258; **vol. 17:** 140, 146, 165, 225, 248, 251, 263, 333, 358; **vol. 18:** 358; **vol. 19:** 82, 122, 158-9, 163, 178, 266, 315, 353, 355; — "duplo", **vol. 14:** 351-3, 369NA; *Seele* [alemão: "alma"/"psique"], **vol. 1:** 105; transmigração da(s) alma(s)/reencarnação, **vol. 12:** 239; **vol. 14:** 231NA; **vol. 19:** 315; *ver também* espírito(s); psique, psiquismo, psíquica(s), psíquico(s)

alta valência, sons de, **vol. 5:** 80

altruísmo, altruístas, **vol. 12:** 219, 221-2, 226

altus, **vol. 19:** 221

alucinação, alucinações, alucinatória(s), alucinatório(s), **vol. 1:** 42, 67, 124, 171, 182, 185, 253, 261, 263, 278-80, 282, 314, 331-2; **vol. 2:** 20-1, 23, 34, 41, 45, 48-9, 52, 54-5, 57, 62, 64-7, 73, 77, 80, 97NA, 110-1, 128, 142, 156, 160, 190, 255, 260NA, 266-9, 271, 295, 303NA, 306, 328, 334, 336, 340, 356; **vol. 3:** 39, 66, 88, 93, 178-80, 184, 187, 189, 283; **vol. 4:** 29, 56-7, 67, 75-8, 80, 86, 120, 122-3, 261, 270, 464, 551, 586, 592-3, 595-9, 606NA, 618-20, 638-40, 652, 654, 659; **vol. 5:** 151, 352, 356, 435; **vol. 6:** 130, 202; **vol. 7:** 256; **vol. 9:** 229-30, 299, 314; **vol. 10:** 18-20, 101-2, 111, 146; **vol. 11:** 70, 134, 341, 369; **vol. 12:** 153, 159, 161-5, 168, 174, 272; **vol. 13:** 138, 172, 174-5, 183, 288; **vol. 14:** 114, 115NA, 116; **vol. 15:** 194, 232; **vol. 16:** 24-5, 218; **vol. 17:** 46; **vol. 18:** 195, 445; **vol. 19:** 212, 266, 341; — alucinação "negativa", **vol. 1:** 124; alucinações hipnagógicas,

201

ÍNDICE REMISSIVO GERAL

vol. 4: 56-7, 75, 258; confusão alucinatória, **vol. 2:** 142, 354; fase alucinatória da histeria, **vol. 1:** 42; zoopsia, **vol. 2:** 96NA; *ver também* delírio(s), delirante(s)

alusão, **vol. 7:** 33, 40, 62-3, 75, 108-13, 115-6, 124, 127, 144, 150, 159, 164, 173, 176-7, 239, 245, 262, 289, 293, 299

amamentação/aleitamento, **vol. 1:** 122, 148, 150, 152, 156-7; **vol. 6:** 95-6, 143; **vol. 13:** 473, 485; **vol. 19:** 247-8; — ama de leite/nutriz, **vol. 1:** 150; **vol. 6:** 144; **vol. 18:** 272, 276; *ver também* mamar

Amantes amentes (chiste), **vol. 7:** 51NA; *ver também* chiste(s)

amargura, **vol. 7:** 28, 201

amaurose, **vol. 1:** 45-6; **vol. 2:** 147NA; *ver também* cegueira; visão, visual, visuais

ambição, **vol. 18:** 50NA

ambiguidade(s), ambígua(s), ambíguo(s), **vol. 5:** 40, 113, 401; **vol. 7:** 61, 62NA, 63, 176, 246, 262; **vol. 12:** 161; **vol. 13:** 212, 310, 312-3, 478, 523; **vol. 16:** 18-9, 22, 309

ambivalência, ambivalente(s), **vol. 4:** 476; **vol. 6:** 55NA, 109; **vol. 9:** 101NA, 375; **vol. 10:** 144, 313; **vol. 11:** 58, 62, 66, 69, 74, 85, 102-4, 108-11, 113, 116, 199, 221, 229, 234, 238, 420-2; **vol. 12:** 70, 72, 97, 183, 191-3, 219, 236, 245; **vol. 13:** 566, 587; **vol. 14:** 38, 89, 154, 157, 226, 348NA; **vol. 15:** 57, 111, 171, 215-7, 244-5, 247; **vol. 16:** 40-1, 52-4, 136, 156, 159, 306, 310; **vol. 17:** 33-5, 48, 60, 65, 104, 258, 319; **vol. 18:** 104, 111, 247, 279, 291, 386; **vol. 19:** 116-7, 123, 168, 184, 187, 230

ambliopia, **vol. 1:** 45-6; **vol. 2:** 60; *ver também* visão, visual, visuais

amentia [amência], **vol. 10:** 99; **vol. 12:** 162, 164, 167, 169; **vol. 16:** 179; **vol. 17:** 285

amizades, amiga(s), amigo(s), **vol. 6:** 152, 197-8, 206, 241, 303; **vol. 9:** 18, 31-5, 38, 42, 62, 117, 125, 153, 205, 215, 264, 268, 325, 332, 394; **vol. 10:** 82, 142, 167; **vol. 11:** 26, 68-9, 71, 99, 101, 129, 247, 271, 293, 417; **vol. 12:** 294; **vol. 17:** 348; **vol. 19:** 315

amnésia(s), **vol. 2:** 31, 38, 46, 68-9, 79, 93NA, 254NT, 303, 305-6, 311, 332, 359; **vol. 3:** 272, 277; **vol. 4:** 570-1; **vol. 5:** 37, 48, 70-1, 120, 188; **vol. 6:** 23NA, 75-7, 96, 98, 194, 244, 325; **vol. 9:** 24, 57, 93, 236; **vol. 13:** 269-70, 274, 377-80, 415, 433, 575; **vol. 16:** 90, 111, 120, 129, 216, 264; **vol. 17:** 59, 112, 307; **vol. 19:** 105-6, 201, 245; — amnésia infantil, **vol. 5:** 70; *ver também* esquecimento

amor(es), amorosa(s), amoroso(s), **vol. 1:** 124, 163, 350; **vol. 2:** 40-1, 152, 206, 210, 223, 226, 232, 237-8, 240, 331, 353, 366, 383, 423; **vol. 3:** 72-3, 75, 290, 294; **vol. 4:** 111, 114, 143, 157, 166, 177, 184, 187-8, 193, 212-3, 237, 240, 242, 274, 287, 295-6, 298, 327, 351, 370NA, 386, 406, 420-1, 428, 437, 534, 677; **vol. 5:** 34, 49, 110, 121, 129-30, 137, 142, 147, 209-10, 235, 243, 250, 280, 304, 337, 407, 409, 428; **vol. 6:** 21, 33, 37, 40NA, 42-3, 46-7, 57, 65, 74-5NA, 76, 102NA, 103, 143-6, 150-1, 152-3NA, 161, 196NA, 197, 199, 206, 207NA, 208-9, 211, 214-5, 221, 225-6, 228, 236-8, 241, 244-5, 254, 256, 273-4, 276-7, 279, 281, 287, 297, 298NA, 300, 302, 305, 306NA, 314NA, 317NA, 366, 369; **vol. 7:** 114, 160, 314; **vol. 8:** 35, 40, 45, 48, 50, 52, 55, 57, 67, 82, 87-8, 90-1, 97, 102, 106, 111-3, 115-6, 120-1, 135-7, 139, 168, 170, 196, 243-5, 247-8, 269-70, 276NA, 277, 279, 281, 318, 331-2, 343, 361, 370-1, 381-2, 385, 387-8, 404, 415, 417, 420, 423; **vol. 9:** 38, 40-3, 48, 50, 52-4, 56, 60-2, 65, 68NA, 70NA, 96-105, 107, 127NA, 131-3, 136, 159, 166-7, 176,

ÍNDICE REMISSIVO GERAL

179, 191-2, 208, 211, 217NT, 243, 264, 267-8, 271, 274, 276, 280, 318-9, 329, 334-41, 343, 346-7, 349, 352-9, 361-2, 364-5, 374, 379-80, 382, 387; **vol. 10:** 80, 82, 86-8, 93NA, 101, 117-8, 134-5, 187, 212-27, 230, 304, 312-3, 314NA, 316, 320-1, 323, 335-6; **vol. 11:** 102, 141, 201, 218, 238, 278, 315, 354, 420; **vol. 12:** 20, 32-5, 37, 40, 45-50, 65, 72, 76-80, 95, 115, 121-2, 173, 176, 178-9, 181-5, 191-2, 196-7, 199, 201-4, 206-7, 219-20, 222, 232, 236, 244-5, 250-1, 255, 258-9, 274, 277, 279, 282; **vol. 13:** 34, 50, 132, 145, 184, 186-8, 238NA, 256, 258-9, 267, 275-9, 282, 284-5, 326, 332, 334, 336-8, 380, 384, 405, 408, 438, 444, 457, 469, 498, 500, 514, 541, 549-50, 552, 561, 564, 571, 584-5, 590; **vol. 14:** 29, 32-5, 51, 53, 57-8, 79-80, 89, 92, 94, 113, 121, 124-5, 131, 141, 152, 154, 180, 182, 222, 225-6, 241, 243-5, 251, 256-8, 262, 274, 277, 304-8, 311-2, 321-2, 341, 347, 349NA, 352, 387, 390; **vol. 15:** 14, 43-5, 47, 49, 53-4, 57, 58NA, 59, 63-4, 69-72, 75, 82, 86, 87NA, 88, 98, 100, 104, 106-10, 115, 118, 120, 123, 125, 128-30, 131-2NA, 133-4, 136, 140-4, 147, 157, 164, 171-2, 210, 214-7, 221-4, 247, 251, 254, 289, 292, 296, 299, 303, 305, 316; **vol. 16:** 36-7, 40, 53-5, 62NA, 67, 69-70, 73, 102, 116, 118, 124, 138, 143-4, 204, 208, 212, 216, 265, 287, 295, 338-9, 345; **vol. 17:** 18, 33, 38, 60, 82, 87, 89, 104, 121, 129, 147, 165, 167, 179, 183-6, 199, 258, 266, 297, 303, 339, 347-8, 360-2, 364, 367; **vol. 18:** 39, 63-7, 69, 70NA, 71-6, 78, 80-1, 84, 87, 94, 97-8, 101NA, 102NA, 104-5, 110, 119, 174, 177, 180, 199, 204, 227, 230-3, 242, 247-8, 252, 260, 272, 276, 278-9, 282, 284, 288, 292, 312, 330, 350, 359, 362, 367-8, 372-3, 377, 381, 385-6, 404, 407, 426-7, 430, 437, 468; **vol. 19:** 74, 112, 115, 130, 159, 162, 170, 174, 196, 200, 229, 231, 247-8, 255-6, 264, 271, 283, 298, 319, 364, 366-7; — amor assexual, **vol. 6:** 144, 150; "amor ilícito", **vol. 1:** 350; amor-próprio, **vol. 17:** 30; amor universal, **vol. 18:** 65, 74, 81; pessoa amada, **vol. 10:** 67, 224; **vol. 12:** 50, 97, 172, 180, 182, 239, 245; **vol. 15:** 63, 104, 106; vida amorosa, **vol. 6:** 40NA, 43, 74NA, 152NA, 245; **vol. 12:** 25, 31, 34-5, 45-6, 245; **vol. 14:** 57, 256, 305, 322, 390; *ver também* afetividade, afeto(s), afetiva(s), afetivo(s); objeto(s) amoroso(s)/ objeto amado/objeto de amor

amuletos, **vol. 13:** 222

anabolismo, **vol. 16:** 51

anal *ver* ânus, anal, anais

analgesia, **vol. 1:** 44, 199, 213; **vol. 2:** 147NA, 155, 269, 344

análise/analista(s), **vol. 4:** 142, 523, 556, 566, 570; **vol. 15:** 136, 152-4, 316; **vol. 16:** 14, 136, 149, 166, 284, 292NA, 341; **vol. 19:** 138, 181, 196NA, 228-32, 238, 256, 259, 266, 278-80, 282-3, 298, 306-7, 314, 317-22, 328-32, 334, 336, 338-9; — análise leiga, **vol. 17:** 124, 126, 147, 189, 195, 198, 200, 202, 209-10, 216, 218-9, 223, 226, 228-30; análise psíquica, **vol. 3:** 52, 78, 173; **vol. 5:** 257, 289; autoanálise, **vol. 9:** 269, 293; construções analíticas, **vol. 19:** 331-43; "fim da análise", **vol. 19:** 279-80; interpretações analíticas, **vol. 19:** 21, 24, 83, 138, 328, 333, 336, 338, 357; observação analítica, **vol. 16:** 14, 210; "perigos da análise", **vol. 19:** 321; "reeducação para a superação de resistências interiores", tratamento psicanalítico como, **vol. 6:** 345; trabalho analítico/ trabalho psicanalítico, **vol. 6:** 181, 368; **vol. 9:** 281, 284-5; **vol. 13:** 356, 371, 389, 559, 583, 589, 599; **vol. 17:**

ÍNDICE REMISSIVO GERAL

33, 54, 154-5, 226; **vol. 18:** 70, 113, 135, 154-5, 180, 185, 207, 211, 216, 256, 259, 264, 287, 316, 337, 445; **vol. 19:** 106, 110, 125, 131, 139, 141, 181, 252, 275, 279, 293-4, 297-8, 307, 310-1, 318-9, 324, 328-9; *ver também* psicanálise, psicanalítica(s), psicanalítico(s), psicanalista(s); terapia/psicoterapia

analogia(s), **vol. 2:** 22, 266, 271, 281, 296, 305, 318NA, 326, 371, 427; **vol. 3:** 35, 38, 96, 185-6, 193, 271, 277; **vol. 7:** 18, 37, 45, 80, 113, 117-23, 126, 129, 131, 211, 233, 236, 244-5, 252, 267NA, 286, 288, 297-8, 317; **vol. 8:** 57, 60, 69, 75, 262, 291, 301, 312, 393, 418; **vol. 11:** 87, 89, 114, 123, 201, 244, 368; **vol. 13:** 68, 89, 141, 150, 183, 241, 311, 323, 329, 339, 366-7, 382, 451, 500, 514, 536; **vol. 17:** 28, 38, 77-8, 122, 141, 174, 225, 283-5, 287, 329; *ver também Índice de analogias*

anamnese/pesquisa anamnésica, **vol. 3:** 100-1, 118, 125-6, 192-3, 217, 254; **vol. 15:** 126, 186

Ananke [grego: "destino"/"necessidade"], **vol. 13:** 472, 568; **vol. 17:** 297; **vol. 18:** 63, 114

anatomia, **vol. 6:** 29, 291; **vol. 10:** 349; **vol. 12:** 111; **vol. 14:** 185, 378, 380; **vol. 18:** 70NA, 265-6; **vol. 19:** 107, 136; — anatomia cerebral, **vol. 16:** 30, 81, 88; *ver também* cérebro, cerebral, cerebrais; sistema nervoso

androginia, **vol. 6:** 30-1

"anecdotage" (chiste inglês), **vol. 7:** 35; *ver também* chiste(s)

anedota(s), **vol. 2:** 20-1, 24, 43, 47, 60, 64, 69, 108, 128, 269, 364, 367-8; **vol. 5:** 17, 58, 129, 172; **vol. 7:** 24, 74, 107, 109, 160, 287; **vol. 12:** 244, 289; *ver também* chiste(s); piada(s)

anemia, **vol. 1:** 60, 203-5

anestesia [histérica], **vol. 1:** 22, 32-6, 44-51, 59, 71, 144, 199; **vol. 3:** 235; — hemianestesia, **vol. 1:** 28, 33, 37-8, 45, 48, 59, 75; **vol. 2:** 22, 269, 333

anfígenos, invertidos, **vol. 6:** 22; *ver também* homossexualidade, homossexual, homossexuais; inversão, invertida(s), invertido(s)

anfimixia, **vol. 14:** 217, 229

angina, **vol. 2:** 92, 299

angústia(s), **vol. 1:** 92, 134, 294; **vol. 2:** 21-2, 43-4, 46, 48-50, 52, 56, 64-6, 68, 70, 77, 95, 99NA, 100, 102NA, 104NA, 111, 117, 121-2, 129, 131, 133, 163NA, 181-3, 189, 191, 193, 196NA, 285-7, 298, 305, 307-10, 320, 332, 345, 349, 351-2, 363-5, 367, 384; **vol. 3:** 41, 60, 64, 70, 74, 78-80, 83-105, 107-15, 117-33, 135-6, 138, 144, 149-51, 157, 165-7, 172, 205, 224, 240-2, 250, 252-4, 260, 311; **vol. 4:** 51, 60, 120, 138, 141, 168, 191-2, 196-7, 276-8, 286, 308, 313, 316, 330, 333, 378, 380-1, 426, 430, 440-1, 447NA, 449-50, 536-7, 571, 608-9, 611, 625, 633, 634NA, 635-40; **vol. 5:** 170, 430, 437; **vol. 6:** 114, 146, 149NA, 266, 284, 292NA, 349, 350NA, 372-5; **vol. 8:** 22, 74, 76, 80NT, 81-2, 146-9, 151NA, 157-8, 163, 167-70, 184, 219, 233, 248-53, 271-5, 278, 302, 308-9, 311, 389, 430; **vol. 9:** 55, 106, 139, 229, 259, 268, 293, 325, 329-30, 348, 372; **vol. 10:** 75NA, 96, 144, 174, 246, 281, 284, 327-8; **vol. 11:** 113-4, 152, 255, 309, 360, 369, 417; **vol. 12:** 27-8, 30, 38, 50, 92-7, 115-6, 118, 121, 123, 125-6, 139, 185, 273; **vol. 13:** 15, 121, 256, 289, 291-4, 296, 299, 356, 362, 364, 385, 398, 483, 516-7, 519-26, 528-39, 541-5, 562, 569, 579, 589, 593, 608; **vol. 14:** 15, 40, 54, 63, 65, 79, 83, 87, 91, 95, 102-6, 115, 119, 122, 126, 128, 132, 142, 145, 147-50, 156, 169, 195-7, 290, 329, 346, 349, 360, 368, 376, 387; **vol. 15:** 50-1, 80, 82, 165, 190, 195, 219,

ÍNDICE REMISSIVO GERAL

286; **vol. 16:** 70-3, 100, 128, 163, 196, 218-9, 325-6, 329; **vol. 17:** 15-7, 22-4, 26, 31-3, 35, 37, 43-4, 46, 62, 64-7, 69-4, 76-96, 108-9, 111, 114-21, 123, 128-9, 150, 163, 181, 248, 258, 266; **vol. 18:** 95, 108, 110, 117, 139, 154-5, 191, 199, 220, 224-30, 232-5, 237-9, 241, 245, 303, 327, 390, 413; **vol. 19:** 193, 195, 223, 240, 261, 268, 271, 279, 301, 342, 347; — *Angst* [alemão: "angústia"/"medo"], **vol. 13:** 523-4; expectativa angustiada, **vol. 1:** 113; **vol. 3:** 85-6, 89-90, 92, 121; "larvares", estados de angústia, **vol. 3:** 87; religiosa, angústia, **vol. 3:** 172; sonhos de angústia, **vol. 5:** 430-1; virginal, angústia, **vol. 3:** 95, 108, 113, 115, 165; viúvas, angústia das, **vol. 3:** 96; *ver também* medo(s); pavor; temor(es)

anima [latim: "alma"], **vol. 11:** 122NT

animalidade, animal, animais, **vol. 1:** 77, 98, 107; **vol. 2:** 24NA, 54, 59, 64, 67, 80-3, 87, 95, 96NA, 97, 110-2, 117, 129, 146, 278, 280, 283-4; **vol. 4:** 34, 56, 65, 117, 160, 165-6, 212, 250, 299, 314, 331, 339, 386, 400, 441, 451, 456, 509, 568, 632NA, 671; **vol. 5:** 37-8, 49, 246, 259, 401; **vol. 6:** 16, 20, 37NA, 79NA, 80NA, 101, 105, 108, 132-3, 139NA, 152, 159; **vol. 7:** 40, 71, 81, 134, 268, 270, 280, 306; **vol. 8:** 120, 128, 156-8, 169, 239, 241, 256, 261, 323-4, 368, 398, 403; **vol. 9:** 122, 124, 134, 169, 204, 210, 231, 376; **vol. 10:** 36, 105-6, 216, 280, 299, 305, 346; **vol. 12:** 24, 34, 95, 105, 122, 130, 138, 220, 234-5; **vol. 13:** 174, 206, 210, 216, 223, 232, 251-2, 281, 380, 471, 480, 491, 494, 510, 521-2, 525, 528-9, 548; **vol. 14,** 25-6, 37, 45, 54-5, 58, 60NA, 75, 79, 81, 83, 86, 93, 110, 119, 128-9, 131-2, 143-5, 148, 151, 159, 202-3, 206, 208-9, 213-4, 217-8, 245-6, 268, 314, 394; **vol. 15:** 30, 75-8, 102, 196, 201, 246, 299; **vol. 16:** 59, 86, 157, 171, 261, 265, 350; **vol. 17:** 35-8, 41, 43-4, 62, 65-6, 77, 89, 92, 97, 101, 119, 158, 163, 233, 240, 256-7; **vol. 18:** 20, 24, 29, 49, 51, 53, 63NA, 70-1NA, 73NA, 91, 220, 242, 252, 256, 266-7, 324, 328, 332, 419, 433; **vol. 19:** 19, 29, 106, 116-7, 119-20, 137, 141, 180, 182-3, 194, 201NA, 212, 243, 245; — animal totêmico/animais totêmicos, **vol. 11:** 61, 157-8, 161-5, 167, 184, 202-3, 209, 212, 214-6, 219, 220, 222, 224-5; animais domésticos, **vol. 11:** 19, 35, 191, 198, 208-10; intercurso sexual com animais, **vol. 6:** 38-9; "magnetismo animal" [*mesmerismo*], **vol. 15:** 88; simbolismo dos animais, **vol. 4:** 117, 263, 400, 441, 451-3, 456, 509, 568; vida dos animais, **vol. 18:** 29, 62NA; zoofobia(s), **vol. 10:** 299; **vol. 11:** 196-7, 200, 203; **vol. 12:** 94-5; **vol. 14:** 15, 45; **vol. 15:** 246; **vol. 17:** 32; zoologia, **vol. 8:** 44, 46, 49, 98, 107; zoopsia, **vol. 2:** 96NA; *ver também* totemismo, totêmica(s), totêmico(s)

anímica(s), anímico(s), **vol. 12:** 62, 74, 104, 106-7, 110-2, 149, 158, 225-6; **vol. 14:** 105, 138, 157, 159, 281, 396; — vida anímica, **vol. 15:** 25, 26NA, 28, 31-2, 37, 41, 105

animismo, **vol. 10:** 106; **vol. 11:** 108, 121, 123-5, 139, 143-5, 148, 184; **vol. 12:** 107; **vol. 14:** 359, 362-4; **vol. 18:** 330, 332-4; *ver também* totemismo, totêmica(s), totêmico(s)

ânimo: deprimido, **vol. 6:** 194-5; eufórico, **vol. 7:** 181; mudança do ânimo, álcool e, **vol. 7:** 181

animus, **vol. 19:** 158

aniquilação da vida/abolição da vida, **vol. 12:** 234, 239, 244; **vol. 14:** 351; *ver também* morte

anjo(s), **vol. 4:** 88, 293-4, 361, 391, 440; **vol. 11:** 155, 403

205

ÍNDICE REMISSIVO GERAL

anomalia constitucional, histeria como, **vol. 1:** 56; *ver também* histeria, histérica(s), histérico(s)

anorexia, **vol. 2:** 20, 132-3, 300

anormal, sexualidade, **vol. 6:** 63

anseio(s), **vol. 8:** 32, 87-9, 112, 133, 147-8, 229, 248, 253, 271, 341, 395

ânsia de saber, **vol. 8:** 129, 321; **vol. 9:** 124, 136-7, 139-40, 145, 157, 159, 208, 216, 271; **vol. 17:** 248, 255, 266-7

ansiedade, **vol. 2:** 318; **vol. 3:** 70, 77, 85-6, 89, 240; **vol. 6:** 146; **vol. 8:** 389; **vol. 13:** 531, 533, 537-8, 541; **vol. 17:** 97, 104, 281

antecipação, **vol. 5:** 81, 87, 89, 161

anticonceptivos, meios, **vol. 3:** 252; — coito com preservativo, **vol. 3:** 95; *coitus interruptus*, **vol. 2:** 350; **vol. 3:** 79, 95, 97-104, 108-10, 112-3, 118, 123-5, 240-1, 246; **vol. 4:** 191; **vol. 6:** 265, 350; **vol. 17:** 45; *coitus reservatus*, **vol. 3:** 95, 112-3

Antigone — *antik-o-nee* (chiste), **vol. 7:** 48NT, 54, 64-5, 69; *ver também* chiste(s)

Antiguidade [clássica], **vol. 2:** 298NT; **vol. 4:** 25, 27-8, 59NA, 105, 130, 166NA, 302, 396, 440, 565; **vol. 5:** 51, 441, 443; **vol. 6:** 26NA, 33, 181, 379; **vol. 8:** 14, 21, 25, 32, 47, 49, 53, 69, 119, 399; **vol. 9:** 117, 127NA, 151, 154, 255, 303, 359, 366; **vol. 11:** 70, 226, 233-4; **vol. 12:** 213; **vol. 13:** 78, 220-2, 445; **vol. 16:** 125; **vol. 17:** 250, 356; **vol. 19:** 30, 32, 145, 185

antipatia(s), **vol. 15:** 26, 57, 78

antissemitismo, antissemita(s), **vol. 4:** 233, 250; **vol. 5:** 131, 134; **vol. 8:** 159; **vol. 18:** 81; **vol. 19:** 127-8, 365-6, 368-9

antropologia, **vol. 13:** 223

antropomorfização, **vol. 17:** 255

ânus, anal, anais, **vol. 6:** 35NA, 37, 44-5, 64, 67, 91-3, 108-9, 118NA, 159, 166NA; **vol. 8:** 350, 352-3, 355, 357, 402-3; **vol. 9:** 26, 75, 76, 81, 110NA, 177NA, 270, 346, 392; **vol. 10:** 247, 289, 321, 329-30, 332-4; **vol. 11:** 362; **vol. 12:** 79, 185, 288; **vol. 13:** 404, 419, 423, 434-7, 457; **vol. 14:** 37, 39, 58, 63-4, 90, 96-7, 102, 105-6, 108-11, 113-4, 132, 135-6, 143-5, 147, 155, 253-4, 258-61, 308, 314; **vol. 15:** 157, 288; **vol. 16:** 52, 193, 315-6; **vol. 17:** 49, 51, 53, 63, 221; **vol. 18:** 59, 63NA, 72NA, 80, 151, 246-50, 271, 273, 390; — fase anal/ fase sádico-anal, **vol. 12:** 288; **vol. 19:** 202; *ver também* reto

apaches (indígenas), **vol. 11:** 73

aparelho motor, **vol. 17:** 17

aparelho psíquico, **vol. 4:** 29, 78, 105, 127, 179, 257, 261, 300, 515, 560, 586-8, 590, 593-4, 602, 617-9, 623, 643, 652, 656-7, 659, 663, 669-70, 673-4; **vol. 5:** 202, 432, 434; **vol. 7:** 232, 234, 256; **vol. 8:** 61, 369; **vol. 9:** 244; **vol. 10:** 111, 113-4; **vol. 12:** 30-1, 61, 111, 113, 166, 169; **vol. 13:** 455, 474, 498; **vol. 14:** 164-7, 170, 185, 191-2, 196, 198-9, 236, 364; **vol. 16:** 23, 26, 30, 110, 147, 177, 182, 185, 234, 244, 250, 269, 271-4, 280; **vol. 17:** 69, 81, 91, 93, 102, 109, 113, 117, 139-40, 142, 147, 179, 205, 207, 300, 308, 315-6; **vol. 18:** 30, 34-5, 142-3, 206, 213-4, 217, 367, 411; **vol. 19:** 136, 173, 192, 194, 205, 211, 213-4, 239-40, 258, 260, 288, 303, 309, 311, 365; — Aparelho psíquico (esquemas de Freud), **vol. 4:** *588-9, 591*; sistema Ψ, **vol. 4:** 587, 590, 594, 599, 626, 653-4; *ver também* consciência/consciente, o (*Cs*); inconsciente, o (*Ics*); pré-consciente, o (*Pcs*); psique, psiquismo, psíquica(s), psíquico(s); vida psíquica

aparelho sensorial, **vol. 18:** 34; *ver também* sentidos/sensorialidade

aparelho sexual, **vol. 6:** 29, 41, 46, 67, 97, 129-30; *ver também* sexualidade, sexual, sexuais

ÍNDICE REMISSIVO GERAL

aparelho urinário, **vol. 4:** 389; *ver também* urina

apatia, **vol. 12:** 140

apaziguamento, **vol. 11:** 67, 71, 74; *ver também* paz

apendicite, **vol. 6:** 193, 293-5, 303

apoio da sexualidade, **vol. 6:** 91

apoplexia, **vol. 3:** 123; **vol. 9:** 225

apotropaea, **vol. 13:** 222; — apotropeu/ apotropaico, **vol. 15:** 328

árabes, **vol. 4:** 27

aranha, **vol. 18:** 149

arc de cercle (postura corporal histérica), **vol. 1:** 42; *ver também* histeria, histérica(s), histérico(s)

arianos, **vol. 10:** 32

aritmomania, **vol. 3:** 74, 174; *ver também* mania(s); número(s)

armários ou cômodas, simbolismo sexual de, **vol. 5:** 77NA, 442; *ver também* sexualidade, sexual, sexuais; simbolismo/símbolo(s)

arqueologia, **vol. 8:** 19, 49, 52, 68, 70, 107; **vol. 19:** 331-2

arrependimento, **vol. 6:** 223, 319; **vol. 5:** 201; **vol. 18:** 27, 103, 107, 109-10, 196, 473

arritmia cardíaca, **vol. 3:** 87; *ver também* coração, cardíaco(s)

arseniados, compostos, **vol. 1:** 63

arte(s), artista(s), artística(s), artístico(s), **vol. 1:** 187; **vol. 2:** 246, 259; **vol. 4:** 73, 129, 135, 277, 281, 310, 342, 345, 354, 393, 412, 522, 561, 629, 649; **vol. 5:** 16-8, 149-51, 206, 237-8, 261, 279, 301, 313, 322; **vol. 8:** 117, 196, 292, 327, 364, 380; **vol. 9:** 76NA, 115-9, 121-3, 125, 127NA, 129NA, 130, 134-6, 148-9, 153-4, 168-9, 171, 177-8, 180-2, 187, 189NA, 196-7, 201-2, 206, 211-2, 214-5, 224, 250-1, 253-4, 256, 267, 279NA, 337, 352; **vol. 10:** 20-1, 117, 123, 129, 160-1, 195, 266, 274, 311, 356; **vol. 11:** 17, 19, 119-20, 125, 128, 142-3, 236, 238, 247, 263, 272, 313, 358-60, 374-5, 377, 389, 404, 409, 412; **vol. 12:** 26, 213-4, 248-9, 251, 260-1, 271, 277, 281, 283; **vol. 13:** 51, 229, 363, 419, 435, 439, 498, 501; **vol. 17:** 175, 188, 215, 243-5, 341, 359, 364, 367; **vol. 18:** 27, 29, 35, 37-8, 150, 178, 324-5, 400NA; **vol. 19:** 37, 102, 150, 309, 318, 367; — dom artístico, **vol. 9:** 279; exibição artística, **vol. 9:** 271; obras de arte, **vol. 9:** 148, 279; serviçais e arte, **vol. 5:** 237-8; *ver também Índice de obras de arte e literárias*

arteriosclerose, **vol. 3:** 82

articulares, estruturas, **vol. 6:** 113

artificial, artificiais, **vol. 15:** 31, 46, 49, 54, 77, 83, 87, 99, 109, 253; — "artificial", histeria/loucura, **vol. 1:** 90; *ver também* histeria, histérica(s), histérico(s)

artralgia(s) histéricas(s), **vol. 1:** 22, 59; *ver também* histeria, histérica(s), histérico(s)

árvore(s), **vol. 11:** 50, 92; **vol. 14:** 41-5, 48-50, 58, 59-60NA, 95, 115NA, 183, 213; — simbolismo sexual de árvores e bastões, **vol. 5:** 442; *ver também* sexualidade, sexual, sexuais; simbolismo/símbolo(s)

ascetismo, ascética(s), ascético(s), **vol. 9:** 88, 111, 123, 359

asco, **vol. 2:** 77, 122, 132, 298, 300

asma, **vol. 6:** 257, 265-6, 269NA, 296

assaltantes e *grumus merdae*, **vol. 14:** 109

assassinato(s), assassino(s), **vol. 11:** 73, 94, 157, 210, 214, 226, 230, 233-4; **vol. 12:** 235-6, 240-1, 243, 258, 264, 268-70; **vol. 15:** 84, 101-2, 158; **vol. 17:** 241-2, 256, 280, 344-5, 355; *ver também* morte

asseio, **vol. 8:** 351

assexualidade/assexual, **vol. 11:** 349; **vol. 16:** 120, 263; amor assexual,

vol. 6: 144, 150; *ver também* amor(es), amorosa(s), amoroso(s); sexualidade, sexual, sexuais

assimilação, **vol. 16:** 51

assírio-babilônicas, inscrições, **vol. 13:** 314

associação livre/livre associação, **vol. 4:** 580; **vol. 5:** 336; **vol. 9:** 257, 262; **vol. 10:** 270; **vol. 11:** 262; **vol. 13:** 143, 147, 151, 153-4, 176, 190, 202, 603; **vol. 15:** 278-9, 285; **vol. 16:** 122-3, 125-6, 229-30, 232, 235; **vol. 17:** 313; **vol. 19:** 329

associações, **vol. 1:** 154, 159, 172, 202, 206-8, 266-7, 270, 281, 305, 308, 320, 323

astasia-abasia, **vol. 2:** 217, 219, 239, 252

astigmatismo, **vol. 2:** 97NA

astrologia, **vol. 15:** 158; **vol. 18:** 175

astronomia, **vol. 18:** 125, 147, 342

ataque cardíaco, **vol. 3:** 101, 114; *ver também* coração, cardíaco(s)

ataque epiléptico/convulsão epiléptica, **vol. 1:** 42; **vol. 3:** 129; **vol. 6:** 97; **vol. 8:** 418; **vol. 14:** 340; *ver também* epilepsia(s)

ataque(s) histérico(s), **vol. 1:** 42-4, 54, 59, 61, 74, 78, 160, 171-2, 181, 183-8; **vol. 2:** 19-20, 33, 35-6, 107NA, 138NA, 140-2, 156, 165NA, 182, 198, 247, 290, 301, 306, 311, 323, 354; **vol. 8:** 310, 348, 413-8; *ver também* histeria, histérica(s), histérico(s)

ataxia cortical, **vol. 5:** 222; *ver também* córtex cerebral

ateísmo, **vol. 17:** 353; moral ateísta, **vol. 6:** 377

áticos, dramaturgos, **vol. 19:** 100; *ver também* tragédia(s) grega(s)

atividade anímica, **vol. 15:** 30, 39, 77, 85

atividade vs. passividade, **vol. 12:** 64-5, 67, 69, 71-3, 80; **vol. 14:** 49, 156, 309; *ver também* passividade

atividade humana, **vol. 18:** 54-5, 79, 325, 342; *ver também* ser humano; vida humana

atividade intelectual, **vol. 1:** 54, 60, 92, 106; — atividade intelectual no sonho, **vol. 4:** 470; *ver também* intelecto/intelectualidade; sonho(s)

atividade psíquica, **vol. 2:** 285, 313, 319, 321-5, 327-8, 330, 332, 334, 337, 397; **vol. 11:** 148, 258, 286, 337-8, 343, 345, 347; **vol. 16:** 234, 245, 324; *ver também* aparelho psíquico; psique, psiquismo, psíquica(s), psíquico(s); vida psíquica

atividade sensorial, **vol. 1:** 46-7, 96; *ver também* sentidos/sensorialidade

atividade sexual, **vol. 6:** 23, 54, 60, 72-3, 82, 84-5, 90, 94-7, 99, 101, 108-9, 115, 126, 131, 136, 142-3, 153, 157, 159, 164, 310, 346, 353, 358; *ver também* sexualidade, sexual, sexuais

atividades motoras, **vol. 5:** 222

Atman [sânscrito: "o Si-mesmo" ou "o Eu"], **vol. 14:** 231NA

ato sexual, **vol. 4:** 247, 405; **vol. 5:** 442; **vol. 6:** 22-3, 40, 49, 70, 105, 123, 126, 130, 141, 148NA, 278, 280; — *Ato sexual* (desenho anatômico de Da Vinci), **vol. 9:** 126, 128; *ver também* coito; intercurso sexual; relações sexuais; sexualidade, sexual, sexuais

ato(s) descuidado(s), **vol. 5:** 165, 222, 228, 240, 242, 244, 258, 261, 289, 313, 324, 371, 426

ato(s) falho(s), **vol. 4:** 249; **vol. 5:** 35-6, 38, 55-6, 63-4, 93, 105, 117-21, 128, 131, 133, 137, 143, 146-7, 156, 169, 172, 178, 184, 208, 214NA, 222-3, 235-6, 240, 242, 244, 253, 256-8, 274, 276-7, 281-2, 289, 301-2, 314, 316-7, 321-4, 344, 347-8, 361-6, 371-5; **vol. 9:** 253, 260, 262; **vol. 11:** 330-4, 337-8; **vol. 12:** 101; **vol. 13:** 31, 35, 37-40, 45-7, 49, 51-4, 58-60, 62, 65-75, 78-82, 85-90, 93-4, 96-7, 100-2, 104, 107-8, 111-2, 116,

ÍNDICE REMISSIVO GERAL

118, 134-5, 138-40, 143, 151, 173, 176, 183, 260, 318, 325, 344, 360, 502, 603; **vol. 15:** 281, 322; **vol. 16:** 131, 234-5; **vol. 17:** 317; **vol. 18:** 210, 445, 471-3; **vol. 19:** 233; — atos falhos combinados, **vol. 5:** 312-21; atos falhos/lapsos e comodidade, **vol. 5:** 133, 302; *ver também* ações sintomáticas/ato(s) sintomático(s); lapso(s)

ato(s) psíquico(s), **vol. 12:** 17, 101, 107-8; **vol. 15:** 15, 85NA, 275, 280-1; **vol. 16:** 94, 96, 107-9, 258; **vol. 18:** 129, 146, 190, 216; *ver também* atividade psíquica; psique, psiquismo, psíquica(s), psíquico(s)

ato(s) sintomático(s)/ações sintomáticas, **vol. 6:** 261-3, 266, 326; **vol. 8:** 288; **vol. 9:** 260; — atos sintomáticos e atos casuais, **vol. 5:** 261-95

atos conscientes *ver* consciência/atos e processos conscientes

atos inconscientes *ver* inconsciência/atos e processos inconscientes

atos obsessivos, **vol. 8:** 301-12; *ver também* cerimonial obsessivo/cerimonial neurótico; obsessão, obsessões, obsessiva(s), obsessivo(s)

"atração do desejo", **vol. 1:** 257; *ver também* desejo(s)

atração sexual, **vol. 6:** 21, 39, 191, 236; **vol. 7:** 139; *ver também* desejo(s); libido, libidinal, libidinais; sexualidade, sexual, sexuais

atrofiamento do instinto sexual feminino, **vol. 3:** 106; *ver também* feminilidade, feminina(s), feminino(s); instinto(s), instintual, instintuais; mulher(es); sexualidade, sexual, sexuais

attitude passionelle na histeria, **vol. 1:** 42, 171, 184-5; *ver também* histeria, histérica(s), histérico(s)

audição, auditiva(s), auditivo(s), **vol. 1:** 29, 33, 47, 346-7; **vol. 2:** 60; **vol. 13:** 32, 90; **vol. 19:** 137, 212, 246; — hiperestesia auditiva, **vol. 3:** 84-5; *ver também* sons

aura histérica, **vol. 2:** 182, 258; *ver também* histeria, histérica(s), histérico(s)

"*auri sacra fames*", **vol. 19:** 168

autoanálise, **vol. 9:** 269, 293; *ver também* análise/analista(s); psicanálise, psicanalítica(s), psicanalítico(s), psicanalista(s)

autoaniquilação semi-intencional, **vol. 5:** 247

autoconhecimento, **vol. 19:** 232

autoconsciência, **vol. 2:** 323-4; *ver também* consciência/consciente, o *(Cs)*

autoconservação/autopreservação, **vol. 8:** 275; **vol. 10:** 32-3, 38; **vol. 12:** 14, 32, 61, 75, 261; **vol. 13:** 467, 472, 509, 521, 544-5, 547-8, 556, 568-9; **vol. 14:** 165, 205, 221-4, 235NA, 242; **vol. 16:** 50, 144-5; **vol. 17:** 80; **vol. 18:** 84, 229, 240, 242, 244-5, 301-2, 339, 350, 368, 427; **vol. 19:** 195, 237, 245

autocrítica, **vol. 12:** 43-4, 176; **vol. 16:** 33, 314, 345

autodepreciação, **vol. 12:** 177

autodesnudamento, inclinação infantil ao, **vol. 7:** 141; *ver também* criança(s); infância, infantil, infantis; nudez

autodestruição, **vol. 5:** 245, 247, 249, 256; **vol. 19:** 112, 197-8

autoengano, **vol. 4:** 577

autoerotismo, autoerótica(s), autoerótico(s), **vol. 4:** 420, 437, 454; **vol. 6:** 84-5, 87, 102NA, 107, 109, 115, 121, 138, 143, 158; **vol. 8:** 135, 227NA, 240, 242-3, 248, 267, 318, 370-1, 383, 399, 416-7; **vol. 9:** 68NA, 70NA, 107, 167, 270-2; **vol. 10:** 37NA, 74, 80-1, 83, 101, 115, 118, 233, 244, 327, 329; **vol. 12:** 18-9, 31, 68-71, 74; **vol. 13:** 318, 417, 422, 437, 486, 491, 550; **vol. 14:** 109NA, 258, 295; **vol. 16:** 115-6, 295; **vol. 17:** 38, 61, 362; *ver também* masturbação, masturbatória(s), masturbatório(s)

ÍNDICE REMISSIVO GERAL

autoestima, **vol. 12:** 172-3, 175; **vol. 14:** 17, 180, 242

auto-hipnose(s), **vol. 1:** 63, 80-1, 95, 99, 209; **vol. 2:** 24, 29, 52, 69, 72, 305-11, 332, 334, 352-3; *ver também* hipnose, hipnotismo, hipnótica(s), hipnótico(s)

autolesões, **vol. 5:** 244-7, 251, 254; *ver também* lesões orgânicas

automatismo [psíquico], **vol. 4:** 104; **vol. 5:** 243; **vol. 7:** 95, 287-8, 292, 296

auto-observação, **vol. 12:** 43-4; **vol. 14:** 63NA, 352; **vol. 15:** 68; **vol. 18:** 148, 196, 205

autopercepção, **vol. 10:** 142; **vol. 12:** 18, 44; **vol. 14:** 190; **vol. 18:** 203

autopreservação, **vol. 15:** 25, 40

autópsias, **vol. 10:** 346

autopunição, **vol. 5:** 252-3; **vol. 6:** 223, 268NA, 319; **vol. 9:** 49; *ver também* punição, punições

autores clássicos, **vol. 7:** 25

autoridade, **vol. 15:** 27, 30, 36, 91, 122, 152, 292, 297, 299; **vol. 16:** 43, 46, 83, 88, 98, 137, 198, 200, 206, 208, 310; — autoridade externa vs. autoridade interna, **vol. 18:** 97-8, 100, 110-1

autorrecriminação, autorrecriminações, **vol. 3:** 61-2, 71-2, 230; **vol. 5:** 201, 234, 244; **vol. 12:** 177; *ver também* recriminação, recriminações

autorreproche, **vol. 5:** 228

autossacrifício, **vol. 10:** 26

autossatisfação, **vol. 6:** 231

autossuficiência, **vol. 12:** 34

autossugestão, **vol. 1:** 63, 80-1, 95, 99, 209; **vol. 2:** 258, 264, 345, 352; *ver também* sugestão, sugestionabilidade

autotraição, **vol. 7:** 95, 152NA

avareza, **vol. 8:** 351; **vol. 14:** 112, 253

aversão, aversões, **vol. 1:** 88, 135, 150-1, 153, 207, 256; **vol. 4:** 31, 115, 124, 195, 300, 306; **vol. 5:** 19, 44, 47, 129, 189, 235, 283, 386; **vol. 9:** 17, 40-1, 94, 127, 208; **vol. 10:** 90, 181; **vol. 12:** 47, 76, 245-6; **vol. 14:** 30, 251, 270, 385; **vol. 15:** 27, 56-7, 123, 221; **vol. 18:** 36NA, 63NA, 161, 303; **vol. 19:** 45, 146; — repugnância, **vol. 3:** 72, 179; *ver também* nojo

aves, **vol. 14:** 202; **vol. 18:** 256

avó/avô, **vol. 2:** 167, 172, 258, 385-6; **vol. 14:** 43, 46-9, 58, 60NA, 65, 136

baalim [deuses locais], **vol. 19:** 99, 171; *ver também* Deus/deuses; politeísmo, politeísta(s); religião, religiões, religiosidade, religiosa(s), religioso(s)

babá(s), **vol. 2:** 244; **vol. 3:** 163-4, 213-4, 286-7, 297; **vol. 5:** 76-8, 246, 326, 348, 392; **vol. 6:** 83NA, 146; **vol. 8:** 145, 147-8, 153, 215, 319, 396, 400; **vol. 14:** 22-3, 30, 41, 50, 115, 121-3, 125, 149NA, 155, 342-3; **vol. 19:** 347; — *Sonho da babá francesa* (ilustração), **vol. 4:** *411*; *ver também* educação, educador(es)

bacilo de Koch, **vol. 2:** 265; **vol. 3:** 135, 216

baixo calão, **vol. 7:** 139-40, 142-6, 190, 215, 314; *ver também* obscenidade, obscena(s), obsceno(s)

banho(s), **vol. 2:** 78-80, 86-7, 103NA, 111, 113, 204-5, 218, 224, 226, 241; **vol. 8:** 131, 134, 140, 143, 145, 154, 189, 193-5, 201, 262-3, 319; — banheira, **vol. 8:** 193-4, 198, 231, 248, 262, 266; chistes de banho, **vol. 7:** 72, 76, 78, 81, 105; *ver também* chiste(s)

banquete totêmico *ver* refeição totêmica

barbárie, **vol. 19:** 78-9

barreiras de contato, teoria das, **vol. 1:** 222-8, 230-1, 233-4, 236, 239, 248-50, 252, 258; *ver também* neurônio(s), neuronal, neuronais; sistema φ ("sistema de neurônios permeáveis"); sistema Ψ ("sistema de neurônios impermeáveis"); sistema ω ("sistema de neurônios perceptivos")

ÍNDICE REMISSIVO GERAL

Basedow, doença/mal de, **vol. 1:** 41, 174; **vol. 4:** 311, 607; **vol. 6:** 359; **vol. 8:** 93; **vol. 16:** 101

bastões e árvores, simbolismo sexual de, **vol. 5:** 442; *ver também* sexualidade, sexual, sexuais; simbolismo/símbolo(s)

beatitude, **vol. 10:** 22, 29, 31, 39-41, 43NA

bebê(s), **vol. 1:** 148, 150-2; **vol. 2:** 35; **vol. 4:** 262, 291, 292NA, 329, 498, 625; **vol. 5:** 90NA, 246, 254, 436; **vol. 6:** 92, 94-5, 105; **vol. 7:** 209NA; **vol. 8:** 126, 196-8, 203-4, 215, 217, 219, 223-4, 226-8, 247-8, 263-7, 269, 321, 323, 352, 354-5, 378, 395-8, 402-4, 406, 410-1; **vol. 9:** 76, 81, 138, 149, 157, 191, 202, 270, 275; **vol. 10:** 112NA, 348; **vol. 12:** 34; **vol. 13:** 139, 217, 272, 417, 422-3, 525; **vol. 14:** 39, 109NA, 110-22, 144, 148, 158, 244, 246, 258, 268, 356; **vol. 15:** 28NA, 163, 179-80, 182-3, 187, 196, 199, 202, 270, 315; **vol. 17:** 77, 79-80, 101, 120, 137, 286; **vol. 18:** 18, 46, 63NA, 199, 248-9, 274, 276-7, 284-5, 391, 407; **vol. 19:** 15, 20; — lactente(s), **vol. 2:** 289; **vol. 6:** 82, 96, 143; **vol. 8:** 128NA, 353NA, 354; **vol. 13:** 415-20, 429, 431-2, 437; recém-nascido(s), **vol. 8:** 317; **vol. 11:** 47, 50, 62; *ver também* criança(s); infância, infantil, infantis

bebida, **vol. 6:** 86, 221, 288; *ver também* álcool

beduínos, 212

behaviorismo, **vol. 19:** 206NA

beijo(s)/beijar, **vol. 2:** 174, 178, 424; **vol. 6:** 41, 43, 84, 86, 144, 200, 202, 204, 231, 258, 271, 273-4, 281; **vol. 8:** 220, 407; **vol. 13:** 318, 402, 427, 430; **vol. 19:** 199

beladona (planta), **vol. 5:** 169-70

beleza, bela(s), belo(s), **vol. 6:** 50, 125, 241; **vol. 9:** 116, 124, 149, 169, 176, 186, 217, 226, 362, 385; **vol. 12:** 34, 197-8, 213-4, 243, 248-50, 258-9; **vol. 13:** 75, 121, 175; **vol. 15:** 118, 128, 133, 146; **vol. 17:** 246; **vol. 18:** 39-40, 53, 55, 119, 136, 340-1, 461, 464; — conceito do "belo", **vol. 6:** 50NA

Bell, doença/paralisia de, **vol. 1:** 191, 193

bem, o, **vol. 9:** 123, 132; **vol. 18:** 93

bem-estar, **vol. 2:** 115, 120, 124, 176, 255, 328, 418; **vol. 3:** 100, 296; **vol. 15:** 96; **vol. 18:** 31, 44; **vol. 19:** 155, 278; *ver também* prazer, prazerosa(s), prazeroso(s)

benefício da doença, **vol. 13:** 507-10; **vol. 17:** 30, 108; — ganho primário e secundário da doença, **vol. 6:** 17, 219-20NA, 362

bens, **vol. 17:** 233, 235, 239, 243, 245, 271, 280

besouros, **vol. 9:** 152; **vol. 14:** 25, 37, 120

bexiga, **vol. 1:** 48; **vol. 4:** 117, 243, 264-5, 449, 457; **vol. 13:** 127, 418; **vol. 17:** 342; — doenças da, **vol. 6:** 97; *ver também* micção; urina

bezerro, **vol. 8:** 221-2; "bezerro de ouro", chiste do, **vol. 7:** 71-2, 75, 78-9, 81; *ver também* chiste(s)

Bíblia hebraica, "eloísta" e "jeovista" na, **vol. 19:** 62, 87-8

bichos *ver* animalidade, animal, animais; totemismo, totêmica(s), totêmico(s)

bigode, **vol. 8:** 166, 174, 178-80, 224, 228, 231, 258

"biográfico", sonho, **vol. 4:** 392-3; *ver também* sonho(s)

biologia, biológica(s), biológico(s), **vol. 1:** 228-30, 233-4, 242, 260, 262-5, 278, 302-3, 305, 309, 316-9, 327, 333, 339; **vol. 4:** 46, 105, 125, 201, 485, 488; **vol. 5:** 338, 368, 379, 417; **vol. 6:** 16-7, 20; **vol. 8:** 280; **vol. 10:** 98, 236, 326, 332; **vol. 11:** 348, 351-2; **vol. 12:** 20-2, 35, 55, 57, 61-2, 73, 81, 211; **vol. 13:** 26,

547; **vol. 14:** 65, 143, 212, 219, 234, 246, 324, 361, 394; **vol. 15:** 149, 306; **vol. 16:** 14, 45, 50, 145; **vol. 17:** 74, 172, 192, 212, 220; **vol. 19:** 140, 196, 243, 245, 247, 257, 264, 315-7, 324-5; — função biológica, **vol. 8:** 280NA; processos biológicos, **vol. 18:** 242

bioquímica *ver* química(s), químico(s)

bipolaridade, **vol. 10:** 144NA

bissexualidade, bissexual, bissexuais, **vol. 4:** 374, 402, 442, 622, 659, 660NA; **vol. 5:** 197, 442; **vol. 6:** 28-9, 31, 32NA, 34, 37NA, 55, 133, 140, 309; **vol. 8:** 348-9, 414; **vol. 11:** 352; **vol. 13:** 212, 321; **vol. 14:** 146, 323; **vol. 15:** 120-1, 128, 131NA, 149, 210; **vol. 16:** 39, 41, 117, 119, 287, 298; **vol. 17:** 165, 347-8, 350; **vol. 18:** 70NA, 71NA, 265-7, 269, 288, 370, 376; **vol. 19:** 247, 312-3; *ver também* homossexualidade, homossexual, homossexuais

blasfêmias, **vol. 1:** 160, 172; **vol. 3:** 47; **vol. 14:** 90; — chistes blasfemos, **vol. 7:** 164-5; *ver também* chiste(s)

blastóporo, **vol. 6:** 109NA

boca, **vol. 2:** 48, 54, 80, 82, 102NA, 126, 135, 138NA, 145, 174, 244NA, 256, 300, 385; **vol. 6:** 37, 43, 45, 67, 83, 225, 231; **vol. 8:** 166, 174, 178-9, 197, 222, 258, 353, 407; **vol. 9:** 142-3, 147-8, 157, 177, 190NA, 191, 210, 270, 319; **vol. 13:** 210, 403, 416, 435, 471; **vol. 19:** 201; — lábios, **vol. 6:** 41, 43, 83, 85-6, 89-91, 119, 200, 202-3, 231, 263, 291; paladar, **vol. 4:** 122; *ver também* oralidade, oral, orais

bócio, **vol. 1:** 41

"bodas de Tobias", **vol. 9:** 381

bode, **vol. 8:** 219; bode expiatório, sacrifício do, **vol. 6:** 363

bolchevismo, **vol. 18:** 351-2, 426, 430

boliche, **vol. 7:** 270

"bom", chiste, **vol. 7:** 172NA

"bom" versus "mau", **vol. 12:** 220, 222

boneca, **vol. 8:** 134, 215, 217, 265

borboleta(s), **vol. 8:** 31, 120; **vol. 14:** 25, 119-22, 126, 128, 132, 148, 149NA

brancos, homens, **vol. 12:** 132; *ver também* homem, homens; masculinidade, masculina(s), masculino(s)

brasões, **vol. 11:** 157, 170

brevidade do chiste, **vol. 7:** 22-4, 29, 39, 43-5, 47, 53, 66, 223, 240-1; *ver também* chiste(s)

Bright, doença de, **vol. 1:** 29

brincadeira(s), **vol. 4:** 632NA; **vol. 5:** 42, 116-7, 217, 238, 306, 325, 332, 384; **vol. 7:** 179, 183NT; **vol. 8:** 135, 137, 174, 176, 178, 207, 211, 217, 260-1, 267, 270, 286, 294, 327-9, 336, 405, 407; **vol. 10:** 114; **vol. 14:** 46, 141, 170, 172-5, 183, 200, 266; **vol. 17:** 37, 116, 120, 155, 330, 361; **vol. 19:** 255; *ver também* jogo(s)

brometo, **vol. 1:** 92

bronze, **vol. 8:** 21, 25, 49, 63, 111

brutalidade, **vol. 13:** 197

bruxaria, bruxas, **vol. 1:** 21, 46; **vol. 8:** 426; **vol. 15:** 246NA; *ver também* feitiçaria, feitiço(s)

bumbum, **vol. 8:** 127, 158, 201, 230-1, 406; **vol. 14:** 29, 36, 63

burguesia, **vol. 18:** 82; — tragédia burguesa, **vol. 6:** 365

burlesco, **vol. 7:** 251

burrice, **vol. 7:** 79, 276, 323

cabeça, dor de *ver* enxaqueca(s)

cabelo(s), **vol. 6:** 45-6, 48NA; **vol. 11:** 72, 79, 81, 127, 130, 232, 418

cachorro(s) *ver* cão, cães

cadáver(es), **vol. 10:** 34, 68-9; **vol. 11:** 44, 81, 89-91, 97, 100; — abuso sexual de cadáveres, **vol. 6:** 56

cãibra(s), **vol. 2:** 81, 106, 113, 115, 124, 141, 143

cair, sonhos de, **vol. 4:** 440; *ver também* sonho(s)

ÍNDICE REMISSIVO GERAL

caixa de fósforos, simbolismo da, **vol. 5**: 276-7; *ver também* simbolismo/símbolo(s)

calembourgs, **vol. 7**: 67, 69; *ver também* jogos de palavras; trocadilho(s)

campo visual, limitação do, **vol. 1**: 46, 269; **vol. 6**: 195; — hemianopsia, **vol. 1**: 45-6, 173, 199-200, 202, 204; *ver também* visão, visual, visuais

canhotismo, **vol. 9**: 217

canibalismo, canibal, canibalescos, **vol. 6**: 53, 108; **vol. 14**: 87, 141; **vol. 15**: 61; **vol. 16**: 36NA; **vol. 17**: 240

cão, cães, **vol. 7**: 280; **vol. 8**: 129, 319; **vol. 14**: 41, 45, 60-1NA, 79-80, 106NA, 129, 141, 246, 268; — secreção de saliva nos cães de Pavlov, **vol. 7**: 280

capacidade intelectual, **vol. 9**: 107NA; **vol. 15**: 25, 28, 32, 38-9; *ver também* intelecto/intelectualidade

caquexias, **vol. 3**: 82

caracol, **vol. 14**: 94

caracterização, chiste de, **vol. 7**: 81; *ver também* chiste(s)

caráter, **vol. 10**: 69, 202, 288, 323, 333-4, 341, 346, 349; **vol. 12**: 220, 223, 254, 257, 266, 270, 272; **vol. 14**: 23, 26, 36, 40, 77, 83, 116, 182, 200, 253-4, 316, 324; **vol. 16**: 14, 26, 35-8, 40, 43, 48, 60, 68-9, 81, 118, 123, 133-4, 139, 141, 152, 187, 200, 202, 217-8, 254, 293, 298; — drama/tragédia de caráter, **vol. 6**: 365-6

caráter chistoso, **vol. 7**: 28-30, 126, 287-8, 299; *ver também* chiste(s)

caráter histérico, **vol. 6**: 61; *ver também* histeria, histérica(s), histérico(s)

caráter inato, inversão como, **vol. 6**: 24, 26-8, 155; *ver também* homossexualidade, homossexual, homossexuais; inversão, invertida(s), invertido(s)

cardíaca, atividade, **vol. 2**: 266, 288; *ver também* coração, cardíaco(s)

carências, grandes (fome, respiração, sexualidade), **vol. 1**: 220

caretas, **vol. 7**: 270

caricatura(s), caricatural, **vol. 7**: 17, 23-4, 150, 251, 269, 283, 285, 295, 320; **vol. 12**: 289

carinho(s), **vol. 6**: 144-5, 147, 153, 304; **vol. 8**: 112, 124, 143-8, 154, 163, 248, 252; **vol. 9**: 350; **vol. 11**: 85-6; **vol. 14**: 141; — carinho materno, **vol. 19**: 248; *ver também* mãe(s)

Carnaval, **vol. 15**: 96

carne, **vol. 11**: 19-20, 72-3, 81, 131, 165, 205-7, 209-12, 214, 235

carneiro, **vol. 8**: 219-20, 222

"carpe diem", tópica do, **vol. 7**: 157

carruagem, carruagens, **vol. 8**: 89, 151-4, 156, 167, 170-9, 181, 185, 192-3, 196-7, 199, 205-12, 214-5, 219, 221-3, 228, 230, 258, 260-3, 265-6

cartas, jogo de, **vol. 3**: 273

cartunistas, **vol. 7**: 329

casamenteiros, chistes de, **vol. 7**: 81, 90-1, 93-5, 151-6, 287; *ver também* chiste(s)

casamento(s)/matrimônio(s), **vol. 1**: 57; **vol. 2**: 78, 96, 124, 151, 154NA, 201, 203, 205, 209, 223, 350, 385; **vol. 3**: 63, 66, 72, 102, 112, 186, 251, 292, 295; **vol. 8**: 26, 111, 306, 361, 375, 377-8, 380-2, 385-6, 388, 406-7; **vol. 10**: 76, 279, 282, 289, 293NA, 314NA, 331; **vol. 11**: 21, 24-8, 30, 32-3, 35-6, 38-40, 44, 164-5, 170, 176, 179, 187-8, 195, 256; **vol. 12**: 197, 274, 279; **vol. 13**: 70, 73, 77, 150, 165, 237, 272, 298, 305, 332, 339, 350, 365, 367, 446, 470, 507, 573, 584; **vol. 14**: 21, 287, 404; **vol. 15**: 57, 107-8, 119, 130, 157-8, 164, 167, 172, 211, 216, 253, 306; **vol. 18**: 47, 168, 170, 174, 284, 291-2, 380, 385; **vol. 19**: 63, 296, 362; — "casamento da mão esquerda", **vol. 5**: 263; casamento morganático, **vol. 5**:

263NT; classes matrimoniais, **vol. 11:** 29, 36, 188; cônjuge(s), **vol. 13:** 50, 166, 193, 274, 332, 571; divórcio, **vol. 5:** 126, 258; **vol. 6:** 302-3; esposa(s), **vol. 6:** 200, 205, 207, 214-5, 222, 232, 236, 266, 270, 299, 300NA, 302; **vol. 13:** 73, 219, 237, 279, 292, 296, 333, 340, 351, 439-40, 449; fidelidade conjugal, **vol. 9:** 35NA, 337-40, 357; marido(s), **vol. 6:** 190, 198, 207, 211, 214, 220NA, 221, 243, 302; **vol. 11:** 36, 38, 43, 56, 92, 101, 150-1, 254-5; **vol. 13:** 46, 68, 70, 77, 83, 130, 163-7, 195, 219, 237-8, 260, 272, 292, 296-7, 304, 332-3, 336, 338-40, 350-1, 358, 365, 367, 369, 397, 408, 507, 531-2, 608, 610; monogamia, monogâmico, **vol. 8:** 361; **vol. 18:** 69, 385; noite de núpcias, **vol. 2:** 350; **vol. 8:** 306; número de concepções no casamento, **vol. 3:** 251-2; poligamia, **vol. 8:** 135, 244; união consanguínea, **vol. 19:** 167

cascavel, **vol. 5:** 95

castigo(s), **vol. 2:** 122, 132; **vol. 8:** 153, 167, 252, 278, 308; **vol. 11:** 23, 33, 45, 54, 75, 88, 117-8, 198, 200, 232-3, 371, 403; **vol. 12:** 50, 66, 125, 176, 222, 243, 255, 269, 285-6, 291; **vol. 14:** 28, 38, 40, 64, 180, 196, 287, 295, 303, 307-8, 346; **vol. 15:** 36, 136-7, 233; **vol. 16:** 56, 62, 64, 174, 199-200, 206, 208, 292, 313-4, 326, 328; **vol. 17:** 29, 55, 68, 82, 92, 108, 252, 280, 289, 346, 348-52; **vol. 18:** 32, 41, 94, 97-8, 104, 107, 109-10, 113, 154-5, 197, 199-200, 231-2, 234, 259-60, 302, 327, 330, 334, 401, 403; *ver também* punição, punições

castração/emasculação, **vol. 4:** 297, 400, 406-7, 410, 432-3, 444NA, 458; **vol. 5:** 272NT, 297; **vol. 8:** 128NA, 158, 239, 254-5, 266, 400; **vol. 9:** 160-1, 374, 382; **vol. 10:** 25-9, 51, 64, 65NA, 75, 78, 295, 298; **vol. 11:** 200-1, 232, 312, 369-70; **vol. 12:** 144, 204, 291; **vol. 13:** 211, 223, 258, 359, 490, 493; **vol. 14:** 28, 35, 44, 48, 51, 59, 61NA, 63, 65, 79, 96, 105-6, 113-6, 123-4, 126, 128, 130, 133, 143, 145, 149, 156, 160NA, 256, 260-1, 346-7, 349, 351, 362, 364, 366, 370; **vol. 15:** 222, 251, 253-4, 327; **vol. 16:** 72-3, 118, 173-4, 189, 193, 206-8, 210-3, 286-7, 290-1, 292NA, 296-7, 299; **vol. 17:** 42, 44, 62, 64-6, 68-70, 78, 81-2, 85-6, 89, 91-3, 163, 306, 308-9, 347-9; **vol. 18:** 149, 231, 233, 279, 282, 285-6, 377-8, 382-4, 394, 406; **vol. 19:** 112, 119, 129, 139, 168, 203, 250-2, 254-5, 264, 267-8, 322-5, 347-50; — complexo da castração, **vol. 6:** 51, 53, 104; **vol. 8:** 127, 128NA, 159, 233, 256, 400; **vol. 9:** 161, 374, 382; **vol. 12:** 37-8, 143, 293; **vol. 13:** 280, 421; **vol. 17:** 42, 50, 62, 86, 307

casualidade, **vol. 5:** 91, 256-7, 266, 347; — atos casuais, **vol. 5:** 261-5, 278, 287, 324, 345-6, 348, 371

catabolismo, **vol. 16:** 51

catalepsia, cataléptica, **vol. 1:** 78-9, 139, 144, 151; **vol. 2:** 34, 158

cataplexia, **vol. 1:** 182

catarro, **vol. 2:** 156; **vol. 6:** 192, 260, 269-1, 276, 279, 281, 294NA

catarse, catártica(s), catártico(s), **vol. 2:** 15, 17, 26, 29NT, 112NA, 138, 149, 154NA, 158-9, 199, 361, 367-71, 374-5, 391, 398-400, 402, 422, 427; **vol. 8:** 113, 291; **vol. 10:** 194; **vol. 11:** 248; **vol. 15:** 275-7; **vol. 16:** 96-7, 99, 102-4, 106, 142, 228-9; — método catártico/método breueriano, **vol. 2:** 15, 112NA, 149, 158-9, 360-2, 367-71, 374, 398, 402; **vol. 3:** 55, 257; **vol. 6:** 59, 62NA, 322-3, 335-6, 351

Catedral de Orvieto, **vol. 5:** 16

catolicismo/católicos *ver* Igreja católica

causas concorrentes ou acessórias das

ÍNDICE REMISSIVO GERAL

neuroses, **vol. 3:** 134-5, 145-7, 155; *ver também* neurose(s), neurótica(s), neurótico(s)
cauterização, **vol. 6:** 264, 340
cavalo(s), **vol. 2:** 89, 109-10, 406; **vol. 7:** 80-1, 98, 100-1, 103, 218; **vol. 8:** 129, 132, 134, 143, 145-7, 149-54, 156-7, 163, 165-7, 169-72, 174-81, 184-7, 192-3, 195-7, 199, 203-7, 209-15, 222-3, 228, 233, 241, 245-6, 249, 253-61, 263-6, 271-4, 280, 319; **vol. 14:** 25-6, 36-7, 45, 86, 94-5, 246; **vol. 17:** 32-7, 42, 64-5
cefalastenia, **vol. 3:** 102
cegonha(s), **vol. 8:** 130, 131NA, 133, 197, 199-200, 202-5, 208, 215-6, 218, 221, 226-7, 230, 263-4, 268-9, 321, 323, 395-6, 398; **vol. 13:** 217, 275, 422
cegueira, cegos, **vol. 9:** 314-6; amaurose, **vol. 1:** 45-6; **vol. 2:** 147NA; cegueira às cores/acromatopsia, **vol. 1:** 47
celibato, **vol. 6:** 27
celtas, **vol. 10:** 105
célula(s), **vol. 1:** 25, 106, 190-1, 212, 220, 224, 232; **vol. 14:** 206-7, 211, 213-5, 220-1, 223, 227-9, 232, 235NA; **vol. 15:** 18; — células cerebrais, **vol. 5:** 388, 390; células corticais, **vol. 2:** 273; células germinativas, **vol. 19:** 243; células sexuais, **vol. 6:** 36, 131-2; estímulos intercelulares, **vol. 1:** 232, 238, 244; histologia, **vol. 3:** 23, 231, 313; **vol. 16:** 80; **vol. 17:** 222; neurônios/células nervosas, **vol. 12:** 112; **vol. 13:** 452; Eu como uma rede de neurônios (desenho de Freud), **vol. 1:** *259*; unicelulares; **vol. 14:** 214, 216, 220; *ver também* neurônio(s), neuronal, neuronais
cena primária, **vol. 14:** 41, 54-5, 56NA, 57-9, 60-1NA, 62, 65, 76, 78, 82-3, 86-7, 91, 95, 104, 107, 111, 118, 124-6, 128-30, 134, 136, 142, 149, 158
"cenário psíquico", diversidade do, **vol. 7:** 251
cenestesia, **vol. 4:** 61-2, 71, 122-3, 277

censura(s), **vol. 2:** 99, 106, 203, 378, 390, 396; **vol. 4:** 176-8, 195, 210, 213, 224, 245, 252-3, 273-6, 284-5, 293, 296, 300, 308, 350-1, 353, 362-5, 370, 372, 377, 382, 389, 392, 418, 426, 480-2, 497, 507, 515, 518-9, 526-8, 534, 537, 540, 542, 548, 557, 563, 565-6, 576, 580-1, 583, 592, 596, 599, 602, 605, 615, 619-20, 624-8, 633NA, 642, 660NA, 661, 664, 668-9, 671-2; **vol. 5:** 321, 432-4, 437, 439; **vol. 7:** 75, 146, 235, 243NA, 244, 263-4; **vol. 10:** 22, 52, 76, 156; **vol. 12:** 44, 88, 109-10, 113, 127, 130, 133, 135-6, 155, 157-8, 167, 178, 207, 216; **vol. 13:** 183, 187-91, 193, 198-200, 228-9, 233-5, 240, 268, 271, 280, 285, 287, 289, 291-7, 316, 395, 454, 478, 485, 554, 567; **vol. 15:** 26NA, 68, 284, 313; **vol. 16:** 20, 46, 128-9, 236, 305, 314, 325-6, 337; **vol. 18:** 137, 141-3, 145, 155, 413; — censura do sonho, **vol. 13:** 183, 188-91, 228-9, 233-5, 240, 287, 289, 293-4, 316; instância censória, **vol. 12:** 43, 45NA; *ver também* inibição, inibições, inibida(s), inibido(s); repressão, repressões, reprimida(s), reprimido(s); sonho(s)
centauros (seres mitológicos), **vol. 13:** 232
centro espinhal, **vol. 6:** 130, 134NA; *ver também* espinha
cérebro, cerebral, cerebrais, **vol. 1:** 44, 51, 72, 79, 81, 83, 91, 93, 95, 106, 108-9, 199-200, 202; **vol. 2:** 74, 93, 147, 225, 258, 262, 273-8, 280, 283, 289, 292, 317, 323; **vol. 3:** 21, 30, 106, 225, 245; **vol. 4:** 43, 58, 68, 75, 82-3, 106-7, 109, 112, 118, 154, 216, 452, 580, 640; **vol. 5:** 39, 125, 148, 380, 392; **vol. 6:** 31, 376; **vol. 9:** 180, 223-5; **vol. 12:** 112; **vol. 13:** 189, 563; **vol. 14:** 185, 187; **vol. 16:** 32, 61NA, 110, 223-4; **vol. 17:** 138, 143, 204, 212, 344, 373NT; **vol.**

ÍNDICE REMISSIVO GERAL

19: 136, 191, 337; — anatomia cerebral, **vol. 16:** 30, 81, 88; atividade cortical e subcortical, **vol. 1:** 83, 91, 95, 103, 191, 197-8, 201, 203; células cerebrais, **vol. 5:** 388, 390; células corticais, **vol. 2:** 273; córtex cerebral, **vol. 1:** 25, 82-3, 184, 190, 192, 200-1, 206; **vol. 3:** 106; **vol. 14:** 185, 187; excitação intracerebral, **vol. 2:** 272, 274-5, 277-80, 287-9, 293, 308-9; isquemia cerebral, **vol. 4:** 640; paralisia cerebral/paralisias cerebrais, **vol. 1:** 190-5, 197, 199-202; paralisia cerebral infantil, **vol. 3:** 313; **vol. 5:** 162, 220; *railway brain*, **vol. 1:** 55-6; telefônicas, linhas (em analogia ao funcionamento cerebral), **vol. 2:** 274; topografia cerebral, **vol. 3:** 21; zona motora do cérebro, **vol. 3:** 21; *ver também* sistema nervoso

cerimônia(s), **vol. 11:** 31, 35, 46, 56, 65, 68, 70, 73-4, 81, 87, 98, 127, 157, 163, 165, 177-8, 204, 206, 208, 212-4, 216, 228, 230-1, 235, 241, 243; — cerimonial obsessivo/cerimonial neurótico, **vol. 3:** 173-5; **vol. 6:** 267NA; **vol. 8:** 301-5, 307-8, 310-1; **vol. 13:** 346, 352-9, 361, 378, 397-400, 535, 594; **vol. 17:** 52, 58, 60; *ver também* neurose(s), neurótica(s), neurótico(s); obsessão, obsessões, obsessiva(s), obsessivo(s); ritual, rituais, ritos

césares, **vol. 18:** 21-2; — imperadores romanos, **vol. 8:** 344

ceticismo/cético(s), **vol. 10:** 33, 168; **vol. 15:** 155; **vol. 17:** 293; **vol. 18:** 187; chistes céticos, **vol. 7:** 166; *ver também* chiste(s)

charada, **vol. 7:** 48

charlatanismo, **vol. 17:** 216, 218, 229-30

chefe(s), **vol. 11:** 19, 43-6, 55-6, 62, 67, 74, 76-7, 83, 86, 91, 95, 119, 194, 267, 294; — chefe supremo, **vol. 15:** 47, 93

cheiro, cheirar, **vol. 6:** 48NA, 204, 257-8, 281-2; — odor(es), **vol. 2:** 156-7, 166, 168, 172-3, 176-7; *ver também* olfato, olfativa(s), olfativo(s)

chinesa, língua e escrita, **vol. 13:** 311

chiste(s), **vol. 5:** 110-1, 444; **vol. 6:** 127NA, 362; **vol. 9:** 250, 392; **vol. 13:** 56-7, 158, 214, 217, 232-3, 235, 318-9; **vol. 17:** 165, 323-6, 329; — absurdo, chiste e sentido no, **vol. 7:** 19, 24, 53, 83-4, 86, 109, 186, 196-7NA, 246, 304; aclaramento, chiste e, **vol. 7:** 19, 21-2, 24, 27, 53, 87, 187, 227; *Amantes amentes* (chiste), **vol. 7:** 51NA; "*anecdotage*" (chiste inglês), **vol. 7:** 35; *Antigone — antik-o-nee* (chiste), **vol. 7:** 48NT, 54, 64-5, 69; banho, chistes de, **vol. 7:** 72, 76, 78, 81, 105; "bezerro de ouro", chiste do, **vol. 7:** 71-2, 75, 78-9, 81; blasfemos, chistes, **vol. 7:** 164-5; "bom", chiste, **vol. 7:** 172NA; brevidade do chiste, **vol. 7:** 22-4, 29, 39, 43-5, 47, 53, 66, 223, 240-1; caracterização, chiste de, **vol. 7:** 81; caráter chistoso, **vol. 7:** 28-30, 126, 287-8, 299; casamenteiros, chistes de, **vol. 7:** 81, 90-1, 93-5, 151-6, 287; céticos, chistes, **vol. 7:** 166; comunicação do chiste, **vol. 7:** 204, 222; decomposição, chistes de, **vol. 7:** 48-9, 63; definições de chiste, **vol. 7:** 18-23; economia de palavras, chiste e, **vol. 7:** 64-7; efeito do chiste, **vol. 7:** 29, 34, 61, 63, 191, 197NA, 207, 214, 217, 220, 236, 293; elemento chistoso, **vol. 7:** 27, 73, 124; "enumeração chistosa", **vol. 7:** 101; "exagero", chistes de, **vol. 7:** 247; fachada cômica, chistes de, **vol. 7:** 217-8; "familionário" (chiste), **vol. 7:** 21-2, 27, 30-2, 34, 69, 200-3; FAMILIONÁRIO (chiste/ esquema de Freud), **vol. 7:** 31; fisiologia do riso, **vol. 7:** 209NA; formação do chiste, **vol. 7:** 32, 80, 188, 203-4, 212, 221, 236, 239, 242, 244; formação substitutiva, chiste e, **vol. 7**: 32, 44, 46-7, 63-4, 70, 111-2, 127, 227; função do chiste, **vol. 7**: 186; *home-roulade*, chiste do, **vol. 7**: 136, 172, 173NA, 175; "ingênuos", chistes, **vol. 7**: 259, 265, 267NA; "inocência", chiste da, **vol. 7**: 60-1, 176; inofensivos/abstratos/não tendenciosos, chistes, **vol. 7**: 129-32, 135, 138-9, 148, 170-1, 203, 205-6, 241, 252, 254; intelectuais, chistes, **vol. 7**: 107, 115, 127, 130-2, 151, 154, 178, 182, 197NA; ironia, **vol. 7**: 106, 248; liberdade estética, chiste e, **vol. 7**: 18; modificação, chiste e, **vol. 7**: 30, 38-43, 45, 50-1, 55-6, 62-4, 73, 75, 78, 105, 110-1, 117, 120, 130, 173, 188NA, 294, 301, 303; motivos do chiste, **vol. 7**: 199; natureza do chiste, **vol. 7**: 23, 29, 66, 135-6, 143, 151, 170, 173NA, 185, 187, 196, 218NA, 264, 286; nomes próprios, chiste e, **vol. 7**: 33; nonsense, **vol. 7**: 301; *Orienterpresszug* (chiste), **vol. 7**: 42; *practical joke*, **vol. 7**: 283; prazer do chiste, **vol. 7**: 166, 168, 172, 173NA, 177, 185, 194-5, 196-7NA, 212-3, 263, 265-6, 295, 332, 334; processo social, chiste como, **vol. 7**: 199; psicogênese do chiste, **vol. 7**: 168, 183, 187; recepção do chiste, **vol. 7**: 80; representação pelo oposto, chistes e, **vol. 7**: 103-7, 127, 165, 178, 247-9, 288, 293; riso(s), **vol. 7**: 25, 29-30, 32, 37, 72, 74, 83, 91, 118, 136-8, 144, 146, 148-9, 151, 162, 164, 189, 195, 204, 206-16, 219, 221-2, 243, 250, 259-61, 264, 269-70, 275-7, 285, 307-8, 310, 313, 315, 317-8, 326-7, 333NA; *"roter Fadian"* (chiste), **vol. 7**: 36-9, 149; roupagem chistosa, **vol. 7**: 132-3, 188; *Rousseau — roux et sot* (chiste francês), **vol. 7**: 46-7, 54, 64-5; "ruim", chiste, **vol. 7**: 172NA; "salmão com maionese", chiste do, **vol. 7**: 74, 76-8, 82, 156-7, 290; sentido sexual, chiste e, **vol. 7**: 61; sofísticos, chistes, **vol. 7**: 89, 93, 154, 156; sonoros, chistes, **vol. 7**: 46, 68-9; técnica do chiste, **vol. 7**: 27, 31NA, 32-3, 39, 42, 44, 46, 48-9, 51-4, 61, 65, 67, 74-6, 79, 86, 89, 104, 106, 115, 119, 121, 126-7, 136, 138-9, 146, 153, 155, 170, 182, 218, 221, 227, 237, 240NA, 241, 293; tendenciosos, chistes, **vol. 7**: 129-30, 132, 135-6, 138-9, 143-4, 146, 150-2, 155-6, 160, 164, 168-70, 183, 186-7, 191-5, 203, 207, 214, 217, 246, 250-2, 257, 313; trabalho do chiste, **vol. 7**: 80, 88, 102, 127-8, 135, 138, 153, 179, 184, 186-7, 192, 199, 202-5, 213, 215, 217, 220, 222, 236, 239, 244, 246-8, 250-1, 254-5, 288; *Traduttore — Traditore!* (mote/chiste), **vol. 7**: 51, 172NA; unificação, chistes e processo de, **vol. 7**: 54, 60, 97, 98NA, 99-101, 115, 121, 123, 131, 133, 150, 173, 177, 185, 299; verbais, chistes, **vol. 7**: 67, 109-10, 116, 127, 130, 133, 135, 144, 170, 182, 197NA, 260; vogais, chiste e modificação de, **vol. 7**: 68; vulgares, chistes/piadas/frases, **vol. 7**: 145, 294, 306; *Witz* [alemão: "chiste"/"espirituosidade"/"engenho"], **vol. 7**: 199; *Witzarbeit* [alemão: "trabalho do chiste"], **vol. 7**: 80NT; *ver também* anedota(s); comicidade, cômica(s), cômico(s); humor, humorística(s), humorístico(s); piada(s)

chocolate, **vol. 8**: 227NT, 354

choctaw (indígenas), **vol. 11**: 69, 72

choro, **vol. 1**: 287-8; **vol. 2**: 26, 286

chupar/sugar, **vol. 6**: 82, 84, 86-8, 90, 108, 157, 203, 231; **vol. 13**: 416; — "chupadoras", **vol. 6**: 87, 230, 258; *ver também* mamar

chuva, **vol. 11**: 19, 77, 87, 128, 130, 178

ciência(s), científica(s), científico(s), **vol. 2**: 263; **vol. 4**: 16-8, 24, 27-9, 46, 51, 74, 92, 96, 106, 118, 124, 127, 131,

ÍNDICE REMISSIVO GERAL

150, 166-7, 169, 179, 198, 258, 312NA, 316, 347, 396, 459, 468-9, 486, 500, 521, 665; **vol. 5**: 218, 378; **vol. 8**: 14-5, 21, 25, 28-9, 55, 61, 63-4, 67-8, 70-2, 85, 89, 102, 116, 124, 235, 237, 315, 333, 426, 429; **vol. 9**: 117, 134NA, 135, 153, 197, 215, 301, 335, 363; **vol. 10**: 15-6, 20, 22, 117, 130, 152, 154, 158, 172, 211, 225, 241, 249, 265, 274, 285, 346-7; **vol. 12**: 19, 22, 52, 176, 210, 212, 226, 251, 262, 285; **vol. 13**: 16, 26, 29, 34, 46, 67, 79, 111, 114-5, 134, 136, 207, 314, 326, 380, 398, 403, 414, 439, 445, 515, 552, 560, 576; **vol. 14**: 17, 73, 140, 209, 230, 233-4, 238-9, 245, 247-8, 251, 361, 378, 380, 392, 398, 401, 404-5; **vol. 17**: 26, 135-6, 138, 141, 144, 188, 191, 199, 209, 214, 221, 223-4, 234, 241, 249, 269, 273, 276, 292, 295, 298-9, 301, 313-4, 366, 372; **vol. 18**: 27, 29, 32-3, 39-40, 46, 51, 55-6, 60, 73NA, 87, 125-6, 128, 146, 158-9, 161-3, 189, 193, 258, 265, 293, 296-7, 299, 302, 305-7, 322-7, 333, 335-46, 350-1, 354, 358, 409-10, 415, 427, 429, 437, 445, 452-3, 459, 463, 467-8; **vol. 19**: 14, 34, 84, 95, 149NA, 159, 170, 191, 206-8, 245, 257-9, 315, 353-4, 359-60, 362, 367; — ciências humanas, **vol. 13**: 227; **vol. 16**: 107, 134, 145, 237-9, 245; **vol. 17**: 215, 220, 228, 319, 321; ciências naturais, **vol. 1**: 70, 106, 236; **vol. 16**: 146, 164; descobertas científicas, **vol. 18**: 343; psicologia científico-naturalista, **vol. 1**: 218; trabalho científico, **vol. 5**: 203, 207, 218, 318; trabalhos científicos de Freud, lista dos (1877-97), **vol. 3**: 305-11
cigarro *ver* fumo/fumar
cinismo, cínico(s), cínica, **vol. 7**: 77-8, 158-9, 163-5, 190, 252
circulação, aparelho circulatório, **vol. 2**: 288

circuncisão, **vol. 9**: 161NA, 371; **vol. 14**: 116-8; **vol. 18**: 231; **vol. 19**: 40-2, 44-6, 51, 58-9, 65-6, 85, 88, 124, 129, 168, 250
cirrose, **vol. 3**: 103
cisão: cisão da consciência, **vol. 2**: 31, 104NA, 178, 193, 239, 241, 319, 324, 327; **vol. 3**: 27, 50-3, 56-7; cisão do Eu, **vol. 19**: 268-9, 345-7; cisão psíquica, **vol. 2**: 270, 305, 307, 311, 314, 319, 321, 324, 327, 330, 333-5, 338, 340, 355-6; **vol. 6**: 355; **vol. 9**: 238, 244, 258; **vol. 11**: 251; **vol. 16**: 107
cissiparidade, **vol. 14**: 216
ciúme(s), **vol. 4**: 182, 185, 291, 304, 406; **vol. 5**: 368; **vol. 6**: 76, 151, 245, 277, 279-80, 300, 304, 316; **vol. 7**: 53, 60, 65, 96, 184; **vol. 8**: 38-9, 100, 102-3, 112, 131, 220-1, 318, 387; **vol. 9**: 45, 49, 89, 337; **vol. 10**: 85-6, 320; **vol. 11**: 38, 193-4; **vol. 13**: 219, 267, 332, 335, 337, 339, 387, 432, 561, 586; **vol. 15**: 64, 81, 102, 104, 171, 199, 210-4, 216, 218, 222-4; **vol. 17**: 184; **vol. 18**: 184, 277, 279, 281, 381; **vol. 19**: 115, 147, 200, 255, 266; *ver também* inveja
civilização, civilizada(s), civilizado(s), **vol. 6**: 26, 43, 50, 80, 171, 345; **vol. 7**: 147; **vol. 8**: 361, 366-8, 373, 384, 429, 431; **vol. 9**: 95NA, 110, 151, 162, 182, 209, 258, 265, 283-4, 294-5, 305, 318, 354-6, 358, 366, 374, 379, 384; **vol. 11**: 77, 313, 318, 322, 355, 357, 360-1; **vol. 12**: 211-7, 220, 223-4, 230, 240; **vol. 15**: 24, 111, 300; **vol. 16**: 164, 247, 261-3, 341; **vol. 17**: 92, 162, 171, 212, 215, 217, 220, 233-4, 236-7, 239, 242, 247, 250, 254, 267, 273, 276, 278, 293, 298, 319, 339; **vol. 18**: 40, 44-9, 53-60, 62, 65-9, 70NA, 71-3, 77-83, 90, 92, 116, 119, 121, 261-2, 290, 297, 306, 335, 348, 350, 374, 377, 400, 433, 460-1; — povos civilizados, **vol. 11**: 16, 25, 34, 37, 81, 100; *ver também* cultura(s), cultural, culturais

ÍNDICE REMISSIVO GERAL

clã(s), **vol. 11:** 19-20, 23-5, 27-9, 99, 157-8, 160-3, 165, 169-70, 172, 174-9, 183, 186, 206-15, 222-4, 226-8, 242

classes sociais: classe trabalhadora, **vol. 3:** 28, 217; relação entre obscenidade e, **vol. 7:** 143, 145

claustrofobia, **vol. 4:** 326; **vol. 13:** 361; *ver também* fobia(s), fóbica(s), fóbico(s)

climatério, **vol. 3:** 96-7, 108-9

clister, **vol. 14:** 133-4

clitóris, **vol. 6:** 94, 104, 140-2, 203; **vol. 8:** 132, 400-1; **vol. 9:** 371; **vol. 10:** 336; **vol. 12:** 206; **vol. 13:** 209, 356, 422; **vol. 16:** 211, 289, 292NA, 293-4; **vol. 17:** 310; **vol. 18:** 203, 271-2, 282-3, 286, 372, 376, 378, 382, 391; **vol. 19:** 203, 363; — masturbação clitoridiana, **vol. 6:** 140-1; *ver também* genitalidade, genital, genitais; vagina; zona(s) erógena(s)

cloaca, **vol. 6:** 93NA, 105, 109; **vol. 7:** 140; **vol. 8:** 403; **vol. 10:** 332, 336; **vol. 14:** 106-7, 113; **vol. 18:** 249; **vol. 19:** 203

cloral, hidrato de, **vol. 1:** 51, 92

clorose, **vol. 1:** 60

coação, **vol. 1:** 116, 125; **vol. 2:** 94NA, 127, 179, 379; **vol. 3:** 85, 171, 209; **vol. 4:** 269; **vol. 5:** 211, 343, 411; **vol. 8:** 236; **vol. 12:** 220, 222, 228; **vol. 15:** 35, 46, 155; **vol. 17:** 82, 234-9, 241, 247, 279, 326, 354; **vol. 18:** 68, 215, 279, 289, 340, 425; **vol. 19:** 79, 143, 156, 252, 271, 290

cobras, **vol. 13:** 527; — cascavel, **vol. 5:** 95; serpentes, **vol. 2:** 45, 64, 95, 129, 390; **vol. 9:** 229, 384

cocaína, **vol. 3:** 250, 306, 308, 313; **vol. 4:** 144, 148, 150, 153, 205-6, 208-9, 211, 244, 255, 323; **vol. 6:** 264; **vol. 16:** 86;

cócegas, **vol. 7:** 267NA

coceira, **vol. 6:** 93, 96

cocô *ver* defecação/evacuação; excremento(s), excretória(s), excreção; fezes

códigos penais/direito penal, **vol. 1:** 87, 103; **vol. 12:** 286; *ver também* lei(s)

coerção, **vol. 8:** 126, 278; **vol. 11:** 50-1; **vol. 12:** 188; **vol. 15:** 36, 47, 153; **vol. 17:** 25

cogitar, mania de, **vol. 3:** 91; *ver também* mania(s)

cognoscente, pensamento, **vol. 1:** 270, 311, 321, 329-30, 337-8; *ver também* pensamento(s)

coisas valiosas, perda de, **vol. 5:** 283

coito, **vol. 1:** 351; **vol. 3:** 79, 95-7, 99, 104, 107, 110, 125, 150, 161, 208, 212, 252; **vol. 4:** 190-1, 398-9, 406, 412-5, 430, 432, 443, 446, 449NA; **vol. 6:** 73, 266; **vol. 8:** 257, 274, 280, 384, 399, 401, 404-5, 415, 418; **vol. 9:** 17, 63, 76, 88, 124, 127NA, 290, 327, 355, 370, 374, 376-80, 382; **vol. 10:** 18, 28, 45, 57, 245, 247, 294; **vol. 13:** 263, 423, 491, 532; **vol. 14:** 51, 53, 57, 62NA, 66, 77, 79-80, 91, 106NA, 118NA, 124NA, 127, 130, 135, 142, 144, 160NA, 318; **vol. 17:** 18, 45, 81, 343; **vol. 19:** 112; — coito com preservativo, **vol. 3:** 95; *coitus interruptus*, **vol. 1:** 214; **vol. 2:** 350; **vol. 3:** 79, 95, 97-104, 108-10, 112-3, 118, 123-5, 240-1, 246; **vol. 4:** 191; **vol. 6:** 265, 350; **vol. 17:** 45; *coitus reservatus*, **vol. 3:** 95, 112-3; esforços para separar a concepção do coito, **vol. 1:** 351; *ver também* ato sexual; intercurso sexual; relações sexuais

cólera, **vol. 2:** 48, 285-7, 291, 304, 351; **vol. 3:** 70, 73

coletividade, **vol. 13:** 572; esquecimento "coletivo", **vol. 5:** 64; *ver também* esquecimento

coluna vertebral, **vol. 1:** 37; *ver também* espinha

combinados, atos falhos, **vol. 5:** 312-21; *ver também* ato(s) falho(s)

comichão, **vol. 6:** 89, 227

comicidade, cômica(s), cômico(s), **vol.**

7: 16-8, 20-3, 27, 58NA, 95, 101, 137, 148, 151-2, 154-5, 160, 200, 203-5, 209NA, 210, 217-8, 220, 243, 248-9, 251, 257-8, 262, 266, 267NA, 268-70, 274-80, 282-3, 285-8, 290-301, 303-11, 314-22, 327, 328NA, 330, 332-3; **vol. 8:** 304, 354; **vol. 17:** 186, 227, 325, 329; — comédias, **vol. 7:** 311; comparação cômica, **vol. 7:** 297-300, 330; fachada cômica, chistes de, **vol. 7:** 217-8; ingênuo, o (gênero do cômico), **vol. 7:** 258-66, 269, 314; prazer cômico, **vol. 7:** 267, 311, 313-4, 319, 321, 322NA, 324, 328-9NA, 334; rigidez cômica, **vol. 7:** 296; *ver também* chiste(s); humor, humorística(s), humorístico(s)

comoção, **vol. 3:** 34, 121, 123, 135, 147-8, 192; — "comoção da medula", **vol. 1:** 58

comodidade: atos falhos/lapsos e comodidade, **vol. 5:** 133, 302; — sonhos de comodidade, **vol. 4:** 158, 196, 273, 442, 623; **vol. 5:** 395; *ver também* ato(s) falho(s); lapso(s); sonho(s)

compaixão, **vol. 6:** 101, 138, 155, 218, 362; **vol. 7:** 326, 329; **vol. 8:** 246; **vol. 9:** 63, 78, 210; **vol. 10:** 154; **vol. 12:** 67, 211, 219-20; **vol. 14:** 117-8; **vol. 17:** 51, 104, 356, 364; *ver também* empatia

competição, **vol. 15:** 222, 251

complacência: psíquica, **vol. 1:** 118; somática, **vol. 6:** 216-8, 231, 233, 309

complexo(s), **vol. 8:** 287; **vol. 10:** 25, 31, 47, 74, 78, 97, 102, 124, 139, 140, 157, 171, 177, 185, 232, 247, 262, 287, 298, 322; — complexo de inferioridade, **vol. 18:** 203-4; "complexo parental", **vol. 6:** 42NA

complexo da castração, **vol. 6:** 51, 53, 104; **vol. 8:** 127, 128NA, 159, 233, 256, 400; **vol. 9:** 161, 374, 382; **vol. 12:** 37-8, 143, 293; **vol. 13:** 280, 421; **vol. 17:** 42, 50, 62, 86, 307; *ver também* castração/emasculação

complexo de Édipo, **vol. 4:** 304NA, 444; **vol. 6:** 59NA, 148-9NA; **vol. 8:** 397NT; **vol. 9:** 275, 342; **vol. 11:** 199-200, 203, 219, 238, 322, 362; **vol. 12:** 281-3, 285; **vol. 13:** 279-80, 438-41, 443, 446-8, 450, 482; **vol. 14:** 117, 158, 177, 312-3, 315, 320, 326-7, 394; **vol. 15:** 60-3, 66, 104, 126, 129, 145, 172, 200, 206, 210, 289-90, 292-3, 300, 324; **vol. 16:** 39-43, 47, 49, 60, 116-7, 139, 142-3, 147, 152, 157-8, 196-7, 200, 204-6, 208-13, 249, 264, 286, 287-90, 295-7; **vol. 17:** 34, 40-1, 49-50, 62, 86, 165-6, 180, 284, 318-9, 335, 347, 349, 351; **vol. 18:** 102, 104, 201, 205, 222, 230-1, 237, 272, 274, 285, 290, 292, 372-3, 377, 379-80, 456-8; **vol. 19:** 112, 139, 248-9, 252-5, 256NT, 264, 271; *ver também* incesto, incestuosa(s), incestuoso(s)

complexo de Electra, **vol. 15:** 126NA; **vol. 19:** 256; **vol. 18:** 377; *ver também* incesto, incestuosa(s), incestuoso(s)

compulsão, compulsiva(s), compulsivo(s), **vol. 4:** 214, 235, 504; **vol. 6:** 344-5, 372; **vol. 8:** 54, 151, 305-7; **vol. 9:** 14, 52, 54NA, 99, 140, 175, 196; **vol. 10:** 34, 84, 201-2, 206, 223, 329; **vol. 14:** 26, 57, 77, 90, 93, 122, 124-5, 155, 178, 179NA, 181, 183-4, 196, 199, 201-2, 211-2, 228, 233, 283, 290, 356; **vol. 17:** 16, 28, 33, 58, 60, 99-100, 107, 183, 315, 354, 358, 361-2; **vol. 18:** 54, 62, 85, 176, 178, 256-7, 291, 303; **vol. 19:** 79, 83, 102, 107-8, 142, 173, 246, 303, 342; — compulsão a lavagem, **vol. 6:** 190; compulsão histérica, **vol. 1:** 285-6, 289-90, 292; *ver também* histeria, histérica(s), histérico(s)

comunhão cristã, rito da, **vol. 19:** 119, 123; *ver também* cristianismo, cristã(s), cristão(s)

comunicação, **vol. 1:** 79, 157, 208, 309; — com os mortos, **vol. 14:** 361; do chiste, **vol. 7:** 204, 222; oral, **vol. 19:** 98; *ver também* fala(s); linguagem

comunidade(s), **vol. 11:** 22, 77, 117-8, 120, 175, 180, 194, 207, 209, 211, 219, **vol. 15:** 33, 46-7, 53, 58, 69NA, 81, 84, 92, 99, 101, 111, 224, 306; — comunidade humana, **vol. 18:** 32, 36NA, 57, 115, 234, 352

comunista(s), **vol. 18:** 79, 81

conceito de sexualidade, ampliação do, **vol. 6:** 18; *ver também* sexualidade, sexual, sexuais

concepção/concepções: esforços para separar a concepção do coito, **vol. 1:** 351; — número de concepções no casamento, **vol. 3:** 251-2; *ver também* casamento(s)/matrimônio(s); coito; contracepção

concupiscência, **vol. 9:** 265

condensação, **vol. 4:** 319-22, 330, 334-7, 344, 347, 350-1, 362-4, 373, 382-3, 387, 452, 479, 499, 530, 542, 548, 557, 569, 583, 593, 648-51; **vol. 5:** 85, 89, 109, 172, 368-9, 398, 401-2, 404-5, 409-10, 415, 419, 422, 426, 433, 444; **vol. 7:** 32-4, 37-47, 49, 51, 62-4, 66, 70, 97, 111-2, 127, 136, 227, 233-4, 236-7, 240-1, 244, 255; **vol. 8:** 214, 413-4; **vol. 9:** 258; **vol. 10:** 30NA, 41, 66, 71, 76NA, 103, 281NA; **vol. 11:** 149, 336, 341; **vol. 12:** 96, 127, 129, 159; **vol. 13:** 54, 231-3, 240, 254, 257, 270, 318, 395, 477, 487, 518; **vol. 14:** 198; **vol. 15:** 191, 249; **vol. 16:** 155; **vol. 17:** 252; **vol. 18:** 144, 217; **vol. 19:** 219-20; *ver também* deslocamento(s)

condition seconde, **vol. 2:** 36, 54, 56, 58, 63, 69-71, 75

confiabilidade, **vol. 8:** 351, 355

confissão, **vol. 2:** 26, 118, 140, 189, 200, 207, 213, 298, 300, 397

conflito(s), **vol. 2:** 168, 172, 211, 236-7, 241, 244, 256, 297-8; **vol. 6:** 17, 62, 183NA, 196, 209, 220NA, 239, 241, 305, 311, 345, 347, 357, 366-8; **vol. 8:** 40, 50, 71-3, 86, 170, 236, 268-9, 277-8, 310, 372, 375, 378, 384, 387, 396; **vol. 9:** 19, 22, 24, 42, 53-5, 60, 62, 81, 94, 98-101, 105, 108, 176, 242, 244, 247, 300, 317, 328, 331; **vol. 10:** 27, 42, 58, 64, 67, 74, 76, 83, 90, 92, 103, 129, 141, 158, 203, 232-3, 235-8, 247-8, 250, 271, 273, 334; **vol. 11:** 39, 57, 62, 86, 105-7, 110, 146, 199, 249-50, 263, 322-3, 332, 337, 339-41, 351, 359, 365, 388; **vol. 12:** 39, 61, 80, 91, 179, 181-4, 191-3, 202-3, 208, 212, 236-7, 244-5, 257, 261, 263; **vol. 13:** 50, 81-2, 96, 276, 280, 327, 442, 464-6, 468, 470, 476-8, 484-5, 496-7, 499, 503, 506, 508, 510, 548, 556-7, 566, 572-3, 575, 579-81, 589, 592, 596, 599-602, 608, 612; **vol. 14:** 67, 73NA, 74, 84, 88, 145-6, 158, 166, 181, 197, 223, 242-3, 250, 267, 280, 285, 372, 384-6, 393; **vol. 15:** 28, 57, 67, 112, 118-20, 132NA, 166, 168, 193, 218, 244, 253-4, 271, 284, 290-1, 297-8, 305, 307; **vol. 16:** 21, 38, 49, 70, 98, 101, 105, 107, 111, 154, 164, 177, 179-82, 187, 208, 216, 219-20, 231-3, 246, 295, 306-7; **vol. 17:** 18, 27, 33-6, 53, 56, 65, 91, 104, 112, 143, 152-4, 225, 263, 267, 305, 318, 335, 376; **vol. 18:** 58, 66, 104-5, 110-1, 115, 136-7, 193, 212, 221, 237, 242, 281, 291, 293, 304, 336, 370, 384, 413, 415, 419, 423-4, 472; **vol. 19:** 28, 91, 95, 108, 110, 113, 198, 215, 222-3, 225-6, 237, 260, 264, 285-8, 290, 294-9, 301, 306, 313-4, 321, 346-7, 364

confusão alucinatória, **vol. 2:** 142, 354; *ver também* alucinação, alucinações, alucinatória(s), alucinatório(s)

congestões, **vol. 3:** 88, 92

conhaque, **vol. 6:** 288-9

"Conhece-te a ti mesmo" (γνωθι σεαυτόν, máxima grega), **vol. 5:** 289

cônjuge(s), **vol. 13:** 50, 166, 193, 274,

221

332, 571; — esposa(s), **vol. 6:** 200, 205, 207, 214-5, 222, 232, 236, 266, 270, 299, 300NA, 302; **vol. 13:** 73, 219, 237, 279, 292, 296, 333, 340, 351, 439-40, 449; marido(s), **vol. 6:** 190, 198, 207, 211, 214, 220NA, 221, 243, 302; **vol. 11:** 36, 38, 43, 56, 92, 101, 150, 151, 254-5; **vol. 13:** 46, 68, 70, 77, 83, 130, 163-7, 195, 219, 237-8, 260, 272, 292, 296-7, 304, 332-3, 336, 338-40, 350-1, 358, 365, 367, 369, 397, 408, 507, 531-2, 608, 610; *ver também* casamento(s)/matrimônio(s)

conquista do fogo, **vol. 18:** 399-404

consanguínea, união, **vol. 19:** 167; — parentes consanguíneos, **vol. 6:** 150; *ver também* casamento(s)/matrimônio(s)

consciência/consciente, o (*Cs*), **vol. 1:** 36, 42, 55, 76, 81, 103, 133, 155, 181-4, 186-7, 236-7, 239-42, 252, 278, 281, 283-5, 287-8, 290, 295-6, 302, 320, 323; **vol. 2:** 15, 20NT, 25, 27, 30-1, 35, 37-8, 44, 54, 56, 68, 71-2, 74-5, 77NA, 84, 88NA, 93, 95NA, 101, 102NA, 104NA, 114NA, 129, 133, 136, 141, 143, 145, 153, 159-60, 162, 163NA, 169, 170NA, 177-9, 185, 192, 199, 208, 226, 236, 238, 240, 249, 251, 255, 273, 284-5, 290, 295, 297-8, 302-4, 313-9, 321-2, 324-7, 331-2, 334-6, 338, 345, 348, 350, 353-5, 359, 376, 378, 382, 401, 405, 408, 415, 419, 421, 423-4; **vol. 3:** 21, 24, 27, 48, 50-3, 55-9, 61-2, 64, 75, 77, 86, 154, 169-70, 172-3, 175, 180, 186, 188-9, 200, 210, 218, 222, 228, 231, 235-6, 297, 301; **vol. 4:** 16, 30, 39, 42-3, 59, 63-4, 71-2, 77, 80, 84-5, 94, 100-1, 103-4, 107, 110, 114, 121, 133, 178-9, 184, 212-3, 217, 276, 286-7, 306, 322, 348, 388, 435, 504, 518, 546, 550, 553, 555, 565, 579, 581, 590-2, 597-9, 604, 607-9, 619, 624-7, 629, 631, 643, 646-8, 654, 656, 658-9, 660NA, 661-3, 665-6, 668-75, 678; **vol. 5:** 16, 20, 22, 24, 27, 43, 47, 75, 80, 83-8, 92, 98, 106, 122, 140, 145, 158, 165-6, 170, 184, 220, 234-5, 240-1, 248, 256, 289, 298, 317, 323-4, 328-9, 334, 336, 345, 357, 366, 371-3, 376, 381, 427, 429, 432-3, 436, 445; **vol. 6:** 61, 63, 76-7, 130, 184, 194, 203NA, 205, 209, 235, 238, 240, 262, 269, 273, 310, 322, 324, 326-7, 345, 355, 368; **vol. 7:** 21, 64, 145, 164, 180, 191, 209, 211NA, 230, 312, 317; **vol. 8:** 15, 24, 28, 65-6, 69, 78, 81, 83, 86, 102-3, 110, 113-5, 127, 132, 158, 255, 272, 274, 278, 280, 292, 296-8, 303, 307-8, 317, 320, 322, 341, 356, 400, 403, 413, 416-7; **vol. 9:** 35-7, 40, 41NA, 44, 48-9, 57, 80, 83NA, 90, 100-1, 108-9, 111, 144, 176, 199, 235, 239, 241-3, 246, 249, 257-7, 261-3, 281-2, 309, 315, 317, 320, 341, 344, 351, 386-7; **vol. 10:** 18, 26, 31, 45, 88, 90, 113-5, 135, 138, 138NA, 140, 142-3, 150, 156, 159, 198, 206, 217, 220, 257-9, 261-3, 265-6, 270, 285-6, 288, 323, 334; **vol. 11:** 54, 57, 70, 106, 108, 112-5, 124, 135, 137-8, 147-8, 172, 214, 219, 221, 223, 228-9, 231-2, 239, 241, 251, 268, 287, 322, 337, 367-8, 382; **vol. 12:** 42-4, 50, 62, 85-8, 90-2, 94-8, 100-4, 106-7, 109-119, 122-6, 128-30, 132-7, 140, 148-9, 155, 158, 162, 164-9, 175, 178, 192, 202, 207, 217, 234, 237, 239-40, 242-3, 263, 273, 275, 280-1, 283-5, 293-4; **vol. 13:** 16, 28-9, 151, 199, 252, 255, 285, 299, 331, 338, 370-1, 373, 383, 390-5, 409, 441, 447, 456, 477-9, 534, 538, 567, 573-5, 581, 590, 600; **vol. 14:** 16, 38, 40, 57, 68-9, 112, 138-9, 148, 164, 178, 184-8, 191, 196, 204, 238, 247, 249, 266, 280, 287, 291, 294, 307, 309-10, 312, 314-5, 317, 320, 322, 352, 396; **vol. 15:** 21, 26NA, 27, 30, 36-8, 63-4, 67, 72,

75, 82, 121, 129, 140-1, 153, 161, 183, 207, 211, 217, 264, 266, 274, 276, 278-9, 290, 295, 298-300, 321, 323; **vol. 16:** 15-8, 19-20NA, 20-4, 26-8, 31-3, 35, 35NA, 38, 43, 45-6, 61, 63-7, 72-3, 90, 93, 96, 100, 103-9, 122, 127, 132, 159, 195-7, 199-202, 231, 233, 245, 251, 257-8, 262, 264, 269-70, 272-4, 277, 297, 320, 328; **vol. 17:** 20-1, 25, 33, 53-5, 57, 68, 82, 85, 90-1, 108, 112, 114, 135, 144-5, 148, 152, 155, 158, 180, 316, 341, 349, 358, 361, 369, 375NT; **vol. 18:** 92, 94-9, 101-3, 107, 109, 111, 117, 128, 137-8, 145, 165, 173, 192, 196-8, 203, 205, 208-9, 211, 214, 217, 221, 229, 234, 260, 330, 367, 369, 394, 412, 425, 428-9, 442, 459-60; **vol. 19:** 82, 121, 124, 133-4, 137, 142, 149, 155-6, 160, 162, 164, 184-5, 191, 206-9, 212-3, 216, 226, 235-6, 257-9, 271, 311, 340-1, 343, 354-6, 358-60, 364; — autoconsciência, **vol. 2:** 323-4; cisão da consciência, **vol. 2:** 31, 104NA, 178, 193, 239, 241, 319, 324, 327; **vol. 3:** 27, 50-3, 56-7; Consciência da representação do sonho (esquema de Freud), **vol. 1:** 282; "*double conscience*", **vol. 2:** 31, 68, 321, 325, 335NA; **vol. 12:** 107; estados de consciência, **vol. 1:** 181; *ver também* aparelho psíquico; psique, psiquismo, psíquica(s), psíquico(s); vida psíquica

conscientes, atos e processos (*cs*), **vol. 1:** 65, 72, 74, 77, 155-6, 167, 207-9, 238, 240, 281-3, 290-1, 296, 308, 310-1, 319-20, 329; **vol. 2:** 44, 102NA, 273, 308, 311, 314-5, 317, 323, 332, 377, 380, 405; **vol. 3:** 156, 174, 219, 226, 228, 269, 295, 300, 302; **vol. 4:** 375, 389, 436, 500, 540, 556, 576, 582, 590-1, 597, 606, 615, 628, 646, 651, 668; **vol. 5:** 18, 92, 196, 230, 247, 257, 286, 326, 345NA, 358, 382, 427, 437; **vol. 6:** 61, 63, 96, 148NA, 150, 187, 222, 234, 300, 308, 312, 314, 345, 354; **vol. 7:** 17, 210, 214, 219, 230-1, 234-5, 237, 243NA, 244-5, 247, 252, 286NA, 288-9, 292, 312, 319, 330-2; **vol. 8:** 65-6, 68, 70-1, 78-82, 87, 89, 91, 98, 101-3, 107-9, 114, 117, 119, 132, 158, 237, 247-8, 258, 265, 279, 280NA, 296-7, 341-4, 348, 391, 397, 406, 415, 421-2; **vol. 9:** 144, 240, 249, 266, 281, 315-6; **vol. 13:** 28, 151, 268, 272, 371-4, 379, 393, 408, 488, 496, 499; **vol. 15:** 19, 22-3, 28NA, 84, 128-9, 136, 141, 145, 161-2, 172, 199, 210, 215, 280, 284, 290, 321, 326; **vol. 16:** 15-8, 19NA, 21-2, 24-8, 34, 62NA, 63, 66, 96, 104-5, 108, 110, 121, 125, 129, 195, 228-9, 231, 233, 235, 257-8, 265, 307-8; **vol. 17:** 53-4, 66, 106, 112, 122, 143-5, 163, 170, 180, 313-4, 316-7, 335, 354, 360, 374; **vol. 19:** 41, 122, 131, 134-7, 178, 206, 208-12, 236, 257, 261-3, 270, 279, 305-7, 343, 354-5, 357-60

conservação da espécie, **vol. 18:** 84, 242; **vol. 19:** 195, 245

consolação, consolo(s), **vol. 18:** 15, 25, 37, 42-3, 121, 327-8, 335, 341, 354, 405

constipação, **vol. 3:** 93, 149, 240

constituição psíquica, **vol. 18:** 41, 44, 47, 118; *ver também* psique, psiquismo, psíquica(s), psíquico(s)

construções analíticas, **vol. 19:** 331-43; *ver também* análise/analista(s)

consultórios, objetos esquecidos em, **vol. 5:** 293-4; *ver também* esquecimento

contágio [psíquico], **vol. 1:** 40; **vol. 15:** 21-4, 35, 40, 50-1; *ver também* indução; sugestão, sugestionabilidade

"contaminação", **vol. 5:** 85, 89-90, 109

conteúdo inconsciente *ver* inconsciente, o (*Ics*); inconscientes, atos e processos (*ics*)

conteúdo(s) latente(s), **vol. 4:** 175, 209, 224, 234, 237, 241, 256, 283, 310, 317-8,

223

447, 480, 492, 507, 512, 534, 556NA, 562; **vol. 5:** 389, 391, 405; **vol. 8:** 79-80, 88, 95, 102, 118, 121, 345NA; **vol. 13:** 230, 322; — pensamentos latentes, **vol. 9:** 256-7

conteúdo(s) manifesto(s), **vol. 4:** 168, 178, 199, 209, 218-9, 226, 234-5, 243, 249, 253, 256, 288, 318, 326, 352-3, 370, 426, 441, 442, 456, 490, 507, 528, 554, 556NA, 632NA; **vol. 5:** 440; **vol. 7:** 44, 228-9, 233; **vol. 8:** 80, 82, 104, 121; **vol. 9:** 256-8; **vol. 10:** 197, 266; **vol. 13:** 151, 160, 163, 176, 181, 192, 230, 239, 264, 305, 322, 363; **vol. 19:** 216, 221-2

conteúdo(s) onírico(s), **vol. 4:** 104, 127, 136, 168, 198, 261, 318, 363, 441, 538, 541, 548, 565, 577, 580, 643; **vol. 5:** 85, 380, 388-91, 398, 401-14, 419-23, 427, 431, 434, 437, 441, 445; **vol. 16:** 126, 129, 236, 308, 313-4, 323, 326-7; **vol. 19:** 216, 219-22; *ver também* sonho(s)

contos de fada, **vol. 4:** 282-3, 525; **vol. 5:** 444; **vol. 10:** 292, 295, 298-9, 308; **vol. 13:** 214-5, 225, 253; **vol. 14:** 41, 46NA, 115NA, 246, 372, 376; *ver também Índice onomástico* (Andersen; Grimm, irmãos)

contracepção, **vol. 5:** 90NA; — anticonceptivos, meios, **vol. 3:** 252; *ver também* coito com preservativo; *coitus interruptus*; *coitus reservatus*

contrações/contraturas [musculares], **vol. 1:** 35, 50, 56-7, 65, 73-4, 143-4, 176; **vol. 2:** 76, 107, 113, 272, 286, 290; **vol. 6:** 91-2; *ver também* músculo(s), muscular(es), musculatura

contrainvestimento(s), **vol. 4:** 658; **vol. 12:** 120, 122-3, 125-6, 133, 156, 188, 193; **vol. 13:** 478, 544, 578-9; **vol. 14:** 192; **vol. 17:** 103-5, 113; **vol. 19:** 133-4, 215, 217, 225, 234; *ver também* investimento(s)

contratransferência, **vol. 9:** 293; *ver também* transferência

contravontade histérica, **vol. 1:** 155-6, 159-60, 163, 172; **vol. 2:** 21, 89NA; *ver também* histeria, histérica(s), histérico(s)

contretação, instinto de, **vol. 6:** 68NA, 83NT; **vol. 7:** 141NA; **vol. 8:** 245; *ver também* instinto(s), instintual, instintuais; pele, a; toque/tocar

convalescença, **vol. 8:** 387

conversão, **vol. 2:** 128-9, 135, 141, 168-9, 177, 179, 189, 193, 211-2, 217, 225, 236-7, 239-43, 248-52, 256, 258, 287, 292-3, 296, 301-2, 305-6, 308, 310-1, 317, 352, 356, 379, 390, 400, 416; **vol. 3:** 54-7, 60, 65, 93, 114, 176; **vol. 6:** 61, 233, 322, 332, 351; **vol. 8:** 250, 345; **vol. 11:** 248; **vol. 14:** 145, 150; **vol. 16:** 54, 67, 96, 106, 228

convulsão, convulsões, **vol. 1:** 29-30, 42-4, 64-6, 158, 185; **vol. 2:** 20, 22, 34, 81, 130, 140NA, 290, 346; *ver também* ataque epiléptico/convulsão epiléptica; epilepsia(s)

coprofílicas, tendências, **vol. 9:** 110NA, 272, 361; *ver também* excremento(s), excretória(s), excreção; fezes

coprolalia, **vol. 1:** 162; *ver também* obscenidade, obscena(s), obsceno(s); xingamento(s)

copulação, **vol. 6:** 40; *ver também* ato sexual; coito; intercurso sexual; relações sexuais

coquetismo, **vol. 13:** 443

coração, cardíaco(s), **vol. 1:** 213, 215; **vol. 2:** 166, 174, 204, 224, 230, 258-9, 268, 289, 327; **vol. 4:** 31, 60, 99, 116, 187, 232, 264, 276, 279-80, 611; **vol. 5:** 36, 163, 174; — arritmia cardíaca, **vol. 3:** 87; ataque cardíaco, **vol. 3:** 101, 114; atividade cardíaca, **vol. 2:** 266, 288; palpitações, **vol. 1:** 30-1; **vol. 3:** 87, 121, 130; **vol. 13:** 530; *pseu-*

doangina pectoris, **vol. 3:** 87; taquicardia, **vol. 3:** 87, 150
cordão espermático, **vol. 1:** 37-8, 43; *ver também* esperma/sêmen
cordas vocais, **vol. 2:** 243; *ver também* fala(s); linguagem; sons
coreia (condição neurológica), **vol. 1:** 25; — coreia de Huntington, **vol. 3:** 123, 137, 142; dança de são vito (coreia reumática), **vol. 7:** 270
cores: cegueira às/acromatopsia, **vol. 1:** 47; sensibilidade às, **vol. 1:** 33, 47
córnea, **vol. 1:** 32, 45-6; *ver também* olho(s)
corpo humano, **vol. 4:** 263-4, 368, 400, 403; **vol. 9:** 20, 125-6NA, 134, 159, 164, 222, 260, 269-70, 318, 357, 362, 392; **vol. 10:** 16, 19, 23, 26, 29-30, 35, 41, 44-5, 59, 81, 113, 115, 186, 330, 346, 348; **vol. 11:** 54, 80, 127, 131, 140, 148, 157, 177, 184, 211, 255, 350, 378, 394, 398, 418; **vol. 12:** 14, 17, 27-8, 35, 54, 57-60, 65, 68, 70-1, 112, 117NA, 140, 166, 237-9, 249, 288, 290; **vol. 13:** 205, 210, 214, 341; **vol. 14:** 36, 58, 106, 109, 113, 135, 189, 198, 214, 257, 261, 351; **vol. 15:** 147, 196, 288-9, 303; **vol. 18:** 17-8, 24, 29, 31, 33, 36, 43, 53, 63NA, 243, 245, 249, 265, 280, 290, 407; **vol. 19:** 106-7, 192, 198-200, 211-2, 247-8, 267, 348-9; — ação psíquica sobre o corpo, **vol. 1:** 110-3; estímulo(s) somático(s), **vol. 4:** 46, 58, 62-3, 66-8, 92, 116-7, 123, 258-9, 261-7, 272, 274, 277-8; **vol. 5:** 379-80, 388; **vol. 8:** 15; relação entre somático e psíquico, **vol. 1:** 106-10; *ver também* estímulo(s); percepção, percepções, perceptiva(s), perceptivo(s)/(*Pcp*); psique, psiquismo, psíquica(s), psíquico(s); sentidos/sensorialidade
Corpus Juris, **vol. 7:** 52; *ver também* lei(s)
corrente galvânica, **vol. 2:** 274; *ver também* eletricidade

correntes afetivas masculinas, **vol. 6:** 245; *ver também* afetividade, afeto(s), afetiva(s), afetivo(s); homem, homens; masculinidade, masculina(s), masculino(s)
corrimento *ver* leucorreia
corte sexual, **vol. 6:** 52; *ver também* sexualidade, sexual, sexuais
córtex cerebral, **vol. 1:** 25, 82-3, 184, 190, 192, 200-1, 206; **vol. 3:** 106; **vol. 14:** 185, 187; — ataxia cortical, **vol. 5:** 222; atividade cortical e subcortical, **vol. 1:** 83, 91, 95, 103, 191, 197-8, 201, 203; camada cortical, **vol. 19:** 135, 192, 211-2, 262; paralisia cortical/paralisias corticais, **vol. 1:** 193-5, 200-2; *ver também* cérebro, cerebral, cerebrais
cosmogonia, **vol. 18:** 328
"costas", enxaqueca das, **vol. 1:** 213-5
couvade, teoria da, **vol. 8:** 407
crânio, "teoria vertebral" do, **vol. 5:** 418
"*Credo quia absurdum*" [latim: "Creio por ser absurdo"; frase atribuída a Tertuliano], **vol. 19:** 120, 163
crença(s), **vol. 17:** 138, 259-60, 267, 288, 299, 305; — poder da crença religiosa, **vol. 1:** 115; *ver também* fé; religião, religiões, religiosidade, religiosa(s), religioso(s)
"Criação", **vol. 18:** 30, 198, 328
criação literária *ver* literatura
criança(s), **vol. 1:** 18, 25, 54, 56, 60, 77, 102, 113, 119, 123, 150, 152-3, 156, 159, 191, 251, 265, 275, 293-4, 309; **vol. 2:** 21, 29, 89, 92-3, 96, 116, 122, 132, 157, 166-7, 169-70, 173-5, 178-9, 186, 192, 204, 206, 244, 354, 383, 386; **vol. 3:** 42, 88, 152, 154, 162-3, 177, 181, 189, 212-5, 223-4, 256, 258-9, 276-7, 279-80, 283, 286-7, 301, 309; **vol. 4:** 145-6, 160-3, 164NA, 168, 189, 191, 218, 224-7, 236-7, 240, 251, 253-5, 283-4, 287,

289-96, 298-9, 301-2, 304NA, 305, 309-10, 312-4, 329-32, 334, 341-2, 345, 365, 368, 370, 390, 398, 400, 406-8, 412-4, 420, 426, 438-9, 441, 446-8, 449NA, 450-1, 455, 459, 469-70, 486, 489, 492-3, 497, 499, 505, 512, 522, 531, 534-5, 543, 558-9, 584, 592, 602-5, 617, 619, 623, 632NA, 638, 640; **vol. 5:** 27, 48, 50, 71-3, 77-8, 94, 96, 117, 168, 176, 186, 240-1, 252-3, 263, 268, 277, 305, 334, 386-7, 392, 394, 396, 401, 431, 434-7; **vol. 6:** 18, 38-9, 72-4, 75NA, 77, 79-80, 82-6, 88, 90-1, 93-4, 97-107, 112-6, 131, 140, 143-7, 149, 153, 156-7, 159-60, 165, 171, 196NA, 209-10, 212, 222, 229, 231, 236-7, 255-6, 259, 265-6, 267NA, 277, 292, 296, 299, 302, 353, 357, 362; **vol. 7:** 87, 120, 141, 171, 172NA, 179-80, 182-4, 230, 243, 259-62, 265, 269, 273, 315-22, 328NA; **vol. 8:** 52, 63, 125-8, 132-3, 135, 137-9, 147, 167, 184, 186, 197NA, 204, 209, 213, 216-7, 225-7, 229-30, 231NA, 234-6, 238, 241-2, 244-7, 250, 252, 254, 267-8, 271, 276-8, 281-3, 286, 298, 315-24, 327-9, 354-5, 378, 387, 391-9, 401-10, 420, 422-4; **vol. 9:** 22, 44, 46, 62, 64, 66, 77-8, 100, 136-8, 149, 156-7, 164, 166-7, 183-4, 191, 195, 199, 202-4, 209, 255-6, 258, 266-71, 274-6, 311, 318, 340-1, 344-6, 349-50; **vol. 10:** 73NA, 76NA, 78, 107, 112NA, 114, 117, 174, 189, 273, 278-80, 281NA, 282, 287-9, 292, 294, 318-21, 323, 333, 341-2, 348-9, 352; **vol. 11:** 16, 26, 44, 57, 87, 96, 104, 129, 131, 134, 142, 154, 159NA, 173, 177, 182, 187, 196-7, 199-200, 203, 208, 215, 218, 220, 232, 260-2, 288, 311, 313, 326, 349-50, 353-4, 361-3; **vol. 12:** 16-7, 31-3, 36-8, 66, 69, 122, 204, 215, 220, 230, 255, 269, 285; **vol. 13:** 33, 104, 112, 117, 155, 157, 167-71, 174, 183, 212, 215, 217-9, 262, 269-70, 272, 274-6, 279, 281-5, 304, 353, 357, 366, 401, 405, 412-7, 419-24, 427, 430, 432-5, 438, 441-4, 446-9, 461, 468-9, 472, 479, 482-5, 491-3, 529, 537-42; **vol. 14:** 15-7, 21-4, 29, 35-6, 40, 50-1, 53, 54NA, 56NA, 63NA, 67-8, 72, 75-7, 79-80, 82, 85, 88, 91, 93, 102-4, 106, 108-12, 113NA, 121, 128, 130-4, 137-9, 141-5, 149NA, 151, 154, 158-9, 170-1, 173-5, 180, 183, 200, 222, 246, 255-62, 264, 270, 272, 274, 276, 277NA, 291, 294-7, 301-8, 310-2, 315, 317, 321, 327, 341-3, 350, 352, 368; **vol. 15:** 25, 26NA, 28, 37, 66, 68, 70, 77, 79-81, 85NA, 103-4, 127-8, 180-3, 192-4, 196, 246, 251, 252, 287, 306, 315; **vol. 16:** 40-1, 60, 77, 85, 90-1, 111, 113, 117-20, 130, 157, 161, 169, 171-2, 173NA, 174-5, 189, 205-9, 211, 221, 235, 249-50, 253, 264, 286-7, 289, 291, 293-5, 297, 316, 347-9; **vol. 17:** 36, 38, 42, 67, 71, 76-8, 80-1, 92, 97-8, 105, 116-8, 121-2, 128, 137, 155, 160-71, 182, 216-7, 230, 240-1, 257-8, 265-7, 283-4, 286, 288-9, 292, 294, 296, 305, 308, 318, 326-7, 330, 335, 361; **vol. 18:** 24, 51, 59, 63, 88, 94, 100-2, 155, 167, 168, 190-1, 199-203, 205, 226-7, 231, 248-9, 260, 267, 269-70, 272, 275-9, 283-4, 308-13, 317, 328-30, 335, 372-3, 375, 377, 381-3, 385, 387-91, 396, 407, 446, 448, 457, 462, 468; **vol. 19:** 21, 23-4, 105, 116, 119, 138-9, 157, 165-6, 173-4, 179, 182, 184, 194, 200, 202, 218, 230-1, 245-9, 253-4, 264, 271-2, 299, 307, 341, 346, 363, 369; — abuso sexual de crianças, **vol. 6:** 38-9; *ver também* bebê(s); infância, infantil, infantis; menina(s)/garota(s); menino(s)/garoto(s)

crime(s), criminoso(s), **vol. 8:** 291-2, 296-7, 368; **vol. 10:** 59, 120; **vol. 11:** 190, 203, 210, 219, 222-3, 233-5, 237, 241-2, 383; **vol. 12:** 34, 236, 264, 266, 269-70, 272-4, 279-80, 284-6; **vol. 13:**

ÍNDICE REMISSIVO GERAL

34, 66, 197, 235, 345, 439, 440, 446; **vol. 18:** 401-3, 457-8

cristianismo, cristã(s), cristão(s), **vol. 5:** 32-3, 65, 130; **vol. 9:** 200-1, 359; **vol. 11:** 89, 183, 233-5; **vol. 16:** 159; **vol. 17:** 198, 332-3, 339; **vol. 18:** 44, 73, 81, 108, 425; **vol. 19:** 45, 119-21, 123-5, 129, 180, 187, 299, 302, 366; — doutrina cristã, **vol. 12:** 235; protestantes, **vol. 7:** 125, 129, 206, 225; rito da comunhão cristã, **vol. 19:** 119, 123; *ver também* Igreja católica

crítica, coerção/objeção da, **vol. 7:** 182, 184, 186

crocodilo, **vol. 18:** 20

crueldade(s), cruel, cruéis, **vol. 6:** 51, 53, 64, 68, 99, 101-2, 112, 166NA, 317; **vol. 8:** 388; **vol. 9:** 26, 29, 32, 74NA, 77, 79, 123, 180, 371; **vol. 12:** 215, 217, 219, 234; **vol. 13:** 197, 434; **vol. 15:** 54, 201; **vol. 16:** 63, 68-9, 196, 199, 231, 325; **vol. 17:** 250, 273, 291

Cs ver consciência/consciente, o
cs ver conscientes, atos e processos

culpa, **vol. 2:** 345; **vol. 8:** 127, 286, 298-9, 308-9, 311, 320, 322, 354; **vol. 9:** 35-6, 44NA, 50NA, 118, 199, 216, 381; **vol. 10:** 75, 120, 243, 323; **vol. 11:** 22, 101, 112-4, 138, 210, 219-21, 223-4, 228-9, 231-3, 237, 239, 241-2, 322, 360; **vol. 12:** 50, 115, 144, 235, 237, 239, 242, 270, 273, 275, 277, 279-86; **vol. 13:** 16, 101, 137, 258, 264, 294, 441, 488, 565, 607; **vol. 14:** 30, 38, 40, 85, 117, 138, 144, 152, 160NA, 196, 248, 287, 294, 307, 309-10, 312, 314-5, 317; **vol. 15:** 30, 63-4, 79, 96, 136, 164, 217, 263, 326; **vol. 16:** 33, 43, 46, 62-6, 73, 139, 152, 159-60, 188, 190, 194-6, 200-1, 264; **vol. 17:** 54, 108, 128, 134-5, 180-1, 289, 333, 340, 347, 349-50, 352, 354, 356-7, 363; **vol. 18:** 44, 92-5, 97-8, 102-3, 105-7, 109-10, 112, 198, 203, 221, 260-1, 360, 384, 393, 403, 442, 448; — culpa, sentimento/consciência de, **vol. 6:** 53, 96NA, 196NA; **vol. 19:** 90, 104, 121, 124, 184-5, 236, 238, 311, 338, 364

cultura(s), cultural, culturais, **vol. 1:** 40, 211; **vol. 2:** 76, 83, 144, 152, 291NA; **vol. 4:** 130NA, 296, 305, 309, 390, 545; **vol. 5:** 216, 442; **vol. 6:** 25-6, 40, 53, 80-1, 102, 147, 149, 159, 170-1, 229, 360, 366, 379; **vol. 7:** 93, 145-6, 159, 169, 277, 301; **vol. 8:** 278, 313, 353, 360-2, 364, 366-79, 384-5, 387-9; **vol. 9:** 64, 162-3, 278, 282, 285, 301, 305, 318, 357-9, 361-2, 367, 373, 375-6, 379, 383, 386; **vol. 10:** 49, 114NA, 231, 272, 347, 349, 354; **vol. 11:** 48-50, 81, 110, 116-7, 119-20, 130, 142, 146, 152-3, 156, 159NA, 167, 185, 192, 216, 221, 226, 232, 238, 242, 272, 279, 287, 316, 356, 361, 419; **vol. 12:** 36, 39, 212, 218, 220-4, 227, 231, 239-40, 245-6, 251-2, 294; **vol. 13:** 29-30, 198, 353, 403, 459, 533, 610; **vol. 14:** 17, 123NA, 158, 173, 210, 245, 268, 351, 391, 393-5, 397, 402; **vol. 17:** 131, 160, 164, 172, 205, 215, 217, 232-248, 251-4, 258, 262, 266, 271-2, 274, 276-88, 290, 294-5, 317, 369; **vol. 18:** 40, 45-7, 50, 52, 54, 56-8, 60, 62, 63NA, 64, 66-8, 70-2, 73NA, 76, 80, 82-3, 90-2, 105-6, 108-9, 113-21, 223, 262, 286, 308, 350, 353, 363, 367-8, 379, 384-5, 401, 403, 405-6, 416, 423, 433-5, 453, 461; **vol. 19:** 79, 92, 100, 117, 124, 128-9, 157-8, 197, 243-4, 249-50, 265, 272, 367; *ver também* civilização, civilizada(s), civilizado(s)

cuneiforme, escrita, **vol. 13:** 311, 314; *ver também* escrita

cura, **vol. 1:** 58, 61-3, 89, 100-1, 113-5, 133, 117-9, 126, 142, 145, 148, 214; **vol. 2:** 24NA, 53, 72, 75, 89NA, 93, 149, 180, 199, 205, 207, 246, 331, 360, 370, 375, 427; **vol. 4:** 109, 113-4, 131, 141, 151,

227

ÍNDICE REMISSIVO GERAL

301, 428, 483; **vol. 5:** 108, 114, 228, 232; **vol. 8:** 34, 60, 90, 111-6, 118, 124, 251, 277, 282, 291, 293, 296; **vol. 9:** 96, 221, 226, 241, 247, 266, 282, 330, 333; **vol. 10:** 17, 77NA, 94, 101-2, 105, 137, 139, 144-6, 165-6, 183-4, 189, 191, 205, 213, 222, 225, 228NT, 230; **vol. 12:** 16, 30, 39, 49, 149, 182; **vol. 13:** 475, 505, 558, 572, 575, 580, 589, 592, 600, 603, 609, 611; **vol. 16:** 34, 61-2, 106, 124, 180, 311; **vol. 17:** 108, 126, 173, 181, 184, 193-4, 210, 226, 313, 328; **vol. 18:** 256, 261, 306, 315-6; **vol. 19:** 110, 225-7, 236, 238, 267, 282, 284-5, 299, 305-7, 311, 324; — "cura de repouso", **vol. 1:** 61-2, 214; *"talking cure"* [inglês: "cura pela fala"], **vol. 2:** 53-4, 63, 67; **vol. 9:** 226, 237; *ver também* terapia/psicoterapia

curandeiro(s), **vol. 17:** 125, 189-90, 193-4, 196-7, 202

curiosidade sexual, **vol. 6:** 50, 292, 297NA; *ver também* sexualidade, sexual, sexuais

cutâneo *ver* pele, a

dáimon [grego: "espírito bom ou mau que inspirava os humanos"], **vol. 4:** 25NT

dakotas (indígenas), **vol. 11:** 69

dança de são vito (coreia reumática), **vol. 7:** 270

dayak (indígenas), **vol. 11:** 129

decepção, decepções, **vol. 7:** 280-1, 308, 313; **vol. 12:** 180, 184, 199, 217-8, 228, 267; **vol. 15:** 130, 136, 139, 144; **vol. 18:** 28, 45, 64, 170, 279, 287, 381, 385, 393

decomposição, chistes de, **vol. 7:** 48-9, 63; *ver também* chiste(s)

decoro, **vol. 7:** 122-3, 194

dedo(s), **vol. 6:** 83-4, 93, 108, 231, 258, 261-3; **vol. 13:** 54, 83, 115, 170, 357, 435, 490

defausse reconnaissance [falso reconhecimento], **vol. 11:** 366

defecação/evacuação, **vol. 1:** 108; **vol. 3:** 60, 222; **vol. 6:** 92, 100, 126, 129; **vol. 8:** 180, 182, 193, 241-2, 260, 268, 352, 354-7; **vol. 10:** 35-7; **vol. 13:** 418; **vol. 14:** 86, 100-1, 104, 107, 109NA, 133, 144, 258; **vol. 18:** 249; — *grumus merdae*, **vol. 14:** 109; incontinência fecal, **vol. 14:** 102, 104, 123NA; *incontinentia alvi* [incontinência fecal infantil], **vol. 8:** 352; retenção da massa fecal, **vol. 6:** 92-3; "vara fecal", **vol. 14:** 259; *ver também* excremento(s), excretória(s), excreção; fezes

defesa(s), **vol. 1:** 290-1, 299; **vol. 2:** 14, 177, 187, 211, 225, 239-40, 256, 302, 305, 333, 371, 378, 391, 393, 395, 397, 400-2; **vol. 8:** 255, 308, 310, 354, 405; **vol. 17:** 16, 21, 31, 47-8, 50, 52-3, 58, 62-4, 67, 90, 99, 102, 106, 111-2, 138, 258, 276, 351, 355, 363; **vol. 18:** 19, 34, 62NA, 73NA, 119, 225, 284, 341, 397, 446; **vol. 19:** 108-11, 113, 136, 263-4, 269, 271, 289, 294, 301-8, 320; — defesa normal vs. patológica, **vol. 1:** 290-1, 299; "defesa primária", **vol. 3:** 175, 188; "defesa secundária", **vol. 3:** 172-5, 189; neuropsicoses de defesa, **vol. 3:** 49-67, 161, 163, 165, 167, 169, 171, 173, 175, 177, 179, 181, 183, 185, 187, 189; processos psíquicos defensivos, **vol. 7:** 330; *ver também* neurose(s), neurótica(s), neurótico(s)

definições de chiste, **vol. 7:** 18-23; *ver também* chiste(s)

defloração, **vol. 3:** 294, 296-7; **vol. 4:** 419-21; **vol. 6:** 292, 297NA, 306NA; **vol. 9:** 367-71, 378, 380, 383, 386

deformação, **vol. 3:** 187, 189, 261; **vol. 8:** 78-80, 95, 141, 256, 272, 279, 333, 413; **vol. 9:** 85, 87-8, 108-9, 175, 247, 249, 256, 258, 297, 344; — deformação onírica, **vol. 4:** 167, 169-70, 178-80, 195, 213, 219, 257, 308-9, 350, 370, 384, 418, 426, 507, 515, 544, 563, 574;

ÍNDICE REMISSIVO GERAL

vol. 5: 427, 429-30, 433, 439, 445; vol. 16: 128, 314, 326, 328, 337, 339; vol. 18: 145, 360, 411, 413, 415-6; *ver também* sonho(s)

degeneração/degradação, vol. 3: 29, 51, 54, 57, 69, 144, 255; vol. 6: 24-6, 55, 74NA, 341; vol. 7: 284-5, 295, 297-8, 314, 320-2; — degenerescência psíquica, vol. 2: 364; *ver também* psique, psiquismo, psíquica(s), psíquico(s)

deglutição, vol. 2: 299

"*déjà raconté*" [francês: "já contado"], vol. 5: 361

"*déjà vu*" [francês: "já visto"], vol. 5: 357-8, 360-1; vol. 11: 366-8; vol. 18: 445

delinquência, vol. 18: 206, 261, 312

delírio(s), delirante(s), vol. 2: 29, 33, 80, 87, 95, 107, 110, 128, 141-3, 254, 354, 356; vol. 3: 34, 47, 103, 172, 179, 190, 257; vol. 4: 15, 62, 102, 120-3, 221, 269, 284, 555, 579-80, 626, 640; vol. 5: 149, 154, 203, 344, 381, 426; vol. 7: 243; vol. 8: 26, 29-31, 33-5, 37, 39-40, 43, 53-4, 56-7, 61-4, 67, 69-78, 80, 82-4, 86, 88-93, 99-104, 107-14, 116, 118, 340, 344; vol. 9: 23, 33, 73, 75-7, 82, 84, 95, 110, 148, 223; vol. 10: 15, 19-22, 24-5, 27-9, 30NA, 33, 39-40, 42, 43NA, 44-7, 51-2, 54-6, 58-9, 64, 65-8, 71, 74-6, 77NA, 78-80, 85-8, 92, 94-7, 101, 103-6; vol. 11: 57, 87, 120, 150, 330, 341; vol. 12: 42, 44, 158, 162, 167NA, 173, 176, 201, 203-4, 207; vol. 13: 33, 111, 113, 335-40, 342-3, 505, 561, 564-5, 567; vol. 14: 113, 315, 343-4, 352, 393; vol. 15: 68, 97, 205, 213-4, 216, 219-20; vol. 16: 180, 218, 258; vol. 17: 17, 30, 267-8, 296, 328; vol. 18: 38, 42, 131, 137, 195; vol. 19: 120, 179, 186, 225, 266-7, 341-3; — delírio histérico, vol. 2: 77NA, 113NA, 114, 306; *ver também* alucinação, alucinações, alucinatória(s), alucinatório(s)

demência, vol. 16: 149; — *dementia paranoides*, vol. 10: 14; *dementia praecox* [demência precoce/hebefrenia], vol. 2: 140NA; vol. 3: 184; vol. 4: 393, 580NA; vol. 5: 144, 147; vol. 6: 59; vol. 8: 238, 321; vol. 9: 393-4; vol. 10: 47, 83, 99, 101, 138NA, 165, 276, 287, 326; vol. 12: 15, 24-5, 31, 139, 149, 156, 168; vol. 13: 360, 518, 549, 557-8, 561, 580, 607; vol. 14: 31, 198, 386; vol. 17: 304NA, 314; *ver também* paranoia, paranoica(s), paranoico(s), paranoide(s)

demônio(s), demoníaco(s), vol. 2: 100, 356; vol. 3: 27, 30; vol. 4: 25, 88; vol. 10: 52; vol. 11: 48, 50-2, 98, 99-101, 103-10, 122, 127-8, 139, 145, 152; vol. 12: 237; vol. 14: 94, 345, 354, 363, 372; vol. 17: 26; vol. 18: 62NA, 330, 332; — *dáimon* [grego: "espírito bom ou mau que inspirava os humanos"], vol. 4: 25NT; demonomania, vol. 4: 640; *ver também* mania(s)

dendritos, vol. 1: 221-2; *ver também* neurônio(s), neuronal, neuronais

dente(s), vol. 2: 87, 118, 122, 139, 253, 256, 286-7, 295; vol. 4: 63, 117, 142-4, 264-6, 293, 315, 333, 400, 431-8, 611-2; vol. 13: 127, 211, 223, 251, 253-6, 382; vol. 19: 202; — estímulo dentário, vol. 4: 63, 117, 264, 266, 430, 432-3, 435-6; odontologia, vol. 17: 212

dependência, vol. 15: 55, 78, 206; vol. 16: 43, 59-60, 71, 101, 177, 181, 215, 220, 249

depreciação do objeto sexual, vol. 9: 353, 356-8; *ver também* objeto sexual, objetos sexuais

depressão, depressões, vol. 1: 56, 111, 149, 154; vol. 2: 74, 129, 136, 155, 171; vol. 3: 249-50; vol. 5: 249, 294; vol. 10: 321; vol. 12: 183, 188; vol. 13: 611; vol. 14: 15, 21, 26, 52; vol. 15: 97, 165, 236, 239, 241, 247, 267; vol. 17: 19, 352NA; vol. 19: 325; — depressão

ÍNDICE REMISSIVO GERAL

melancólica, **vol. 6:** 329; *ver também* melancolia, melancólica(s), melancólico(s)

desafogo psíquico, **vol. 3:** 106-7, 113; *ver também* satisfação sexual

desamparo, **vol. 17:** 80, 84-5, 101, 115-8, 123, 249-50, 255-8, 266, 292; **vol. 18:** 25, 93, 233, 334

desassimilação, **vol. 16:** 51

descarga, **vol. 1:** 184, 188, 219-20, 222, 233-5, 238, 241-2, 245, 248, 250-4, 256, 259-62, 264-5, 267, 272-3, 276-7, 279-80, 299, 302-3, 307-14, 316-7, 319, 330, 340; **vol. 6:** 61, 126, 129, 160, 233, 323, 350, 362; **vol. 7:** 209-10, 212-3, 215-7, 220, 222, 225, 250, 267, 275, 308, 310, 312-3, 318, 331; — descarga motora, **vol. 10:** 112NA, 113-4, 270; **vol. 12:** 117NA, 158; descarga sonora, **vol. 1:** 310-1, 321, 323

descoberta do objeto, **vol. 6:** 142-3; *ver também* objeto(s) amoroso(s)/objeto amado/objeto de amor; objeto sexual, objetos sexuais

descobertas científicas, **vol. 18:** 343; *ver também* ciência, científica(s), científico(s)

desconfiança, **vol. 3:** 62, 73, 152, 169, 172, 186, 188

descuidado(s), ato(s), **vol. 5:** 165, 222, 228, 240, 242, 244, 258, 261, 289, 313, 324, 371, 426

desejo(s), **vol. 1:** 70, 98, 119, 134, 154, 239, 253, 255-7, 260-6, 268, 280-3, 302-3, 314-7, 319, 321, 324, 327, 333, 336-7; **vol. 2:** 66, 77NA, 94, 116, 127, 171, 202, 218, 224, 228, 424-6; **vol. 3:** 16, 48, 62, 72-3, 105, 109, 123, 156-7, 204, 295-6, 298; **vol. 4:** 31, 79-80, 122, 151, 156, 161-2, 166-8, 175, 179, 187, 190, 194-6, 231, 233-4, 244, 256, 267, 274-6, 283-4, 286, 289, 291, 296, 298-9, 301, 304-6, 309-10, 330-1, 348, 374, 396, 415, 418, 424-6, 430, 435, 440, 442-3, 489, 515, 524, 532, 535-6, 597, 601-5, 607, 609, 614, 616, 619, 621, 623, 625, 630, 632-3, 634NA, 644, 647, 657, 659, 674; **vol. 5:** 30, 36, 63, 65, 98, 104-5, 108, 121, 127, 134, 140, 145-6, 156, 158, 161, 180, 205, 213, 217, 225, 253, 258, 269, 278, 286, 305, 307-8, 310-1, 323, 332, 334-5, 340, 345, 348, 351, 353, 357, 360, 371, 393-9, 406-7, 421, 429-31, 434-40; **vol. 6:** 20, 60, 105, 111, 175, 209, 250-1, 255, 270, 273-5, 277, 285, 289, 292NA, 293, 362, 364; **vol. 7:** 84, 97, 133, 158, 201, 227, 229-30, 235, 256; **vol. 8:** 14-5, 47, 52, 82-3, 85, 102, 118-9, 125, 138, 142, 150, 153, 162, 169-70, 173-5, 177-8, 184, 196, 204, 214, 225, 231, 240-1, 245-6, 248, 252, 254-7, 260, 263-8, 270, 272, 281, 292, 317, 329-33, 336-7, 341, 343, 345-6, 378, 381-2, 385, 395, 401, 407, 414, 420, 422-3; **vol. 9:** 21-4, 26, 27NA, 34, 37-8, 40, 42-3, 44NA, 48-9, 55, 69NA, 79, 83, 85, 88, 95, 97NA, 98, 102NA, 111-2, 144, 149, 169, 191-2, 202-4, 206, 208, 211, 216, 218, 241-2, 246-8, 256-61, 263-4, 266, 268, 274-5, 278-80, 283-4, 320, 326, 337, 342-6, 361, 380, 382, 385; **vol. 10:** 21, 27, 40NA, 63-6, 71, 74NA, 75-6, 78-80, 83, 87, 102, 106, 110NT, 111NA, 117, 119-20, 127-8, 141, 160, 173, 175, 187-8, 191, 216, 226, 231, 233, 261, 265, 271, 274, 284-9, 313-4, 316, 320-1, 328; **vol. 11:** 24, 41, 57-66, 93, 99, 102, 104, 112-5, 117-8, 133-5, 138-9, 141, 143, 150-1, 198-9, 201-3, 218-9, 226, 234, 242-3, 298, 311-2, 314, 337, 339-41, 346, 354, 357-61, 368; **vol. 12:** 17, 24, 26, 39, 125, 127, 153, 156-9, 161-4, 167-8, 174, 186, 243-5, 248, 254, 260-3, 272-3, 275; **vol. 13:** 22, 27, 59, 76, 85, 89, 96, 99, 104-5, 132, 171-7, 179-81, 183, 192-5, 197-200, 209, 212, 230, 232, 248, 253-6, 258-9, 262-3, 267, 271-4, 276, 278-

80, 282-3, 285-300, 303-7, 322, 337, 339, 351, 359, 363, 386, 395, 397-400, 403, 405, 410, 421, 440, 443, 446-9, 459, 464, 478, 489, 493, 495, 499, 503, 514, 548, 551, 554, 566-7, 570, 585, 603, 606; **vol. 14:** 37, 50, 58, 61NA, 64, 68, 80, 117, 133-6, 149, 170, 175, 179, 195-6, 201, 242, 255-7, 259, 261, 272, 288, 302, 306-7, 317, 324, 326, 348NA, 350, 357, 366-9, 372, 391; **vol. 15:** 25, 29-30, 55, 61, 63, 69, 71, 82-3, 104, 106, 117, 121, 127-30, 133, 136-7, 141, 153-4, 161-2, 164-5, 168, 172, 177, 188-91, 200, 205-7, 212, 217, 222, 226, 235, 247, 254, 283-4, 290-1, 299-300, 316, 327; **vol. 16:** 39-40, 43, 70, 92, 113, 116, 124, 127-30, 131NA, 153NA, 154, 180-1, 193, 200, 212-3, 220, 231-2, 234-6, 248-9, 264, 288-9, 295, 302-3, 305, 308, 311-4, 319, 324-6, 330, 333, 341, 343; **vol. 17:** 34, 36, 42-3, 53, 58, 66, 83, 86, 125, 150, 162, 165, 167, 173, 186, 191, 196, 236, 240-1, 246, 249, 266-8, 273-4, 283, 285, 288, 291, 293, 295, 297-8, 305, 308, 346-7, 350-1, 360, 364; **vol. 18:** 14, 37, 38, 41, 51-2, 68, 71NA, 75NA, 89, 97-8, 100, 113, 121, 128, 141-2, 146-7, 150, 153-7, 167-8, 171-3, 177-8, 183, 191, 230, 232, 250, 259, 273-5, 278, 280, 282, 284-5, 301, 322, 324, 329, 331, 334-5, 338, 344, 383, 388-91, 402-5, 412-3, 441, 447-8, 465; **vol. 19:** 95, 123, 151, 178, 199, 217, 222-4, 230, 253-6, 260, 323-5, 341, 357; — "atração do desejo", **vol. 1:** 257; desejo inconsciente, **vol. 4:** 604, 608-9, 612-4, 621-3, 625, 629-31, 648, 651, 658; realização de desejos, **vol. 4:** 122, 152, 155, 159-60, 165NA, 166-9, 179-81, 185-6, 189-90, 193-4, 196NA, 197-8, 230, 257, 311, 424, 518, 523, 524NA, 540, 601-2, 607-9, 614, 620-1; **vol. 5:** 393, 396, 429, 435; *ver também* libido, libidinal, libidinais

desenvolvimento psíquico, **vol. 9:** 137, 140, 146, 176, 208, 210, 343; **vol. 17:** 78, 164, 343; *ver também* psique, psiquismo, psíquica(s), psíquico(s)

desenvolvimento sexual, **vol. 6:** 48, 54, 58, 78, 101, 121, 151, 159, 168, 171; *ver também* sexualidade, sexual, sexuais

desfiguração intencional, **vol. 5:** 116

desinibição, **vol. 15:** 77

desinteresse, **vol. 15:** 27, 33

deslocamento(s), **vol. 1:** 51, 72, 181, 266, 276, 283, 288, 292, 300, 311-2, 314-5, 317, 319, 321, 337; **vol. 4:** 212-4, 216, 218, 220, 274, 336-7, 347-8, 350-1, 364, 373, 382, 384, 456, 510, 518, 530, 557, 581-2, 620, 650, 653; **vol. 5:** 16, 20, 48, 50, 67-9, 72, 102, 345, 348-9, 406-12, 419, 422-3, 426, 431, 433, 444; **vol. 7:** 75-82, 88, 104-5, 127, 136, 156, 161, 164, 178, 211, 218, 227, 234-7, 244-7, 255, 291, 305, 311, 330, 334; **vol. 8:** 78, 103, 249, 311-2, 354, 369; **vol. 9:** 29, 59, 103, 105-6, 108, 188NA, 194, 258; **vol. 10:** 234, 309; **vol. 11:** 55, 116, 118, 139, 198-9, 333, 336, 340-1; **vol. 12:** 48, 58, 95, 98, 122, 124, 127, 129, 143, 159, 206; **vol. 13:** 189, 234-5, 270, 294, 315, 319, 338, 346, 395, 477, 487, 496, 518, 538; **vol. 14:** 54NA, 61, 87, 98; **vol. 15:** 171, 249, 283; **vol. 16:** 23, 54, 56-7, 68, 155, 293; **vol. 17:** 35, 47, 56, 89, 105, 117, 121, 271, 275, 283, 327, 335; **vol. 18:** 35, 72NA, 144-5, 217, 228, 235, 422, 434, 472; **vol. 19:** 129, 195, 204, 220, 268, 341, 349; *ver também* condensação

desmaio(s), **vol. 2:** 81, 147NA, 183NA, 319; **vol. 6:** 219; **vol. 17:** 17, 70

desmascaramento, **vol. 7:** 95, 269, 283, 285-6, 288, 293, 295, 303, 314, 320-1

desnudamento, **vol. 7:** 139-40, 206, 215, 314

desobediência, **vol. 11:** 47, 64

despertar pelo sonho, **vol. 4:** 625; *ver também* sonho(s) desprazer, desprazerosa(s), desprazeroso(s), **vol. 1:** 242-3, 251, 253-5, 259-63, 267, 271, 289, 291, 293, 299-302, 310, 316, 320, 330-3, 338-9; **vol. 2:** 169, 278-9, 317; **vol. 4:** 167-8, 194-5, 275-6, 534, 536, 626-7, 634-5, 652, 654-8, 670-1; **vol. 5:** 64, 201, 314-5, 363-4; **vol. 6:** 81, 88-9, 116, 123-4, 325, 345; **vol. 7:** 194, 256, 323, 330; **vol. 8:** 157-8, 297, 369; **vol. 10:** 111, 112NA, 113, 116, 137NA; **vol. 11:** 107, 332-3, 337, 358; **vol. 12:** 27, 29, 56-7, 67, 73-6, 78-9, 81, 83-5, 89, 93, 95, 128, 174, 218; **vol. 13:** 101-3, 289, 292-3, 295, 473-4, 476, 498, 508, 523-4; **vol. 14:** 162-7, 179, 181, 184, 191-2, 196, 236-7, 238, 314; **vol. 16:** 21, 26, 27, 59, 147, 185-7, 190, 217, 253; **vol. 17:** 15, 20-2, 24, 31, 47, 64, 72-3, 76, 79, 81-2, 88, 108-10, 123, 148, 316; **vol. 18:** 18-9, 30, 32-3, 38, 40, 48, 156, 224, 235, 237, 239, 350, 441; **vol. 19:** 160-1, 169, 193, 234, 238, 261, 301, 303; — princípio do desprazer, **vol. 4:** 654-6, 658; zona de indiferença entre prazer e desprazer, **vol. 1:** 243; *ver também* dor(es), dolorosa(s), doloroso(s); sofrimento(s)

desprendimentos sexuais, **vol. 6:** 166; *ver também* sexualidade, sexual, sexuais

desprezo, **vol. 10:** 70, 79, 217

dessexualização, **vol. 16:** 37, 57, 68, 200; *ver também* sexualidade, sexual, sexuais

destino, **vol. 18:** 25, 35, 38, 58, 60, 96, 117, 172, 201, 204, 227, 237, 243, 257, 264, 334, 341, 420, 442, 456, 469-70

destruição/morte, instinto de, **vol. 19:** 195-7, 237, 244, 262, 311-4, 316-7; *ver também* instinto(s), instintual, instintuais; morte

détaillée, paralisia, **vol. 1:** 191, 193; *ver também* paralisia(s)

determinação por simbolismo, **vol. 2:** 295; *ver também* simbolismo/símbolo(s)

determinismo, **vol. 5:** 325, 342; **vol. 15:** 279, 281

detumescência, **vol. 6:** 68NA, 83NT

Deus/deuses, **vol. 2:** 100, 390; **vol. 3:** 18; **vol. 4:** 25, 46, 105, 245, 254NA, 303, 605, 636; **vol. 6:** 46, 364; **vol. 7:** 164; **vol. 8:** 19, 68, 122, 154, 167, 216, 218, 223-4, 279, 313, 330, 356NA; **vol. 9:** 54, 105, 115, 129NA, 149, 152, 158-9, 163-4, 194NA, 199, 201, 218, 381; **vol. 10:** 19, 22, 24-7, 29-35, 36NA, 37-41, 42NA, 43-7, 52-4, 59-60, 64-72, 74-5, 92, 97, 103, 155, 304, 307, 309-10, 312-3, 316, 354, 356-7; **vol. 11:** 42-5, 51-2, 70, 76-8, 127-8, 140, 155-6, 205-7, 209, 211-2, 224-34, 307, 380, 384, 401-3, 405, 421; **vol. 12:** 236; **vol. 13:** 141-2, 157-8, 185, 404, 440, 445; **vol. 14:** 26, 85, 88-9, 92, 106, 112, 116, 152-3, 157, 246, 337, 354, 357, 373, 395; **vol. 15:** 89, 103, 229, 234, 241, 244-5, 246NA, 250, 252-4, 257, 265, 269, 315; **vol. 16:** 22, 159, 198; **vol. 17:** 60, 167, 249-50, 252, 256, 258, 270-2, 275, 277, 279-81, 283, 287, 289, 291, 295, 297, 332-6, 352, 375NT; **vol. 18:** 27, 52, 62NA, 75NA, 88, 97, 194, 198, 328-31, 335, 352, 401-2; **vol. 19:** 16, 20, 29-32, 34-40, 35NT, 37NA, 45, 48-51, 53, 59-60, 65-9, 73-6, 74NA, 83-94, 90, 92, 97, 99, 117-20, 122, 123NA, 124-7, 129, 146-7, 152-6, 159-60, 163-4, 167, 170, 172, 176-9, 183-8, 239, 314, 350, 366; — *baalim* [deuses locais], **vol. 19:** 99, 171; divindade(s), **vol. 18:** 117, 328-9, 337, 402; divindade-mãe, **vol. 19:** 67NA; "filho de Deus", **vol. 12:** 235; monoteísmo, monoteísta(s), **vol. 19:** 26, 29-34, 39-40, 47, 73, 80, 83-4, 89, 91-4, 96, 120-1, 124-6, 130, 142, 144, 149, 153-4, 177, 181, 186-7; politeísmo, politeísta(s), **vol.**

ÍNDICE REMISSIVO GERAL

19: 30, 92, 118, 124, 129; teóforos, nomes próprios, **vol. 19:** 59; *ver também* religião, religiões, religiosidade, religiosa(s), religioso(s)

devaneio(s), **vol. 2:** 32, 41, 68, 226, 307-10, 331-2, 353; **vol. 3:** 62; **vol. 4:** 76, 205, 447, 540-1, 542NA, 543, 585; **vol. 5:** 204-5, 226, 358, 361, 421; **vol. 8:** 328, 331-6, 338, 340-2, 417, 421-2; **vol. 9:** 55, 69, 226; **vol. 10:** 115; **vol. 12:** 162; **vol. 14:** 94, 309, 311; *ver também* fantasia(s); sonho(s)

devoção, **vol. 15:** 27, 33, 291

"dez pragas do Egito", **vol. 19:** 49

dia, diurna, diurno: resíduo(s) diurno(s), **vol. 5:** 440; **vol. 7:** 229, 235; **vol. 13:** 286, 306-7, 321, 395, 554; vida diurna, **vol. 4:** 43, 522, 602, 606, 612, 646; **vol. 5:** 394, 429; *ver também* vigília

diabetes, **vol. 3:** 147; **vol. 4:** 231, 270

diagnóstico(s), **vol. 2:** 34, 196, 231, 250, 253, 334, 347, 361-4, 376, 389, 395; **vol. 5:** 190-1, 198-9, 227-8, 273; **vol. 8:** 63, 417; **vol. 9:** 224, 329; **vol. 10:** 14, 165-6, 188, 344; **vol. 17:** 158, 204, 207, 224

diapasão, **vol. 5:** 226-8

diarreia, **vol. 3:** 92-3, 150; **vol. 17:** 133

diátese nervosa, histeria como, **vol. 1:** 53; *ver também* histeria, histérica(s), histérico(s)

dieta, **vol. 8:** 432; **vol. 11:** 81, 131, 176; *ver também* alimentação, alimento(s)/nutrição

difteria/difterite, **vol. 4:** 143, 146-7, 335

digestão/trato digestivo, **vol. 1:** 30, 62, 107-8, 157; **vol. 2:** 288; — distúrbios digestivos, **vol. 4:** 60; tubo digestivo, **vol. 6:** 41; *ver também* estômago; intestino(s), intestinal, intestinais

digitalina (medicamento), **vol. 1:** 100

dinâmica psíquica, **vol. 16:** 16-7, 233; *ver também* psique, psiquismo, psíquica(s), psíquico(s)

dinheiro, **vol. 2:** 228, 252; **vol. 7:** 55, 66, 71, 74, 77, 82, 90, 103, 131, 159, 161, 261, 302; **vol. 8:** 153, 197, 306-7, 355-7, 365; **vol. 9:** 28, 33, 50NA, 59, 61, 72, 74, 80, 81NA, 89, 172, 177NA; **vol. 10:** 168, 175, 177-8, 315, 318-20, 348; **vol. 13:** 69, 104, 164-6, 188, 195, 237NA, 254, 297, 382, 418, 507, 591; **vol. 14:** 56NA, 97-9, 102, 110-2, 255, 258-61; **vol. 17:** 19, 217, 357, 360

diplopia monocular, **vol. 1:** 47; *ver também* visão, visual, visuais

dipsomania, **vol. 3:** 174; *ver também* álcool; mania(s)

direito penal/códigos penais, **vol. 1:** 87, 103; **vol. 12:** 286; *ver também* lei(s)

Direito Internacional, **vol. 12:** 215; *ver também* lei(s)

disenteria, **vol. 4:** 139, 146-7, 152, 335; **vol. 14:** 103-4, 131

disjunção, **vol. 16:** 38, 51-2, 68-9, 71, 281

dispêndio psíquico, **vol. 16:** 220, 253; *ver também* psique, psiquismo, psíquica(s), psíquico(s)

dispepsia, **vol. 3:** 82, 149, 240, 242, 247

dispneia, **vol. 2:** 282-3; **vol. 3:** 87-8, 110, 114, 130, 150; **vol. 6:** 192, 195, 266-7

dissimilar vs. similar, hereditariedade, **vol. 3:** 142; *ver também* hereditariedade, hereditária(s), hereditário(s)

dissimulação, **vol. 12:** 188, 282

dissociação, dissociações, **vol. 2:** 31-2, 68, 321-2, 356; **vol. 9:** 238-9, 244, 315-6; **vol. 10:** 269-71; **vol. 16:** 226

dissuasão, **vol. 17:** 134

distensão, riso como, **vol. 7:** 209-10

distração, distrações, **vol. 5:** 93, 214NA, 221, 265, 282, 293, 314; **vol. 13:** 36-7, 58-9, 61, 76; **vol. 17:** 122, 134, 370

"distúrbio de Korsakoff", **vol. 18:** 147

distúrbios digestivos, **vol. 4:** 60

divã, **vol. 9:** 70

divindade(s), **vol. 18:** 117, 328-9, 337,

402; — divindade-mãe, **vol. 19:** 67NA; *ver também* Deus/deuses
divórcio, **vol. 5:** 126, 258; **vol. 6:** 302-3; *ver também* casamento(s)/matrimônio(s)
"dobretes", **vol. 13:** 239
docilidade, **vol. 18:** 267, 270
doença(s), doente(s), **vol. 1:** 15-6, 18-9, 22, 24, 29, 35-6, 41, 44-6, 50, 53-6, 58-9, 61, 75, 97, 108-9, 111-5, 117-21, 126-31, 134-6, 143-5, 149, 151, 158-61, 166, 168, 171, 174, 178, 184, 186, 188, 195, 216, 342, 344-5; **vol. 2:** 14, 19, 21-3, 24NA, 26NT, 27-31, 34, 36, 40-4, 46, 49-52, 54-5, 57-8, 60-2, 64, 66-78, 83, 85, 87, 88NA, 90, 92-4, 97NA, 98, 102NA, 106, 107NA, 112-3NA, 114-6, 118, 120, 123-4, 127-8, 131-2, 134, 136, 139NA, 140-1, 146, 147-8NA, 149-50, 153, 154NA, 156-63, 166-7, 175-7, 181, 183NA, 192, 194, 196-200, 202, 204-16, 218-20, 222-4, 227, 230-4, 235NA, 236-42, 244NA, 247, 249, 251-5, 257, 268-71, 289-90, 294, 300, 307-13, 317-20, 323-9, 331-8, 344-7, 350NA, 351, 353, 355-6, 359-60, 362-3, 370-84, 388, 391-3, 395-9, 403, 409-12, 414, 416-7, 419, 421-3, 425-7; **vol. 6:** 17, 24, 39, 55-6, 60, 62-3, 65, 68-9, 71-2, 97, 100, 131, 145, 151, 164, 174-5, 180-3, 185-7, 189-90, 192, 197, 199NA, 200, 206-7, 213-5, 218-23, 232, 237, 252, 259-61, 264-6, 268NA, 269-72, 284, 289, 293-5, 305, 310-1, 313-4, 320, 322, 324, 327-8, 330, 333-4, 336-8, 340-5, 347, 349-51, 353-4, 356, 358-60, 364-5, 368, 374-5; **vol. 7:** 57, 106, 120, 145, 154, 171, 179, 202, 243, 249NA, 259-60, 291; **vol. 8:** 54, 61, 73, 83, 93, 103, 110, 114, 124, 147, 152, 159, 229-30, 232, 234, 237, 241, 248-9, 251, 253-5, 259-61, 266, 271, 273, 276, 278, 281, 291-3, 296, 301-3, 307-8, 310, 312, 330, 332, 345, 361, 364, 366-7, 373, 375-6, 378, 386-7, 403, 407, 413-4, 416, 426, 430-2; **vol. 9:** 15-7, 21-2, 41NA, 44, 46, 48, 51, 55-6, 58-9, 60NA, 61-4, 67, 69, 82-4, 94-5, 99, 103, 106, 111, 139, 146NA, 169, 209, 211, 222-6, 229-30, 232-4, 237, 239-41, 246-7, 249, 252-4, 262-4, 277-8, 281-2, 288-9, 291-301, 315, 326, 330-3, 348-9, 354, 394; **vol. 10:** 14-20, 22-3, 25, 28-9, 32NA, 38, 40-3, 45, 47, 51-70, 72NA, 74-5, 77NA, 78-9, 82-3, 87, 89, 91-5, 99-102, 104, 106, 109, 118-20, 123-5, 130-1, 136-7, 139, 144, 146, 155-60, 164-71, 173-5, 178, 180, 182-5, 187-92, 195, 198, 200, 202-3, 205-7, 209, 213, 215, 219-20, 224, 228, 230-1, 234, 236-9, 251, 253, 278, 321, 325-8, 340-1, 344-5, 351-2; **vol. 11:** 48, 53, 99, 101, 113, 118, 136, 150, 162, 249-50, 255-6, 274, 290, 309, 315, 327, 329, 340-1, 351, 355, 360, 362; **vol. 13:** 19, 21-2, 26, 29, 107, 110-3, 225, 228, 248, 255, 327, 331, 334, 342-6, 348, 353, 361-7, 371-7, 379, 381-4, 386-90, 397, 410, 438, 457, 461-2, 475-6, 483, 487-9, 500, 503, 505-12, 514, 517, 520, 526, 529-30, 532, 534, 555-7, 560-3, 566-7, 571-3, 575-6, 580-2, 585, 588-9, 593-5, 597-601, 603, 607-11; **vol. 14:** 14-7, 19-21, 23, 25, 27, 33, 38, 52, 69-70, 72, 75-7, 96-7, 100-2, 104-6, 110, 117, 119, 122, 131-4, 138, 150, 155-6, 160NA, 168-70, 176-7, 195, 197-8, 201, 241-2, 247-8, 250, 271NA, 280-2, 284-92, 294, 306, 343-4, 349NA, 357, 363, 383-4, 390-2; **vol. 15:** 41, 49, 96-7, 117, 120, 131, 138-9, 162, 164, 186, 195, 226, 236, 242, 246, 262-4, 270-2, 284-5, 295-7, 300, 304, 319; **vol. 16:** 21, 32, 54, 61-3, 67, 82, 85-90, 93, 99, 101-2, 104-5, 116, 125, 141, 148, 163, 181, 195, 215, 219-20, 223, 228-9, 232-3, 237, 241, 246, 250, 255, 306, 342; **vol. 17:** 14, 19, 30, 32, 48, 52, 61, 68, 93, 104, 108, 110, 126, 129-31, 134, 137, 147, 150, 152-4, 157-8, 169-70, 173,

ÍNDICE REMISSIVO GERAL

177-82, 184-6, 188-92, 194, 199, 201, 203-5, 207, 209, 211, 214, 223-5, 247, 253, 303, 312-3, 317-9, 342-4, 346, 355-6, 366; **vol. 18:** 23, 42, 55, 107-8, 147, 170, 194-5, 198, 201, 204, 223, 228, 234, 248, 259, 261, 277, 300-2, 307, 310, 311, 313, 317-21, 327, 357, 369, 409, 444; **vol. 19:** 96, 110, 197, 216, 225-7, 236, 240, 257, 264, 266, 276, 278, 284, 286, 288-9, 297, 299, 311, 318, 342-3, 358; — Addison, doença de, **vol. 6:** 359; Basedow, doença/mal de, **vol. 1:** 41, 174; **vol. 4:** 311, 607; **vol. 6:** 359; **vol. 8:** 93; **vol. 16:** 101; Bell, doença/paralisia de, **vol. 1:** 191, 193; benefício da doença, **vol. 13:** 507-10; **vol. 17:** 30, 108; bexiga, doenças da, **vol. 1:** 48; **vol. 6:** 97; bócio, **vol. 1:** 41; Bright, doença de, **vol. 1:** 29; diabetes, **vol. 3:** 147; **vol. 4:** 231, 270; doenças infecciosas, **vol. 1:** 111; doenças mentais, relação entre sonho e, **vol. 4:** 119; doenças nervosas, **vol. 1:** 16, 41, 145, 168, 174, 178, 342; Friedreich, doença de, **vol. 3:** 142; ganho primário e secundário da doença, **vol. 6:** 17, 219-20NA, 362; malária, **vol. 14:** 51, 80, 91; **vol. 19:** 314; Ménière, doença de, **vol. 1:** 24, 100; Parkinson, doença de, **vol. 3:** 147; tétano, **vol. 11:** 132; "tétano intercelular", **vol. 2:** 274; Thomsen, doença de, **vol. 3:** 137, 142; tifo, **vol. 3:** 244, 261; Tourette, síndrome de la, **vol. 1:** 25; tuberculose, **vol. 1:** 29, 100; **vol. 2:** 265; **vol. 3:** 43, 135, 216; **vol. 4:** 145-6, 148, 326, 676; **vol. 6:** 36NA, 188; **vol. 8:** 387; **vol. 13:** 611; venéreas, doenças, **vol. 6:** 260-1, 272; *ver também* enfermidade(s), enfermo(s); patologia, patológica(s), patológico(s); sonho(s)

dom artístico, **vol. 9:** 279; *ver também* arte(s), artista(s), artística(s), artístico(s)

dominação, **vol. 18:** 84, 427

dor(es), dolorosa(s), doloroso(s), **vol. 1:** 29, 31-2, 38, 44, 66, 92, 107-8, 110, 112-4, 127, 141, 143-4, 150, 156, 213-4, 216, 235, 244, 248, 253-4, 256-7, 267, 269, 274, 289, 299-300, 310, 330-2; **vol. 2:** 78-9, 82, 84, 86-7, 91, 93, 96-8, 102, 106, 108-10, 113, 115, 117, 121-2, 134-5, 147NA, 194-7, 199, 202, 204, 206-8, 211, 213, 216-8, 221-3, 225-6, 229-30, 237-8, 242, 250, 252, 254-7, 268, 299, 342, 363, 415, 423; **vol. 3:** 36, 42-4, 85, 93, 114, 202, 222, 229, 240, 242, 260, 279; **vol. 4:** 29, 48, 116, 119, 139-41, 143, 146, 148, 150-2, 159, 167, 194, 264, 269, 271-2, 288-9, 295, 297, 308, 358, 434-8, 456, 474, 509, 520, 533, 654, 672; **vol. 5:** 74, 168, 200NA, 245, 249, 431, 438; **vol. 6:** 51-4, 56, 68, 76, 84, 92, 101, 116-7, 192, 213, 260, 264-5, 293-4, 296, 362; **vol. 7:** 68, 91, 117, 154, 279, 286, 291, 323-4, 329; **vol. 9:** 49, 71, 270, 282-3, 331, 378; **vol. 12:** 25-6, 66-7, 84, 96, 172-4, 188, 193-4, 224, 236-7, 248, 250-1, 256-7, 267; **vol. 13:** 36, 121, 255, 334, 382, 405, 513, 518, 539, 563; **vol. 14:** 33, 98, 103, 107, 115, 192-3, 299, 316; **vol. 16:** 27, 32, 103, 163, 185, 188, 190, 216, 315-6; **vol. 17:** 46-7, 71-3, 91, 118-23, 128, 324, 373NT, 375NT; **vol. 18:** 18, 27-8, 30-1, 47-8, 74, 77, 108, 131, 138, 155, 189, 196, 207, 232, 253, 259, 300, 327, 387, 469; **vol. 19:** 212, 227, 240, 283; — alfalgesia, **vol. 1:** 45; dor física, **vol. 2:** 197, 212, 251; dor psíquica, **vol. 2:** 22, 25, 239, 250, 285, 297, 313, 378; enxaqueca(s), **vol. 1:** 102, 211-6; **vol. 2:** 81NA, 107NA, 141; **vol. 6:** 192, 195; *ver também* desprazer, desprazerosa(s), desprazeroso(s); sofrimento(s)

"double conscience", **vol. 2:** 31, 68, 321, 325, 335NA; **vol. 12:** 107; *ver também* consciência/consciente, o (*Cs*)

ÍNDICE REMISSIVO GERAL

doutrina(s), **vol. 17:** 261-4, 268-73, 276, 283, 285-6, 289, 293, 295, 298; **vol. 18:** 26, 44, 233, 335, 345; — doutrina cristã, **vol. 12:** 235; *ver também* cristianismo, cristã(s), cristão(s)

drama/dramatização, **vol. 5:** 405, 444; — drama religioso, **vol. 6:** 366; drama social, **vol. 6:** 366; drama teatral, **vol. 6:** 362; drama/tragédia de caráter, **vol. 6:** 365-6; dramaturgos áticos, **vol. 19:** 100; sacrifícios, gênese do drama nos, **vol. 6:** 363; *ver também* teatro; tragédia(s) grega(s)

"duplo", **vol. 14:** 351-3, 369NA; *ver também* alma(s); espíritos

duplo sentido/duplos significados, **vol. 7:** 54-7, 59-61, 63-4, 72-5, 78-9, 81, 88, 97, 102-3, 109, 172NA, 262, 293; **vol. 19:** 221; — idiomas antigos, duplo significado em, **vol. 19:** 221; polissemia, **vol. 11:** 345; **vol. 13:** 235; *ver também* jogos de palavras; significado(s)/sentido(s); trocadilho(s)

duração da vida/tempo de vida, **vol. 1:** 111; **vol. 14:** 213, 215; *ver também* vida humana

dúvida: neurótica, **vol. 9:** 106; mania de dúvida, **vol. 3:** 74-5, 86, 92, 174; *ver também* mania(s)

ecmnésia, **vol. 2:** 254NT

ecolalia, **vol. 1:** 162; *ver também* fala(s); linguagem

economia de palavras, chiste e, **vol. 7:** 64-7; *ver também* chiste(s)

economia libidinal, **vol. 18:** 33, 36NA, 40, 226, 248, 370; *ver também* libido, libidinal, libidinais

economia psíquica/economia de gasto psíquico, **vol. 7:** 170-2, 182, 196; **vol. 18:** 68NT, 240, 369; *ver também* psique, psiquismo, psíquica(s), psíquico(s)

Édipo *ver* complexo de Édipo

educação, educador(es), **vol. 1:** 54, 60, 92, 119, 172, 285, 314, 316; **vol. 2:** 78, 135, 139NA, 153, 171, 175, 297; **vol. 5:** 63, 216, 238, 263, 371, 440; **vol. 6:** 58NA, 75, 80, 82, 102, 115NA, 153, 157, 276, 341, 345, 360; **vol. 8:** 236, 276-8, 281-2, 316, 321, 324, 329, 353, 355, 370, 373, 379-82, 384, 386-7, 392, 406, 409; **vol. 9:** 139, 269, 271, 276, 357-8, 362, 365; **vol. 10:** 68, 117, 340-3, 348; **vol. 11:** 60, 270, 361, 362-3; **vol. 12:** 42, 218, 220, 222, 251, 255, 295; **vol. 13:** 192, 195, 281, 405, 413, 418, 470, 472-3, 477, 486, 529, 540, 550, 574, 597; **vol. 14:** 18, 27, 32, 40, 138, 151, 180, 288, 296, 379; **vol. 16:** 77, 161, 212, 287, 347-50, 353; **vol. 17:** 165, 227, 245, 289-90, 292, 294, 298, 319; **vol. 18:** 63NA, 101, 106NA, 114, 200, 205, 260, 279, 307, 310, 312, 352, 375, 412, 448; **vol. 19:** 140, 162, 194, 229, 243, 271-2, 301; — pedagogia, **vol. 11:** 288, 353, 361; **vol. 16:** 151, 161, 250; professores, **vol. 11:** 279, 418, 420, 422-3; *ver também* babá(s)

efeito do chiste, **vol. 7:** 29, 34, 61, 63, 191, 197NA, 207, 214, 217, 220, 236, 293; *ver também* chiste(s)

egeu, mundo, **vol. 19:** 67NA

egípcio antigo, idioma, **vol. 13:** 241-2, 311; **vol. 19:** 15

Ego *ver* Eu, o

egoísmo, egoísta(s), **vol. 1:** 149; **vol. 4:** 157, 290, 296, 309-12, 365, 485, 486, 533-4; **vol. 5:** 98, 139, 184, 338, 371, 384, 387, 418; **vol. 8:** 311-2, 331, 338, 394; **vol. 9:** 77, 138, 243, 343, 363, 366; **vol. 10:** 32; **vol. 11:** 117-20, 308; **vol. 12:** 14, 26, 29, 153, 176, 219-22, 226-7, 294; **vol. 13:** 192, 197, 259, 274, 284, 305, 551; **vol. 17:** 339, 357; *ver também* narcisismo, narcísica(s), narcísico(s)

ejaculação, **vol. 3:** 96-7; **vol. 12:** 145;

ÍNDICE REMISSIVO GERAL

vol. 13: 259; **vol. 17:** 15; — *ejaculatio praecox*, **vol. 2:** 350; **vol. 3:** 95, 109; polução, poluções, **vol. 3:** 73, 107-8, 130, 149, 240; **vol. 4:** 278, 357, 377-8, 412-4, 434, 437, 440, 448-9, 624; **vol. 6:** 97, 116, 130, 350; **vol. 10:** 61, 246; **vol. 13:** 179; **vol. 16:** 206; **vol. 19:** 111; *ver também* esperma/sêmen

elaboração, **vol. 2:** 30, 104, 169, 189, 193, 284, 301, 408; **vol. 5:** 70, 73, 75, 87, 179, 413, 420, 422, 426; **vol. 10:** 153, 209, 286, 307, 316; **vol. 11:** 108, 149, 257, 285, 307, 359, 415; **vol. 12:** 20, 30, 52, 101, 161; **vol. 14:** 53, 67, 94, 104, 106, 176, 199, 267, 348NA, 395; **vol. 17:** 107-8, 313, 329, 354; **vol. 19:** 219; — elaboração inconsciente, **vol. 7:** 236, 240, 243, 289; elaboração secundária, **vol. 4:** 273, 305, 536, 539, 541, 547-50, 552, 555, 563, 627, 637; elaboração ulterior, **vol. 6:** 163

Electra *ver* complexo de Electra

elemento chistoso, **vol. 7:** 27, 73, 124; *ver também* chiste(s)

eletricidade, **vol. 1:** 17, 38, 44, 49, 51, 62-3, 144, 193-4, 345; — corrente galvânica, **vol. 2:** 274; sistema elétrico (em analogia à excitação nervosa), **vol. 2:** 287; **vol. 14:** 390; faradização/pincelamento elétrico/pincelamento farádico, **vol. 1:** 45, 62; **vol. 2:** 109, 253

"eloísta" e "jeovista" na Bíblia hebraica, **vol. 19:** 62, 87-8

emasculação *ver* castração/emasculação

embriaguez, **vol. 12:** 188; **vol. 18:** 33, 198; *ver também* álcool

embrião/embriologia, **vol. 6:** 110NA; **vol. 14:** 187, 202

emoção, emoções, emocional, emocionais, **vol. 1:** 108, 110, 123-5, 185, 250, 297; **vol. 2:** 43, 46, 135, 148NA, 149, 233, 255, 260, 278, 287, 289, 292-4, 304, 311, 328, 346, 348, 389; **vol. 3:** 56, 70-1, 73, 77-8, 151, 154, 244, 255, 279, 289; **vol. 4:** 42, 88, 233, 307, 345, 421, 514, 529, 609, 644, 678; **vol. 5:** 55, 97, 105, 114, 159, 212, 318, 429; **vol. 6:** 62, 74NA, 116, 158, 228, 351, 358-9; **vol. 7:** 129, 145, 147, 191, 193, 202, 270, 274, 315, 328NA, 329, 333-4; **vol. 8:** 43, 70, 88, 92-3, 147, 246-7, 268-9, 326, 328, 337, 395, 400, 409; **vol. 9:** 41, 133, 150, 177, 193, 234, 243, 267-8, 280, 331, 335; **vol. 10:** 80, 85, 274, 336; **vol. 11:** 38, 74, 85-6, 88, 103-4, 107, 110-1, 113, 138, 143, 146, 169, 199, 202, 218, 339, 395, 420, 422; **vol. 12:** 116, 188, 228, 249; **vol. 13:** 22-3, 81, 255-6, 442, 447, 584, 587; **vol. 14:** 79, 118, 180, 329, 341, 349NA, 360, 362, 375; **vol. 15:** 35, 199, 206; **vol. 17:** 123, 129, 182, 245, 283, 319, 324; **vol. 19:** 115, 163, 169, 251; — vida emocional, **vol. 8:** 246, 395, 400; *ver também* sentimento(s)

empatia, **vol. 7:** 188NA, 277, 285, 320, 324, 330; **vol. 8:** 63; **vol. 10:** 187; **vol. 11:** 38-9, 361; **vol. 14:** 16, 114, 138; *ver também* compaixão

"empobrecimento da excitação", **vol. 3:** 114; *ver também* excitação, excitações, excitabilidade

empregados domésticos, **vol. 3:** 163

enamoramento, **vol. 1:** 162-3; **vol. 2:** 284; **vol. 6:** 46, 152NA, 237; **vol. 9:** 338, 366; **vol. 11:** 39, 141; **vol. 12:** 17, 33, 49, 152, 185; **vol. 13:** 551, 553, 556, 583; **vol. 15:** 60, 69, 71-5, 108-12; **vol. 18:** 16

encéfalo, **vol. 1:** 229-30; *ver também* cérebro, cerebral, cerebrais

enciclopédia, **vol. 6:** 291-3, 295-7, 305NA

encobridoras, lembranças, **vol. 3:** 275-303; **vol. 5:** 37, 66-9, 73, 75; *ver também* lembrança(s)

endogamia, **vol. 11:** 189, 191-2

energia libidinal/sexual, **vol. 6:** 72, 135; *ver também* libido, libidinal, libidinais; sexualidade, sexual, sexuais energia nervosa, **vol. 12:** 129; *ver também* sistema nervoso

energia(s) psíquica(s), **vol. 2:** 68, 338-9; **vol. 4:** 112, 133-5, 620; **vol. 5:** 427; **vol. 7:** 210-1, 235; **vol. 9:** 284; **vol. 10:** 154, 270; **vol. 11:** 383; **vol. 12:** 18, 20, 90-2, 187; **vol. 13:** 306, 473, 476; **vol. 15:** 90, 136, 299, 303; **vol. 16:** 23; **vol. 17:** 87; **vol. 18:** 54, 67-8, 138, 141, 251; **vol. 19:** 136, 193, 208, 214, 269; *ver também* psique, psiquismo, psíquica(s), psíquico(s)

energias instintuais, **vol. 9:** 136, 362; *ver também* instinto(s), instintual, instintuais

enfermidade(s), enfermo(s), **vol. 6:** 62, 67, 69, 97, 175, 185, 189-90, 193, 195, 197, 206, 218, 260, 269NA, 327, 347, 354, 359-60, 364-5, 372, 374; **vol. 8:** 61, 93, 159, 233-4, 250-1, 274-5, 293, 301, 315, 365, 378-9, 387, 416; **vol. 9:** 22, 46, 57, 60, 82, 84, 107, 223-4, 230, 237, 277-8, 292, 300-1; *ver também* doença(s), doente(s); patologia, patológica(s), patológico(s)

enigma(s), **vol. 7:** 49NA, 97-99NA, 138, 214, 217, 305

ensejo psíquico, **vol. 1:** 64; *ver também* psique, psiquismo, psíquica(s), psíquico(s)

entorpecentes/entorpecimento, **vol. 1:** 71, 121, 143; **vol. 3:** 174; **vol. 18:** 29, 34

entropia, **vol. 14:** 153; — entropia psíquica, **vol. 19:** 310; *ver também* psique, psiquismo, psíquica(s), psíquico(s)

entusiasmo(s), **vol. 15:** 24, 33, 72, 82, 116, 118, 123, 134, 142, 320

"enumeração chistosa", **vol. 7:** 101; *ver também* chiste(s)

enurese/enuresia, **vol. 4:** 254, 415, 449; **vol. 6:** 97, 259, 264-5, 267NA, 268, 276, 278-9; **vol. 8:** 358; **vol. 14:** 123; *ver também* urina

enxaqueca(s), **vol. 1:** 102, 211-6; **vol. 2:** 81NA, 107NA, 141; **vol. 6:** 192, 195; — "costas", enxaqueca das, **vol. 1:** 213-5; tipos de enxaqueca, **vol. 1:** 213, 215

epiglote, **vol. 1:** 32

epilepsia(s), **vol. 1:** 24, 42, 54, 65-7, 177; **vol. 2:** 20, 138NA; **vol. 3:** 29, 128-30, 143, 147; **vol. 8:** 418; **vol. 17:** 341-4, 346, 349, 355; — fase "epileptoide" da histeria, **vol. 1:** 42, 66, 184; histeroepilepsia/"*grande hystérie*", **vol. 1:** 41, 65-6, 177; *ver também* ataque epiléptico/convulsão epiléptica

epopeias/poemas épicos, **vol. 19:** 100-3; *ver também Índice de obras de arte e literárias*

equilíbrio psíquico, **vol. 16:** 262; *ver também* psique, psiquismo, psíquica(s), psíquico(s)

ereção, **vol. 3:** 62-3; **vol. 4:** 333, 397, 422, 440; **vol. 5:** 75; **vol. 6:** 68, 123, 203NA, 205NA; **vol. 13:** 208, 356, 430; **vol. 14:** 108, 318; *ver também* pênis

eremita, **vol. 18:** 37

eretismo dos vasomotores, **vol. 2:** 266, 268

ereutofobia, **vol. 4:** 340; *ver também* fobia(s), fóbica(s), fóbico(s)

"erogenidade", **vol. 17:** 18

erotismo, erótica(s), erótico(s), **vol. 1:** 160, 172; **vol. 2:** 118, 131, 192, 211, 236-7, 241-2, 350, 400, 423; **vol. 3:** 47, 53, 62-3; **vol. 4:** 195-6NA, 377, 426, 440, 442-3, 448-9; **vol. 5:** 58, 172, 281, 333, 439-40, 442; **vol. 6:** 36NA, 86, 118NA, 159, 166NA; **vol. 8:** 32, 50, 56, 63-4, 67-8, 70-1, 73, 82-3, 88, 102, 119, 138, 147, 248, 267, 318, 330-1, 340, 352-3, 357, 368, 403, 422-3; **vol. 9:** 23, 63, 75-6, 110NA, 125, 147, 161, 166, 176-7, 191, 196, 203, 207, 212, 214, 264-5, 274, 277-8, 322, 346, 349-51, 360, 374, 391-3; **vol. 10:** 41-2, 57, 80, 82, 98, 117, 137, 142-4, 231,

247, 289, 320-1, 329-30, 332-4; **vol. 11:** 109, 119-20, 260, 287, 320, 322, 360, 362; **vol. 12:** 15, 24, 47, 80, 185, 220-1, 288; **vol. 13:** 132, 174, 340, 359, 365, 368, 387, 397, 437, 442, 495; **vol. 14:** 58, 125, 243, 253-4, 259, 261; **vol. 15:** 44, 92, 106, 157, 307; **vol. 16:** 35-7, 52-9, 62NA, 68, 185, 194, 202, 315-6; **vol. 17:** 38, 50, 53, 61, 63, 66, 271, 328; **vol. 18:** 36NA, 41, 50NA, 59, 63NA, 64, 71-2NA, 87, 89, 105, 109, 112, 203-4, 248-50, 254-5, 257-8, 262, 358, 367-70, 426-9; **vol. 19:** 160, 230-1, 244, 247, 251; — erotismo uretral, **vol. 6:** 118NA, 166NA; *ver também* autoerotismo, autoerótica(s), autoerótico(s); genitalidade, genital, genitais; masturbação, masturbatória(s), masturbatório(s); sexualidade, sexual, sexuais; zona(s) erógenas

erotomania fetichista, **vol. 8:** 62; **vol. 10:** 84, 86; *ver também* mania(s)

erros, **vol. 5:** 296-312; — "erros de raciocínio", **vol. 3:** 284

escaravelhos, **vol. 9:** 152, 154

escárnio, **vol. 7:** 56, 153, 155, 203, 307; **vol. 10:** 69

escleroses, **vol. 3:** 19-20; — esclerose múltipla, **vol. 1:** 24; **vol. 5:** 228

escola de Nancy, **vol. 6:** 333

escola suíça, **vol. 12:** 24

escolha objetal/escolha(s) de objeto, **vol. 6:** 34-5NA, 42, 102NA, 110-1, 115, 121, 143, 147-8, 150-3, 159-60; **vol. 8:** 135, 242-3, 277; **vol. 9:** 166NA, 271, 274, 334-6, 339, 349, 351-2, 361, 382; **vol. 10:** 81, 86, 223, 233, 327, 330, 332, 335; **vol. 12:** 31-3, 35-6, 45, 180, 182-3, 185; **vol. 13:** 408, 432, 441; **vol. 14:** 32-3, 39, 125, 127, 149NA, 256, 305, 307, 315; **vol. 16:** 36, 39, 41-2, 47, 117; **vol. 17:** 166, 257, 303; **vol. 18:** 68, 200, 272, 287, 290, 377-8, 383; *ver também* objeto(s) amoroso(s)/objeto amado/ objeto de amor; objeto sexual, objetos sexuais

escotomização, **vol. 17:** 105, 305

escrita, **vol. 13:** 40, 58-9, 79, 90, 92-4, 98, 233, 236, 238, 241, 310-1, 314, 333; — alexia, **vol. 1:** 202; escrita chinesa, **vol. 13:** 311; escrita cuneiforme, **vol. 13:** 311, 314; hieróglifos/escrita hieroglífica, **vol. 4:** 363, 384; **vol. 11:** 345; **vol. 13:** 310-1; **vol. 19:** 63NA; lapsos de escrita, **vol. 5:** 119, 161-84

escritor(es), **vol. 8:** 14-7, 73, 120, 326-8, 333-8, 384; **vol. 9:** 179, 335, 384; **vol. 13:** 24, 26, 47, 49, 52, 132, 158-9, 311; *ver também* literatura; *Índice de obras de arte e literárias*

escrofulose, **vol. 11:** 75

escrotal, saco, **vol. 16:** 171NA

escuridão, medo da, **vol. 6:** 145; *ver também* fobia(s); medo(s)

esfinge de Tebas, **vol. 8:** 268, 320

esgotamento psíquico, **vol. 2:** 151, 153-4; *ver também* psique, psiquismo, psíquica(s), psíquico(s)

espasmo(s), **vol. 1:** 42, 48, 50, 52, 56, 63; **vol. 2:** 23, 66, 71, 82, 255, 298

espécie humana, **vol. 17:** 102, 167, 296, 319, 367; **vol. 18:** 91, 121, 433; **vol. 19:** 113, 117, 138, 243; — conservação da espécie, **vol. 18:** 84, 242; **vol. 19:** 195, 245; *ver também* corpo humano; humanidade; ser humano

especulação, mania de, **vol. 3:** 74, 80; *ver também* mania(s)

especulações filosóficas, **vol. 18:** 55

esperança(s), **vol. 12:** 231, 251

esperma/sêmen, **vol. 4:** 403, 449NA; **vol. 6:** 106, 130; **vol. 9:** 87; **vol. 10:** 30NA, 43NA; **vol. 12:** 145; — cordão espermático, **vol. 1:** 37-8, 43; espermatozoides, **vol. 6:** 132, 139NA; **vol. 10:** 30NA, 76NA, 103; polução, poluções, **vol. 3:** 73, 107-8, 130, 149, 240; **vol. 4:** 278, 357, 377-8, 412-4, 434,

437, 440, 448-9, 624; **vol. 6:** 97, 116, 130, 350; **vol. 10:** 61, 246; **vol. 13:** 179; **vol. 16:** 206; **vol. 19:** 111; vesículas seminais, **vol. 3:** 106-7; *ver também* ejaculação

espinha: centro espinhal, **vol. 6:** 130, 134NA; coluna vertebral, **vol. 1:** 37; paraplegia espinal, **vol. 1:** 48; paralisia perifero-espinal, **vol. 1:** 190-2; reflexo espinhal, **vol. 3:** 106; *railway spine*, **vol. 1:** 23, 55

espiritismo/espíritas, **vol. 1:** 87; **vol. 8:** 93; **vol. 17:** 263

espírito(s), **vol. 8:** 28-9, 92-3; **vol. 9:** 54, 66, 84, 297; **vol. 11:** 17, 19, 44-5, 48, 68-70, 74, 76, 92-4, 98-100, 104, 109, 121-3, 125-6, 130, 135, 140, 144-8, 177, 181-3, 232, 298, 379, 386; **vol. 12:** 237, 240, 251, 269; **vol. 14:** 90-1, 222, 248, 345, 359, 362, 373; **vol. 18:** 331; — espiritualidade, **vol. 19:** 92, 121, 154, 156-8, 160, 163, 170, 177; poderes "espirituais", **vol. 19:** 158; *spiritus* [latim: "espírito", "sopro"], **vol. 19:** 158; *ver também* alma(s); imortalidade, imortal, imortais

espirituosidade, espirituosa(s), espirituoso(s), **vol. 7:** 48-9, 55, 112, 123, 149, 199, 247, 255, 328NA; — presença de espírito [alemão: *Schlagfertigkeit*], **vol. 7:** 52, 81, 99; *ver também* chiste(s)

espirro, reflexo do, **vol. 2:** 292

esporte, **vol. 6:** 115NA

esposa(s), **vol. 6:** 200, 205, 207, 214-5, 222, 232, 236, 266, 270, 299, 300NA, 302; **vol. 13:** 73, 219, 237, 279, 292, 296, 333, 340, 351, 439-40, 449

esquecimento, **vol. 1:** 299, 332; **vol. 3:** 44, 46, 52-3, 264-5, 267, 271, 274; **vol. 4:** 44, 69-71, 73, 84-5, 101, 190, 193, 204-5, 214, 561, 566-70, 575-6, 631, 663NA; **vol. 5:** 15-23, 28-9, 31, 35-40, 43-8, 50-3, 55-6, 58, 60, 62-6, 68-9, 71, 80-1, 86, 89, 97, 119-20, 145, 151, 165, 182-3, 185, 187-90, 197-9, 200NA, 201-3, 208-13, 215, 218, 220-1, 264, 289, 294, 296, 310-3, 316-8, 322, 324, 362, 369-70, 389, 408, 426, 434; **vol. 7:** 177, 241NA; **vol. 10:** 131, 196, 198, 263; **vol. 11:** 58, 106, 331, 333; **vol. 13:** 32, 36, 70-2, 75-7, 79, 90, 96-7, 99-103, 148, 150, 270-1, 377, 379, 433; **vol. 16:** 234, 264, 306; **vol. 19:** 84, 98-9, 106, 119; — ecmnésia, **vol. 2:** 254NT; esquecimento "coletivo", **vol. 5:** 64; esquecimento de impressões e intenções, **vol. 5:** 184-221; esquecimento de nomes próprios, **vol. 5:** 15-22; esquecimento de palavras estrangeiras, **vol. 5:** 23-31; esquecimento de sequências de palavras, **vol. 5:** 31-66; objetos esquecidos em consultórios, **vol. 5:** 293-4; *ver também* amnésia

esquizofrenia, esquizofrênica(s), esquizofrênico(s), **vol. 10:** 66NA, 83, 100, 102, 165; **vol. 11:** 274, 292, 340; **vol. 12:** 15-6, 22, 61, 139-42, 143NA, 145, 147-50, 161-2, 169, 182; **vol. 14:** 405; **vol. 16:** 136, 149, 180, 243

essência da sexualidade, **vol. 6:** 171, 357; *ver também* sexualidade, sexual, sexuais

Estado(s), **vol. 12:** 212, 214-8, 224; **vol. 18:** 43, 56, 81, 411, 431, 454; — Estado francês, **vol. 8:** 324; nações, **vol. 19:** 149, 308; *ver também nomes individualmente no Índice onomástico*

estado(s) hipnoide(s), **vol. 1:** 182-3; **vol. 2:** 31-2, 35-6, 38, 185, 304-5, 307-8, 310, 332-5, 352-3, 355-6, 401; *ver também* hipnose, hipnotismo, hipnótica(s), hipnótico(s)

estados de consciência, **vol. 1:** 181; *ver também* consciência/consciente, o (*Cs*)

estágios no desenvolvimento do sentido da realidade, **vol. 14:** 209; **vol. 18:** 18; *ver também* realidade, real, reais

ÍNDICE REMISSIVO GERAL

estética(s), estético(s), **vol. 7:** 16-8, 137, 149, 169, 192, 194, 274; **vol. 11:** 358, 374; **vol. 13:** 191-3; **vol. 14:** 164, 176, 329-31, 368, 374; **vol. 17:** 51; **vol. 18:** 39-40, 434, 472; — estetas, **vol. 7:** 16

"estigmas histéricos", **vol. 1:** 21, 28, 181; *ver também* histeria, histérica(s), histérico(s)

estigmas psíquicos, **vol. 2:** 131, 153; *ver também* psique, psiquismo, psíquica(s), psíquico(s)

estímulo(s), **vol. 1:** 32, 50-1, 63, 65, 81, 96-7, 103, 107, 112, 121, 165, 220, 229, 232-3, 235, 240, 244-5, 248, 250, 255; — estímulo dentário, **vol. 4:** 63, 117, 264, 266, 430, 432-3, 435-6; **vol. 12:** 53-4, 56, 73-4, 84; estímulo(s) externo(s), **vol. 12:** 56, 73, 83-4, 154; **vol. 14:** 187, 189-91, 209NA; **vol. 17:** 24, 70, 315; **vol. 18:** 139, 243; estímulo intestinal, **vol. 4:** 116-7, 450; estímulo(s) orgânico(s), **vol. 4:** 60-1, 63-5, 85, 115, 278NA, 377, 448; estímulo(s) somático(s), **vol. 4:** 46, 58, 62-3, 66-8, 92, 116-7, 123, 258-9, 261-7, 272, 274, 277-8; **vol. 5:** 379-80, 388; **vol. 8:** 15; estímulos intercelulares, **vol. 1:** 232, 238, 244; estímulos sensoriais, **vol. 2:** 278, 280; **vol. 4:** 47-8, 51, 53, 55-6, 59, 67, 79, 86, 110, 258, 260, 262, 624, 642; **vol. 5:** 379, 436, 438; "fome de estímulos", **vol. 6:** 42NA; Lei de Fechner, **vol. 1:** 246; Mundo exterior — Estímulos (desenho de Freud), **vol. 1:** *244*; palavra-estímulo, **vol. 13:** 146-7; *ver também* dente(s); estímulo instintual/estímulos instintuais; intestino(s), intestinal, intestinais; instinto(s), instintual, instintuais; mundo exterior/mundo externo; percepção, percepções, perceptiva(s), perceptivo(s)/(*Pcp*)

estômago, **vol. 1:** 31, 45, 59, 66, 108, 151, 213; **vol. 2:** 82, 84, 96-8, 120-2; **vol. 4:** 45, 139, 141, 258; **vol. 6:** 213, 264; **vol. 8:** 166, 193, 231; — "Sonhos vêm do estômago" (dito popular), **vol. 4:** 45, 258; *ver também* digestão/trato digestivo

estrabismo, **vol. 2:** 41-3, 46, 60, 66, 294

estupefação, **vol. 7:** 19, 21-2, 24, 27, 53, 87, 112, 124, 176, 187, 197NA, 220, 227, 294

eternidade, **vol. 18:** 14

ética(s), ético(s), **vol. 8:** 379; **vol. 10:** 21, 58, 216, 218, 225, 234; **vol. 12:** 215, 217-8, 222, 227, 240-1, 245, 288; **vol. 13:** 191-3, 198, 440, 507; **vol. 16:** 32, 45, 47, 249, 327; **vol. 17:** 51, 53, 155, 338, 364, 369; **vol. 18:** 65, 76, 96, 117, 329, 332; **vol. 19:** 32, 74, 94, 96, 121, 164, 168-9, 185; — mandamentos éticos, **vol. 12:** 239, 241; *ver também* moralidade, moral, morais

etiologia(s), **vol. 11:** 53, 252-3, 255, 259-60, 265, 277, 312, 322, 342; **vol. 15:** 146, 222; **vol. 16:** 97-8, 101-2, 113, 134, 141, 181, 227, 231; — etiologia da histeria, **vol. 3:** 191-231; **vol. 6:** 182, 190NA, 268, 352; etiologia das neuroses, **vol. 3:** 103, 139-58, 232-62; **vol. 6:** 168, 346, 348, 350, 352-3, 358-60, 374; etiologia do sonho, **vol. 4:** 55, 92, 107; *ver também* histeria, histérica(s), histérico(s); neurose(s), neurótica(s), neurótico(s); sonho(s)

etmoide, osso, **vol. 2:** 155, 172; *ver também* osso(s)

etnopsicologia, **vol. 11:** 14NA; *ver também* psicologia/psicólogos

Eu, o, **vol. 1:** 159, 161, 206, 208, 257-72, 274-5, 278-9, 281, 285, 289-90, 292, 299-305, 308-21, 325, 331-2, 334-5, 339; **vol. 2:** 73, 136, 153, 169, 177-8, 180, 185, 192, 239, 241, 245, 323-4, 370-1, 378-9, 391, 401, 403, 407-8, 419-20; **vol. 3:** 27, 52, 54-5, 60-1, 64, 66, 76-7, 160, 172, 175, 186, 189-90,

218, 301; **vol. 4:** 77, 114-5, 117, 123, 273, 290, 365, 367, 369, 524NA, 609, 610; **vol. 5:** 214NA, 417-8, 437; **vol. 6:** 60NA, 135-7, 143NA, 355; **vol. 7:** 277, 318-9, 331; **vol. 8:** 158, 238, 241, 296, 313, 334-6, 338, 340; **vol. 9:** 22, 111, 134, 242, 244, 247, 257, 259, 277, 284, 295, 317-20, 322, 350, 390; **vol. 10:** 64, 81-7, 90, 92, 93NA, 96-8, 100, 103, 115-8, 155, 173, 207, 216, 235, 237-8, 254, 271, 293, 308, 325, 330, 335-7; **vol. 11:** 12, 140-1, 308-9, 311, 315, 319, 322, 351, 360; **vol. 12:** 16-7, 18NA, 19-22, 24-6, 28-34, 37-42, 44, 45NA, 46-50, 61-3, 66, 70-1, 73-81, 83, 97, 105, 137, 139, 149-50, 153, 156-7, 167-8, 173-6, 178, 181-2, 185-90, 192-3, 250, 261-3; **vol. 13:** 25, 192-3, 199, 285, 381, 387, 391, 396, 465-8, 470, 474-5, 477-9, 493, 496, 502-8, 512, 536, 543-52, 554-9, 561, 564-5, 567-9, 578, 580, 593, 600, 602-4; **vol. 14:** 146-7, 150, 165-6, 167NA, 170, 178-9, 183, 197, 208, 211-2, 221-6, 234, 235NA, 242-4, 247-8, 250, 253, 257, 261, 315, 351-2, 353NA, 354, 385-6, 392; **vol. 15:** 21NA, 28, 29NA, 60, 62-8, 72-4, 76, 79, 86, 91-9, 102, 108, 111-3, 201, 223, 284, 290-1, 294, 298, 302-5, 326; **vol. 16:** 20-2, 26-38, 40, 42-50, 52-3, 55-61, 63-73, 105-6, 127-8, 142-4, 177-83, 196-9, 201, 208-10, 215, 217, 220, 236, 241, 251, 261, 265, 278-82, 297, 304, 313, 316-7, 320-1, 328; **vol. 17:** 14, 17-22, 24-31, 33-4, 39, 44-56, 60-6, 68-70, 82-5, 88-90, 99-114, 116-8, 122, 132, 140-3, 145, 148-55, 159-60, 162, 170, 177, 179-83, 205-7, 226, 307, 315-6, 319, 325-30, 341, 349, 350; **vol. 18:** 16-9, 25, 35, 65, 84-5, 89-90, 92-3, 95-6, 100, 102NA, 109-10, 116, 118, 138, 142, 184, 192-203, 205-9, 212-3, 215, 217-23, 227, 229, 233-8, 240, 242, 245, 251, 254, 258, 260, 262-3, 301-2, 308, 367, 369, 377, 393, 435, 442, 445-7; **vol. 19:** 96, 105, 108-10, 134-6, 160-2, 175, 192-8, 202, 204, 212-9, 222-9, 232, 234-8, 242-6, 251, 262-72, 280-1, 285-90, 293-4, 297, 300-9, 311, 320, 322-3, 347, 365; — cisão do Eu, **vol. 19:** 268-9, 345-7; Eu como uma rede de neurônios (desenho de Freud), **vol. 1:** *259*; interior do Eu, **vol. 19:** 197, 213, 306

euforia, eufórico, **vol. 7:** 181, 310, 334

evacuação *ver* defecação/evacuação; excremento(s), excretória(s), excreção; fezes

evangelhos, evangelistas, **vol. 19:** 120, 122, 126, 129; — *evangelium*, **vol. 19:** 122

eventos psíquicos, **vol. 18:** 41, 169, 463; *ver também* psique, psiquismo, psíquica(s), psíquico(s)

evolução da histeria, **vol. 1:** 56; *ver também* histeria, histérica(s), histérico(s)

evolução humana, **vol. 11:** 21, 109, 352; **vol. 19:** 309; *ver também* humanidade; ser humano

"exagero", chistes de, **vol. 7:** 247; *ver também* chiste(s)

exames/provas, sonhos de, **vol. 4:** 315-6; *ver também* sonho(s)

examinador, pensamento, **vol. 1:** 330, 333, 339; *ver também* pensamento(s)

excentricidade, **vol. 8:** 354

"excesso de trabalho"/"trabalho excessivo", **vol. 3:** 98, 109, 146, 245, 249

excitação, excitações, excitabilidade, **vol. 1:** 21, 50-1, 53, 64-5, 80, 157, 172, 180-1, 187, 219-20, 223-6, 229, 231, 235, 238, 240-1, 243, 245, 247, 249, 251, 261-2, 276-7, 297, 302, 308, 340; **vol. 2:** 37, 77, 88-9, 91, 128-9, 138, 141, 150-1, 168-9, 177-8, 197-8, 207, 212, 225, 227, 241, 243, 244NA, 245-6, 251, 256, 262, 267-8, 271-302, 305-6, 308-9, 317, 337-8, 341-3, 345-9, 351-2, 375, 383, 390-400; **vol. 3:** 44-5, 54-6,

ÍNDICE REMISSIVO GERAL

60-1, 67, 79, 84, 96-7, 104-15, 122, 128-30, 150, 152, 154, 158, 161, 164, 166, 206, 228, 240, 247; **vol. 4:** 46, 55-6, 58, 60-1, 63-4, 67, 69, 102, 114, 117, 123, 209, 258-9, 265, 267-8, 276, 412, 414, 588-92, 594, 597, 604NA, 606, 616-8, 620, 626-8, 630-2, 634-5, 639, 642, 647-8, 652-5, 658-9, 663, 667-71; **vol. 5:** 75, 80-2, 87; **vol. 6:** 34NA, 41, 49-50, 66-8, 85NA, 88, 91, 94, 96, 111-9, 123-6, 128-33, 134NA, 135, 140-2, 144, 147, 157-8, 160-1, 164-6, 201, 203-4, 231, 233, 266, 305, 310, 332, 350, 356, 358, 362, 365, 375; **vol. 7:** 142, 209, 314; **vol. 8:** 16, 81, 95, 253, 269, 271, 274, 318, 343, 352-3, 357, 370, 399-402, 404; **vol. 9:** 168, 211, 233, 236, 269, 274, 352, 361, 394; **vol. 10:** 33, 42NA, 247; **vol. 11:** 39, 145, 189, 201, 248, 339, 350, 381; **vol. 12:** 27, 60, 67, 84, 96, 120, 122-3, 154, 159, 168NA, 206, 228; **vol. 13:** 127, 171, 209, 213, 356, 409, 411, 415-8, 427, 473-4, 493, 498, 514, 518, 520, 530-1, 533; **vol. 14:** 32, 53NA, 79, 91, 100, 108-9, 124, 128, 140, 163-4, 184-7, 191, 195, 197-8, 199, 237, 295, 303, 305-6, 308-9, 316; **vol. 15:** 35, 107, 276, 303; **vol. 16:** 20, 27, 96, 98, 100-1, 111, 185-6, 188, 190-1, 206, 208, 269, 272, 274, 287-8, 325; **vol. 17:** 21, 24, 37, 45-6, 60, 70, 73, 75, 84, 91, 93, 105, 108, 145, 315-6, 342, 344; **vol. 18:** 18-9, 50NA, 61NA, 215, 217-8, 226, 235-6, 239, 243, 248, 271, 282, 390, 392, 404, 407; **vol. 19:** 199-200, 220, 245, 249; — "acumulação da excitação", **vol. 3:** 114; "empobrecimento da excitação", **vol. 3:** 114; excitabilidade neuromuscular/*hyperexcitabilité neuromusculaire*, **vol. 1:** 73, 76; intracerebral, excitação, **vol. 2:** 272, 274-5, 277-80, 287-9, 293, 308-9; nervosa, excitabilidade, **vol. 1:** 40, 49, 53, 72-3, 76, 79, 81-2, 205; "soma de excitação", **vol. 1:** 187

excremento(s), excretória(s), excreção, **vol. 6:** 44, 56, 204; **vol. 7:** 140; **vol. 8:** 230, 238, 242, 352, 356-7, 402-3; **vol. 9:** 76, 272; **vol. 10:** 348, 350; **vol. 13:** 281, 418-9, 423, 429, 525; **vol. 14:** 26, 90, 93, 97, 102, 107-10, 112-3, 133-4, 144, 258, 260; **vol. 18:** 62-3NA, 248-9; **vol. 19:** 202; — tendências coprofílicas, **vol. 9:** 110NA, 272, 361; *ver também* defecação/evacuação; fezes

Exército, **vol. 15:** 46-8, 50-1, 83, 87, 99, 109

exibição artística, **vol. 9:** 271; *ver também* arte(s), artista(s), artística(s), artístico(s)

exibicionismo, exibicionista(s), **vol. 7:** 141, 203; **vol. 12:** 65-8; **vol. 16:** 115; — mulheres e exibição passiva, **vol. 7:** 141-2; *ver também* voyeurismo, voyeurs

exílio babilônico, **vol. 19:** 38, 54, 63, 154; *ver também* hebreu(s); judaísmo, judeu(s)

êxodo hebreu, **vol. 19:** 14, 43-4, 47, 49, 52, 55, 60, 65, 71-2, 85-7, 97, 154-5; *ver também* hebreu(s); judaísmo, judeu(s)

exoftalmia, **vol. 1:** 41; *ver também* olho(s)

exogamia, **vol. 11:** 21, 24, 27, 29, 163, 165, 167-9, 173-4, 179, 181, 184-8, 193-5, 223; **vol. 16:** 159; **vol. 19:** 116, 165, 167, 180-1

expectativa angustiada, **vol. 1:** 113; **vol. 3:** 85-6, 89-90, 92, 121; *ver também* angústia(s)

"experimental", psicose, **vol. 1:** 71; *ver também* psicose(s), psicótico(s)

expiação, **vol. 11:** 46, 56, 59, 64, 67, 72-3, 117, 163, 227, 234; **vol. 19:** 122, 187

expressões idiomáticas, **vol. 4:** 394, 453; *ver também* fala; linguagem; palavra(s)

extravio, **vol. 5:** 192-7, 347

ÍNDICE REMISSIVO GERAL

fábula(s), **vol. 8:** 37, 128, 264, 337, 394, 402-3, 431; **vol. 10:** 170, 304, 309; **vol. 14:** 85, 367, 372; **vol. 19:** 21, 115, 119

face, facial, faciais: paralisia facial, **vol. 1:** 76, 191, 200; traços faciais, **vol. 7:** 270, 274

fachada cômica, chistes de, **vol. 7:** 217-8; *ver também* chiste(s); comicidade, cômica(s), cômico(s); humor, humorística(s), humorístico(s)

facilitações, **vol. 1:** 226, 235-6, 255, 257-8, 266, 270, 272-3, 278, 280, 299-301, 305-6, 309, 315, 318, 322, 324, 326-8, 332

Fadian [alemão: "cara chato"], **vol. 7:** 36NT; — *"roter Fadian"* (chiste), **vol. 7:** 36-9, 149

fadiga, **vol. 1:** 82, 102; **vol. 2:** 155, 195, 285, 308; **vol. 3:** 149, 240; **vol. 17:** 17, 19; **vol. 18:** 147

faixa de Esmarch, **vol. 1:** 50

fala(s), **vol. 1:** 49, 124, 308-12, 319, 321, 323; **vol. 13:** 22-3, 40, 54, 57, 59, 62, 85, 91, 94, 113, 127, 134, 184, 218, 241, 256, 269, 310, 318, 330, 383, 539, 552, 582; — cordas vocais, **vol. 2:** 243; distúrbios/transtornos da fala, **vol. 3:** 41; **vol. 5:** 82, 87; fala(s) ingênua(s), **vol. 7:** 259-60, 262-6; falas oníricas, **vol. 4:** 220, 346, 464-5; *"talking cure"* [inglês: "cura pela fala"], **vol. 2:** 53-4, 63, 67; **vol. 9:** 226, 237; *ver também* sonho(s)

falecido(s) *ver* morto(s)/falecido(s)

falo, **vol. 16:** 173; — fase fálica, **vol. 6:** 121NA; **vol. 19:** 202, 204, 248, 254, 292, 323; *phallus impudicus*, **vol. 13:** 222; *ver também* pênis

"falsa conexão", **vol. 2:** 106, 424-5

falso reconhecimento (*defausse reconnaissance*), **vol. 11:** 366

falta de ar, **vol. 13:** 213, 530

família(s), **vol. 1:** 28, 61, 149-50; **vol. 2:** 40-1, 63, 77, 86, 123-5, 130, 138NA, 143-4, 150, 171, 188, 194, 201-6, 209, 218, 228-30, 232, 244NA, 245, 257, 299, 340, 383; **vol. 4:** 40, 42, 122, 138, 148-9, 184, 214, 292, 297, 311, 332, 335, 339, 344, 360, 392NA, 425, 427, 455, 462, 498, 565, 673, 676, 678; **vol. 8:** 46, 48, 59, 69, 138, 149, 188, 247, 283, 332, 362, 368, 374, 395; **vol. 9:** 19NA, 33, 59, 60, 141, 171, 308, 340, 349, 357, 375, 390; **vol. 11:** 25, 36, 163, 170, 194, 208, 227, 232, 321, 368, 422; **vol. 13:** 159-60, 254, 333-5, 429, 439, 445, 493, 562, 607-10; **vol. 15:** 16, 47, 57, 69NA, 88, 101, 108-9, 115, 117, 127-8, 157, 163-4, 180, 182, 206, 216; **vol. 17:** 179, 280; **vol. 18:** 20, 43, 56, 61-2, 65-7, 80, 82, 90, 104-5, 172, 176-7, 181, 231, 276-7, 292, 332, 348, 409, 447, 462; **vol. 19:** 16, 21-2, 24-5, 33, 36, 83, 111, 114, 119, 148, 167, 178, 180, 183, 243, 250, 272, 283, 308; — "romance familiar", **vol. 19:** 21; vida familiar, **vol. 11:** 38, 202, 208, 423

"familionário" (chiste), **vol. 7:** 21-2, 27, 30-2, 34, 69, 200-3; — FAMILIONÁRIO (chiste/ esquema de Freud), **vol. 7:** 31; *ver também* chiste(s)

fantasia(s), **vol. 2:** 40, 52, 55-6, 58, 68, 73, 308; **vol. 5:** 204-6, 226, 236, 239, 244, 268, 299, 345NA, 355-6, 358, 360, 371, 379, 401, 421-2, 435; **vol. 6:** 63, 113, 127, 148-9, 198, 224, 228-32, 236, 289, 292, 296-7, 302NA, 303, 305, 306NA, 312, 316, 353-4, 358, 364; **vol. 8:** 16, 18-9, 21, 24-6, 28-9, 31, 33, 46, 48, 50, 54, 57-9, 62-3, 68-71, 76, 78-9, 91, 111, 116, 120, 133, 155, 161NA, 162-5, 178, 193-4, 200, 205, 212, 214, 224-5, 227, 230-1, 233, 235-6, 239, 241-2, 248, 254-7, 262, 264-7, 316-7, 327-33, 336-8, 340-8, 354, 384, 413-6, 422-4; **vol. 9:** 27-8, 45-6, 50NA, 56, 61, 64, 66, 68-70NA, 76NA, 97-8, 104, 125, 143, 144NA, 145-

ÍNDICE REMISSIVO GERAL

50, 154-8, 164-5, 168, 176-7, 181, 184, 186, 191-2, 202, 206, 208, 218, 226, 278-80, 301, 335, 342-6, 351, 353, 357, 386, 394; **vol. 10:** 24-5, 27-9, 39, 57-8, 61, 63-4, 66-7, 73, 74NA, 75-80, 83, 87, 96, 102, 104, 106, 114-6, 118-20, 135, 138, 197, 221, 223, 225, 231-4, 243, 252, 313, 320, 328, 331; **vol. 11:** 40, 97, 120, 138, 151, 179, 181-2, 200, 220, 242, 260, 285, 310, 339, 356, 359-60, 368; **vol. 12:** 15, 17, 24, 30, 66, 87, 132, 144, 158, 161-3, 167, 204, 207, 263, 281, 283, 289, 291; **vol. 13:** 15, 94, 131-2, 177-8, 186-7, 225, 232, 307, 338, 346, 351, 358-9, 401, 406, 410, 417, 478, 487-9, 491-500, 505, 518, 598, 600; **vol. 14:** 29-30, 36-8, 53, 56, 65, 68-74, 76, 81-2, 95, 107, 111, 120, 127-9, 133-7, 144, 149NA, 158, 160NA, 201, 255, 259, 294-7, 299-305, 307-11, 313-22, 324-7, 343, 346-7, 348NA, 353, 364, 370-1, 393; **vol. 15:** 28NA, 29, 101, 111, 135, 164, 191, 203, 206, 212-3, 218-20, 243, 249-2, 254, 262, 264-5, 267-8, 288, 300; **vol. 16:** 25, 88, 93, 112-3, 153, 160, 188-90, 193, 200, 220-1, 249, 264, 288-9, 293-4, 304, 309, 319, 325, 338; **vol. 17:** 19, 30, 38, 60, 81, 309, 351, 360-1, 366; **vol. 18:** 23, 29, 35, 37, 151, 155, 165, 173, 232, 249, 274, 378, 382, 390, 413, 467; **vol. 19:** 101-2, 112, 121-3, 126, 186, 203, 249, 251, 283, 315, 340; — fantasia(s) onírica(s), **vol. 4:** 115, 263, 374, 645; *ver também* devaneio(s); sonho(s)

fantasma(s), **vol. 8:** 29, 92; **vol. 11:** 92, 109; **vol. 14:** 338-9, 346, 365, 372; *ver também* espírito(s)

faradização/pincelamento elétrico/ pincelamento farádico, **vol. 1:** 45, 62; **vol. 2:** 109, 253; *ver também* eletricidade

faraó(s), **vol. 13:** 220; **vol. 19:** 22-3, 31, 33, 42-3, 48-9, 52, 70, 72, 84, 86, 89, 92, 120, 167

faringe, **vol. 1:** 42; **vol. 2:** 245, 259; **vol. 6:** 87NT

fase anal/fase sádico-anal, **vol. 12:** 288; **vol. 19:** 202; *ver também* ânus, anal, anais

fase fálica, **vol. 6:** 121NA; **vol. 19:** 202, 204, 248, 254, 292, 323; *ver também* genitalidade, genital, genitais

fase oral, **vol. 6:** 108; **vol. 12:** 182; **vol. 14:** 141; **vol. 19:** 202, 292, 349; *ver também* oralidade, oral, orais

fé, **vol. 1:** 114, 116, 134; **vol. 6:** 377; **vol. 10:** 33, 43; **vol. 14:** 84, 95, 372; **vol. 17:** 182, 190, 200, 225, 261, 273, 278, 281, 286, 288, 291, 299, 332-3, 352, 369; **vol. 18:** 14, 415; *ver também* religião, religiões, religiosidade, religiosa(s), religioso(s)

febre/febril, **vol. 1:** 59; **vol. 4:** 122; **vol. 6:** 193, 293-5; **vol. 14:** 52

Fechner, Lei de, **vol. 1:** 246; *ver também* estímulo(s); percepção, percepções, perceptiva(s), perceptivo(s)/(*Pcp*); sentidos/sensorialidade

fecundação, **vol. 14:** 218, 229NA, 380

feitiçaria, feitiço(s), **vol. 1:** 40; **vol. 11:** 125-6, 139, 143; **vol. 14:** 362; *ver também* bruxaria, bruxas; magia, mágica(s), mágico(s)

felação, **vol. 9:** 147; **vol. 16:** 290; *ver também* pênis

felicidade, feliz(es), **vol. 1:** 111; **vol. 2:** 114NA, 202-3, 206, 210-1, 218, 224, 297; **vol. 3:** 234, 261; **vol. 5:** 102, 147, 237, 281, 307; **vol. 6:** 143, 213, 221, 232, 241; **vol. 7:** 152, 163; **vol. 8:** 224, 229, 241, 386, 389; **vol. 9:** 40, 127NA, 186, 191-2, 285; **vol. 10:** 230, 279, 322; **vol. 12:** 47-8, 240, 261, 274-5, 280; **vol. 15:** 97, 133, 200; **vol. 17:** 77, 199, 246, 277; **vol. 18:** 29-34, 36NA, 37, 38-48, 52, 58, 64-5, 69, 71, 75NA, 82, 106, 107NA, 114-5, 118, 121, 170-1, 249, 285, 291, 326-7, 334, 416, 429-

245

ÍNDICE REMISSIVO GERAL

30, 442-3, 462, 465, 470; **vol. 19:** 101, 155, 184, 283; *ver também* alegria(s)

fêmea(s), **vol. 18:** 61, 265-7; *ver também* mulher(es)

feminilidade, feminina(s), feminino(s), **vol. 1:** 40, 55, 59, 157, 185; **vol. 2:** 32, 203, 232, 396; **vol. 5:** 47, 113, 268, 442; **vol. 6:** 29, 31, 32NA, 33, 34NA, 36-7NA, 48-9NA, 51NA, 53NA, 55, 104, 106, 109, 138-41, 153, 162, 203, 253, 263, 269NA, 280, 291-2, 350; **vol. 8:** 21, 62, 143, 150, 219, 225, 243-4, 347, 381-3, 386, 399-400, 403, 407, 417; **vol. 9:** 20, 22, 76, 123-4, 125-7NA, 147, 158-62, 166, 178, 182, 192, 217, 275, 337, 349, 377-8, 381; **vol. 10:** 23-4, 26, 28, 43NA, 44-6, 59, 71, 174, 293NA, 331-2, 334; **vol. 12:** 35, 73, 261, 264; **vol. 13:** 43, 144-5, 210-3, 215-6, 220, 222, 258-9, 261, 321, 339, 356-7, 359, 422, 434, 470, 490-1, 515; **vol. 14:** 36, 65, 94-5, 105, 114, 120, 146-7, 155, 230, 255-7, 301, 309, 311, 317, 323-5, 365; **vol. 15:** 60, 62, 115-6, 125-6, 129-30, 147, 149, 200, 221, 250-5, 327; **vol. 16:** 40-1, 118, 174-5, 188-90, 193, 200, 206-8, 211-3, 287, 291, 292NA, 294-6, 298-9; **vol. 17:** 41, 63, 86, 118, 164, 306-7, 309, 348, 350; **vol. 18:** 71NA, 201, 253, 263-4, 266, 268, 271, 282, 284, 286, 288-9, 293, 375, 380, 382-3, 388, 392; **vol. 19:** 89, 202, 245, 247, 250-1, 254-6, 267-8, 322-5, 347-8, 362; — atrofiamento do instinto sexual feminino, **vol. 3:** 106; correntes afetivas ginecófilas, **vol. 6:** 245; divindade-mãe, **vol. 19:** 67NA; rejeição da feminilidade, **vol. 19:** 322, 325; *ver também* mulher(es)

fenômeno(s): fenômeno funcional, **vol. 4:** 423, 553-4; fenômeno material, **vol. 4:** 553; fenômeno(s) histérico(s), **vol. 2:** 14, 18, 27, 29-30, 33, 38, 59, 69, 72, 74, 105NA, 193, 263, 265, 270, 296, 299, 307, 311, 313, 317, 320-1, 325, 334, 351-4, 356, 366; *ver também* histeria, histérica(s), histérico(s); fenômenos ocultos, **vol. 15:** 151, 154; fenômeno(s) psíquico(s), **vol. 15:** 16, 159, 297; fenômenos "sobrenaturais", **vol. 1:** 112; *ver também* histeria, histérica(s), histérico(s); psique, psiquismo, psíquica(s), psíquico(s)

ferrovia, medo de, **vol. 6:** 114; *ver também* fobia(s); medo(s)

fertilidade, **vol. 11:** 128-9

festas, **vol. 15:** 95-6

fetichismo, fetiche(s), fetichistas(s), **vol. 6:** 45-7, 48NA, 58NA, 65NT, 71; **vol. 8:** 62, 64; **vol. 11:** 83, 160; **vol. 13:** 405, 463; **vol. 17:** 285, 302-4, 306-7, 309-10; **vol. 19:** 267-9, 348-9

fezes, **vol. 6:** 105; **vol. 8:** 128NA, 262, 273, 352, 357, 403; **vol. 10:** 35, 37, 348-9; **vol. 13:** 418; **vol. 14:** 26, 99, 103-4, 109NA, 112, 132, 255, 258-62; **vol. 18:** 63NA, 73NA, 248, 270, 278; — *grumus merdae*, **vol. 14:** 109; incontinência fecal, **vol. 14:** 102, 104, 123NA; *incontinentia alvi* [incontinência fecal infantil], **vol. 8:** 352; mecônio, **vol. 13:** 525; retenção da massa fecal, **vol. 6:** 92-3; tendências coprofílicas, **vol. 9:** 110NA, 272, 361; "vara fecal", **vol. 14:** 259; *ver também* defecação/evacuação; excremento(s), excretória(s), excreção

fibras motoras, **vol. 1:** 190-2

ficção, ficções, **vol. 12:** 164, 232; **vol. 14:** 30, 319, 368, 371-2, 374-5; **vol. 17:** 140, 264; *ver também* literatura; poesia, poeta(s); *Índice de obras de arte e literárias*

fidelidade conjugal, **vol. 9:** 35NA, 337-40, 357; *ver também* casamento(s)/matrimônio(s)

fígado, **vol. 18:** 402, 404, 406

figurabilidade, **vol. 12:** 159

"filho de Deus", **vol. 12:** 235; *ver também* Deus/deuses

filho(s), filha(s), **vol. 1:** 29, 54, 351; **vol. 2:** 77, 80, 83, 91, 96, 99-101, 102NA, 108-9, 115, 117-20, 124, 126, 136, 140, 151, 153, 154-5NA, 170NA, 171, 180, 187, 194NA, 201, 204, 208-9, 214, 244, 299; **vol. 3:** 22, 39, 41, 63, 66, 72, 76, 85, 100, 102, 122-3, 125, 177, 184, 213, 246, 251, 253, 261, 289; **vol. 6:** 43, 144-5, 149, 151, 162, 171, 188-91, 194, 197-8, 206, 209, 212-3, 219, 222, 234, 236-7, 243, 246, 255-6, 269, 281, 283, 293, 297NA, 300, 302, 318; **vol. 7:** 85-6, 90, 109, 131, 153, 185, 201; **vol. 8:** 19, 42, 46, 55, 68-9, 98, 124, 126, 132-3, 135, 137, 140-1, 150, 152, 155, 165-6, 185, 196, 218, 221, 223-5, 227-30, 233, 241, 245, 247-8, 250, 254, 256, 266-8, 270, 273, 278-9, 322-3, 332, 342, 362, 386, 389, 403, 405, 407-9; **vol. 9:** 21, 24, 60-3, 68, 69NA, 73, 78, 80, 82, 88-9, 105, 141-2, 143NA, 146, 149, 154-6, 166, 169, 174, 177, 185-7, 190-1, 193, 195-6, 210NA, 230, 274, 344-6, 382, 394; **vol. 10:** 17, 39, 69, 76, 77NA, 78, 94, 105-6, 167, 174, 213, 234, 287-8, 294, 299-300, 302-5, 308, 312, 314NA, 315, 319, 323, 328; **vol. 11:** 20, 24, 26, 31-2, 37-40, 72, 75, 86-7, 101, 128-9, 132, 172, 177, 181, 188, 195, 199, 208, 216-23, 228, 231-5, 239, 403, 416; **vol. 12:** 35-6, 202, 231-2, 235-6, 240, 244, 260, 264, 267-71, 273-4, 277-9, 289; **vol. 13:** 44-8, 104, 159, 184, 192-3, 205-6, 212-3, 215, 237NA, 250, 254, 258, 261-2, 272, 276-9, 297, 317, 332, 340, 353, 358-9, 397, 442-4, 448, 468-70, 553, 562, 585, 609; **vol. 14:** 15, 21-2, 26, 46, 85, 88-9, 91, 95, 110-2, 116, 134-5, 154, 180-1, 256-9, 261, 264, 269, 306, 342-3, 348-9NA, 395, 403; **vol. 15:** 43, 56NA, 62, 83, 86-8, 101-2, 104, 107, 116-9, 127-30, 133, 135-7, 140, 145, 163-7, 172, 176, 179, 180-3, 185, 187-9, 195, 197-9, 204-6, 216-7, 221, 240-1, 247, 250, 253, 255, 306; **vol. 16:** 158-9, 165, 174, 204, 212-3, 288, 332, 353; **vol. 17:** 37, 91, 104, 163, 165, 167, 180, 230, 252, 254, 256, 265, 292, 359, 361-2; **vol. 18:** 46-7, 62, 66, 71, 74, 80, 100, 101NA, 104, 141, 165-8, 170-2, 182, 191, 204, 232, 250, 267, 272, 274, 276, 279, 287-8, 291-2, 308, 312, 329, 356-7, 362, 383, 385, 388, 390, 422, 446-8, 457, 462, 472; **vol. 19:** 14-6, 19-23, 25, 32, 41, 68NA, 92, 115, 117-8, 122, 124, 126-7, 129, 152-3, 163, 166, 168, 180, 184, 186-7, 230, 250, 252, 255, 256NT, 275, 323, 333, 350, 363, 366, 368, 370

filogênese, filogenética(s), filogenético(s), **vol. 6:** 15, 169; **vol. 14:** 130; **vol. 16:** 46-8, 60, 205; **vol. 19:** 137, 139, 141, 182, 218, 248, 250, 264-5, 272

filosofia, filosófica(s), filosófico(s), filósofo(s), **vol. 1:** 106; **vol. 4:** 16, 25, 30, 35, 46, 62, 68, 82, 92, 107, 114, 121, 125, 131, 134, 167, 179, 250, 263, 356, 429, 485, 538, 665, 668, 670; **vol. 5:** 46, 65, 149, 164, 364, 379, 432; **vol. 7:** 16, 49NA, 98NA, 104, 129, 137, 208, 258; **vol. 9:** 90, 315; **vol. 10:** 262, 265; **vol. 11:** 257, 346, 349; **vol. 12:** 43, 45NA, 150, 237; **vol. 13:** 26, 61, 115, 131, 204; **vol. 14:** 20, 220-2, 251, 380-1, 393, 404; **vol. 15:** 152, 157-9, 316; **vol. 16:** 16, 18, 108-9, 148, 223, 225, 256-9; **vol. 17:** 26, 136, 140, 147, 210, 213, 264-5, 270, 272, 374-5; **vol. 19:** 92, 190, 196NA, 206-7, 209, 271, 315, 354-5, 359, 362; — *Naturphilosophie* [alemão: "filosofia da natureza"], **vol. 1:** 106

"fim da análise", **vol. 19:** 279-80; — prazo da terapia, **vol. 19:** 277-8; *ver também* análise/analista(s); terapia/psicoterapia

finalidade da vida, **vol. 18:** 29-30; *ver também* vida humana

247

física, **vol. 13:** 26

fisiologia, fisiológica(s), fisiológico(s), **vol. 1:** 94, 168, 212; **vol. 2:** 266, 282, 284, 357; **vol. 8:** 15, 78, 83, 383, 400, 418; **vol. 12:** 28, 53-5, 103; **vol. 16:** 80-2, 92, 350; **vol. 17:** 23, 72, 136, 162, 221-2; **vol. 18:** 15, 17, 26, 143, 255, 388, 406; — fisiologia do riso, **vol. 7:** 209NA

fissura no Eu *ver* cisão do Eu

fixação, fixações, **vol. 4:** 589, 653; **vol. 5:** 258, 333, 369; **vol. 6:** 27, 34NA, 42NA, 48NA, 49, 57, 58NA, 63, 128, 150-1, 156NA, 161, 163, 170-1; **vol. 9:** 100, 161, 166NA, 211, 232, 272-3, 339, 343, 349-51, 354, 356, 380; **vol. 10:** 82-4, 86, 89-91, 96, 100-2, 189, 225, 233-8, 251, 272, 325, 327-8, 335; **vol. 12:** 59, 86, 111, 181, 192, 208; **vol. 13:** 364, 366, 368, 452-3, 455, 457, 460-1, 463, 467-8, 477-80, 483, 488, 495-6, 550, 557-8, 565; **vol. 14:** 19, 135, 153, 157, 170, 312; **vol. 15:** 87, 121, 131NA, 145-6, 148, 200, 221-2, 251, 254, 271, 289, 291; **vol. 16:** 61, 116, 147, 314; **vol. 17:** 31, 100, 161, 318; **vol. 18:** 42, 157, 247, 260, 273, 281, 285, 287-8, 373, 375NA; **vol. 19:** 63, 69, 107-9, 119, 198, 200, 204, 239, 251, 275, 281, 292

flatulência, **vol. 3:** 82

flerte, **vol. 9:** 337

fleumático, temperamento, **vol. 2:** 329

flexores, músculos, **vol. 1:** 37; *ver também* músculo(s), muscular(es), musculatura

flores, **vol. 3:** 287-8, 291, 293-4, 297

fobia(s), fóbica(s), fóbico(s), **vol. 2:** 129-32, 363, 365, 386; **vol. 3:** 50, 52, 54, 57-8, 60, 62-4, 67, 69-70, 74, 77-80, 89-92, 121, 130-1, 150, 164, 174-5, 259-61, 285-6; **vol. 4:** 15, 131, 196, 283, 291NA, 300-1, 328, 383, 634-5, 667; **vol. 5:** 381, 426; **vol. 6:** 102, 203, 205, 218, 328, 372; **vol. 8:** 128NA, 146-7, 149, 151-2, 167, 172, 177, 185-6, 204, 214-5, 234, 237, 242, 246, 249-52, 258-9, 261, 267, 270, 272-8, 282, 310, 407; **vol. 9:** 69NA, 293-4, 376; **vol. 12:** 31, 95-6, 98, 122, 124, 154; **vol. 13:** 526-30, 534, 537, 539-44; **vol. 14:** 27, 55-6, 64-5, 75, 83, 107, 110NA, 132-3, 145, 148-51, 160NA, 210, 289-90; **vol. 15:** 198, 296; **vol. 17:** 17, 32-3, 35-46, 61-8, 76-8, 87, 89, 92-3, 105-6, 118-9, 129, 213, 313; **vol. 18:** 225-8, 230, 319; **vol. 19:** 108, 116, 119; — agorafobia, **vol. 1:** 173, 293; **vol. 2:** 163NA; **vol. 3:** 64, 78, 90, 121-2, 240; **vol. 4:** 404, 634-5; **vol. 6:** 115NA; **vol. 8:** 249; **vol. 9:** 298; **vol. 13:** 353, 361, 529; **vol. 14:** 290; **vol. 17:** 44, 66-7; claustrofobia, **vol. 4:** 326; **vol. 13:** 361; ereutofobia, **vol. 4:** 340; misofobia, **vol. 3:** 76; ocasião, fobias de, **vol. 3:** 78; patofobia, **vol. 3:** 74; sifilofobia, **vol. 18:** 234; topofobia, **vol. 13:** 361; zoofobia(s), **vol. 10:** 299; **vol. 11:** 196-7, 200, 203; **vol. 12:** 94-5; **vol. 14:** 15, 45; **vol. 15:** 246; **vol. 17:** 32; *ver também* angústia(s); medo(s); temor(es)

fogo, conquista do, **vol. 18:** 399-404

folclore, **vol. 5:** 444; **vol. 13:** 214, 223, 227; **vol. 15:** 33, 285; **vol. 18:** 148

folie de doute, **vol. 1:** 155, 162

fome, **vol. 2:** 121, 123, 282-3, 304; **vol. 4:** 167, 196NA, 442; **vol. 6:** 20, 39-40, 221; **vol. 9:** 127, 286, 318, 331, 359, 361; **vol. 12:** 20, 53NA, 84; **vol. 13:** 177, 179, 237, 259, 415, 545; **vol. 14:** 222, 241; **vol. 17:** 16, 257; **vol. 18:** 84, 242, 245, 431; — "fome de estímulos", **vol. 6:** 42NA; fome intensa, **vol. 3:** 87-8; grandes carências (fome, respiração, sexualidade), **vol. 1:** 220; *ver também* sede

fonte instintual, fontes instintuais, **vol. 12:** 60, 122; **vol. 18:** 139, 245, 412; *ver também* instinto(s), instintual, instintuais

fontes da sexualidade, **vol. 6:** 89, 128,

ÍNDICE REMISSIVO GERAL

158, 165; *ver também* sexualidade, sexual, sexuais

fontes do sonho, **vol. 4:** 45-7, 51, 55, 58, 60, 66, 74, 110, 198, 216, 256, 259, 281, 314, 439; — fontes somáticas do sonho, **vol. 4:** 258-9, 266-7, 276, 535; *ver também* sonho(s)

força bruta, **vol. 18:** 57, 426

força instintual, **vol. 6:** 138; *ver também* instinto(s), instintual, instintuais

força(s) motriz(es), **vol. 1:** 113, 115; **vol. 3:** 294; **vol. 4:** 112, 192, 430, 435, 535, 583, 592, 611-2, 616-7, 620, 623, 657-9, 661; **vol. 5:** 440; **vol. 11:** 191, 253, 306, 339, 359

força(s) psíquica(s), **vol. 1:** 113, 115; **vol. 5:** 73, 202, 291, 364; **vol. 8:** 61, 66, 83, 388; **vol. 9:** 99, 244, 256, 271, 283; **vol. 10:** 269; **vol. 12:** 21, 89, 211; **vol. 15:** 151, 161, 282, 284; **vol. 16:** 227, 231, 242; *ver também* psique, psiquismo, psíquica(s), psíquico(s)

forças naturais, **vol. 18:** 45, 50, 54

formação do chiste, **vol. 7:** 32, 80, 188, 203-4, 212, 221, 236, 239, 242, 244; *ver também* chiste(s)

formação onírica, **vol. 19:** 210; *ver também* sonho(s)

formação reativa, **vol. 6:** 80, 157, 165

formação substitutiva, chiste e, **vol. 7:** 32, 44, 46-7, 63-4, 70, 111-2, 127, 227; *ver também* chiste(s)

formações psíquicas, **vol. 18:** 78, 137, 410; *ver também* psique, psiquismo, psíquica(s), psíquico(s)

formas de vida, **vol. 16:** 51

formes frustes, **vol. 1:** 167

fórmula protetora, **vol. 2:** 77NA, 87-8, 135, 140

framboesa, **vol. 8:** 162, 232, 246NA

fratrias, **vol. 11:** 28-9

freiras, **vol. 1:** 160, 172, 187; **vol. 3:** 47

fricção, fricções, **vol. 6:** 83, 94

Friedreich, doença de, **vol. 3:** 142

frigidez, frígida(s), **vol. 8:** 382, 386; **vol. 9:** 124, 355, 377-8, 380-1, 383; **vol. 18:** 289, 395

fruição sexual, **vol. 6:** 276; *ver também* sexualidade, sexual, sexuais

fruste, irritation génésique, **vol. 3:** 79NT

frustração, frustrações, **vol. 10:** 61, 76, 83, 115, 139, 230-4, 237-8, 321, 328, 331; **vol. 12:** 29, 78, 139, 260, 262, 283; **vol. 14:** 156, 256, 286, 387; **vol. 17:** 55, 240; **vol. 18:** 27, 35, 60, 70, 96, 102NA, 112, 277-9, 311, 370, 391, 441-2; **vol. 19:** 289, 295-6

fuga, **vol. 2:** 286; **vol. 12:** 54-5, 76, 83, 95, 98, 121, 123, 149, 154; **vol. 17:** 21, 24, 65, 89-90, 99, 150-1, 154, 193; **vol. 18:** 42, 225, 229, 243; — reflexo de fuga, **vol. 7:** 330

fumo/fumar, **vol. 4:** 280; **vol. 6:** 86, 257-8, 281-2; — tabaco, **vol. 7:** 293

função biológica, **vol. 8:** 280NA; *ver também* biologia, biológica(s), biológico(s)

função do chiste, **vol. 7:** 186; *ver também* chiste(s)

função do sonho, **vol. 4:** 104-5, 107, 199NA, 625, 632-3; *ver também* sonho(s)

função reprodutiva *ver* reprodução/função reprodutiva

função sexual, **vol. 19:** 199, 204, 244-6; *ver também* sexualidade, sexual, sexuais

funções psíquicas/funcionamento psíquico, **vol. 2:** 281, 324; **vol. 16:** 23, 32, 114, 132, 152, 245; *ver também* psique, psiquismo, psíquica(s), psíquico(s)

furadeira, **vol. 8:** 193, 231, 262

Furcht [alemão: "temor"], **vol. 8:** 147; **vol. 13:** 523; *ver também* temor(es)

gagueira, **vol. 2:** 83, 88-9, 94, 109, 112NA, 117, 135, 137, 141-2

galinha(s), **vol. 8:** 216-7

ganho primário e secundário da doença, **vol. 6:** 17, 219-20NA, 362; — be-

ÍNDICE REMISSIVO GERAL

nefício da doença, **vol. 13:** 507-10; **vol. 17:** 30, 108
gargalhadas, **vol. 7:** 29; *ver também* riso(s)
garganta, **vol. 1:** 31-2, 42, 77; **vol. 2:** 181-2, 243, 259; **vol. 6:** 87, 225, 230, 232, 270
garota(s) *ver* menina(s)
garoto(s) *ver* menino(s)
gasto psíquico, **vol. 7:** 170-1, 173-4, 178, 182-3, 212-3, 222, 224, 263, 271; *ver também* psique, psiquismo, psíquica(s), psíquico(s)
gastralgias, **vol. 6:** 264
gastrite, **vol. 2:** 123
gato(s), **vol. 13:** 527-9
gelo, simbolismo do, **vol. 5:** 75NA; *ver também* simbolismo/símbolo(s)
general, figura simbólica do, **vol. 15:** 47, 49, 52, 99; — militarismo, **vol. 15:** 48
genitalidade, genital, genitais, **vol. 1:** 21, 40, 45, 55, 63; **vol. 2:** 269, 344; **vol. 3:** 76, 126, 150, 152, 161, 166, 178, 184, 206, 212, 222, 224, 234, 256; **vol. 4:** 189, 223, 235, 238, 265, 271, 314NA, 375-6, 389, 392NA, 398-408, 412, 418, 432, 435-6, 445, 448, 456, 458, 485, 640, 673; **vol. 5:** 112-3, 417, 442; **vol. 6:** 29, 34, 40, 42, 43NA, 44-5, 48-51, 54NA, 64, 68, 79NA, 83-4, 88, 91, 93NA, 95, 97, 99-101, 104-5, 107-10, 113, 115-6, 121-6, 128, 135, 140, 142, 144, 147, 158-61, 163, 168, 201, 204, 225, 237, 253, 262-3, 271, 278-80, 288, 291-2, 357-8; **vol. 8:** 128, 142-3, 145NA, 219, 241, 243-4, 267, 318, 353, 370-1, 384, 399; **vol. 9:** 19, 59, 84, 95NA, 125, 127NA, 157, 159-64, 269-72, 275, 319, 322, 355, 361-2, 392; **vol. 10:** 43, 81, 245, 287, 329-36; **vol. 11:** 57, 200, 255, 312, 350, 370-1; **vol. 12:** 27, 77, 79, 144, 206-7, 288-9, 291; **vol. 13:** 127, 206-7, 210, 212-3, 218, 220-2, 227, 258, 261-2, 281-2, 356, 402, 404-5, 409, 412, 417, 419-21, 425, 427-8, 430, 432-6, 456, 459, 463, 468, 471; **vol. 14:** 29, 35-7, 52, 64-5, 78, 81, 86, 121-2, 135, 142-5, 147-8, 155-6, 225-6, 231, 253-5, 257, 259, 261, 294, 305-6, 308, 311, 314-5, 317-8, 320-1, 323, 351, 365; **vol. 15:** 28NA, 85NA, 104, 108-9, 120, 123, 126, 145-6, 200, 202, 250-1, 287-9, 327; **vol. 16:** 52, 67, 115, 116NA, 118-9, 169-72, 173NA, 174-5, 189, 193, 206-9, 212, 260, 286-7, 289-90, 294, 296; **vol. 17:** 38, 40, 42, 49-50, 53, 63-4, 81, 129, 156, 171, 306-7, 309, 318, 361; **vol. 18:** 40, 61, 62NA, 64-6, 69, 73NA, 149, 245-6, 250-1, 269-70, 274, 278, 280, 290, 304, 372, 376-8, 383-5, 390, 407; **vol. 19:** 106, 199-200, 202, 204-5, 250, 254, 267-8, 292, 322, 347-8; — fase fálica, **vol. 6:** 121NA; **vol. 19:** 202, 204, 248, 254, 292, 323; histeria em mulheres privadas da genitalidade, **vol. 1:** 55; organização genital, **vol. 13:** 435, 456; **vol. 17:** 49, 53, 64; organizações pré--genitais, **vol. 6:** 101, 107, 109, 110NA; relação entre histeria e genitalidade, **vol. 1:** 55; *ver também* sexualidade, sexual, sexuais
genro, **vol. 11:** 36-7, 39-40
gestação, **vol. 8:** 410
gilyak (indígenas), **vol. 11:** 129
ginástica, **vol. 1:** 62
ginecófilas, correntes afetivas, **vol. 6:** 245; *ver também* afetividade, afeto(s), afetiva(s), afetivo(s); feminilidade, feminina(s), feminino(s); mulher(es)
ginecologistas, **vol. 6:** 271
girafa(s), **vol. 8:** 133-4, 160-5, 256-7
gíria infantil, **vol. 7:** 179; *ver também* criança(s); infância, infantil, infantis
glande, **vol. 6:** 94, 126, 140; *ver também* pênis
glândulas sexuais/gônadas, **vol. 2:** 283-4, 341; **vol. 3:** 256; **vol. 6:** 36NA, 131-2; **vol. 13:** 451; *ver também* sexualidade, sexual, sexuais

glaucoma, **vol. 4**: 205, 254-5; *ver também* olho(s)

globus hystericus, **vol. 1**: 42, 59; **vol. 6**: 87; *ver também* histeria, histérica(s), histérico(s)

glote, **vol. 2**: 66, 71, 298

gônadas *ver* glândulas sexuais/gônadas

gonorreia, **vol. 6**: 260; **vol. 14**: 14, 133

governanta(s), **vol. 9**: 19-20

gozo, **vol. 3**: 150, 250; **vol. 10**: 31, 39, 41, 43NA, 45-6, 225; **vol. 18**: 32, 39; — *Lust* [alemão: "prazer"/"gozo"/"vontade"], **vol. 6**: 20NA, 129NA; *ver também* desejo(s); prazer, prazerosa(s), prazeroso(s); sexualidade, sexual, sexuais

gracejo(s), **vol. 7**: 110, 173NA, 183-7, 189, 192, 196, 201, 205-6, 246, 252, 254; **vol. 17**: 329; *ver também* chiste(s); piada(s)

grafologia, **vol. 18**: 178

"grande hystérie"/histeroepilepsia, **vol. 1**: 41, 65-6, 177; *ver também* histeria, histérica(s), histérico(s)

grandes carências (fome, respiração, sexualidade), **vol. 1**: 220

gratificação, gratificações, **vol. 18**: 28-9, 36NA, 57, 70, 80

gravata, simbolismo sexual da, **vol. 5**: 442; *ver também* sexualidade, sexual, sexuais; simbolismo/símbolo(s)

grávida(s), gravidez, **vol. 2**: 205, 223, 256; **vol. 3**: 63, 100, 246; **vol. 4**: 151, 159, 191, 400, 421, 437, 447, 449NA, 622; **vol. 5**: 74, 90NA, 395; **vol. 6**: 106, 196NA, 296-7NA; **vol. 8**: 199-200, 205, 211, 214, 263, 266, 272, 397, 405; — parto, **vol. 6**: 296-7, 306NA; **vol. 11**: 46, 50, 62

gregário, **vol. 15**: 77-80, 96NA, 108

gripe, **vol. 6**: 295

grumus merdae, **vol. 14**: 109; *ver também* defecação/evacuação; fezes

grupamento(s), **vol. 15**: 30, 55, 79; — grupamentos psíquicos, **vol. 9**: 235, 244, 258; *ver também* psique, psiquismo, psíquica(s), psíquico(s)

guaicurus (indígenas), **vol. 11**: 95

guerra(s), **vol. 8**: 68; **vol. 12**: 209-11, 214-6, 218, 224-5, 227-8, 233, 240, 245-6, 250, 252; **vol. 13**: 20, 49, 56, 95, 100, 197-8, 366, 438, 505, 562, 610, 612; **vol. 14**: 66, 160NA, 168, 170, 174, 197, 292, 383-7, 397-8, 400, 402-3; **vol. 15**: 48, 78, 155, 157, 196, 204-5, 313, 316; **vol. 17**: 30, 69, 84, 142, 178-9, 320, 372; **vol. 18**: 94, 155, 180, 348-9, 414-5, 417-8, 422-6, 428, 430-5; — Grande Guerra (Primeira Guerra Mundial, 1914-8), **vol. 11**: 281NA, 300NA, 301; **vol. 15**: 48, 151, 163, 176; **vol. 16**: 96, 133-5, 140, 238; **vol. 17**: 69NT, 142NT; **vol. 18**: 77, 187NT, 348, 418, 466; **vol. 19**: 276-7; Guerra dos Trinta Anos (Europa, 1618-48), **vol. 18**: 47; lapsos de guerra, **vol. 5**: 160

habiru (antigos guerreiros arameus), **vol. 19**: 44, 73

hábitos(s), **vol. 3**: 164, 249-50; *ver também* vício(s)

hebefrenia *ver dementia praecox* [demência precoce/hebefrenia]

hebreu(s)/israelita(s), **vol. 4**: 488; **vol. 11**: 42, 377, 399; **vol. 19**: 17, 26, 31, 44, 73; — Bíblia hebraica, "eloísta" e "jeovista" na, **vol. 19**: 62, 87-8; exílio babilônico, **vol. 19**: 38, 54, 63, 154; êxodo, **vol. 19**: 14, 43-4, 47, 49, 52, 55, 60, 65, 71-2, 85-7, 97, 154-5; hebraico/língua hebraica, **vol. 11**: 16-7, 207; **vol. 13**: 17; **vol. 19**: 14-6, 38, 67NA, 158; legislação judaica/mosaica, **vol. 19**: 26, 59, 69, 93; levitas (tribo sacerdotal israelita), **vol. 19**: 22, 25, 57-8, 72, 75, 88; patriarcas hebreus, **vol. 19**: 40, 66, 68, 94; profetas hebreus, **vol. 19**: 54, 69, 75, 77,

ÍNDICE REMISSIVO GERAL

91, 154, 164, 184; *ver também* judaísmo, judeu(s)
heimlich ver "inquietante", o
hemianestesia, **vol. 1:** 28, 33, 37-8, 45, 48, 59, 75; **vol. 2:** 22, 269, 333; *ver também* anestesia [histérica]
hemianopsia, **vol. 1:** 45-6, 173, 199-200, 202, 204; *ver também* visão, visual, visuais
hemiplegia, **vol. 1:** 48, 176, 195, 197, 199, 202; *ver também* paralisia(s)
hemorroidas, **vol. 6:** 91
henoteísmo, **vol. 19:** 177
herança arcaica, **vol. 19:** 137-41, 218, 308-9
hereditariedade, hereditária(s), hereditário(s), **vol. 1:** 53-4, 168, 17; **vol. 3:** 29, 31, 76, 120, 127, 132-3, 135-7, 139-58, 163, 192, 207, 216, 244, 248; **vol. 6:** 73, 145, 161, 188, 190NA, 229, 360; **vol. 13:** 336, 340, 479; **vol. 15:** 182, 187; **vol. 16:** 205; **vol. 19:** 103, 140, 243, 308-9, 364;
— hereditariedade similar vs. dissimilar, **vol. 3:** 142
hermafroditismo, hermafrodita(s), **vol. 6:** 22, 29-30, 33, 133; **vol. 15:** 124, 147, 149
herói(s), **vol. 6:** 362-7; **vol. 8:** 16, 198NA, 334-5, 368, 423; **vol. 11:** 156, 236-7, 376-7, 380-1, 389, 391, 404; **vol. 13:** 217; **vol. 15:** 27, 102-3; **vol. 19:** 18-25, 53, 68, 100, 123, 148, 152, 167, 183, 246, 252-3, 271; — heróis gregos, **vol. 5:** 394; heroísmo, **vol. 12:** 242; nascimento de heróis, mitos de, **vol. 19:** 18-21, 23; *ver também* lenda(s), lendária(s), lendário(s); mito(s), mitologia, mitológica(s), mitológico(s)
hesitação *ver* dúvida, mania de
heterossexualidade, heterossexual, heterossexuais, **vol. 6:** 27, 32, 37, 64NA, 169; **vol. 10:** 61, 81, 84; **vol. 14:** 32, 156; **vol. 15:** 109, 120-1, 128, 133, 145, 147, 214; **vol. 19:** 313; *ver também* sexualidade, sexual, sexuais
hexâmetros, versos, **vol. 7:** 68
hicsos, **vol. 19:** 43
hidrato de cloral, **vol. 1:** 51, 92
hidrofobia, **vol. 3:** 40-1
hidropatia/tratamento hidropático, **vol. 2:** 171; **vol. 14:** 390
hidroterapia/tratamento hidroterápico, **vol. 1:** 17, 61-3, 101; **vol. 3:** 101, 178, 180, 238, 247-9, 260; **vol. 6:** 193, 343; **vol. 8:** 387, 432
hierarquia, **vol. 15:** 48
hieróglifos/escrita hieroglífica, **vol. 4:** 363, 384; **vol. 11:** 345; **vol. 13:** 310-1; **vol. 19:** 63NA; *ver também* escrita
higiene, **vol. 4:** 237; **vol. 6:** 94, 144; **vol. 8:** 361, 384; **vol. 18:** 47, 55, 274, 376, 382, 390; **vol. 19:** 45NA; *ver também* limpeza; ordem/organização
hímen, **vol. 9:** 367-70, 379, 381
hindus, **vol. 4:** 27; **vol. 19:** 100
hinos, **vol. 19:** 29, 33-4, 37, 74NA
hiperalgesia, **vol. 2:** 195, 198, 342
hiperemia, **vol. 1:** 203; *ver também* sangue
hiperestesia(s), **vol. 1:** 44-5, 47, 59; **vol. 2:** 280, 363; **vol. 10:** 18; — hiperestesia auditiva, **vol. 3:** 84-5; *ver também* audição, auditiva(s), auditivo(s)
hipermnésico(s), sonho(s), **vol. 4:** 36-7, 39, 642; *ver também* sonho(s)
hipnagógicas, alucinações, **vol. 4:** 56-7, 75, 258; *ver também* alucinação, alucinações, alucinatória(s), alucinatório(s)
hipnose, hipnotismo, hipnótica(s), hipnótico(s), **vol. 1:** 14, 22-4, 51, 63-4, 69-75, 77-9, 82-5, 87-100, 102-3, 120-31, 133-46, 148, 150-3, 157-8, 171, 176, 181-6, 208, 277, 346-8; **vol. 2:** 19, 28-9, 31-2, 34-5, 38, 49-50, 52-5, 57-61, 63, 65, 69, 71-5, 79-81, 83-4, 86-9, 91-2, 94, 98, 100-1, 102NA, 108-9, 111,

113NA, 114, 116-9, 121-3, 125-7, 131, 133, 138, 139NA, 141, 144-6, 147-8NA, 149, 151, 154NA, 158-9, 165, 183, 192, 200, 208, 215, 235-6NA, 244, 247, 254-5, 269, 300, 303-7, 309-10, 317-8, 320, 325, 328, 336, 339, 353, 355, 359-60, 373-4, 376-7, 380, 385, 398-400; **vol. 3:** 30-1, 35, 39-40, 43-4, 48, 56, 60, 197, 257, 309; **vol. 4:** 133, 182, 429, 623NA; **vol. 5:** 209; **vol. 6:** 42NA, 199NA, 263, 322-4, 326-7, 336-7, 351; **vol. 7:** 231; **vol. 8:** 100, 356; **vol. 9:** 90, 226-7, 230, 235-6, 239-40, 245, 248-9, 280, 314; **vol. 10:** 179, 194-6, 199, 201-2, 209, 258-60, 269-70, 340, 342; **vol. 11:** 247-9, 257-8, 262, 281; **vol. 12:** 104; **vol. 13:** 138-40, 194, 388-9, 591, 593-7, 612; **vol. 15:** 21, 24, 30-1, 69, 73-7, 88-91, 92NA, 111-2, 138, 275, 277-9, 285, 297; **vol. 16:** 15, 84, 88-91, 93-6, 102-4, 123-4, 130, 160, 224-30, 232, 254, 256-8; **vol. 17:** 133-4, 183, 200, 214, 312-3; **vol. 19:** 294, 358, 359NA; — 80% das pessoas como hipnotizáveis, **vol. 1:** 121, 128; auto-hipnose(s), **vol. 1:** 63, 80-1, 95, 99, 209; **vol. 2:** 24, 29, 52, 69, 72, 305-11, 332, 334, 352-3; Congresso Internacional de Hipnotismo (Paris, 1889), **vol. 1:** 103NT; estado(s) hipnoide(s), **vol. 1:** 182-3; **vol. 2:** 31-2, 35-6, 38, 185, 304-5, 307-8, 310, 332-5, 352-3, 355-6, 401; *grand hypnotisme*, **vol. 1:** 23, 72-3, 76; hipnotizador(es), **vol. 1:** 95-6, 100, 122-6, 133, 135, 140-1; **vol. 15:** 22, 24, 73, 88-91; hipnotizável, hipnotizáveis, **vol. 1:** 121, 128; **vol. 2:** 209, 360, 376; histeria(s) hipnoide(s), **vol. 2:** 241, 401-2; **vol. 3:** 48, 52; *ver também* sugestão, sugestionabilidade

hipocondria, hipocondríaca(s), hipocondríaco(s), **vol. 2:** 196NA, 345, 363; **vol. 3:** 74, 85, 98, 172; **vol. 6:** 189; **vol. 10:** 17, 56, 70, 75NA, 246; **vol. 12:** 25-8, 30-1, 141-2, 144, 153; **vol. 13:** 516, 518, 555; **vol. 15:** 226

hipocrisia, hipócrita(s), **vol. 9:** 265; **vol. 12:** 141, 223-4; **vol. 13:** 197; **vol. 16:** 262, 328

histeria, histérica(s), histérico(s), **vol. 1:** 14, 20-5, 28-9, 33, 40-4, 46-67, 70, 72-6, 78, 80, 90, 96, 101, 109, 135-6, 154-5, 157-61, 163, 171-2, 174-7, 180-2, 184-8, 190, 193-200, 203-6, 208, 219, 284-6, 291, 297, 342-3, 346, 348; **vol. 2:** 19-427; **vol. 3:** 26-30, 33-43, 46-8, 50-7, 60-1, 64-5, 67, 70, 76-7, 84, 86, 88, 93, 95-6, 102, 104, 111-5, 120, 124-5, 138, 140, 143-4, 147, 151-8, 160-8, 176, 179-81, 183, 189, 192-209, 212-22, 224-30, 238-9, 243, 254, 257-61, 271-2, 276-7, 295, 300, 308-9, 311, 313; **vol. 4:** 15, 120, 131, 138, 141-2, 147-8, 180, 183-5, 221, 237, 239, 241-2, 252, 255-6, 285, 291, 300-1, 306, 313-4, 326, 335, 345, 352, 358, 370NA, 374, 390, 397NA, 432, 436, 439, 441, 483, 497, 507, 517, 540, 543, 572, 578-9, 595-6, 615, 621-2, 630, 632NA, 634, 646, 651, 656, 660-1, 667-8, 671-2; **vol. 5:** 62, 122, 200NA, 201, 227-8, 230, 239, 257, 270, 345NA, 374, 426, 428, 445; **vol. 6:** 44, 59-62, 63NA, 64, 67-8, 71, 76-7, 85NA, 86, 88, 136, 142, 153, 162, 173-5, 178, 182, 184-5, 189, 190NA, 195-6, 199, 201, 205NA, 215-9, 222-3, 227-34, 242, 245, 265-6, 268, 271, 293-4, 296NA, 307-10, 313, 322, 328-9, 332, 338, 342, 344, 350-8, 372, 375; **vol. 8:** 62, 72-3, 242-3, 249-51, 291-2, 310, 340-1, 343-8, 356, 367, 401, 413-8, 430; **vol. 9:** 15-6, 25, 50NA, 53, 57, 90, 93, 102, 110-1, 221, 223-5, 227-8, 231NA, 232-4, 236-9, 241, 243, 246, 256-7, 292-3, 314-6, 323, 329-30, 394; **vol. 10:** 66, 75NA, 96, 101, 165-6, 189, 247, 254, 259-60, 269-70, 326-8, 331, 336-7; **vol. 11:** 120, 138,

248, 251, 255, 259-60, 275, 329, 339, 345-6; **vol. 12:** 15, 20, 27-8, 31, 47, 61, 94-6, 98, 121, 123-6, 139-40, 142-4, 154, 183, 206; **vol. 13:** 15, 23, 321, 343-5, 348, 360, 362, 365, 367, 373, 378-80, 385, 398, 400, 402, 409, 430, 456-7, 479, 483, 498, 502, 505, 513, 517-8, 524, 530, 533-5, 541, 549, 556-8, 566, 580-1, 593; **vol. 14:** 15, 101, 148, 150, 155, 168-9, 289, 294, 299, 393; **vol. 15:** 29, 63-4, 126, 165, 200, 218, 220, 226, 274-7, 285, 291, 294, 296, 302; **vol. 16:** 64, 67, 84-5, 87-8, 92, 95-7, 99, 106, 216, 223, 225-8, 234, 236, 242, 256, 285, 351; **vol. 17:** 16-7, 23, 28-9, 32, 46-7, 49-52, 56, 59, 61, 73-5, 87, 104-5, 111-3, 129, 312-3, 341, 344, 346, 350, 352; **vol. 18:** 137, 155, 224, 226-7, 230, 274, 301, 369, 374, 392; **vol. 19:** 283, 343; — anomalia constitucional, histeria como, **vol. 1:** 56; *arc de cercle* (postura corporal histérica), **vol. 1:** 42; artralgia(s) histérica(s), **vol. 1:** 22, 59; ataque(s) histérico(s), **vol. 1:** 42-4, 54, 59, 61, 74, 78, 160, 171-2, 181, 183-8; **vol. 2:** 19-20, 33, 35-6, 107NA, 138NA, 140-2, 156, 165NA, 182, 198, 247, 290, 301, 306, 311, 323, 354; **vol. 8:** 310, 348, 413-8; *attitude passionelle* na histeria, **vol. 1:** 42, 171, 184-5; aura histérica, **vol. 2:** 182, 258; caráter histérico, **vol. 6:** 61; compulsão histérica, **vol. 1:** 285-6, 289-90, 292; contravontade histérica, **vol. 1:** 155-6, 159-60, 163, 172; **vol. 2:** 21, 89NA; delírio histérico, **vol. 2:** 77NA, 113NA, 114, 306; diátese nervosa, histeria como, **vol. 1:** 53; "estigmas histéricos", **vol. 1:** 21, 28, 181; etiologia da histeria, **vol. 3:** 191-231; **vol. 6:** 182, 190NA, 268, 352; evolução da histeria, **vol. 1:** 56; fase alucinatória da histeria, **vol. 1:** 42; fase "epileptoide" da histeria, **vol. 1:** 42,

66, 184; fenômenos histéricos, **vol. 2:** 14, 18, 27, 29-30, 33, 38, 59, 69, 72, 74, 105NA, 193, 263, 265, 270, 296, 299, 307, 311, 313, 317, 320-1, 325, 334, 351-4, 356, 366; *globus hystericus*, **vol. 1:** 42, 59; **vol. 6:** 87; hereditariedade e histeria, **vol. 1:** 53-4; histeria(s) aguda(s), **vol. 1:** 60-1; **vol. 2:** 28, 36, 38, 333-5, 354, 370-1, 407; histeria(s) hipnoide(s), **vol. 2:** 241, 401-2; **vol. 3:** 48, 52; histeria(s) de retenção, **vol. 2:** 233, 245, 299, 401-2; **vol. 3:** 52; histeria em mulheres privadas da genitalidade, **vol. 1:** 55; histeroepilepsia/*"grande hystérie"*, **vol. 1:** 41, 65-6, 177; histeroneurastenia, **vol. 1:** 213; *hystérique d'occasion*, **vol. 1:** 149, 157; incubação da histeria, **vol. 2:** 41, 58, 64, 189, 193, 301, 310, 335NA, 370; "movimentos de saudação" na histeria, **vol. 1:** 42; mutismo histérico, **vol. 6:** 215; origens do termo "histeria", **vol. 1:** 40; paralisia(s) histérica(s), **vol. 1:** 22, 48-9, 58, 64, 76, 80, 175, 193-8, 200, 202, 204-8; paraplegia histérica, **vol. 3:** 224; paroxismo histérico, **vol. 2:** 141, 369; predisposição histérica, **vol. 1:** 53-6, 58-9, 172, 182; **vol. 2:** 153, 252, 327, 340, 346-8, 352; psicose histérica, **vol. 2:** 28, 73, 105NA, 370; santa Teresa como "padroeira da histeria", **vol. 2:** 329; sintoma(s) histérico(s), **vol. 1:** 22, 50-1, 56-7, 59-60, 62-4, 73-5, 78, 157, 159, 172, 181; **vol. 2:** 19-20, 22-3, 29, 33, 35-6, 38, 65, 72, 99NA, 112NA, 114, 128, 131-2, 137, 138NA, 141, 146, 147NA, 155-6, 179, 207-8, 225, 236, 240-1, 243, 245, 247-8, 250, 252, 255, 257-8, 263, 269, 296, 299-300, 307, 311-2, 328, 348, 355, 359-60, 363, 367-72, 377, 382, 387, 397, 403, 416-7, 424, 426; teoria da histeria, **vol. 2:** 208, 303, 312, 325; "teoria do reflexo", **vol. 2:**

343, 356; "traumática", histeria, **vol. 1:** 171; *tussis hysterica* [tosse histérica], **vol. 1:** 63-4; *typus hystericus*, **vol. 2:** 327; vômito histérico, **vol. 1:** 32, 59, 150, 213; **vol. 4:** 622; zona(s) histerógena(s), **vol. 1:** 22, 37, 43-4, 46, 74; **vol. 2:** 37, 198, 213, 251; **vol. 3:** 28, 42; **vol. 6:** 89

histeroepilepsia/"*grande hystérie*", **vol. 1:** 41, 65-6, 177; *ver também* epilepsia(s)

histeroneurastenia, **vol. 1:** 213; *ver também* neurastenia, neurastênica(s), neurastênico(s)

histologia, **vol. 1:** 190, 221, 232; **vol. 3:** 23, 231, 313; **vol. 16:** 80; **vol. 17:** 222; *ver também* célula(s); neurônio(s), neuronal, neuronais

historiografia, **vol. 19:** 44, 63, 70, 97-8, 185; — história da humanidade, **vol. 12:** 221, 235, 241, 244; **vol. 18:** 44, 121, 423, 425; pré-história da humanidade, **vol. 6:** 159; **vol. 9:** 68, 144-5, 161NA; **vol. 12:** 234, 237, 241, 243-4; **vol. 14:** 27, 117-8, 130, 300, 366, 394; **vol. 18:** 61, 102, 231, 287-8, 333

História Sagrada, **vol. 14:** 84-5, 87-8, 115

homem, homens, **vol. 1:** 20, 28-9, 43, 57, 59, 89, 92-3, 185; **vol. 2:** 21, 77, 91, 95, 101, 113, 117-8, 154NA, 170NA, 171, 184-5, 203-4, 206, 223-4, 237, 247, 297, 300, 315, 334, 350, 424; **vol. 3:** 23, 28-9, 72, 94, 96-8, 100, 107-8, 113, 125, 157, 162, 205, 214, 230, 249, 253; **vol. 5:** 43, 50-1, 57, 62, 65, 99, 102, 109, 123, 126, 129, 140, 145, 150, 200NA, 206, 215, 217, 243, 248, 253, 257, 269-70, 278, 281, 292-3, 332, 337, 351, 356, 380, 385, 395, 399, 416, 418; **vol. 6:** 21-2, 28-31, 32NA, 33-4, 35-6NA, 37, 43-4, 46, 51, 62, 86, 95, 121-2, 131, 138-42, 151-3, 160, 188-9, 194, 202NA, 203-4, 208-9, 212, 214-7, 221, 224-5, 228, 232, 239, 241-5, 253, 258, 271-8, 281, 284, 287, 289-90, 292, 306NA, 317, 320, 369, 376-7; **vol. 7:** 26, 28, 34-5, 37-8, 40-1, 46, 49-50, 55, 57-8, 61, 72, 74, 77, 79, 82, 85, 92, 100, 102, 106, 114, 117-8, 122, 129, 140-3, 145, 152-3, 156-7, 159, 163-4, 197NA, 201-2, 261, 273, 315, 320; **vol. 8:** 16, 36-7, 46-7, 55, 68, 95, 97, 100, 121, 125, 138, 192, 231, 258, 276-7, 305-6, 322-4, 326, 331-2, 340-1, 348, 360-1, 368, 372, 374, 377-83, 385, 400-3, 409, 414-5, 417, 424; **vol. 9:** 13, 17-8, 19NA, 26, 30, 35NA, 56, 62, 67, 82, 91, 95NA, 100, 115-6, 122, 125NA, 127NA, 129-30, 134, 147-8, 150, 163, 165, 167, 169, 179, 182, 190-1, 193-4, 196-202, 204, 207-8, 211, 214-5, 218, 246, 265, 278, 291-2, 297, 307, 314, 334, 336-7, 339-40, 345-6, 348, 350, 355, 356-8, 360, 362-3, 365-6, 368-9, 371-7, 380-1, 383-7; **vol. 10:** 15, 22-9, 33-6, 38, 40NT, 42NA, 43NA, 45-7, 49, 50NA, 54, 55NA, 58-9, 61-2, 64, 66NA, 68-9, 72, 76, 78-9, 82-6, 91-3, 99, 105, 107, 117-8, 120, 130, 174-5, 177, 181NA, 185, 212, 222, 225, 249, 252, 274, 282, 288, 295, 304-5, 307-9, 311, 313-6, 322, 329, 332, 344, 348, 356; **vol. 11:** 17-9, 21, 23-7, 29, 33-6, 39-41, 49-50, 60, 68-9, 71-3, 76, 81, 83-6, 93, 103, 108, 110, 118-20, 123-6, 131-6, 139-44, 153-4, 156-7, 160-1, 166, 168-70, 172, 177, 182, 187, 190-1, 193-4, 196, 199-200, 202-3, 207-8, 211, 215, 219, 226-8, 233-5, 253-4, 269-70, 289, 294, 305-6, 311-2, 317, 320, 353, 369-70, 378, 382-3, 387-8, 393, 401, 404-6, 416, 419, 421-2; **vol. 12:** 31, 33-7, 39, 41, 89, 196-200, 202-5, 207, 213-5, 218, 221-2, 224-5, 230, 234, 236-8, 240-6, 248-9, 255, 260, 262, 271, 274, 276-7, 279, 281; **vol. 13:** 73, 93-4, 132, 138, 144, 165-6, 192, 197-8, 206-9,

255

ÍNDICE REMISSIVO GERAL

212, 216, 218, 220, 226-7, 241, 250, 253, 258-9, 265, 271-2, 281, 292, 297, 317-8, 321, 334-5, 340, 349, 351, 357-9, 365, 380, 384, 386, 403, 408-9, 421, 438-41, 445, 449, 463, 468, 470, 494, 499, 507, 511, 521, 523, 528-9, 531-2, 537, 548, 564, 571, 573, 583, 585-6, 608-9; **vol. 14:** 26, 36, 39, 54, 64, 79, 85-7, 89, 91-2, 94-5, 105, 107-8, 110, 116, 126, 134, 135NA, 154-6, 159, 182, 209, 230, 231NA, 244-6, 251, 255-7, 260-1, 264, 267, 287, 291, 299, 301, 311, 314, 319, 321-3, 325, 339, 342, 352, 357, 361, 365, 371, 391, 402-3, 405; **vol. 15:** 22, 24, 30, 35, 44, 49, 57, 59-60, 70, 83, 85-6, 100, 109, 115, 117, 119, 124-5, 128-31, 132NA, 135, 138-40, 142, 147-8, 159-60, 163-5, 170-1, 179, 183, 185-6, 189, 195-9, 205, 210-1, 213-4, 216-7, 224, 229, 234, 239, 247, 253, 266, 268-70, 314, 317, 319-20; **vol. 16:** 44-5, 47-8, 65, 68, 81, 84, 87, 92, 111, 116NA, 117, 133, 137, 141, 151, 158, 171, 182, 188, 237, 265, 291-2, 294, 296, 298, 315, 336, 338, 341, 344, 351, 353, 355; **vol. 17:** 15, 35, 38, 66, 81, 87, 97, 129, 193, 205, 211, 219, 227, 233, 237, 239, 245, 247-8, 250-2, 255, 260, 263, 270, 273-4, 276-7, 279-83, 286, 288, 290-1, 295, 297-8, 303, 306, 309-10, 339, 355-6, 366, 369, 371-2, 373NT, 375; **vol. 18:** 63, 65, 69, 80, 82, 150, 167-8, 173, 175, 180, 185, 204, 250, 265, 267-9, 272, 281, 287-90, 292, 376, 378, 389, 401, 407, 422; **vol. 19:** 14, 17, 22-5, 28-9, 45, 48-9, 53, 55, 75, 85, 88, 107, 114-5, 122, 125, 147-54, 162-3, 169-70, 173, 176-8, 180, 183, 201NA, 243, 245, 247, 250, 252-3, 255-6, 267, 282, 313-4, 322-4, 325NA, 344, 354, 366-7; — homem primitivo, **vol. 18:** 50NA, 61, 82, 91, 277, 400, 403; patriarcado, **vol. 19:** 118, 158, 163, 180; "protesto masculi-

no", **vol. 19:** 322, 325; *ver também* masculinidade, masculina(s), masculino(s); pai
home-roulade, chiste do, **vol. 7:** 136, 172, 173NA, 175; *ver também* chiste(s)
hominização, **vol. 19:** 106, 157, 201
homoerotismo, **vol. 6:** 36NA
homofonia, **vol. 13:** 235
homossexualidade, homossexual, homossexuais, **vol. 4:** 194, 369, 401, 429, 431-2, 437, 442; **vol. 5:** 46, 269; **vol. 6:** 22-3, 27, 34NA, 36-7NA, 64NA, 153, 169, 241-2, 298NA, 317NA; **vol. 7:** 114; **vol. 8:** 136, 138, 142, 243-4, 347, 357, 371-2, 385, 400; **vol. 9:** 19NA, 125, 140, 147, 150, 157, 161, 164-9, 176-7, 195, 211, 271-73; **vol. 10:** 58, 61, 63, 77, 79-83, 86-7, 96, 101-2, 185, 189, 201, 247, 332; **vol. 11:** 220, 417; **vol. 12:** 14, 32, 36, 42-3, 50, 199, 202-3, 205; **vol. 13:** 403-4, 408-9, 419, 562, 564-5, 586; **vol. 14:** 86-8, 95-6, 105, 111-3, 134-5, 145, 147-50, 152, 156, 313, 321-2; **vol. 15:** 59, 65, 87NA, 109-10, 115, 117, 120-1, 123-8, 130-1, 132NA, 134, 136-7, 143-9, 211, 213-4, 216-7, 220-4, 327; **vol. 16:** 47, 54, 119, 173; **vol. 17:** 306, 348; **vol. 18:** 50NA, 249, 287-8, 301, 378, 400; **vol. 19:** 204, 254, 313; *ver também* bissexualidade, bissexual, bissexuais; inversão, invertida(s), invertido(s); sexualidade, sexual, sexuais
horda primeva / horda primitiva / horda primordial, **vol. 11:** 216-8, 227; **vol. 12:** 236; **vol. 15:** 83-8, 91, 101-2, 132NA; **vol. 16:** 158, 160; **vol. 17:** 351; **vol. 18:** 347, 419; **vol. 19:** 114-5, 118, 127, 179, 183; — pai primevo / pai primitivo / pai primordial, **vol. 15:** 86-7, 91, 101, 103, 107, 244-5; **vol. 16:** 158-9; **vol. 17:** 282, 351; **vol. 18:** 117; **vol. 19:** 117-8, 121-2, 127, 130, 132, 141, 168, 185-6
horror, **vol. 6:** 56, 150, 203, 226; **vol. 11:** 25, 30, 35, 37, 39-40, 52-3, 94, 97, 114,

ÍNDICE REMISSIVO GERAL

154, 163, 188-93, 383-4; **vol. 15:** 221, 223, 327-8; **vol. 16:** 173-4; — humor e horror, **vol. 7:** 329

hospício(s), **vol. 2:** 85, 94-5

hostilidade, hostil, hostis, **vol. 5:** 55, 164, 237; **vol. 7:** 68, 139, 142-3, 145-8, 165, 190, 205, 269; **vol. 9:** 42, 99, 280, 374, 377, 382-3, 386-7; **vol. 11:** 37, 85-6, 88, 102-9, 242, 293, 348; **vol. 12:** 184-5, 244, 282; **vol. 14:** 30, 89, 92, 117; **vol. 15:** 32, 41, 45, 56-7, 130, 139, 172, 215, 223, 251, 289, 291; **vol. 16:** 47, 53, 124, 238; **vol. 18:** 44, 58, 60, 74, 78, 90, 161, 275, 278, 282, 285, 291, 352, 372-3, 375, 385, 389, 395, 403, 420; *ver também* agressão, agressividade, agressiva(s), agressivo(s)

humanidade, **vol. 6:** 43, 58NA, 147NA; **vol. 10:** 22, 39, 42NA, 64, 82, 92, 107, 272-3; **vol. 12:** 210-1, 213, 215, 217, 228, 235, 241, 243, 285; **vol. 14:** 117, 123, 244, 307, 395; **vol. 15:** 59, 100, 111, 155, 299, 301; **vol. 18:** 38, 45, 55, 58, 73, 90, 102, 105, 108, 113, 115, 120, 206, 335, 340, 342, 402-3, 410, 424, 433, 437, 460; **vol. 19:** 79, 124, 147, 157, 163, 179, 186, 218, 254, 343, 366-7; — natureza humana, **vol. 13:** 30, 192, 197-8, 274, 285; **vol. 17:** 213, 251, 290, 293; **vol. 18:** 78, 80, 119, 253, 351, 353; *ver também* espécie humana; ser humano

humanidades/ciências humanas, **vol. 13:** 227; **vol. 16:** 107, 134, 145, 237-9, 245; **vol. 17:** 215, 220, 228, 319, 321; — humanismo clássico alemão, **vol. 6:** 379

humildade, **vol. 15:** 72, 125, 133

humor, humorística(s), humorístico(s), **vol. 7:** 46, 144, 162, 184, 189, 210, 301, 323-7, 328NA, 329-31, 333-4; **vol. 12:** 26, 243, 292; **vol. 15:** 89, 95-7, 239; **vol. 17:** 127, 323-7, 329-30, 341; *ver também* comicidade, cômica(s), cômico(s)

Huntington, coreia de, **vol. 3:** 123, 137, 142

hystérique d'occasion, **vol. 1:** 149, 157; *ver também* histeria, histérica(s), histérico(s)

Ics *ver* inconsciente, o (*Ics*)

ics *ver* inconscientes, atos e processos (*ics*)

Id, **vol. 13:** 16; **vol. 15:** 21NA, 307, 326; **vol. 16:** 28-31, 34-5, 37, 42, 45-50, 52, 55-61, 64, 66-74, 145, 147, 164, 177-82, 196-7, 210, 215, 217, 220, 251, 327-8; **vol. 17:** 18, 20-1, 26-7, 39, 44, 52-3, 55, 60, 62, 64, 83-4, 88, 90, 99-102, 107, 109, 113, 140-5, 147-9, 151, 153-4, 179, 181, 205-7, 308, 316; **vol. 18:** 16, 118, 212, 215-20, 222, 229, 235-6, 238, 245, 254, 260, 367, 402; **vol. 19:** 135-7, 142, 160-1, 192-5, 197-8, 213-7, 220, 222-3, 225-6, 232, 234, 237-8, 244, 251, 260-3, 265-6, 269-70, 272-3, 301, 304-11, 364-5

idade do conteúdo das primeiras lembranças infantis, **vol. 3:** 278-80; *ver também* criança(s); infância, infantil, infantis; lembrança(s); memória

Idade Média, **vol. 1:** 21, 40, 46, 160; **vol. 2:** 100; **vol. 3:** 27, 30; **vol. 4:** 27; **vol. 9:** 380; **vol. 11:** 238; **vol. 13:** 114; **vol. 15:** 226, 245, 246NA; **vol. 18:** 81, 296, 352; **vol. 19:** 123; — teatro medieval, **vol. 19:** 123

idealismo, **vol. 17:** 274

ideia(s), **vol. 9:** 17-8, 21, 22NA, 27, 31, 33, 37, 47, 50, 52, 54NA, 62-3, 75, 82-7, 90, 99, 106, 205, 225, 241, 254, 315-7, 320, 371, 392; **vol. 10:** 18-22, 27-8, 30NA, 34-6, 38, 58, 75, 89, 104, 111, 113, 116, 124, 128, 140, 203, 241-2, 257-60, 352; **vol. 12:** 19, 39, 52, 55, 88, 91-2, 94-5, 98, 100-4, 116-20, 123-5, 129-30, 155, 158, 163-4, 185, 198, 201, 235, 274; **vol. 15:** 18, 23, 28, 30-1, 43, 48, 52, 100, 200,

ÍNDICE REMISSIVO GERAL

218-20, 254, 277, 279, 313-4, 326; **vol. 16:** 16-7, 27, 107, 110, 121, 144, 146, 148, 160, 192, 208, 218, 258, 276, 303, 323, 336-7, 352; **vol. 18:** 14, 55, 141, 144, 169, 207, 224, 255, 271, 274, 418, 425, 443, 467-8; — ideal/idealização, **vol. 12:** 40-2, 44, 48-50, 89, 261; *idée fixe*, **vol. 6:** 310, 344; ideia original vs. ideia substitutiva, **vol. 3:** 71, 73; ideias antecipatórias, **vol. 8:** 237, 336; ideia(s) obsessiva(s), **vol. 1:** 71, 109, 162, 173, 214; **vol. 2:** 361-3, 386, 388, 394; **vol. 6:** 218, 267NA, 350; *ver também* pensamento(s)

identidade como meta do pensamento prático, **vol. 1:** 327; *ver também* prático, pensamento

identificação, identificações, **vol. 6:** 108, 260, 306NA, 362; **vol. 12:** 67, 70, 103, 105, 138, 142, 181, 183-4, 190, 205, 233, 260, 289; **vol. 14:** 39, 86, 91, 103-6, 111, 117-8, 142, 152, 351; **vol. 15:** 60-6, 68-9NA, 72-3, 79, 83, 87NA, 92-3, 98-100, 112, 137, 168, 201, 221, 223, 306; **vol. 16:** 35-42, 46-7, 49, 54, 57, 60, 62NA, 64, 68-9, 71, 159, 208-9, 287, 296, 325; **vol. 18:** 83, 88NA, 100, 104, 200-1, 219, 284, 286, 291-2, 395, 430; **vol. 19:** 113, 115, 123, 173, 255, 270, 363-4

ideogênicas, manifestações, **vol. 2:** 263-4, 312, 346-7, 353NA

ideologias, **vol. 18:** 206

idiomas antigos, duplo significado em, **vol. 19:** 221

idiotia, **vol. 10:** 35

idolatria, **vol. 7:** 71

Igreja católica, **vol. 4:** 233; **vol. 9:** 117, 154, 201; **vol. 15:** 46-7, 83, 87, 99-100, 109-10, 270; **vol. 17:** 225; **vol. 18:** 15, 351, 431; **vol. 19:** 79-81; — Inquisição/inquisidores, **vol. 4:** 99; **vol. 18:** 47; padres católicos, **vol. 7:** 125, 129, 206; Pais da Igreja, **vol. 9:** 154; papa,

vol. 19: 366; *ver também* cristianismo, cristã(s), cristão(s)

Iluminismo, **vol. 13:** 114

ilusão, ilusões, **vol. 2:** 109, 142, 419; **vol. 8:** 31, 42, 91, 377; **vol. 10:** 33NA, 45, 65, 209, 214, 262; **vol. 12:** 218-9, 224, 246, 260; **vol. 13:** 64; **vol. 15:** 29, 47, 71, 77, 86-7, 111, 204; **vol. 17:** 30, 200, 245, 266-72, 285, 290-1, 293, 295-6, 298-9, 301, 329; **vol. 18:** 14-5, 26, 29, 37, 78, 80, 121, 253, 324-5, 344-5, 351-4, 430, 445; **vol. 19:** 84, 178, 184, 225, 232

ímã/"sentido magnético", **vol. 1:** 65, 96, 348-9

imagem, imagens: imagem mnêmica/imagens mnêmicas/imagens da memória, **vol. 1:** 252-3, 256, 265, 271, 290, 307-8, 330; **vol. 3:** 221, 280-1, 301; **vol. 4:** 43, 80, 593; **vol. 5:** 71; **vol. 12:** 163, 165; **vol. 13:** 244; **vol. 17:** 23, 78; imagens oníricas, **vol. 4:** 43, 47, 56-7, 61-3, 65-6, 69-72, 75, 78, 82-3, 85, 128, 263, 371-2, 377; **vol. 5:** 374, 435, 437; **vol. 12:** 143; proibição de imagens, **vol. 19:** 29-30, 63NA; *ver também* lembrança(s); memória; sonho(s)

imaginação, imaginário, **vol. 1:** 113, 115, 127; **vol. 4:** 31, 73, 77, 80, 83, 88, 113-8, 122, 134, 165NA, 166, 239, 263, 305, 351, 377, 394, 402, 406, 440, 446, 464, 551, 579, 604; **vol. 5:** 146, 207, 264, 269, 423; **vol. 9:** 34, 55, 68NA, 87, 97, 159, 195, 205, 376, 386; **vol. 15:** 103, 132NA; **vol. 16:** 224, 280; **vol. 19:** 21, 26, 136, 174, 297

imagos, **vol. 10:** 138, 141, 187

imaturas, pessoas sexualmente, **vol. 1:** 55; **vol. 6:** 38; *ver também* sexualidade, sexual, sexuais

imitação, **vol. 11:** 62-4, 227, 230; **vol. 15:** 40, 64, 68NA

imoralidade, imoral, imorais, **vol. 4:** 97-9, 101-3, 674; **vol. 10:** 42NA, 92,

ÍNDICE REMISSIVO GERAL

323; **vol. 11:** 290; **vol. 16:** 65, 232, 324-6; — imoralidade infantil, **vol. 3:** 168; *ver também* criança(s); infância, infantil, infantis

imortalidade, imortal, imortais, **vol. 5:** 349; **vol. 10:** 23, 33NA; **vol. 11:** 123; **vol. 12:** 21, 37, 62, 230, 239, 241, 248; **vol. 14:** 207, 211, 213-7, 219, 228, 245, 351

imperadores romanos, **vol. 8:** 344; — césares, **vol. 18:** 21-2

imperativo categórico, **vol. 16:** 43, 60, 197

imperialismo egípcio, **vol. 19:** 31, 33, 43, 83, 89-90, 92

Império britânico, **vol. 19:** 156

impermeáveis, neurônios (sistema Ψ, "sistema de neurônios impermeáveis"), **vol. 1:** 218NT, 224-6, 228-35, 237, 240, 242, 244-52, 254, 256-7, 261-2, 265, 272-80, 284, 290, 302, 304, 307-9, 311, 317, 321; *ver também* neurônio(s), neuronal, neuronais

impotência, **vol. 13:** 351, 386, 397, 440, 484, 532; **vol. 17:** 15, 26-7, 256, 258, 270; — impotência psíquica, **vol. 9:** 161, 348-9, 352, 354-6, 358, 366; impotência sexual, **vol. 3:** 79, 95, 97-8, 125, 223, 241, 252-3; **vol. 19:** 112; *ver também* psique, psiquismo, psíquica(s), psíquico(s); sexualidade, sexual, sexuais

impressões e intenções, esquecimento de, **vol. 5:** 184-221; *ver também* esquecimento

impulso(s), **vol. 1:** 64, 80, 98, 115, 124, 172, 207, 250, 350; **vol. 2:** 40, 49, 71, 151, 239, 247, 278-9, 282, 291NA, 292, 298, 315-6, 385; **vol. 3:** 60, 63, 73-4, 106-7, 174, 256, 294-5, 302; **vol. 4:** 67-8, 88, 98-103, 110, 120-1, 130, 179, 207, 227, 233, 244, 249, 272, 274-5, 284, 286, 290, 294, 301, 303-4, 307, 311, 312NA, 314NA, 369, 376, 380-1, 425, 441-2, 475, 485, 497, 505, 514-5, 526, 530, 532, 536, 592, 600, 602-5, 609, 612, 616-22, 635, 638, 644, 657, 666-7, 674-5; **vol. 5:** 71, 97, 108, 147, 166, 196, 205, 208, 217, 231, 247, 248NA, 258, 269, 283, 289, 301, 318, 351, 361-2, 364, 366, 368, 371-3, 379, 387, 414, 436-7; **vol. 7:** 141-3, 147, 192-4, 203-4, 220, 272, 275, 288, 320-1; **vol. 8:** 25, 28, 46, 70, 75, 85-6, 89, 92, 110, 115, 120, 125-6, 138, 214, 232, 257, 259, 269-71, 274, 301, 309-10, 346-7, 373, 375, 380-1, 388, 394, 402, 404, 420-1; **vol. 9:** 17-8, 23, 42, 45-7, 49-50, 52-3, 55-6, 65, 70NA, 77, 83, 105-8, 111, 138, 140, 176-7, 193, 196, 202, 207, 210-1, 214, 241-3, 261, 268, 271-2, 278, 280, 283-5, 326-7, 337, 342, 344-5, 358, 361-2, 374, 376, 378, 381-2, 386-7; **vol. 10:** 24, 35, 37, 58, 61, 74, 101, 130, 135, 141, 143, 145-6, 179, 201, 203-5, 209, 228, 247-8, 250, 258, 270-2, 329-30, 334; **vol. 11:** 38-9, 59, 63-4, 66, 70, 103-4, 108, 110, 115, 118-9, 134, 146, 153, 155, 191, 218, 229, 234, 241-4, 259, 286, 288, 303, 308-9, 311, 341-2, 345, 349, 351, 354, 356-7, 362, 375, 417; **vol. 12:** 25, 29, 39, 43, 57, 70, 78-80, 83-5, 90, 94, 97-8, 114-8, 121-7, 132, 134, 137, 142, 155-7, 185, 202, 208, 219-22, 228, 241-2, 245, 254, 294; **vol. 13:** 17, 22, 29-30, 103, 199, 275, 277, 280, 282, 284-5, 287-8, 304-5, 320-1, 345-6, 369, 371, 374, 391, 393, 396, 408-12, 415, 433-4, 436-7, 440-1, 446, 449, 457-9, 468-70, 478, 495, 524, 534, 542, 562, 564, 572-3, 578, 587, 589, 604; **vol. 14:** 37, 50, 63NA, 75, 85, 87, 89, 96, 97, 105, 118, 144, 147-50, 157, 163, 166, 173-4, 179, 183, 198-9, 202, 209, 227NA, 236-7, 247-8, 251, 254, 256, 259, 268, 280, 282-4, 298, 303, 307-8, 323-6, 356, 358, 360, 366, 384, 391; **vol. 15:** 14, 17, 21, 25, 26NA, 28NA, 36, 43, 53, 74-5, 77, 85NA, 87, 104-5, 107-

8, 110-2, 131NA, 151, 198, 201, 203, 210-1, 213, 216-8, 222-3, 226, 244, 283, 289-90, 298-9, 302-3, 306, 311; **vol. 16:** 27, 35, 45, 47, 49-51, 54-5, 57-8, 64, 67, 94, 106, 108, 111, 116-9, 127-32, 145, 152, 154, 172, 174, 178, 180, 195-7, 209, 215, 227, 231, 246-7, 249, 260, 263, 278, 281, 294, 306, 312, 320, 325-7, 337; **vol. 17:** 20, 22, 24-5, 27-8, 31-41, 43-5, 51, 53-5, 63-4, 66, 85-6, 89, 99-100, 102-3, 105-6, 109, 111, 113, 129, 147, 149, 151-2, 160, 171, 174, 205-6, 225, 234, 254, 282, 316-7, 324, 335, 340, 356, 361, 372; **vol. 18:** 20, 33-5, 36NA, 40, 57, 58, 62NA, 64, 70-1NA, 87, 105, 111, 139, 141-3, 146, 154, 169, 192, 199, 208, 235, 236-7, 239, 243-6, 248, 254, 256, 261-2, 268, 271, 273, 278, 281-4, 289, 302, 304, 311, 339, 350, 372, 389-91, 393, 396-7, 403, 411-3, 427-9, 434, 446-7, 449; **vol. 19:** 169, 174-5, 184, 195, 202, 204, 217, 219, 235, 237-8, 244, 246, 251, 284, 287, 306, 310, 340-1; — impulso de olhar, **vol. 6:** 49NA; impulso sexual, impulsos sexuais, **vol. 6:** 18, 74, 77-8, 80-1, 93, 98NA, 111, 149, 157; *ver também* instinto(s), instintual, instintuais; sexualidade, sexual, sexuais

impureza, **vol. 11:** 43, 90

inanição, **vol. 4:** 618, 640

incesto, incestuosa(s), incestuoso(s), **vol. 4:** 304NA, 401; **vol. 6:** 147, 149NA, 161; **vol. 8:** 165; **vol. 9:** 275, 350-1, 353-4, 356, 361; **vol. 10:** 60, 233, 323; **vol. 11:** 17, 19, 24-5, 27, 29-30, 32, 35-6, 39-41, 114, 129, 163-4, 167, 186-8, 190-3, 219-20, 232, 286-7, 320, 325; **vol. 12:** 207, 280-1, 283NA, 285; **vol. 13:** 192, 281, 283-4, 445-50, 454, 456; **vol. 14:** 136, 393; **vol. 16:** 156, 209, 264, 297; **vol. 17:** 166-7, 240-2, 256; **vol. 19:** 116, 166-8; *ver também* complexo de Édipo; complexo de Electra

inconsciente, o (*Ics*), **vol. 1:** 58; **vol. 2:** 17, 73, 113-4NA, 178, 202, 319, 324, 336-7, 339, 399, 411, 421-2, 424; **vol. 3:** 77, 151-2, 154-7, 160, 162, 180, 183, 186, 198, 218-9, 221, 228, 274, 293-6; **vol. 4:** 167, 185, 204, 214, 275NT, 304NA, 312NA, 355, 370NA, 380, 455, 468, 578NA, 579, 591-3, 599, 602-4, 604NA, 605-7, 609, 613, 616, 620-3, 625, 631-5, 645, 649, 651, 653, 657, 659-60, 662NT, 663-5, 668-9, 671; **vol. 5:** 37, 58, 60, 62, 66, 90, 98, 232, 235-6, 253, 276, 278, 286, 314, 317, 328, 337, 343-5, 351, 369; **vol. 6:** 17, 34NA, 65, 150, 227-8, 233, 236, 238, 243, 245, 251, 262, 265, 275, 277, 297, 308, 326-7, 345; **vol. 7:** 227, 230-1, 235-6, 240-3, 248-55, 288-92, 295, 304, 321, 331-2; **vol. 8:** 72, 98, 101, 104, 108-10, 113-5, 117-9, 158, 194, 237, 255, 270, 272, 309, 333, 342, 373; **vol. 9:** 36-8, 40-2, 46, 90, 101-2, 105, 111, 139-40, 176, 191, 211, 246, 248-9, 253-4, 256-9, 263, 273, 275, 280, 288, 290, 294, 315-6, 330, 331, 341, 344, 351; **vol. 10:** 58, 85, 89, 125, 128-9, 135, 138-40, 142-3, 145, 154, 156, 161, 190, 256, 258, 263-4, 266-7, 312, 328-9; **vol. 11:** 39, 57, 59-61, 65, 86, 102-3, 113, 115, 148, 256, 258, 305, 313, 325, 341, 345-7, 355, 359; **vol. 12:** 85, 87, 89-90, 94, 100-2, 104, 106-11, 113-4, 116-9, 121-4, 126-33, 133, 135-40, 137-8, 147-8, 150, 156-7, 159, 161, 163-4, 168-9, 191, 193, 230, 241-4, 263; **vol. 13:** 14, 29, 152-3, 155-6, 159, 176, 204, 271, 273, 284-6, 296, 306, 318, 338, 344, 364, 370-2, 374, 376, 380, 383, 391-5, 409, 441-2, 454-6, 477-8, 486, 496, 502-4, 515, 542-4, 554, 565, 573, 575, 577-9, 591, 598, 600, 602, 604; **vol. 14:** 18, 53, 67, 87, 96, 107, 109NA, 110, 147, 154, 157, 159, 176, 178, 198, 255, 307, 322-3, 327, 356,

361, 392; **vol. 15:** 19, 21NA, 25, 26NA, 32, 63, 66, 70, 82, 105, 112, 129, 136-7, 140, 154-5, 207, 210, 214-5, 218, 271, 280, 282-3, 294, 299, 302, 324-6; **vol. 16:** 15-9, 20NA, 21-2, 24, 26, 32, 56, 65, 110, 120, 132, 155, 213, 225, 233, 251, 259, 273-4, 281-2, 309, 320-1, 333; **vol. 17:** 52, 69, 85-6, 99-100, 107, 144-5, 156, 188, 191, 215, 226, 314, 320, 329, 342, 347, 374; **vol. 18:** 66, 138, 140-1, 168, 172, 192, 207, 209, 211-2, 221, 249, 259-60, 280, 315, 322, 360, 412, 440; **vol. 19:** 129, 131, 134-6, 142-3, 174-5, 182, 207-24, 226, 228, 234-5, 238, 244, 251, 259, 267, 319, 323, 336, 341, 355, 357, 359-60; *ver também* aparelho psíquico; psique, psiquismo, psíquica(s), psíquico(s); vida psíquica

inconscientes, atos e processos (*ics*), **vol. 1:** 30, 53, 63, 65, 73, 155, 186, 236, 281, 283, 294, 320, 322-3, 329; **vol. 2:** 303NA, 313-4, 316, 318, 321-3, 325, 334, 336-7, 349, 412, 421; **vol. 3:** 156, 180, 218-9, 221, 228-9, 231, 257, 294; **vol. 4:** 178, 280, 312NA, 333, 389, 402, 442, 446, 479, 527, 529, 540-2, 556, 567-8, 573, 578-9, 590, 595, 604, 606, 619-20, 625-7, 630-1, 635, 647, 657, 665-6, 668, 673-4; **vol. 5:** 38, 68, 84-5, 90NA, 91, 98, 164, 175, 204, 214, 237, 239, 247, 248NA, 257, 262, 264, 294, 321-2, 338-9, 346, 351-2, 358, 360, 366-7, 371-3, 432, 444-5; **vol. 6:** 61, 63NA, 65NT, 78, 96, 148NA, 150, 155, 217-8, 224, 229-30, 236, 259, 262, 272, 307-8, 312-3, 317NA, 344, 354-6; **vol. 7:** 210-1, 230-1, 234, 242-3, 251, 253, 255, 290, 305; **vol. 8:** 65-7, 70, 73, 80, 86, 92, 105, 118, 132, 167, 214, 254-5, 257-60, 266, 307, 321, 341-6, 367, 391, 409-10, 413; **vol. 9:** 23, 50NA, 90, 94, 104, 175, 214, 240-1, 257-8, 261, 263, 280-1, 283-4, 293, 315-6, 345, 351; **vol. 10:** 61, 66, 84, 111, 114, 119, 136, 138-9, 145-6, 150, 159, 174, 179, 191, 196, 220, 226, 232-3, 254, 258-70, 285-7, 321, 334; **vol. 11:** 40-1, 53, 58-61, 63-4, 85-6, 88, 96, 102, 104-9, 113-6, 138, 147-8, 150-1, 155, 241, 246, 258, 286, 305, 308, 313, 325, 337-9, 345-6, 355, 367-8, 409, 419; **vol. 12:** 43NA, 86, 102, 107-8, 112, 115, 128; **vol. 13:** 28-9, 161, 166, 194, 196, 199-200, 224, 247, 255, 286, 305, 307, 341, 343, 370-4, 379, 393, 395, 441, 470, 495-6, 500, 518, 542; **vol. 14:** 51, 68, 70, 105, 139, 178, 184, 186, 190, 198-9, 250-1, 280, 310, 314, 325, 384; **vol. 15:** 19-21, 23, 26NA, 28, 31, 85, 89-90, 95, 105, 123, 131NA, 136, 141, 145, 148, 152, 165, 168, 172, 177, 185-6, 188-90, 205-8, 210-2, 214-5, 249, 276, 280-4, 290-2, 300, 311, 325-6; **vol. 16:** 16-8, 19NA, 21-3, 26-30, 33-4, 43, 49, 62NA, 64-6, 70, 72, 96, 106, 108-10, 127-9, 152, 154, 160, 162, 188, 194-6, 199-200, 210, 225, 227, 230, 233, 235-7, 245-6, 248-9, 251, 258, 265, 274, 276, 297, 303-6, 309, 312-3, 320, 327, 333; **vol. 17:** 20, 60, 66, 69, 100, 106-7, 122, 145, 175, 181, 186, 305, 329, 349, 354, 362, 375; **vol. 18:** 117, 138-9, 208-12, 217, 221, 298; **vol. 19:** 133-5, 137, 210, 213, 218, 224, 235, 306, 356-60

incontinência: incontinência fecal, **vol. 14:** 102, 104, 123NA; incontinência noturna, **vol. 16:** 206, 287; incontinência urinária, **vol. 3:** 73; *incontinentia alvi* [incontinência fecal infantil], **vol. 8:** 352; *ver também* defecação/evacuação; enurese/enuresia; fezes; urina

incorporação do objeto, **vol. 6:** 108

incubação, **vol. 1:** 58, 143; **vol. 3:** 34; — incubação da histeria, **vol. 2:** 41, 58, 64, 189, 193, 301, 310, 335NA, 370; *ver também* histeria, histérica(s), histérico(s) indiferença entre prazer e desprazer, zona de, **vol. 1:** 243

indignação, **vol. 7:** 264, 328

índio(s), **vol. 11:** 21, 69, 73, 213

individualidade, individual, indivíduo(s), **vol. 15:** 14-5, 17-28, 33-40, 45-53, 55, 57-9, 61, 65, 68, 69NA, 71-2, 74, 76-9, 81-4, 85NA, 86-7, 91-3, 97, 100-1, 103, 110, 112, 118, 124, 144, 147-9, 155-6, 160-1, 167-8, 184, 212-3, 220, 222-4, 239, 244-6, 250, 265, 277, 289, 296, 306-7, 311, 328

indução, **vol. 15:** 35, 40, 51, 161, 173; *ver também* contágio; sugestão, sugestionabilidade

inércia [psíquica], **vol. 1:** 212, 219-20, 222, 242, 275; **vol. 19:** 239, 310; *ver também* psique, psiquismo, psíquica(s), psíquico(s)

inervação, inervações, **vol. 1:** 36, 48, 80-2, 155, 159-60, 250, 272, 276-7, 285, 309, 311, 327, 340; **vol. 2:** 400; **vol. 3:** 54-6, 60-1, 87, 176; **vol. 5:** 80, 230, 364; **vol. 6:** 68, 161, 351; **vol. 7:** 271, 273-5, 284; **vol. 8:** 250, 414; **vol. 9:** 16, 234; **vol. 17:** 313

infância, infantil, infantis, infantil, infantis, **vol. 1:** 29, 56, 148, 351; **vol. 2:** 20-1, 64, 68, 74, 81-2, 96NA, 130, 139NA, 171, 247, 300, 337, 385, 387, 396; **vol. 3:** 40-1, 152-4, 156-8, 161-8, 170-1, 176, 181, 183-4, 186, 188, 204, 206-25, 227, 229-30, 239, 255-7, 276-85, 287-9, 291-303, 308-9, 311, 313; **vol. 4:** 39-41, 45, 49, 55, 113, 145-6, 160, 163-4, 165NA, 186, 195-6NA, 199, 207-8, 220-1, 225-8, 230, 232, 234-44, 253-4, 256-7, 267, 271-2, 283-7, 289-90, 292, 294, 296, 298-9, 301-4, 306-7, 309, 313-5, 324-5, 329-30, 334, 361, 367-9, 375, 380NA, 398, 402, 407, 413-5, 420, 422, 424-6, 436, 438-9, 441-2, 448-50, 452, 454-5, 459, 464, 470, 475, 490, 505, 507, 516-7, 519, 530-1, 533-5, 540-1, 562, 572NA, 573, 590, 595-8, 600, 603-5, 607-8, 616, 619, 639-40, 642, 651, 657-60; **vol. 5:** 67-78, 91, 117-8, 159, 162, 200, 203, 206, 220, 244, 258, 266, 277-8, 293, 334-5, 355, 359, 386, 392-3, 395-6, 411, 421, 423, 430, 435-6, 440; **vol. 6:** 17, 21, 23NA, 27-8, 34-5NA, 47-9, 51NA, 72-8, 79NA, 80-2, 84, 87, 89, 91-2, 95-101, 103-7, 110-2, 114-5, 117, 121-2, 126-9, 137-8, 141-2, 143NA, 145-7, 148NA, 149-53, 155-60, 164-9, 171, 188, 192, 200, 203, 221-2, 230-1, 236-7, 239, 246, 251, 255-6, 259, 261, 264, 267NA, 268, 273-7, 279-81, 296, 309, 351-9; **vol. 7:** 120, 140, 147, 179-80, 242-3, 259, 303, 315-6, 318-22, 331, 334; **vol. 8:** 45-50, 52-4, 56-7, 63-7, 69-70, 91, 93, 103, 108-9, 113, 121, 124-6, 131, 140, 147, 149, 159, 218, 234, 238, 241, 243-4, 250, 266, 270, 277-8, 281-3, 286, 298, 308, 310, 317-8, 322, 326-8, 330-2, 336, 346, 351-2, 354, 357-8, 370-1, 383, 385-6, 391-5, 398-401, 403, 406-11, 414, 416-8, 421, 423-4; **vol. 9:** 17-9, 23-5, 37-8, 42-3, 46, 57, 59, 60NA, 61-4, 66, 68, 69NA, 70NA, 75, 79-82, 88, 93, 96, 99-101, 107, 110, 136-7, 138NA, 139-3, 144NA, 145-8, 150, 155-7, 159, 161-2, 164, 166-7, 176-7, 182-3, 184NA, 186-7, 188NA, 190NA, 195-9, 201-4, 207-8, 210-2, 214, 216, 218-9, 230, 257-8, 266, 268-79, 284, 330, 339-40, 342, 349-51, 354, 356, 368-9, 380, 386; **vol. 10:** 37, 69-70, 73-6, 78, 81, 86-7, 89, 101, 120, 134, 138, 141, 180, 182, 189, 196, 198, 200, 221-3, 225, 230, 232, 234-6, 243-5, 250-1, 254, 265, 272, 279, 285, 288-9, 292, 294-6, 298-9, 319-21, 323, 326-8, 331, 341-2, 349, 351; **vol. 11:** 16, 39, 41, 57-8, 61, 80, 87-8, 109, 140, 188-9, 197-8, 200, 244, 250, 256, 259-61, 264, 277-8, 286, 311-2, 323, 349-50, 353-5, 357, 359-62, 370-1, 406, 421-2; **vol. 12:**

ÍNDICE REMISSIVO GERAL

36-7, 39-40, 48-9, 138, 202, 220, 256-60, 283, 294; **vol. 13:** 103, 121, 123, 132, 168, 170-2, 175-6, 179, 181, 183, 209, 217, 230, 255-6, 258, 268-71, 276, 278-88, 293, 304, 307, 345, 352, 359, 366, 378, 401, 412, 414, 417, 419-4, 428-9, 431-4, 437, 443-9, 467, 470, 473, 479-85, 487-90, 492, 537-9, 541-2, 561, 567, 571, 580; **vol. 14:** 14-7, 19, 21-2, 25-7, 29-31, 40, 43, 45-6, 55, 56NA, 58, 67-70, 71NA, 72-8, 80-1, 83, 96, 101-2, 107, 114, 121, 124-5, 130-2, 136-8, 141, 149NA, 155-6, 158, 159NA, 170, 174, 177, 179-80, 181, 183, 196, 199-201, 256, 259, 262, 264, 266-9, 271NA, 272, 274-5, 277, 280, 295-8, 300-1, 312-5, 317-20, 326-7, 342-3, 346, 348NA, 349-51, 356, 364, 370-1, 376; **vol. 15:** 68, 70, 104-5, 109, 125-7, 129, 131NA, 138, 145, 155, 163, 165, 168, 172, 176, 191-2, 199-201, 203, 210, 216, 222, 226, 244, 251, 254, 285-7, 289-91, 293; **vol. 16:** 43, 60, 73, 85, 111-4, 116, 117NA, 118-20, 125, 129, 131, 139, 143, 154, 157, 160, 161NA, 169-71, 175, 181, 189-90, 197, 204, 212, 232-4, 247-9, 263-4, 284, 287, 289, 309-10, 312, 316, 322, 348-9, 353; **vol. 17:** 32, 35, 37-8, 40, 50-1, 53, 62, 66-7, 77-8, 80-1, 85, 90, 92-3, 97, 101-2, 117-9, 151, 153-5, 159-61, 163-5, 167-71, 173, 186, 205-6, 217, 222, 237-8, 249, 251-2, 255, 257-8, 267, 284, 291, 293-6, 298, 303-4, 308-9, 318-9, 336, 344, 346, 350, 358, 362; **vol. 18:** 24-5, 27, 47, 50NA, 66, 68, 80, 96, 101, 155-7, 164, 191, 201, 205, 226-8, 233-4, 242, 256, 270-1, 273-4, 278-9, 281, 283-5, 287, 303-4, 308-11, 329-30, 334-5, 358, 376, 378, 381, 385-7, 396, 401, 442, 448, 456, 461, 469; **vol. 19:** 18, 21, 23, 48, 53, 81, 101, 103, 105-7, 109, 126, 138-9, 152, 162, 173-6, 184, 193-4, 200-1, 203, 218, 228, 230-1, 242, 244-5, 250, 252-3, 264-5, 269-70, 272, 276, 278, 289-90, 341-2, 364-5; — amnésia infantil, **vol. 5:** 70; autodesnudamento, inclinação infantil ao, **vol. 7:** 141; gíria infantil, **vol. 7:** 179; idade do conteúdo das primeiras lembranças infantis, **vol. 3:** 278-80; imoralidade infantil, **vol. 3:** 168; infantilismo, **vol. 2:** 17; infantilismo da sexualidade, **vol. 6:** 71, 354; infantilismo psíquico, **vol. 18:** 42; medo infantil, **vol. 6:** 145; onanismo infantil, **vol. 19:** 364; paralisia cerebral infantil, **vol. 3:** 313; **vol. 5:** 162, 220; pesquisa sexual infantil, **vol. 6:** 103, 106, 148NA; simbolismo infantil de rei e rainha, **vol. 19:** 21; tolice infantil, **vol. 7:** 243; *ver também* bebê(s); criança(s)

infecciosas, doenças, **vol. 1:** 111

infelicidade, **vol. 10:** 230-1; **vol. 18:** 31, 47, 96, 98, 122

inferência(s)/método de inferência, **vol. 12:** 36, 38, 105, 107, 182, 222, 234, 241

inferioridade, **vol. 15:** 96

Inferno, **vol. 14:** 85, 372; **vol. 19:** 37NA

infidelidade, **vol. 9:** 342-3; **vol. 15:** 165, 211-2, 215, 217

inflamação, **vol. 18:** 23

infortúnio(s), **vol. 18:** 96-8, 186, 327, 383, 423

ingenuidade, **vol. 7:** 259-60, 262, 283; — ingênuo, o (gênero do cômico), **vol. 7:** 258-66, 269, 314; "ingênuos", chistes, **vol. 7:** 259, 265, 267NA; *ver também* chiste(s)

inglês, **vol. 13:** 53, 158, 242, 463

inibição, inibições, inibida(s), inibido(s), **vol. 1:** 29, 35, 52, 127, 155-6, 159-61, 257-63, 265, 270, 279, 298, 301, 313, 332; **vol. 2:** 46, 68, 73, 119, 125, 129, 131, 137, 286, 296-7, 304NA, 308-9, 315; **vol. 4:** 84, 101, 112, 275-6, 278-81, 285, 290, 306, 327, 368, 378-81, 409, 431, 480, 515, 518, 527, 541,

ÍNDICE REMISSIVO GERAL

555, 618, 620, 635, 643, 653, 655, 657-9, 661, 671; **vol. 5:** 74, 87-8, 202, 212, 249, 414; **vol. 6:** 27, 58NA, 80, 107, 122, 127, 132, 138, 141, 147, 153, 155-6, 168, 227, 229, 364; **vol. 7:** 17, 129, 150, 169-70, 181, 184, 186, 190-2, 194, 196, 197NA, 212-5, 217, 220, 224, 235, 245-6, 258-9, 263-6, 316, 321, 332NA, 334; **vol. 8:** 89, 121, 251, 258-9, 283, 318, 370-3, 376, 383, 398, 407-8; **vol. 9:** 14, 65, 103-4, 106, 108, 121, 139-40, 168, 191, 194, 198, 209, 212, 214, 233-4, 272-4, 283, 320, 327, 348-9, 354, 373, 380, 387; **vol. 10:** 20, 82, 85, 89, 118, 144, 160-1, 186, 202, 220, 226, 235, 237-8, 272, 326-8; **vol. 11:** 41, 59, 97, 119, 151-2, 243, 340, 355, 382, 384; **vol. 12:** 58, 96, 113, 129, 144, 172-3, 175, 188, 210, 219, 223, 274, 284, 286; **vol. 13:** 263, 364, 450-1, 484, 499; **vol. 14:** 19, 32-3, 37, 55, 57, 72, 155-6, 165, 247, 299, 329, 392; **vol. 15:** 27, 32, 36, 39-40, 70-1, 74-5, 87, 97, 104, 106-7, 110-2, 119, 138, 171, 236, 247, 267, 274, 296, 306; **vol. 16:** 70, 93, 116NA, 117, 235, 249, 264, 287, 328; **vol. 17:** 14-9, 25, 32-3, 45, 47, 65-6, 81, 83, 85, 88, 136, 152, 161, 168, 206, 225, 272, 282, 290, 313, 316, 318, 341, 353, 358; **vol. 18:** 110, 199, 227, 282, 339, 358, 378, 412; **vol. 19:** 49, 108-9, 125, 175, 204, 217, 230, 237, 251, 275, 291, 329, 363-4; *ver também* censura(s); repressão, repressões, reprimida(s), reprimido(s)

inimizade/inimigo(s), **vol. 11:** 67-74, 89, 99, 105, 126-7, 130-1, 153, 207, 303, 379, 382; **vol. 12:** 210, 213, 216, 234, 237, 239-40, 242, 244, 246, 278; **vol. 18:** 79

injúria, **vol. 11:** 97, 228; *ver também* xingamento(s)

injustiça(s), **vol. 12:** 180, 216-7, 225, 256, 259; **vol. 18:** 58, 65, 69, 281

inocência, **vol. 3:** 234, 280, 295-6; — "inocência do espírito", **vol. 6:** 228; "inocência", chiste da, **vol. 7:** 60-1, 176; *ver também* chiste(s)

inofensivos/abstratos/não tendenciosos, chistes, **vol. 7:** 129-32, 135, 138-9, 148, 170-1, 203, 205-6, 241, 252, 254; *ver também* chiste(s)

"inquietante", o, **vol. 14:** 328-32, 340-1, 345-6, 349-50, 352-7, 359-60, 362-75; — *heimlich*, **vol. 14:** 331, 333, 337-40, 360, 366; *unheimlich*, **vol. 14:** 277, 331-3, 337-40, 360, 365-6

Inquisição/inquisidores, **vol. 4:** 99; **vol. 18:** 47; *ver também* Igreja católica

insatisfação, **vol. 10:** 118, 243; **vol. 12:** 35, 50, 84, 179, 207

insetos, **vol. 8:** 410

insônia, **vol. 1:** 102; **vol. 3:** 41, 85, 88, 150, 240; **vol. 6:** 83NA, 289NA; **vol. 10:** 18; **vol. 12:** 176, 186; *ver também* sono

instância censória, **vol. 12:** 43, 45NA; *ver também* censura(s)

instância parental, **vol. 18:** 96, 199-201, 236, 329; *ver também* pais

instinto(s), instintual, instintuais, **vol. 1:** 250, 350; **vol. 2:** 47, 151, 279, 282, 284, 291NA, 350; **vol. 3:** 106, 204, 253, 256; **vol. 4:** 17, 164, 196NA, 279, 292, 442, 456, 574, 600, 604, 632NA; **vol. 5:** 58, 197, 440; **vol. 6:** 20-1, 23, 26-8, 30, 33, 38-40, 42, 44-7, 52-3, 56-9, 61-4, 66, 68-9, 71, 73-4, 80, 82, 83NT, 87, 95, 99, 101, 107, 109-11, 115, 118, 119NA, 121-2, 126, 142, 144, 146-7, 155-6, 160-1, 163, 168, 170-1, 228, 355, 357-8; **vol. 7:** 141NA, 145, 183, 190, 203; **vol. 8:** 73, 112, 114-5, 124, 240, 243-5, 262, 274-6, 278-82, 309-13, 315, 317-8, 320, 324, 344, 346, 352-3, 358, 368-82, 392-6, 398, 406-7, 431; **vol. 9:** 22-3, 47, 50, 74, 94, 102, 110, 124NT, 125NA, 127NA, 132-3, 135-7, 139-40, 161, 180, 210-2, 214-5, 217-8, 264,

ÍNDICE REMISSIVO GERAL

266, 268-73, 275-7, 279, 282-5, 293-4, 297, 300, 317-20, 322-3, 328, 349-50, 352, 359-61, 362-3, 390-1; **vol. 10:** 32-3, 81-2, 89-90, 98-9, 103, 115-8, 134, 139, 160-1, 179, 205-6, 217, 250, 271-3, 329-35, 337, 348; **vol. 11:** 12, 19, 50, 57, 59, 88, 116NT, 119-20, 140-1, 153, 175, 188-91, 215, 262, 286, 305, 308-9, 311-2, 315, 318, 320, 322, 341, 347-8, 350, 351-2, 354, 359-63, 421; **vol. 12:** 14, 18-22, 32, 38, 40-1, 45, 53-77, 79-80, 83-7, 89, 91-2, 94, 100, 109, 114-5, 121, 138, 149, 166, 176, 208, 219-21, 223-4, 227, 235, 242, 261, 278; **vol. 13:** 16, 29-30, 179, 213, 304, 320-1, 323, 407, 413, 415, 417, 420, 428-9, 434-8, 447, 449, 452, 456, 460, 462, 465-6, 470, 472-4, 479, 481, 486, 493, 495, 497-8, 509, 521, 539-40, 544-8, 550, 555-6, 568-9, 576, 586, 589; **vol. 14:** 32, 38NA, 140, 143, 165-7, 175, 181, 183, 196, 198-9, 202-12, 214-6, 219-24, 225NA, 226, 227NA, 228-30, 232-4, 235NA, 236-8, 241-3, 247-9, 251, 261, 281, 314, 327, 356, 384, 392; **vol. 15:** 14-5, 17, 20, 27, 28NA, 40, 43, 44, 58NA, 59-60, 62, 65-6, 69-71, 77-82, 96NA, 104, 106-8, 112, 118, 121, 148, 185, 202-3, 218, 223, 226, 288-91, 294, 298-9, 302-8, 311; **vol. 16:** 31, 38, 49-53, 55-9, 66-8, 70-1, 74, 105-6, 115, 119-20, 128-9, 132, 142, 144-5, 153-4, 163-4, 170, 178-9, 185-7, 190-4, 196, 201-2, 213, 215-6, 219, 232-3, 241-2, 246-7, 251, 259-63, 278, 281, 284, 337, 349; **vol. 17:** 20-2, 24-5, 27-8, 34, 36, 39-40, 43-5, 50-1, 54-5, 63-6, 69, 85, 88-90, 93, 98-100, 102-5, 107, 109, 111-5, 117-9, 121, 147-52, 160-1, 174, 181, 205-7, 233, 235-42, 245-6, 272-3, 276-7, 284, 287-9, 291, 293-4, 297, 315-9, 339-41, 343, 348, 364, 367, 372; **vol. 18:** 34-5, 56-7, 59-60, 64, 71NA, 78, 80, 82-5, 86NA, 87, 88NA, 89-91, 96-7, 99, 102NA, 104, 109, 111-3, 116, 122, 138, 193, 200, 215, 218-9, 224, 240-5, 248, 251-8, 260-2, 268, 270, 301, 308, 310-1, 350, 411-2, 426-30, 467; **vol. 19:** 109, 133, 135, 139, 141, 160-6, 168, 170, 175, 185, 192-3, 195-7, 199, 202-3, 217, 219, 223, 225-6, 235, 237-9, 242, 244, 260-7, 269-70, 280-1, 284-90, 293-8, 300-1, 310-2, 315-6, 321, 346; — atrofiamento do instinto sexual feminino, **vol. 3:** 106; energias instintuais, **vol. 9:** 136, 362; estímulo instintual, estímulos instintuais, **vol. 12:** 53-4, 56, 73-4, 84; fonte instintual, fontes instintuais, **vol. 12:** 60, 122; **vol. 18:** 139, 245, 412; força instintual, **vol. 6:** 138; instinto de contretação, **vol. 6:** 68NA, 83NT; **vol. 7:** 141NA; **vol. 8:** 245; instinto de destruição/morte, **vol. 19:** 195-7, 237, 244, 262, 311-4, 316-7; Instinto de olhar (esquema de Freud), **vol. 12:** *68*; instinto de saber, **vol. 6:** 103, 106; instinto sadomasoquista, **vol. 6:** 116; instinto sexual, **vol. 1:** 350; **vol. 6:** 20-1, 23, 26-8, 30, 33, 38-40, 42, 44-7, 52-3, 56-9, 61-3, 68-9, 71, 73-4, 80, 82, 83NT, 87, 95, 99, 101, 111, 115, 118, 119NA, 121-2, 126, 142, 144, 146-7, 155-6, 160-1, 163, 168, 170-1, 228, 355; **vol. 7:** 142; instintos parciais, **vol. 6:** 64, 66, 99, 107, 109-11, 118, 121, 138, 357-8; renúncia instintual, **vol. 18:** 50, 60, 98-9, 403, 405; **vol. 19:** 116, 157, 160-2, 164, 176; representante instintual, **vol. 12:** 89, 91-2, 95-6, 125; teoria dos instintos, **vol. 6:** 67; vida instintual, **vol. 8:** 73, 114, 243, 356; **vol. 9:** 98-9, 102, 110-1; **vol. 10:** 144, 146; **vol. 12:** 62, 66NA, 136, 185, 221-2; **vol. 14:** 138, 205, 219, 241, 250; **vol. 17:** 206-7, 369; **vol. 18:** 82, 85, 192-3, 245, 251, 270, 402, 405, 431, 434; *ver também* impulso(s); sexualidade, sexual, sexuais instituição, instituições [sociais], **vol. 15:** 15, 34, 55, 87, 95, 97, 109, 111, 317; **vol. 17:** 177

"insuficiência psíquica", **vol. 2:** 152; *ver também* psique, psiquismo, psíquica(s), psíquico(s)

insuficiência renal crônica, **vol. 1:** 29NT

insulto(s) *ver* xingamentos/insulto(s)

intelecto/intelectualidade, **vol. 11:** 85, 342, 374; **vol. 19:** 159, 162-3; — atividade intelectual, **vol. 1:** 54, 60, 92, 106; atividade intelectual no sonho, **vol. 4:** 470; capacidade intelectual, **vol. 9:** 107NA; **vol. 15:** 25, 28, 32, 38-9; chistes intelectuais, **vol. 7:** 107, 115, 127, 130-2, 151, 154, 178, 182, 197NA; temperamento intelectual, **vol. 2:** 329, 339; trabalho intelectual, **vol. 6:** 117; **vol. 7:** 217, 277, 297

inteligência(s), **vol. 2:** 32, 40, 76, 114NA, 152, 245, 373, 382, 386, 403, 410; **vol. 6:** 76, 188, 197, 237, 304, 329; **vol. 7:** 71, 84, 199; **vol. 8:** 48, 92, 117, 246; **vol. 10:** 15, 20, 29, 47, 54, 215; **vol. 12:** 212, 219, 227, 260, 280; **vol. 13:** 510, 574, 578, 580, 599; **vol. 14:** 18, 31-2, 59, 138; **vol. 15:** 17, 19, 36, 163; **vol. 16:** 92, 322, 351; **vol. 17:** 251, 269, 273, 287, 289-91, 293, 339, 353, 371; **vol. 19:** 28, 316

intercelulares, estímulos, **vol. 1:** 232, 238, 244; *ver também* célula(s); estímulo(s)

intercurso sexual, **vol. 6:** 105, 225, 230, 265-6, 270, 296NA; — intercurso anal, **vol. 6:** 37, 44; intercurso preventivo, **vol. 3:** 95; intercurso sexual com animais, **vol. 6:** 38-9; *ver também* ato sexual; coito; relações sexuais

interdição, interdições, **vol. 17:** 48, 61, 202, 213; — proibição, proibições, **vol. 9:** 17, 65, 83, 88, 106, 109, 357, 358, 367, 371, 373, 379; **vol. 11:** 22, 24-5, 31, 33-4, 36-7, 40, 42, 47-9, 51, 53-7, 59-61, 63, 65-6, 79, 82, 87, 94, 111, 114, 150, 153, 161, 208, 249, 340

interesse(s), **vol. 15:** 22, 25, 33-4, 40, 47, 56-60, 79, 89-91, 116, 122, 127, 140, 142, 145, 152, 154-8, 163, 175, 179, 181-2, 186, 188, 190, 192, 195, 203, 215-6, 223-4, 227, 234, 262-3, 271, 288, 290, 292-3, 295, 301, 321, 325

interior do Eu, **vol. 19:** 197, 213, 306; *ver também* Eu, o

internalização, **vol. 17:** 118, 241, 243

interpretação dos sonhos, **vol. 5:** 380, 395, 400, 420-1, 428-9, 438-45; **vol. 6:** 178-9, 184, 309; **vol. 9:** 69NA, 254, 259; **vol. 10:** 123, 125, 129-30, 265, 267, 274; **vol. 13:** 14, 114, 160, 194, 196, 198-9, 201, 203, 247, 261, 274, 286, 299, 309, 314, 319, 382, 604; **vol. 17:** 138; **vol. 18:** 12-8, 130-1, 134, 137, 151, 168-9; **vol. 19:** 215-7, 219-21, 223-4; *ver também* sonho(s)

interpretações analíticas, **vol. 19:** 21, 24, 83, 138, 328, 333, 336, 338, 357; *ver também* análise/analista(s)

intestino(s), intestinal, intestinais, **vol. 1:** 48; **vol. 4:** 147, 265, 474; **vol. 6:** 91-2, 105, 109; **vol. 9:** 138; **vol. 13:** 128, 418, 423; **vol. 14:** 99-102, 104-8, 109NA, 113, 150, 258-61; — estímulo intestinal, **vol. 4:** 116-7, 450; *ver também* digestão/trato digestivo

intichiuma (cerimônia totêmica), **vol. 11:** 177-9, 213; *ver também* totemismo, totêmica(s), totêmico(s)

intimidade, **vol. 8:** 245, 265; **vol. 11:** 31, 33

intolerância, **vol. 15:** 54, 58, 87, 107; — intolerância religiosa, **vol. 18:** 81; **vol. 19:** 32, 35; *ver também* religião, religiões, religiosidade, religiosa(s), religioso(s)

intoxicação, intoxicações, **vol. 1:** 54, 57, 176; **vol. 18:** 32, 42, 175

intracerebral, excitação, **vol. 2:** 272, 274-5, 277-80, 287-9, 293, 308-9; *ver*

ÍNDICE REMISSIVO GERAL

também cérebro, cerebral, cerebrais; excitação, excitações, excitabilidade

introversão/introspecção, **vol. 10:** 138, 166NA, 235; **vol. 12:** 15, 23, 28, 30, 139; **vol. 14:** 222; **vol. 17:** 269

intuição, **vol. 17:** 269; **vol. 18:** 323-4, 326

inveja, **vol. 8:** 401, 422; **vol. 17:** 36, 164, 280; — inveja do pênis, **vol. 6:** 104-5; **vol. 9:** 382-3; **vol. 10:** 295; **vol. 12:** 38; **vol. 14:** 256, 259, 261; **vol. 15:** 145; **vol. 16:** 290, 292-5; **vol. 17:** 164; **vol. 18:** 280-3, 286, 290-1, 397; **vol. 19:** 254-5, 322, 324, 363; *ver também* ciúme(s)

inversão, invertida(s), invertido(s), **vol. 6:** 20-33, 35-7NA, 38, 44, 55, 63-4, 152-4, 201; — absolutos, invertidos, **vol. 6:** 22, 25NA, 27; "adquirida", inversão como, **vol. 6:** 27-8, 155; anfígenos, invertidos, **vol. 6:** 22; caráter inato, inversão como, **vol. 6:** 24, 26-8, 155; *Konträrsexuale*, **vol. 6:** 22; ocasionais, invertidos, **vol. 6:** 22; tendência à inversão, **vol. 6:** 23NA; *ver também* homossexualidade, homossexual, homossexuais

investigação psicanalítica, **vol. 9:** 15, 137, 163, 216, 265, 279, 355, 358, 392; **vol. 15:** 16, 43, 59, 98, 110, 198, 213, 287, 320; **vol. 16:** 44, 54, 119, 243, 250; *ver também* psicanálise, psicanalítica(s), psicanalítico(s), psicanalista(s)

investimento(s), **vol. 1:** 226-7, 242-3, 246-7, 251-70, 272-83, 289-90, 299-309, 311-7, 319-28, 330-9; **vol. 2:** 133, 219NT; **vol. 4:** 425, 593-4, 599, 605-6, 609, 618, 623, 625-7, 631, 635, 646-8, 650, 652-9, 664, 669-71; **vol. 8:** 84, 327, 415, 417; **vol. 9:** 57, 350-1; **vol. 11:** 141, 145, 326; **vol. 13:** 449-50, 477-8, 482, 496-7, 548-9, 551-2, 554-5, 557, 561, 590, 593, 605; **vol. 17:** 20-3, 29, 40, 43, 45-6, 50, 60, 62, 64, 69, 76, 78, 82, 86, 111, 121-3, 315, 327, 328-9; **vol. 19:** 96, 133, 136, 198, 204-5, 215, 217, 220, 248, 309-10, 353; — contrainvestimento(s), **vol. 4:** 658; **vol. 12:** 120, 122-3, 125-6, 133, 156, 188, 193; **vol. 13:** 478, 544, 578-9; **vol. 14:** 192; **vol. 17:** 103-5, 113; **vol. 19:** 133-4, 215, 217, 225, 234; investimento libidinal, investimentos libidinais, **vol. 10:** 85, 93, 98, 136; **vol. 12:** 17, 18NA, 28, 46, 121, 162, 192, 263; **vol. 14:** 113, 223, 258, 310; **vol. 15:** 51, 294; **vol. 18:** 230, 237, 251, 381; investimentos objetais, **vol. 12:** 17-8, 20, 139, 180-3, 185; **vol. 15:** 61, 73, 304-5; **vol. 16:** 35-40, 54, 57-8, 60, 62NA, 64, 69, 117, 143, 208, 290; **vol. 18:** 202, 219, 244, 270, 272, 279; *ver também* libido, libidinal, libidinais; investimento de objeto, investimento objetal; meta(s); objeto(s) amoroso(s), objeto amado; objeto sexual, objetos sexuais

irmã(s), irmão(s), **vol. 1:** 29-30, 149, 213; **vol. 2:** 21, 61, 81, 83, 87, 90, 98, 103NA, 107, 108NA, 111, 123-4, 130, 132, 139NA, 194, 201, 203, 205, 214-8, 223-7, 229-30, 232, 237, 240-1, 246, 319-20, 384, 387-8, 396; **vol. 3:** 72, 76, 152, 157, 163-4, 179, 181-3, 212, 217, 224, 286-7; **vol. 5:** 36, 41-2, 53, 75-8, 96-7, 100, 114, 116, 120, 128, 150-1, 168, 171-3, 199-200, 229, 245-6, 250, 268, 278, 299, 304, 309-10, 313, 318-20, 326, 333-5, 356, 359-60, 364, 416-7, 431; **vol. 6:** 150, 186NA, 188-9, 191-2, 213NA, 214, 221, 234, 247, 256-7, 268NA, 283; **vol. 7:** 33, 41, 259-60, 326-7; **vol. 8:** 38-9, 47, 93-4, 96-7, 112, 121, 131, 133-4, 154, 217, 247-8, 263, 267-8, 283, 305, 320-1, 352, 374, 395, 397, 401, 405-6, 421, 423; **vol. 9:** 19-20, 34, 38, 43-4, 46, 50NA, 67, 70NA, 88, 97, 146NA, 195NA, 210NA, 243, 274-5, 306, 349, 356, 380, 382; **vol. 10:** 60, 63, 67, 71, 76, 86, 136, 233, 289, 296, 305, 308-9, 312-6, 318, 322; **vol. 11:** 24, 26, 30-3, 39, 41, 104, 163, 188-9, 202, 216-8, 220, 222, 226,

ÍNDICE REMISSIVO GERAL

233, 235, 237, 242, 368, 370, 416, 421, 423; **vol. 12:** 197, 207, 231, 244, 276, 294; **vol. 13:** 75, 77, 102, 158, 161, 173, 192-3, 195, 205-6, 265, 274-7, 282-3, 422, 443-6; **vol. 14:** 21-35, 39, 43, 54, 57, 77-8, 88, 92, 98, 110-1, 125, 127, 130, 143, 160NA, 256, 264, 268-71, 273-6, 277NA, 301, 304, 344, 347, 366; **vol. 15:** 14-5, 47, 84, 101-3, 109, 126, 127-8, 131-2NA, 133, 136, 143, 145-6, 157-8, 163-4, 177, 183-4, 193-4, 201, 204-6, 210, 222, 232, 234, 264; **vol. 17:** 65, 165-6, 333, 335, 346, 351, 355-6, 368; **vol. 18:** 62, 66, 102, 170, 174, 329, 359, 375NA, 381-2, 396, 438, 443, 448, 458; **vol. 19:** 19, 49, 66, 115-6, 122-3, 147, 165-7, 180, 186, 245, 254, 256NT

ironia, **vol. 7:** 106, 248; *ver também* chiste(s)

irracional, **vol. 2:** 71, 271, 291NA, 306, 335; **vol. 8:** 92

irradiações, **vol. 2:** 268

irritabilidade/irritação, **vol. 1:** 63, 139-40, 157; **vol. 3:** 84, 150; — irritação genésica fruste, **vol. 3:** 79

irrupção, irrupções, **vol. 10:** 61, 90-1, 102, 143, 230; **vol. 12:** 126, 139, 257, 263; **vol. 14:** 33, 75, 95, 192-3; **vol. 15:** 51, 142, 216; **vol. 16:** 116, 181, 238, 303, 320; **vol. 18:** 228, 360; **vol. 19:** 109, 113, 124, 210, 216, 233-4, 266, 284, 305

islã/muçulmanos, **vol. 19:** 130

isolamento, **vol. 8:** 25, 303; **vol. 17:** 29, 57-8, 60-1, 113, 203, 234, 369

isquemia cerebral, **vol. 4:** 640; *ver também* cérebro, cerebral, cerebrais

israelitas *ver* hebreu(s); judaísmo, judeu(s)

"jeovista" e "eloísta" na Bíblia hebraica, **vol. 19:** 62, 87-8

jogo(s), **vol. 14:** 56, 71, 170-3, 175, 200, 207-8, 233, 259; **vol. 17:** 357-8, 360; — jogos de palavras, **vol. 2:** 295;

vol. 7: 24, 54, 56-7, 59-60, 63-5, 67, 69-71, 76, 122, 130, 135, 171, 176, 241; *ver também* brincadeira(s); chiste(s); trocadilho(s)

jornalístico, estilo, **vol. 7:** 307

jovens/juventude, **vol. 2:** 183, 350, 364, 386; *ver também* adolescente(s)

judaísmo, judeu(s), **vol. 4:** 27, 166NA, 229, 231, 233, 339; **vol. 5:** 25, 100, 130-1, 310; **vol. 6:** 378-9; **vol. 7:** 51, 72-3, 75, 81-2, 105, 113, 116, 160-5, 203; **vol. 8:** 159; **vol. 9:** 161NA; **vol. 10:** 31, 280, 354, 356; **vol. 11:** 17, 380; **vol. 13:** 16, 217-8, 250; **vol. 14:** 116, 118; **vol. 16:** 77, 79, 266, 353; **vol. 17:** 333, 369-70; **vol. 18:** 47, 81, 88, 352; **vol. 19:** 14, 17, 22-4, 27, 29, 31, 38-42, 43NA, 44-8, 51, 54-6, 62-3, 65-7, 70, 72, 75, 83, 85-90, 92-4, 97, 99-100, 102, 120-1, 124-30, 143, 145-8, 152, 154-5, 159-60, 163-4, 170-1, 176, 185-8, 365-7; — legislação judaica/mosaica, **vol. 19:** 26, 59, 69, 93; Páscoa judaica, **vol. 4:** 488; tábuas da Lei, **vol. 11:** 378, 382, 384, 404-5, 411; **vol. 19:** 48, 71; templo de Jerusalém, **vol. 19:** 63, 159; *ver também* hebreu(s)

juízo(s)/julgamento(s)/o julgar, **vol. 1:** 88, 93, 113, 265, 268-72, 304, 310, 334-5; **vol. 7:** 17-9, 24, 29, 37-8, 65, 87, 123, 127, 129, 135, 149, 171, 188-90, 196-7, 205, 239, 249-50, 277, 317; **vol. 12:** 69, 83, 93, 132, 177, 198, 210, 221, 242, 249; **vol. 15:** 37, 71, 80, 127, 141, 208, 228, 319, 324; **vol. 16:** 46, 135, 218, 266, 278-9, 281, 292, 298; — Juízo Final, **vol. 3:** 265, 268

justiça, **vol. 17:** 110, 160, 192, 198, 224, 252, 266, 277, 280; **vol. 18:** 49, 57, 79NA, 97, 292, 334

kinship, **vol. 11:** 207-8

Koch, bacilo de, **vol. 2:** 265; **vol. 3:** 135, 216

ÍNDICE REMISSIVO GERAL

Konträrsexuale, **vol. 6:** 22; *ver também* inversão, invertida(s), invertido(s); homossexualidade, homossexual, homossexuais

kraal, **vol. 11:** 35

lábios, **vol. 6:** 41, 43, 83, 85-6, 89-91, 119, 200, 202-3, 231, 263, 291; *ver também* boca

laconismo, **vol. 7:** 43, 66

lactente(s), **vol. 2:** 289; **vol. 6:** 82, 96, 143; **vol. 8:** 128NA, 353NA, 354; **vol. 13:** 415-20, 429, 431-2, 437; *ver também* bebê(s)

lagarta(s), **vol. 14:** 25, 93, 95, 110, 120

lagarto(s), **vol. 8:** 29, 36, 38, 42, 94-9, 106-7, 119-20

lágrimas, **vol. 2:** 25, 66, 234, 266, 300, 313, 384

lapso(s), **vol. 4:** 650, 663; **vol. 8:** 288; **vol. 13:** 31-2, 36, 38, 40-3, 45-9, 51-65, 68, 79, 82-7, 90-6, 134, 138, 141, 199, 232, 318; **vol. 16:** 234, 237; **vol. 19:** 333, 338, 356-8; — lapsos de escrita, **vol. 5:** 119, 161-84; lapsos de guerra, **vol. 5:** 160; lapsos de leitura, **vol. 5:** 151-60, 182, 324, 363-4, 368; lapsos de linguagem, **vol. 7:** 152NA; lapsos verbais, **vol. 5:** 78-147, 163, 172, 181, 221, 302, 305, 324, 364-5, 368; lapsos/atos falhos e comodidade, **vol. 5:** 133, 302

laringe, **vol. 1:** 45, 63-4; **vol. 2:** 245

laringoscópio, **vol. 7:** 56

"larvares", estados de angústia, **vol. 3:** 87; *ver também* angústia(s)

lascívia, **vol. 17:** 172

latência, **vol. 1:** 58; **vol. 6:** 78, 79NA, 80-1, 110-1, 122, 143, 148, 157, 159-60, 165, 168; **vol. 8:** 353; **vol. 10:** 115, 244, 331; **vol. 13:** 200, 433-4, 437, 441; **vol. 15:** 104, 107, 112, 126, 139, 290; **vol. 16:** 43, 117, 174NA, 204, 206, 209-11, 213; **vol. 17:** 50, 52, 85, 92, 104, 162, 168, 318; **vol. 19:** 96, 98, 102, 106, 109-10, 112-4, 120-1, 203, 245

latim, **vol. 13:** 242, 524, 562; **vol. 19:** 221

lavagem, compulsão a, **vol. 6:** 190; *ver também* cerimonial neurótico/cerimonial obsessivo; compulsão, compulsiva(s), compulsivo(s); limpeza

lei(s), **vol. 12:** 37, 213, 216, 236, 262, 269, 275; — códigos penais/direito penal, **vol. 1:** 87, 103; **vol. 12:** 286; *Corpus Juris*, **vol. 7:** 52; Direito Internacional, **vol. 12:** 215; legislação judaica/mosaica, **vol. 19:** 26, 59, 69, 93; Lei de talião, **vol. 11:** 234; **vol. 12:** 236, 269; **vol. 14:** 347; "Lei Seca" (EUA), **vol. 17:** 291INT; sistemas penais, **vol. 11:** 45; tábuas da Lei (legislação mosaica), **vol. 11:** 378, 382, 384, 404-5, 411; **vol. 19:** 48, 71

Lei de Fechner, **vol. 1:** 246; *ver também* estímulo(s); percepção, percepções, perceptiva(s), perceptivo(s)/(*Pcp*); sentidos/sensorialidade

leite, **vol. 6:** 85, 231; **vol. 13:** 485; — ama de leite, **vol. 18:** 272, 276; *ver também* amamentação/aleitamento; mamar

leitura, **vol. 13:** 32, 40, 51, 58, 90, 94, 96, 314; — lapso(s) de leitura, **vol. 5:** 151-60, 182, 324, 363-4, 368; "leitura de pensamentos", **vol. 1:** 112, 312; *ver também* escrita; linguagem; pensamento(s)

lembrança(s), **vol. 1:** 101, 125, 141, 171-2, 181-2, 184-7, 207-9, 294; **vol. 2:** 19, 23, 25-31, 33-7, 58, 60, 62-3, 73, 79, 81, 82NA, 83, 85-6, 89-93, 97, 102NA, 107NA, 110, 112NA, 122, 127, 132, 134, 137-8, 142-3, 145, 156-62, 164NA, 168, 170NA, 171-5, 179, 188-9, 191-2, 200, 209, 211-6, 222, 225, 238, 243, 248, 268, 290-2, 294-5, 297, 301-2, 303NA, 310-3, 315, 317, 319, 324, 328, 333, 336-7, 339, 359, 376-9, 381-2, 384, 387, 393-4, 396, 403-5, 408-9, 413-7, 419, 421-2,

ÍNDICE REMISSIVO GERAL

424; **vol. 3:** 27, 40, 44, 46-7, 60, 69, 76-8, 90, 152-6, 158, 162, 164-7, 169-70, 172-6, 180-2, 185, 190, 198-202, 204, 206-7, 209, 215, 218-21, 227-8, 266-7, 271-3, 276-90, 293-303; **vol. 4:** 27, 30, 32, 34-40, 44-5, 53-5, 69, 71-3, 76, 89, 97, 111-2, 122, 125, 142, 149, 153, 156-7, 172, 190, 192-3, 201, 205-8, 210-1, 213, 215-7, 223-4, 227, 234-6, 238-40, 242-6, 250, 254, 267, 273, 283-5, 287, 289, 295, 305, 313-5, 320, 323-5, 330, 334, 336-7, 345-6, 353-4, 368-70, 372, 376, 381, 385, 391, 395, 398, 413, 436, 439, 444-5, 452, 464, 468, 471, 476, 491, 496-8, 502, 505, 509, 511, 513, 530-1, 535, 540-1, 546-7, 551, 556, 559, 561, 568-71, 590, 595-8, 612, 626, 631, 636, 638-9, 642-3, 649, 652-6, 658, 671-3, 678; **vol. 5:** 18, 29, 37, 41, 43, 47, 49-50, 66-76, 80, 91, 106, 118, 164, 185, 188, 199, 200NA, 201-2, 217, 243, 251, 253, 267, 299-300, 310, 316, 336, 341, 358-61, 369, 384, 387, 389, 399-400, 410-1, 423, 429; **vol. 6:** 48NA, 76, 78, 96, 177, 186-7, 202-4, 256-8, 266-7, 268NA, 273, 275-6, 279-81, 293, 295-6, 298NA, 313, 315-6, 322, 325, 351, 354-5; **vol. 7:** 37-8, 219, 224, 228, 271NA, 272, 310, 313, 315; **vol. 8:** 28, 44, 49-50, 52, 57, 66, 69, 78-9, 82, 96, 113-4, 120, 133, 190, 222, 247-8, 284, 331-2, 336, 355, 391, 393, 404, 424; **vol. 9:** 19, 34, 68NA, 72, 80, 83NA, 92-3, 99, 142-6, 156, 167, 177, 183, 228, 231, 235-6, 239-42, 246, 248, 257, 269, 280, 307, 344, 348, 365; **vol. 10:** 56-7, 69, 71, 119-20, 148, 151NA, 161, 189-91, 196, 198-200, 254, 257-9, 292, 295, 297, 321, 356; **vol. 11:** 64, 98, 101, 132, 147, 221, 228, 230, 253, 258, 365, 369-71, 415; **vol. 12:** 15, 102, 113-4, 159, 163, 174, 225, 236, 238, 240, 257; **vol. 13:** 98, 101, 103, 112, 121, 138, 149-50, 153, 188, 249, 252, 255, 266, 269-71, 273, 337, 350, 352, 355, 357, 369, 378-9, 383, 391-2, 400, 412, 444, 484, 486, 488-91, 518, 582, 588, 591; **vol. 14:** 20, 22, 24-7, 29, 37, 40, 44, 47, 50, 59NA, 63, 70-1, 81, 84, 103, 110, 115NA, 119, 120-2, 123, 125, 170, 176, 181, 185-6, 201, 264, 267-8, 271NA, 273, 275, 277NA, 290, 294, 342; **vol. 15:** 186, 201, 278; **vol. 16:** 24, 98, 103, 133, 192, 229, 231, 272, 295, 301, 303, 309, 330; **vol. 18:** 132, 172, 184, 329, 437, 447, 449; **vol. 19:** 42, 49, 75, 88, 97, 99, 101-2, 105-6, 113, 116, 131, 133, 141, 154-5, 157, 163, 171, 174, 178-9, 186, 217, 228, 237, 246, 259, 270, 277, 280, 329-30, 335, 340, 343, 348, 353; — encobridoras, lembranças, **vol. 3:** 275-303; **vol. 5:** 37, 66-9, 73, 75; idade do conteúdo das primeiras lembranças infantis, **vol. 3:** 278-80; *ver também* memória; recordação, recordações; reminiscência(s)

lenda(s), lendária(s), lendário(s), **vol. 4:** 163, 286, 297, 302, 304-5, 389, 394; **vol. 5:** 73, 149, 154, 202, 394, 444; **vol. 11:** 17; **vol. 19:** 14, 18, 20-5, 42, 43NA, 47-8, 51-3, 61, 66, 100, 147, 246, 249; *ver também* herói(s); mito(s), mitologia, mitológica(s), mitológico(s)

leões, **vol. 8:** 128, 156NA

lesões orgânicas, **vol. 1:** 49, 197, 199, 203-5; — autolesões, **vol. 5:** 244-7, 251, 254

letargia, **vol. 1:** 76; **vol. 4:** 56

leucorreia/corrimento, **vol. 6:** 196NA, 261, 264, 267NA, 269, 271-2

levitas (tribo sacerdotal israelita), **vol. 19:** 22, 25, 57-8, 72, 75, 88; *ver também* hebreu(s)/israelita(s)

liberdade, **vol. 10:** 22, 43, 118, 205-6, 219, 223, 226; **vol. 12:** 34, 124, 172, 231, 279; — chiste e liberdade estética, **vol. 7:** 18; liberdade sexual/liberação sexual, **vol. 1:** 294-6, 298;

ÍNDICE REMISSIVO GERAL

vol. 7: 159; *ver também* chiste(s); sexualidade, sexual, sexuais

libertinos, **vol. 3:** 223

libido, libidinal, libidinais, **vol. 3:** 97, 105-10, 120, 131, 163, 168, 215, 240, 256; **vol. 4:** 196NA, 197, 276, 380-1, 414, 420, 438, 456, 638, 640; **vol. 5:** 236; **vol. 6:** 19-20, 23-4, 27, 36, 42-3NA, 44, 49-50, 53, 62-3, 65, 69-70, 102, 108, 126, 131, 135-9, 141, 146-7, 148NA, 150-1, 237, 241-2, 265NA, 270, 350, 357, 359, 373-5; **vol. 7:** 141, 144; **vol. 8:** 81, 102, 147-50, 243, 248, 250-1, 261, 275NA, 276, 343, 347, 376, 385, 415-6, 418; **vol. 9:** 81, 102, 129NA, 140, 169, 176-7, 211, 214, 216, 270, 276, 278-9, 285, 328, 340, 349-51, 359, 380, 382, 390; **vol. 10:** 58, 61, 80, 82-3, 85-6, 89-91, 93-103, 118, 135-6, 138-9, 141, 145, 166NA, 230-8, 273, 327-9, 332, 335-6; **vol. 11:** 14, 41, 59, 114, 141-2, 145, 229, 232, 275, 308, 313, 321, 323, 326, 356; **vol. 12:** 14-7, 18NA, 19-26, 28-34, 36, 38-43, 45-50, 63, 91, 94-5, 97, 119-21, 139, 153, 162, 169, 173-4, 180, 182-3, 185-6, 189-93, 202-3, 208, 250-1, 260-3; **vol. 13:** 192, 318, 415, 424, 434-6, 447-50, 453-68, 470-1, 475-83, 485-8, 495-7, 499, 502-3, 512-3, 515-6, 518, 531-6, 538-46, 548-52, 554-9, 561-2, 564-5, 568-9, 572, 575-7, 580, 585, 589-91, 593, 600-5; **vol. 14:** 17, 35, 38, 62, 64, 73NA, 74, 96-7, 113, 146-7, 149, 152-3, 157, 197, 220-6, 235NA, 241-4, 253, 256-8, 286, 300, 303, 306, 308, 310, 312, 317, 352, 386-8; **vol. 15:** 29NA, 39, 43-4, 48-51, 54, 56, 58-9, 61, 68-9, 71, 75-6, 78, 86-7, 93, 98, 100, 106, 109, 111-2, 121, 125, 127, 129-30, 131NA, 132-3, 143, 145, 200, 214, 218, 222, 271, 288-9, 291, 294-5, 298, 302-7, 324; **vol. 16:** 37-8, 43, 45, 52, 56-9, 69-72, 115-6, 119, 142-5, 169, 185-7, 190-4, 196-8, 202, 208-9, 241-2, 249, 281, 286, 295, 297, 351; **vol. 17:** 15-6, 38-40, 43-5, 49-53, 62-4, 69, 75, 81, 84, 101, 108-9, 111, 113, 161, 221, 236, 257, 315, 318; **vol. 18:** 35, 36NA, 38, 41, 42NA, 59, 67, 71, 72NA, 84-5, 89, 91, 113, 116, 219, 221, 226-30, 236-7, 240-2, 247, 250-1, 253, 271, 273, 278, 288-9, 291, 293, 365-9, 381, 385, 387-8, 391-3, 396-7, 404-7; **vol. 19:** 197-9, 201-2, 204-5, 239, 248, 251, 264, 292, 296, 299, 309, 313-4; — economia libidinal, **vol. 18:** 33, 36NA, 40, 226, 248, 370; energia libidinal, **vol. 6:** 135; investimento libidinal, investimentos libidinais, **vol. 10:** 85, 93, 98, 136; **vol. 12:** 17, 18NA, 28, 46, 121, 162, 192, 263; **vol. 14:** 113, 223, 258, 310; **vol. 15:** 51, 294; **vol. 18:** 230, 237, 251, 381; olhar, libido do, **vol. 7:** 141; represamento libidinal, **vol. 19:** 295-6; tensão libidinal, **vol. 3:** 106; teoria da libido, **vol. 6:** 135, 137; toque, libido do, **vol. 7:** 141; *ver também* desejo(s); sexualidade, sexual, sexuais

líder(es), **vol. 15:** 30-1, 40, 46, 48-9, 52, 54-5, 65, 74, 76, 78, 80, 83, 86-7, 91, 93, 99

ligação materna, **vol. 18:** 275, 279, 285; *ver também* mãe(s)

limitação do campo visual, **vol. 6:** 195; — hemianopsia, **vol. 1:** 45-6, 173, 199-200, 202, 204; *ver também* visão, visual, visuais

limpeza, **vol. 6:** 94, 190, 270NA, 273, 279-80; **vol. 8:** 242, 355; **vol. 10:** 329, 346; **vol. 14:** 123, 125, 149NA; **vol. 18:** 53-4, 59, 62NA, 390; — compulsão a lavagem, **vol. 6:** 190; obsessão com limpeza, **vol. 5:** 63; *ver também* higiene; ordem/organização

linguagem, **vol. 1:** 170, 202, 264; **vol. 2:** 26, 45, 66, 68, 185, 249, 260, 262, 275, 281, 286, 323; **vol. 5:** 79, 82-3, 87, 157, 191, 239, 273, 302, 357, 411, 413, 443;

271

ÍNDICE REMISSIVO GERAL

vol. 8: 25, 27-8, 134, 161NA, 333, 356-7; vol. 9: 15, 61, 72, 75, 80NA, 130, 147, 157, 163, 291, 304-5, 307-10, 312, 373; vol. 10: 23, 58-9, 71, 104, 263; vol. 11: 25-6, 54, 63, 107, 112, 124-5, 201, 205, 262, 276, 314, 330, 343-5, 376; vol. 12: 77, 140-1; vol. 13: 215, 220, 226, 228-9, 268, 312, 523, 551; vol. 15: 69, 79, 139, 197, 259, 269, 285; vol. 16: 32, 118, 161, 194, 278, 319; vol. 17: 14, 38, 114, 122, 136, 150, 215, 346; vol. 18: 51, 65, 143, 181, 235, 248-9, 331, 402, 404; vol. 19: 114, 137-9, 157-8, 182, 209, 212-3, 218, 258, 279; — língua(s), vol. 6: 43, 83; vol. 9: 147, 230, 304, 308, 310, 312; vol. 13: 215, 221, 224, 241-3, 247, 310, 313; língua materna, vol. 5: 23, 31, 51, 78; linguagem conceitual, vol. 4: 115; línguas antigas, vol. 4: 360NA; *ver também* fala(s); palavra(s) linguística/linguistas, vol. 13: 223, 227, 239NT; vol. 18: 148; vol. 19: 221

líquido amniótico, vol. 4: 448, 449NA; vol. 19: 20; *ver também* útero; vida intrauterina

literatura, vol. 12: 232; — criação literária, vol. 8: 119, 326, 335-6, 428; escritor(es), vol. 8: 14-7, 73, 120, 326-8, 333-8, 384; vol. 9: 179, 335, 384; vol. 13: 24, 26, 47, 49, 52, 132, 158-9, 311; literatura mundial, vol. 8: 426-8; literatura psicanalítica, vol. 18: 87, 112, 134, 186, 393, 466; *ver também* ficção, ficções; poesia, poeta(s); *Índice de obras de arte e literárias*

livre associação *ver* associação livre/livre associação

lobo(s), vol. 10: 295-9; vol. 12: 95; vol. 14: 24-5, 36, 41-50, 52NA, 54-9, 60NA, 61NA, 64-5, 77, 79-80, 83, 87, 94-5, 107, 128, 132-3, 136, 141-2, 148-51, 160NA; vol. 17: 37, 41-3, 64-5, 89-90, 163

locais sagrados, vol. 1: 114-5; *ver também* sagrada(s), sagrado(s), sacralidade

locomoção, vol. 3: 78, 89-90, 150; vol. 17: 14, 17

lógica, vol. 7: 20, 23, 80, 88, 90-1, 127, 153, 156, 179, 182, 289, 292

logos [grego: "razão", "palavra"], vol. 17: 297, 299

loucura, vol. 1: 90-1, 109; vol. 4: 87, 119-23, 135, 621NA; vol. 10: 29, 109, 265; vol. 14: 15, 340, 344, 363; vol. 19: 342

lúdico, lúdica, vol. 7: 18, 24, 37NA, 54, 174, 197NA; *ver também* brincadeira(s); jogo(s)

lues *ver* sífilis/lues

lúpus, vol. 6: 340

Lust [alemão: "prazer"/"gozo"/"vontade"], vol. 6: 20NA, 129NA; *ver também* gozo; prazer, prazerosa(s), prazeroso(s)

luto, vol. 11: 69, 72-3, 89, 91-4, 96-8, 101, 103, 106, 109-10, 146, 151, 213, 215, 231; vol. 12: 152, 171, 173-6, 178, 183, 186, 188-92, 232, 237, 239, 250-1; vol. 15: 210, 247, 250, 267; vol. 16: 158; vol. 17: 19, 71, 73, 119, 123, 351; *ver também* morte

luz, percepção da, vol. 1: 46-7; *ver também* cores; visão, visual, visuais

macho(s), vol. 18: 61, 265-7; *ver também* homem, homens; masculinidade, masculina(s), masculino(s)

macropsia, vol. 1: 47; vol. 2: 60, 66, 97NA; *ver também* visão, visual, visuais

madeira, vol. 10: 293NA; — simbolismo sexual da, vol. 5: 442; *ver também* sexualidade, sexual, sexuais; simbolismo/símbolo(s)

mãe(s), vol. 1: 29, 54, 61, 122, 148-50, 152, 156, 159; vol. 2: 21, 28, 57, 64, 77NA, 85, 90, 101, 102NA, 108NA, 115, 122, 124, 155NA, 157, 166-7, 170, 194, 201-6, 217, 223, 225, 228-30, 232,

ÍNDICE REMISSIVO GERAL

235NA, 244, 246, 300, 386; **vol. 3:** 40, 66, 72-3, 102, 122-3, 173, 177, 181; **vol. 4:** 40, 51, 159, 162, 164, 177, 190, 200, 215, 226, 228, 236, 238, 242-4, 270, 283, 287, 289, 291NA, 294-306, 314, 330, 357, 363, 380NA, 405-7, 409-10, 415-7, 419, 427, 439, 444-6, 459, 472, 489, 507, 522, 595, 596, 611, 636-8, 672-3; **vol. 5:** 42, 74-8, 114, 129, 144, 151, 168, 171-2, 192, 196, 199-200, 240, 243, 248, 257-8, 268, 273, 284, 293, 303, 305, 316, 318, 336, 387, 401, 424, 435-6; **vol. 6:** 34, 85, 106, 142, 144, 149, 151, 153, 190-1, 194, 196NA, 197-8, 206-7, 211-2, 231, 236-7, 252-3, 256, 260, 267, 269, 272, 279, 283, 285-8, 302, 305NA; **vol. 7:** 41, 65, 87, 90, 100-1, 150, 168, 219NA, 260, 300; **vol. 8:** 47, 52, 126-7, 128NA, 129-30, 132, 138-50, 154-6, 158, 163-6, 168, 170, 172, 175-6, 184, 190, 196, 199-200, 205, 211, 213-4, 219, 224-6, 229, 232-3, 240-2, 244-5, 248, 250, 252-4, 256-7, 260-1, 263-70, 272, 274-6, 279, 281, 319-20, 354, 386, 394, 397-8, 401-2, 405, 411, 420-4; **vol. 9:** 21, 34, 54, 59, 67, 69NA, 78, 93, 95NA, 109, 138, 141, 143NA, 146NA, 149-50, 153-9, 161, 164, 166-7, 169, 174-7, 184-7, 188NA, 189NA, 190-1, 195NT, 198-9, 210-1, 214, 216, 229, 243, 274, 339-42, 344, 346, 349-50, 353, 356, 386, 394; **vol. 10:** 73, 136, 174, 188-9, 234, 278-9, 281NA, 289, 308, 316, 319-20, 334, 348, 357; **vol. 11:** 24, 26-7, 31-2, 36, 38-9, 41, 86, 101, 128, 163, 177, 181-2, 188, 198-9, 201-3, 207-8, 218, 232, 322, 371-2, 421; **vol. 12:** 32, 37, 197, 201-4, 207, 213, 214, 232, 269, 277-8, 281-3, 285; **vol. 13:** 73, 192, 195, 215-7, 250, 257, 271-2, 274, 276-7, 279, 337, 340, 353, 358-60, 378, 398, 415-6, 423, 438-41, 443, 445-6, 448-9, 461, 490, 525, 539, 564, 609; **vol. 14:** 21-3, 26, 29, 30, 52, 57, 60NA, 62, 64-5, 83-4, 87-8, 91, 99, 103-4, 111-2, 116, 121, 124, 126, 130-1, 134-5, 151, 154, 158, 160NA, 171, 173-4, 267-8, 271, 275-7, 304, 306, 308, 317, 320-1, 325-6, 342, 363, 365, 394; **vol. 15:** 56NA, 61, 63, 66, 80, 101-4, 117-8, 127, 129-32, 134, 136, 145-6, 148, 163, 167, 172, 177-8, 180-1, 183, 194, 196-8, 200-1, 204, 206, 216, 221-3, 229, 232, 251-2, 289, 314-5, 327; **vol. 16:** 39-42, 73, 116, 157, 173NA, 174-5, 204, 208, 212, 276, 287-9, 293-5, 315-6, 326, 332; **vol. 17:** 18, 33, 35, 40-1, 63-4, 70, 78-81, 91, 96, 98, 120-1, 164-5, 167, 249, 257-8, 304, 334-5, 347, 354, 359-60; **vol. 18:** 80, 149, 151, 165, 167, 171, 204, 226, 230-1, 233, 267, 272-3, 275-9, 282-6, 288, 291-2, 298, 304, 329, 372-6, 379-80, 382-4, 386-91, 393-4, 396, 457, 462; **vol. 19:** 19-20, 68NA, 107, 111-2, 115-6, 118, 153, 158, 165, 172-3, 203, 229, 246, 248-52, 253NA, 254-6, 275, 333, 350, 362; — carinho materno, **vol. 19:** 248; divindade-mãe, **vol. 19:** 67NA; ligação materna, **vol. 18:** 275, 279, 285; maternidade, **vol. 9:** 151-2, 159, 164, 184-5, 189; ventre materno, **vol. 4:** 446NA; **vol. 5:** 77NA; **vol. 8:** 198NA, 262, 410; *ver também* feminilidade, feminina(s), feminino(s); mulher(es); pais

magia, mágica(s), mágico(s), **vol. 1:** 105, 117-8, 123; **vol. 11:** 75, 101, 121, 125-6, 128, 130, 132-3, 135-6, 143-5, 153, 213, 376; **vol. 12:** 17, 213, 228, 289; **vol. 14:** 244, 359, 362; **vol. 19:** 30, 37, 53, 74-5, 84, 94, 121, 125, 156-7, 314; — "magia" das palavras, **vol. 1:** 118; palavra mágica, **vol. 9:** 86; *ver também* feitiçaria, feitiço(s); palavra(s)

magnetismo: ímã e "sentido magnético", **vol. 1:** 65, 96, 348-9; "magnetismo animal" [mesmerismo], **vol. 15:** 88

mal, o, **vol. 9:** 37, 123, 132, 225; **vol. 18:** 79, 88, 93-4, 334; — malevolência, **vol. 11:** 99-100; **vol. 18:** 78-9
malária, **vol. 14:** 51, 80, 91; **vol. 19:** 314
malthusianismo, **vol. 3:** 251
mamar, **vol. 6:** 85, 143, 231; *ver também* amamentação/aleitamento
mamífero(s), **vol. 6:** 36NA, 105; **vol. 8:** 127NA, 323; **vol. 13:** 216, 451, 525; **vol. 17:** 74, 97; **vol. 18:** 20; **vol. 19:** 201NA
mandamentos éticos, **vol. 12:** 239, 241; *ver também* ética(s), ético(s)
mania(s), **vol. 9:** 49, 50, 52, 96; **vol. 12:** 186-8, 193, 194NA; **vol. 13:** 381, 410, 566, 611; **vol. 17:** 197, 328, 363; **vol. 18:** 33; — aritmomania, **vol. 3:** 74, 174; demonomania, **vol. 4:** 640; dipsomania, **vol. 3:** 174; erotomania fetichista, **vol. 8:** 62; **vol. 10:** 84, 86; mania de cogitar, **vol. 3:** 91; mania de dúvida, **vol. 3:** 74-5, 86, 92, 174; mania de especulação, **vol. 3:** 74, 80; mania de grandeza (megalomania), **vol. 10:** 64-5, 326; **vol. 12:** 15-7, 30, 39; mania de limpeza, **vol. 6:** 279-80; mania de perseguição, **vol. 12:** 199, 202; *ver também* paranoia, paranoica(s), paranoico(s), paranoide(s)
manicômio(s), **vol. 2:** 85, 94, 101, 130; **vol. 3:** 66
manismo, **vol. 11:** 121
mão(s), **vol. 6:** 94, 125, 146, 176, 219, 231, 267-8NA, 272, 334; **vol. 8:** 161, 167NA, 195, 201, 324, 414; **vol. 13:** 120, 214, 265; **vol. 17:** 87, 359-60
maoris, **vol. 11:** 55, 76, 89, 99, 150
marido(s), **vol. 6:** 190, 198, 207, 211, 214, 220NA, 221, 243, 302; **vol. 11:** 36, 38, 43, 56, 92, 101, 150-1, 254-5; **vol. 13:** 46, 68, 70, 77, 83, 130, 163-7, 195, 219, 237-8, 260, 272, 292, 296-7, 304, 332-3, 336, 338-40, 350-1, 358, 365, 367, 369, 397, 408, 507, 531-2, 608, 610

mármore, **vol. 8:** 21-2, 25, 29, 63, 74, 80, 82, 111
masculinidade, masculina(s), masculino(s), **vol. 2:** 152, 388; **vol. 5:** 90, 268, 442; **vol. 6:** 29, 31, 32NA, 33, 34NA, 36NA, 44, 49NA, 51NA, 55, 64, 95, 104, 109, 110NA, 123, 131, 138-41, 153, 162, 204, 231, 242, 245, 269NA, 288, 350; **vol. 8:** 102, 112, 126, 137, 143, 243, 244NA, 275, 347, 393, 401, 408, 418; **vol. 9:** 19NA, 95NA, 125NA, 127NA, 147, 157-9, 164, 166-7, 192, 202, 217, 275, 343, 380, 382; **vol. 10:** 23, 39, 43, 45, 57, 71, 83, 174, 244, 252, 332, 336-7, 344; **vol. 12:** 35, 38, 73; **vol. 13:** 207-13, 220-2, 257, 261, 321, 359, 421, 423, 434, 451, 492, 515, 586; **vol. 14:** 29, 65, 87, 95, 105, 112, 135, 142-3, 145-8, 155-6, 230, 255-7, 308, 311, 318, 320-1, 324-7; **vol. 15:** 61, 65, 115, 125, 128, 130, 133-5, 145, 147, 149, 221-2, 250-1, 253-54, 294, 328; **vol. 16:** 40-1, 47, 88, 118, 139, 171, 175, 206, 208, 211-2, 286, 291-2, 294-6, 298-9; **vol. 17:** 51, 163-4, 171, 306, 348, 350, 359; **vol. 18:** 71NA, 253, 266, 282, 286, 288, 291, 378, 382-3, 388, 392, 397; **vol. 19:** 67-8NA, 111-2, 118, 180, 202, 245, 247, 249-51, 254-5, 322-5, 349; — correntes afetivas masculinas, **vol. 6:** 245; impotência sexual ("potência masculina insuficiente"), **vol. 3:** 79, 95, 97-8, 125, 223, 241, 252-3; **vol. 19:** 112; patriarcado, **vol. 19:** 118, 158, 163, 180; "protesto masculino", **vol. 19:** 322, 325; *ver também* homem, homens; pai
masoquismo, masoquista(s), **vol. 4:** 194, 419, 523; **vol. 6:** 42, 51, 52NT, 53, 54NA, 55, 65, 102, 116NA, 363-4; **vol. 8:** 119, 344; **vol. 9:** 270, 294, 365; **vol. 12:** 65-7, 70-1; **vol. 13:** 405; **vol. 14:** 38-40, 64, 86-8, 94, 144-5, 147-8, 150-2, 170, 226-7, 297, 302, 307-11, 314, 316-9,

321-2, 326-7; **vol. 16:** 115, 185, 188-95, 199-202; **vol. 17:** 55, 118, 340-1, 349-50, 364; **vol. 18:** 87, 109, 253-5, 259, 268, 302; **vol. 19:** 202, 280, 283, 311-2, 325NA, 338; *ver também* sadismo, sádica(s), sádico(s)

massa(s), **vol. 15:** 14-30, 32-41, 43, 45-56, 58-60, 65, 68, 74-88, 91-3, 100, 103, 108, 155, 316; **vol. 18:** 206, 300, 353, 431; — multidão, **vol. 15:** 17, 34; psicologia das massas, **vol. 19:** 95, 99, 103, 130-1, 140-1, 163, 175, 181-2; *ver também* psicologia/psicólogos

massagem, **vol. 1:** 61-2, 345

masseteres, contratura dos, **vol. 2:** 244NA; *ver também* músculo(s), muscular(es), musculatura

masturbação, masturbatória(s), masturbatório(s), **vol. 1:** 297; **vol. 2:** 297; **vol. 3:** 62, 71-2, 97-8, 107, 112-3, 149-50, 163, 240-2, 247, 249-50, 252, 298-9; **vol. 4:** 224, 392NA, 400, 406, 408, 415, 425-8, 430, 432-3, 435-8, 595, 639-40; **vol. 5:** 273, 337; **vol. 6:** 28, 37, 44, 73, 83, 85NA, 90, 93, 95-7, 100, 138, 140, 160, 196NA, 237, 259, 261-2, 264-8, 281, 350, 353; **vol. 7:** 48; **vol. 8:** 140, 149, 152, 155, 227NA, 242, 253-4, 267, 271-3, 342-3, 383-5, 409, 416; **vol. 9:** 17, 59, 63-6, 87, 107, 270, 320, 323, 329-30, 343; **vol. 10:** 53NA, 75, 76NA, 233, 240-6, 249, 250-4; **vol. 11:** 198, 417; **vol. 12:** 144-5; **vol. 13:** 211, 223, 256-7, 263, 401-2, 410, 417, 420-1, 432, 469, 492, 511; **vol. 14:** 35, 37-8, 294, 303, 305, 308-10, 315-6, 318; **vol. 16:** 100, 188, 190, 206-8, 287-90, 293-5; **vol. 17:** 51, 360, 363; **vol. 18:** 232, 271, 282-4, 382-4, 391-2, 394; **vol. 19:** 112, 250-1, 254, 347, 349, 364; — masturbação clitoridiana, **vol. 6:** 140-1; onanismo, onanista(s), **vol. 6:** 90NA, 94-5; **vol. 7:** 48NT; **vol. 9:** 351; onanismo infantil, **vol. 19:** 364; *ver também* autoerotismo, autoerótica(s), autoerótico(s)

matemática, **vol. 8:** 52

matéria inanimada, **vol. 14:** 204, 211, 232

material [psíquico] patogênico, **vol. 2:** 200, 403, 406-9, 416, 418, 420-1; **vol. 6:** 222, 311, 315; **vol. 8:** 238-9, 250, 255, 258, 282

maternidade, **vol. 9:** 151-2, 159, 164, 184-5, 189; *ver também* mãe(s)

matriarcado, **vol. 19:** 116, 118, 158; *ver também* feminilidade, feminina(s), feminino(s); mãe(s); mulher(es)

matrimônio *ver* casamento(s)/matrimônio(s)

maturidade, **vol. 16:** 171, 247, 347; — maturidade psíquica, **vol. 19:** 328; maturidade sexual/maturação sexual, **vol. 3:** 152, 162, 166-7, 169, 239; **vol. 6:** 62, 110NA; **vol. 18:** 271, 290; *ver também* psique, psiquismo, psíquica(s), psíquico(s); sexualidade, sexual, sexuais;

"mau-olhado", **vol. 14:** 358

mecanismos psíquicos, **vol. 15:** 148, 284; *ver também* psique, psiquismo, psíquica(s), psíquico(s)

mecônio, **vol. 13:** 525; *ver também* fezes

medicação, medicamento(s), **vol. 1:** 51, 62-3, 88, 108, 114; **vol. 17:** 130, 194, 198

medicina/médico(s), **vol. 1:** 14, 16, 19, 40, 59-60, 64, 69-70, 72, 74, 89-92, 99, 101, 105-7, 109, 111, 114-9, 125, 131, 133-4, 136, 150, 177, 184, 211, 344, 346, 348; **vol. 2:** 14, 48, 54, 58, 63, 65, 71, 75, 78, 84, 91-3, 103NA, 107NA, 113, 116, 119, 123, 125, 127, 147NA, 150, 152, 154NA, 155, 159, 180-1, 183, 196, 205, 207-8, 233, 244NA, 253, 257, 260NA, 299, 301NA, 318, 328, 340, 345, 350NA, 368-70, 373, 379, 386, 397-9, 408, 411, 416, 418, 422-4, 426-

7; **vol. 3:** 16, 18, 72, 118, 233, 252, 261, 313; **vol. 6:** 18, 24, 55, 84, 91, 175-7, 181, 183NA, 184-5, 189, 192-3, 196, 209, 218, 220NA, 222-3, 227-8, 230, 240, 257, 264, 267NA, 291, 294, 297NA, 304, 308, 312-4, 317, 322-4, 327-9, 332-4, 338-9, 343-4, 346, 364, 369; **vol. 8:** 60, 64, 67, 74, 93, 103, 110-1, 113, 115, 118, 124, 130, 149, 152, 233, 237-8, 249, 255, 258-9, 279, 292, 303, 315, 330, 355, 361-2, 365, 375, 378, 387, 389, 403, 417, 426, 429-32; **vol. 9:** 16, 18NA, 33-5, 54, 58, 63-4, 148, 164, 173-4, 221-6, 233-4, 246-7, 253, 265, 280-1, 288-9, 292-3, 296, 299, 325-33, 354, 392, 394-5; **vol. 10:** 14, 16-7, 19, 24-5, 39, 45, 51, 54, 56-9, 62-4, 67-9, 71, 77NA, 91, 124, 126, 128, 130-1, 136-7, 140-3, 145-6, 148, 150-1, 155-60, 164, 167, 169-72, 174-8, 182NA, 183, 185-8, 195, 200-1, 204, 207, 209, 211-6, 218-9, 222, 224-5, 230, 258-9, 271, 274, 284, 320, 342-6; **vol. 11:** 248, 252-5, 263-4, 269-73, 276, 281-2, 284, 290, 293, 295-6, 302, 311, 315, 327, 329-30, 352, 365-6, 389, 416, 419; **vol. 12:** 49, 172, 196, 214-5, 231, 245, 254-6, 261, 274, 283; **vol. 13:** 14, 19-23, 26-7, 51, 70, 93, 99, 111, 113-4, 123, 170, 184-5, 251, 193, 271, 320-2, 325, 327, 329-31, 333, 341-2, 349, 374-5, 382, 386-7, 389, 438, 440, 475, 490, 506-8, 512, 515-6, 519-20, 525, 532, 562, 564, 571-3, 580-90, 592, 594, 596-9, 601-3, 606-7, 610, 612-3; **vol. 14:** 16, 18, 21, 70, 72, 94, 96, 101, 103, 119-20, 149NA, 160NA, 176-7, 179NA, 180, 201, 259, 280, 285, 287-91, 299-300, 330, 352, 378-9, 383, 390, 403-4; **vol. 15:** 14-5, 79, 90NA, 117-9, 121-2, 138-9, 182, 192, 196, 199, 201, 253, 274, 277-80, 291-2, 295-8, 311, 316-7, 319; **vol. 16:** 61-2, 64, 70, 78, 80, 82, 85, 87, 90-3, 97, 99-100, 105, 121, 124, 133, 136, 140, 151-2, 161, 164, 166, 206, 226, 229-30, 233, 239-41, 255-9, 284, 306-9, 328, 342-3, 350, 352; **vol. 17:** 98, 125-6, 129-30, 145, 156, 160, 162, 169, 172-3, 183, 188-95, 198, 200-4, 207-16, 218-25, 227, 229-30, 267, 312-4, 319-20, 332-5, 343, 368, 372; **vol. 18:** 46, 146, 458; **vol. 19:** 226, 275-6, 297, 314, 318, 324, 358; — neurologia, neurologista(s), **vol. 3:** 16, 82, 117, 308; **vol. 8:** 235, 364NT; **vol. 11:** 9; **vol. 14:** 66; psiquiatria, psiquiatra(s), **vol. 2:** 129, 285; **vol. 3:** 177, 231; **vol. 4:** 16, 68, 621; **vol. 8:** 60-2, 93, 235; **vol. 9:** 255, 269, 312; **vol. 10:** 14-5, 24, 58, 65, 110NT, 152, 165-6, 269, 274; **vol. 11:** 272, 274, 276, 280-1, 283, 285, 292, 329-30; **vol. 12:** 171, 196, 210; **vol. 13:** 21, 23, 27, 41, 48, 111-2, 227, 325, 334-6, 340-1, 343, 347-8, 371, 401, 558, 560-1; **vol. 13:** 27, 41, 48, 112, 334-6, 341, 343, 401, 560; **vol. 14:** 15, 248, 379-81, 386, 402-3; **vol. 16:** 80, 89, 134, 148, 150, 166, 219, 242-4; **vol. 17:** 191, 212, 214, 319; puritanismo médico, **vol. 3:** 234-5

medidas protetoras, **vol. 3:** 91, 172, 174; — proteção, **vol. 8:** 104, 251, 255, 308, 310; proteção paterna, **vol. 18:** 25

medieval, período *ver* Idade Média

médium, **vol. 1:** 112; **vol. 15:** 160-1; — "médium de hospital", **vol. 2:** 146NT

medo(s), **vol. 1:** 30, 100, 119, 134, 151, 159, 162, 286; **vol. 2:** 83, 91, 94, 96NA, 98-9, 110, 112, 114NA, 129-30, 146, 163NA, 182, 184, 191, 257, 345, 349NA, 363; **vol. 4:** 103-4, 114, 184, 196NT, 240, 284, 286, 294, 301, 313-6, 333, 344, 390, 398, 404, 409, 421, 427, 430-2, 435, 439, 446NA, 450, 500, 506-9, 530, 544-5, 595, 637; **vol. 5:** 36, 43, 84, 107, 150, 166, 251-3, 321-2, 360, 384; **vol. 6:** 114, 116, 203, 205, 248, 250, 257NA, 264, 274, 278, 293, 362; **vol. 7:**

ÍNDICE REMISSIVO GERAL

132; **vol. 8:** 40, 80, 143-6, 147NT, 148NA, 149-54, 156-8, 160, 163, 165-6, 168-79, 181, 186, 191, 193-5, 197, 200, 209-10, 212, 215, 222-3, 229, 231-3, 242, 245-6, 248-51, 253-4, 256-63, 266, 270, 272, 278, 311, 377; **vol. 9:** 25-6, 34, 38, 67, 71, 75, 123, 205, 233, 283, 293, 345, 385; **vol. 10:** 73, 92, 200, 274, 296, 299, 323; **vol. 12:** 50, 122, 157, 185, 217, 237, 242, 266, 272; **vol. 13:** 256-7, 260, 265, 267, 295, 311, 356, 358, 410, 521, 523, 525, 537, 539-40, 602; **vol. 14:** 24, 26, 36, 41-3, 45-6, 48, 50-1, 55, 57, 59, 61NA, 65, 77, 80, 86, 99, 103, 106, 111, 119, 128, 131, 141-2, 148, 152, 169, 201, 246, 277, 338, 342, 346-7, 350, 358, 361, 369; **vol. 15:** 21, 51, 53, 79, 82, 137, 198, 221, 244, 246, 254, 328; **vol. 16:** 72, 193, 196, 198, 212-3, 263, 286; **vol. 17:** 15-6, 26, 32, 35-6, 37, 42, 44, 51, 62, 64, 66, 68-9, 77-8, 81-2, 86, 91, 93, 114, 118, 120, 163, 284, 346-8, 362, 375; **vol. 18:** 25, 31, 68, 93-5, 97-8, 108-9, 122, 149, 189, 226, 230-1, 233, 274, 277, 280, 286, 331-2, 367, 375, 389, 434; **vol. 19:** 22, 112, 116, 119, 251, 260, 262, 264, 268, 279, 324-5, 347, 349; — escuridão, medo da, **vol. 6:** 145; ferrovia, medo de, **vol. 6:** 114; medo infantil, **vol. 6:** 145; misofobia (medo de sujeira), **vol. 3:** 76; tempestades, medo de, **vol. 2:** 129-30; *ver também* angústia(s); fobia(s); pavor; temor(es)

medula, **vol. 1:** 18, 58, 190, 192, 199-200, 229; **vol. 3:** 20, 305, 307; — "comoção da medula", **vol. 1:** 58; *medulla oblongata*, **vol. 13:** 520

megalomania/mania de grandeza, **vol. 10:** 64-5, 326; **vol. 12:** 15-7, 30, 39; *ver também* mania(s)

meios de representação, **vol. 4:** 351, 354, 369; **vol. 5:** 412, 415, 441; *ver também* representação, representações

melancolia, melancólica(s), melancólico(s), **vol. 1:** 56, 154; **vol. 2:** 101, 235NA, 321; **vol. 3:** 82, 111, 172, 259; **vol. 4:** 120; **vol. 12:** 171-2, 174-80, 182-8, 190-3, 262; **vol. 13:** 565-6, 611; **vol. 14:** 168, 197, 386, 405; **vol. 15:** 67, 94, 96-9, 236, 240, 247, 268, 271, 295; **vol. 16:** 35-6, 62NA, 63-4, 66, 68, 73, 181; **vol. 17:** 19, 328, 346; **vol. 18:** 197, 247, 392; *ver também* depressão, depressões; tristeza

membrana mucosa *ver* mucosa(s)

memória, **vol. 1:** 31, 98, 139, 166, 168, 182, 186, 223-6, 239, 245, 252-6, 259-62, 265-9, 271, 274, 280-1, 287, 290-1, 293-8, 300-1, 306-10, 312, 326-8, 330-3, 337-8; **vol. 2:** 28, 30, 35, 82, 93NA, 101, 105NA, 125, 128, 142-3, 148, 159, 162-3, 174, 181, 203, 254NT, 267NA, 268, 291, 376, 403; **vol. 3:** 75, 77, 121, 174, 190, 194, 207, 264-8, 271-3, 276-82, 286-9, 293-4, 300, 302; **vol. 4:** 34, 39-44, 51, 57, 69-70, 73, 80-1, 85, 92, 96, 109-10, 115, 129, 132, 149, 151, 186, 198, 199NA, 213-4, 218, 225, 231-2, 235, 249, 257, 283-4, 318, 406, 470, 474, 484, 488, 504, 538, 545, 561, 565, 571, 572NA, 577, 588-90, 669, 678; **vol. 5:** 15, 17, 24, 31, 33, 35, 40, 48, 52, 55-6, 63, 66-9, 71-2, 76, 91-2, 96, 107, 119, 183-7, 190, 192, 200-1, 203-7, 215-6, 220, 296-7, 300, 328, 337, 341, 369-70, 378-9, 416; **vol. 6:** 23, 27, 76, 96, 177, 186-7, 206, 230, 249, 268NA, 282, 284-5, 325, 346; **vol. 7:** 46, 59, 123, 134, 150, 199, 240, 285; **vol. 8:** 18, 56, 288, 406; **vol. 9:** 19, 29, 43-5, 57, 67, 69, 79NA, 93-5, 105, 145, 147, 155, 177, 190, 198, 232, 240, 394; **vol. 10:** 20-1, 63, 68, 113, 148, 150, 152, 182NA, 257-8, 263, 281NA; **vol. 11:** 333, 353, 365-6, 419, 421; **vol. 12:** 43NA, 113, 130, 173, 205; **vol. 13:** 32, 58, 89-90, 101-2, 113, 121, 138,

186, 269, 273, 331, 377-9, 433, 444, 577, 599; **vol. 14:** 79, 103, 120, 122, 185, 196, 266, 272, 308; **vol. 15:** 101, 166, 169, 204, 280, 297, 313, 320; **vol. 16:** 24, 218, 227, 268-9, 273; **vol. 17:** 112, 154, 170, 307, 312, 361; **vol. 18:** 51, 117, 124, 174, 187, 384, 436, 438, 443, 447, 458, 462; **vol. 19:** 32, 36, 58, 60, 68, 84, 88, 101, 178, 192, 211, 217-8, 340, 367; — imagem mnêmica/imagens mnêmicas/imagens da memória, **vol. 1:** 252-3, 256, 265, 271, 290, 307-8, 330; **vol. 3:** 221, 280-1, 301; **vol. 4:** 43, 80, 593; **vol. 5:** 71; **vol. 12:** 163, 165; **vol. 13:** 244; **vol. 17:** 23, 78; memória como principal característia do tecido nervoso, **vol. 1:** 223; Memória do abuso de Emma (esquema de Freud), **vol. 1:** *295*; rememorar, o, **vol. 1:** 237, 267-8, 329; restos mnêmicos/resíduos mnêmicos, **vol. 2:** 417; **vol. 19:** 105, 137, 212-3; símbolos mnêmicos, **vol. 2:** 417; traço(s) mnêmico(s)/traço(s) mnêmico(s), **vol. 3:** 54-5, 162, 164, 166, 300-1; **vol. 4:** 588, 590NA, 617; **vol. 16:** 24-5, 218, 268-9; **vol. 18:** 20; **vol. 19:** 131, 133, 140, 250, 263; *ver também* lembrança(s); recordação, recordações; reminiscência(s)

Ménière, doença de, **vol. 1:** 24, 100

menina(s)/garota(s), **vol. 1:** 54, 56, 162, 214; **vol. 2:** 64, 78, 102NA, 115, 120, 130, 139NA, 147NA, 166, 183NA, 201-2, 341, 349-50, 386; **vol. 6:** 94, 97, 104, 138-41, 150, 152-3, 192-3, 200, 221, 226, 228, 237, 241-2, 245, 261, 269, 297; **vol. 8:** 130, 136-7, 139-42, 154, 187, 203, 218, 226-7, 244, 401, 409-10; **vol. 13:** 169, 177, 258, 265, 276, 421-2, 443-4, 469, 492; **vol. 15:** 118, 125, 129, 163, 180, 182, 314-5; **vol. 16:** 40, 116, 171-2, 204, 207, 211-3, 288, 290, 291, 293-6; **vol. 17:** 86, 91, 164-5; **vol. 19:** 107, 172, 203, 247, 254-5, 347-8; *ver também* criança(s)

menino(s)/garoto(s), **vol. 1:** 54-6, 160, 187, 347; **vol. 2:** 80, 184, 299-300, 396; **vol. 6:** 33, 93-4, 102, 104-5, 113, 138, 140-1, 146NA, 153, 228, 269NA; **vol. 8:** 65, 124, 126, 130, 138, 145, 147, 149-50, 152, 158-9, 165-6, 168, 172-3, 177, 184, 203, 214, 218-9, 226-7, 229, 233-4, 236, 244, 252-3, 255, 257, 260, 265, 270-1, 274, 276-7, 279-80, 283, 323, 394, 399, 400-1, 403-6, 409-10, 418, 424; **vol. 13:** 169, 256, 258, 421, 441-3, 445, 490; **vol. 15:** 61, 118, 127, 145, 182-3, 211, 223, 246; **vol. 16:** 39-41, 116, 171-4, 206-8, 212-3, 286-7, 291NA, 296-8; **vol. 17:** 33, 90-1, 163-5, 304, 307, 310, 346-8; **vol. 19:** 15-6, 21-3, 48, 52, 111-3, 173, 203, 245, 247-52, 254, 264, 347-9; *ver também* criança(s)

menopausa, **vol. 3:** 109; **vol. 10:** 236; **vol. 17:** 193, 207; **vol. 19:** 288

menstruação, **vol. 2:** 88, 102, 139NA, 165NA, 319; **vol. 4:** 159, 361, 391; **vol. 6:** 293, 296; **vol. 8:** 406; **vol. 9:** 371, 373; **vol. 11:** 46-7, 50, 72, 154, 186; **vol. 17:** 193, 207; **vol. 18:** 61NA; **vol. 19:** 201NA, 245

mente *ver* psique, psiquismo, psíquica(s), psíquico(s)

mentira(s), **vol. 10:** 218, 318, 322; **vol. 19:** 84

mercúrio, injeções de, **vol. 6:** 186NA

meretriz(es) *ver* prostituição

mestiço(s), **vol. 12:** 132

meta(s), **vol. 9:** 100, 169, 211, 247, 272, 274, 281, 284-5, 292, 317-8, 327, 350, 353, 356; **vol. 10:** 82, 142, 160, 194, 204, 219, 223-4, 226, 231-2, 245, 251, 273, 332-3; **vol. 11:** 19, 221, 350, 352, 363; **vol. 12:** 15, 40, 57-8, 60, 63, 65-8, 71-2, 79, 83-4, 93, 95, 109, 125, 127, 219, 261; **vol. 13:** 30, 89, 144, 376, 386, 404-5,

407, 410, 414, 420, 425, 427-9, 433, 435, 438, 452-3, 459-60, 493, 497; **vol. 14:** 35, 38NA, 39, 64-5, 87, 96, 141, 143-5, 147-8, 154-5, 162, 166, 176, 204, 205-6, 208, 210, 306, 314, 329, 391; **vol. 15:** 28NA, 43, 59, 70-1, 74-5, 82, 87, 104-12, 255, 303-7; **vol. 16:** 14, 37, 50, 106, 115-6, 119, 186-7, 209, 213, 280, 295; **vol. 18:** 30, 35, 39-40, 56, 60, 64-6, 72NA, 78, 84, 89, 114-5, 220, 243-6, 252-4, 258, 268, 288-9, 313, 350, 357, 381, 387, 391-3, 415, 426-7, 437, 468; **vol. 19:** 108, 133, 151, 195-6, 199, 204-5, 221, 243, 265, 332; — meta sexual, metas sexuais, **vol. 6:** 21, 37, 40-6, 49-52, 56-7, 64, 68, 70, 80, 87, 89-90, 106-9, 111, 121-2, 127, 142, 159-60; *ver também* sexualidade, sexual, sexuais

metabolismo, **vol. 3:** 28; **vol. 14:** 215, 218, 227; — metabolismo sexual, **vol. 6:** 133, 359; *ver também* sexualidade, sexual, sexuais

metafísica, **vol. 5:** 349

metáfora(s), **vol. 2:** 322-3; **vol. 7:** 37-8, 119, 121, 127, 239, 297

metapsicologia, metapsicológica(s), metapsicológico(s), **vol. 12:** 121, 129, 134, 158, 168NA; **vol. 16:** 147; **vol. 19:** 287; — metafísica e metapsicologia, **vol. 5:** 349; *ver também* psicologia/ psicólogos

metátese/troca fonética, **vol. 9:** 311

meticulosidade, **vol. 3:** 174

método catártico/método breueriano, **vol. 2:** 15, 112NA, 149, 158-9, 360-2, 367-71, 374, 398, 402; **vol. 3:** 55, 257; **vol. 6:** 59, 62NA, 322-3, 335-6, 351; *ver também* catarse, catártica(s), catártico(s)

método de inferência/inferência(s), **vol. 12:** 36, 38, 105, 107, 182, 222, 234, 241

método psicanalítico, **vol. 5:** 105, 267; *ver também* análise/analista(s); psi-canálise, psicanalítica(s), psicanalítico(s), psicanalista(s)

micção *ver* urina; urinar

micropsia, **vol. 1:** 47; *ver também* visão, visual, visuais

milagre(s), **vol. 10:** 23, 31, 35-7, 43NA, 68-70, 91, 93, 356; **vol. 17:** 133, 250

militarismo, **vol. 15:** 48; — figura simbólica do general, **vol. 15:** 47, 49, 52, 99

mímica, **vol. 7:** 273-4, 280-1, 284, 297, 311

minuciosidade, **vol. 14:** 253

miopia/míope, **vol. 2:** 97NA; **vol. 4:** 489

misofobia (medo de sujeira), **vol. 3:** 76; *ver também* fobia(s); medo(s)

misoginia, **vol. 9:** 161

misticismo, **vol. 18:** 126, 158, 189, 345; **vol. 19:** 121, 315; *ver também* Deus/ deuses; religião, religiões, religiosidade, religiosa(s), religioso(s)

mito(s), mitologia, mitológica(s), mitológico(s), **vol. 5:** 73, 100, 149, 297, 299, 378, 444; **vol. 8:** 128, 198NA, 320, 337, 356, 394-6, 400, 421, 431; **vol. 9:** 151, 158, 164, 321; **vol. 10:** 25, 67, 72-3, 104-7, 117, 274, 287, 299NA, 303-4, 308, 310-1, 313-6; **vol. 11:** 17, 52, 89, 108, 113, 125, 128, 177, 179-80, 183, 195, 200, 225, 229, 232, 234, 236, 285, 322, 356, 358, 421; **vol. 12:** 24, 288; **vol. 13:** 145, 220, 223, 227, 232, 445, 515; **vol. 14:** 46NA, 85NT, 123, 230, 231NA, 243, 246, 307, 346-7, 380, 393, 395; **vol. 15:** 101-3, 109, 245, 246NA, 285, 300-1, 328; **vol. 16:** 151, 160-1, 248, 329-30; **vol. 17:** 38, 162-3, 167, 212; **vol. 18:** 148-50, 241, 306, 311, 328, 429; **vol. 19:** 18-25, 27, 37, 47, 83, 100, 115, 117, 119, 148, 152, 167, 218, 250, 252, 256NT, 271, 350; — mitos gregos/mitologia grega, **vol. 3:** 284; **vol. 6:** 243NT; nascimento de heróis, mitos de, **vol. 19:** 18-21, 23; "pecado original", **vol. 5:** 349; **vol. 12:** 235; **vol. 19:** 122, 186; *ver também*

herói(s); lenda(s), lendária(s), lendário(s)
mnêmica(s), mnêmico(s) *ver* memória
modificação, chiste e, **vol. 7**: 30, 38-43, 45, 50-1, 55-6, 62-4, 73, 75, 78, 105, 110-1, 117, 120, 130, 173, 188NA, 294, 301, 303; *ver também* chiste(s)
monogamia, monogâmico, **vol. 8**: 361; **vol. 18**: 69, 385; *ver também* casamento(s)/matrimônio(s)
monoplegia(s), **vol. 1**: 36, 175, 196-8, 201; *ver também* paralisia(s)
monoteísmo, monoteísta(s), **vol. 19**: 26, 29-34, 39-40, 47, 73, 80, 83-4, 89, 91-4, 96, 120-1, 124-6, 130, 142, 144, 149, 153-4, 177, 181, 186-7; *ver também* Deus/deuses; religião, religiões, religiosidade, religiosa(s), religioso(s)
mons Veneris, pelos do, **vol. 6**: 48; — pelos púbicos, **vol. 17**: 307
moralidade, moral, morais, **vol. 2**: 22, 55, 73, 152, 178, 189, 226-7, 232, 236-8, 297-8, 346, 349, 351, 390; **vol. 4**: 85, 88, 94-102, 121, 290, 296NA, 301, 304, 351, 368, 401, 526, 555, 660NA, 675; **vol. 5**: 371-2; **vol. 6**: 53NA, 58NA, 62, 80-2, 98, 147, 155, 204, 276, 335, 346, 377; **vol. 7**: 122, 127, 147, 156-9, 298, 320, 328NA; **vol. 8**: 324, 353, 360-1, 366, 371-2, 374, 376-9, 384-6, 389; **vol. 9**: 37, 149, 272, 285, 305, 325, 339, 341, 395; **vol. 10**: 42NA, 212, 216-7, 331, 336, 350; **vol. 11**: 17, 19, 22, 29, 42, 48, 51, 73, 99, 112, 115-6, 146, 217-9, 222-3, 238-9, 241-4, 265, 278-9, 287, 323-4, 340, 356, 358; **vol. 12**: 39, 42-3, 176, 178-9, 212, 216-8, 223-4, 226, 228-9, 273-4, 282, 284, 286; **vol. 13**: 16, 28, 440-1, 445, 470, 571-2, 574; **vol. 15**: 21, 27, 32-3, 67-8, 75, 84, 100, 134, 163, 300, 319; **vol. 16**: 33, 43-4, 46-7, 62-3, 65, 68, 71-3, 117, 119, 137, 156, 159, 164, 188, 190, 194, 196-7, 199-202, 262, 264, 297, 324, 327-8, 338-9; **vol. 17**: 157, 162, 180, 186, 241-3, 250-1, 256, 266, 271, 275-7, 319, 338-9, 349; **vol. 18**: 88, 96, 109-10, 197-9, 203-5, 216, 260-1, 329-30, 367, 429; **vol. 19**: 76, 116-7, 164-5, 180, 185, 271, 353; — super-moralidade, **vol. 4**: 291; *ver também* ética(s), ético(s)
morfina, **vol. 1**: 51, 92, 127; **vol. 3**: 250; **vol. 5**: 108, 243-4; *ver também* narcótico(s), narcose
morganático, casamento, **vol. 5**: 263NT; *ver também* casamento(s)/matrimônio(s)
morte, **vol. 1**: 30, 43, 71, 107, 109, 203; **vol. 2**: 42, 48-9, 52, 78, 83, 89-90, 92, 96, 98-9, 115, 133, 148NA, 150, 163NA, 167, 202-5, 210, 229, 233-4, 237, 242, 273, 368, 383; **vol. 3**: 16, 19, 78, 85, 101-2, 121, 123, 258, 268-9, 280; **vol. 4**: 17, 42, 60, 87, 111, 144, 165NA, 179, 187-9, 203, 243, 245, 288-9, 291-301, 305-8, 331, 370-1, 380NA, 401, 425, 430, 433, 443, 445, 447NA, 472-6, 480, 483, 485, 493, 497, 500, 504, 510-2, 520, 533-4, 546, 611, 637; **vol. 5**: 18-9, 30NA, 36, 62, 65, 75, 107, 145-7, 158, 168, 172, 212, 231, 248-9, 254, 256, 258, 321-2, 359-60, 416; **vol. 8**: 37, 43, 84, 102, 131NA, 197, 202, 245-6, 248, 265, 275, 389; **vol. 9**: 21, 34, 38, 43, 46, 49, 62-3, 65, 70NA, 88, 90, 92, 96-8, 123, 124NT, 129, 169, 175, 193-4, 201, 224, 232, 385; **vol. 10**: 19, 23, 31, 38-9, 69, 71, 73-4, 92, 120, 188, 287, 298, 307, 309, 311-4, 316; **vol. 11**: 23-4, 32, 45, 47-8, 68, 74-6, 92, 94, 99-106, 117-8, 123, 137-40, 142, 146-7, 150-1, 162, 198, 208, 211-2, 214-5, 231, 234, 236, 283, 334; **vol. 12**: 37, 183, 191, 193, 209, 211, 229-34, 236-9, 241-2, 244-6, 274, 277-8, 291; **vol. 13**: 175, 178, 192, 195, 205, 235, 252, 254-5, 265-6, 272-3,

ÍNDICE REMISSIVO GERAL

276-7, 320, 443, 446, 547, 562; **vol. 14:** 33, 45, 48, 60NA, 98, 104, 106, 111-2, 117, 131, 142, 182, 189, 204-7, 211-5, 217-8, 220, 224-6, 228-9, 234, 235NA, 238, 271, 342, 344, 347, 351, 358, 360, 362, 367; **vol. 15:** 58NA, 98, 135, 162, 168, 176-8, 184, 200, 205-6, 217, 222, 236, 240-2, 247, 267, 307-8, 317-8; **vol. 16:** 19NA, 50-3, 58-9, 66-8, 71-4, 141, 145, 153, 164, 185-7, 191-3, 198, 202, 216, 261; **vol. 17:** 69, 82, 193, 247-51, 271, 297, 308, 332, 346, 350-1, 353; **vol. 18:** 47, 64, 75NA, 76, 86-90, 104, 108, 113, 117, 149, 177, 186, 257-8, 277, 341, 389, 405, 420, 429; **vol. 19:** 19, 30-2, 36, 44, 47, 85, 113, 115, 117, 122, 126, 159, 186, 196-7, 202, 256, 262, 311-2, 314, 317, 347; — instinto de destruição/morte, **vol. 19:** 195-7, 237, 244, 262, 311-4, 316-7; mortalidade, **vol. 14:** 361; vida após a morte/"Além", **vol. 4:** 447NA; **vol. 17:** 252; **vol. 19:** 31, 40, 84; *ver também* luto

morto(s)/falecido(s), **vol. 10:** 19, 31, 34, 39, 41, 52, 63, 71, 309; **vol. 11:** 23, 50, 62, 67-70, 74, 89-101, 103-10, 114, 121, 146, 157, 162-3, 177, 183, 214-5, 217, 219, 232, 414; **vol. 12:** 90, 192, 231, 237-9; **vol. 14:** 34, 99, 264, 277, 352, 360-2, 367, 369, 372; **vol. 19:** 31, 37, 40, 54-5, 176, 180, 337; — sonhos com mortos, **vol. 4:** 474, 476; *ver também* alma(s); espírito(s)

motilidade, **vol. 12:** 117, 128, 156, 158; **vol. 16:** 20, 31, 69, 127, 236; **vol. 18:** 138, 143, 218, 412

motivos do chiste, **vol. 7:** 199; *ver também* chiste(s)

"movimentos de saudação" na histeria, **vol. 1:** 42; *ver também* histeria, histérica(s), histérico(s)

movimento psicanalítico, **vol. 8:** 72; *ver também* análise/analista(s); psicaná-

lise, psicanalítica(s), psicanalítico(s), psicanalista(s)

mucosa(s), **vol. 1:** 32, 43-4, 47; **vol. 6:** 37, 41, 43-5, 64, 66-8, 85, 87-8, 92, 94, 109, 126, 202, 231, 271; **vol. 14:** 259, 262

muçulmanos/islã, **vol. 19:** 130

mudança do ânimo, álcool e, **vol. 7:** 181; *ver também* álcool

mudez, **vol. 1:** 49; **vol. 10:** 307, 309

mulher(es), **vol. 1:** 16, 31, 38, 43, 55, 57, 59, 61, 149, 151, 153, 157, 187, 207, 213, 293, 349-50; **vol. 2:** 29, 81NA, 84, 99NA, 101, 107NA, 108, 114NA, 125, 135, 143, 145, 150-2, 163NA, 171, 174, 192, 194, 202-6, 209, 217, 223-5, 228-9, 233, 236, 240, 244, 246, 258, 266, 289, 295, 297, 311, 315, 319, 329, 331, 334, 345, 349NA, 350, 354, 385-6, 388, 399, 422; **vol. 3:** 16, 23, 36, 41, 53, 62, 71-6, 79, 85, 94-100, 102, 104, 106-9, 112, 121-3, 125, 130, 157, 162-3, 177-8, 180-1, 186, 189, 212, 214-5, 224, 230, 235-6, 248, 252, 261, 279, 283, 287; **vol. 5:** 25, 27, 40, 46, 50, 52, 54, 63, 84, 89-90, 97-8, 101, 108, 110, 123-4, 127, 129-30, 145-6, 152-3, 167-8, 171-2, 174, 187-8, 193, 195, 199, 214, 217, 235-6, 239, 244-5, 248NA, 253, 258-9, 262, 268-9, 275, 277, 280-3, 287, 304, 306-7, 317-8, 326-8, 331-2, 336, 348, 395, 398-9, 404, 407, 424, 442; **vol. 6:** 21, 28-31, 32NA, 33-4, 35-6NA, 37, 43-4, 48NA, 93NA, 98-9, 104, 121, 125, 131, 138-42, 151, 153, 160, 176, 189-90, 194, 198, 202, 206, 208-9, 211-2, 214, 220NA, 221-2, 226, 234, 236, 238, 241-3, 245, 254, 269NA, 271, 278, 288-91, 300, 302-3, 306NA, 318, 343; **vol. 7:** 50, 57, 61, 90-1, 93, 102, 109-10, 117, 124, 140-5, 155, 159, 190, 260-1, 286, 306; **vol. 8:** 18, 22, 34, 49, 51-2, 59, 63-4, 67-8, 88, 101-2, 111-2, 121, 126, 145, 151NA, 154-5, 159, 162, 176, 181-4, 192,

281

196, 211, 218-9, 228-9, 243, 254-5, 305-6, 322, 330-1, 334, 340-1, 348, 361, 372, 374, 377-8, 381-3, 385-6, 388, 399-401, 403, 405-6, 409, 414, 418, 424; **vol. 9:** 17, 19NA, 23, 27-8, 35, 43-5, 63, 65-6, 76, 78, 81, 86-100, 105, 111, 125, 126-7NA, 129NA, 147-8, 155, 160-2, 165-8, 179-80, 183-6, 188-90NA, 191, 195, 212, 214, 223, 238, 296, 321, 326, 329, 336-43, 345-6, 350, 353, 355-8, 365-6, 372-87, 395; **vol. 10:** 18, 22-5, 27-8, 40NT, 43-6, 53NA, 57-9, 61-2, 64-5, 75, 77, 79, 82, 85-6, 177, 213, 216, 221, 225-6, 233, 236, 253, 260, 278-9, 282, 288, 304-5, 307, 312-3, 316, 321-2, 328-9, 333-7, 357; **vol. 11:** 23-6, 29, 33-8, 43-4, 50, 62, 71-2, 76, 80-1, 93, 101, 129, 131-2, 150, 154, 160, 166, 177, 181-2, 185-7, 195, 203, 208, 217, 219-20, 234, 254, 255, 308, 311-2, 324-5, 371; **vol. 12:** 31, 33-6, 47, 177, 179, 199, 202-4, 207, 215, 232, 236, 240, 243, 257, 260-1, 264, 268, 270-1, 274, 276-7, 279, 282, 289-90; **vol. 13:** 68, 77-8, 104, 126, 130, 132, 144-5, 184-6, 192, 206, 209-10, 212, 218-21, 223, 227, 250, 258-60, 264, 267, 272, 292, 296-7, 304, 333-5, 351-2, 357-9, 366, 386, 397, 403, 405, 408, 422, 446, 463, 468, 470, 498, 500, 507, 526, 528-9, 531-2, 563-5, 573, 584-6, 608; **vol. 14:** 22, 27, 39, 54, 57, 64, 77, 79, 87-8, 92, 94, 104-8, 110-1, 113, 115-6, 120, 124, 127, 134, 154-5, 182, 231NA, 255-7, 261, 274, 277NA, 287, 291, 299, 311, 314, 318-9, 322-3, 325, 349NA, 354, 367; **vol. 15:** 59, 70, 81, 83, 87, 101-2, 107-10, 116, 118-9, 123-4, 127-9, 131, 132NA, 134, 136, 140, 142, 145, 147, 149, 163-4, 167, 172, 179-83, 187-9, 195, 197-8, 200, 206, 211-2, 214-5, 217, 221, 223-4, 234, 250-1, 253, 268, 300, 313, 327-8; **vol. 16:** 36, 39NA, 47, 90, 107, 112, 116NA, 157-8, 171, 173-4, 206, 208, 212, 288, 290-6, 298-9, 315, 332-3; **vol. 17:** 15, 42, 61-2, 86-7, 91, 104, 128-9, 137, 164, 193, 207, 210, 227, 245, 254, 290-1, 304-10, 334-5, 339, 348, 354, 357-9, 361; **vol. 18:** 46, 50NA, 61, 63, 65, 67, 69, 147-9, 167-8, 171-2, 176-7, 180, 182, 184, 201, 232, 259, 264NT, 265-74, 279-82, 287-93, 310, 319, 372-80, 384-5, 407, 422, 457, 466; **vol. 19:** 19, 33, 65, 107, 112-3, 115-6, 167, 180, 203, 223, 247, 250-2, 255-6, 267-8, 282-3, 288, 322-5, 348-9, 362-3; — correntes afetivas ginecófilas, **vol. 6:** 245; divindade-mãe, **vol. 19:** 67NA; exibição passiva, **vol. 7:** 141-2; histeria em mulheres privadas da genitalidade, **vol. 1:** 55; matriarcado, **vol. 19:** 116, 118, 158; "rejeição da feminilidade", **vol. 19:** 322, 325; *ver também* feminilidade, feminina(s), feminino(s); mãe(s)

multidão *ver* massa(s)

mundo exterior/mundo externo, **vol. 1:** 122, 218, 220, 229, 231-4, 237, 239, 244, 250-1, 261, 302, 309, 318, 340; **vol. 4:** 46, 61, 74, 77-81, 89, 106, 165NA, 260, 515, 594, 618-20, 624, 643, 652-3, 666, 669; **vol. 5:** 349, 435, 438; **vol. 8:** 17; **vol. 10:** 88, 93NA, 97-8, 100, 110-1, 112NA, 113, 118, 139, 230-3, 235-6, 239, 251; **vol. 11:** 105, 107-8, 138, 142, 144, 357; **vol. 12:** 15-7, 26-7, 54, 56, 73-6, 79, 81, 107-8, 117NA, 140, 154, 164, 168, 172-3, 185; **vol. 13:** 117, 139, 177, 192, 417-8, 486, 521, 551, 555; **vol. 14:** 165, 184, 187-8, 190-1, 207, 245, 247, 354; **vol. 16:** 20, 27, 31, 34, 45, 48, 51, 69-70, 108, 177, 179-81, 183, 187, 191, 196-7, 201, 217, 218, 220-1, 248, 250, 274, 279; **vol. 17:** 25, 29, 101-2, 142, 145, 148, 150-3, 205, 258, 300, 316, 325-6, 374; **vol. 18:** 15, 17-9, 25, 31-6, 38, 41, 63-4, 86, 95, 138, 142, 217, 219-20, 222, 230, 255, 260, 270, 329-30, 338, 345-6, 354, 364, 370,

ÍNDICE REMISSIVO GERAL

387, 407, 412, 429, 446; **vol. 19:** 108-10, 113, 135, 157, 161, 192-3, 195, 198, 212-3, 217, 226-7, 237, 259-66, 268-73, 301, 305, 364; — Mundo exterior--Estímulos (desenho de Freud), **vol. 1:** *244; ver também* estímulo(s)

mundo interior/mundo interno, **vol. 11:** 107, 136; **vol. 16:** 45, 179; **vol. 17:** 29; **vol. 19:** 226, 259, 263, 265, 270, 272-3

mundo real, **vol. 11:** 120, 355, 357, 422; **vol. 16:** 70, 200, 220; **vol. 18:** 42, 132, 344; *ver também* realidade, real, reais

músculo(s), muscular(es), musculatura, **vol. 1:** 24, 33, 37, 44, 48-50, 76, 82, 110, 112, 122, 191, 194, 220, 245, 251, 254; **vol. 2:** 41, 43, 72, 76, 107, 109, 134, 137, 195, 197-8, 243, 250, 278, 286, 290, 320, 324; **vol. 3:** 93; **vol. 6:** 90, 112, 114-5, 139NA, 324; **vol. 12:** 54-6, 71, 73, 117, 129, 166; — contrações/contraturas, **vol. 1:** 35, 50, 56-7, 65, 73-4, 143-4, 176; **vol. 2:** 76, 107, 113, 272, 286, 290; **vol. 6:** 91-2; excitabilidade neuromuscular/*hyperexcitabilité neuromusculaire*, **vol. 1:** 73, 76; flexores, músculos, **vol. 1:** 37; masseteres, contratura dos, **vol. 2:** 244NA; reumáticos, músculos, **vol. 3:** 93; tríceps, **vol. 1:** 37

música, **vol. 5:** 45, 148-9, 380; **vol. 13:** 115, 124, 170

mutismo, **vol. 2:** 45; histérico, **vol. 6:** 215; *ver também* histeria, histérica(s), histérico(s)

nações *ver* Estado(s)

nádegas, **vol. 4:** 432, 443; **vol. 6:** 102; **vol. 8:** 355; **vol. 14:** 65, 77, 124

não tendenciosos/abstratos/inofensivos, chistes, **vol. 7:** 129-32, 135, 138-9, 148, 170-1, 203, 205-6, 241, 252, 254; *ver também* chiste(s)

narcisismo, narcísica(s), narcísico(s), **vol. 4:** 295; **vol. 6:** 34-5NA, 136-7, 143NA; **vol. 9:** 167, 374-5, 378, 382; **vol. 10:** 82-3, 86, 96, 101, 186, 327, 330, 348; **vol. 11:** 140-2, 146, 312; **vol. 12:** 14-6, 18-9, 25-6, 29, 31-42, 45-50, 61, 70-2, 74-6, 79, 138-9, 149, 153, 155-7, 167, 169, 171, 181-5, 189, 193, 199, 205, 259; **vol. 13:** 504, 545, 549-53, 556-61, 564, 567-8, 590, 592, 602; **vol. 14:** 39, 64, 113, 133, 143, 145-8, 156, 180, 197, 221, 223-5, 233, 235NA, 243-6, 251, 257-8, 260-1, 313, 315, 349NA, 352, 359, 386-7; **vol. 15:** 14-5, 56NA, 57-8, 68, 71-2, 86-7, 93-4, 96NA, 111, 125, 130NA, 146, 210, 221-3, 294-5, 304-5; **vol. 16:** 35NA, 37, 56, 58, 62, 72, 142-4, 150, 154, 173NA, 181, 208, 241-2, 287, 292, 295, 297, 311, 328; **vol. 17:** 26, 30, 69, 75, 81, 122-3, 243-5, 247, 257, 304, 325, 356; **vol. 18:** 25, 36NA, 42NA, 81, 85, 89, 119, 251, 289-90, 319, 368, 378; **vol. 19:** 105, 128NT, 162, 164, 198, 248, 264; *ver também* egoísmo, egoísta(s)

narcótico(s), narcose, **vol. 1:** 50-1, 62; **vol. 2:** 21, 53, 253, 283; **vol. 3:** 250; **vol. 18:** 33; — morfina, **vol. 3:** 250; **vol. 5:** 108, 243-4

nariz, **vol. 1:** 215-6; **vol. 2:** 47, 155, 157, 168, 172, 176, 268; **vol. 6:** 264; — seios paranasais, **vol. 2:** 268; *ver também* cheiro, cheirar; olfato, olfativa(s), olfativo(s)

nascimento, **vol. 8:** 67, 128-9, 131, 200, 204, 217, 231NA, 238, 247, 250, 262-5, 267-8, 403, 408; **vol. 13:** 118, 205-6, 216-7, 423, 444, 524-5, 539; **vol. 17:** ato do, 23, 70, 73-7, 79-81, 84-5, 88, 95-8, 109-10, 121, 307; **vol. 19:** 105, 167, 192, 200-1, 217, 275; — mitos de nascimento de heróis, **vol. 19:** 18-21, 23, parto, **vol. 6:** 296-7, 306NA; **vol. 11:** 46, 50, 62; renascimento, fantasia de, **vol. 14:** 133-7; sonhos de nascimento, **vol. 4:** 446-8, 450; teorias do nascimento, **vol. 6:** 105; *ver também* herói(s); sonho(s)

natchez, **vol. 11:** 72

Naturphilosophie [alemão: "filosofia da natureza"], **vol. 1:** 106

natureza, a, **vol. 13:** 26, 222, 267, 283; **vol. 17:** 129, 166, 193, 233-5, 237, 246-51, 254-5, 260

natureza do chiste, **vol. 7:** 23, 29, 66, 135-6, 143, 151, 170, 173NA, 185, 187, 196, 218NA, 264, 286; *ver também* chiste(s)

natureza humana, **vol. 13:** 30, 192, 197-8, 274, 285; **vol. 17:** 213, 251, 290, 293; **vol. 18:** 78, 80, 119, 253, 351, 353; *ver também* humanidade; ser humano

náusea(s), **vol. 6:** 114, 202

nazismo, nazista, **vol. 19:** 81NT, 129

necessidades, **vol. 18:** 16, 25, 27, 30, 32, 34, 45, 56, 65, 70NA, 79, 83, 90, 215, 232, 242, 262, 272, 323-4, 332, 334-5, 345, 350, 352-3, 368, 388, 423, 430; — necessidades sexuais, **vol. 6:** 20; *ver também* sexualidade, sexual, sexuais

necrófilos, **vol. 18:** 301

negação, **vol. 9:** 303; **vol. 12:** 36, 127, 202, 239, 241; **vol. 16:** 276-8, 281; **vol. 17:** 198, 257, 275; *ver também* censura(s); repressão, repressões, reprimida(s), reprimido(s)

"negativismo" dos neuróticos, **vol. 7:** 249NA; *ver também* neurose(s), neurótica(s), neurótico(s)

nervos/terminações nervosas, **vol. 1:** 32, 44, 58, 61, 76, 82, 108, 151, 199, 204, 232-5, 238, 240, 243; **vol. 2:** 109, 181, 268, 343; **vol. 3:** 106, 137, 233; **vol. 10:** 16, 22, 24, 29, 30NA, 31, 33, 36-7, 40, 42-3NA, 44-5, 57, 137, 171, 176, 340, 345; — memória como principal característica do tecido nervoso, **vol. 1:** 223; nervo óptico, **vol. 1:** 202; tecido nervoso, **vol. 1:** 203, 205-6, 223; trigêmeo, nervo, **vol. 1:** 32, 37; *ver também* sistema nervoso

nervosismo, **vol. 1:** 41, 109; **vol. 2:** 40, 120, 266, 288, 290; **vol. 3:** 236; **vol. 5:** 174, 249, 252, 254; **vol. 6:** 92, 145; **vol. 8:** 277, 354, 361-2, 365, 367-8, 373-4, 379, 388-9; **vol. 10:** 42, 92

"neuralgia ovariana", **vol. 6:** 294NA; *ver também* ovários

neurastenia, neurastênica(s), neurastênico(s), **vol. 1:** 41, 54, 56, 58-9, 62, 109, 135, 149, 155-7, 177, 215, 344; **vol. 2:** 127, 196-7, 212, 251NA, 362-4, 366-7; **vol. 3:** 64, 69, 79, 82-4, 86, 88, 93, 97-8, 101-2, 107, 109, 111-5, 117, 120, 123, 138, 142, 144-7, 149-51, 157, 166-7, 172, 238-50, 252-4, 311; **vol. 6:** 59, 349-50, 374; **vol. 8:** 81NA, 364, 366; **vol. 10:** 246-8; **vol. 12:** 27-8, 207; **vol. 13:** 516-7; **vol. 16:** 83, 99-101; **vol. 17:** 44, 129; — histeroneurastenia, **vol. 1:** 213

neuroglias, **vol. 1:** 25

neurologia, neurologista(s), **vol. 1:** 9, 190; **vol. 3:** 16, 82, 117, 308; **vol. 8:** 235, 364NT; **vol. 11:** 9; **vol. 14:** 66; *ver também* medicina/médico(s)

neurônio(s), neuronal, neuronais, **vol. 1:** 25, 191, 218-9, 221-36, 238-52, 254-62, 264-8, 270, 272-4, 276-80, 289, 292, 301-9, 311-9, 321-2, 324, 326, 328, 332, 335, 339-40; **vol. 12:** 112; **vol. 13:** 452; — barreiras de contato, teoria das, **vol. 1:** 222-8, 230-1, 233-4, 236, 239, 248-50, 252, 258; classes de neurônios, **vol. 1:** 224, 228-9; como partículas materiais, **vol. 1:** 218; dendritos, **vol. 1:** 221-2; **vol. 1:** perceptivos, 218, 304-5; Eu como uma rede de neurônios, O (gráfico de Freud), **vol. 1:** *259*; sistema φ ("sistema de neurônios permeáveis"), **vol. 1:** 218NT, 225, 228-35, 237, 240, 243-8, 252, 272, 274, 276-7, 279-80, 284, 302,

ÍNDICE REMISSIVO GERAL

332; sistema Ψ ("sistema de neurônios impermeáveis"), **vol. 1:** 218NT, 224-6, 228-35, 237, 240, 242, 244-52, 254, 256-7, 261-2, 265, 272-80, 284, 290, 302, 304, 307-9, 311, 317, 321; sistema ω ("sistema de neurônios perceptivos"), **vol. 1:** 218NT, 238-43, 245, 251, 253, 261-3, 268, 277, 302, 308-9, 317, 332; *ver também* célula(s)

neuropatia(s), **vol. 3:** 31, 141-3

neuropsicoses de defesa, **vol. 3:** 49-67, 161, 163, 165, 167, 169, 171, 173, 175, 177, 179, 181, 183, 185, 187, 189

neurose(s), neurótica(s), neurótico(s), **vol. 1:** 20-3, 28, 40-1, 44, 50, 52-62, 73-4, 92, 109, 121, 130, 146, 148-9, 154-5, 157, 161, 163, 174, 177, 185, 190, 195-6, 198, 200, 208, 213-4, 281, 286-7, 292, 342-3, 348; **vol. 2:** 20, 22, 31-2, 38, 69, 99NA, 127, 129, 131, 134, 136, 138NA, 140NA, 141, 163NA, 176-7, 180-1, 183NA, 194, 196NA, 198, 232, 235NA, 240, 250, 269, 271, 284, 296, 321, 333, 343, 350-1, 360-70, 374-5, 384, 404, 412, 419, 427; **vol. 3:** 13, 26, 28-33, 48, 50, 54, 57, 64, 67, 69, 78-80, 82-6, 88-105, 107-15, 117-28, 130-3, 135-8, 140, 144-58, 160-1, 163-8, 170-2, 175-7, 180, 188-90, 192, 204, 206-7, 209, 211-3, 215-8, 223-4, 227, 229-30, 233-46, 250-4, 257, 259, 271, 276-7, 280, 283-4, 311, 313; **vol. 4:** 15, 17-20, 22-3, 136, 141, 162, 185, 191, 196-7, 218, 221, 241-2, 254, 275-6, 283-5, 291-2, 299, 301, 305, 307, 309, 313NA, 315, 330, 341-6, 352, 370, 383, 384NA, 389-90, 392, 410, 417-8, 442, 445, 456, 464NA, 486, 497, 504, 507, 516-7, 527, 531, 540, 571, 572NA, 580, 581NA, 582, 586, 596, 599-600, 604-5, 614-6, 630, 634, 636, 641, 645, 651, 659, 661, 665, 669-70, 673, 676; **vol. 5:** 28, 68, 71, 75, 114, 117, 146, 158-9, 163, 197, 200-1, 203, 206, 227, 230, 235-6, 239, 241, 245, 256, 262, 272, 292, 345, 349, 351, 360, 374-5, 428; **vol. 6:** 36, 59-60, 63, 65, 67-8, 70-2, 76, 78, 88, 91, 93, 96-7, 98NA, 100, 102NA, 108NA, 109, 114, 115NA, 119NA, 134, 136-7, 142, 145-6, 148-9NA, 151, 155, 158-9, 162, 164-5, 168, 170-1, 176, 178-82, 185, 189-90, 201, 229, 233, 237, 241, 259, 262, 266, 276-7, 295, 305, 308, 310, 312-3, 324-5, 328, 332, 335, 338, 340-1, 346-60, 367-9, 371-5; **vol. 7:** 140, 145, 180, 202, 231, 243, 249NA, 252, 254, 331; **vol. 8:** 25, 73, 81, 120, 124-5, 127, 140, 149-50, 159, 166, 214, 234, 238, 244, 247-50, 267, 270-79, 281-3, 296, 298, 301, 303-4, 309-12, 315, 318, 320NA, 321, 330, 332, 340, 345, 348, 355-7, 366-7, 373-6, 378-9, 382-3, 386-8, 391-4, 397, 405, 407, 410, 418, 420-1, 423, 430-1; **vol. 9:** 13-6, 22-5, 38NA, 46NA, 50NA, 53, 57-9, 64-5, 67, 70NA, 76NA, 82NA, 86, 88, 90-1, 93-6, 98-100, 102-8, 110-1, 136, 139-40, 175-6, 199, 209, 212, 217, 228, 232, 246-7, 253, 259-60, 263, 273, 275-9, 281, 284-5, 288, 292, 294-6, 298-301, 318-9, 321-3, 326, 328-9, 333, 335, 341, 349, 351, 363-4, 372, 375, 378, 380-2, 392-3, 395; **vol. 10:** 14, 24, 56, 73-5, 78, 91, 95, 103, 107, 109-10, 115-6, 118, 120, 126, 136, 138, 144-6, 154, 160-2, 165-6, 168, 171-2, 174-5, 177-9, 182NA, 183-5, 189, 198-9, 206, 213-4, 219, 221, 224, 226-7, 230-1, 236-9, 243, 246-8, 250-1, 254, 260-1, 263, 269-73, 286, 292, 295, 299, 323, 325-37, 341-2, 344-5, 349, 351-2; **vol. 11:** 18, 39, 41, 54, 56-7, 59-61, 63-6, 85-8, 96-7, 102, 104, 107-10, 113-20, 137-9, 141, 150, 191, 197, 199, 218, 232, 234, 238, 241-4, 249, 252-3, 255, 257-8, 261, 263-5, 274-5, 277, 279-80, 283-7, 290-1, 304-6, 309-12, 320, 322-4, 326, 329-30, 338-40, 342, 345, 351, 353, 355-6, 358-60,

362-3, 417; **vol. 12:** 14-5, 17, 20, 22, 24-5, 27-8, 30-1, 33, 38-9, 41-2, 45-7, 49, 61, 63, 66, 85, 87-8, 93-8, 116, 118, 121, 124-6, 128, 132, 138-40, 143-5, 147-50, 169, 182-6, 202, 204, 207-8, 223, 245, 254, 256-7, 261, 263, 292; **vol. 13:** 14, 19-20, 101, 110, 228, 247-50, 266, 291, 296, 300, 303, 307, 323, 325, 329, 343-7, 352-3, 360-3, 365-8, 369, 371-2, 374, 377-81, 385-9, 394, 396, 398-400, 407-10, 413, 421-2, 424, 430, 434, 436, 438, 441, 446-8, 450, 453-4, 456-8, 460-70, 472, 475-7, 479-85, 487, 489-93, 495-521, 526, 528, 530-2, 535-41, 543-4, 547-9, 556, 558-60, 566, 568, 572-6, 579-81, 584, 588-90, 592-3, 595-6, 600, 603-5, 608-9, 611; **vol. 14:** 14-7, 19, 25-7, 31-2, 41, 45-6, 52, 58, 67-9, 71, 74-7, 81-4, 86-7, 90-3, 95-7, 101, 114, 116-7, 119, 130-3, 136, 137NA, 141-2, 146, 150, 153, 155-6, 159NA, 160, 167-70, 177-8, 180-1, 183, 194-9, 206, 208, 210, 221-3, 242, 244, 247, 254-6, 259, 280, 284, 287, 291-2, 294, 299, 311, 313-5, 324, 326-7, 347, 356-8, 364-5, 381-8, 392-5, 401; **vol. 15:** 28-30, 48, 51-2, 59, 63, 94-5, 110-2, 118-20, 126, 131NA, 138, 142, 165, 168, 172, 186, 200-1, 203, 205, 218, 220, 226-7, 234, 242-3, 246-7, 249-50, 253-4, 260, 263-4, 269-71, 274-5, 277, 279-81, 285-6, 288-91, 293-4, 296, 298-300, 302, 305, 316-7; **vol. 16:** 21, 33, 41, 52, 54, 56, 63-5, 67, 69, 72-3, 82, 85, 90, 93, 96-8, 100-1, 105-6, 111-3, 116-8, 123, 126, 128, 134, 137, 139-43, 148-9, 152-3, 156, 160-1, 177-9, 181-2, 195, 215-21, 223, 225-6, 231-3, 235-6, 240, 242-3, 246, 249, 254-7, 260, 265, 268, 276, 284, 297, 305-6, 313, 327, 329, 332-3, 341, 347, 349-50, 352; **vol. 17:** 14, 17-8, 30-2, 35-7, 39-40, 44, 46, 48-53, 55-63, 66-70, 73, 78, 84-9, 91-4, 96-9, 101-6, 108, 111-5, 117, 126, 129-30, 132-3, 147, 149, 152-5, 157, 159, 162, 169, 172, 177-80, 182, 184-6, 188, 191-3, 197, 202-8, 212, 214-7, 222-4, 230, 240-1, 283-5, 287-8, 292, 296, 304, 307-9, 313, 317-9, 326, 338-9, 341, 344-5, 348-9, 353, 355, 357, 362-4; **vol. 18:** 42, 45, 70, 72NA, 84-5, 107-8, 111, 113, 118-20, 127, 137, 140, 154, 156-7, 170, 193, 203, 215, 221, 225-34, 237, 239-40, 242, 247-8, 259, 277, 281-3, 287, 293, 301-4, 308-11, 316-7, 319-20, 331, 335, 369-70, 372-3, 375, 386, 392, 409, 412-3, 454, 458, 463; **vol. 19:** 79, 83, 96, 103-5, 107-13, 125, 130-1, 139-40, 142, 157, 175, 185, 201, 211, 224, 227, 229-30, 236-7, 240-4, 246, 257, 264, 266-7, 269, 275-8, 280, 282, 284, 287-8, 293, 302, 305, 311, 324, 342, 364; — causas concorrentes ou acessórias das neuroses, **vol. 3:** 134-5, 145-7, 155; cerimonial neurótico/cerimonial obsessivo, **vol. 3:** 173-5; **vol. 6:** 267NA; **vol. 8:** 301-5, 307-8, 310-1; **vol. 13:** 346, 352-9, 361, 378, 397-400, 535, 594; **vol. 17:** 52, 58, 60; dúvida neurótica, **vol. 9:** 106; etiologia das neuroses, **vol. 3:** 103, 139-58, 232-62; **vol. 6:** 168, 346, 348, 350, 352-3, 358-60, 374; "negativismo" dos neuróticos, **vol. 7:** 249NA; neurose obsessiva, **vol. 6:** 59, 61, 63-5, 68-9, 71, 77, 135, 150, 155-6, 162, 164, 178, 183, 189, 218, 229, 268, 308-10, 317NA, 328, 334, 346-7, 350-4, 358-9, 373; **vol. 7:** 203, 321, 331; *ver também* obsessão, obsessões, obsessiva(s), obsessivo(s); psiconeurose(s), psiconeurótico(s)

nevralgia(s), **vol. 2:** 20, 22-3, 60, 108NA, 253-6, 267-8, 295, 328

nexo(s), **vol. 9:** 35, 41-2, 47, 49, 50NA, 69NA, 75, 93, 110, 127NA, 150, 156, 163, 165, 218, 239-40, 257, 273, 278, 315-6, 330, 335, 346, 358; **vol. 11:** 46,

ÍNDICE REMISSIVO GERAL

132, 149-50, 181, 185, 218, 242, 265, 268, 285, 309, 333, 359, 382, 389; **vol. 15:** 17, 87, 136, 148, 224, 242, 279, 296, 311-2; **vol. 16:** 52, 93, 104, 110, 156, 166, 174, 181, 190-1, 210, 248-9, 257, 290

Nirvana, **vol. 19:** 261; — princípio do Nirvana, **vol. 14:** 228; **vol. 16:** 186-7

nobreza, **vol. 6:** 153

nojo, **vol. 3:** 40, 184, 195-6, 223; **vol. 6:** 43-4, 50-1, 53, 56-7, 62, 80-1, 86, 98, 138, 155, 201, 203-4, 258, 271, 276, 281; **vol. 8:** 182-4, 190, 242, 260, 273, 353, 403; **vol. 9:** 162, 222, 228, 233, 272, 392; **vol. 10:** 348; **vol. 13:** 281, 362, 404, 418; **vol. 17:** 16, 129, 162, 165; — repugnância, **vol. 3:** 72, 179; *ver também* aversão, aversões

nomes, **vol. 13:** 32, 36, 44, 56, 70, 79, 90, 95, 100-2, 143-4, 148-50, 265, 347, 518, 526; — chiste e nomes próprios, **vol. 7:** 33; esquecimento de nomes próprios, **vol. 5:** 15-22; nome divino, restrições no uso do, **vol. 19:** 29, 59; santos, nomes de, **vol. 5:** 29NA; teóforos, nomes próprios, **vol. 19:** 59; *ver também* esquecimento

nonsense, **vol. 7:** 301; *ver também* chiste(s)

nórdicos, povos, **vol. 19:** 128

normal, normais, normalidade, **vol. 10:** 47-8, 80, 82, 89, 95, 136, 144, 156, 180, 190, 196, 223-4, 247-8, 263, 265, 270-4, 325-6, 331-3, 349; **vol. 12:** 15, 23, 25, 31, 39, 42, 45, 63, 104, 117-8, 129, 132, 137, 152, 158, 171-2, 174, 177, 180, 183, 187, 189, 191, 202, 245; **vol. 14:** 14, 62NA, 94, 97, 100, 102, 142, 153, 155-6, 160NA, 170, 199, 244, 259, 296, 306, 311-2, 318, 321, 326, 390-2; **vol. 15:** 61, 105, 120, 126, 143-4, 147, 210, 216, 218, 220, 252, 254, 274, 276, 281, 283, 285, 287, 289, 300, 305; **vol. 16:** 40, 42, 45, 63, 65, 68, 96-7, 100, 105-6, 114, 119, 129, 132, 143, 180, 210, 218, 228, 232, 234, 236, 241, 244, 260, 268, 297-8, 320, 328; **vol. 19:** 280, 318

nosografia, **vol. 1:** 19, 167; **vol. 3:** 18, 144

nostalgia, **vol. 11:** 154; **vol. 16:** 73, 159

noxas sexuais, **vol. 2:** 350; *ver também* sexualidade, sexual, sexuais

nubas, **vol. 11:** 75

nudez, **vol. 4:** 103, 263, 278, 281-4, 367; — autodesnudamento, inclinação infantil ao, **vol. 7:** 141; sonhos de nudez, **vol. 5:** 149

número(s): análises de, **vol. 5:** 339; aritmomania, **vol. 3:** 74, 174; simbolismo onírico dos, **vol. 6:** 288NA; sonhos de, **vol. 4:** 463; *ver também* mania(s); simbolismo/símbolo(s); sonho(s)

núpcias, noite de, **vol. 2:** 350; **vol. 8:** 306; *ver também* casamento(s)/matrimônio(s)

nutrição *ver* alimentação, alimento(s)/nutrição

objeto(s) amoroso(s)/objeto amado/objeto de amor, **vol. 1:** 250, 303; **vol. 10:** 81, 86-7, 135, 201, 205; **vol. 11:** 39; **vol. 12:** 18NA, 26, 32, 46-7, 173-5, 179, 181, 183, 202, 205, 207; **vol. 14:** 32, 125; **vol. 15:** 125, 144, 210, 221-2, 224; **vol. 16:** 37, 40, 57-8, 116, 287, 295; **vol. 18:** 64, 71NA, 178, 272, 282, 376, 386, 430; — descoberta do objeto, **vol. 6:** 142-3; incorporação do objeto, **vol. 6:** 108; *ver também* amor(es), amorosa(s), amoroso(s); escolha objetal/escolha(s) de objeto; investimento de objeto, investimento objetal, investimentos objetais

objeto sexual, objetos sexuais, **vol. 1:** 250, 303; **vol. 6:** 21-4, 28, 30, 33, 34-5NA, 37-8, 40-2, 44-7, 48NA, 49-53, 70, 87, 97, 99, 107, 121, 124-5, 136, 143-4, 147, 151-2, 154, 228, 231;

vol. 10: 96, 115, 142-3; **vol. 11:** 118, 350; **vol. 12:** 14, 31-3, 49, 77; **vol. 14:** 34-5, 39, 86, 155, 222, 226; **vol. 15:** 56, 66, 69, 71, 107-9; **vol. 18:** 40, 56, 61, 63, 74, 77, 201, 253, 394; — depreciação do objeto sexual, **vol. 9:** 353, 356-8; *ver também* escolha objetal/escolha(s) de objeto; investimento de objeto, investimento objetal, investimentos objetais; sexualidade, sexual, sexuais

objetos longos e rígidos, simbolismo sexual de, **vol. 5:** 442; *ver também* sexualidade, sexual, sexuais; simbolismo/símbolo(s)

obras de arte, **vol. 9:** 148, 279; *ver também* arte(s), artista(s), artística(s), artístico(s); *Índice de obras de arte e literárias*

obscenidade, obscena(s), obsceno(s), **vol. 1:** 162-3, 172; **vol. 5:** 116; **vol. 7:** 62, 87, 139-40, 142, 144-6, 165, 190, 203, 206, 262-5, 267NA, 299, 314, 316; — baixo calão, **vol. 7:** 139-40, 142-6, 190, 215, 314; coprolalia, **vol. 1:** 162; relação entre obscenidade e classes sociais, **vol. 7:** 143, 145; *ver também* chiste(s); piada(s)

observação analítica, **vol. 16:** 14, 210; *ver também* análise/analista(s)

obsessão, obsessões, obsessiva(s), obsessivo(s), **vol. 1:** 219; **vol. 2:** 362, 364; **vol. 3:** 13, 50, 52-4, 57-61, 63-4, 67, 69-80, 85, 90-2, 96, 111-4, 144, 147, 151-2, 156-8, 160, 162-3, 166-76, 180-1, 188-90, 209, 214, 229-30, 238, 243, 254, 257-61, 271, 276; **vol. 4:** 15, 120, 131-2, 261, 283, 285, 291, 301, 345-6, 370, 383, 410, 445, 504, 507, 626, 646; **vol. 5:** 63, 117, 340, 351, 355, 374, 381, 426; 445; **vol. 6:** 23, 36, 59, 68, 136, 152, 162, 190, 218, 267NA, 328, 342, 350, 352, 354-5, 371-2; **vol. 8:** 259, 291, 301-7, 309-12, 321, 367; **vol. 9:** 13-7, 21-5, 27, 29-33, 38NA, 47-9, 50NA, 51-3, 55, 57-8, 62-3, 66, 69, 74-9, 80NA, 81-99, 102-11, 175-6, 209, 217, 294, 298, 338, 378; **vol. 10:** 144, 165-6, 172, 198, 203, 254, 278, 286, 326-31, 334-6, 352; **vol. 11:** 53-60, 65-6, 85, 88, 96, 101-3, 110, 113, 115-7, 119-20, 136-9, 150, 243, 277, 329-30, 340, 345-6; **vol. 12:** 15, 20, 28, 31, 33, 61, 66, 96-8, 101, 126, 138-40, 143-4, 183-4, 193, 288-9, 291-2; **vol. 13:** 112, 267, 338, 344-53, 355, 356, 361-3, 368-71, 377-80, 384-6, 389, 397-8, 400, 408, 410, 456-7, 498, 504-5, 534-5, 556, 558, 565, 579-81, 589, 593; **vol. 14:** 15, 25-7, 31-2, 52, 58, 71, 75, 77, 82-3, 86-8, 90-3, 95, 97, 101, 112, 115-7, 131-2, 149NA, 150-1, 154-5, 160, 259, 290, 294, 299, 318, 349NA, 357-8, 393, 401; **vol. 15:** 30, 138, 165, 168, 205, 216, 220, 254, 291, 294, 296, 302; **vol. 16:** 52, 63-5, 67, 69, 126, 137, 156, 242, 246, 258, 276, 277, 327; **vol. 17:** 16-7, 19, 30, 32, 39, 48-61, 67-8, 87, 89, 104-6, 112-3, 129, 284-5, 287, 309, 313; **vol. 18:** 107-8, 111, 137, 228, 237, 247, 301, 319, 331, 367-9, 386, 392; **vol. 19:** 120, 174, 179, 185; — atos obsessivos, **vol. 8:** 301-12; cerimonial obsessivo/cerimonial neurótico, **vol. 3:** 173-5; **vol. 6:** 267NA; **vol. 8:** 301-5, 307-8, 310-1; **vol. 13:** 346, 352-9, 361, 378, 397-400, 535, 594; **vol. 17:** 52, 58, 60; ideia(s) obsessiva(s), **vol. 1:** 71, 109, 162, 173, 214; **vol. 2:** 361-3, 386, 388, 394; **vol. 6:** 218, 267NA, 350; obsessão com limpeza, **vol. 5:** 63; *ver também* neurose(s), neurótica(s), neurótico(s)

obstinação, **vol. 8:** 351, 353, 355; **vol. 14:** 35, 253, 258

obstipação, **vol. 3:** 82

ocasião, fobias de, **vol. 3:** 78; *ver também* fobia(s), fóbica(s), fóbico(s)

ocasionais, invertidos, **vol. 6:** 22; *ver*

ÍNDICE REMISSIVO GERAL

também homossexualidade, homossexual, homossexuais; inversão, invertida(s), invertido(s)

ócio, **vol. 6:** 221

óculos, **vol. 8:** 166, 258

ocultismo, ocultista(s), **vol. 2:** 391; **vol. 15:** 152, 169-70, 173, 184-7; **vol. 17:** 200; **vol. 18:** 157-8, 160-6, 178, 186-7, 189, 263; *ver também* telepatia, telepático, telepática

ódio, **vol. 2:** 97, 244; **vol. 3:** 70, 72; **vol. 5:** 106, 291; **vol. 6:** 65, 198; **vol. 7:** 147, 190; **vol. 8:** 115, 246, 269, 270, 276NA, 387; **vol. 9:** 40, 52-4, 96, 99-103, 105, 107, 131-3, 161NA, 298; **vol. 10:** 88, 330, 336; **vol. 11:** 78, 109, 199, 201, 218, 238, 294, 420; **vol. 12:** 65, 72, 75-80, 115, 184, 191, 211, 216, 219, 239, 245, 277; **vol. 13:** 111, 192, 273, 276, 443, 446, 562; **vol. 14:** 24, 225, 304; **vol. 15:** 26, 55, 57, 201, 205, 211, 215, 247; **vol. 16:** 53-5, 67, 73, 124; **vol. 17:** 33, 104, 339, 347, 348, 351; **vol. 18:** 74, 104, 175, 252, 275, 277, 304, 377, 386, 426, 430; **vol. 19:** 68, 112, 127-9, 147, 184, 251, 364; *ver também* raiva

odontologia, **vol. 17:** 212; *ver também* dente(s)

odor(es), **vol. 2:** 156-7, 166, 168, 172-3, 176-7; *ver também* cheiro, cheirar; olfato, olfativa(s), olfativo(s)

Oleum cinereum (mercúrio), tratamentos com, **vol. 6:** 186NA

olfato, olfativa(s), olfativo(s), **vol. 1:** 33, 47; **vol. 2:** 155-6, 173; **vol. 4:** 122, 393; **vol. 9:** 110, 361; **vol. 18:** 61-3NA, 72-3NA; *ver também* cheiro, cheirar; odor(es)

olho(s), **vol. 1:** 31, 33-7, 45, 77, 81-2, 107, 110, 114, 121, 138-40, 211, 215, 279, 286; **vol. 9:** 61, 222, 229, 314-5, 319-20; — córnea, **vol. 1:** 32, 45-6; exoftalmia, **vol. 1:** 41; Instinto de olhar (esquema de Freud), **vol. 12:** *68*; libido do olhar, **vol. 7:** 141; nervo óptico, **vol. 1:** 202; olhar, **vol. 6:** 40, 49NA, 50-1, 64, 68, 100, 101NA, 103, 112; pupilas, **vol. 1:** 45-6; retina, **vol. 4:** 55, 57-8; *ver também* visão, visual, visuais

onanismo, onanista(s), **vol. 6:** 90NA, 94-5; **vol. 7:** 48NT; **vol. 9:** 351; onanismo infantil, **vol. 19:** 364; *ver também* autoerotismo, autoerótica(s), autoerótico(s); masturbação, masturbatória(s), masturbatório(s)

onipotência, **vol. 9:** 88, 95, 97NA; **vol. 10:** 32; **vol. 12:** 17, 45, 48; **vol. 14:** 244, 305, 359, 362, 364, 367-8, 372; **vol. 15:** 25, 253; **vol. 18:** 52, 88-9, 330-1, 470; — "onipotência dos pensamentos", **vol. 11:** 136, 139, 141-2

onírica(s), onírico(s) *ver* sonho(s)

onisciência, **vol. 18:** 52, 110, 191

ontogênese, **vol. 6:** 15, 54; **vol. 14:** 130

operações psicoterapêuticas, **vol. 2:** 427; *ver também* terapia/psicoterapia

opinião pública, **vol. 3:** 253; **vol. 15:** 78, 313

opistótono, **vol. 2:** 290

oração, orações, **vol. 9:** 54, 86, 104-5

oráculos, **vol. 5:** 244

oralidade, oral, orais, **vol. 6:** 108, 118NA, 159, 231, 298NA; **vol. 13:** 38, 435-7; **vol. 14:** 140-1, 143, 225; **vol. 15:** 61, 182, 186, 259, 288-9; **vol. 16:** 35-6, 115, 193, 278; **vol. 17:** 38-9, 42, 63; — expressão oral, **vol. 2:** 54, 416; fase oral, **vol. 6:** 108; **vol. 12:** 182; **vol. 14:** 141; **vol. 19:** 202, 292, 349; paladar, **vol. 4:** 122; *ver também* boca; fala; linguagem

ordem, ordeiro, organização, **vol. 8:** 351, 353, 355; **vol. 18:** 53-4, 59, 218, 223, 250, 414; *ver também* limpeza

ordem social/organização social, **vol. 7:** 158; **vol. 16:** 159, 249, 261

orelha, **vol. 1:** 32, 34, 76; **vol. 6:** 83, 231
organismo(s), **vol. 8:** 398; **vol. 12:** 54-5, 84, 165; **vol. 13:** 26, 525, 547; **vol. 14:** 189, 204, 206-7, 213-7, 220, 229; **vol. 16:** 19NA, 48, 50-1, 191; **vol. 17:** 21, 74, 150
organização genital, **vol. 13:** 435, 456; **vol. 17:** 49, 53, 64; — organizações pré-genitais, **vol. 6:** 101, 107, 109, 110NA; *ver também* genitalidade, genital, genitais
organização psíquica, **vol. 10:** 116; **vol. 12:** 85, 133, 136, 147; *ver também* psique, psiquismo, psíquica(s), psíquico(s)
organização sexual, **vol. 6:** 107, 109-10, 121NA, 159; *ver também* sexualidade, sexual, sexuais
organização social *ver* ordem social
órgãos internos, **vol. 1:** 32, 45, 50
órgãos sensoriais/órgãos dos sentidos, **vol. 1:** 44-7, 50, 235, 240, 262, 276-7, 317, 340; **vol. 4:** 47, 55, 121, 258, 599, 670-71; **vol. 7:** 274, 281; **vol. 17:** 145; **vol. 19:** 157, 211-2, 217, 258; *ver também* estímulo(s); sentidos/sensorialidade
órgãos sexuais, **vol. 6:** 31, 68, 79NA, 94, 131; **vol. 7:** 139; *ver também* genitalidade, genital, genitais; sexualidade, sexual, sexuais
órgãos vitais, **vol. 2:** 288; **vol. 9:** 223
orgasmo, **vol. 2:** 284, 353; **vol. 6:** 83, 267; **vol. 13:** 415, 427, 430; **vol. 17:** 15; **vol. 19:** 44, 121, 156-7, 162, 164, 249, 272; *ver também* sexualidade, sexual, sexuais
Orienterpressʒug (chiste), **vol. 7:** 42; *ver também* chiste(s)
origem da vida *ver* surgimento da vida
origens do termo "histeria", **vol. 1:** 40; *ver também* histeria, histérica(s), histérico(s)
osagens (indígenas), **vol. 11:** 69
osso(s), **vol. 1:** 31, 37, 43-4; — osso etmoide, **vol. 2:** 155, 172; osso sacro, **vol. 1:** 31, 37

ouriços-do-mar, **vol. 14:** 218
ouro, **vol. 8:** 356-7
ovários, **vol. 1:** 43-4; **vol. 6:** 132; "neuralgia ovariana", **vol. 6:** 294NA; ovarialgia, **vol. 1:** 38; **vol. 2:** 102NA, 128, 269, 320, 334, 343
ovos, **vol. 8:** 216-7
óvulo(s), **vol. 6:** 133, 139NA
oxigênio, **vol. 2:** 282

paciente(s), **vol. 2:** 14, 31, 42-3, 50-1, 55, 57-9, 61-6, 69-75, 89NA, 102NA, 108NA, 115, 119, 131, 139NA, 143, 147-8NA, 149, 151, 155, 158, 160-2, 165NA, 169, 178-9, 181, 194, 196, 202, 207, 223, 235NA, 242-3, 246, 254, 257, 259, 319-20, 345, 365, 369, 375-8, 380, 382, 385-6, 391, 393-400, 402, 405, 408-11, 413-8, 420-6; **vol. 6:** 17, 26, 62, 87, 174-7, 180-1, 185-8, 190-1, 195-7, 199, 201, 202NA, 204-5, 209, 218, 222-3, 227-8, 230-1, 237-9, 267NA, 269NA, 271, 274, 276, 282, 284, 296, 297NA, 304, 307, 311-4, 316, 317NA, 318, 322-6, 328-9, 333-45, 349, 351, 354, 358-9; **vol. 8:** 73, 93, 103, 110, 113-5, 124, 128NA, 152, 167, 172, 237-8, 244NA, 249, 251, 255, 258-9, 273, 279NA, 282-3, 292-6, 305-6, 342, 344, 348-9, 353, 355, 407, 414, 417, 431; **vol. 9:** 14-5, 18NA, 19, 22, 24-5, 29, 32, 34, 35NA, 47-8, 50NA, 52, 53NA, 54, 56-9, 61-3, 65-6, 68, 69-70NA, 72, 73NA, 76-9, 83-7, 89, 91, 94-7, 99, 102-3, 105, 107, 109-11, 112NA, 166, 222-30, 232-3, 235, 237-43, 245, 247-9, 251-3, 255, 257, 260, 262-3, 265-6, 268, 277, 280-1, 283, 289, 292-5, 325-6, 330-1, 333, 337, 393-4; **vol. 10:** 14, 17, 20-2, 24-5, 27, 32NA, 39, 41, 44, 53NA, 55-6, 61, 63, 66NA, 68NA, 69, 73, 77NA, 91, 103, 123, 125-6, 129-32, 137, 143, 145-6, 148, 150-2, 155-6, 158-62, 165-70, 173, 175-80, 181-2NA, 183-8, 191, 196, 200,

204-7, 209, 211-5, 217-28, 238, 254, 260, 264, 270, 272, 278-9, 284, 297, 299-300, 319, 327-8, 331, 340, 345, 352; **vol. 11:** 55-6, 93, 150-1, 198, 249-51, 254-5, 259, 268, 274, 277, 303, 313, 315, 323-6, 339, 355, 365-6, 368-9, 372, 416; **vol. 12:** 47, 49-50, 88, 113-4, 136, 139, 141, 143-4, 160NA, 176, 179, 196, 200-2, 206-7, 254, 257, 288-9, 291; **vol. 13:** 22-3, 105, 110, 158-60, 217, 221, 317, 321-2, 326, 329-31, 334, 336-8, 346, 350, 352, 354-7, 359-61, 364-5, 367, 369-70, 373-5, 378, 384-6, 388-90, 397, 399, 408, 435, 489, 511-2, 563-4, 574-88, 590, 592-9, 601, 603, 606-8, 610-2; **vol. 14:** 15, 18-21, 22NA, 24, 26-7, 29-33, 36-7, 43, 46-8, 52, 54NA, 56, 62, 70-2, 77, 81, 83, 84NA, 85, 96-7, 99-100NA, 101-2, 108-9, 111, 113-5, 118-20, 123-32, 135NA, 136-8, 140-2, 149NA, 150-2, 160NA, 176, 178, 201, 238, 243, 259, 267-70, 272-4, 280-1, 286-9, 294-5, 300-1, 303, 309, 319, 347, 350, 357, 359, 363, 378-9, 381, 387; **vol. 15:** 90NA, 118, 121-2, 124, 138, 150, 155, 158-9, 162, 165, 167-70, 172, 186, 202, 205, 216, 219, 228, 247, 254, 274-5, 277-80, 282, 291-2, 295-7, 319, 324; **vol. 16:** 63NA, 64, 84, 90, 93-6, 102-4, 111-3, 121-5, 134, 147, 149, 194-5, 227-31, 243, 256, 259, 265, 276, 284, 305-10, 312, 315, 321, 351-2; **vol. 17:** 26, 37-8, 40-1, 48, 54, 125, 127-8, 130-1, 133-5, 141, 146, 154, 156-7, 159, 174, 176-8, 181-6, 193-4, 203-4, 209-11, 221, 223, 226, 228, 230, 303, 314, 317, 319, 374; **vol. 18:** 128, 130-3, 135, 147, 150, 169-70, 172-3, 175, 178, 180, 183-4, 188, 207-8, 259, 274, 296, 299-300, 310, 314-5, 319-20, 337, 346, 374, 389, 401, 409-10, 468; **vol. 19:** 61, 79, 110, 179, 223, 226, 228-34, 236-9, 256, 260, 266-7, 276-81, 283, 285, 293-8, 306-7, 318-9, 321, 324, 328-9, 334-9,

346, 348-9, 358; *ver também* Índice de casos e pacientes

padres católicos, **vol. 7:** 125, 129, 206; *ver também* Igreja católica

paedicatio (sodomia), **vol. 6:** 44

pai, **vol. 2:** 42, 46, 48-50, 52, 56, 58, 60-2, 64, 66-7, 69, 120-1, 139NA, 147NA, 163, 167, 174, 184, 194, 201-4, 209-11, 213-6, 232, 236, 241, 244, 250, 299; **vol. 3:** 23, 36, 39, 53, 76, 101-2, 121, 123, 261, 267, 289-90, 292-3; **vol. 4:** 17, 40, 162-3, 172, 205, 207-8, 225, 227, 229, 233-4, 237-8, 254-5, 289, 295-9, 301-3, 305-7, 310, 335, 339, 357, 359, 368, 370-1, 374, 397, 406-10, 416, 445, 450, 455-6, 470-5, 480-3, 486, 491, 493, 495-7, 501, 505, 507-8, 531-2, 534, 558-9, 566NA, 584, 601, 612, 623, 640, 673; **vol. 5:** 25, 78, 92, 107, 114, 117-8, 128, 131, 136-7, 175, 186-7, 206, 257-8, 269, 272, 292, 297-300, 305, 334-5, 352, 393; **vol. 6:** 35NA, 149, 151, 153, 162, 182NA, 185, 188-91, 193-4, 197-8, 202NA, 205, 207-8, 210, 212-3, 218, 223-5, 230, 233-4, 236-8, 241-4, 246, 249, 253, 256-7, 259-61, 264, 266, 269-70, 272-3, 275-9, 281, 288-9, 293-4, 300NA, 303, 305NA, 315, 318-20; **vol. 7:** 55, 65, 81, 85, 87, 100, 150, 219NA; **vol. 8:** 42, 44, 47-9, 55, 69, 98-9, 104-6, 124, 126, 129-30, 132-3, 135, 138, 141-2, 144, 148-50, 152, 155, 157, 162-70, 175, 177-8, 180, 184-7, 192-5, 198-200, 203-4, 214, 217, 219, 222, 224, 229, 231-3, 235-9, 241, 245-6, 248, 252, 254, 256-8, 260-6, 268-75, 277-80, 319, 394, 397, 401-2, 405, 407NT, 410-1, 420-2, 424; **vol. 9:** 17, 21, 23-4, 27-8, 34, 38, 42-3, 45-6, 59, 61-3, 65-6, 68, 69-70NA, 72, 75, 77, 79-81, 84, 87, 89, 92, 95NA, 97, 99-100, 138, 141, 154-6, 166, 171, 179NA, 186-7, 191, 193, 194NA, 195NT, 196-7, 199, 208, 210, 212, 224, 226, 229, 232-

291

ÍNDICE REMISSIVO GERAL

3, 242, 268, 274, 293, 340, 342, 344, 346, 350, 369, 380, 382, 394; **vol. 10:** 30NA, 63, 67-9, 71-4, 76, 102, 106, 120, 213, 233, 293-4, 297, 299, 302, 314NA, 318-20, 322-3; **vol. 11:** 24, 26, 32-3, 87-8, 109, 163, 197-203, 215-30, 232-9, 241-3, 252, 312, 322, 353, 421-2; **vol. 12:** 37, 94, 122, 197, 201-2, 205, 232, 236, 265, 269, 273, 279, 282-3, 285, 288, 291; **vol. 13:** 48, 50, 102, 159, 192, 215, 253-6, 261-2, 272, 274, 277-80, 317, 327, 332, 358-9, 365-6, 368, 386, 423, 439-41, 443, 445-6, 448-9, 461, 490, 562, 603, 610; **vol. 14:** 15, 21-2, 26, 29, 31, 34, 36, 39, 43, 45-6, 48, 50, 53, 55-9, 61NA, 63-5, 77, 80, 86-95, 98, 104, 106, 108, 111-3, 116-8, 124, 126, 130, 134-5, 141-2, 148, 150, 152-3, 158, 160NA, 174, 246, 271, 273, 275, 277NA, 302-4, 306-11, 316-7, 320-2, 324, 342, 344, 345NA, 347, 349NA, 394-5, 402, 404; **vol. 15:** 48, 60-3, 86, 88, 90, 101-2, 104, 116, 118, 126-7, 129-30, 132NA, 133-7, 139-41, 145, 157, 163-5, 178, 188, 196, 199-200, 206, 216-7, 219, 221, 236, 240, 242-7, 250-3, 267, 270, 274, 289, 315-6; **vol. 16:** 38-43, 46, 68, 73, 77, 80, 93-4, 112, 116, 153, 157-8, 174NA, 193, 200, 204, 206, 208-9, 212, 226, 246, 286-8, 295-6, 314-5, 332, 351; **vol. 17:** 33-9, 41, 43, 63-4, 68, 91, 163, 165, 167, 180, 249-50, 252, 256, 258, 266, 283-4, 292, 308, 310, 312, 326-7, 335, 344-52, 354, 362; **vol. 18:** 25, 27, 53, 62, 67, 94, 100-3, 149, 151, 170-2, 200, 230-1, 272-5, 284-6, 291-2, 328-9, 372-5, 377, 379, 381, 384, 386, 389-90, 393, 395, 397, 448, 457; **vol. 19:** 16, 19-21, 31-2, 35, 63, 111-3, 115-9, 122-5, 127, 147, 152-3, 158, 162-3, 165-9, 173, 180, 182-4, 186-7, 229-30, 245-6, 249-52, 253NA, 254-6, 324, 333, 347, 349-50; — parricídio, **vol. 11:** 222;

vol. 12: 236, 269, 285; **vol. 16:** 158-9; **vol. 17:** 337, 346, 353-4, 356; **vol. 18:** 110; paternidade, **vol. 9:** 94; proteção paterna, **vol. 18:** 25

pai primevo/pai primitivo/pai primordial, **vol. 15:** 86-7, 91, 101, 103, 107, 244-5; **vol. 16:** 158-9; **vol. 17:** 282, 351; **vol. 18:** 117; **vol. 19:** 117-8, 121-2, 127, 130, 132, 141, 168, 185-6; — horda primeva/horda primitiva/horda primordial, **vol. 11:** 216-8, 227; **vol. 12:** 236; **vol. 15:** 83-8, 91, 101-2, 132NA; **vol. 16:** 158, 160; **vol. 17:** 351; **vol. 18:** 347, 419; **vol. 19:** 114-5, 118, 127, 179, 183

pais, **vol. 1:** 28-9, 30, 61, 123; **vol. 2:** 40, 87, 183NA, 201, 341, 386; **vol. 3:** 177, 182, 204, 213, 234, 253, 280, 286; **vol. 4:** 130, 229, 254, 288, 290, 292, 296-8, 301-2, 304, 307, 315, 332, 397-8, 413, 446, 504-5, 544, 636-8; **vol. 5:** 25, 63, 129, 198-9, 200NA, 250, 257-8, 285, 293, 300, 304, 335, 355, 358, 360, 387, 442; **vol. 6:** 145, 147, 148NA, 149-52, 160, 188, 191NA, 194, 209, 211NA, 221, 228, 237, 266, 280, 284-5, 289, 293, 299-301, 305NA; **vol. 7:** 153; **vol. 8:** 125, 128NA, 129, 137, 145NA, 170, 196, 217, 233, 236-7, 239, 241, 245, 247, 251, 253-6, 265-7, 270, 272, 277-80, 283, 316-7, 319-20, 322-3, 332, 362, 381, 387, 396, 400, 404, 406, 409, 420-4; **vol. 10:** 112NA, 162, 189, 200, 282, 293, 295; **vol. 11:** 26-7, 36, 38-9, 41, 60, 104, 109, 128, 142, 188, 198-200, 227, 241, 321, 421-2; **vol. 12:** 36, 42-3, 50, 204, 294; **vol. 13:** 193, 205, 215, 275-9, 282-3, 298, 304, 353, 355, 358, 378, 397, 443, 448, 490, 493, 567; **vol. 14:** 22-3, 30-1, 34, 36, 40, 51, 54, 58, 60NA, 63, 76-81, 103NA, 105, 107, 111, 126, 129, 131, 158, 160NA, 171, 264, 271-4, 296, 304, 306, 316-7, 348NA, 394; **vol. 15:** 14-5, 43, 56, 68,

ÍNDICE REMISSIVO GERAL

70, 81, 90-1, 101, 104, 115-7, 119, 121, 123, 127, 133, 135, 137, 142, 157, 164, 184, 187, 194, 306; **vol. 16:** 39, 41, 43-5, 60, 77, 198, 200, 208, 233, 253, 287, 315, 355; **vol. 17:** 165, 318-9, 327, 349; **vol. 18:** 63, 66, 94, 97, 103, 174, 191, 199, 201, 203, 205, 260, 272, 283, 291, 309-10, 329, 363, 368, 396, 422, 441; **vol. 19:** 19-21, 111-2, 118, 139, 162, 165, 176, 193-4, 230, 238, 246, 264, 271-2; — "complexo parental", **vol. 6:** 42NA; instância parental, **vol. 18:** 96, 199-201, 236, 329; *ver também* mãe; pai

Pais da Igreja, **vol. 9:** 154; *ver também* Igreja católica

paixão, paixões, **vol. 2:** 227; **vol. 6:** 151, 213, 238, 241, 256, 304, 377; **vol. 7:** 53, 60, 65, 158, 184; **vol. 8:** 35, 48-9, 115, 247, 364, 377; **vol. 9:** 43, 67NA, 101, 132, 134, 156, 215, 336-8, 350, 357; **vol. 10:** 85, 87, 146, 213-5, 217, 221-4, 226; **vol. 12:** 214, 229; **vol. 13:** 213, 337, 339-40, 368, 449, 514, 584; **vol. 14:** 57, 122-3, 125, 152, 155, 270, 390; **vol. 15:** 35, 37, 107, 117, 123, 125, 129, 134, 139, 142; **vol. 16:** 31-2, 124, 259, 263; **vol. 17:** 149, 183-5, 237, 248, 287, 328, 348, 357, 360; **vol. 18:** 78, 219, 221, 292, 326, 328, 363, 385, 403-4, 456; **vol. 19:** 72, 253, 321

paladar, **vol. 1:** 33, 47; **vol. 4:** 122; *ver também* boca; oralidade, oral, orais

palavra(s): esquecimento de sequências de palavras, **vol. 5:** 31-66; expressões idiomáticas, **vol. 4:** 394, 453; "magia" das palavras, **vol. 1:** 118; palavra como substituto do ato, **vol. 3:** 45; palavra mágica, **vol. 9:** 86; palavra-estímulo, **vol. 13:** 146-7; palavras compostas, **vol. 7:** 32, 43, 45, 62; palavras estrangeiras, esquecimento de, **vol. 5:** 23-31; *ver também* fala(s); linguagem

palhaços, **vol. 7:** 269

paliativos, **vol. 18:** 28

palpitações, **vol. 1:** 30-1; **vol. 3:** 87, 121, 130; **vol. 13:** 530; *ver também* coração, cardíaco(s)

palus (indígenas), **vol. 11:** 68

pânico, **vol. 15:** 50-2; *ver também* angústia; fobia(s), medo(s)

"pansexualismo", **vol. 6:** 18; **vol. 15:** 44, 298; **vol. 16:** 146, 242, 261; *ver também* sexualidade, sexual, sexuais

pantomima, **vol. 8:** 413

papa, **vol. 19:** 366; *ver também* Igreja católica

paradoxo de Epimênides, **vol. 18:** 346NT

parafasia, **vol. 2:** 41, 46, 68

parafrenia(s), parafrênico(s), **vol. 10:** 100-2, 165-6, 326, 330; **vol. 12:** 15, 25, 28, 30-1, 45, 50

paralelismo psicofísico, **vol. 12:** 103; *ver também* psique, psiquismo, psíquica(s), psíquico(s)

paralisia(s), **vol. 2:** 20, 24, 38, 41, 64, 68-9, 72, 93, 98, 106, 132-3, 220, 235NA, 264, 271, 306, 315, 399; **vol. 3:** 17, 20, 28, 30, 34-6, 38, 82, 122, 142, 242, 311, 313; **vol. 4:** 46, 120, 342-3, 379-80, 474, 484-5; **vol. 11:** 252, 255, 329; **vol. 17:** 17, 46-7, 56, 115; — Bell, doença/paralisia de, **vol. 1:** 191, 193; *détaillée*, paralisia, **vol. 1:** 191, 193; *en masse*, paralisia, **vol. 1:** 191, 193; paralisia cerebral/paralisias cerebrais, **vol. 1:** 190-5, 197, 199-202; paralisia cerebral infantil, **vol. 3:** 313; **vol. 5:** 162, 220; paralisia cortical/paralisias corticais, **vol. 1:** 193-5, 200-2; paralisia facial, **vol. 1:** 76, 191, 200; paralisia(s) histérica(s), **vol. 1:** 22, 48-9, 58, 64, 76, 80, 175, 193-8, 200, 202, 204-8; paralisia(s) orgânica(s), **vol. 1:** 47-9, 175, 193-5, 197-8, 202-3, 205, 209; paralisia perifero-espinal, **vol. 1:** 190-2; *paralysis agitans*, **vol. 3:** 123;

293

ÍNDICE REMISSIVO GERAL

paraplegia espinal, **vol. 1:** 48; tipos de paralisia, **vol. 1:** 190-1, 193; *ver também* cérebro, cerebral, cerebrais

paramécia, **vol. 14:** 216

paramnésia, **vol. 4:** 492NA

paranoia, paranoica(s), paranoico(s), paranoide(s), **vol. 2:** 124; **vol. 3:** 176-7, 179-83, 187-90, 229, 271, 282-3; **vol. 4:** 106, 120, 123, 284-5, 345, 579, 595-6; **vol. 5:** 203, 205, 344-5, 349; **vol. 6:** 59, 65, 68, 210, 354; **vol. 8:** 62, 93, 340, 344; **vol. 9:** 102; **vol. 10:** 14, 20, 22, 25, 33, 42, 47-8, 52, 58, 66, 70, 75NA, 76, 78-80, 83-9, 91, 93-6, 99-104, 106, 145, 326; **vol. 12:** 18, 25, 31, 43, 44, 50, 199-200, 203, 205-7; **vol. 13:** 89, 408, 505, 518, 561, 564-5, 581, 607; **vol. 14:** 113, 316, 386, 393; **vol. 15:** 213-20, 223, 253, 295; **vol. 16:** 47NA, 54, 125, 149, 243, 329; **vol. 17:** 30, 32, 314, 328; **vol. 18:** 38, 274, 287, 319, 375; **vol. 19:** 266, 278; *ver também* mania de perseguição

paraplegia histérica, **vol. 3:** 224; *ver também* histeria, histérica(s), histérico(s)

parcimônia, **vol. 7:** 64, 138, 170, 173, 178, 182, 222; **vol. 8:** 351, 353

parentesco, **vol. 11:** 18, 20, 25-7, 30, 32, 34, 99, 122, 162, 171, 173, 207-9; — parentes consanguíneos, **vol. 6:** 150

paresia(s), **vol. 2:** 21, 41, 43, 54, 60, 69, 72, 345

parestesias, **vol. 3:** 85, 88, 93, 114, 149, 222

Parkinson, doença de, **vol. 3:** 147

paródia, **vol. 7:** 251, 269, 283, 285

paroxismo histérico, **vol. 2:** 141, 369; *ver também* histeria, histérica(s), histérico(s)

parricídio, **vol. 11:** 222; **vol. 12:** 236, 269, 285; **vol. 16:** 158-9; **vol. 17:** 337, 346, 353-4, 356; **vol. 18:** 110; *ver também* pai

partículas primordiais, **vol. 19:** 258, 316

parto, **vol. 6:** 296-7, 306NA; **vol. 11:** 46, 50, 62; *ver também* grávida(s), gravidez; nascimento

Páscoa judaica, **vol. 4:** 488; *ver também* hebreu(s); judaísmo, judeu(s)

pássaro(s), **vol. 8:** 35, 38, 44, 48, 87, 94, 106, 156

passividade, **vol. 12:** 64-6, 68-9, 71-3, 81; **vol. 14:** 49, 126, 144-5, 156, 175, 309, 314; **vol. 17:** 116, 349; **vol. 18:** 71NA, 267-8, 284, 286, 387, 397; **vol. 19:** 325

pastores protestantes, **vol. 7:** 125, 129, 206; *ver também* cristianismo, cristã(s), cristão(s); religião, religiões, religiosidade, religiosa(s), religioso(s)

paternidade, **vol. 9:** 94; — proteção paterna, **vol. 18:** 25; *ver também* pai

patofobia, **vol. 3:** 74; *ver também* fobia(s), fóbica(s), fóbico(s); hipocondria, hipocondríaca(s), hipocondríaco(s)

patologia, patológica(s), patológico(s), **vol. 12:** 25, 31, 104, 130, 137, 139, 152, 162, 167, 172-3, 183, 201, 223, 261; **vol. 15:** 68, 94-5, 105, 204, 217, 280, 282, 284, 300; **vol. 16:** 15, 22, 30, 38, 63NA, 85, 108-9, 131, 147, 210, 219, 223-4, 226, 232-4, 236, 240-1, 244, 257, 327; **vol. 18:** 16-7, 19, 33, 107, 120, 137-8, 194, 197, 248, 254, 275, 281, 306, 320, 358, 366-7, 369, 429, 437, 446, 469; *ver também* doença(s), doente(s); enfermidade(s), enfermo(s); psicopatologia

patriarcado, **vol. 19:** 118, 158, 163, 180; *ver também* homem, homens; masculinidade, masculina(s), masculino(s)

patriarcas hebreus, **vol. 19:** 40, 66, 68, 94; *ver também* hebreu(s); judaísmo, judeu(s)

pavor, **vol. 2:** 22, 27, 29, 52, 62, 69, 77, 80, 83-4, 87, 95, 109, 111, 118, 123, 126, 135, 137, 183, 190, 216, 285-7,

ÍNDICE REMISSIVO GERAL

294, 299, 301, 304; 310, 319, 333, 351-2; **vol. 3**: 38, 47, 85, 88, 104, 120-1, 123, 125, 135; — *pavor nocturnus*, **vol. 3**: 88; **vol. 4**: 638-40; *ver também* angústia(s); fobia(s); medo(s)

paz, **vol. 12**: 215-6, 229, 246; **vol. 14**: 20, 168, 238, 265, 384-7, 402; — apaziguamento, **vol. 11**: 67, 71, 74; *pax romana*, **vol. 18**: 423

Pcp ver percepção, percepções, perceptiva(s), perceptivo(s)/(*Pcp*)

Pcs ver pré-consciente, o (*Pcs*)

pcs ver pré-conscientes, atos e processos (*pcs*)

pé(s), **vol. 6**: 45, 48, 83, 296; **vol. 8**: 18-9, 21-2, 33, 62, 64, 68, 176-7, 180, 193, 200, 209-10, 213, 228, 270, 331; **vol. 13**: 124, 355, 358, 463; **vol. 17**: 18

pecado, pecaminosidade, **vol. 11**: 233-4, 379, 403, 409; **vol. 14**: 92, 239; **vol. 17**: 171, 277, 338, 352, 376-7; **vol. 18**: 95-7, 108; — "pecado original", **vol. 5**: 349; **vol. 12**: 235; **vol. 19**: 122, 186; *ver também* religião, religiões, religiosidade, religiosa(s), religioso(s); tabu(s)

pedagogia, **vol. 11**: 288, 353, 361; **vol. 16**: 151, 161, 250; *ver também* educação, educador(es)

peito *ver* seio(s)

peixes, **vol. 14**: 36, 202; **vol. 18**: 214-5, 256

pele, a, **vol. 1**: 32-3, 37-8, 44-7, 51, 59, 110, 251; **vol. 6**: 49, 66, 68, 83, 85, 87-8, 102, 112, 115, 117, 157; **vol. 8**: 245, 318, 355; pele, **vol. 9**: 270; — contretação, instinto de, **vol. 6**: 68NA, 83NT; **vol. 7**: 141NA; **vol. 8**: 245; poros, **vol. 12**: 145; sensibilidade cutânea, **vol. 6**: 195; suor(es), **vol. 3**: 87-8, 110, 130, 150

peles-vermelhas norte-americanos (indígenas), **vol. 11**: 20NA

peliça, **vol. 6**: 48

pelicano, **vol. 8**: 156

pelos púbicos, **vol. 17**: 307; — pelos do *mons Veneris*, **vol. 6**: 48

pêndulo de Foucault, **vol. 17**: 260

penetração, **vol. 6**: 142; *ver também* ato sexual; coito; intercurso sexual; relações sexuais

pênis, **vol. 2**: 300; **vol. 4**: 399-400, 408, 430, 433, 458; **vol. 5**: 75, 442; **vol. 6**: 51, 104, 126, 142, 231; **vol. 8**: 127-8, 134, 140, 142-3, 149, 159, 162, 164NA, 193, 233, 243, 262, 269, 399-402, 404; **vol. 9**: 66, 76, 149, 157, 161, 164, 172, 382; **vol. 10**: 294; **vol. 11**: 370-1, 416; **vol. 12**: 38, 144; **vol. 13**: 257, 262, 421; **vol. 14**: 37, 65, 86NA, 113, 116, 118, 135, 145, 255-7, 259-62; **vol. 15**: 145, 221, 250-1, 327-8; **vol. 16**: 39NA, 118, 171NA, 172-5, 193, 206-8, 211-3, 289-95, 297; **vol. 17**: 71, 81, 164, 303-4, 307, 310; **vol. 18**: 203, 249, 271, 279-85, 290-1, 378, 382, 397, 401, 404; **vol. 19**: 111, 203, 254-6, 260, 267-8, 322-5, 348-9, 363; — ereção, **vol. 3**: 62-3; **vol. 4**: 333, 397, 422, 440; **vol. 5**: 75; **vol. 6**: 68, 123, 203NA, 205NA; **vol. 13**: 208, 356, 430; **vol. 14**: 108, 318; falo, **vol. 16**: 173; felação, **vol. 9**: 147; **vol. 16**: 290; glande, **vol. 6**: 94, 126, 140; inveja do pênis, **vol. 6**: 104-5; **vol. 9**: 382-3; **vol. 10**: 295; **vol. 12**: 38; **vol. 14**: 256, 259, 261; **vol. 15**: 145; **vol. 16**: 290, 292-5; **vol. 17**: 164; **vol. 18**: 280-3, 286, 290-1, 397; **vol. 19**: 254-5, 322, 324, 363; *ver também* genitalidade, genital, genitais; zona(s) erógena(s)

penitência(s), **vol. 3**: 174; **vol. 6**: 223; **vol. 11**: 45, 56, 64-5, 74, 242; **vol. 14**: 90

pensamento(s), **vol. 1**: 270, 272, 274, 289-90, 309, 311-3, 319-21, 324, 327, 329, 334, 336, 338-9; **vol. 2**: 29, 32, 36, 41, 60, 73-4, 77NA, 87, 95NA, 109, 113-4NA, 115-6, 120, 128, 139NA, 164NA, 171, 197, 205-6, 218-21, 223-5, 235NA,

237-8, 240, 242-3, 248, 254, 256, 258-9, 260NA, 263, 284, 297, 302-3, 306-7, 309, 315-6, 318-9, 321-3, 326-8, 330-3, 335-9, 355-6, 378, 380-3, 388, 391, 393-4, 404, 407, 411-2, 415-7, 420-3; **vol. 6:** 32, 38, 48, 65, 150, 183, 187, 209, 216-7, 224-5, 232-5, 239, 241, 243-4, 251, 253-4, 256, 258-62, 266, 269, 272-5, 277-82, 287, 288NA, 289, 292NA, 297, 305-6NA, 307-8, 313, 322, 324-6, 328, 377; **vol. 8:** 16, 24, 33, 45, 47, 49, 54, 73, 79-80, 88, 93, 95, 98-9, 102, 104-7, 118, 146, 158-9, 199, 203-4, 214, 235, 237, 247-8, 254, 258, 266, 268-9, 280NA, 292-4, 301, 304, 306, 312, 320-1, 323, 345NA, 356-7, 380, 383, 394-5, 402; **vol. 9:** 15, 21-5, 27, 38-41, 44-6, 50NA, 53, 54NA, 62, 69, 73, 79NA, 80, 83, 85-91, 94-5, 97, 99, 106-8, 110, 132, 136, 139-40, 179, 205, 226, 244, 249-58, 262, 303, 305, 307, 309-12, 322, 341, 345; **vol. 10:** 19-20, 22, 24, 26, 49, 52, 67, 106, 111, 114, 116, 119-20, 137, 139, 148, 154, 156, 179-80, 181NA, 183-7, 190-1, 194-5, 197, 200, 259-66, 274, 284-6, 294, 315, 354; **vol. 12:** 17, 19, 21, 28-9, 42, 44, 86, 88, 101, 142-3, 147-9, 154-5, 157-61, 163, 198, 230, 232, 238, 243, 246, 248, 250, 260, 271, 275, 288; **vol. 13:** 22, 26, 67, 69, 84, 94-6, 105, 115, 119-20, 141, 143, 145-6, 150-1, 153-5, 159-62, 164-7, 171-2, 177, 188-200, 202, 205, 207, 224, 228, 230, 232-6, 238-40, 243-8, 250, 254-5, 257-8, 262-3, 265, 268, 284-6, 288, 290, 297, 299-306, 308-10, 312-3, 315, 318, 320, 322, 337, 345-6, 376, 383-5, 488, 525, 567, 603, 605; **vol. 14:** 16, 26, 36, 49, 52NA, 59, 63NA, 75, 84, 88, 90, 92, 111-2, 115, 126, 128, 151, 154, 159, 190, 203NA, 209NA, 211, 231NA, 232, 244, 247, 255, 277, 290, 359, 361-2, 364, 367-9, 372; **vol. 15:** 23, 25, 26NA, 33, 36, 40, 84, 90NA, 92, 125, 141, 145, 155, 161-2, 168-9, 173, 181, 184, 186, 188-90, 202, 207, 217, 220, 246, 267, 274, 278-80, 282-4, 312-3, 315, 321-4; **vol. 16:** 14, 23, 25-6, 28, 57, 69, 94, 104, 122, 126-9, 156, 164-5, 174NA, 177, 225, 229-31, 235, 245, 276, 278-81, 303-9, 313, 315-6, 319-20, 323-4, 326, 329, 331, 334, 336, 343, 345, 351; **vol. 17:** 54, 57, 59-61, 112, 128, 131-3, 136-8, 143-4, 153-4, 174, 197, 237, 253, 255-6, 260, 264-6, 271, 279, 290, 294-5, 305, 329, 332, 353, 374; **vol. 18:** 16-7, 95, 99, 128, 130, 133, 137, 139-41, 143-8, 152-3, 161-2, 168, 173, 184-5, 191, 215-6, 218, 235, 241, 261, 331-3, 338-9, 351-2, 354, 364, 410-1, 414-5, 425, 431, 439-40, 443, 446, 463, 468, 470; **vol. 19:** 17, 79, 84, 92, 99, 103, 108, 137, 139, 143, 148, 152, 157-8, 179, 190, 206-7, 211-3, 216-20, 228, 259, 262, 271, 329, 337, 353, 355-7;
— "leitura de pensamentos", **vol. 1:** 112, 312; "onipotência dos pensamentos", **vol. 11:** 136, 139, 141-2; pensamento cognoscente, **vol. 1:** 270, 311, 321, 329-30, 337-8; pensamento examinador, **vol. 1:** 330, 333, 339; pensamento(s) onírico(s), **vol. 4:** 151, 155, 169, 175, 208, 210, 228, 244-5, 252NA, 256, 271, 277, 312NA, 318-25, 329, 333-7, 339, 342-4, 347-50, 352-6, 358, 360, 364, 366-9, 371-2, 378-9, 382-3, 388, 426, 439, 448, 452, 456-7, 459-61, 464, 468, 478-9, 481-3, 485-7, 490-1, 494-7, 500, 505-6, 509, 511-5, 518-20, 525-6, 528-9, 532-3, 535-9, 541-2, 544, 548, 554-5, 557, 562-3, 565, 567, 571, 573, 575-7, 580, 582-5, 592, 594, 597, 599, 608, 613, 636, 641-3, 645-6, 649-51, 660NA, 678; **vol. 5:** 85, 96, 298, 390-1, 398, 400-1, 404-7, 409, 411-3, 415, 418, 421-9, 445; **vol. 7:** 233-5, 249; **vol. 13:** 151, 160-2, 164-6, 171-2, 188-200, 202, 205, 230, 234, 236, 238-40, 244-8, 250, 255, 262-3, 268, 286, 290, 297, 301-2,

ÍNDICE REMISSIVO GERAL

304-6, 308-10, 320; **vol. 18:** 128, 130, 133, 139, 140, 143-5, 152; **vol. 19:** 216, 219-20; pensamento prático, **vol. 1:** 325-7, 329-30, 333-4, 336-7, 340; pensamento/reforço reativo, **vol. 6:** 235; pensamentos involuntários, **vol. 4:** 134, 577; pensamentos latentes, **vol. 7:** 44, 228-9; pensamentos reprimidos, **vol. 4:** 462, 658; percursos do pensamento, **vol. 1:** 329-38; processos de pensamento, **vol. 1:** 270, 272, 274, 289-90, 309, 311-3, 319-21, 324, 327, 329, 334, 336, 338-9; transmissão de pensamento(s), **vol. 15:** 161, 169, 173; **vol. 18:** 169-73, 179, 185-6, 188-9, 191; *ver também* ideia(s); sonho(s)

percepção, percepções, perceptiva(s), perceptivo(s)/(*Pcp*), **vol. 1:** 12, 46-7, 60-1, 81, 93, 123, 162, 206, 218, 224, 237-9, 243, 246, 251, 253-4, 256, 260-71, 274, 276, 279-80, 289, 291, 295, 302-6, 309-12, 314, 317, 319, 324, 326-7, 329-30, 334-5, 337, 340, 349; **vol. 2:** 168, 325; **vol. 4:** 589-90, 592-4, 627; **vol. 7:** 152, 158, 212, 232, 235-7, 243NA, 259-60, 270, 275, 324, 326, 328NA; **vol. 9:** 24, 55, 84, 90, 93, 100, 103, 110, 160, 176, 201, 245, 322, 355, 371, 374; **vol. 10:** 30, 84-6, 88, 103, 106, 138, 157-8, 171, 236, 249, 257, 283, 299, 313, 345; **vol. 11:** 12, 105, 107-8, 112, 122, 144, 147-8, 150, 167, 253, 257, 260, 337, 357, 367, 383-4, 401; **vol. 12:** 46, 89, 107-8, 114, 123-4, 129, 136, 145, 147-8, 150, 159-61, 163-4, 166-7, 199, 206, 221, 281; **vol. 14:** 17, 45, 53, 62, 67, 106-7, 139, 167, 184, 222, 238, 247, 250, 360; **vol. 16:** 16, 18, 23-32, 34, 35NA, 39, 50, 59, 64, 65NA, 66, 69-70, 72, 88, 143, 148, 152, 178-80, 196, 218, 245, 259, 269-70, 272-4, 279-81, 290, 307, 322, 331, 334, 348; **vol. 17:** 21, 327NT; **vol. 18:** 15, 17, 62NA, 87, 92NT, 109, 111, 128, 131, 137, 143, 145, 150, 161, 163, 207-8, 217-8, 223-4, 255, 303, 310, 312, 329, 338, 374, 383, 403, 443, 467; **vol. 19:** 26-7, 31, 47, 67, 84, 100, 106-7, 111, 137, 156-8, 163, 166-7, 175, 178, 186, 192, 203, 206, 209-12, 214, 256, 258-9, 261-3, 265, 267-70, 293, 303, 309, 348-9, 353, 360; — sistema ω ("sistema de neurônios perceptivos"), **vol. 1:** 218NT, 238-43, 245, 251, 253, 261-3, 268, 277, 302, 308-9, 317, 332; *ver também* estímulo(s); sentidos/sensorialidade

perda de coisas valiosas, **vol. 5:** 283

perda de objetos, **vol. 13:** 33, 79, 105

perigo(s), **vol. 8:** 74, 88, 128, 324, 364, 385, 405; **vol. 9:** 34, 52, 282, 297, 332, 343-5, 362, 372-3, 376, 378, 383-4; **vol. 13:** 30, 38, 294, 300, 374, 387, 453, 481, 505, 521-4, 527-8, 530-1, 536, 540-1, 543-4, 569, 574, 598, 607; **vol. 14:** 148, 167, 169, 206, 242, 287, 367, 385, 387; **vol. 15:** 36, 48, 50-2, 111, 121, 139, 151-2, 154, 182, 234, 255, 294, 297; **vol. 17:** 21-3, 43, 45, 62, 64-70, 74-6, 79-86, 88-95, 98-103, 109-11, 114-21, 139, 150-1, 194, 199, 209, 220, 235-6, 246, 249, 251, 253, 258, 266, 273, 279-80, 287, 304, 348, 361; **vol. 18:** 25, 34, 46, 83, 94, 139, 225, 228-31, 233-4, 239, 286, 305, 311, 314, 316, 340, 352, 432, 472; — "perigos da análise", **vol. 19:** 321

peritiflite, **vol. 6:** 295

peritonite, **vol. 2:** 320, 334

permeáveis, neurônios (sistema φ, "sistema de neurônios permeáveis"), **vol. 1:** 218NT, 225, 228-35, 237, 240, 243-8, 252, 272, 274, 276-7, 279-80, 284, 302, 332; *ver também* neurônio(s), neuronal, neuronais

pernas, **vol. 1:** 48-9, 107

perseguição, perseguições, **vol. 10:** 18, 25, 51, 55-6, 64-5, 84, 86, 96; **vol. 19:** 36, 43, 128, 365, 369 personalidade, **vol. 2:** 68, 74-5, 100, 128, 244, 297, 325, 356, 397, 403, 419; **vol. 4:** 30, 96, 99, 122-3, 138, 175, 283, 334, 422, 524NA; **vol. 8:** 25, 30-1, 35, 68, 101, 304, 326, 330, 341, 357, 368; **vol. 9:** 14, 37, 111, 115, 180, 207, 209, 215, 223, 235, 238, 242, 247, 278; **vol. 10:** 15, 20, 63, 65-6, 69, 135, 139, 148, 158, 161, 232, 243, 343, 356; **vol. 11:** 96-7, 130, 148, 295, 315-6, 347-8, 388, 405; **vol. 12:** 17, 48; **vol. 13:** 16, 23, 25, 249, 320, 464-6, 553, 561, 582; **vol. 14:** 138, 363; **vol. 15:** 22-3, 28, 49, 84, 91, 119, 302; **vol. 16:** 38, 63NA, 80, 137, 164, 231, 266, 352; **vol. 17:** 175, 210, 214, 270, 332, 338-41, 367; **vol. 18:** 58, 101, 192, 215, 221-2, 229, 263, 445, 465; **vol. 19:** 113, 149, 151, 260, 314, 317-8, 362; — personalidade do médico, **vol. 1:** 118; traços de personalidade, **vol. 7:** 276; *ver também* Eu, o; Id; Super-eu

personificação, **vol. 7:** 205, 268

perspicácia, **vol. 8:** 141, 224; **vol. 17:** 30

perversão, perversões, perversa(s), perverso(s), pervertida(s), pervertido(s), **vol. 1:** 57, 157, 160; **vol. 2:** 343, 349-50, 364; **vol. 5:** 345NA; **vol. 6:** 18, 40-1, 43-4, 46, 48NA, 49-50, 51NA, 52-8, 63, 65-7, 69-72, 81, 86, 98-100, 104, 128, 135, 155-7, 160, 162-6, 168, 170-1, 176, 228-31, 241, 276, 309, 357-8; **vol. 7:** 141; **vol. 8:** 136, 242-3, 318, 340, 344, 370-4, 384; **vol. 9:** 148, 162NT, 272-3; **vol. 10:** 247, 252, 272, 333, 341-2, 349; **vol. 11:** 203, 244, 287, 349-50, 362-3; **vol. 12:** 14, 48-9, 67; **vol. 13:** 281-3, 403-5, 407-13, 419-20, 424-30, 433, 449-50, 457, 467, 471, 477, 549; **vol. 14:** 225, 259, 297-8, 311-3, 315, 318, 326-7; **vol. 15:** 128, 287, 289, 296, 305; **vol. 16:** 52, 119, 183; **vol. 17:** 15, 161, 341; **vol. 19:** 200, 204, 246, 267

pé(s), **vol. 8:** 18-9, 21-2, 33, 62, 64, 68, 176-7, 180, 193, 200, 209-10, 213, 228, 270, 331; **vol. 13:** 124, 355, 358, 463; **vol. 17:** 18

pesadelo(s), **vol. 4:** 26, 60, 308; *ver também* sonho(s)

pesquisa anamnésica *ver* anamnese

pesquisa psicanalítica, **vol. 15:** 14, 65, 115, 148, 305; **vol. 19:** 115, 138, 182, 215; *ver também* psicanálise, psicanalítica(s), psicanalítico(s), psicanalista(s)

pesquisa sexual infantil, **vol. 6:** 103, 106, 148NA; *ver também* criança(s); infância, infantil, infantis; sexualidade, sexual, sexuais

pessimismo, **vol. 18:** 442

pessoa amada, **vol. 10:** 67, 224; **vol. 12:** 50, 97, 172, 180, 182, 239, 245; **vol. 15:** 63, 104, 106; *ver também* afetividade, afeto(s), afetiva(s), afetivo(s); amor(es), amorosa(s), amoroso(s); objeto(s) amoroso(s)/objeto amado/objeto de amor

phallus impudicus, **vol. 13:** 222; *ver também* pênis

phratries, **vol. 11:** 28

piada(s), **vol. 5:** 110-1, 334, 337; **vol. 7:** 113, 139-46, 154, 190, 215, 314; **vol. 9:** 34, 72, 88NA, 103, 250; **vol. 12:** 89, 244; — piadista(s), **vol. 7:** 202, 248; *practical joke*, **vol. 7:** 283; *ver também* anedota(s); chiste(s); comicidade, cômica(s), cômico(s); humor, humorística(s), humorístico(s)

piano, **vol. 13:** 115, 120, 130, 170, 211; **vol. 17:** 18

pincelamento elétrico/pincelamento farádico/faradização, **vol. 1:** 45, 62; **vol. 2:** 109, 253; *ver também* eletricidade

pintura(s), **vol. 5:** 29NA, 45, 310; *ver também* arte(s), artista(s), artística(s), artístico(s); *Índice de obras de arte e literárias*

pirâmide, **vol. 19:** 37

pitagóricos, **vol. 14:** 23INA, 245

ÍNDICE REMISSIVO GERAL

planeta(s), **vol. 14:** 245

planta(s), **vol. 11:** 50, 54, 71, 122-3, 153, 160, 169, 415; **vol. 13:** 213, 354, 356, 431

plasma germinativo, **vol. 14:** 214

pluricelulares, **vol. 14:** 214-5

pobreza, **vol. 10:** 178

poder, **vol. 12:** 65, 217; — poder divinatório do sonho, suposto, **vol. 4:** 28, 94; *ver também* sonho(s)

poesia, poeta(s), **vol. 12:** 26, 214, 248-50, 257-8, 260, 271-2; **vol. 14:** 212, 221, 352NA, 393; **vol. 15:** 32-3, 43, 101-3, 142, 303, 311-2; **vol. 18:** 27-8, 84, 105, 273, 326, 364, 406; — epopeias/poemas épicos, **vol. 19:** 100-3; *ver também* ficção, ficções; literatura; *Índice de obras de arte e literárias*

pogrom, **vol. 18:** 47

polaridades psíquicas, **vol. 12:** 72-3, 75-6, 80; *ver também* psique, psiquismo, psíquica(s), psíquico(s)

poligamia, **vol. 8:** 135, 244; *ver também* casamento(s)/matrimônio(s)

poliomielite, **vol. 1:** 191

poliopia, **vol. 1:** 33; *ver também* visão, visual, visuais

polissemia, **vol. 11:** 345; **vol. 13:** 235; *ver também* significado(s)/sentido(s)

politeísmo, politeísta(s), **vol. 19:** 30, 92, 118, 124, 129; *ver também* Deus/deuses; religião, religiões, religiosidade, religiosa(s), religioso(s)

poluição, poluições, **vol. 3:** 73, 107-8, 130, 149, 240; **vol. 4:** 278, 357, 377-8, 412-4, 434, 437, 440, 448-9, 624; **vol. 6:** 97, 116, 130, 350; **vol. 10:** 61, 246; **vol. 13:** 179; **vol. 16:** 206; **vol. 19:** 111; *ver também* esperma/sêmen

ponte, símbolo da, **vol. 18:** 149; *ver também* simbolismo/símbolo(s)

porcos, **vol. 14:** 26, 92; **vol. 19:** 45NA

poros, **vol. 12:** 145; *ver também* pele, a

postura ereta, **vol. 18:** 62NA, 73NA

potência sexual, **vol. 10:** 174, 252, 344;

— impotência sexual ("potência masculina insuficiente"), **vol. 3:** 79, 95, 97-8, 125, 223, 241, 252-3; **vol. 19:** 112

povos antigos, **vol. 1:** 117

povos civilizados *ver* civilização, civilizada(s), civilizado(s)

povos primitivos, **vol. 6:** 26; **vol. 11:** 40, 51, 74, 89, 96, 122, 128, 156, 159NA, 168, 191-2, 232, 357; **vol. 12:** 16, 211, 240; **vol. 13:** 340, 445; **vol. 14:** 212, 244; **vol. 15:** 25, 28, 32, 89, 96, 300; **vol. 16:** 36NA, 117; **vol. 18:** 45, 231, 276; **vol. 19:** 155, 250, 264; *ver também* selvagem, selvagens

practical joke, **vol. 7:** 283; *ver também* chiste(s); piada(s)

prático, pensamento, **vol. 1:** 325-7, 329-30, 333-4, 336-7, 340; — identidade como meta do pensamento prático, **vol. 1:** 327; *ver também* pensamento(s)

prazer, prazerosa(s), prazeroso(s), **vol. 1:** 242-3, 280, 316; **vol. 3:** 18, 105, 156-7, 168-9, 230, 252, 267-8, 295; **vol. 4:** 60, 88, 167, 194, 244, 278, 284NA, 291NA, 313-4, 399, 439, 441, 513, 517, 626, 633NA, 635, 652, 657, 670-1; **vol. 5:** 17, 24, 93, 291, 308, 363, 392, 395, 431; **vol. 6:** 20, 22, 41, 48-51, 54, 64, 68, 85, 87-8, 92-4, 100, 103, 107, 113-4, 121-2, 124-30, 134, 158, 160, 362, 364, 366, 369; **vol. 8:** 92, 120, 142, 149, 157-8, 165, 184, 186, 230, 240-2, 245, 247, 253, 261, 268, 274, 297, 310, 313, 318, 327-8, 337-8, 343, 352, 354, 364, 370, 377, 382, 400, 405-6, 427-8; **vol. 9:** 22, 27, 44, 63, 66, 82, 107-8, 110, 117, 122, 127NA, 133, 139-40, 149, 154, 161, 165, 205, 269-71, 277, 318-22, 335, 345, 352-3, 355, 359, 362-3, 371, 391-2; **vol. 10:** 37NA, 40, 46, 111, 112NA, 113-6, 118, 288, 329, 348; **vol. 11:** 107, 140, 151, 158, 306, 311, 350, 359, 374, 376; **vol. 12:** 14, 21,

56-7, 63, 67-8, 70-1, 73-9, 81, 83-5, 89, 128, 184, 202, 236, 241, 254-5; **vol. 13:** 57, 192, 206, 211, 277, 282, 291, 298, 304, 319, 345, 402-3, 405, 416-20, 427, 429-32, 436-7, 459, 473-4, 491, 493-5, 498-501, 523, 547, 582; **vol. 14:** 57, 62, 97, 102, 162-7, 171-6, 179, 181, 183-4, 191-2, 195-6, 199-201, 209-10, 236-8, 265, 272, 274, 288, 294-5, 297, 302, 356, 372; **vol. 15:** 95, 120, 146, 234, 236, 271, 287, 323; **vol. 17:** 15, 17, 20-1, 25, 64, 82, 88, 110, 129, 148, 171, 240, 242, 291, 316, 323-6, 329-30, 361, 363; **vol. 18:** 18, 31, 33, 35, 37, 39-43, 46, 48, 50NA, 56, 59, 69, 75, 89, 92-3, 161, 196, 199, 218, 224, 235, 239-40, 245-6, 257, 271, 274, 278, 282, 297, 348, 350, 400, 404-5, 411, 428, 434, 437, 441, 447-8, 459; **vol. 19:** 14, 30, 156NT, 160-1, 174, 193, 200, 202, 204, 254, 261-2, 311; — absurdo(s), prazer com o, **vol. 7:** 180-1, 198NA, 250; alívio, prazer de, **vol. 7:** 298; *Lust* [alemão: "prazer"/"gozo"/"vontade"], **vol. 6:** 20NA, 129NA; prazer cômico, **vol. 7:** 267, 311, 313-4, 319, 321, 322NA, 324, 328-9NA, 334; prazer do chiste, **vol. 7:** 166, 168, 172, 173NA, 177, 185, 194-5, 196-7NA, 212-3, 263, 265-6, 295, 332, 334; prazer humorístico, **vol. 7:** 39, 44, 324-7, 328NA, 329-30, 333-4; prazer sexual, **vol. 7:** 314; preliminar, prazer, **vol. 6:** 122, 125-8, 160, 369; princípio do prazer, **vol. 4:** 619NA, 654NT; **vol. 7:** 195-6; **vol. 9:** 335; **vol. 10:** 111, 112NA, 113-9, 226, 252; **vol. 11:** 142; **vol. 12:** 56, 74NA, 128, 255; **vol. 13:** 473-4, 477, 486, 506; **vol. 14:** 162, 164-7, 173-5, 179, 183, 192, 195-6, 199-200, 228, 236-8, 280; **vol. 15:** 153; **vol. 16:** 31, 52-3, 56, 58-9, 72, 74, 147, 153, 185, 187, 279, 281, 312-3; **vol. 17:** 21, 88, 148-9, 151, 316, 325; **vol. 18:** 18, 30-1, 40, 65, 85, 114, 215-6, 235, 237, 239, 257; **vol. 19:** 261-2, 270, 301, 303, 312; zona de indiferença entre prazer e desprazer, **vol. 1:** 243; *ver também* chiste(s); desejo(s); sexualidade, sexual, sexuais

prazo da terapia, **vol. 19:** 277-8; — "fim da análise", **vol. 19:** 279-80; *ver também* análise/analista(s); terapia/psicoterapia

precocidade sexual, **vol. 6:** 168; *ver também* sexualidade, sexual, sexuais

preconceito(s), **vol. 15:** 78, 312; **vol. 16:** 18, 20, 111, 237, 242, 246, 330

pré-consciente, o (*Pcs*), **vol. 2:** 314-6, 319, 322-4, 327, 333; **vol. 4:** 312NA, 381, 548, 557, 591-2, 602, 604-6, 610, 614-7, 619-27, 629-35, 637, 644, 647-8, 653, 657-9, 663-4, 668-9, 671-2; **vol. 5:** 236, 286-7; **vol. 7:** 235-7, 240, 245, 252-3, 289, 295, 312, 319, 331-2; **vol. 8:** 280NA; **vol. 9:** 111; **vol. 10:** 263-5, 285-6; **vol. 12:** 107, 110-1, 118-22, 125, 127-37, 147-50, 155-9, 161, 164, 168, 169, 192; **vol. 13:** 318, 393-5, 454, 456, 478, 573; **vol. 14:** 139, 178-9, 185, 190, 199; **vol. 16:** 17-8, 22, 24-5, 27-8, 30; **vol. 17:** 22, 144, 329; **vol. 19:** 134-7, 209-11, 213-7, 222, 238, 262; *ver também* aparelho psíquico; psique, psiquismo, psíquica(s), psíquico(s); vida psíquica

pré-conscientes, atos e processos (*pcs*), **vol. 4:** 607, 615, 627, 648-50, 658-9; **vol. 9:** 111; **vol. 15:** 141, 189-90, 220, 322, 324, 326; **vol. 16:** 17-8, 23-5, 29, 66, 129, 308, 319-20, 323-4; **vol. 18:** 141, 211-2, 221-2, 235, 275; **vol. 19:** 209, 211, 218-9

predisposição, predisposições, **vol. 10:** 82, 89, 116, 118, 230, 234, 237, 251, 253, 272, 327-8, 331-2, 334-7, **vol. 15:** 21, 289-90; — predisposição histérica, **vol. 1:** 53-6, 58-9, 172, 182; **vol. 2:** 153,

ÍNDICE REMISSIVO GERAL

252, 327, 340, 346-8, 352; predisposição polimorficamente perversa, **vol. 6:** 98; *ver também* histeria, histérica(s), histérico(s); tendência(s)

pré-história da humanidade, **vol. 6:** 159; **vol. 9:** 68, 144-5, 161NA; **vol. 12:** 234, 237, 241, 243-4; **vol. 14:** 27, 117-8, 130, 300, 366, 394; **vol. 18:** 61, 102, 231, 287-8, 333; *ver também* historiografia; história da humanidade

preliminar, prazer, **vol. 6:** 122, 125-8, 160, 369; *ver também* prazer, prazerosa(s), prazeroso(s)

premonitório, sonho, **vol. 4:** 676; *ver também* sonho(s)

presença de espírito, **vol. 7:** 52, 81, 99; *ver também* espirituosidade, espirituosa(s), espirituoso(s)

preservativo, coito com, **vol. 3:** 95; *ver também* coito

pressentimento(s), **vol. 2:** 113-4NA, 193, 227, 418

prestidigitação, **vol. 18:** 164

Priene, **vol. 12:** 290

"primazia do falo", **vol. 16:** 173; *ver também* pênis

primitivos *ver* povos primitivos

prima(s), primo(s), **vol. 3:** 76, 164, 215, 287, 291, 297; **vol. 11:** 30, 32, 202, 375, 411

princípio da constância, **vol. 2:** 279NT; **vol. 16:** 58

princípio da realidade, **vol. 4:** 423, 619NA; **vol. 10:** 112, 114-5, 117, 121, 252; **vol. 12:** 130, 255; **vol. 14:** 165-7, 179; **vol. 16:** 31, 187, 220, 313; **vol. 17:** 149, 316; **vol. 18:** 19, 31, 34, 218; **vol. 19:** 262; *ver também* realidade, real, reais

princípio do desprazer, **vol. 4:** 654-6, 658; *ver também* desprazer, desprazerosa(s), desprazeroso(s); dor(es), dolorosa(s), doloroso(s); sofrimento(s)

princípio do Nirvana, **vol. 14:** 228; **vol. 16:** 186-7; — *Nirvana*, **vol. 19:** 261

princípio do prazer, **vol. 4:** 619NA, 654NT; **vol. 7:** 195-6; **vol. 9:** 335; **vol. 10:** 111, 112NA, 113-9, 226, 252; **vol. 11:** 142; **vol. 12:** 56, 74NA, 128, 255; **vol. 13:** 473-4, 477, 486, 506; **vol. 14:** 162, 164-7, 173-5, 179, 183, 192, 195-6, 199-200, 228, 236-8, 280; **vol. 15:** 153; **vol. 16:** 31, 52-3, 56, 58-9, 72, 74, 147, 153, 185, 187, 279, 281, 312-3; **vol. 17:** 21, 88, 148-9, 151, 316, 325; **vol. 18:** 18, 30-1, 40, 65, 85, 114, 215-6, 235, 237, 239, 257; **vol. 19:** 261-2, 270, 301, 303, 312; — princípio do prazer prévio, **vol. 7:** 195-6; *ver também* prazer, prazerosa(s), prazeroso(s)

princípio impessoal, **vol. 18:** 27

prisão de ventre, **vol. 6:** 293; **vol. 8:** 232, 355

privação sexual, **vol. 6:** 346; *ver também* sexualidade, sexual, sexuais

problemas sexuais, **vol. 6:** 103, 346; *ver também* sexualidade, sexual, sexuais

processo social, chiste como, **vol. 7:** 199; *ver também* chiste(s)

processo(s) psíquico(s), **vol. 1:** 53, 81, 99, 184, 218, 224, 236, 258, 263, 275, 322; **vol. 7:** 80, 127, 191, 199, 210, 222, 224, 236, 255, 274, 278, 319, 330; **vol. 9:** 14, 23, 57, 90, 140, 175, 193, 234, 238, 241, 249, 258, 281, 298, 315-6, 320; **vol. 11:** 115, 138, 145, 239-40, 249, 415; **vol. 15:** 39NA, 133, 221, 274-6, 300; **vol. 16:** 20, 52, 69, 90, 97, 147, 185, 225-7, 233, 245, 256; **vol. 18:** 33, 38, 117, 127, 210, 218, 238, 318, 384, 405, 473; **vol. 19:** 108, 136, 209, 238, 258, 355, 359; — processo psíquico primário, **vol. 1:** 272-4, 276, 278-81, 288, 290, 292, 299-301, 331; **vol. 4:** 641, 655, 657; processo psíquico secundário, **vol. 1:** 266, 273-4, 284, 301; **vol. 4:** 641, 655-6; *ver também* psique, psiquismo, psíquica(s), psíquico(s) processos afetivos, **vol. 6:** 115; *ver também* afetividade, afeto(s), afetiva(s), afetivo(s)

processos biológicos, **vol. 18:** 242; *ver também* biologia, biológica(s), biológico(s)

processos inconscientes *ver* inconsciência/atos e processos inconscientes

processos oníricos, **vol. 4:** 558, 560, 613, 627-8, 641; *ver também* sonho(s)

processos sexuais, **vol. 6:** 68, 106, 119, 123, 131, 133, 135, 140, 228, 359-60; *ver também* sexualidade, sexual, sexuais

procriação, **vol. 1:** 351; **vol. 8:** 224, 370, 422; **vol. 9:** 95NA, 138, 162, 269, 271, 273, 318; **vol. 14:** 211, 214, 226; **vol. 16:** 59, 115, 118; **vol. 19:** 199-200; *ver também* reprodução/função reprodutiva

prodígios, **vol. 18:** 162-3, 169, 187

profecia(s), **vol. 15:** 156, 159, 162, 166-9; **vol. 18:** 162, 170-3, 175; — profetas hebreus, **vol. 19:** 54, 69, 75, 77, 91, 154, 164, 184; sonhos e profecias, **vol. 4:** 26-7, 59; **vol. 5:** 351, 353; *ver também* hebreu(s); judaísmo, judeu(s); sonho(s)

professores, **vol. 11:** 279, 418, 420, 422-3; *ver também* educação, educador(es)

profilaxia, **vol. 3:** 252-3

proibição, proibições, **vol. 9:** 17, 65, 83, 88, 106, 109, 357-8, 367, 371, 373, 379; **vol. 11:** 22, 24-5, 31, 33-4, 36-7, 40, 42, 47-9, 51, 53-7, 59-61, 63, 65-6, 79, 82, 87, 94, 111, 114, 150, 153, 161, 208, 249, 340; — interdição, interdições, **vol. 17:** 48, 61, 202, 213

projeção, **vol. 3:** 188; **vol. 4:** 322, 447NA; **vol. 9:** 94, 105, 326; **vol. 10:** 84-5, 88, 93, 95, 101-2, 117; **vol. 11:** 103, 105-8, 145-6, 290; **vol. 12:** 75, 124, 154, 206; **vol. 13:** 339, 543, 550; **vol. 14:** 52NA, 191; **vol. 15:** 212, 226, 251; **vol. 16:** 32, 276; **vol. 17:** 65, 68, 82, 349; **vol. 18:** 375, 442; *ver também* transferência

prolixidade, **vol. 7:** 23, 53

pronomes de tratamento, **vol. 3:** 285NT

propriedade privada, **vol. 18:** 79

próstata, **vol. 3:** 92

prostituição, **vol. 6:** 99

proteção, **vol. 8:** 104, 251, 255, 308, 310; — medidas protetoras, **vol. 3:** 91, 172, 174; proteção paterna, **vol. 18:** 25; *ver também* pai

próteses, **vol. 12:** 152

protestantes, **vol. 17:** 225; — pastores protestantes, **vol. 7:** 125, 129, 206; *ver também* cristianismo, cristã(s), cristão(s); religião, religiões, religiosidade, religiosa(s), religioso(s)

"protesto masculino", **vol. 19:** 322, 325; *ver também* homem, homens; masculinidade, masculina(s), masculino(s)

protoplasma, **vol. 1:** 219, 222-3; — ser protoplasmático, **vol. 19:** 198

protozoários, **vol. 14:** 211, 215-8, 227, 229, 232, 244

"prova de realidade", **vol. 4:** 618NA; *ver também* realidade, real, reais

provas/exames, sonhos de, **vol. 4:** 315-6; *ver também* sonho(s)

provérbio(s), **vol. 7:** 84, 110, 113NT, 151, 277NA; **vol. 13:** 174-5, 214, 225, 312-3

pseudoangina pectoris, **vol. 3:** 87; *ver também* coração, cardíaco(s)

pseudópodes, **vol. 19:** 198

psicanálise, psicanalítica(s), psicanalítico(s), psicanalista(s), **vol. 1:** 9NT, 10NT, 12NT, 58NT; **vol. 3:** 151-2, 154-5, 160, 162, 164, 173, 177, 190, 209, 212, 243, 257, 259, 285, 294NT; **vol. 4:** 16, 23, 132, 196NA, 218, 287, 302, 314NA, 393, 403, 417, 422, 433, 508, 524NA, 566, 572, 579, 582, 600, 604, 610, 646; **vol. 6:** 14-8, 20NT, 23NA, 34NA, 46NA, 48NA, 55NA, 59-63, 85NA, 91, 98NA, 102NA, 103, 106-7, 112, 136-7, 139NA,

ÍNDICE REMISSIVO GERAL

143NA, 149-50, 187, 217, 234, 242, 314, 322, 328-9, 338, 342-3, 359; **vol. 8:** 35, 72, 118, 124-5, 162, 202, 237, 252, 255, 259, 275, 279, 282-3, 284, 291-8, 344, 346, 348, 355-6, 367, 391, 397, 410, 413, 421, 430, 432; **vol. 9:** 19NA, 70NA, 84, 86, 147, 165, 193, 199, 202, 215, 217, 221, 236, 248, 253-5, 260-2, 273-4, 276, 281-3, 289, 293, 295, 297, 300, 316-7, 321-2, 326-8, 330-3, 340, 348-9, 361, 374, 380, 387, 392-5; **vol. 10:** 14, 24, 41, 48, 50, 72, 80, 89, 98, 104, 106-7, 110, 123, 129-31, 134NA, 137-9, 142-3, 145-6, 148, 150, 152-5, 157-62, 164-9, 171-3, 175-80, 181-2NA, 184, 187-90, 192, 194, 195NT, 200, 207, 209, 211-4, 218, 220, 227-8, 230, 238-9, 242, 244, 247-8, 251, 254, 256, 260, 263-5, 267-75, 283-6, 292, 302, 305, 307, 321, 325-6, 332-3, 340-9, 351-3; **vol. 11:** 9-10, 12, 14-5, 18, 22, 38, 40-1, 43, 53, 57, 61, 84-5, 96, 102-3, 105, 110, 114-6, 118-9, 121, 125, 136-8, 144-5, 148, 152, 155, 158, 191, 195, 197, 202, 215-6, 218, 223-5, 229, 238-9, 241, 246-50, 256-9, 263-4, 266-311, 313-22, 324-7, 329-43, 346-63, 368, 376, 389, 391, 419-20; **vol. 12:** 14-5, 20-2, 38, 61-3, 65-6, 71, 83-5, 87-8, 92, 100-1, 104-5, 107-10, 113, 115, 121, 135, 137, 140, 161, 171NA, 187, 189NA, 199, 201, 208, 218-9, 228, 230, 241, 243, 245, 254-5, 260, 283, 285; **vol. 13:** 14, 16, 19-31, 33, 35, 59-60, 63-4, 70, 74, 80-1, 118, 134, 136, 146, 176, 184, 197-8, 204, 207, 209, 221, 226-8, 246, 259-60, 315, 319, 323, 325-6, 329, 336, 340-1, 343-4, 348, 360-1, 372, 380-1, 385, 389, 396, 398-9, 417, 419, 424, 432-4, 438-9, 449, 462, 465-6, 473, 500, 502, 504, 513, 515, 520, 524, 532, 547, 549-60, 566-7, 570, 575, 584, 596-8, 606-7, 609-10, 612; **vol. 14:** 14NA, 16-7, 19, 66, 68, 70, 72-4, 93, 127, 129, 132, 137NA, 139-40, 145, 149NA, 153, 156-7, 159, 162-3, 176, 178, 181, 184-5, 190, 194, 197, 201, 208, 220, 222-5, 235NA, 241-3, 248, 250-1, 253-4, 259, 266-8, 280, 282-3, 285, 289, 291-2, 294, 298, 300, 327, 329, 346-7, 353NA, 356, 360, 363-5, 368, 376, 378-81, 383-7, 390-5, 397-405; **vol. 15:** 21NA, 26NA, 28, 42, 44, 56, 60, 79, 82, 105, 117, 119, 136, 137, 148, 152, 155-6, 158, 161, 185, 187, 201, 207, 242-3, 252-3, 262, 274, 276-7, 279, 281-2, 286, 292, 294-9, 301-2, 306, 310, 312, 314, 316, 318-25; **vol. 17:** 30, 69, 76, 86, 95, 98-9, 125-6, 134, 138, 141-3, 146-7, 153, 155, 157-9, 162-3, 166, 171, 173-5, 187-91, 193-5, 197, 200-2, 208, 210, 212-8, 220, 223, 226, 228-30, 257, 267, 275, 282, 302-3, 312-4, 316-7, 319-21, 336, 338, 346, 348, 352, 372; **vol. 18:** 40, 71NA, 99, 103, 111-2, 120, 125-7, 146, 155, 160, 168-9, 174, 176, 178, 183, 186, 189, 191-3, 203, 207-8, 223, 233, 242, 263, 269-70, 293-5, 297-9, 302-3, 305, 307, 309-10, 312, 314, 316, 319-23, 328, 334, 336, 354, 357-62, 364, 393, 430, 452-3, 455-6, 459, 464, 466-7, 469; **vol. 19:** 17, 80-2, 103, 110, 144, 179, 190, 192NA, 200, 207, 231, 238, 247, 253-4, 257, 259-60, 282, 284, 288, 305, 308, 318, 328, 353, 355-6, 359-60, 362-3; — investigação psicanalítica, **vol. 9:** 15, 137, 163, 216, 265, 279, 355, 358, 392; **vol. 15:** 16, 43, 59, 98, 110, 198, 213, 287, 320; **vol. 16:** 44, 54, 119, 243, 250; método psicanalítico, **vol. 5:** 105, 267; movimento psicanalítico, **vol. 8:** 72; pesquisa psicanalítica, **vol. 15:** 14, 65, 115, 148, 305; **vol. 19:** 115, 138, 182, 215; "reeducação para a superação de resistências interiores", tratamento psicanalítico como, **vol. 6:** 345; técnica psicanalítica, **vol. 8:** 294-5, 344, 391; **vol. 13:** 95, 176, 299, 590; **vol. 16:**

ÍNDICE REMISSIVO GERAL

17, 125; **vol. 17:** 134; **vol. 19:** 225, 239, 328; trabalho analítico/trabalho psicanalítico, **vol. 6:** 181, 368; **vol. 9:** 281, 284-5; **vol. 13:** 356, 371, 389, 559, 583, 589, 599; **vol. 17:** 33, 54, 154-5, 226; **vol. 18:** 70, 113, 135, 154-5, 180, 185, 207, 211, 216, 256, 259, 264, 287, 316, 337, 445; **vol. 19:** 106, 110, 125, 131, 139, 141, 181, 252, 275, 279, 293-4, 297-8, 307, 310-1, 318-9, 324, 328-9; *ver também* análise/analista(s); terapia/psicoterapia

"psicastenia", **vol. 3:** 57; **vol. 17:** 129

psicogênese, **vol. 10:** 246; — psicogênese do chiste, **vol. 7:** 168, 183, 187; *ver também* chiste(s)

psicologia/psicólogos, **vol. 1:** 69, 99, 205, 207-8, 218, 237, 241; **vol. 2:** 262, 284; **vol. 4:** 23, 25, 46, 94, 101, 120, 136, 160, 217, 257, 299, 302, 531, 542, 559, 576, 578-9, 586, 596, 598, 606, 614, 636, 641, 645, 651, 662NA, 665, 668, 670; **vol. 5:** 64, 103, 163, 191, 201, 203, 206-7, 278, 343, 349, 351-2, 378, 392, 432, 445; **vol. 7:** 16, 140, 210, 243, 252, 267, 271, 299; **vol. 8:** 60-1, 104, 286, 299, 337, 420, 429; **vol. 9:** 46NA, 90, 135, 175, 334, 347, 364, 381, 392; **vol. 10:** 110, 115, 154, 159, 190, 257, 260, 263, 274, 276; **vol. 11:** 14, 18, 30, 40, 51, 63, 105, 108, 113, 119, 154, 240, 274, 280, 286, 293, 296, 302NT, 305, 307-8, 310, 313, 319-20, 325, 330-1, 335-9, 342, 346-7, 352-5, 359; **vol. 12:** 21, 24-5, 39, 50, 53, 59, 62, 77, 104, 110-2, 168, 233, 237, 286; **vol. 13:** 26, 28, 80, 89, 100, 112, 122, 131, 142, 146, 227, 247, 284, 288, 315, 317, 371, 395, 441, 493, 524, 543-4, 559; **vol. 14:** 66, 138, 221, 234, 241, 257, 352NA, 379-80, 391, 395; **vol. 15:** 14-9, 29, 31, 33-4, 40, 43, 49, 56, 60, 65, 84-7, 92, 94-5, 100, 103, 105, 133, 281, 298, 300, 302, 322; **vol. 16:** 15, 22, 54, 85, 134, 136, 138, 143-5, 147, 151, 156, 160, 162, 187, 237, 244, 245-6, 248, 251, 254, 257-8, 297; **vol. 17:** 23, 74, 119, 136-9, 141, 143, 152, 154-5, 164, 172, 175, 188, 212, 215, 220, 223, 225, 239, 249, 253, 296, 313-4, 317, 319, 336, 355; **vol. 18:** 16, 71NA, 125-6, 193, 196, 203, 206, 209-10, 242, 248, 263, 266, 268, 281, 294, 299, 301, 303, 306, 322, 324, 351, 359, 367, 370, 393, 409, 416, 458; **vol. 19:** 95, 99, 103, 130, 131, 140-1, 152, 160, 163, 175, 181, 194, 202, 206-7, 245, 257-9, 353-4, 359-60; — etnopsicologia, **vol. 11:** 14NA; metapsicologia, metapsicológica(s), metapsicológico(s), **vol. 5:** 349; **vol. 12:** 121, 129, 134, 158, 168NA; **vol. 16:** 147; **vol. 19:** 287; psicologia científico-naturalista, **vol. 1:** 218; psicologia das massas, **vol. 19:** 95, 99, 103, 130-1, 140-1, 163, 175, 181-2

psiconeurose(s), psiconeurótico(s), **vol. 6:** 59, 61, 63-5, 68-9, 71, 77, 135, 150, 155-6, 162, 164, 178, 183, 189, 218, 229, 268, 308-10, 317NA, 328, 334, 346-7, 350-4, 358-9, 373; **vol. 7:** 203, 321, 331; *ver também* neurose(s), neurótica(s), neurótico(s)

psicopáticos, personagens, **vol. 6:** 361, 367-8

psicopatologia, **vol. 4:** 15, 28, 120, 178, 185, 662NA; **vol. 8:** 50, 65, 289; **vol. 16:** 132, 320, 353

psicose(s), psicótico(s), **vol. 1:** 53, 71; **vol. 2:** 28, 32, 40-1, 73-5, 105, 124, 142, 231, 354, 370-1; **vol. 3:** 50, 53, 56-7, 61-2, 65-7, 82, 176-7, 184, 229; **vol. 4:** 61, 119-24, 618-20; **vol. 5:** 63, 234; **vol. 7:** 243NA; **vol. 8:** 332, 383; **vol. 9:** 253; **vol. 10:** 20, 57, 99, 103, 109, 110NT, 273; **vol. 12:** 20, 118, 162, 164, 167-8, 174; **vol. 13:** 348, 549, 560, 568; **vol. 14:** 387, 392, 405; **vol. 15:** 65, 94, 295; **vol. 16:** 142, 148-50, 177, 179-

ÍNDICE REMISSIVO GERAL

82, 215-21, 242-4, 281, 291; **vol. 17:** 153, 307, 309, 335; **vol. 18:** 42, 85, 138, 319, 324, 370, 411-3; **vol. 19:** 109, 120, 210, 224-7, 240, 257, 266-7, 300, 341, 343, 349; — "experimental", psicose, **vol. 1:** 71; neuropsicoses de defesa, **vol. 3:** 49-67, 161, 163, 165, 167, 169, 171, 173, 175, 177, 179, 181, 183, 185, 187, 189; psicose histérica, **vol. 2:** 28, 73, 105NA, 370; *ver também* histeria, histérica(s), histérico(s)

psicossexualidade, **vol. 9:** 327-8; *ver também* sexualidade, sexual, sexuais

psicoterapia *ver* terapia/psicoterapia

psique, psiquismo, psíquica(s), psíquico(s), **vol. 1:** 98, 105, 107, 109-10, 120, 122-3, 125-6, 130-1; **vol. 2:** 52, 55-6, 152, 207, 265, 270, 299, 305, 307, 314, 319, 321, 323-4, 326-7, 329, 331-4, 337-9, 341, 344, 355; **vol. 3:** 106-8, 110, 171, 276, 279; **vol. 4:** 30, 53, 59, 61, 64, 68, 71, 74, 77-80, 84-6, 90, 92, 98, 101-2, 105-6, 108-10, 112-4, 116, 118, 124, 260, 262-5, 267, 270, 273-4, 302, 306-7, 309, 392, 417, 425, 490, 506, 535, 555, 576, 625, 631, 643, 665, 667, 674; **vol. 5:** 166, 184, 328, 339, 359, 427, 436; **vol. 6:** 67, 184, 220, 263, 304, 314, 344-5, 366, 378; **vol. 7:** 146, 210, 310; **vol. 8:** 15-6, 50-1, 57, 60, 83, 117, 132, 235-6, 250, 338, 373, 379, 429, 431; **vol. 9:** 17, 39, 42, 50, 94, 97, 97NA, 105, 162, 201, 215, 226, 244-5, 261-3, 267, 278, 282, 352, 392; **vol. 10:** 20, 96, 130, 258, 260-1, 263, 265, 271, 343; **vol. 11:** 64, 88, 107, 144, 146, 148, 199, 239-40, 285, 305, 352-3, 355, 360, 421; **vol. 12:** 21, 27, 29, 53-4, 57, 59-60, 101, 106, 110, 129, 134, 138, 152, 174, 188, 248, 250, 267; **vol. 13:** 17, 27, 89, 111, 119-21, 126, 240, 285, 336, 371, 381, 395, 513-4, 579; **vol. 14:** 164-5, 178, 184, 192, 236, 241, 246-8, 282, 356, 360, 391; **vol. 15:** 85, 133, 191, 276, 279, 282, 312; **vol. 16:** 29, 34, 45, 49, 55, 109, 126, 129, 186, 191, 219, 253, 258-9, 326, 337, 351; **vol. 17:** 23, 110, 142, 144, 241, 267, 305, 317, 325, 328, 343; **vol. 18:** 23, 24, 61NA, 130, 138, 152, 154, 192, 207, 211-2, 217, 222, 224, 239, 305, 318, 323, 409, 411, 437, 467, 469; **vol. 19:** 103, 135, 178, 181, 191-2, 197, 201, 211, 225-6, 241, 247, 269, 321-2, 365; — ação psíquica sobre o corpo, **vol. 1:** 110-3; alívios psíquicos, **vol. 7:** 182; atividade psíquica, **vol. 2:** 285, 313, 319, 321-5, 327-8, 330, 332, 334, 337, 397; **vol. 11:** 148, 258, 286, 337, 338, 343, 345, 347; **vol. 16:** 234, 245, 324; ato(s) psíquico(s), **vol. 12:** 17, 101, 107-8; **vol. 15:** 15, 85NA, 275, 280-1; **vol. 16:** 94, 96, 107-9, 258; **vol. 18:** 129, 146, 190, 216; "cenário psíquico", diversidade do, **vol. 7:** 251; cisão psíquica, **vol. 2:** 270, 305, 307, 311, 314, 319, 321, 324, 327, 330, 333-5, 338, 340, 355-6; **vol. 6:** 355; **vol. 9:** 238, 244, 258; **vol. 11:** 251; **vol. 16:** 107; constituição psíquica, **vol. 18:** 41, 44, 47, 118; degenerescência psíquica, **vol. 2:** 364; desafogo psíquico, **vol. 3:** 106-7, 113; desenvolvimento psíquico, **vol. 9:** 137, 140, 146, 176, 208, 210, 343; **vol. 17:** 78, 164, 343; dinâmica psíquica, **vol. 16:** 16-7, 233; dispêndio psíquico, **vol. 16:** 220, 253; dor psíquica, **vol. 2:** 22, 25, 239, 250, 285, 297, 313, 378; economia psíquica/economia de gasto psíquico, **vol. 7:** 170-2, 182, 196; **vol. 18:** 68NT, 240, 369; energia(s) psíquica(s), **vol. 2:** 68, 338-9; **vol. 4:** 112, 133-5, 620; **vol. 5:** 427; **vol. 7:** 210-1, 235; **vol. 9:** 284; **vol. 10:** 154, 270; **vol. 11:** 383; **vol. 12:** 18, 20, 90-2, 187; **vol. 13:** 306, 473, 476; **vol. 15:** 90, 136, 299, 303; **vol. 16:** 23; **vol. 17:** 87; **vol. 18:** 54, 67-8, 138, 141, 251; **vol. 19:** 136, 193, 208, 214, 269; ensejo psíquico, **vol. 1:** 64; entropia psíquica, **vol. 19:** 310; equilíbrio psíquico, **vol. 16:** 262; esgotamento psíquico, **vol. 2:** 151, 153-4; estigmas psíquicos, **vol. 2:** 131, 153; eventos psíquicos, **vol. 18:** 41, 169, 463; fenômeno(s) psíquico(s), **vol. 15:** 16, 159, 297; força(s) psíquica(s), **vol. 1:** 113, 115; **vol. 5:** 73, 202, 291, 364; **vol. 8:** 61, 66, 83, 388; **vol. 9:** 99, 244, 256, 271, 283; **vol. 10:** 269; **vol. 12:** 21, 89, 211; **vol. 15:** 151, 161, 282, 284; **vol. 16:** 227, 231, 242; formações psíquicas, **vol. 18:** 78, 137, 410; funções psíquicas/funcionamento psíquico, **vol. 2:** 281, 324; **vol. 16:** 23, 32, 114, 132, 152, 245; gasto psíquico, **vol. 7:** 170-1, 173-4, 178, 182-3, 212-3, 222, 224, 263, 271; grupamentos psíquicos, **vol. 9:** 235, 244, 258; impotência psíquica, **vol. 9:** 161, 348-9, 352, 354-6, 358, 366; inércia psíquica, **vol. 19:** 239, 310; infantilismo psíquico, **vol. 18:** 42; "insuficiência psíquica", **vol. 2:** 152; maturidade psíquica, **vol. 19:** 328; mecanismos psíquicos, **vol. 15:** 148, 284; normalidade psíquica, **vol. 19:** 280, 318; organização psíquica, **vol. 10:** 116; **vol. 12:** 85, 133, 136, 147; paralelismo psicofísico, **vol. 12:** 103; polaridades psíquicas, **vol. 12:** 72-3, 75-6, 80; reflexos psíquicos, **vol. 2:** 291-2, 296; relação entre somático e psíquico, **vol. 1:** 106-10; represamento psíquico, **vol. 7:** 169, 174, 220; *Seele* [alemão: "alma"/"psique"], **vol. 1:** 105; superestrutura psíquica, **vol. 15:** 20; topologia psíquica, **vol. 12:** 110-2; tranquilidade psíquica, **vol. 2:** 290-1; transmutação dos valores psíquicos, **vol. 5:** 406; tratamento psíquico, **vol. 1:** 64, 105, 117, 119, 126, 128, 131; uso da palavra "psique", **vol. 1:** 105; valor psíquico, **vol. 9:** 260, 359-60; *ver* *também* aparelho psíquico; consciência/consciente, o (*Cs*); inconsciente, o (*Ics*); pré-consciente, o (*Pcs*); processo(s) psíquico(s); vida psíquica

psiquiatria, psiquiatra(s), **vol. 1:** 87, 92-3; **vol. 2:** 129, 285; **vol. 3:** 177, 231; **vol. 4:** 16, 68, 621; **vol. 8:** 60-2, 93, 235; **vol. 9:** 255, 269, 312; **vol. 10:** 14-5, 24, 58, 65, 110NT, 152, 165-6, 269, 274; **vol. 11:** 272, 274, 276, 280-1, 283, 285, 292, 329-30; **vol. 12:** 171, 196, 210; **vol. 13:** 21, 23, 27, 41, 48, 111-2, 227, 325, 334-6, 340-1, 343, 347-8, 371, 401, 558, 560-1; **vol. 14:** 15, 248, 379-81, 386, 402-3; **vol. 16:** 80, 89, 134, 148, 150, 166, 219, 242-4; **vol. 17:** 191, 212, 214, 319; *ver também* medicina/médico(s)

puberdade, **vol. 1:** 56, 149, 213, 271, 293-4, 296-7, 301; **vol. 2:** 283, 289, 341, 347, 349; **vol. 3:** 152, 154-6, 161, 164, 166, 204-7, 213-4, 218-9, 256; **vol. 4:** 102, 312-3, 431-2, 434-6, 582, 622, 640; **vol. 5:** 146, 200, 399; **vol. 6:** 21, 23, 31, 35-6NA, 69, 73-4, 79, 82, 95, 105, 110-1, 113, 121-2, 126, 128, 132-3, 138, 141-2, 147, 148NA, 149-50, 152, 160, 163-4, 237, 241, 354; **vol. 7:** 180; **vol. 8:** 283, 317-8, 353, 392, 401, 408, 418, 421; **vol. 9:** 42, 63-5, 68NA, 69, 161, 196, 211-2, 266, 271, 340-1, 343, 350, 354, 368; **vol. 10:** 115, 189, 236, 244, 251, 326, 336, 351; **vol. 11:** 31, 33, 250, 259, 349; **vol. 12:** 33, 35, 138, 284, 294; **vol. 13:** 132, 223, 256, 281, 365, 413-4, 420, 423, 434, 445, 447, 463, 484, 491, 533; **vol. 14:** 29, 32, 57, 94, 132, 141, 155, 259, 312, 314-5; **vol. 15:** 66, 70, 126, 129, 131NA, 144, 146, 221, 285-6, 290; **vol. 16:** 60, 111, 117, 169-70, 172, 175, 249, 264, 295; **vol. 17:** 53, 102, 160, 162, 166, 168, 317, 360; **vol. 18:** 24, 67, 231, 246, 269, 283, 288, 376, 383; **vol. 19:** 106, 109, 112,

134, 199-201, 204, 250-1, 283, 288; — transformações da puberdade, **vol. 6:** 121; *ver também* adolescente(s)
púbicos, pelos *ver* pelos públicos
pudor, **vol. 1:** 188; **vol. 3:** 186, 234-5, 253; **vol. 6:** 51, 53, 99-100, 155, 186; **vol. 8:** 338, 341, 406; **vol. 9:** 123, 180, 271-2, 370; **vol. 18:** 62NA; — pudor sexual, **vol. 7:** 141; *ver também* sexualidade, sexual, sexuais
puerpério, **vol. 6:** 296NA
pulmão, pulmões, pulmonar(es), **vol. 2:** 123; **vol. 4:** 60, 64, 116, 146, 264-5, 276, 314, 439; **vol. 6:** 188, 269; **vol. 17:** 75, 79
pulsão *ver* impulso(s); instinto(s), instintual, instintuais
punição, punições, **vol. 5:** 118, 210, 252-3, 351; **vol. 11:** 20, 22, 24, 32, 45, 94, 103, 117, 210, 237, 403-4; **vol. 13:** 71, 237-8NA, 295, 299; **vol. 14:** 40, 117; **vol. 17:** 52, 66, 93, 180, 199, 296, 348-52, 358; — autopunição, **vol. 5:** 252-3; **vol. 6:** 223, 268NA, 319; **vol. 9:** 49; sonhos de punição, **vol. 4:** 523, 524NA, 609-10; *ver também* castigo(s)
pupilas, **vol. 1:** 45-6; *ver também* olho(s)
purificação, **vol. 11:** 45, 65, 67, 71-4
puritanismo médico, **vol. 3:** 234-5; *ver também* medicina/médico(s)

Q (quantidade proveniente do mundo exterior), **vol. 1:** 218, 221, 230, 232-5, 239-40, 245-6, 248-50, 254, 258-9, 272, 274, 280, 283, 288, 304-5, 307-8, 311, 313, 319, 322-3, 326, 332; *ver também* estímulo(s); percepção, percepções, perceptiva(s), perceptivo(s)/(*Pcp*)
Qpc (quantidade do percurso), **vol. 1:** 323; *ver também* estímulo(s); percepção, percepções, perceptiva(s), perceptivo(s)/(*Pcp*)
Qἡ (quantidade que circula no interior do aparelho neuronal), **vol. 1:** 218-22, 224, 226-7, 230, 232,-5, 239-40, 242, 245-6, 249-50, 252, 254-9, 265-7, 270, 272-6, 279, 283-4, 292, 299-300, 304-9, 311-6, 318-9, 321, 325, 333, 338; *ver também* neurônio(s), neuronal, neuronais; sistema φ ("sistema de neurônios permeáveis"); sistema Ψ ("sistema de neurônios impermeáveis"); sistema ω ("sistema de neurônios perceptivos")
quatro elementos, **vol. 19:** 315-6
quiasma, **vol. 1:** 202, 204
quietude, **vol. 16:** 186; **vol. 18:** 32, 34
química(s), químico(s), **vol. 6:** 35NA, 67, 114, 132, 134NA, 135, 138, 309; **vol. 13:** 21, 26, 64, 515; **vol. 14:** 205, 218, 227-8, 232, 234, 243, 281-3, 284NA, 345NA, 378; **vol. 17:** 137, 190-2, 222, 268; — substância(s) química(s)/processo(s) químico(s), **vol. 12:** 21, 103; **vol. 18:** 28, 33, 63NA, 392

raça(s), racial, raciais, **vol. 10:** 32, 79; **vol. 12:** 22, 70, 132, 211-2, 227, 249, 251; **vol. 15:** 19, 21NA, 92, 110, 253; **vol. 19:** 81, 128, 194, 272, 308, 366
racionalidade, racional, racionais, razão, **vol. 4:** 83, 512, 583; **vol. 8:** 40, 45, 92; **vol. 13:** 161, 253, 285, 306, 353-4, 521, 611; **vol. 17:** 26, 58, 90, 183, 266, 280, 282-4, 286-8; **vol. 19:** 130, 166, 168, 229, 238; — raciocínio, **vol. 3:** 170, 227, 284; **vol. 7:** 82, 88-90, 92-3, 95, 115, 127, 178, 234, 288-90, 292, 330; racionalização, racionalizações, **vol. 5:** 52, 235; **vol. 9:** 86, 344; **vol. 10:** 65, 93, 167; **vol. 12:** 122, 286; **vol. 14:** 33, 68, 127; **vol. 16:** 70, 190; **vol. 18:** 221, 276, 385
railway brain, **vol. 1:** 55-6; *ver também* cérebro, cerebral, cerebrais
railway spine, **vol. 1:** 23, 55; *ver também* espinha

ÍNDICE REMISSIVO GERAL

rainha e rei, simbolismo infantil de, **vol. 19:** 21; *ver também* rei(s); simbolismo/símbolo(s)

raiva, **vol. 1:** 110, 172; **vol. 2:** 26, 191, 286; **vol. 4:** 120, 189, 290, 370, 673; **vol. 5:** 147, 159, 195; **vol. 7:** 207, 329; **vol. 8:** 180, 213, 351; **vol. 9:** 49, 52, 67-8, 88; **vol. 10:** 222, 293, 295; **vol. 12:** 115, 193; **vol. 13:** 272, 534; **vol. 14:** 30, 276; **vol. 17:** 19, 82; **vol. 19:** 197, 220; *ver também* ódio

rancor, **vol. 2:** 133; **vol. 11:** 86, 100, 104, 332

rapazes, **vol. 11:** 50

rapport, **vol. 1:** 122

rato(s), **vol. 2:** 80, 95, 109-10, 129; **vol. 9:** 13, 26-8, 33, 61, 71, 74-82, 87, 89; **vol. 13:** 527-8

razão *ver* racionalidade, racional, racionais

reação, reações, **vol. 15:** 17, 77, 81, 85NA, 91, 109, 142, 144, 188, 200, 253, 265

realidade, real, reais, **vol. 1:** 70, 144, 274; **vol. 5:** 69, 296, 312, 347, 351, 435; **vol. 9:** 16, 61, 68, 70NA, 90, 94, 97, 103, 137, 143-4NA, 150, 155, 176, 199, 207-8, 212, 214, 232, 248, 275, 277-80, 285, 301, 335, 338, 343, 350-1, 354, 356, 376, 379; **vol. 10:** 29, 33, 48, 58, 64, 76, 86, 90, 96, 109-10, 111NA, 112-3, 115-20, 135, 138-9, 141, 144, 146, 170, 177, 202, 206, 209, 211, 214, 220, 223-5, 230, 232-4, 238, 287, 313; **vol. 12:** 15, 23-4, 30, 37, 40, 47, 49, 75, 80-1, 116, 118, 128, 130, 132, 139, 160-1, 163-8, 173-4, 177-8, 180, 183-4, 186-7, 189, 191, 202, 218, 221, 242, 246, 248, 255, 261-3, 274, 281, 283; **vol. 14:** 28, 47, 68-9, 72, 74, 76, 78, 80, 82, 97, 114, 129, 133, 164, 179, 247, 296, 302, 343, 346, 359, 364, 369-73, 375, 404; **vol. 18:** 27, 29, 33, 36-8, 76, 138, 141, 161, 165-6, 168, 173, 178-9, 191-2, 195, 218, 221, 238, 274, 280, 324-5, 329, 338, 346, 384, 439-45; — estágios no desenvolvimento do sentido da realidade, **vol. 14:** 209; **vol. 18:** 18; mundo real, **vol. 11:** 120, 355, 357, 422; **vol. 16:** 70, 200, 220; **vol. 18:** 42, 132, 344; princípio da realidade, **vol. 4:** 423, 619NA; **vol. 10:** 112, 114-5, 117, 121, 252; **vol. 12:** 130, 255; **vol. 14:** 165-7, 179; **vol. 16:** 31, 187, 220, 313; **vol. 17:** 149, 316; **vol. 18:** 19, 31, 34, 218; **vol. 19:** 262; vida real, **vol. 8:** 21, 52, 68, 86; **vol. 9:** 15, 278, 343; **vol. 17:** 340, 352; "prova de realidade", **vol. 4:** 618NA

realização de desejos, **vol. 4:** 122, 152, 155, 159-60, 165NA, 166-9, 179-81, 185-6, 189-90, 193-4, 196NA, 197-8, 230, 257, 311, 424, 518, 523, 524NA, 540, 601-2, 607-9, 614, 620-1; **vol. 5:** 393, 396, 429, 435; *ver também* desejo(s); sonho(s)

reativo, pensamento/reforço, **vol. 6:** 235; *ver também* pensamento(s)

rebeldia/rebelião, **vol. 17:** 239, 286; **vol. 18:** 42, 118, 291, 363, 383, 387, 422

rébus, **vol. 5:** 20

recalque *ver* censura(s); repressão, repressões, reprimida(s), reprimido(s)

recém-nascido(s), **vol. 8:** 317; **vol. 11:** 47, 50, 62; *ver também* bebê(s)

recepção do chiste, **vol. 7:** 80; *ver também* chiste(s)

reconciliação, **vol. 9:** 52; **vol. 17:** 282

recordação, recordações, **vol. 1:** 125, 133, 180-1, 263; **vol. 2:** 28, 160, 201, 224, 248, 291NA, 292, 377, 424; **vol. 5:** 20-2, 28-9, 42NA, 47, 53, 55, 64-5, 67-74, 76, 91-2, 106, 187, 201, 203, 258, 296, 317, 336, 354, 383; **vol. 6:** 17, 27, 48NA, 76NA, 153, 231, 248, 306NA, 324-5, 327, 353-4; **vol. 7:** 174-5; **vol. 8:** 38, 46-7, 49-50, 64-7, 70, 95, 109, 292, 336, 354; **vol. 10:** 180, 195, 198, 201, 204, 206-7, 260, 292, 296, 298, 340; **vol. 14:** 16, 22NA, 24, 39-40, 43-4, 50-1,

ÍNDICE REMISSIVO GERAL

57-8, 62, 70-1, 80, 85, 92, 95, 118-21, 128-9, 131, 149NA, 173, 175, 177, 186, 266-7, 269, 271, 273-4, 277, 294, 302, 342, 390; **vol. 19:** 116, 155, 339-41; *ver também* lembrança(s); memória; reminiscência(s)

recriminação, recriminações, **vol. 3:** 61, 157, 168-73, 175, 179, 181-2, 186-9, 227; **vol. 9:** 34-7, 42, 44, 58-9, 82, 83NA, 191, 206, 298, 321; **vol. 12:** 98, 141-2, 173, 179, 193, 217, 277, 281; — autorrecriminação, autorrecriminações, **vol. 3:** 61-2, 71-2, 230; **vol. 5:** 201, 234, 244; **vol. 12:** 177

"reeducação para a superação de resistências interiores", tratamento psicanalítico como, **vol. 6:** 345

reencarnação/transmigração da(s) alma(s), **vol. 12:** 239; **vol. 14:** 231NA; **vol. 19:** 315; *ver também* alma(s)

refeição totêmica/banquete totêmico, **vol. 11:** 204, 212-4, 216-7, 222, 224, 226, 235-6; **vol. 17:** 351; **vol. 19:** 117, 119, 123, 180; — *intichiuma* (cerimônia totêmica), **vol. 11:** 177-9, 213; *ver também* totemismo, totêmica(s), totêmico(s)

refletir reprodutivo, o, **vol. 1:** 270

reflexo(s): espirro, reflexo do, **vol. 2:** 292; fuga, reflexo de, **vol. 7:** 330; reflexo anormal, **vol. 2:** 292-4, 302; reflexo espinhal, **vol. 3:** 106; reflexos psíquicos, **vol. 2:** 291-2, 296; "teoria do reflexo" na histeria, **vol. 2:** 343, 356 *ver também* psique, psiquismo, psíquica(s), psíquico(s)

regressão, regressões, regressiva(s), regressivo(s), **vol. 4:** 449, 593NA, 594-6, 598-600, 618, 620, 626, 631, 643, 650-1, 660NA; **vol. 5:** 413; **vol. 6:** 156NA, 164NA, 168; **vol. 7:** 232, 234, 236; **vol. 8:** 383; **vol. 9:** 60NA, 106-7, 212, 214, 272, 277-8; **vol. 10:** 82, 90, 96, 100-1, 138, 232, 235, 237, 331, 334, 336; **vol. 11:** 41, 250-1, 355; **vol. 12:** 28, 31, 80, 96, 128, 153, 159, 161, 163, 165, 168, 182-3, 185, 192-3, 205, 225-6, 246; **vol. 13:** 244, 246, 250, 268, 285-7, 302, 450, 453-7, 476-8, 482, 484-6, 542, 545; **vol. 14:** 64, 74, 81, 127, 141, 204, 209, 226, 257, 308-9, 314, 317, 320, 322, 354; **vol. 15:** 77, 85, 105, 108, 112, 130NA, 271, 300; **vol. 16:** 36, 52, 67, 69, 116, 216, 220; **vol. 17:** 38-42, 49-53, 55, 61, 67, 86, 100, 106, 113, 206, 318, 325; **vol. 18:** 141-3, 237, 247, 281, 287, 380, 397; **vol. 19:** 124, 148, 205, 349

rei(s), **vol. 11:** 19, 45, 47, 50, 62-3, 74-90, 114, 135, 228, 229, 411; — rainha e rei, simbolismo infantil de, **vol. 19:** 21

rejeição, rejeitada(s), rejeitado(s), **vol. 12:** 39, 79-80, 83, 92NA, 98, 104, 109, 113, 121-2, 132, 140, 147, 176, 207, 243, 275, 280; **vol. 14:** 37-8, 86, 91, 107, 145, 148, 154, 384; — "rejeição da feminilidade", **vol. 19:** 322, 325; rejeição da sexualidade, **vol. 6:** 62, 150; *ver também* sexualidade, sexual, sexuais

relações sexuais, **vol. 1:** 57; **vol. 6:** 54, 196NA; **vol. 7:** 124; **vol. 11:** 19, 21, 23, 61, 163, 166, 185-6, 189, 194, 203; *ver também* ato sexual; coito; intercuso; sexualidade, sexual, sexuais

relações sociais, **vol. 10:** 82; **vol. 18:** 56, 234, 348; *ver também* sociedade(s), social, sociais

Relatividade, **vol. 18:** 305

religião, religiões, religiosidade, religiosa(s), religioso(s), **vol. 1:** 113-4, 116; **vol. 7:** 129; **vol. 8:** 92, 301, 303-4, 307-8, 310-3, 322, 363, 368, 383, 429, 431; **vol. 9:** 29-30, 54, 132-3, 139, 151, 163, 199-201, 206, 218, 295, 325, 367, 372; **vol. 10:** 22, 33-4, 42NA, 92, 106-7, 117, 280, 354; **vol. 11:** 15-7, 19, 43, 46, 85, 119-20, 125, 128, 145, 155-6, 158, 161, 166, 175, 203-4, 206, 210, 212, 214,

217, 220-3, 229-31, 233-5, 238-9, 286-7, 320-1, 356, 358; **vol. 12:** 235, 239, 255; **vol. 13:** 35, 67, 123, 227, 229, 250, 253, 255, 441, 515; **vol. 14:** 83, 85, 88-90, 93, 96, 151-4, 157, 354, 361, 380, 393, 395; **vol. 15:** 53-4, 84, 111, 192, 197, 244-5, 299-301; **vol. 16:** 46-7, 151, 156, 158-9, 164, 246, 249-50, 261, 264, 353, 355; **vol. 17:** 57, 186, 212, 215, 225, 245, 253-4, 256-9, 261, 263, 265-6, 269-73, 275-9, 283-91, 294-6, 298-9, 319, 332, 334-6, 353, 357, 369; **vol. 18:** 14-5, 25-9, 38, 42, 44, 65, 81, 97, 108, 119, 162, 306, 325-8, 330-41, 344, 351-3, 415, 430; **vol. 19:** 14, 18, 26, 29-43, 45NA, 46-7, 50-1, 53-6, 58-60, 65-77, 79-80, 82-90, 92-3, 96-100, 102-3, 114, 117, 119-27, 129-31, 143-4, 147, 153-6, 158, 164-6, 169-72, 176, 178, 180, 183-7, 366-7; — angústia religiosa, **vol. 3:** 172; drama religioso, **vol. 6:** 366; fé, **vol. 1:** 114, 116, 134; **vol. 6:** 377; **vol. 10:** 33, 43; **vol. 14:** 84, 95, 372; **vol. 17:** 182, 190, 200, 225, 261, 273, 278, 281, 286, 288, 291, 299, 332-3, 352, 369; **vol. 18:** 14, 415; História Sagrada, **vol. 14:** 84-5, 87-8, 115; intolerância religiosa, **vol. 18:** 81; **vol. 19:** 32, 35; israelita, religião, **vol. 6:** 378; Juízo Final, **vol. 3:** 265, 268; monoteísmo, monoteísta(s), **vol. 19:** 26, 29-34, 39-40, 47, 73, 80, 83-4, 89, 91-4, 96, 120-1, 124-6, 130, 142, 144, 149, 153-4, 177, 181, 186-7; politeísmo, politeísta(s), **vol. 19:** 30, 92, 118, 124, 129; sistema(s) religioso(s), **vol. 18:** 29, 55-6, 324, 328, 333; *ver também* cristianismo, cristã(s), cristão(s); islã/muçulmanos; judaísmo, judeu(s); Deus/deuses

reminiscência(s), **vol. 2:** 25, 86, 93, 100-1, 105NA, 106, 111, 114, 117, 120, 177-8, 189, 216, 224, 227, 236, 313, 384-5, 388, 395-6, 400, 410, 414-5, 420, 422-3; **vol. 3:** 162, 210; **vol. 4:** 55, 221, 243, 250,

375, 384, 441, 444, 450, 511, 516, 581NA, 673, 678; **vol. 5:** 18, 91-2, 96, 367; **vol. 9:** 149, 165, 231; **vol. 14:** 28, 61, 67, 73, 169, 344; *ver também* lembrança(s); memória; recordação, recordações

remorso, **vol. 3:** 70

renascimento, fantasia de, **vol. 14:** 133-7; *ver também* nascimento

Renascimento/Renascença, **vol. 9:** 114, 116, 182, 196; **vol. 18:** 425

renovação da vida, **vol. 14:** 214, 227, 229

renúncia(s), **vol. 7:** 146, 157-8; **vol. 8:** 112, 305, 310, 312-3, 328, 368, 375, 379, 416; **vol. 11:** 64-5, 121, 145, 153, 218, 234, 258, 327; **vol. 13:** 277, 345, 357, 389; **vol. 14:** 64, 113, 152, 165, 173, 285, 309; **vol. 15:** 27, 39, 70, 73, 125, 142, 149, 165, 221, 272, 278; **vol. 17:** 15, 32, 67, 108, 205, 235-6, 239, 241, 245, 274, 279, 284, 286, 338; **vol. 18:** 50, 60, 84, 97-9, 231, 341, 400, 402-3, 405, 431; — renúncia instintual, **vol. 18:** 50, 60, 98-9, 403, 405; **vol. 19:** 116, 157, 160-2, 164, 176; *ver também* instinto(s), instintual, instintuais

repetição, repetições, **vol. 8:** 120, 265-6, 303, 395; **vol. 10:** 182, 200-2, 204-7, 222, 242, 244; **vol. 14:** 147-8, 174, 177-8, 179NA, 181-4, 187, 196, 199-201, 203-4, 210-2, 228, 233, 236, 351, 354-6, 362, 369; **vol. 17:** 17, 52, 58, 79, 99-100, 107, 109, 116, 150, 315, 335, 353, 362; **vol. 18:** 54, 85, 256-7, 303

repouso, **vol. 2:** 42, 107NA, 195, 274-5, 278-80, 282, 341, 345, 375; **vol. 3:** 73, 129, 248; **vol. 8:** 387; — "cura de repouso", **vol. 1:** 61-2, 214

represamento libidinal, **vol. 19:** 295-6; *ver também* libido, libidinal, libidinais

represamento psíquico, **vol. 7:** 169, 174, 220; *ver também* psique, psiquismo, psíquica(s), psíquico(s)

ÍNDICE REMISSIVO GERAL

representação, representações: **vol. 1:** 65, 112, 153, 159-60, 183, 192-5, 200, 206, 218-9, 222, 224, 241, 260-1, 266, 268, 278, 280-3, 285-7, 289, 291, 296-7, 299, 303, 308-9, 314, 316, 318, 321-4, 326-7, 335, 340; — Consciência da representação do sonho (esquema de Freud), **vol. 1:** *282*; meios de representação, **vol. 4:** 351, 354, 369; **vol. 5:** 412, 415, 441; representabilidade, **vol. 4:** 364, 382, 387, 389, 392, 548, 557, 583, 599, 626; **vol. 5:** 411; representação da palavra/representação da coisa, **vol. 12:** 146-7, 149-50; representação indireta, **vol. 7:** 115, 117, 126-7, 136, 227, 236-7, 244, 247, 289; representação pelo oposto, chistes e, **vol. 7:** 103-7, 127, 165, 178, 247-9, 288, 293; representação verbal, representações verbais, **vol. 16:** 24-5, 28, 66; representações antecipatórias, **vol. 5:** 420; representante instintual, **vol. 12:** 89, 91-2, 95-6, 125; *ver também* chiste(s); instinto(s), instintual, instintuais

repressão, repressões, reprimida(s), reprimido(s), **vol. 1:** 256-7, 288-92, 296; **vol. 2:** 15, 151, 164NA, 169, 178, 334, 378, 400; **vol. 3:** 55, 60, 64, 91, 109, 160, 164-6, 168-72, 174-6, 180-4, 186, 188-90, 218, 267-71, 273, 282-3, 295, 302; **vol. 4:** 41, 188, 195, 270, 272, 275-7, 275NT, 283, 285-6, 289, 300, 304-6, 308, 333, 369, 379, 389, 417, 420, 432-3, 436, 456, 475, 493, 508, 514-5, 518, 527-8, 530, 532, 536, 540, 557, 571, 581-2, 595-6, 599, 602-3, 605-6, 608-10, 612, 615-7, 619-20, 623, 635, 637-8, 641, 648, 651-2, 654-5, 658-60, 663-4, 671, 673; **vol. 5:** 18-22, 29-31, 42, 59, 67, 92, 104, 114, 150, 166, 196, 199, 204, 257, 264, 283, 298, 300, 340, 359-61, 363-4, 368-70, 372-3, 427-30, 432-4, 436-7, 440, 445; **vol. 6:** 17, 48NA, 59NA, 60-1, 64NA, 65, 69, 72, 76-7, 86, 88, 93NA, 100, 105, 111, 114, 138, 141-2, 153NA, 156, 160, 162, 164-6, 169, 184, 187, 203, 205NA, 229, 235, 239, 242, 258, 273-5, 305, 317, 325, 347, 356-8, 366-8, 372; **vol. 7:** 145-7, 159, 169-70, 181, 191-2, 194-6, 197NA, 203, 212, 249, 331; **vol. 8:** 49-52, 54, 57, 65-7, 69-73, 78-9, 81, 83, 88-9, 92, 103-4, 108, 112-6, 119, 142, 147-50, 153, 156, 158-9, 170, 184, 196, 214, 240-2, 246-7, 250, 252-4, 259, 261, 270, 272-6, 279-82, 292, 296-7, 309-10, 313, 333, 342-3, 346, 355, 366-8, 370, 372-3, 381-3, 388, 398, 401, 403, 410, 415-8; **vol. 9:** 24, 37, 40, 41NA, 43, 44NA, 54, 56-7, 82, 83NA, 87, 93, 100-1, 107, 110-2, 125NA, 127NA, 129NA, 139-40, 162, 167, 175-7, 191, 196, 204, 209-12, 216-7, 241-53, 257-64, 266, 269, 271-9, 282-5, 289, 295-6, 317-23, 326, 328-9, 331, 353, 361, 392-3; **vol. 10:** 79, 87, 89-91, 94-7, 99-101, 109, 111, 112NA, 113, 116, 139, 157, 174, 190, 195, 202-3, 209, 216, 220, 247, 269-73, 332-4, 336, 348-9, 351; **vol. 11:** 12, 41, 58, 85, 106, 135, 141, 153, 203, 241, 251, 256-9, 302, 305, 309-10, 313, 316, 324, 338, 341-2, 360-3; **vol. 12:** 39-41, 43, 47, 49, 64, 81-98, 100, 113, 116-27, 131, 133-7, 139, 147-50, 156, 167, 169, 188, 217, 223, 289; **vol. 13:** 87-8, 187, 282, 293, 306, 317, 381, 391-6, 398, 400, 433, 438, 454-7, 467, 477-9, 484, 496, 499, 502-3, 508, 534, 542-5, 554, 557, 562, 567, 572, 575-80, 589-90, 592, 596, 599-605; **vol. 14:** 50, 61NA, 64-5, 69, 87, 91, 95-6, 106-7, 109, 116-7, 145-9, 151-2, 154, 159, 166-7, 178-9, 183, 210-1, 249, 254, 280, 297-8, 306-10, 314, 317, 321-7, 348NA, 360, 362, 365-6, 370-1, 388, 392; **vol. 15:** 21, 25NA, 28NA, 56, 63-4, 68, 70-1, 88, 95, 96NA, 104, 105, 107, 110, 112, 122, 141, 162, 188-9, 202,

311

210-2, 218, 220, 222-3, 226, 250-1, 254, 271, 283-4, 289-92, 294, 297, 299, 302, 325, 326; **vol. 16:** 17, 20-2, 26-7, 30, 36, 43-5, 62NA, 64-5, 105-8, 111, 116-7, 120, 122-3, 125, 127-32, 139, 144, 148, 154, 156, 178-9, 183, 201, 204, 209-10, 215-6, 219-20, 231, 233, 236-7, 246-8, 263, 276-8, 281, 297-8, 303-4, 308-9, 311-5, 320-1, 324, 326-7; **vol. 17:** 18, 20, 22-9, 31-2, 34-7, 39-6, 48, 50-1, 54-6, 58-9, 62-4, 66, 82-3, 85-6, 99-100, 102-7, 109, 111-3, 151-4, 159-60, 173, 175-7, 181, 205-6, 226, 228, 235, 284-5, 305-6, 317-9, 348-9, 351; **vol. 18:** 60-1, 63NA, 72-3NA, 113, 137-9, 141-2, 157, 175, 208, 216, 220, 227, 229-32, 234-40, 245-6, 261, 284, 298, 308, 313, 373-4, 380, 389, 392, 412, 415, 446, 458; **vol. 19:** 36, 69-70, 77, 80, 113, 121, 125, 133-7, 143, 175, 181-2, 185, 204, 214, 216, 218, 228, 234-5, 238, 242-4, 246, 251, 253-4, 264, 269, 275, 279-80, 284, 288-90, 293, 302-3, 306, 319, 321, 323-4, 328-30, 339-41, 343-4; — repressão sexual, **vol. 6:** 61, 69-70, 138, 357-8; "retorno do reprimido", **vol. 3:** 169, 172, 174, 184, 186, 188-9; *ver também* censura(s); inibição, inibições, inibida(s), inibido(s)

reprodução/função reprodutiva, **vol. 8:** 318, 323, 370-1; **vol. 10:** 332, 336; **vol. 12:** 63, 77; **vol. 14:** 217, 222, 228-9, 235NA, 241; **vol. 16:** 59, 170; **vol. 19:** 246; *ver também* procriação

repugnância, **vol. 3:** 72, 179; *ver também* aversão, aversões; nojo

resfriado, **vol. 2:** 204, 382

resíduo(s) diurno(s), **vol. 5:** 440; **vol. 7:** 229, 235; **vol. 13:** 286, 306-7, 321, 395, 554; *ver também* sonho(s)

resíduos mnêmicos/restos mnêmicos, **vol. 2:** 417; **vol. 19:** 105, 137, 212-3; *ver também* memória

resignação, **vol. 16:** 247

resistência(s), **vol. 2:** 43, 69, 79, 112, 116, 145, 147, 158, 171, 199, 222, 226, 238, 288-9, 294, 304, 339-40, 342, 347, 371-2, 377-9, 383, 387, 391-403, 405, 408-11, 413-4, 416, 422-5; **vol. 6:** 18, 52-3, 56-7, 62, 98, 138, 179, 193, 220, 265, 276, 292NA, 304, 316, 325-7, 329, 337, 339, 345, 365, 367-9; **vol. 7:** 119, 142, 169, 231, 263; **vol. 8:** 49, 66-7, 71, 78-9, 83, 87-8, 163, 173, 187, 230, 236, 255, 258, 293, 296-7, 375, 415; **vol. 9:** 15, 26, 33, 44, 55, 61, 91-2, 100, 208, 241, 243-5, 247, 249-50, 252-3, 257, 260, 263, 272, 277-8, 280-1, 289, 292-3, 296, 328-31, 333, 359, 365-6, 380; **vol. 10:** 14, 46, 50, 63-4, 67, 97, 124-6, 137-45, 151NA, 155-6, 158-9, 168, 177-9, 181-2NA, 183-8, 190-2, 195, 199, 201-3, 207, 209, 215, 221-6, 233, 250, 253, 264, 270, 274; **vol. 12:** 39, 83, 88, 101, 110, 113, 138, 144, 157, 181, 203, 228, 251, 254, 281; **vol. 13:** 29, 63-4, 86, 91, 113, 154-6, 159, 190, 204, 229, 280, 284, 288, 326, 337-8, 371, 380-3, 385-91, 394, 396, 412, 421, 438, 453, 456, 463, 465, 485, 497, 502, 504, 508, 554, 560, 577-80, 583, 587, 589, 592, 597, 599-600, 607-8; **vol. 14:** 16, 19-20, 60NA, 68, 101, 122, 127, 176, 178-9, 183, 187-8, 210, 251, 273NA, 280, 284-5, 291, 294; **vol. 15:** 41, 91, 104, 122, 137-8, 169, 218, 250, 253-4, 286, 291-2, 295, 310, 326; **vol. 16:** 17, 20-1, 27, 30, 33, 36, 38, 61-2, 98, 105-6, 111, 120-5, 127-8, 134-5, 179, 195, 230-1, 237, 254-5, 259-60, 263-6, 302-3, 321-2, 337; **vol. 17:** 31, 103-4, 106-8, 154, 176, 181-2, 188, 194, 228, 248, 314, 317, 319, 335; **vol. 18:** 87, 118, 135-8, 142, 159, 161, 193, 207-8, 220, 252, 259, 263, 295-6, 309, 316, 387, 390, 429, 472; **vol. 19:** 95, 134, 146, 186, 210-1, 215, 219, 227, 232-8, 242, 277, 280, 291,

ÍNDICE REMISSIVO GERAL

305-7, 309-11, 318, 324-5, 328, 335, 340-1; — "reeducação para a superação de resistências interiores", tratamento psicanalítico como, **vol. 6**: 345

respiração, **vol. 1**: 43, 138, 220; **vol. 3**: 74, 87, 110; **vol. 18**: 26, 225; **vol. 19**: 159; — grandes carências (fome, respiração, sexualidade), **vol. 1**: 220

restos mnêmicos *ver* resíduos mnêmicos/restos mnêmicos

retenção, histeria(s) de, **vol. 2**: 233, 245, 299, 401-2; **vol. 3**: 52; *ver também* histeria, histérica(s), histérico(s)

retenção da massa fecal, **vol. 6**: 92-3; *ver também* defecação/evacuação; excremento(s), excretória(s), excreção; fezes

retina, **vol. 4**: 55, 57-8; *ver também* olho(s)

reto, **vol. 9**: 82; **vol. 14**: 259, 262; *ver também* ânus, anal, anais

"retorno do reprimido", **vol. 3**: 169, 172, 174, 184, 186, 188-9; *ver também* censura(s); inibição, inibições, inibida(s), inibido(s); repressão, repressões, reprimida(s), reprimido(s)

reumáticos, músculos, **vol. 3**: 93; *ver também* músculo(s), muscular(es), musculatura

reumatismo, **vol. 2**: 108, 198, 247

rigidez, **vol. 11**: 252; rigidez cômica, **vol. 7**: 296

rima, **vol. 7**: 67, 131, 174, 179

rinite, **vol. 2**: 155, 157

riso(s), **vol. 2**: 84, 258, 319; **vol. 7**: 25, 29-30, 32, 37, 72, 74, 83, 91, 118, 136-8, 144, 146, 148-9, 151, 162, 164, 189, 195, 204, 206-16, 219, 221-2, 243, 250, 259-61, 264, 269-70, 275-7, 285, 307-8, 310, 313, 315, 317-8, 326-7, 333NA; — fisiologia do riso, **vol. 7**: 209NA; gargalhadas, **vol. 7**: 29; *ver também* anedota(s); chiste(s); comicidade, cômica(s), cômico(s); humor, humorística(s), humorístico(s); piada(s)

ritual, rituais, ritos, **vol. 11**: 44, 157, 162, 164, 204, 210-2, 230, 233, 287, 356; **vol. 18**: 67, 231; — sacrifícios rituais, **vol. 19**: 75, 91; *ver também* cerimônia(s); religião, religiões, religiosidade, religiosa(s), religioso(s); sacrifício(s)

rivalidade(s), **vol. 9**: 122, 195; **vol. 15**: 38, 56, 223-4, 289, 306; **vol. 16**: 41, 47, 54, 264, 287

"romance familiar", **vol. 19**: 21; *ver também* família(s)

rosto *ver* face, facial, faciais

"*roter Fadian*" (chiste), **vol. 7**: 36-9, 149; *ver também* chiste(s)

roupagem chistosa, **vol. 7**: 132-3, 188; *ver também* chiste(s)

Rousseau — *roux et sot* (chiste francês), **vol. 7**: 46-7, 54, 64-5; *ver também* chiste(s)

ruach [hebraico: espírito], **vol. 19**: 158

"ruim", chiste, **vol. 7**: 172NA; *ver também* chiste(s)

ruminações, **vol. 14**: 85-6, 154

sacer [latim: sacro/sagrado], **vol. 19**: 168, 221

sacerdote(s), **vol. 1**: 118; **vol. 11**: 43-4, 46-7, 50, 67, 74-5, 77, 80-2, 90, 114, 228, 379; **vol. 17**: 276; **vol. 19**: 28, 35, 38, 43, 51-3, 57-8, 60, 62, 65, 69, 71, 75-6, 83, 91, 94, 125; *ver também* religião, religiões, religiosidade, religiosa(s), religioso(s); sagrado(s), sagrada(s), sacralidade

saco escrotal, **vol. 16**: 171NA; — testículos, **vol. 6**: 36NA, 132; **vol. 8**: 409

sacralidade *ver* sagrado(s), sagrada(s), sacralidade

sacrifício(s), **vol. 2**: 204, 209, 423; **vol. 8**: 119, 282, 360, 368, 374, 388-9; **vol. 11**: 53, 68, 82, 89, 157, 163, 204-6, 208-13,

222-5, 228-31, 233-5, 243; **vol. 17:** 65, 177, 187, 203, 234, 236-7, 239, 245, 277, 314; — gênese do drama nos sacrifícios, **vol. 6:** 363; sacrifícios rituais, **vol. 19:** 75, 91; *ver também* drama/dramatização; teatro; tragédia(s) grega(s); religião, religiões, religiosidade, religiosa(s), religioso(s)
sacrilégio, **vol. 18:** 401-2
sacro, osso, **vol. 1:** 31, 37; *ver também* osso(s)
sadismo, sádica(s), sádico(s), **vol. 6:** 51-3, 54NA, 55, 105, 109, 159, 306NA; **vol. 7:** 142, 204; **vol. 8:** 211, 214, 246, 264, 270, 274-5, 344, 404-5; **vol. 9:** 102, 107, 162NT, 210, 270, 294, 361, 371; **vol. 10:** 329-35; **vol. 12:** 65-6, 67-8, 70-1, 79-80, 97, 184-5, 220; **vol. 13:** 405, 410, 423, 434-6, 457; **vol. 14:** 37-9, 62NA, 64, 86, 94, 97, 143-8, 155, 225-6, 227NA, 253, 259, 297-8, 302-3, 305, 307-8, 310, 314-5, 317, 320-1, 326; **vol. 15:** 288; **vol. 16:** 50-2, 58, 66, 115, 185, 190-3, 199-201, 213, 315, 325-6; **vol. 17:** 38-40, 49-51, 63-4, 222, 340, 349, 350; **vol. 18:** 84, 86-7, 89, 109, 247, 253-4, 271, 273, 389-90; **vol. 19:** 105, 202, 292; — algolagnia, **vol. 6:** 51; fase sádico-anal, **vol. 19:** 202; instinto sadomasoquista, **vol. 6:** 116; *ver também* masoquismo, masoquista(s)
sagas nórdicas, **vol. 4:** 453
sagrado(s), sagrada(s), sacralidade, **vol. 1:** 114-5; **vol. 11:** 16, 20, 29, 32, 37, 42-3, 48, 51-2, 55-6, 79, 90, 110, 121, 165, 195, 204, 209-13, 215, 219, 225, 228, 232, 377, 385, 387, 395, 397, 401, 404-5; **vol. 19:** 40, 69, 166, 168, 183, 221, 367; — locais sagrados, **vol. 1:** 114-5; *sacer* [latim: sacro/sagrado], **vol. 19:** 168, 221; *ver também* religião, religiões, religiosidade, religiosa(s), religioso(s)

saliva, **vol. 2:** 266; — secreção de saliva (nos cães de Pavlov), **vol. 7:** 280
"salmão com maionese", chiste do, **vol. 7:** 74, 76-8, 82, 156-7, 290; *ver também* chiste(s)
salsicha(s), **vol. 8:** 227, 266NA
salvação, **vol. 17:** 95, 358, 360; — "salvamento", sonhos de, **vol. 4:** 450
sanatório(s), **vol. 1:** 61, 344; **vol. 2:** 78, 84, 116-7, 119, 144, 257, 387; **vol. 3:** 163, 247, 250, 260; **vol. 10:** 19, 43NA, 53; **vol. 14:** 15, 91, 94, 117-8, 288, 291
sanção, **vol. 9:** 27, 28, 81
sangue, **vol. 1:** 63, 110; **vol. 2:** 280, 349NA, 353NA; **vol. 6:** 296, 374; **vol. 8:** 130, 202, 213, 246NA, 405-6; **vol. 9:** 122, 295, 305, 371-2, 375; **vol. 12:** 27, 235, 240-1, 266, 273; **vol. 13:** 37, 423, 524, 527; — hiperemia, **vol. 1:** 203; sanguíneo, temperamento, **vol. 2:** 339; vasos sanguíneos, **vol. 1:** 103, 111
santidade, **vol. 11:** 43, 74, 76, 79-80, 83, 208; **vol. 17:** 198, 281-2; — santos, nomes de, **vol. 5:** 29NA; *ver também* nomes
sapatos, fetiche sexual de, **vol. 6:** 48NA; *ver também* sexualidade, sexual, sexuais
sapo(s), **vol. 2:** 85, 95, 101, 111, 125-6, 129-30
sátira, satírica, satírico, **vol. 7:** 57, 113, 139, 160, 202, 301, 327
satisfação, satisfações, **vol. 1:** 250-2, 302, 314; **vol. 2:** 114NA, 229, 232, 279, 283, 350; **vol. 5:** 58, 133, 158, 269, 286, 310-1, 345NA; **vol. 8:** 39, 53, 92, 148-9, 163, 245, 253-4, 267, 323, 340-4, 346, 367-9, 373, 375-7, 382-5, 389, 406, 410, 416-7; **vol. 9:** 44, 51, 59, 81, 101, 107-8, 114, 139, 148, 169, 216, 222, 270-1, 277, 285-6, 294, 297, 328, 341, 350-1, 356-7, 359-60, 362, 377, 389, 391; **vol. 10:** 27, 40NA, 45, 65, 74, 85, 99, 111, 112NA, 115-7, 139, 215, 218-9,

225-6, 230-5, 237, 244, 248, 251-4, 272-3, 279, 286, 288, 313, 329; **vol. 11:** 88, 103-6, 120, 134, 143, 153, 191, 218, 222, 228-9, 232, 248-9, 253, 264, 290, 335, 357-8, 371-2, 400; **vol. 12:** 14, 31-2, 40-2, 45, 47-50, 54, 56, 58, 62, 66, 69-70, 74, 76, 78, 83-5, 87, 89, 108, 143, 153, 164, 177, 184, 189, 193, 197, 202, 212, 218-20, 223-4, 229, 237, 239, 255, 260-1, 263, 268; **vol. 13:** 29-30, 132, 174, 177, 179, 183, 187, 193, 259, 281, 305, 318, 339, 397-401, 406-8, 410-2, 415-7, 419, 422, 426-7, 432, 441, 453, 458-60, 464-5, 469, 474, 476-9, 485-7, 491, 494-8, 506, 511, 513, 518, 529, 532, 540, 545, 547, 549, 552, 565, 571, 582, 589, 592, 601-2; **vol. 14:** 40, 50-1, 58-9, 61NA, 62, 64, 74-5, 101, 109NA, 110-1, 134-5, 141, 148, 152, 165-6, 172-4, 179-81, 183, 195, 210, 242-3, 249, 258, 285-8, 294-5, 303, 306, 310, 314, 318, 366, 368-9, 378, 392, 403; **vol. 15:** 14, 27, 38, 59, 62, 68-72, 74-5, 82, 85NA, 87, 106, 108, 112, 125, 128, 132-4, 185, 212, 214, 223, 254, 266, 284, 288-90, 304, 306, 318; **vol. 16:** 55, 59, 61-2, 78, 80, 106, 116, 128, 130, 153-4, 188, 195, 202, 204, 208, 219, 232-3, 236, 246-8, 260, 263, 279-80, 313, 319, 326, 332, 344-5; **vol. 17:** 20, 25, 29-32, 45, 48, 51, 55-6, 61, 77, 108, 118, 121, 128, 148-51, 165, 180, 184, 186, 206, 233, 237, 241-6, 257, 273, 288, 306, 316-7, 323, 333, 349-50, 356, 358, 362; **vol. 18:** 30, 32, 34-5, 36NA, 37-9, 41-2, 45-6, 59-61, 64-5, 68, 70-1, 72NA, 81, 88-90, 96-7, 100, 103, 110, 112-4, 119, 138, 141-3, 170-1, 177, 198, 218, 232, 234-5, 243-5, 253, 255, 272, 280, 282-3, 291, 324, 330, 353, 362, 381, 383, 388, 393, 402, 428, 430, 448, 452; **vol. 19:** 70, 82, 160-2, 164, 169, 175, 193, 195, 202, 204-5, 222-3, 231, 244, 249, 251, 254, 256, 260, 262-3, 265, 270, 287-8, 301, 313, 346-8, 365; — ação adequada, **vol. 3:** 106-7; desafogo psíquico, **vol. 3:** 106-7, 113; satisfação sexual, **vol. 1:** 351; **vol. 3:** 79, 95-7, 105, 112, 118, 125, 149, 223, 240, 247, 250, 252, 296; **vol. 6:** 23, 39, 83NA, 84, 86, 114, 119, 126, 142, 157-8, 225, 289NA; *ver também* sexualidade, sexual, sexuais

saúde, **vol. 1:** 30, 61, 71, 108, 149, 153-4, 161, 187, 207, 214, 345, 351; **vol. 2:** 67, 78, 93NA, 114NA, 126, 130, 144, 154NA, 201, 205, 214, 229, 232, 235NA, 254, 300, 332; **vol. 3:** 44, 52, 56, 85, 122, 147, 169, 252, 258, 270; **vol. 6:** 39, 71, 119, 188, 193, 198, 207, 214, 219, 221, 260, 275, 289, 327, 357; **vol. 7:** 82, 161, 326; **vol. 8:** 61, 360; **vol. 10:** 18, 29, 68, 72NA, 175, 178, 204, 230-1, 235-6, 238-9, 333; **vol. 13:** 55, 57, 60, 65, 99, 506, 538, 604-5; **vol. 14:** 111, 243, 244, 269, 291; **vol. 17:** 96, 149, 180, 193, 318, 326; **vol. 19:** 288, 337

Schlagfertigkeit [alemão: "presença de espírito"], **vol. 7:** 52, 81, 99; *ver também* chiste(s); espirituosidade, espirituosa(s), espirituoso(s)

Schreck [alemão: "terror"], **vol. 13:** 523

Schüttelreime (rimas), **vol. 7:** 130

Schutzmaßregel [alemão: "medida protetora"], **vol. 11:** 310

Scientia (periódico), **vol. 11:** 288NA

secundária, elaboração, **vol. 5:** 179; *ver também* elaboração

sede, **vol. 2:** 58, 282-3; **vol. 4:** 156-7, 158, 165NA, 196NA, 272, 442, 603; **vol. 13:** 177, 179; *ver também* fome

sedução, **vol. 2:** 194NA, 350; **vol. 3:** 152, 157, 163, 167-8, 213, 215, 224; **vol. 4:** 404; **vol. 6:** 28, 97-9, 140, 148NA, 160, 171, 237, 285, 353-4, 356; **vol. 7:** 140; **vol. 8:** 140NA, 146, 253, 319, 415; **vol. 14:** 27, 29-31, 35-6, 39-40, 64, 66,

ÍNDICE REMISSIVO GERAL

83, 84NA, 92, 117, 124NA, 126, 129-30, 143-5, 160NA; **vol. 16:** 112-3; **vol. 18:** 274, 279, 382, 396; **vol. 19:** 107, 245, 347

Seele [alemão: "alma"/"psique"], **vol. 1:** 105; *ver também* alma(s); psique, psiquismo, psíquica(s), psíquico(s)

seio(s), **vol. 8:** 127, 128NA; **vol. 13:** 210, 213, 215, 265, 416-7, 423, 437, 485-6; **vol. 16:** 39, 173, 193; **vol. 18:** 247, 249, 276-7, 385; **vol. 19:** 247-8, 364; — teta perdida da mãe, **vol. 16:** 289

selvagem, selvagens, **vol. 6:** 26, 46, 170; **vol. 11:** 18, 22, 25, 27, 30, 32, 37, 40-1, 48-9, 53, 60, 67-70, 73, 75, 77-8, 82, 85-7, 91, 93, 96-8, 104, 112, 117-8, 138, 142, 152-5, 159NA, 160, 166, 171, 173, 176, 178, 180, 182, 192, 208, 217, 244, 325, 384; **vol. 12:** 240; — semisselvagens, **vol. 11:** 18, 67; *ver também* povos primitivos

sêmen *ver* esperma/sêmen

semita(s), **vol. 10:** 32; **vol. 19:** 41, 43, 49, 70, 85; *ver também* hebreu(s); judaísmo, judeu(s)

senescência, **vol. 3:** 97, 108; — velhice, **vol. 14:** 217

sensação, sensações, **vol. 1:** 30-1, 34, 42-4, 66, 80, 82, 93, 107, 111-2, 134, 137-9, 142-3, 155, 237-8, 240, 242-3, 245-6, 266, 271, 297, 325, 330, 348; **vol. 2:** 155-7, 177, 181, 196, 209, 215, 219, 245, 258-9, 268, 278, 282, 297, 298NA, 308, 338, 341, 343, 345, 349, 415; **vol. 3:** 35, 55, 62-3, 73, 85, 87, 89-90, 92-4, 107, 109, 149, 178, 180, 183-5, 205-6, 209, 222-3, 229, 252, 265, 293, 297; **vol. 4:** 44, 47, 55, 57, 59, 61-4, 69-70, 74, 77, 79, 89, 114-5, 123, 130, 138, 141, 156-7, 178, 219, 233, 256, 259-60, 262-3, 265, 267, 269-70, 272-3, 275-8, 280-1, 285, 288, 298, 308, 313-4, 320, 327, 371-2, 378-81, 413, 415-6, 430, 432, 436, 438-40, 447, 480, 493, 500, 504, 506, 511, 535, 537, 551, 566, 572, 605, 628, 642-3, 670; **vol. 5:** 44, 69, 106, 135, 153, 170, 243, 268, 357-61, 370, 414, 434; **vol. 6:** 20, 42-3, 48NA, 49-50, 54, 68, 81, 84-5, 87-90, 92, 94, 113-4, 116, 123-6, 128-30, 140, 200-2, 203NA, 204, 230, 237, 258, 264, 271-2, 284, 294NA, 325, 362-4; **vol. 7:** 89, 118, 136, 146, 173, 229, 271; **vol. 10:** 24, 31NA, 40, 43NA, 44, 57, 88, 95, 199, 264, 281; **vol. 11:** 182, 366, 368, 372, 418; **vol. 12:** 25-7, 56-7, 67, 73, 76, 78, 93, 96, 115, 117, 142, 144, 153, 206, 218; **vol. 14:** 47, 162-4, 167, 180, 184, 191, 237-8, 340, 355, 369-70, 373-5; **vol. 16:** 21, 23, 26-7, 31, 32NA, 90, 172, 208, 260, 295, 309; **vol. 18:** 14, 18-9, 26, 32-4, 39-40, 46, 48, 69, 73NA, 83, 95, 108, 110, 131, 188, 224, 235, 271, 274, 376, 390, 404, 406-7, 443-4, 447; **vol. 19:** 137, 202, 210, 212, 240, 248, 261-2, 324; *ver também* estímulo(s); sentidos/sensorialidade

sensibilidade, **vol. 1:** 32-3, 38, 44, 46, 49, 51, 60, 73, 75, 198-9, 213, 348; **vol. 3:** 84, 93, 95, 204, 226, 240, 252, 307, 311; **vol. 18:** 33, 47, 271, 404; — sensibilidade cutânea, **vol. 6:** 195

sensorialidade *ver* sentidos/sensorialidade

sensualidade, sensual, sensuais, **vol. 2:** 349, 385; **vol. 8:** 320, 364, 380-1; **vol. 9:** 42, 123, 179, 201, 211, 268, 321, 349-55, 357-8; **vol. 13:** 552, 572, 585; **vol. 14:** 92, 117; **vol. 15:** 69-72, 75, 105, 108-9, 134, 144; **vol. 17:** 129, 165, 184-6, 356; **vol. 19:** 156NT; *ver também* sexualidade, sexual, sexuais

sentido (verbal/linguístico) *ver* significado(s)/sentido(s)

sentidos/sensorialidade, **vol. 2:** 278, 280; **vol. 4:** 47-8, 51, 53, 55-6, 59, 67, 79, 86, 110, 258, 260, 262, 624, 642; **vol. 5:** 379, 436, 438; **vol. 10:** 45, 113,

299; **vol. 12:** 107, 147, 163; **vol. 14:** 45, 189, 331; **vol. 18:** 16, 19, 39, 156, 163, 190; **vol. 19:** 156, 158-60, 163; — aparelho sensorial, **vol. 18:** 34; atividade sensorial, **vol. 1:** 46-7, 96; órgãos sensoriais/órgãos dos sentidos, **vol. 1:** 44-7, 50, 235, 240, 262, 276-7, 317, 340; **vol. 4:** 47, 55, 121, 258, 599, 670-71; **vol. 7:** 274, 281; **vol. 17:** 145; **vol. 19:** 157, 211-2, 217, 258; superfícies sensoriais, **vol. 9:** 270; *ver também* estímulo(s); percepção, percepções, perceptiva(s), perceptivo(s)/(*Pcp*)

sentimento(s), **vol. 1:** 52-3, 98, 113-4, 119, 151; **vol. 2:** 43-4, 46, 49, 62, 65, 70, 98, 150-1, 169-70, 175, 210, 219, 223, 227-8, 279, 297-8, 317, 324, 378, 384; **vol. 3:** 52-3, 72, 86-7, 210, 223, 236, 277; **vol. 4:** 80, 85, 91, 94-5, 101, 118, 153, 168, 174-5, 188, 191, 194-5, 206, 220, 233, 235, 260, 282, 288, 292, 295, 305, 307, 310, 313-4, 316, 331, 405, 418, 421, 439, 445-6, 470, 482, 491, 525, 537, 579, 678; **vol. 5:** 53, 103, 106, 118, 128, 134, 175, 183, 201-2, 212, 232, 282, 314, 342-3, 345, 394, 405, 428, 431; **vol. 6:** 53, 80, 96NA, 100, 144, 157, 196NA, 212, 236, 300, 368, 372, 379; **vol. 8:** 30, 38, 49-50, 52, 66-7, 71, 73, 77, 85-6, 101, 103, 113-4, 127, 138, 165, 248, 269, 273, 277, 308-9, 311, 334, 338, 354, 368, 378, 381, 395, 420; **vol. 9:** 40, 55, 88, 95-101, 123, 150, 165, 175, 182, 195, 201, 243, 246, 274, 293, 327, 337, 339, 374; **vol. 10:** 39, 48, 51NA, 56, 61-2, 69, 80, 84, 120, 137NA, 142, 144, 155, 197, 199, 213NA, 218, 243, 260, 331; **vol. 11:** 37, 40, 51, 100, 105-6, 112-3, 117-8, 138, 142, 159, 164, 189, 199, 216, 218, 220-2, 225, 228, 231, 233-4, 237, 241-3, 312-3, 324, 360, 380, 382, 406, 412, 421; **vol. 12:** 45-6, 114-5, 117, 198, 214, 226, 231, 235-7, 245, 248, 259, 264, 274-5, 277, 279, 281-2, 284-6, 294; **vol. 13:** 16-7, 101, 118-9, 186, 196, 199, 251, 255, 273, 276, 278, 284, 383, 386, 414, 429, 441, 443-4, 469, 521, 527, 530, 538, 566, 583, 585, 587-8; **vol. 14:** 28, 33, 40, 98, 113, 117, 133, 144, 152, 160, 180, 241, 246, 274, 277-8, 294-5, 304, 309, 330-2, 340, 345, 347, 349-1, 354, 361-2, 367-70, 372-3, 375-6; **vol. 15:** 18, 20-3, 25-6, 31, 35, 37, 45, 54, 70, 77, 79, 81-4, 96, 104-5, 108, 118, 121, 123, 171, 210, 215-6, 223-4, 281, 306, 326; **vol. 16:** 23-4, 27-8, 33, 43, 46-7, 54, 62-6, 73, 119, 125, 134, 152, 160, 186, 188, 190, 194-6, 200, 201, 246, 262, 265, 292, 298, 327-8, 353; **vol. 17:** 54, 89, 119, 122, 128, 131, 134-5, 160, 166, 180-1, 198, 245, 253-4, 270, 332, 340, 347, 350, 353-9, 363, 374; **vol. 18:** 14-7, 18NA, 19, 25-6, 49, 65-6, 73, 92NT, 93, 95, 97-8, 102-13, 148, 198, 203-4, 207, 221, 228, 232, 260-1, 265, 276, 298, 338, 356, 360, 385-6, 393, 403, 414-5, 421, 425, 431, 442, 448, 466; **vol. 19:** 66, 79, 90, 121, 128, 155, 159, 162, 166-7, 183-5, 206, 211-2, 229, 236, 238, 311-2, 324, 333, 338, 353; *ver também* emoção, emoções, emocional, emocionais

sequências de palavras, esquecimento de, **vol. 5:** 31-66; *ver também* esquecimento

ser humano, **vol. 1:** 77, 92, 99, 106, 116, 251, 348; **vol. 2:** 26, 41, 291NA, 314; **vol. 3:** 60, 256, 284; **vol. 4:** 78, 85, 92, 94, 96-7, 101, 195, 242, 303, 314, 390, 417, 600, 671; **vol. 6:** 16, 20-1, 49, 79NA, 139NA, 145, 149NA, 159, 364, 378; **vol. 7:** 90, 158, 173, 180-1, 199, 203, 268, 273, 278, 282, 287, 306, 311, 314; **vol. 8:** 14, 63, 78, 246, 313, 323, 328, 352, 357, 368, 378, 394; **vol. 9:** 110,

ÍNDICE REMISSIVO GERAL

122, 169, 191, 199, 247, 263, 307; **vol. 13:** 100, 115, 135, 137, 198, 216, 284, 301, 404, 421, 445, 466, 471, 473, 475, 494, 506, 510, 548, 590; **vol. 17:** 23, 73-4, 101, 118, 140, 158, 162, 223, 238, 246, 248-50, 255-7, 270, 273, 287, 291-2, 299, 316-7, 356; **vol. 18:** 28-9, 42, 50, 52, 54, 58, 62-3NA, 65, 76, 79, 88, 90, 93, 115, 118, 149, 193, 252, 264NT, 265, 306, 321-2, 324, 328-9, 331, 366, 400NA, 402, 411, 419, 429; **vol. 19:** 44, 74, 83, 101, 124, 138, 141, 163, 169, 179, 182; — evolução humana, **vol. 11:** 21, 109, 352; **vol. 19:** 309; natureza humana, **vol. 13:** 30, 192, 197-8, 274, 285; **vol. 17:** 213, 251, 290, 293; **vol. 18:** 78, 80, 119, 253, 351, 353; *ver também* corpo humano; espécie humana; humanidade

seres vivos, **vol. 14:** 214-5, 228-9; **vol. 16:** 117, 171, 191; **vol. 18:** 268, 333; *ver também* vida orgânica

sermões, efeito sonífero dos, **vol. 7:** 124

serpentes, **vol. 2:** 45, 64, 95, 129, 390; **vol. 9:** 229, 384; — cascavel, **vol. 5:** 95; cobras, **vol. 13:** 527

serviçais, arte e, **vol. 5:** 237-8; *ver também* arte(s), artista(s), artística(s), artístico(s)

sexualidade, sexual, sexuais, **vol. 1:** 54, 110, 127, 149, 174, 177, 188, 215, 220, 255, 271, 282-3, 291, 293, 295-8, 350; **vol. 2:** 14-5, 32, 40, 131, 151, 183, 187, 191-4, 244, 283-4, 297, 300-1, 332, 341, 347, 349-51, 353, 362-6, 369, 384, 388; **vol. 3:** 13, 53, 57-60, 62-4, 71, 79, 94-9, 101-10, 113, 115, 117-21, 124-6, 128-32, 135-6, 138, 148-58, 161-71, 173, 183, 188, 202-10, 212-24, 229-30, 232-62, 267-70, 295-6, 313; **vol. 4:** 18, 60, 62, 95, 117, 149-50, 164, 185, 194, 195-6NA, 197, 221, 224, 235, 238-9, 243, 245, 253, 259, 271, 276, 279, 285, 296-8, 303-5, 307, 313-4, 317, 329-30, 336, 343, 345-7, 358, 361, 367-8, 371, 375, 381, 389-90, 394, 395NA, 398-400, 402, 406-9, 413-5, 420, 422, 428-9, 432-3, 436-7, 439, 442-4, 446, 448-9, 466, 485-6, 494, 497, 505, 520, 573, 603, 624, 636-8, 659-60, 666; **vol. 5:** 17-9, 30NA, 66, 74-5, 100, 110, 113, 123, 206-7, 239-41, 243, 248NA, 268-70, 293, 345NA, 372, 375, 417-8, 439-40, 442-3; **vol. 7:** 61-2, 124, 139-43, 145, 147-8, 159, 190, 203-4, 314; **vol. 8:** 52, 73, 81, 114-5, 124-6, 128-9, 132, 143, 150, 157, 164, 204, 218-9, 238, 240-5, 247, 253, 267, 270-1, 273-7, 279, 297, 305, 309-12, 315-24, 340, 342-4, 346-9, 352-3, 359-61, 364, 366-89, 391-4, 398-410, 414, 417-8, 420, 422-3; **vol. 9:** 17, 19, 21-2, 24-5, 43, 59, 63-6, 68, 69-70NA, 76-7, 79, 81-2, 88, 99-100, 103, 107, 110, 123-24, 125-7NA, 129-30, 136-40, 147-9, 157-9, 161-6, 168-70, 176-7, 184, 198, 202-4, 210-2, 214, 216, 259, 264-80, 282, 284-5, 290-1, 317-22, 325-9, 338, 341-3, 348-53, 355-63, 365-6, 370-81, 383, 385-6, 391-2, 394; **vol. 10:** 25-7, 30NA, 37NA, 41-3, 45-6, 62, 74-5, 79, 81-2, 86, 98, 103, 115-6, 118, 142, 175, 185, 200, 215, 220-1, 225, 227, 230, 241, 244-5, 247-8, 250-4, 271-3, 275, 287-8, 293, 320, 325, 329-37, 344, 347, 349, 351; **vol. 11:** 19, 22-5, 27, 29, 32, 37-8, 41, 44, 109, 119-20, 129, 139-41, 153, 177, 181, 188-91, 194, 197, 199-200, 202, 218-9, 251-3, 256, 259-62, 264-5, 277, 288, 290, 305-6, 308, 310-2, 315-6, 319, 321-3, 326, 344, 349-52, 354, 358, 361, 371, 416; **vol. 12:** 14, 18, 20-4, 27, 31-6, 38, 40-1, 45-6, 48-9, 61-4, 67-8, 70-2, 74NA, 77-9, 94, 121, 144, 202, 204, 207, 223, 277, 285, 288; **vol. 13:** 29-30, 177, 179, 192, 195, 197, 206-14, 218-20, 222-3, 225-7, 229, 256, 258-63, 271, 277-8,

ÍNDICE REMISSIVO GERAL

280-3, 285, 298, 304, 321, 339-40, 352, 356-60, 397-417, 419-38, 442-5, 447-8, 451-2, 454, 456, 458-63, 465-75, 479-81, 483-6, 490-4, 497, 503-4, 510-5, 518, 531-3, 545-50, 552, 555-6, 563, 565, 572, 574-5, 586-7, 591, 598; **vol. 14:** 29, 32, 34-40, 46NA, 48, 50-1, 53NA, 57-9, 60-1NA, 62, 64-6, 76, 78, 81, 84, 86-8, 94-5, 97, 104-11, 124, 128-9, 134, 136, 140-8, 150-2, 154-6, 158-9, 166, 177, 179-80, 197, 203NA, 206-8, 211-2, 214, 217, 220-6, 227NA, 228-30, 232-3, 235NA, 237, 242-3, 248, 250-1, 253-4, 256-7, 259, 261-2, 282, 285, 294, 297-8, 303, 305-6, 308, 311-4, 318, 321-3, 325-7, 347, 384-6; **vol. 15:** 28NA, 43-5, 56NA, 58NA, 59-60, 62, 65-6, 69-72, 74-5, 79-80, 85NA, 87, 104-12, 120-3, 125-6, 134, 136NA, 140, 147, 192, 200-1, 210, 214, 249-51, 285-92, 294, 296, 298-9, 302-7, 310, 324, 327; **vol. 16:** 36-7, 39, 41-2, 44, 50-1, 55, 57-60, 96-102, 111-2, 114-20, 129-30, 134, 139, 141-4, 146, 148, 150, 161, 163, 169-70, 172, 174NA, 175, 183, 186, 188-91, 194, 196, 200, 204-5, 207-9, 212-3, 231-4, 241-2, 248-9, 259-64, 284, 286-9, 291NA, 292, 294-7, 299, 312, 325-6, 329; **vol. 17:** 14-6, 18-9, 37, 42, 45, 53, 61, 63, 69, 84, 91, 93, 98, 102, 108, 156-71, 205-6, 233, 242, 245, 267, 306, 313, 317-8, 320-1, 335, 340, 343-4, 351, 354-5, 377; **vol. 18:** 39-40, 50NA, 61-3NA, 64-5, 67-9, 70NA, 71, 72-3NA, 80, 82, 85-7, 89, 106NA, 113, 128, 147, 149-50, 155, 167, 192, 232, 234, 241-2, 244-6, 249, 251-4, 256, 261-2, 265, 266-9, 271-5, 278, 281-3, 285, 288-90, 292-3, 297-8, 302, 304, 308, 331, 339, 371-6, 378, 381, 383-96, 404, 430, 433, 467; **vol. 19:** 79, 105-7, 111-3, 156NT, 163-4, 166, 196-7, 199-205, 222-3, 231, 244-6, 248-51, 254,

264-5, 268, 299, 312, 325, 337, 347, 365, 367; — aberrações sexuais, **vol. 1:** 127; **vol. 6:** 20, 38-9, 45, 47, 51, 57, 63, 155; amor assexual, **vol. 6:** 144, 150; anormal, sexualidade, **vol. 6:** 63; aparelho sexual, **vol. 6:** 29, 41, 46, 67, 97, 129-30; armários ou cômodas, simbolismo sexual de, **vol. 5:** 77NA, 442; árvores e bastões, simbolismo sexual de; **vol. 5:** 442; assexualidade/ assexual, **vol. 11:** 349; **vol. 16:** 120, 263; atividade sexual, **vol. 6:** 23, 54, 60, 72-3, 82, 84-5, 90, 94-7, 99, 101, 108-9, 115, 126, 131, 136, 142-3, 153, 157, 159, 164, 310, 346, 353, 358; atração sexual, **vol. 6:** 21, 39, 191, 236; **vol. 7:** 139; atrofiamento do instinto sexual feminino, **vol. 3:** 106; bastões e árvores, simbolismo sexual de, **vol. 5:** 442; chiste e sentido sexual, **vol. 7:** 61; conceito de sexualidade, ampliação do, **vol. 6:** 18; corte sexual, **vol. 6:** 52; curiosidade sexual, **vol. 6:** 50, 292, 297NA; desenvolvimento sexual, **vol. 6:** 48, 54, 58, 78, 101, 121, 151, 159, 168, 171; desprendimentos sexuais, **vol. 6:** 166; dessexualização, **vol. 16:** 37, 57, 68, 200; energia sexual/libidinal, **vol. 6:** 72, 135; essência da sexualidade, **vol. 6:** 171, 357; fontes da sexualidade, **vol. 6:** 89, 128, 158, 165; fruição sexual, **vol. 6:** 276; função sexual, **vol. 19:** 199, 204, 244-6; glândulas sexuais/gônadas, **vol. 2:** 283-4, 341; **vol. 3:** 256; **vol. 6:** 36NA, 131-2; **vol. 13:** 451; grandes carências (fome, respiração, sexualidade), **vol. 1:** 220; gravata, simbolismo sexual da, **vol. 5:** 442; imaturas, pessoas sexualmente, **vol. 1:** 55; **vol. 6:** 38; impotência sexual, **vol. 3:** 79, 95, 97-8, 125, 223, 241, 252-3; **vol. 19:** 112; impulso sexual, impulsos sexuais, **vol. 6:** 18, 74, 77-8, 80-1, 93, 98NA, 111, 149, 157;

319

infantilismo da sexualidade, **vol. 6:** 71, 354; instinto sexual, **vol. 1:** 350; **vol. 6:** 20-1, 23, 26-8, 30, 33, 38-40, 42, 44-7, 52-3, 56-9, 61-3, 68-9, 71, 73-4, 80, 82, 83NT, 87, 95, 99, 101, 111, 115, 118, 119NA, 121-2, 126, 142, 144, 146-7, 155-6, 160-1, 163, 168, 170-1, 228, 355; **vol. 7:** 142; liberdade sexual/liberação sexual, **vol. 1:** 294-6, 298; **vol. 7:** 159; madeira, simbolismo sexual da, **vol. 5:** 442; maturação sexual/maturidade sexual, **vol. 3:** 152, 162, 166-7, 169, 239; **vol. 6:** 62, 110NA; **vol. 18:** 271, 290; meta sexual, metas sexuais, **vol. 6:** 21, 37, 40-6, 49-52, 56-7, 64, 68, 70, 80, 87, 89-90, 106-9, 111, 121-2, 127, 142, 159-60; metabolismo sexual, **vol. 6:** 133, 359; necessidades sexuais, **vol. 6:** 20; noxas sexuais, **vol. 2:** 350; objetos longos e rígidos, simbolismo sexual de, **vol. 5:** 442; organização sexual, **vol. 6:** 107, 109-10, 121NA, 159; órgãos sexuais, **vol. 6:** 31, 68, 79NA, 94, 131; **vol. 7:** 139; orgasmo, **vol. 2:** 284, 353; **vol. 6:** 83, 267; **vol. 13:** 415, 427, 430; **vol. 17:** 15; **vol. 19:** 44, 121, 156-7, 162, 164, 249, 272; "pansexualismo", **vol. 6:** 18; **vol. 15:** 44, 298; **vol. 16:** 146, 242, 261; pesquisa sexual infantil, **vol. 6:** 103, 106, 148NA; prazer sexual, **vol. 7:** 314; precocidade sexual, **vol. 6:** 168; privação sexual, **vol. 6:** 346; problemas sexuais, **vol. 6:** 103, 346; processos sexuais, **vol. 6:** 68, 106, 119, 123, 131, 133, 135, 140, 228, 359-60; psicossexualidade, **vol. 9:** 327-8; pudor sexual, **vol. 7:** 141; rejeição da sexualidade, **vol. 6:** 62, 150; repressão sexual, **vol. 6:** 61, 69-70, 138, 357-8; sapatos, fetiche sexual de, **vol. 6:** 48NA; satisfação sexual, **vol. 1:** 351; **vol. 3:** 79, 95-7, 105, 112, 118, 125, 149, 223, 240, 247, 250, 252, 296; **vol. 6:** 23, 39, 83NA, 84, 86, 114, 119, 126, 142, 157-8, 225, 289NA; sentido sexual, chiste e, **vol. 7:** 61; servidão sexual, **vol. 9:** 365; sexo, 21, 52, 62, 150, 316, 330, 371, 382-3, 392-4, 399, 408-9, 417, 420-1; sexo, **vol. 12:** 47, 294; sexualidade infantil, **vol. 6:** 72-3, 74NA, 79NA, 82, 87, 96, 102NA, 111, 121NA, 148NA, 171; símbolos sexuais, **vol. 5:** 442-3; substâncias sexuais, **vol. 6:** 126, 129-31, 309; superestimação sexual, **vol. 6:** 42-3, 45-6, 52NT, 141; **vol. 9:** 357; tensão sexual, **vol. 6:** 40, 123, 125, 128-30, 133; teoria da sexualidade, **vol. 6:** 15; união sexual, **vol. 6:** 21, 41; variedade da constituição sexual, **vol. 6:** 161; vivências sexuais, **vol. 6:** 48, 352-4; *ver também* ato sexual; autoerotismo, autoerótica(s), autoerótico(s); bissexualidade, bissexual, bissexuais; coito; erotismo, erótica(s), erótico(s); genitalidade, genital, genitais; heterossexualidade, heterossexual, heterossexuais; homossexualidade, homossexual, homossexuais; masturbação, masturbatória(s), masturbatório(s); objeto sexual, objetos sexuais; prazer, prazerosa(s), prazeroso(s); relações sexuais; vida sexual/*vita sexualis*

Sicherung [alemão: "salvaguarda"], **vol. 11:** 310

sífilis/lues, **vol. 1:** 24, 56; **vol. 3:** 31, 142, 193; **vol. 6:** 162, 189, 191NA, 260; **vol. 9:** 76; — sifilofobia, **vol. 18:** 234

significado(s)/sentido(s): duplo sentido/duplos significados, **vol. 7:** 54-7, 59-61, 63-4, 72-5, 78-9, 81, 88, 97, 102-3, 109, 172NA, 262, 293; **vol. 19:** 221; idiomas antigos, duplo significado em, **vol. 19:** 221; polissemia, **vol. 11:** 345; **vol. 13:** 235; sentido antitético, **vol. 9:** 302, 308-9, 311-2; sentido

ÍNDICE REMISSIVO GERAL

no absurdo, chiste e, **vol. 7:** 19, 24, 53, 83-4, 86, 109, 186, 196-7NA, 246, 304; sentido sexual, chiste e, **vol. 7:** 61; signos da fala/signos da descarga sonora, **vol. 1:** 310-1, 321, 323; signos de qualidade, **vol. 1:** 302-5, 307-8, 310, 317, 319-20, 323, 326-30, 338; signos de realidade, **vol. 1:** 263-4, 317, 319, 321; *ver também* chiste(s); fala(s); linguagem; palavra(s)

simbolismo/símbolo(s), **vol. 4:** 18, 59, 116, 128, 131NA, 135, 223, 233, 240, 250, 257, 264, 327, 384, 388-90, 392-402, 403NA, 405, 410, 412, 414, 416-22, 424-5, 429-30, 432, 443-4, 448-50, 458, 553-4, 611; **vol. 6:** 48, 93NA, 102NA, 113, 263; **vol. 7:** 127, 245; **vol. 8:** 57, 69, 97, 108-9, 164, 262, 274, 304, 311, 345; **vol. 9:** 75, 79, 147, 151-2, 161, 189NA, 231-2, 259, 290-1; **vol. 10:** 71, 72, 104, 106, 129, 287, 293NA, 304, 307NA; **vol. 11:** 14, 36, 206, 223, 229, 252, 262, 280, 285, 323, 344, 356, 360, 414, 417; **vol. 12:** 144, 291; **vol. 13:** 200, 202-22, 225-9, 239, 243, 250, 258, 260-1, 265, 267-8, 297, 308-9, 350, 356-7, 359, 600; **vol. 15:** 102, 157, 176, 197-8, 200, 202, 219, 285, 315, 327-8; **vol. 16:** 129, 160, 302, 307NT, 329; **vol. 17:** 23, 57, 71, 73, 176, 319; **vol. 18:** 134, 143, 146-9, 249, 297, 304, 401, 404, 467; **vol. 19:** 34, 84, 138, 168, 182, 218, 221, 309; — agricultura, símbolos sexuais e, **vol. 5:** 443; água, simbolismo da, **vol. 19:** 20; armários ou cômodas, simbolismo sexual de, **vol. 5:** 77NA, 442; árvores e bastões, simbolismo sexual de, **vol. 5:** 442; bastões e árvores, simbolismo sexual de, **vol. 5:** 442; caixa de fósforos, simbolismo da, **vol. 5:** 276-7; determinação por simbolismo, **vol. 2:** 295; gelo, simbolismo do, **vol. 5:** 75; general, figura simbólica do, **vol. 15:** 47, 49, 52, 99; gravata, simbolismo sexual da, **vol. 5:** 442; histérico, símbolo, **vol. 1:** 287-8; madeira, simbolismo sexual da, **vol. 5:** 442; números, simbolismo onírico dos, **vol. 6:** 288NA; objetos longos e rígidos, simbolismo sexual de, **vol. 5:** 442; ponte, símbolo da, **vol. 18:** 149; rainha e rei, simbolismo infantil de, **vol. 19:** 21; onírico, simbolismo, **vol. 5:** 441-4; inconsciente, simbologia do, **vol. 2:** 17; mnêmicos, símbolos, **vol. 2:** 417; sexuais, símbolos, **vol. 5:** 442-3; universais, símbolos, **vol. 5:** 443; urina, simbolismo da, **vol. 4:** 410, 412-3; *ver também* sexualidade, sexual, sexuais; sonho(s)

similar vs. dissimilar, hereditariedade, **vol. 3:** 142; *ver também* hereditariedade, hereditária(s), hereditário(s)

simpatia, **vol. 15:** 64, 152, 157

simulação, **vol. 15:** 47, 263

síndrome de Korsakoff, **vol. 4:** 429

sintoma(s), sintomatologia, **vol. 2:** 19-20, 22-3, 29, 33, 35-6, 38, 65, 72, 99NA, 112NA, 114, 128, 131-2, 137, 138NA, 141, 146, 147NA, 155-6, 179, 207-8, 225, 236, 240-1, 243, 245, 247-8, 250, 252, 255, 257-8, 263, 269, 296, 299-300, 307, 311-2, 328, 348, 355, 359-60, 363, 367-72, 377, 382, 387, 397, 403, 416-7, 424, 426; **vol. 3:** 17, 28, 33, 35-44, 48, 50, 54-5, 61, 64, 67, 69-70, 74, 76-80, 82-4, 86-8, 92-3, 96, 98-9, 101, 110-5, 117, 120, 131, 138, 151, 154-5, 157, 160-1, 164, 168-9, 172, 174-6, 178-9, 184, 186, 188-90, 192-208, 212-3, 217-22, 224-5, 229, 237-8, 240-1, 243-4, 246-7, 249, 258, 260, 270-1, 283, 300, 306, 309, 311; **vol. 4:** 120, 131-2, 138, 140-2, 148, 180, 184-5, 241, 276, 284, 293, 307, 311-2, 326, 333, 374, 384NA, 390, 497, 540, 571-2, 578, 586, 599, 607, 621-2, 634-5, 645, 651, 656, 658-61, 667-8,

676; **vol. 5:** 21, 62-3, 71, 114, 117, 143, 151, 159, 174, 201, 216, 228, 239, 244, 262, 287, 309, 363, 374-5, 381, 426, 428-9, 445; **vol. 6:** 17, 36NA, 55-7, 59-65, 68, 71-2, 97, 100, 148NA, 150, 155, 164, 168, 174, 178, 180-1, 183, 187-9, 192-3, 195, 199NA, 200-3, 213-4, 216-20, 223-5, 228-9, 232-4, 238, 260, 265-7, 269-72, 284, 293, 294-6NA, 309-12, 314, 317, 322-4, 328, 332, 337, 344, 350NA, 351-2, 354, 356-8, 374; **vol. 8:** 70, 72-3, 109-10, 115, 124, 159, 273, 278, 292, 296, 310, 312, 332, 340-1, 343-9, 366-7, 374, 376, 394, 407, 431; **vol. 9:** 50NA, 53, 57, 72, 95, 102, 107, 121, 209, 223, 227-8, 231-6, 240, 243, 245, 247-8, 250, 256-8, 261-2, 264-6, 273, 277-80, 292, 298, 301, 317, 319, 322, 328, 331, 333, 378, 394; **vol. 10:** 20, 47, 57NA, 75NA, 78-9, 84, 87-9, 91, 100, 102, 120, 126-7, 140, 165, 168, 175, 185, 187-8, 191-2, 194-5, 201-4, 206, 214, 232, 235, 246-8, 254, 260, 263, 270-1, 326-7, 329-30, 340-1, 344-5, 352; **vol. 11:** 56, 66, 85, 87, 104, 110, 113, 137-8, 151-2, 248, 249, 252, 255, 258-61, 263, 274, 277, 284, 293, 309, 315, 329, 339, 353, 356, 417; **vol. 12:** 17, 28, 42, 88, 93-8, 101, 125-6, 132, 134-5, 138, 140, 145, 168, 183, 186, 208, 227, 245, 254, 257, 288, 291-2; **vol. 13:** 21-3, 27, 101, 110, 228, 247, 303, 321, 323, 334, 342-4, 346-9, 352, 356, 359-63, 365-6, 368, 371-82, 386, 388, 390-1, 394-402, 407-10, 412, 415, 424, 431, 450, 457-8, 464-5, 475-6, 478-9, 485-9, 495-6, 498, 500, 502, 504-6, 508-13, 515, 517-8, 520, 530, 533-6, 538, 558, 560-1, 572, 575-7, 589, 591, 593-4, 596, 601-5; **vol. 14:** 19, 26, 40, 52, 54, 56, 68, 74, 76, 83-4, 90, 92-3, 95, 101, 105, 107-8, 113, 117NA, 118, 136, 137NA, 142, 150, 158NA, 160NA, 168, 170, 181, 242, 249, 255-6, 281, 283-4, 286, 324, 326-7, 384, 390; **vol. 16:** 61, 88-9, 92-6, 100-1, 106, 111, 113, 116, 123, 126, 128, 132, 178, 225-8, 231-6, 243, 254, 256-7, 259, 276, 306, 309, 351; **vol. 17:** 14-7, 19, 24-5, 28-33, 35-6, 40, 44, 46-9, 52, 55-8, 60-1, 63, 66-9, 84-9, 103-4, 108, 112, 129-30, 133-4, 152, 154, 182, 204-5, 208, 216, 224, 230, 303, 312-3, 317, 341, 343-4, 350, 352; **vol. 18:** 70, 108, 113, 137, 140, 192, 215, 226-9, 236, 259, 261, 274, 301, 308-9, 412; **vol. 19:** 83, 96, 105, 108-9, 111-4, 120, 172, 175, 224, 229, 242, 244, 275, 279, 329, 338, 347, 349-50; — ato(s) sintomático(s), **vol. 5:** 53, 169, 171, 194, 222, 262-3, 269, 272, 274-6, 278-80, 283, 287, 291-2, 294, 301, 316-8, 363; *ver também* histeria, histérica(s), histérico(s); neurose(s), neurótica(s), neurótico(s); obsessão, obsessões, obsessiva(s), obsessivo(s)

sistema nervoso, **vol. 1:** 20, 24, 40, 47, 51-3, 57, 59-60, 63-5, 80-3, 95-6, 98, 102, 108-9, 111, 159, 172, 187-8, 190, 192-3, 200, 202-4, 206, 219-22, 226, 228-9, 232-5, 237-8, 241, 245, 259-60, 316, 344, 348-9; **vol. 2:** 69, 128, 270, 272, 277NA, 280, 283-4, 288-9, 293NA, 308, 312, 341-2, 344, 347-8, 352-3, 371; **vol. 3:** 44-5, 47, 78, 94, 103, 110-1, 127-9, 137, 140, 240, 305-6; **vol. 4:** 62, 459, 664; **vol. 8:** 363, 365; **vol. 12:** 55; **vol. 14:** 168, 187, 194; **vol. 16:** 80-2; **vol. 17:** 207, 222, 227; **vol. 19:** 191; — excitabilidade neuromuscular/*hyperexcitabilité neuromusculaire*, **vol. 1:** 73, 76; *ver também* cérebro, cerebral, cerebrais; nervos/terminações nervosas; neurônio(s), neuronal, neuronais

sistema perceptivo *ver* percepção, percepções, perceptiva(s), perceptivo(s)/(*Pcp*)

ÍNDICE REMISSIVO GERAL

sistema(s) religioso(s), **vol. 18:** 29, 55-6, 324, 328, 333; *ver também* religião, religiões, religiosidade, religiosa(s), religioso(s)

sistemas penais, **vol. 11:** 45; *ver também* lei(s)

sistema φ ("sistema de neurônios permeáveis"), **vol. 1:** 218NT, 225, 228-35, 237, 240, 243-8, 252, 272, 274, 276-7, 279-80, 284, 302, 332; *ver também* neurônio(s), neuronal, neuronais

sistema Ψ ("sistema de neurônios impermeáveis"), **vol. 1:** 218NT, 224-6, 228-35, 237, 240, 242, 244-52, 254, 256-7, 261-2, 265, 272-80, 284, 290, 302, 304, 307-9, 311, 317, 321; *ver também* neurônio(s), neuronal, neuronais

sistema ω ("sistema de neurônios perceptivos"), **vol. 1:** 218NT, 238-43, 245, 251, 253, 261-3, 268, 277, 302, 308-9, 317, 332; *ver também* neurônio(s), neuronal, neuronais; percepção, percepções, perceptiva(s), perceptivo(s)/(*Pcp*)

"sobrenaturais", fenômenos, **vol. 1:** 112; *ver também* ocultismo, ocultista(s)

socialismo, **vol. 1:** 349-50

sociedade(s), social, sociais, **vol. 6:** 365; **vol. 9:** 148, 250, 269, 296, 298-9, 301, 332, 364; **vol. 10:** 58, 87, 92, 169, 176, 341; **vol. 11:** 45, 53, 60, 63, 73, 90, 120, 166, 188, 191-2, 208, 216-20, 222-3, 227, 229, 238-9, 241-2, 269, 270, 273, 281, 305, 359-60; **vol. 12:** 34, 37, 43, 47, 132, 202, 219, 222-3, 261, 285, 286; **vol. 13:** 283, 413; **vol. 15:** 14-6, 21, 33-4, 36, 40, 59, 78, 82-4, 88, 110, 115-6, 120, 212, 216, 223-4, 265, 299, 304, 306, 316; **vol. 16:** 32, 46-7, 54, 94, 139, 156, 160, 249, 260, 262-4, 327-8, 341, 348; **vol. 17:** 158, 235, 251, 265, 272, 276, 339; **vol. 18:** 36NA, 43, 45, 66, 68-70, 73, 78, 94, 116, 208, 232, 261, 277, 295, 310, 335, 339, 347, 349, 352, 409, 412, 416, 431, 461; — drama social, **vol. 6:** 366; relações sociais, **vol. 10:** 82; **vol. 18:** 56, 234, 348; sociedade ocidental, **vol. 8:** 360

sociologia, **vol. 11:** 147, 360; **vol. 15:** 40; **vol. 16:** 250; **vol. 17:** 220

sofisma, **vol. 7:** 89-91, 154; — chistes sofísticos, **vol. 7:** 89, 93, 154, 156; *ver também* chiste(s)

sofrimento(s), **vol. 1:** 114; **vol. 2:** 23-4, 26, 75, 105NA, 163NA, 199, 208, 214, 238, 244, 342, 345, 427; **vol. 6:** 52, 64, 84, 220, 271, 363-7; **vol. 8:** 335, 340, 372; **vol. 9:** 37, 51, 71, 247, 262, 282-3, 295, 354, 362; **vol. 10:** 27, 33, 41, 46, 170, 191-2; **vol. 11:** 79, 88, 102, 237; **vol. 12:** 26, 184, 188, 211, 214, 256-7; **vol. 13:** 278, 334, 353, 475, 485, 506, 508; **vol. 14:** 99, 168, 249, 286; **vol. 16:** 61, 103, 160, 194-5, 199; **vol. 17:** 103, 131, 247, 250, 252, 262, 297, 326, 330, 353, 367, 373NT; **vol. 18:** 31-2, 34-9, 42-4, 64, 70, 82, 84, 105, 259, 261, 293, 300, 352-3, 409, 462; **vol. 19:** 229, 236, 238, 240-1, 295-7, 311, 338, 347; *ver também* desprazer, desprazerosa(s), desprazeroso(s); dor(es), dolorosa(s), doloroso(s)

sogra, **vol. 11:** 34-40

solidão, **vol. 15:** 33

"soma de excitação", **vol. 1:** 187; *ver também* excitação, excitações, excitabilidade

somático(s), estímulo(s), **vol. 4:** 46, 58, 62-3, 66-8, 92, 116-7, 123, 258-9, 261-7, 272, 274, 277-8; **vol. 5:** 379-80, 388; **vol. 8:** 15; *ver também* corpo humano; estímulo(s); percepção, percepções, perceptiva(s), perceptivo(s)/(*Pcp*)

sonambulismo, sonâmbula(s), sonâmbulo(s), **vol. 1:** 73, 103, 121, 139, 141, 143-4, 152, 183; **vol. 2:** 31, 38, 42, 52,

54, 75, 79, 87, 128, 143-5, 148, 157-62, 163NA, 165, 235NA, 333, 359, 377, 399-400; **vol. 3:** 30; **vol. 8:** 41; **vol. 9:** 240, 314; **vol. 12:** 158, 273; **vol. 13:** 138; **vol. 17:** 312

sonho(s), **vol. 1:** 31, 107, 117, 123, 125, 172, 181-2, 275-7, 278-81, 283-4, 288, 292, 298-9; **vol. 2:** 17, 22, 32, 63-4, 72, 91, 95, 104NA, 111, 142, 235NA, 271-3, 305, 339; **vol. 6:** 148NA, 177-9, 181, 183-4, 213, 224, 246-59, 263, 268NA, 272-8, 280-90, 292-5, 298NA, 300-1, 305-6NA, 309, 313, 315-7, 320, 326, 378; **vol. 7:** 44-5, 127-8, 153, 177, 210-1, 227-41, 243-7, 249-50, 252-3, 255-6, 258, 288, 291, 312, 321; **vol. 8:** 14-8, 22, 24-6, 28, 31-3, 38, 57, 71, 74-84, 86-9, 91, 94-100, 102-8, 110, 112, 116, 118-9, 131NA, 132-3, 141-2, 144, 146, 149, 155, 188, 235, 240-1, 252-3, 284, 295, 311, 328, 332-3, 335, 337, 341, 345NA, 356, 399, 413-5, 424, 431; **vol. 9:** 47, 54, 57, 61, 68NA, 69, 79-80, 82, 85, 92, 147-8, 157, 182-3, 190NA, 202-3, 229, 253-9, 261-3, 266, 290, 303-4, 311-2, 344-6, 382-3, 385, 393; **vol. 10:** 18, 45, 52, 57, 70, 107, 110NT, 111, 120, 123-32, 145-6, 151-2, 157, 197-8, 200, 265-7, 274, 278-90, 292-9, 304, 307-8, 312, 354; **vol. 11:** 104, 115, 123, 148-50, 152, 183, 229-50, 256, 262-4, 266, 267, 271, 273-4, 279-80, 285-6, 308, 314, 320, 325-6, 330-1, 335-8, 341, 343-5, 354, 356, 369, 384, 414-5, 417; **vol. 12:** 26, 37, 44-6, 90, 101, 104, 116, 128, 132, 143NA, 153, 154-7, 159-64, 167-9, 171, 206, 226-7, 283, 291; **vol. 13:** 14, 110-6, 118-35, 137, 139-43, 147-8, 150-63, 165-81, 183-97, 199-209, 211, 213-22, 225, 227-40, 243-74, 276, 278, 283-311, 313, 316-23, 325, 344, 350-1, 360, 363-4, 366, 372, 383, 395-7, 415, 439, 449-50, 478, 482, 487, 495, 499, 502, 504-5, 544, 551, 554-5, 603-5; **vol. 14:** 16, 28, 41-55, 58-9, 60-1NA, 62-5, 71, 78-80, 83, 84NA, 86-90, 94-6, 103NA, 104-6, 110-1, 115NA, 116, 118NA, 124NA, 126, 128, 134, 136, 141, 144-5, 147-9, 159NA, 169-70, 181, 183, 195-6, 198-9, 201, 255, 257, 278, 282, 315, 346, 347, 351, 365, 391-2; **vol. 15:** 26NA, 30, 68, 95, 102, 127, 136, 139-41, 162, 172, 175-92, 195-200, 202, 206-7, 216, 219-20, 249, 282-5, 291, 299-300, 322, 324; **vol. 16:** 15, 20, 25, 56, 88, 125-32, 154-5, 160-1, 180, 234-6, 244-5, 248, 258, 276, 301-17, 319-26, 328-31, 333-4, 337-9; **vol. 17:** 37, 39, 41-2, 138-9, 154, 174, 176, 249, 285, 317, 321, 371, 373-6; **vol. 18:** 81, 126-42, 144-58, 165-9, 173, 176, 178, 182, 184, 238, 249, 256, 263, 295, 360, 364NT, 401, 404, 406, 410-1, 413-5, 445; **vol. 19:** 19-22, 101, 138, 174, 212, 216-24, 233, 250, 266, 268, 288, 329, 338, 340; — absurdos, sonhos, **vol. 4:** 470, 480, 490; angústia, sonhos de, **vol. 5:** 430-1; atividade intelectual no sonho, **vol. 4:** 470; cair, sonhos de, **vol. 4:** 440; censura do sonho, **vol. 13:** 183, 188-91, 228-9, 233-5, 240, 287, 289, 293-4, 316; comodidade, sonhos de, **vol. 4:** 158, 196, 273, 442, 623; **vol. 5:** 395; Consciência da representação do sonho (esquema de Freud), **vol. 1:** *282*; conteúdo onírico, **vol. 4:** 104, 127, 136, 168, 198, 261, 318, 363, 441, 538, 541, 548, 565, 577, 580, 643; **vol. 5:** 85, 380, 388-91, 398, 401-14, 419-23, 427, 431, 434, 437, 441, 445; **vol. 16:** 126, 129, 236, 308, 313-4, 323, 326-7; **vol. 19:** 216, 219-22; deformação onírica, **vol. 4:** 167, 169-70, 178-80, 195, 213, 219, 257, 308-9, 350, 370, 384, 418, 426, 507, 515, 544, 563, 574; **vol. 5:** 427, 429-30, 433, 439, 445; **vol. 16:**

128, 314, 326, 328, 337, 339; **vol. 18:** 145, 360, 411, 413, 415-6; Descartes, sonhos de, **vol. 17:** 375-6NT; despertar pelo sonho, **vol. 4:** 625; doenças mentais, relação entre sonho e, **vol. 4:** 119; estados oníricos, **vol. 2:** 295; *ver também* sonho(s); etiologia do sonho, **vol. 4:** 55, 92, 107; falas oníricas, **vol. 4:** 220, 346, 464-5; fantasia(s) onírica(s), **vol. 4:** 115, 263, 374, 645; fontes do sonho, **vol. 4:** 45-7, 51, 55, 58, 60, 66, 74, 110, 198, 216, 256, 259, 281, 314, 439; fontes somáticas do sonho, **vol. 4:** 258-9, 266, 267, 276, 535; formação onírica, **vol. 19:** 210; função do sonho, **vol. 4:** 104-5, 107, 199NA, 625, 632-3; hipermnésico(s), sonho(s), **vol. 4:** 36-7, 39, 642; imagens oníricas, **vol. 4:** 43, 47, 56-7, 61-3, 65-6, 69-72, 75, 78, 82-3, 85, 128, 263, 371-2, 377; **vol. 5:** 374, 435, 437; **vol. 12:** 143; interpretação dos sonhos, **vol. 5:** 380, 395, 400, 420-1, 428-9, 438-45; **vol. 6:** 178-9, 184, 309; **vol. 9:** 69NA, 254, 259; **vol. 10:** 123, 125, 129-30, 265, 267, 274; **vol. 13:** 14, 114, 160, 194, 196, 198-9, 201, 203, 247, 261, 274, 286, 299, 309, 314, 319, 382, 604; **vol. 17:** 138; **vol. 18:** 12-8, 130-1, 134, 137, 151, 168-9; **vol. 19:** 215-7, 219-21, 223-4; mortos, sonhos com, **vol. 4:** 474, 476; nascimento, sonhos de, **vol. 4:** 446-8, 450; nudez, sonhos de, **vol. 5:** 149; números, simbolismo onírico dos, **vol. 6:** 288NA; números, sonhos de, **vol. 4:** 463; pensamento(s) onírico(s), **vol. 4:** 151, 155, 169, 175, 208, 210, 228, 244-5, 252NA, 256, 271, 277, 312NA, 318-25, 329, 333-7, 339, 342-4, 347-50, 352-6, 358, 360, 364, 366-9, 371-2, 378-9, 382-3, 388, 426, 439, 448, 452, 456-7, 459-61, 464, 468, 478-9, 481-3, 485-7, 490-1, 494-7, 500, 505-6, 509, 511-5, 518-20,

525-6, 528-9, 532-3, 535-9, 541-2, 544, 548, 554-5, 557, 562-3, 565, 567, 571, 573, 575-7, 580, 582-5, 592, 594, 597, 599, 608, 613, 636, 641-3, 645-6, 649-51, 660NA, 678; **vol. 5:** 85, 96, 298, 390-1, 398, 400-1, 404-7, 409, 411-3, 415, 418, 421-9, 445; **vol. 7:** 233-5, 249; **vol. 13:** 151, 160-2, 164-6, 171-2, 188-200, 202, 205, 230, 234, 236, 238-40, 244-8, 250, 255, 262-3, 268, 286, 290, 297, 301-2, 304-6, 308-10, 320; **vol. 18:** 128, 130, 133, 139, 140, 143-5, 152; **vol. 19:** 216, 219-20; pesadelo(s), **vol. 4:** 26, 60, 308; poder divinatório do sonho, suposto, **vol. 4:** 28, 94; premonitório, sonho, **vol. 4:** 676; processos oníricos, **vol. 4:** 558, 560, 613, 627-8, 641; profecias, sonhos e, **vol. 4:** 26-7, 59; **vol. 5:** 351, 353; provas/exames, sonhos de, **vol. 4:** 315-6; punição, sonhos de, **vol. 4:** 523, 524NA, 609-10; resíduo(s) diurno(s), **vol. 5:** 440; **vol. 7:** 229, 235; **vol. 13:** 286, 306-7, 321, 395, 554; salvamento", sonhos de, **vol. 4:** 450; simbolismo onírico, **vol. 5:** 441-4; sonho "biográfico", **vol. 4:** 392-3; *Sonho da babá francesa* (ilustração), **vol. 4:** 411; "Sonhos vêm do estômago" (dito popular), **vol. 4:** 45, 258; subterrâneos, sonhos com locais, **vol. 4:** 455; teorias do sonho, **vol. 4:** 44, 62, 104-6, 112, 118, 126-7, 187, 190, 197, 266, 289, 608, 651, 660; terapêuticos, sonhos (Grécia antiga), **vol. 4:** 59; "típicos", sonhos, **vol. 4:** 64, 190, 280-2, 286, 288, 305, 307, 313-5, 317, 430, 438, 440-1; **vol. 5:** 444; trabalho do sonho/trabalho onírico, **vol. 4:** 179, 214-5, 218, 243, 263-4, 266, 318, 320, 340NA, 346, 350, 353-5, 360, 362-3, 374, 381, 383-4, 387, 389, 392, 400, 451-2, 456, 457-9, 463, 470, 479-81, 490, 495, 496NA, 497-8, 501, 504, 512, 514-5,

ÍNDICE REMISSIVO GERAL

518-20, 528, 538, 541, 543-5, 547, 550, 552, 556-7, 559, 566, 569, 573-4, 582, 594, 598, 608, 610, 613, 627, 629, 643, 645, 648-51, 660, 667; **vol. 5:** 368, 373, 389, 391, 397-8, 400-1, 404-6, 411-4, 419-23, 425-7, 430, 433, 444-5; **vol. 7:** 44-5, 80NT, 127-8, 153, 227-30, 232-8, 240NA, 244-5, 247, 249-50, 252-3, 258, 288; **vol. 9:** 258, 303, 310-1, 312; **vol. 13:** 128, 161, 183, 190, 225, 229-32, 234, 236-8, 240-6, 248, 250, 254, 256, 268, 285, 287-8, 290, 301-2, 308, 310, 312, 319-20, 322; **vol. 18:** 128, 130, 139-40, 142, 144-5, 147, 151-2, 156-7, 166, 168, 215, 411; **vol. 19:** 216, 218-20, 222, 224; *Traumarbeit* [alemão: "trabalho do sonho"], **vol. 7:** 80NT; vida onírica, **vol. 4:** 16, 25-6, 28-9, 32, 41, 59, 75-6, 79-80, 85-7, 90, 92-4, 97, 104, 106-7, 111, 114-5, 119-21, 123, 136, 226, 233, 417, 556, 586, 624, 661, 666; **vol. 5:** 379-80, 389; voar, sonhos de, **vol. 4:** 63, 314-5, 431, 439-40

sono, **vol. 1:** 30-1, 43-4, 50, 66, 69, 71, 77, 81-2, 90-1, 94, 97-8, 102, 108, 120-1, 138, 151, 185, 215, 275-9; **vol. 2:** 34, 50, 53, 79, 94NA, 104NA, 116, 136, 159, 187-8, 232, 235NA, 268, 272-6, 278, 301, 308-10, 339; **vol. 3:** 27, 41, 56, 247; **vol. 4:** 26, 28-9, 43-5, 47-8, 51-5, 59, 61, 64, 66-7, 71, 75, 77-82, 85-6, 88-9, 94, 96, 99, 101, 105-9, 112, 114, 121, 123, 140, 156, 158, 163, 165NA, 167-9, 213, 217-9, 226, 241, 256-8, 260-2, 265, 267-9, 271-4, 276-7, 288, 300, 310, 314-5, 321, 333, 339, 371-3, 379-80, 414, 423, 427, 430, 438-9, 442, 448, 450, 457, 501, 504, 507, 511, 515, 519-20, 535, 545-7, 550-6, 558-9, 570, 576, 584-5, 594, 596, 601, 605-7, 616-7, 620, 623-7, 629-33, 635-6, 639, 642-3, 646; **vol. 5:** 149, 374, 378, 380, 388, 392, 426, 432-9; **vol. 6:** 251, 272, 377; **vol. 7:** 124, 229, 235; **vol. 8:** 15-6, 26, 81, 83, 106, 139, 225, 252, 284; **vol. 9:** 257; **vol. 10:** 18, 57, 111NA, 131, 254, 265, 284, 314NA; **vol. 11:** 123, 265, 335, 337; **vol. 12:** 26, 44, 90, 152-8, 167, 169, 186, 226, 265, 272; **vol. 13:** 115-9, 121-3, 125-6, 129, 131, 138-9, 169-75, 178-80, 183, 192-4, 199, 286, 288, 293-4, 322, 352-3, 356, 361, 395, 478, 551, 554-6, 604; **vol. 14:** 80, 196, 401; **vol. 15:** 75, 91, 94, 141, 190, 207, 283; **vol. 16:** 33, 127-8, 131NA, 180, 236, 258, 312, 314-5, 319-20; **vol. 17:** 138, 346; **vol. 18:** 138-9, 141-3, 157, 360, 411-2; **vol. 19:** 111, 133, 193, 210, 216-7, 222-4, 257, 263, 288; — efeito sonífero dos sermões, **vol. 7:** 124; insônia, **vol. 1:** 102; **vol. 3:** 41, 85, 88, 150, 240; **vol. 6:** 83NA, 289NA; **vol. 10:** 18; **vol. 12:** 176, 186; soníferos, **vol. 1:** 121

sons, **vol. 13:** 43-4, 54, 61, 226, 310, 312; — chistes sonoros, **vol. 7:** 46, 68-9; chiste(s); contato entre os sons, **vol. 5:** 88, 115; sons de alta valência, **vol. 5:** 80; *ver também* audição, auditiva(s), auditivo(s); fala(s); música

spiritus [latim: "espírito", "sopro"], **vol. 19:** 158; *ver também* alma(s); espírito(s)

subconsciência/subconsciente *ver* pré--consciente, o (*Pcs*)

subjugação, subjugar, **vol. 6:** 52

sublimação, sublimações, sublimada(s), sublimado(s), **vol. 6:** 50, 80-2, 103, 120, 165, 201, 229, 312, 315; **vol. 8:** 273, 353, 369-71, 375, 378, 380; **vol. 9:** 65, 137, 140, 163, 198, 211-2, 217, 247, 284-5, 362; **vol. 10:** 82, 85, 97, 160-1, 252, 273, 333; **vol. 11:** 320, 326; **vol. 12:** 40-1, 50, 64; **vol. 13:** 459-60, 497, 499, 532, 602; **vol. 14:** 88, 94-6, 151-2, 154, 209-10, 297; **vol. 15:** 106, 216, 303, 315; **vol. 16:** 37, 49, 57, 68, 71; **vol. 17:** 53, 295, 319, 341; **vol. 18:** 35, 41, 60, 244, 292; **vol. 19:** 204, 239

sublime, o, **vol. 7:** 281, 284-5, 298

ÍNDICE REMISSIVO GERAL

substância viva, **vol. 14:** 188, 205-7, 211, 213-6, 219, 228, 232, 235NA; **vol. 15:** 307; **vol. 16:** 50-1; **vol. 18:** 217, 257; *ver também* vida orgânica

substância(s) química(s)/processo(s) químico(s), **vol. 12:** 21, 103; **vol. 18:** 28, 33, 63NA, 392; *ver também* química(s), químico(s)

substâncias sexuais, **vol. 6:** 126, 129-31, 309; *ver também* sexualidade, sexual, sexuais

substituição, **vol. 1:** 92, 219, 283, 292; **vol. 3:** 71-2, 76-8, 80, 91, 113, 142, 157, 176, 189, 267, 269, 271, 282-3, 302

subterrâneos, sonhos com locais, **vol. 4:** 455; *ver também* sonho(s)

sugar *ver* chupar

sugestão, sugestionabilidade, **vol. 1:** 51, 69-70, 76-80, 82, 84-5, 99, 102, 128-9, 131, 138, 141-3, 146, 148, 150, 184, 348; **vol. 2:** 24NA, 38, 63, 70, 78, 80-2, 88, 91, 94, 95NA, 102NA, 115, 143, 145-7, 148NA, 149, 158, 264, 271, 320, 338-40, 352, 356, 359; **vol. 6:** 23NA, 27, 314, 323, 335-7; **vol. 8:** 100, 235, 238-9, 356, 432; **vol. 10:** 143, 159, 167, 209, 258-9, 297, 342; **vol. 13:** 40, 591-4, 596-602, 612; **vol. 14:** 71, 120, 176, 196, 292; **vol. 15:** 22-4, 27, 36, 39-42, 45, 75, 78, 80, 88, 91, 92NA, 277, 297; **vol. 17:** 133, 214, 319; **vol. 19:** 334, 359; — autossugestão, **vol. 1:** 63, 80-1, 95, 99, 209; **vol. 2:** 258, 264, 345, 352; sugestão pós-hipnótica, **vol. 7:** 231; "sugestão pós-hipnótica de longo prazo", **vol. 5:** 209; uso da palavra "sugestão", **vol. 1:** 79; *ver também* hipnose, hipnotismo, hipnótica(s), hipnótico(s)

suicídio, **vol. 5:** 95, 244, 247-9, 256; **vol. 9:** 47, 49, 389; **vol. 12:** 185; **vol. 13:** 566; **vol. 15:** 116-7, 123, 135, 158, 171; **vol. 16:** 67; **vol. 17:** 360-1

sujeira, **vol. 3:** 60, 76, 173

suor(es), **vol. 3:** 87-8, 110, 130, 150; *ver também* pele, a

superestimação, **vol. 12:** 17, 33, 35-6, 41, 171; **vol. 15:** 71-2, 125; — superestimação sexual, **vol. 6:** 42-3, 45-6, 52NT, 141; **vol. 9:** 357; *ver também* sexualidade, sexual, sexuais

superestrutura psíquica, **vol. 15:** 20; *ver também* psique, psiquismo, psíquica(s), psíquico(s)

Super-eu, **vol. 4:** 524NA, 610; **vol. 13:** 16; **vol. 16:** 34, 35NA, 42-5, 48-9, 52, 60, 64-73, 147, 164, 177-9, 181-2, 196-9, 201, 209-13, 297-8; **vol. 17:** 18, 20, 24, 26-7, 29, 49, 51-4, 56, 60, 68, 70, 82-3, 85, 87, 89, 91, 93, 107, 113, 180-1, 241, 316, 319, 327-30, 349-50, 352; **vol. 18:** 92, 94-7, 99, 101, 102NA, 104, 108-10, 112, 116-7, 119, 155, 196-7, 199-203, 205-6, 208-9, 212, 217, 220, 222, 229, 233, 236, 260, 262, 286, 309, 350, 367-8, 378, 402, 442; **vol. 19:** 136, 161-3, 165, 193-5, 197-8, 213, 215, 225-6, 229, 232, 236-8, 243, 271-3, 301NT, 311; *ver também* Eu; Id

superfícies sensoriais, **vol. 9:** 270; *ver também* sentidos/sensorialidade

superioridade, sentimento de, **vol. 7:** 278, 282-3, 317

supermoralidade, **vol. 4:** 291; *ver também* moralidade, moral, morais

superstição, superstições, supersticiosa(s), supersticioso(s), **vol. 2:** 114NA, 356; **vol. 3:** 174; **vol. 5:** 338, 346, 348-9, 351, 380; **vol. 8:** 14, 356; **vol. 9:** 23, 90-1, 98, 111, 163; **vol. 11:** 46, 70, 124, 138, 152, 174, 181, 334; **vol. 12:** 240; **vol. 13:** 79, 114; **vol. 14:** 355, 358, 362, 373; **vol. 15:** 232; **vol. 19:** 292

supressão, suprimir, **vol. 4:** 41, 67, 102, 112, 132-3, 188, 195, 253, 268, 275NT, 276, 493, 514-5, 602, 611, 625, 634-5, 644, 647, 660NA, 661; **vol. 5:** 21, 100, 107, 125, 146, 217, 269, 280, 298, 307-

8, 332, 376, 434, 437, 440; *ver também* censura(s); repressão, repressões, reprimida(s), reprimido(s)

surdez, **vol. 1:** 47, 204, 347; **vol. 2:** 61

surgimento da vida/origem da vida, **vol. 15:** 308; **vol. 16:** 50-1

surra, **vol. 14:** 295-7, 299-305, 309-10, 313-5, 317-22, 324-6

susto, **vol. 14:** 194

tabaco, **vol. 7:** 293; *ver também* fumo/fumar

tabes [dorsal], **vol. 6:** 162, 186NA, 189, 191NA; **vol. 17:** 267

tabu(s), **vol. 6:** 147NA; **vol. 9:** 364, 367, 371-6, 379, 383-4, 385NA, 387; **vol. 10:** 354; **vol. 11:** 15-6, 42-6, 48-56, 59-67, 69-74, 76-91, 93-4, 96-9, 103-4, 106-7, 110-7, 119, 131, 136, 146, 150, 154-5, 157, 161-3, 166-7, 173, 185-6, 190, 195, 219-20, 242-3, 287, 356-7; **vol. 17:** 60; **vol. 18:** 61NA, 62, 67, 332; **vol. 19:** 59, 116; *ver também* pecado, pecaminosidade; religião, religiões, religiosidade, religiosa(s), religioso(s)

tábuas da Lei (legislação mosaica), **vol. 11:** 378, 382, 384, 404, 405, 411; **vol. 19:** 48, 71; *ver também* lei(s)

taedium vitae, **vol. 6:** 195, 199

talião, regra de (Lei de talião), **vol. 11:** 234; **vol. 12:** 236, 269; **vol. 14:** 347; *ver também* lei(s)

"*talking cure*" [inglês: "cura pela fala"], **vol. 2:** 53-4, 63, 67; **vol. 9:** 226, 237; *ver também* terapia/psicoterapia

taquicardia, **vol. 3:** 87, 150; *ver também* coração, cardíaco(s)

tavernas, baixo calão em, **vol. 7:** 143; *ver também* chiste(s); obscenidade, obscena(s), obsceno(s); piada(s)

teatro, **vol. 6:** 361-2; **vol. 7:** 56, 110, 260, 310; — teatro medieval, **vol. 19:** 123; *ver também* drama/dramatização; teatro; tragédia(s) grega(s)

tecido nervoso, **vol. 1:** 203, 205-6, 223; — memória como principal característica do tecido nervoso, **vol. 1:** 223; *ver também* nervos/terminações nervosas; sistema nervoso

técnica do chiste, **vol. 7:** 27, 31NA, 32-3, 39, 42, 44, 46, 48-9, 51-4, 61, 65, 67, 74-6, 79, 86, 89, 104, 106, 115, 119, 121, 126-7, 136, 138-9, 146, 153, 155, 170, 182, 218, 221, 227, 237, 240NA, 241, 293; *ver também* chiste(s)

técnica psicanalítica, **vol. 1:** 9-10NT, 12NT, 58NT; **vol. 8:** 294-5, 344, 391; **vol. 13:** 95, 176, 299, 590; **vol. 16:** 17, 125; **vol. 17:** 134; **vol. 19:** 225, 239, 328; *ver também* análise/analista(s); psicanálise, psicanalítica(s), psicanalítico(s), psicanalista(s)

teimosia, **vol. 8:** 351, 355; **vol. 14:** 258, 260-1

telefone, **vol. 1:** 298-9; — linhas telefônicas (em analogia ao funcionamento cerebral), **vol. 2:** 274; *ver também* cérebro, cerebral, cerebrais

teleologia, **vol. 10:** 245

telepatia, telepática(s), telepático(s), **vol. 14:** 351; **vol. 15:** 175, 178NA, 181, 186-7, 189, 192, 203, 206-8; **vol. 16:** 331, 333-4; **vol. 18:** 165-9, 189-90; — transmissão de pensamento(s), **vol. 15:** 161, 169, 173; **vol. 18:** 169-73, 179, 185-6, 188-9, 191; *ver também* ocultismo, ocultista(s)

temor(es), **vol. 8:** 93, 147, 156, 170, 197, 209, 232, 247-50, 278, 283, 403; **vol. 9:** 17, 21-4, 27NA, 29, 40, 52, 62, 91, 97, 371, 373-5, 387; — *Furcht* [alemão: "temor"], **vol. 8:** 147; **vol. 13:** 523; traição, temor da, **vol. 3:** 174; *ver também* angústia(s); fobia(s); medo(s)

temperamentos, **vol. 2:** 329, 339

tempestades, medo de, **vol. 2:** 129-30; *ver também* angústia(s); fobia(s)

ÍNDICE REMISSIVO GERAL

templo(s), **vol. 19**: 32, 36, 62, 89; — templo de Jerusalém, **vol. 19**: 63, 159; *ver também* hebreu(s); judaísmo, judeu(s); religião, religiões, religiosidade, religiosa(s), religioso(s)

tempo de tratamento, **vol. 10**: 141, 159, 168, 170-1, 173-4, 176; *ver também* terapia/psicoterapia

tempo de vida/duração da vida, **vol. 1**: 111; **vol. 14**: 213, 215; *ver também* vida humana

tendão de Aquiles, **vol. 1**: 37

tendência(s), **vol. 11**: 29, 38-9, 64, 66, 84-5, 87, 120, 124, 140, 143, 169, 179, 222, 251, 297, 311, 314, 320, 322-3, 331-4, 337, 352, 356, 362; **vol. 15**: 23, 28NA, 29, 39, 41, 43, 55, 70-2, 77-8, 85, 108, 118, 121, 128, 135, 201, 203-4, 212, 221, 223, 233, 253, 277, 284, 287, 289, 307-8; **vol. 16**: 20, 42, 44, 51, 53, 59, 67, 81, 84, 97, 105, 170, 182, 185-7, 195, 199, 209, 213, 217, 231, 236, 248, 264, 313, 327, 347; — tendência à inversão, **vol. 6**: 23NA; *ver também* homossexualidade, homossexual, homossexuais; inversão, invertida(s), invertido(s); predisposição, predisposições

tendenciosos, chistes, **vol. 7**: 129-30, 132, 135-6, 138-9, 143-4, 146, 150-2, 155-6, 160, 164, 168-70, 183, 186-7, 191-5, 203, 207, 214, 217, 246, 250-2, 257, 313; *ver também* chiste(s)

tensão, tensões, **vol. 8**: 139; **vol. 9**: 20, 106, 229, 241, 343, 374; **vol. 10**: 96, 114, 231, 237; **vol. 12**: 29, 41, 84, 223, 267; **vol. 14**: 162, 205, 210, 228, 238; **vol. 17**: 27, 60, 79, 81, 84, 148; **vol. 19**: 161, 193, 195, 261, 271; — tensão libidinal, **vol. 3**: 106; tensão nervosa, **vol. 2**: 275NA; tensão sexual, **vol. 6**: 40, 123, 125, 128-30, 133; *ver também* libido, libidinal, libidinais; sexualidade, sexual, sexuais

teóforos, nomes próprios, **vol. 19**: 59; *ver também* nomes

teoria da histeria, **vol. 2**: 208, 303, 312, 325; — "teoria do reflexo", **vol. 2**: 343, 356; *ver também* histeria, histérica(s), histérico(s)

teoria da libido, **vol. 6**: 135, 137; *ver também* libido, libidinal, libidinais

teoria da sexualidade, **vol. 6**: 15; *ver também* sexualidade, sexual, sexuais

teoria dos instintos, **vol. 6**: 67; *ver também* instinto(s), instintual, instintuais

teoria psicanalítica, **vol. 16**: 17, 134, 146, 233, 241-2, 259, 312; **vol. 18**: 83-4, 207, 463; *ver também* análise/analista(s); psicanálise, psicanalítica(s), psicanalítico(s), psicanalista(s)

"teoria vertebral" do crânio, **vol. 5**: 418

teorias do nascimento, **vol. 6**: 105; *ver também* nascimento

teorias do sonho, **vol. 4**: 44, 62, 104-6, 112, 118, 126-7, 187, 190, 197, 266, 289, 608, 651, 660; *ver também* sonho(s)

terapêuticos, sonhos (Grécia antiga), **vol. 4**: 59; *ver também* sonho(s)

terapia/psicoterapia, **vol. 1**: 59, 62, 89-92, 127, 135, 141, 145, 148, 183, 211, 216, 348; **vol. 2**: 24NA, 34, 37, 82, 93NA, 97NA, 103NA, 115, 134, 141, 149, 158-9, 172, 179, 198, 253, 361-2, 367-71, 374-5, 385-6, 388, 391, 399, 407-8, 421, 427; **vol. 3**: 24, 48, 64, 91, 100, 127, 137, 147, 160, 238, 246-9, 251, 255, 257-9, 261, 271, 313; **vol. 4**: 398, 450, 455, 459-60, 495, 517, 671; **vol. 5**: 195, 228, 293, 381, 424; **vol. 6**: 156NA, 162, 177, 183NA, 217, 222, 227, 233, 310-2, 314, 318, 322, 328-9, 331, 333-44, 347; **vol. 8**: 37, 114-5, 148, 204, 253, 291, 296, 307; **vol. 9**: 35, 70NA, 86, 221, 246, 253, 288, 298, 329-30; **vol. 10**: 123, 129, 131, 134, 139, 141-3, 145, 166, 168, 170, 172-3, 177-8, 180, 183-4, 187, 191, 196, 200-4, 207, 211-2, 214,

ÍNDICE REMISSIVO GERAL

216, 218-23, 225, 341, 344-5, 352; **vol. 11:** 248, 249, 263, 269, 277, 323, 325; **vol. 12:** 140; **vol. 14:** 46, 51, 56-7, 69, 94, 101, 122, 127, 156, 178, 199, 243, 280, 282, 284-8, 290, 292; **vol. 16:** 61, 63NA, 89, 106, 123, 125, 141, 166, 195, 224, 240-2, 306-7, 310, 313, 315; **vol. 17:** 100, 133, 181, 188, 190, 193-4, 200, 203, 206, 215, 223, 314; **vol. 18:** 118, 120, 232, 233, 261, 288, 309, 314-6, 318-21, 454; **vol. 19:** 201, 239, 275-7, 283-4, 286, 289-90, 293, 295, 305, 307, 311; — operações psicoterapêuticas, **vol. 2:** 427; prazo da terapia, **vol. 19:** 277-8; "reeducação para a superação de resistências interiores", tratamento psicanalítico como, **vol. 6:** 345; *"talking cure"* [inglês: "cura pela fala"], **vol. 2:** 53-4, 63, 67; **vol. 9:** 226, 237; tempo de tratamento, **vol. 10:** 141, 159, 168, 170-1, 173-4, 176; terapeuta, **vol. 2:** 226, 379; **vol. 8:** 113, 292; tratamento psíquico, **vol. 1:** 64, 105, 117, 119, 126, 128, 131; *ver também* análise/analista(s); psicanálise, psicanalítica(s), psicanalítico(s), psicanalista(s)
terminações nervosas *ver* nervos
ternura, **vol. 2:** 166-7, 169, 229, 386; **vol. 6:** 111, 150; **vol. 8:** 48, 64, 147-8, 150, 165, 197, 253, 275, 318, 355; **vol. 9:** 38, 56, 100, 102, 166, 179-80, 185, 190, 216, 298, 345, 350, 352, 356, 387; **vol. 11:** 106; **vol. 13:** 73, 272, 277-9, 337, 340, 432, 441, 443, 446; **vol. 14:** 22, 105, 109, 112, 121, 154, 258; **vol. 15:** 61, 71, 104, 109, 129, 145, 171, 200, 251, 306; **vol. 17:** 104, 310, 347, 360; **vol. 18:** 65, 84, 244
Terra, **vol. 8:** 394; **vol. 13:** 196, 220, 266, 380, 494, 553; **vol. 14:** 215, 245; **vol. 17:** 18, 253, 260, 274-5, 292-3, 372; **vol. 18:** 51-2, 61, 74, 159-60, 429
terremotos, **vol. 19:** 67NA

terror(es), **vol. 14:** 115, 168-9, 194, 387; **vol. 15:** 75, 327; **vol. 17:** 250, 252, 375
testemunhas judiciais, **vol. 8:** 286
testículos, **vol. 1:** 43; **vol. 6:** 36NA, 132; **vol. 8:** 409; — saco escrotal, **vol. 16:** 171NA
teta *ver* seio(s)
tétano, **vol. 11:** 132; — "tétano intercelular", **vol. 2:** 274
Thomsen, doença de, **vol. 3:** 137, 142
tia(s), tio(s), **vol. 9:** 35, 59; **vol. 14:** 131
tifo, **vol. 3:** 244, 261
timidez, **vol. 6:** 33, 186, 205NA
tinguianos, **vol. 11:** 94
"típicos", sonhos, **vol. 4:** 64, 190, 280-2, 286, 288, 305, 307, 313-5, 317, 430, 438, 440-1; **vol. 5:** 444; *ver também* sonho(s)
tique(s), **vol. 1:** 25, 158-9, 161-3, 173; **vol. 2:** 20-1, 76, 77NA, 83, 89NA, 97, 100, 109, 135, 137-8, 140, 346; **vol. 3:** 39-40, 76; **vol. 5:** 265
tireoide, **vol. 1:** 174; **vol. 6:** 133; **vol. 16:** 101
tolice infantil, **vol. 7:** 243; *ver também* criança(s); infância, infantil, infantis
tontura, **vol. 3:** 88; **vol. 13:** 530
topofobia, **vol. 13:** 361; *ver também* fobia(s), fóbica(s), fóbico(s)
topografia cerebral, **vol. 3:** 21; *ver também* cérebro, cerebral, cerebrais
topologia psíquica, **vol. 12:** 110-2; *ver também* psique, psiquismo, psíquica(s), psíquico(s)
toque/tocar, **vol. 6:** 40, 49, 68NA, 74NA, 116, 125, 339; **vol. 8:** 416; **vol. 17:** 60, 157; — contretação, instinto de, **vol. 6:** 68NA, 83NT; **vol. 7:** 141NA; **vol. 8:** 245; libido do toque, **vol. 7:** 141; *ver também* libido, libidinal, libidinais
tórax, **vol. 1:** 37
tosse, **vol. 1:** 63-4, 100; **vol. 2:** 42, 66, 71, 298, 382; **vol. 6:** 192-3, 195, 199, 214, 217, 224, 230, 232, 236, 269-70,

ÍNDICE REMISSIVO GERAL

294NA; — *tussis hysterica* [tosse histérica], **vol. 1:** 63-4; *ver também* histeria, histérica(s), histérico(s)

totemismo, totêmica(s), totêmico(s), **vol. 10:** 106; **vol. 11:** 15-6, 19, 20NA, 21-2, 24-5, 27-9, 31, 34, 49, 61, 66, 156-8, 161-86, 194-5, 199-204, 208-10, 212, 213-7, 219-26, 228, 234-6, 242; **vol. 14:** 81, 151, 246, 395; **vol. 16:** 36NA, 48, 156-9, 193; **vol. 19:** 29, 117-9, 123, 165, 180-1, 183; — animal totêmico/animais totêmicos, **vol. 11:** 61, 157, 158, 161-5, 167, 184, 202-3, 209, 212, 214-6, 219-20, 222, 224-5; *intichiuma* (cerimônia totêmica), **vol. 11:** 177-9, 213; refeição totêmica/banquete totêmico, **vol. 11:** 204, 212-4, 216-7, 222, 224, 226, 235-6; **vol. 17:** 351; **vol. 19:** 117, 119, 123, 180

Tourette, síndrome de la, **vol. 1:** 25

tóxicas, substâncias, **vol. 6:** 133-4, 309, 359

toxinas, **vol. 13:** 514-5

trabalho, **vol. 18:** 36NA, 54, 62, 72, 77, 432; — "trabalho excessivo", **vol. 3:** 98, 109, 146, 245, 249

trabalho analítico/trabalho psicanalítico, **vol. 6:** 181, 368; **vol. 9:** 281, 284-5; **vol. 13:** 356, 371, 389, 559, 583, 589, 599; **vol. 17:** 33, 54, 154-5, 226; **vol. 18:** 70, 113, 135, 154-5, 180, 185, 207, 211, 216, 256, 259, 264, 287, 316, 337, 445; **vol. 19:** 106, 110, 125, 131, 139, 141, 181, 252, 275, 279, 293-4, 297-8, 307, 310-1, 318-9, 324, 328-9; *ver também* análise/analista(s); psicanálise, psicanalítica(s), psicanalítico(s), psicanalista(s)

trabalho científico, **vol. 5:** 203, 207, 218, 318; — trabalhos científicos de Freud, lista dos (1877-97), **vol. 3:** 305-11; *ver também* ciência, científica(s), científico(s)

trabalho do chiste, **vol. 7:** 80, 88, 102, 127-8, 135, 138, 153, 179, 184, 186-7, 192, 199, 202-5, 213, 215, 217, 220, 222, 236, 239, 244, 246-8, 250-1, 254-5, 288; *ver também* chiste(s)

trabalho do sonho/trabalho onírico, **vol. 4:** 179, 214-5, 218, 243, 263-4, 266, 318, 320, 340NA, 346, 350, 353-5, 360, 362-3, 374, 381, 383-4, 387, 389, 392, 400, 451-2, 456, 457-9, 463, 470, 479-81, 490, 495, 496NA, 497-8, 501, 504, 512, 514-5, 518-20, 528, 538, 541, 543-5, 547, 550, 552, 556-7, 559, 566, 569, 573-4, 582, 594, 598, 608, 610, 613, 627, 629, 643, 645, 648-51, 660, 667; **vol. 5:** 368, 373, 389, 391, 397-8, 400-1, 404-6, 411-4, 419-23, 425-7, 430, 433, 444-5; **vol. 7:** 44-5, 80NT, 127-8, 153, 227-30, 232-8, 240NA, 244-5, 247, 249-50, 252-3, 258, 288; **vol. 9:** 258, 303, 310-1, 312; **vol. 13:** 128, 161, 183, 190, 225, 229-32, 234, 236-8, 240-6, 248, 250, 254, 256, 268, 285, 287-8, 290, 301-2, 308, 310, 312, 319-20, 322; **vol. 18:** 128, 130, 139-40, 142, 144-5, 147, 151-2, 156-7, 166, 168, 215, 411; **vol. 19:** 216, 218-20, 222, 224; — *Traumarbeit* [alemão: "trabalho do sonho"], **vol. 7:** 80NT; *ver também* sonho(s)

trabalho intelectual, **vol. 6:** 117; **vol. 7:** 217, 277, 297; *ver também* intelecto/intelectualidade

traço(s) mnêmico(s), **vol. 3:** 54-5, 162, 164, 166, 300-1; **vol. 4:** 588, 590NA, 617; **vol. 12:** 163; **vol. 16:** 24-5, 218, 268-9; **vol. 18:** 20; **vol. 19:** 131, 133, 140, 250, 263; *ver também* memória

traços de personalidade, **vol. 7:** 276; *ver também* personalidade

traços faciais, **vol. 7:** 270, 274; *ver também* face, facial, faciais

Traduttore — Traditore! (mote/chiste), **vol. 7:** 51, 172NA; *ver também* chiste(s)

tragédia(s) grega(s), **vol. 4:** 302-3, 305; **vol. 6:** 365; **vol. 11:** 236, 237, 376;

vol. 19: 123; — dramaturgos áticos, **vol. 19:** 100; *ver também* drama/dramatização; teatro
traição, temor da, **vol. 3:** 174; *ver também* temor(es)
tranquilidade psíquica, **vol. 2:** 290-1; *ver também* psique, psiquismo, psíquica(s), psíquico(s)
transferência, **vol. 2:** 116NT, 424-6; **vol. 4:** 137, 217NA, 220, 234, 236, 350, 489, 558, 597, 599, 614-6, 614NT, 619, 625-6, 651, 658; **vol. 5:** 36-7, 62, 236, 256, 299, 317, 328, 334, 349, 353, 423; **vol. 6:** 136, 181, 254NA, 258, 312-6; **vol. 8:** 177; **vol. 9:** 61, 69, 206, 262, 280, 289, 331; **vol. 10:** 63, 67, 134, 136-8, 140-6, 159, 166NA, 167, 177, 179, 185-7, 192, 201, 204-6, 211, 213NA, 214-7, 220-1, 223-4, 227, 327; **vol. 11:** 55, 252, 253, 258, 304, 323, 324, 416; **vol. 12:** 20, 22, 25, 28, 30, 42, 45-6, 61, 85, 121, 138-9, 145, 147-8, 169, 182, 186; **vol. 13:** 281, 386, 398, 408, 447, 454, 456, 465-6, 502, 510, 513, 517, 547-8, 556, 558-60, 568, 570, 585-90, 592-3, 597-8, 600-3, 612; **vol. 14:** 79-80, 94, 141, 160, 176-7, 180-1, 183, 201, 221, 223, 280, 287, 386-7; **vol. 15:** 89, 138-9, 199, 219, 250, 291, 294, 296, 302, 305; **vol. 16:** 56, 124-5, 148, 178-9, 181, 233, 242, 305, 312-3, 352; **vol. 17:** 107, 122, 185-6, 188, 209, 225, 317, 319, 362; **vol. 18:** 85, 120, 143-4, 180, 188, 190, 256, 285, 309, 316, 319, 374, 380NT, 421; **vol. 19:** 229-33, 235, 238, 277-8, 282-3, 295, 297-8, 306, 324-5, 329, 331; — contratransferência, **vol. 9:** 293; *ver também* projeção
transfert, **vol. 1:** 45, 65, 73-5
transformações da puberdade, **vol. 6:** 121; *ver também* puberdade
transgressão, **vol. 11:** 22, 47, 54, 82, 112, 117
transitoriedade, **vol. 12:** 247-50

transmigração da(s) alma(s)/reencarnação, **vol. 12:** 239; **vol. 14:** 231NA; **vol. 19:** 315; *ver também* alma(s)
transmissão de pensamento(s), **vol. 15:** 161, 169, 173; **vol. 18:** 169-73, 179, 185-6, 188-9, 191; — telepatia, telepática(s), telepático(s), **vol. 14:** 351; **vol. 15:** 175, 178NA, 181, 186-7, 189, 192, 203, 206-8; **vol. 16:** 331, 333-4; **vol. 18:** 165-9, 189-90; *ver também* ocultismo, ocultista(s); pensamento(s)
transmutação dos valores psíquicos, **vol. 5:** 406; *ver também* deslocamento(s); psique, psiquismo, psíquica(s), psíquico(s)
transtorno psicogênico da visão, **vol. 9:** 313-4, 321; *ver também* visão, visual, visuais,
transtornos/distúrbios da fala, **vol. 3:** 41; **vol. 5:** 82, 87; *ver também* fala(s); linguagem; palavra(s)
transtornos nervosos, **vol. 9:** 328; *ver também* histeria, histérica(s), histérico(s); nervosismo; neurastenia, neurastênica(s), neurastênico(s); neurose(s), neurótica(s), neurótico(s)
tratamento psicanalítico *ver* terapia/psicoterapia
trauma(s), traumática(s), traumático(s), **vol. 1:** 22-3, 54-5, 57-8, 171-2, 174, 181-3, 185-6, 188, 207-9, 297, 300; **vol. 2:** 14, 19-20, 22-3, 26-30, 32-6, 42, 46, 69, 82, 88, 105NA, 112NA, 128-30, 132-3, 137-8, 141-2, 149-51, 156-7, 168-9, 172, 174, 177-9, 187, 192-3, 207, 216, 226, 233, 241, 249, 255, 269, 296, 299-301, 310, 313, 328, 333, 343, 350-1, 369, 375, 388, 403-4; **vol. 3:** 27-8, 30, 34-6, 38-48, 102-3, 122, 155, 161-8, 186, 192, 197, 204-5, 211-2; **vol. 6:** 149, 196, 199-200, 332, 351-2, 354-5, 360; **vol. 8:** 250, 271, 345; **vol. 9:** 57, 228, 231-3, 237-8, 245, 265, 266, 389; **vol. 10:** 189, 328; **vol. 11:** 248,

ÍNDICE REMISSIVO GERAL

260-1; **vol. 13:** 364, 366-8, 375, 461, 480, 482, 505; **vol. 14:** 41, 81, 127, 145, 159, 169-70, 192, 195-7, 388; **vol. 15:** 97, 126, 144, 191, 216, 275-6, 285-6; **vol. 17:** 23, 58-9, 69-70, 73-4, 76-7, 80, 84, 93, 95-8, 109, 115-8, 120-1, 150-1, 168, 170, 194, 218, 307, 325, 345; **vol. 18:** 23, 85, 155-7, 225, 239-41, 274, 308, 311; **vol. 19:** 77, 96, 103-10, 112-4, 137, 139, 203, 242-3, 250, 275, 280-1, 284, 286, 289, 300, 346

Traumarbeit [alemão: "trabalho do sonho"], **vol. 7:** 80NT; *ver também* sonhos(s); trabalho do sonho

travessia do mar Vermelho (episódio bíblico), **vol. 19:** 49

travestimento, **vol. 7:** 269, 283, 285

tremor(es)/tremedeira, **vol. 2:** 60, 311; **vol. 3:** 20, 121, 130, 150; **vol. 13:** 530

tribo(s), **vol. 11:** 18-20, 22-3, 25-9, 35, 53, 68-9, 71, 83, 86, 92, 94-5, 153, 157, 160, 164-5, 176, 179, 185, 187, 209, 213-4, 216, 229

tríceps, **vol. 1:** 37; *ver também* músculo(s), muscular(es), musculatura

trigêmeo, nervo, **vol. 1:** 32, 37; *ver também* nervos/terminações nervosas

tristeza, **vol. 2:** 40, 318; **vol. 15:** 211; *ver também* depressão, depressões; melancolia, melancólica(s), melancólico(s)

troca fonética/metátese, **vol. 9:** 311

trocadilho(s), **vol. 4:** 453; **vol. 7:** 24, 67-70, 109-10; *ver também* jogos de palavras

tuaregues, **vol. 11:** 94, 98NA

tuberculose, **vol. 1:** 29, 100; **vol. 2:** 265; **vol. 3:** 43, 135, 216; **vol. 4:** 145-6, 148, 326, 676; **vol. 6:** 36NA, 188; **vol. 8:** 387; **vol. 13:** 611

tubo digestivo, **vol. 6:** 41; — digestão/trato digestivo, **vol. 1:** 30, 62, 107-8, 157; **vol. 2:** 288; distúrbios digestivos, **vol. 4:** 60; *ver também* estômago; intestino(s), intestinal, intestinais

tumor, **vol. 9:** 225

typus hystericus, **vol. 2:** 327; *ver também* histeria, histérica(s), histérico(s)

umbigo, **vol. 6:** 105; **vol. 13:** 423

umedecimento da vagina, **vol. 6:** 123; *ver também* vagina

unhas, **vol. 11:** 79, 81, 130, 389

unheimlich ver "inquietante", o

união sexual, **vol. 6:** 21, 41; *ver também* ato sexual; coito; intercurso sexual; relações sexuais; sexualidade, sexual, sexuais

unicelulares, **vol. 14:** 214, 216, 220; *ver também* célula(s)

unificação, chistes e processo de, **vol. 7:** 54, 60, 97, 98NA, 99-101, 115, 121, 123, 131, 133, 150, 173, 177, 185, 299; *ver também* chiste(s)

universais, símbolos, **vol. 5:** 443; *ver também* simbolismo/símbolo(s)

universidades, **vol. 14:** 378

universo, **vol. 14:** 245

"uranismo", **vol. 6:** 25NA; *ver também* homossexualidade, homossexual, homossexuais; inversão, invertida(s), invertido(s)

uretra/uretral, **vol. 9:** 270; **vol. 18:** 50NA, 250; — erotismo uretral, **vol. 6:** 118NA, 166NA

urina, **vol. 1:** 102; **vol. 2:** 121; **vol. 8:** 135, 142, 180, 242, 401, 406, 408; **vol. 13:** 435; **vol. 14:** 108, 258; **vol. 18:** 50NA, 73NA, 270, 400, 402, 404; — aparelho urinário, **vol. 4:** 389; enurese/enuresia, **vol. 4:** 254, 415, 449; **vol. 6:** 97, 259, 264-5, 267NA, 268, 276, 278-9; **vol. 8:** 358; **vol. 14:** 123; simbolismo da urina, **vol. 4:** 410, 412-3; urinar/micção, **vol. 1:** 102; **vol. 3:** 60, 62-3, 73, 93, 109, 222; **vol. 4:** 238, 247, 249, 251, 256, 257NA, 346, 395NA, 449NA; **vol. 5:** 117, 200; **vol. 6:** 94, 100, 204

útero, **vol. 2:** 115, 344, 351NT; **vol. 6:** 79NA, 148NA; **vol. 9:** 125, 127NA; **vol. 18:** 51, 149, 151, 232; **vol. 19:** 217, 283; — líquido amniótico, **vol. 4:** 448, 449NA; **vol. 19:** 20; vida intrauterina, **vol. 4:** 445; **vol. 17:** 80, 101; **vol. 19:** 217

vaca(s), **vol. 8:** 126-7, 221-2, 319; **vol. 19:** 45NA
vagina, **vol. 4:** 117, 408-9, 443; **vol. 5:** 117; **vol. 6:** 123, 126, 141-2, 271; **vol. 8:** 269-80, 402, 408; **vol. 9:** 127NA; **vol. 10:** 293, 336; **vol. 12:** 144-5; **vol. 13:** 263, 404, 419, 421; **vol. 14:** 65, 105-6, 259, 262; **vol. 16:** 175; **vol. 18:** 249, 271, 372, 376; **vol. 19:** 203; — umedecimento da vagina, **vol. 6:** 123; *ver também* clitóris; genitalidade, genital, genitais; zona(s) erógena(s)
valor afetivo, **vol. 1:** 207-9; *ver também* afetividade, afeto(s), afetiva(s), afetivo(s)
valor psíquico, **vol. 9:** 260, 359-60; *ver também* psique, psiquismo, psíquica(s), psíquico(s)
"vara fecal", **vol. 14:** 259; *ver também* defecação/evacuação; excremento(s), excretória(s), excreção; fezes
variedade da constituição sexual, **vol. 6:** 161; *ver também* sexualidade, sexual, sexuais
varíola, **vol. 3:** 216
vasomotores, eretismo dos, **vol. 2:** 266, 268; vasomotores, centros/reflexos, **vol. 1:** 45, 81-2, 98
vasos sanguíneos, **vol. 1:** 103, 111; *ver também* sangue
velhice, **vol. 14:** 217; — senescência, **vol. 3:** 97, 108
venéreas, doenças, **vol. 6:** 260-1, 272
ventre materno, **vol. 4:** 446NA; **vol. 5:** 77NA; **vol. 8:** 198NA, 262, 410; *ver também* vida intrauterina

verbais, chistes, **vol. 7:** 67, 109-10, 116, 127, 130, 133, 135, 144, 170, 182, 197NA, 260; *ver também* chiste(s)
verbais, lapsos, **vol. 5:** 78-147, 163, 172, 181, 221, 302, 305, 324, 364-5, 368; **vol. 19:** 356-7; *ver também* lapso(s)
vergonha, **vol. 2:** 22, 139NA, 271, 378; **vol. 3:** 169, 171, 181, 279; **vol. 5:** 118, 204; **vol. 6:** 56-7, 62, 80-1, 98, 100, 138; **vol. 7:** 140, 190; **vol. 9:** 162
vermes, **vol. 17:** 267
vertigem, **vol. 1:** 30, 66, 100; **vol. 3:** 88-90, 93-4, 98-9, 130, 150, 240, 247
vesículas seminais, **vol. 3:** 106-7; *ver também* ejaculação; esperma/sêmen
vestígios diurnos *ver* resíduo(s) diurno(s)
vestimentas, pudor e, **vol. 7:** 141
vício, **vol. 3:** 91, 250, 308; *ver também* hábitos(s)
vida amorosa, **vol. 6:** 40NA, 43, 74NA, 152NA, 245; **vol. 12:** 25, 31, 34-5, 45-6, 245; **vol. 14:** 57, 256, 305, 322, 390; *ver também* afetividade, afeto(s), afetiva(s), afetivo(s); amor(es), amorosa(s), amoroso(s); objeto(s) amoroso(s)/objeto amado/objeto de amor
vida anímica, **vol. 15:** 25, 26NA, 28, 31-2, 37, 41, 105; *ver também* anímica(s), anímico(s)
vida após a morte/"Além", **vol. 4:** 447NA; **vol. 17:** 252; **vol. 19:** 31, 40, 84
vida cotidiana, **vol. 11:** 201, 251, 279, 332, 367-8
vida diurna, **vol. 4:** 43, 522, 602, 606, 612, 646; **vol. 5:** 394, 429; *ver também* vigília
vida dos animais, **vol. 18:** 29, 62NA; *ver também* animalidade, animal, animais
vida emocional, **vol. 8:** 246, 395, 400; *ver também* emoção, emoções, emocional, emocionais
vida familiar, **vol. 11:** 38, 202, 208, 423; *ver também* família(s)

ÍNDICE REMISSIVO GERAL

vida humana, **vol. 9:** 218, 372; **vol. 13:** 17, 191; **vol. 17:** 233, 273, 294; **vol. 18:** 29, 56, 62, 205, 324, 326, 342, 347, 462; — duração da vida, **vol. 1:** 111; **vol. 14:** 213, 215; finalidade da vida, **vol. 18:** 29-30

vida instintual, **vol. 8:** 73, 114, 243, 356; **vol. 9:** 98-9, 102, 110-1; **vol. 10:** 144, 146; **vol. 12:** 62, 66NA, 136, 185, 221-2; **vol. 14:** 138, 205, 219, 241, 250; **vol. 17:** 206-7, 369; **vol. 18:** 82, 85, 192, 193, 245, 251, 270, 402, 405, 431, 434; *ver também* instinto(s), instintual, instintuais

vida intrauterina, **vol. 4:** 445; **vol. 17:** 80, 101; **vol. 19:** 217; — líquido amniótico, **vol. 4:** 448, 449NA; **vol. 19:** 20; *ver também* útero; ventre materno

vida onírica, **vol. 4:** 16, 25-6, 28-9, 32, 41, 59, 75-6, 79-80, 85-7, 90, 92-4, 97, 104, 106-7, 111, 114-5, 119-21, 123, 136, 226, 233, 417, 556, 586, 624, 661, 666; **vol. 5:** 379-80, 389; *ver também* sonho(s)

vida orgânica, **vol. 14:** 202, 209NA, 228; **vol. 15:** 19; **vol. 18:** 113, 115, 268, 467; *ver também* substância viva

vida psíquica, **vol. 1:** 98, 105, 109, 125, 131, 207, 242, 278, 288, 297; **vol. 2:** 41, 168, 313, 355, 363, 417, 427; **vol. 3:** 33, 44, 105, 155, 171, 194, 262, 283, 296, 302; **vol. 4:** 15, 27, 44, 54, 68, 71, 74, 88, 91-2, 97, 102, 114, 132, 137, 164NA, 176, 210, 258, 272, 275, 286, 289, 301, 307, 417, 464NA, 504, 523, 557, 578, 583, 599, 614, 619, 621, 631, 643, 644, 648, 654, 657, 661, 662NT, 666, 668, 675; **vol. 5:** 77NA, 270, 287, 296, 325, 345, 347, 369-72, 374, 378, 387, 390, 421; **vol. 6:** 17, 34NA, 63, 76, 123, 144, 170, 183, 220, 239, 251, 274, 309, 317NA, 326-7, 329; **vol. 7:** 16, 191, 211NA, 228, 231, 234, 244, 256, 271NA; **vol. 8:** 17, 60-1, 66, 71, 234, 247, 297, 328, 335, 353; **vol. 9:** 22, 47, 103, 123, 135, 156, 161, 169, 172, 211, 226, 232, 234, 250, 261-2, 275, 281, 296, 316, 319, 384; **vol. 10:** 24, 47, 80, 88, 95, 111NA, 206, 238, 257, 272-4, 292, 312, 343; **vol. 11:** 18, 41, 48, 53, 58, 103, 115, 152, 154, 238-40, 252, 285, 288, 310-1, 330, 334-7, 339, 341-2, 349, 353-4, 362, 375, 419; **vol. 12:** 16, 57, 60, 72, 80, 103, 106, 164, 234, 241, 245; **vol. 13:** 23, 26, 28, 80, 89, 94, 103, 114, 116, 118-9, 137, 142, 147, 169, 196, 198, 200, 228, 246-7, 273, 279-80, 284-5, 295-6, 323, 337, 341, 346-7, 371, 379-80, 395, 417, 455, 464, 466, 493, 509, 515, 520, 546, 548, 559, 568, 576, 588, 596, 604; **vol. 14:** 16, 68, 159, 163, 183, 196, 199, 228, 237, 241-2, 255, 267, 283-4, 329, 352, 356, 362, 364, 379, 392; **vol. 15:** 14-5, 17, 31, 61, 68NA, 140, 154, 190, 208, 210, 218, 246, 252, 276-7, 282, 285, 288, 296, 298, 300, 306, 324; **vol. 16:** 15, 21, 45-6, 49, 105-6, 116, 131NA, 143, 147, 185, 218, 226, 234, 236, 241, 244, 246, 249, 250, 254, 260, 291, 293, 295, 298, 329; **vol. 17:** 86, 132, 136-8, 155, 163-4, 166, 175, 180-1, 217, 225, 257, 269, 308, 314, 316, 328, 344, 349, 364; **vol. 18:** 14, 17, 19-20, 23-4, 26, 33, 70NA, 111, 126, 137, 141, 190, 204, 218, 256, 266, 281, 292, 317, 340, 370, 387, 413; **vol. 19:** 95, 99, 119, 134-5, 137, 172, 175, 191, 195, 214, 236, 247, 257, 295, 310-2, 315, 359-60; *ver também* psique, psiquismo, psíquica(s), psíquico(s)

vida real, **vol. 8:** 21, 52, 68, 86; **vol. 9:** 15, 278, 343; **vol. 17:** 340, 352; *ver também* realidade, real, reais

vida sexual/*vita sexualis*, **vol. 1:** 55, 174, 183, 289, 349; **vol. 2:** 192, 297, 369; **vol. 3:** 57, 71, 94, 98, 124-6, 128-32, 136, 138, 148, 150-2, 157-8, 161, 166,

335

ÍNDICE REMISSIVO GERAL

203, 206, 233-39, 241-2, 245, 250, 253, 255-6, 313; **vol. 4:** 284, 343, 345, 390, 659, 660NA; **vol. 6:** 15-8, 36NA, 39, 41, 53, 55, 56, 59-60, 63, 69, 72-3, 77, 79, 94, 98NA, 99, 101, 103, 107-11, 121-2, 127-8, 134-5, 141, 144, 148, 150-2, 155-6, 158-60, 162-4, 167, 170-1, 176, 204, 227-8, 267, 269NA, 296NA, 309, 345, 349, 351, 353, 373-4; **vol. 8:** 125, 135, 234, 239, 243-4, 315-6, 319, 323-4, 342, 346, 353, 361, 366-8, 371, 374, 382-3, 385, 398, 400; **vol. 9:** 17, 19, 25, 59, 64, 70NA, 110, 136-7, 140, 159, 162, 196, 209, 211-2, 265, 269-71, 273-4, 276-7, 327, 329, 341-2, 350, 358, 365, 372, 380; **vol. 10:** 41-2, 62, 227, 272, 330-2, 349; **vol. 13:** 30, 197, 206-7, 219, 256, 281, 283, 285, 298, 304, 352, 357, 360, 397, 401, 403, 407, 411-2, 414-5, 417, 419-20, 424-5, 427, 429, 432-6, 511-2, 531, 545-6, 574; **vol. 17:** 101, 129, 156-9, 161-4, 167, 170, 172, 188, 212, 290, 317-8, 360; **vol. 18:** 47, 67, 69-70, 72NA, 73, 78, 80, 84, 121, 155, 199, 226-7, 242, 267-8, 288, 308, 376, 379, 382, 391, 467; **vol. 19:** 106-7, 199-202, 204, 244-5, 249-52, 264; — vivências sexuais, **vol. 6:** 48, 352-4; *ver também* sexualidade, sexual, sexuais

videntes, **vol. 18:** 169

vigília, **vol. 1:** 95, 99, 124, 126, 129, 141, 143, 158, 176, 182, 277-81, 283; **vol. 2:** 32, 50, 65, 71, 79-80NA, 83NA, 86-7, 94NA, 100, 109, 112-3, 118, 160, 165NA, 272-3, 275, 277-8, 301, 305-8, 310, 325, 354, 399; **vol. 3:** 27, 37, 48; **vol. 4:** 24, 27, 29-35, 37, 39, 41-3, 45, 55, 59, 61, 65-6, 69-71, 74-8, 80-3, 85, 87, 90-7, 100-8, 110, 113, 115, 121-2, 140, 155, 166-7, 172, 198-9, 210, 213, 216, 220, 225, 228, 235, 243, 253, 258, 260, 265, 312NA, 339, 340NA, 341, 344, 351, 353, 362, 366, 454, 457, 486, 491, 493, 506, 524, 528, 536, 539-40, 545, 551-3, 557-9, 564, 570, 574-6, 582, 584-6, 591, 593-5, 601, 605, 616, 619, 625-6, 632NA, 641, 661; **vol. 5:** 401; **vol. 7:** 230; **vol. 8:** 16, 25, 84, 96, 118; **vol. 12:** 44, 153; **vol. 13:** 115-9, 121, 174, 193, 197, 224, 228, 234-5, 251, 278, 286, 306, 353, 594, 605; **vol. 15:** 95, 140, 220; **vol. 17:** 374; **vol. 19:** 111, 216-9, 222, 224; *ver também* dia, diurna, diurno

vingança, **vol. 2:** 26, 102NA, 291NA, 292; **vol. 6:** 277, 286, 289, 292NA, 293, 298NA, 300-1, 304-5, 317, 319; **vol. 7:** 150; **vol. 8:** 199, 214, 264, 313, 351, 423; **vol. 9:** 56, 99, 320, 343, 387

violência, **vol. 4:** 42, 419, 638; **vol. 5:** 230, 243-4, 248; **vol. 7:** 56, 147; **vol. 8:** 404; **vol. 15:** 24, 27, 41, 53; **vol. 17:** 280, 284; **vol. 18:** 50, 78, 110, 352, 419-21, 423, 425, 456; **vol. 19:** 25, 79, 115, 160, 253, 331, 367; *ver também* agressão, agressividade, agressiva(s), agressivo(s); hostilidade, hostil; sadismo, sádica(s), sádico(s)

virgindade, **vol. 4:** 419-21; **vol. 6:** 273, 292NA, 297NA; **vol. 9:** 364-5, 367, 371-2, 376, 382-7; **vol. 19:** 68NA; — angústia virginal, **vol. 3:** 95, 108, 113, 115, 165; *ver também* angústia(s)

visão, visual, visuais, **vol. 1:** 22, 33, 46; **vol. 2:** 20, 22, 41, 43, 60, 63, 65, 73, 156, 189, 215, 223, 256, 264, 294-5, 304, 332, 344, 351, 394, 401, 403; **vol. 9:** 35, 93, 221-2, 229, 314, 316-7, 319, 321-2; **vol. 19:** 137, 158, 212, 246, 258, 348; — limitação do campo visual, **vol. 6:** 195; transtorno psicogênico da visão, **vol. 9:** 313-4, 321; *ver também* olho(s); olhar

vísceras, **vol. 1:** 44, 50

viúva(s), viúvo(s), **vol. 11:** 91-3; angústia das viúvas, **vol. 3:** 96; *ver também* angústia(s)

voar, sonho de, **vol. 4:** 63, 314-5, 431, 439-40; *ver também* sonho(s)

ÍNDICE REMISSIVO GERAL

vocabulário corrente, **vol. 5:** 23

vociferação, **vol. 2:** 286

vogais, chiste e modificação de, **vol. 7:** 68; *ver também* chiste(s)

volúpia, **vol. 10:** 31NA, 37, 40-4, 46, 49, 64, 75

vômito(s), **vol. 1:** 32, 59, 150, 213; **vol. 2:** 20-2, 189, 191, 298, 300, 317, 343, 415-6; **vol. 3:** 40, 195-6, 198-9, 202; **vol. 6:** 86, 196NA, 271; **vol. 17:** 16-7, 129, 133, 216; — vômito histérico, **vol. 1:** 32, 59, 150, 213; **vol. 4:** 622; *ver também* histeria, histérica(s), histérico(s)

vontade(s), **vol. 1:** 12, 52-3, 60, 80, 98, 112-3, 118, 120, 134, 142, 146, 151-3, 155-7, 250, 276; **vol. 11:** 38, 65, 126, 134-5, 143, 237, 257, 310, 334, 382, 384, 388; **vol. 18:** 32, 57-8, 77, 97, 148, 169, 180, 190, 215, 261, 295, 330, 412, 419; *ver também* desejo(s)

voyeurismo, voyeurs, **vol. 6:** 50, 99-100; **vol. 12:** 65, 67; **vol. 16:** 115; *ver também* exibicionismo, exibicionista(s)

vulcânicas, erupções e divindades, **vol. 19:** 67NA

vulgares, chistes/piadas/frases, **vol. 7:** 145, 294, 306; *ver também* chiste(s); piada(s)

wakambas/akambas, **vol. 11:** 33, 94

Witz [alemão: "chiste"/"espirituosidade"/"engenho"], **vol. 7:** 199; — *Witzarbeit* [alemão: "trabalho do chiste"], **vol. 7:** 80NT; *ver também* chiste(s)

xingamento(s), **vol. 1:** 172, 197; **vol. 3:** 45-6, 187; **vol. 5:** 125, 132, 227; **vol. 7:** 147-50, 169, 194; **vol. 18:** 63NA; — injúria, **vol. 11:** 97, 228

xixi *ver* urina

Young-Helmholtz, teoria de, **vol. 3:** 19

zombaria, **vol. 5:** 133, 415, 418; **vol. 7:** 24, 38, 92, 132

zona de indiferença entre prazer e desprazer, **vol. 1:** 243

zona(s) erógena(s), **vol. 6:** 66-8, 70, 81, 85-90, 93-4, 99, 101, 107, 111-2, 118, 121, 123-30, 133, 134NA, 138, 140, 142, 144, 157-8, 203, 231, 270, 309, 358; **vol. 8:** 241, 243, 318, 353, 355, 358, 370, 407; **vol. 9:** 270; **vol. 10:** 244, 330, 332-3, 336; **vol. 12:** 27; **vol. 13:** 416-8, 427, 435, 437, 514; **vol. 18:** 245-6, 248, 271-2; **vol. 19:** 199, 201; *ver também* autoerotismo, autoerótica(s), autoerótico(s); erotismo, erótica(s), erótico(s); masturbação, masturbatória(s), masturbatório(s)

zona(s) histerógena(s), **vol. 1:** 22, 37, 43-4, 46, 74; **vol. 2:** 37, 198, 213, 251; **vol. 3:** 28, 42; **vol. 6:** 89; *ver também* histeria, histérica(s), histérico(s) zona motora do cérebro, **vol. 3:** 21; *ver também* cérebro, cerebral, cerebrais

zoofobia(s), **vol. 10:** 299; **vol. 11:** 196-7, 200, 203; **vol. 12:** 94-5; **vol. 14:** 15, 45; **vol. 15:** 246; **vol. 17:** 32; *ver também* animalidade, animal, animais; fobia(s), fóbica(s), fóbico(s)

zoologia, **vol. 8:** 44, 46, 49, 98, 107; *ver também* animalidade, animal, animais

zoopsia, **vol. 2:** 96NA; *ver também* alucinação, alucinações, alucinatória(s), alucinatório(s)

zulu(s), **vol. 11:** 35, 37

SIGMUND FREUD, OBRAS COMPLETAS EM 20 VOLUMES

COORDENAÇÃO DE PAULO CÉSAR DE SOUZA

1. TEXTOS PRÉ-PSICANALÍTICOS (1886-1896)
2. ESTUDOS SOBRE A HISTERIA (1893-1895)
3. PRIMEIROS ESCRITOS PSICANALÍTICOS (1893-1899)
4. A INTERPRETAÇÃO DOS SONHOS (1900)
5. PSICOPATOLOGIA DA VIDA COTIDIANA E SOBRE OS SONHOS (1901)
6. TRÊS ENSAIOS SOBRE A TEORIA DA SEXUALIDADE, ANÁLISE FRAGMENTÁRIA DE UMA HISTERIA ("O CASO DORA") E OUTROS TEXTOS (1901-1905)
7. O CHISTE E SUA RELAÇÃO COM O INCONSCIENTE (1905)
8. O DELÍRIO E OS SONHOS NA *GRADIVA*, ANÁLISE DA FOBIA DE UM GAROTO DE CINCO ANOS E OUTROS TEXTOS (1906-1909)
9. OBSERVAÇÕES SOBRE UM CASO DE NEUROSE OBSESSIVA ["O HOMEM DOS RATOS"], UMA RECORDAÇÃO DE INFÂNCIA DE LEONARDO DA VINCI E OUTROS TEXTOS (1909-1910)
10. OBSERVAÇÕES PSICANALÍTICAS SOBRE UM CASO DE PARANOIA RELATADO EM AUTOBIOGRAFIA ("O CASO SCHREBER"), ARTIGOS SOBRE TÉCNICA E OUTROS TEXTOS (1911-1913)
11. TOTEM E TABU, CONTRIBUIÇÃO À HISTÓRIA DO MOVIMENTO PSICANALÍTICO E OUTROS TEXTOS (1912-1914)
12. INTRODUÇÃO AO NARCISISMO, ENSAIOS DE METAPSICOLOGIA E OUTROS TEXTOS (1914-1916)
13. CONFERÊNCIAS INTRODUTÓRIAS À PSICANÁLISE (1916-1917)
14. HISTÓRIA DE UMA NEUROSE INFANTIL ("O HOMEM DOS LOBOS"), ALÉM DO PRINCÍPIO DO PRAZER E OUTROS TEXTOS (1917-1920)
15. PSICOLOGIA DAS MASSAS E ANÁLISE DO EU E OUTROS TEXTOS (1920-1923)
16. O EU E O ID, "AUTOBIOGRAFIA" E OUTROS TEXTOS (1923-1925)
17. INIBIÇÃO, SINTOMA E ANGÚSTIA, O FUTURO DE UMA ILUSÃO E OUTROS TEXTOS (1926-1929)
18. O MAL-ESTAR NA CIVILIZAÇÃO, NOVAS CONFERÊNCIAS INTRODUTÓRIAS E OUTROS TEXTOS (1930-1936)
19. MOISÉS E O MONOTEÍSMO, COMPÊNDIO DE PSICANÁLISE E OUTROS TEXTOS (1937-1939)
20. ÍNDICES E BIBLIOGRAFIAS

PARA MAIS INFORMAÇÕES SOBRE A COLEÇÃO, ACESSE:
www.companhiadasletras.com.br

ESTA OBRA FOI COMPOSTA
EM FOURNIER E CONDUIT
POR ALEXANDRE PIMENTA
E IMPRESSA EM OFSETE PELA
GEOGRÁFICA SOBRE PAPEL
PÓLEN NATURAL DA SUZANO S.A.
PARA A EDITORA SCHWARCZ
EM JANEIRO DE 2025

A marca FSC® é a garantia de que a madeira utilizada na fabricação do papel deste livro provém de florestas que foram gerenciadas de maneira ambientalmente correta, socialmente justa e economicamente viável, além de outras fontes de origem controlada.